फसल

फसल

गालिना निकोलायेवा

अनुवादक

यशपाल

वाणी प्रकाशन

वाणी प्रकाशन

ज्ञान के विविध आयामों के प्रकाशक

वाणी प्रकाशन का 'लोगो' विख्यात चित्रकार मक़बूल फ़िदा हुसेन की कूची से

वाणी प्रकाशन, 4695, 21-ए, दरियागंज, नयी दिल्ली-110002

वाणी प्रकाशन, अशोक राजपथ (पटना कॉलेज के सामने), पटना (बिहार)

FASAL

by Galina Nikolayeva

Translated by Yashpal

Novel

ISBN : 978-93-5000-053-3

प्रथम संस्करण

मूल्य : 750/-

वाणी प्रकाशन

फोन : **0091#11#23273167, 23275710**

फैक्स : **0091#11#23275710**

वेबसाइट : **www.vaniprakashan.in**

ई-मेल : **vaniprakashan@gmail.com**

vani_prakashan@yahoo.com

आर.टेक ऑफसेट प्रिंटर्स द्वारा दिल्ली-110095 में मुद्रित

अनुक्रम

पहला भाग

1. तीन

दो बरस से वासिली बोर्तनिकोव अस्पताल में पड़ा था। उसके सिर में लगे भयानक घाव की चोट दिमाग़ तक पहुँच गई थी। बच्चे की सी असहाय अवस्था में वह निरन्तर होनेवाली और गहरी पीड़ा के अन्धे कुएँ में लटक रहा था! उसने अपने घरवालों को कोई पत्र नहीं लिखा था। लिखता भी तो बेचारों को दुख और घबराहट ही होती।

वासिली की मुलाक़ात अपनी फ़ौजी टुकड़ी के एक सिपाही साथी से अस्पताल में हुई। उसने उसे बताया कि जिस टुकड़ी में वह था उसने उसे मर गया समझ लिया था और उसकी पत्नी अवदोत्या को भी यही सूचना भेज दी थी।

"तुम्हारे घर पत्र लिख दूँ कि तुम जीवित हो?" वासिली के साथी ने उत्साह से पूछा।

"क्या होगा?..." वासिली ने दर्द से टीसते जबड़ों को कठिनाई से खोलकर उत्तर दिया–"वह रो-धो चुकी है...बस इतना काफ़ी है...।"

सन् 1946 में बातुमी के एक डॉक्टर ने कोई आशा न होने पर भी वासिली के दिमाग़ का खतरनाक ऑपरेशन कर ही डाला था।

ऑपरेशन क्या हुआ, जादू हो गया। स्वतन्त्र गति के लिए लालायित उसके शरीर को पूर्ण स्वच्छंदता मिली; वासिली की अवस्था तेज़ी से सुधरने लगी। उसे देख कर लोगों को अपनी आँखों पर विश्वास नहीं होता था।

स्वयं वासिली को अपने सौभाग्य पर आश्चर्य होता था। अस्पताल से छुट्टी मिलने पर घर पत्र लिखे बिना ही वह हवाई जहाज़ से मास्को पहुँच गया। दूसरे दिन वह रेल से अपने गाँव की ओर चल दिया।

वासिली ज्यों-ज्यों घर के नज़दीक पहुँचता जाता, त्यों-त्यों बाल-बच्चों की

चिन्ता और घर की याद और भी उत्कट होती जाती।

अब, जब कि वह फिर पहले जैसा हो गया था और अपने घर को लौट रहा था, घरवालों से मिलने की ऐसी प्रचण्ड अभिलाषा उसमें जाग उठी थी, ऐसा प्यार उसके हृदय में उमड़ पड़ा था, जैसा उसने पहले कभी अनुभव नहीं किया था।

अन्तिम पड़ाव पर वासिली को पड़ोसी गाँव के सामूहिक खेत का एक पुराना परिचित किसान मिल गया। जब उसने बताया कि वासिली की पत्नी और बेटी पिछले सप्ताह बाज़ार में आई थीं तो वासिली ने प्रश्नों की झड़ी लगा दी। वह सभी कुछ जान लेना चाहता था—अवदोत्या कैसा कोट पहने थी, वह क्या खरीद रही थी, लड़की कितनी बड़ी हो गई थी! लेकिन पड़ोसी किसान कहे जा रहा था—"सब ठीक है भाई। सब ज़िन्दा हैं और अच्छे हैं। अब तुम घर जा ही रहे हो! अपनी आँखों से देखोगे...।"

खास बात पड़ोसी ने कुछ भी नहीं बताई थी, पर वासिली की चिन्ता दूर हो गई और घर लौटने की उमंग और भी प्रबल हो उठी।

चार ही दिन पहले वासिली बातुमी के धूप में खिलखिलाते बाज़ारों और गलियों में एक हलका-सा कोट पहने चक्कर लगा रहा था। अब उसे रेल की खिड़की से दिखाई दे रही थी—बर्फ़ानी आँधी से झकझोर रात। गाड़ी ठहरने के स्थानों पर बर्फ़ की चादर ओढ़े जंगलों की डरावनी हुंकार सुनाई देती थी।

महीना अभी नवम्बर का ही था। बर्फ़ानी आँधियाँ साधारणतः इतनी जल्दी नहीं आतीं। जो भी हो, वासिली को न तो बर्फ़ानी आँधी और न घुप्प अँधेरी रात का भय था। वह हर स्टेशन के प्लेटफ़ार्म पर उतरता, आधे-अँधेरे में छिपे लोगों की आकृतियाँ देखता, पास से गुज़रने वाले लोगों से वह दो-चार बातें करता, बर्फ़ानी धुंध में से मकानों और स्टेशन की बाड़ों को देखने की कोशिश करता, और अन्धकार में खड़े देवदार के प्रत्येक छोटे से छोटे वृक्ष को देखकर मन में प्रसन्न होता। उसे सभी कुछ सुहावना और प्यारा लग रहा था, सभी चीज़ों में अपनापन जान पड़ रहा था। ये आदमी, ये जंगल, ये गाड़ियाँ और ये पेड़—सब उसके अपने प्रदेश उग्रेन के थे।

वासिली एक छोटे से स्टेशन पर रेल से उतर गया। स्टेशन से उसका गाँव—क्रुतोगोरी—लगभग पाँच किलोमीटर दूर था। गाड़ी में उसने चौथाई बोतल बोद्का भी चढ़ा ली थी। बहुत दिनों के परिवर्तन के बाद बोद्का पीने से उसके पाँव लड़खड़ा रहे थे।

बर्फ़ीला अन्धकार वासिली को चारों ओर से घेरे हुए था। न तो धरती और न आकाश दिखाई देता था। बस, एक धुँधला, तेज़ी से बढ़ता हुआ तूफ़ान और जंगल की अनवरत गरज—जिसकी ध्वनि कभी तो आगे बढ़ती उत्ताल तरंगों जैसी मालूम होती थी और कभी पीछे लौटते जल-प्रवाह जैसी।

जंगल साफ़ दिखाई नहीं दे रहा था। पर, दिखाई न देने पर भी उसका गहन अस्तित्व आसपास की हर चीज़ से अनुभव किया जा सकता था। रात का आकाश चीड़ के वृक्षों की साँय-साँय, देवदार वृक्षों की शाखाओं के आँधी से मुड़-मुड़ कर चड़चड़ाने और बर्फ़ जमने से कड़ी पड़ गई भूर्ज वृक्षों की टहनियों की टकराहट की आवाज़ से भरा हुआ था।

कई जगह जंगल ऐसा घना और सड़क इतनी तंग थी कि किनारे के काले-काले देवदार वृक्ष पिछले पाँवों पर खड़े, ऊपर झपटते हुए, रीछों जैसे जान पड़ते थे। वृक्षों की टहनियाँ वासिली के कोट की आस्तीनों और दामन पर ऐसे रगड़ जातीं मानो रीछ उसे अपने पंजों से पकड़ कर रोकने की चेष्टा कर रहे हों।

बर्फ़ानी आँधी भी जैसे उसे अकेला पाकर उसका पीछा कर रही हो! कभी तो वह बिल्कुल चुप-सी होकर वृक्षों के पीछे छिप जाती और कभी दुगने वेग से नाचती हुई दौड़ पड़ती और ढेरों बर्फ़ वासिली के मुँह पर फेंक, उसे अन्धा-सा बनाकर, चली जाती।

वासिली ने अपने कोट का कालर खड़ा कर लिया और टोपी को भौंहों और कानों पर खींच लिया। अब उसके माथे का बहुत थोड़ा-सा हिस्सा खुला रह गया था, जिस पर तीखे थपेड़े लग रहे थे; वे एक साथ ही गरम भी थे और सर्द भी। कानों में आँधी की गरज और तूफ़ान की हाँव-हाँव भर रही थी।

वासिली कन्धे आगे झुकाए, लड़ने के लिए झपटते बैल की तरह, आँधी में धँसा चला जा रहा था—या, जैसे नाव बहाव के विरुद्ध लहरों को काटती जा रही हो। आँधी भी क्रुद्ध होकर उसे घेर रही थी और पैंतरे बदल-बदल कर उस पर चोटें कर रही थी। वासिली को वैसे ही लग रहा था जैसे युद्ध-क्षेत्र में अपनी टुकड़ी के घिर जाने पर वह दुश्मन की फ़ौज को चीर कर बाहर निकल रहा हो।

युद्ध, आँधी, घर और विजय—उसके दिमाग़ में सब कुछ घुल-मिलकर एक हो गए थे। शराब के नशे के पुट से उसे थकावट और आनन्द, दोनों का अनुभव हो रहा था। उसे अपना पूरा जीवन स्पष्ट रूप से और एक साथ दिखाई दे रहा था; इसी सड़क से वह युद्ध के लिए गया था और इसी सड़क से वह लौट रहा था; इस बीच का पूरा जीवन!

आँधी के झोंकों के विशेष तेज़ होने पर वासिली अपने कन्धों को और आगे बढ़ा कर चुनौती देता :

"लौट आया हूँ! पहचान लिया न मुझे? और आजमा ले अपना ज़ोर!"

सड़क पर गहरी बर्फ़ होने के कारण कभी-कभी वह सड़क किनारे के गढ़ों में घुटनों तक धँस जाता।

ऐसी अवस्था में चलते जाना आसान नहीं था, पर वासिली को बहुत अच्छा लग रहा था।

सहसा देवदार की एक झाड़ी आगे बढ़कर राह रोके खड़ी दिखाई दी।

वासिली एक तरफ से बच कर निकलने लगा तो बर्फ़ से भरे गढ़े में गिरते-गिरते बचा। उसने बचने की कोशिश की तो काँटों में उलझ गया, मानो काँटे उसे पकड़ने की प्रतीक्षा में ही थे।

"यह क्या दुश्मन की फ़ौज के घेरे से कुछ कम है?" काँटों को हटाते हुए उसने ज़ोर से कहा—"अब रास्ता कैसे पता लगे? काश, एक तारा ही आसमान में होता...बिलकुल घुप्प अँधेरा है...!"

वासिली आँखें फाड़-फाड़ कर देखने का प्रयत्न कर रहा था, पर तीखी ठंडी हवा से उसकी पलकें जम कर अकड़ गई थीं। चारों ओर घना अँधेरा था। अन्धकार में कुछ दूर पर उसे एक आभा-सी दिखाई दी। उसे प्रकाश नहीं कहा जा सकता था; वह अन्धकार की विरलता ही जान पड़ती थी।

वह उसी ओर बढ़ चला। राह रोके खड़ी देवदार की टहनियों को पीछे हटाता हुआ वह चढ़ाई पर चढ़ता गया। टीले की चोटी पर पहुँच कर वासिली हैरान रह गया। सामने कुछ दूर पर बिजली की बत्तियों के चमचमाते गोले से दिखाई दे रहे थे।

"बाबा रे! बिजली का स्टेशन?...वाह..." वासिली पहाड़ी के ढाल पर नीचे की ओर सरपट दौड़ पड़ा।

पहाड़ी से नीचे आँधी का ज़ोर कम था और चलने में आसानी हो रही थी। लगता था आँधी ने वासिली की ज़िद देखकर सोचा, 'जाने दो।' बादलों की दरार में चाँद दिखाई दिया। चाँद की आड़ी-आड़ी किरणें सड़क पर टेढ़ा अर्धवृत्त बना रही थीं। वासिली अपने गाँव की पहाड़ी की अन्तिम चढ़ाई तेज़ी से पार करने लगा। इसी आड़ी चढ़ाई के कारण उसके गाँव का नाम क्रुतोगोरी (खड़ी पहाड़ी) पड़ा था।

गाँव की गलियाँ सूनी थीं। जगह-जगह बिजली की बत्तियाँ छतों और लम्बे देवदार वृक्षों की टहनियों पर लटक रही थीं। कुछ खिड़कियों के भीतर प्रकाश के सफेद चतुर्भुज दिखाई दे रहे थे।

एक गली के मोड़ पर दो स्त्रियाँ दिखाई दीं। वासिली ने एक को पहचाना और पुकारा :

"ओ, क्सेनोफोन्तोवना!"

स्त्री ने वासिली की ओर देखा, उसे पहचाना, फिर एकदम डर-सी गई :

"हाय भगवान!...वासिली बोर्तनिकोव! हम लोग तो समझे थे कि तू मर गया?"

"तुझसे ज्यादा मुर्दा नहीं हूँ, क्सेनोफोन्तोवना!"

"हाय राम जी!" औरत चिल्ला उठी और उल्टे पाँव भाग गई।

"यह औरत बौरा गई है!" वासिली ने पुकारकर कहा और फिर जोर से हँस पड़ा।

बिजली से जगमगाती गाँव की गलियों में बाँहें फैलाए देवदार वृक्ष और बर्फ़ के भँवर बनाती हवा वासिली को सुहावनी और सुन्दर लग रही थी। बर्फ़ का तूफ़ान यहाँ चपलतापूर्ण और खुशमिजाज़ दिखाई देता था। हवा मानो गलियों को सहला रही हो। क्षण-भर में छतों पर और बर्फ़ पर लहरें-सी बन जातीं और दूसरे ही क्षण साफ़ हो जातीं।

वासिली सोच रहा था, 'मैं इसी दिन की प्रतीक्षा में...घर लौटने के दिन की प्रतीक्षा में...जीवित था।'

वासिली अपने घर की ओर बढ़ रहा था। उसके क़दम तेज़ होते जा रहे थे। अपने दरवाज़े पर पहुँचा तो साँस फूल गई थी। खिड़कियों के वे ही पुराने नक्काशी किए सफेद चौखटे मौजूद थे; एक ओर वही दुशाखा ठूँठ भी खड़ा था जिसमें वासिली टाल से लौट कर अपना घोड़ा बाँधा करता था।

वासिली ड्योढ़ी की सीढ़ियों पर चढ़ा। एक तख्ता अब भी वैसे ही चरचरा रहा था। बर्फ़ीला जंगला उसके हाथ से वैसे ही फिसल गया जैसे पहले फिसल जाया करता था। उसने दरवाज़ा थपथपाने के लिए हाथ उठाया, पर रुक गया। उसका दिल ज़ोर से धड़क रहा था और उसे साँस लेने में कठिनाई हो रही थी।

वासिली को भेड़ की खाल के अपने कोट की आस्तीन से चिराँध आती मालूम हुई। अँधेरे में सिगरेट जलाते समय थोड़ी-सी आस्तीन झुलस गयी थी। बर्फ़ीली ठंडी हवा में यह चिराँध बड़ी तीखी जान पड़ी। सहसा उसे याद आ गया कि एक बार फ़ौजी पड़ाव पर आग के पास सोते-सोते उसके कोट की खाल झुलस गई थी। पल-भर को उसे जान पड़ा कि उसकी पूरी फ़ौज—तोपें-बन्दूकें, लारियाँ-लंगर, सभी कुछ लिए—उसके साथ घर लौट आई है और उसके पीछे खड़ी है।

वासिली ने पूरे ज़ोर से दरवाज़ा खटखटाया।

"भला करे भगवान!...कौन है रे?"

वासिली ने पहचाना। यह उसकी सास की आवाज़ थी। "अम्मा मैं हूँ, वासिली! घबराओ नहीं अम्मा, मैं ज़िन्दा हूँ! अभी अस्पताल से आ रहा हूँ!"

सास ने दरवाजा खोला। वह वासिली पर गिर-सी पड़ी।

"वासेन्का, तू! क्या सचमुच तू ही है?...हे मेरे भगवान!"

वासिली ने उसके सूखे शरीर को अपनी बाँहों में सँभाल लिया। उसके हाड़ उसकी बाँहों के नीचे हिल रहे थे। वासिली का गला रुँध गया।

भीतर से गोभी और खटाई की महक आ रही थी। जैसे ही वासिली कोठरी में घुसा, ताज़ी रोटी की गर्म सोंधी महक उसके मस्तिष्क में भर गई। घर भर उसी

गन्ध से रचा हुआ था।

वह तेज़ी से सामने की कोठरी में पहुँच गया। झीनी चाँदनी के प्रकाश में उसे अवदोत्या दिखाई दी। अवदोत्या जागकर खाट पर बैठी हुई थी। उसने वासिली को पहचान लिया। "वासेन्का!"—वह चिल्लाई और उछल पड़ी। दौड़कर वह उससे लिपट गई। उसका शरीर थरथर काँप रहा था।

"मेरे राजा! तुम आ गए। कहाँ थे तुम? तुमने चिट्ठी क्यों नहीं डाली?"

"मैं अस्पताल में था। दो बरस तक काठ की तरह बिलकुल बेजान पड़ा रहा। हाथ-पैर तक नहीं हिला सकता था। मैं तुम लोगों पर बोझा नहीं बनना चाहता था।"

अवदोत्या का कोमल, उष्ण, काँपता हुआ शरीर वासिली की बाँहों में सिमटा हुआ था, जैसे वह किसी दूसरी स्त्री के शरीर की तरह उसके शरीर से पृथक् न होकर वासिली के ही शरीर का भाग हो! प्रेम की तरलता में बिलकुल एकसाथ! उससे बिलकुल अविच्छिन्न! उसका अपना!

अवदोत्या ने वासिली को अपनी बाँहों में जकड़ लिया। उसकी बाँहें भी मानो वासिली की ही बाँहें थीं। दोनों के कन्धे मिलकर एक हो गए थे।

वासिली ने अवदोत्या को और भी दृढ़ता से लिपटा लिया। उसकी यह सुशीलता, उसकी यह उष्णता ही उसका घर थे—उसका मधुर, कभी न बदलने वाला घर थे।

कोई चीज़ जैसे उसके अन्दर एकदम ढीली पड़ी। जिस भयानक तनाव में उसका जीवन अब तक जकड़ा हुआ था, उससे वह मुक्त हो गया। वह शिथिल पड़ गया और अपना मुँह उसने अपनी पत्नी के कोमल कंठ में गाड़ दिया। आँसुओं की बूँदों से उसके गाल गीले हो रहे थे।

तभी उसने खाट की पाटी से लगे एक आदमी को देखा। उसे उसकी कनपटी, मूँछें और सफेद कमीज से ढँके, सँकड़े कन्धे दिखाई दिए। उसने अपनी पत्नी को एक ओर फेंका और चिल्ला उठा : "रोशनी! रोशनी!"

"वासेन्का!"—चिल्लाकर अवदोत्या फिर उससे लिपट गई। किन्तु उसे अलग हटाकर वासिली फिर चीखा :

"रोशनी! रोशनी करो!"

अवदोत्या की माँ ने अँधेरे में बटन टटोलकर बिजली जला दी। अवदोत्या के बिस्तर पर बैठा आदमी खाट के नीचे पड़े जूते जल्दी-जल्दी पहन रहा था।

रोशनी होने वह वह सीधा होकर बैठ गया था। वासिली ने उसे पहचान लिया। वह था स्तेपान मोखोब, ट्रैक्टर ड्राइवर!

दुबला-पतला, दबे सीने वाला स्तेपान सफेद कमीज पहने था। उठकर वह खाट के पास खड़ा हो गया था। उसके गले के पास, हँसली के गढ़े की नस

धक-धक कर रही थी।

कितनी ही बातें एक साथ वासिली की आँखों के आगे नाच गईं—अवदोत्या से उसकी पहली भेंट, पहली बार आमने-सामने की लड़ाई में दुश्मन को मार गिराना, और सबसे स्पष्ट, उसका ज़ख्मी होकर जंगल में गिर पड़ना, प्यास से व्याकुल होने पर बर्फ़ चाटना, अवदोत्या से मन-ही-मन विदाई लेना, उसके लिए दुःख, प्यार और दया की भावना से अनुतप्त होकर सुबकना।

सिर पर गहरा घाव लगने के बाद से वासिली क्रोध आते ही आपे से बाहर हो जाता था। इस वक्त भी वह बदहवास हो उठा। उसकी आँखों के सामने अँधेरा छा गया। दिमाग़ सुन्न पड़ गया।

वह स्तेपान की ओर झपटा। उसकी मुट्ठियाँ बड़ी और वज़नी हो गई थीं। वह यह महसूस भी कर रहा था।

"वासेन्का!" अवदोत्या चीख उठी।

तार से लटका बिजली का बल्ब हिल रहा था और दीवारों पर परछाइयाँ नाच रही थीं। वे कभी छोटी हो जातीं और कभी फैल जातीं।

वासिली स्तेपान के पास पहुँचा। उसने अपना मुक्का ऊपर उठाया :

"ओफ़! तू!..."

स्तेपान ने बचाव के लिए हाथ तक न हिलाया। वह निश्चल खड़ा रहा। उसकी हल्की भूरी आँखें निर्भयता से वासिली को देख रही थीं। वासिली का घूँसा स्तेपान के कन्धे पर बने टूटी हँसली के निशान के ऊपर आकर सहसा रुक गया। घाव का एक टेढ़ा-मेढ़ा निशान स्तेपान की कनपटी से होता हुआ हड्डी के पास आकर रुक गया था। हड्डी विद्रूप हो गई थी और कमज़ोर तथा मुलायम जान पड़ती थी। वासिली का मुक्का हवा में उठा का उठा रह गया। वह टूटी हुई हँसली पर चोट न कर सका। नाज़ियों की गोली से बने उस घाव को दुखाने की शक्ति वासिली में नहीं थी।

घूँसा मारने के लिए उठी वासिली की बाँह उठी ही रह गई थी। उसके मुख पर क्रोध और दया का अद्भुत मिश्रण छा रहा था।

स्तेपान ने धीमे, किन्तु निडर स्वर में, कहा :

"क्या किया है मैंने, वासिली कुज़मिच! मैं तुम्हारे घर में चोर की तरह लुक-छिपकर नहीं घुसा..."

"वासेन्का!" अवदोत्या ने बिलखकर कहा, "मैंने तुम्हारी बहुत राह देखी। सच कहती हूँ, वासिली!"

"कितनी देर राह देखी तूने मेरी? घण्टे भर? एक दिन...?" अवदोत्या की ओर घूमकर क्रोध में वासिली ने कहा, "बच्चे कहाँ हैं?"

अवदोत्या ने दीवार के साथ लगे पालने की ओर झपटकर एक बच्चे को

गोद में उठा लिया। वासिली की रीढ़ की हड्डी में सनसनी दौड़ गई—छोटा, गुलाबी-सा, नरम, परन्तु उसका अपना ही चेहरा उसकी आँखों के सामने था। कोयले-सी काली-काली, अलग-अलग, भवें; वैसी ही नाक; सिर को ज़रा आगे बढ़ा कर एक ओर झुकाए रहने की वैसी ही आदत!

स्वयं अपने से उसका यह परिचय, अपने प्रथम निश्छल शिशुकाल से उसकी यह मुलाक़ात, इतनी मधुर और चकित कर देने वाली थी कि वासिली दुनिया की खैर-खबर भूल गया। अपने ही शरीर के इस छोटे से सजीव अंश, अपने ही प्रपंचहीन रूप, की ओर वह लपककर उत्सुकता से बढ़ा।

"इसे मुझे दे दे!" उसने अवदोत्या से कहा।

किन्तु छोटी बच्ची दुन्याशा मुँह बनाकर रो उठी!

"नहीं, नहीं! हटो! हटो!" उसने मुँह फेर लिया और स्तेपान के पास जाने के लिए उसकी ओर बाँहें पसार दीं।

दुन्याशा ने अपने छोटे-छोटे हाथों की मुट्ठियाँ बाँध लीं और फिर हाथ खोलकर स्तेपान की ओर लपककर चिल्ला उठी।

"बप्पा! ओ बप्पा!"

स्तेपान अपनी जगह चुप खड़ा रहा। उसके पास तक जाने की उसे हिम्मत नहीं हो रही थी।

"लेता क्यों नहीं इसे?" वासिली ने स्तेपान की ओर देखकर कहा।

बड़ी लड़की कात्या ने पिता को तुरन्त पहचान लिया। वह रसोई में तंदूर के ऊपर सो रही थी। पिता को देख वहाँ से कूदी और वासिली के पास आकर बोली, "बप्पा!" कात्या अब काफी बड़ी हो गई थी। माँ ने उसकी चोटी शहर की लड़कियों की तरह सँवार कर बाँधी थी। वह वासिली से लिपटकर धीमे से बोली, "बप्पा!"

स्तेपान रसोई की ओर चला गया। वासिली खाट पर लेट गया। अवदोत्या ने खाट की पाटी पर बैठकर धीमे से कहा, "वासेन्का!" वासिली ने आँखें नहीं खोलीं, जैसे सो रहा हो! भावावेग ने उसे थका दिया था। उसका सिर चकरा रहा था; कुछ सूझ नहीं रहा था; दिमाग़ जैसे पथरा गया हो! कुछ भी सोचना, बोल सकना, अनुभव करना, उसके लिए सम्भव नहीं था! अवदोत्या उठाकर दीवाल के पास पड़ी बेंच पर जा लेटी। मूर्च्छना के कुहासे में से वासिली को रात-भर अवदोत्या के सिसकने का स्वर सुनाई देता रहा।

सुबह होने तक वासिली का मन और मस्तिष्क कुछ ठिकाने आ गया। वह उठकर आँगन में जा बैठा।

स्तेपान लकड़ी फाड़ रहा था। वासिली को देखकर वह झेंप-सा गया और आँगन के दरवाज़े से बाहर जाने लगा।

"जाओ नहीं!" वासिली ने पीछे से पुकारा।

आँगन के चारों ओर बाड़ में जगह-जगह नए लगे तख़्ते दिखाई दे रहे थे। सूअरों के बाड़े में भी लकड़ी का नया फ़र्श लगा था। सब ओर मर्दाने हाथों की करामात के चिह्न दिखाई दे रहे थे।

कोठार में एक भेड़ का शरीर सुखाने के लिए लटका हुआ था।

घर की अवस्था जानने के लिए वासिली ने आराम से चारों ओर का मुआयना-सा किया और फिर भीतर चला गया।

सास को पुकार कर उसने कहा—"नाश्ते के लिए कुछ दो न, अम्मा!"

माँ-बेटी मेज़ पर नाश्ता लगाने लगीं। पड़ोसियों को बहुत कौतूहल था। कोई इधर देखता हुआ घर के सामने से गुज़र जाता, कोई दरवाज़ा खटखटाकर अवदोत्या की माँ को बाहर बुला कर बातचीत करता और फिर चला जाता। भीतर घुसने का किसी को साहस नहीं हो रहा था।

वासिली की माँ, पिता और भाई, दो दिन से उग्रेन की मण्डी में गए हुए थे। वे अभी लौटे नहीं थे। वासिली को खुशी थी कि इस झंझट के वक्त उनसे मुलाक़ात नहीं होगी।

मेज़ पर खाना लग गया। वासिली ने अवदोत्या की ओर देखकर कहा, "चल बैठ!" और फिर स्तेपान से कहा, "आओ स्तेपान, तुम भी बैठो!"

अवदोत्या का चेहरा पीला पड़ गया था और आँखें रो-रोकर सूज गई थीं। वह दिन-भर किसी-न-किसी काम में उलझी रही; हाँ, कभी-कभी कोई चीज़ हाथ में लिए वह चुप खड़ी फ़र्श की ओर देखती रह जाती थी।

वासिली ने एक तश्तरी अपनी तरफ खींची, साथ बैठे लोगों पर एक सरसरी नज़र डाली, फिर बोला :

"सामूहिक खेत में काम-काज का क्या हाल है?"

"हाल अच्छा नहीं है।" स्तेपान ने उत्तर दिया। "खेतों पर बरफ़ पड़ गई है और जमीन ठण्डी होकर सिकुड़ गई है। दो साल से खाद भी नहीं पड़ी। मैं तो मशीन-ट्रैक्टर स्टेशन में काम करता हूँ। लेकिन यहाँ के लोग कुछ नहीं कर रहे...।"

सामूहिक खेत के मसलों पर बात चलती रही। ऊपर से देखने में मालूम होता था कि सब ठीक-ठाक है। पर, तीनों की ही आँखें जैसे पथराई हुई और भावशून्य थीं। अवदोत्या तो बात करती-करती बीच में ही सकपकाकर चुप हो जाती थी।

"मशीन-ट्रैक्टर स्टेशन का क्या हाल है?" वासिली ने पूछा।

"हाल बुरा ही है।" स्तेपान ने बताया। "ट्रैक्टरों से ठीक जुताई नहीं की गई! यों ही धरती खुर्च कर डाल दी। ट्रैक्टर-ड्राइवर नए और नातजुर्बेकार थे। मशीनें पुरानी थीं, कोई पुर्जा टूट जाए तो मिल नहीं पाता था...।"

स्तेपान के ढंग से जान पड़ता था जैसे अनिच्छा से, मजबूरी में, बातें कर रहा हो!

"अब कैसा हाल है?" वासिली ने पूछा।

"इस बरस तो कुछ अच्छा ही है।" स्तेपान ने कहा। "इस साल हम लोग फारों से जुताई कर रहे हैं। जहाँ-जहाँ बन पड़ा है, धरती की दूसरी परत पलट दी है। सामूहिक खेत में अभी गहरी जुताई नहीं की जा सकती। मिट्टी बँध नहीं पाई है, ढेले पड़ जाएँगे। खेतों में खाद पड़ी होती तो और बात थी। तब हम और गहरी जुताई कर सकते थे।"

स्तेपान की बातें सुनता वासिली मन-ही-मन सोच रहा था : 'यह आदमी मशीन-ट्रैक्टर स्टेशन में है, तो अच्छा ही है; इसके ऊपर धरती को सँवारने का भार आसानी से छोड़ा जा सकता है।'

"यहाँ के पार्टी संगठन में कितने कम्युनिस्ट हैं?" वासिली ने पूछा।

स्तेपान ने सिर हिलाते हुए कहा, "यहाँ कोई पार्टी संगठन नहीं है।...तुम और मैं, बस दो कम्युनिस्ट हैं।"

वासिली खाना भूलकर ख़याल में डूब गया। युद्ध में जो नाश और ध्वंस रचा था, वह उसे मालूम था। उसके छोटे से और दूर देहात में बसे सामूहिक खेत से भी तीन कम्युनिस्ट—एक-एक आदमी हीरा—युद्ध में काम आ चुके थे। वह बड़े ही प्रत्यक्ष और स्पष्ट रूप से देख रहा था कि युद्ध कितना भयानक था, कि लोगों ने कितना सहा है! साथ ही, उसे उस जनता की वीरता का भी आभास हो रहा था जिसने इस युद्ध को जीता था।

"अलेक्सी लुकिच एल्ब में खेत रहा!" स्तेपान ने धीमे से कहा। "वहीं उसे मिट्टी भी दे दी गई थी।"

"अलेक्सी लुकिच...!" वासिली ने श्रद्धापूर्ण भाव से सिर की टोपी उतारनी चाही। पर सिर पर टोपी थी नहीं। वह अचकचाकर बालों पर हाथ फेर कर रह गया।

सामूहिक खेत के पिता की आकृति उसकी आँखों के आगे नाच रही थी। उसे साफ दिखाई दे रही थीं—उसकी लम्बी-लम्बी मूँछें और चमकती आँखें! उसे याद आ रहा था—लुकिच का बड़े कौशल से फ़ार्म का नियंत्रण करना और त्योहारों और मेलों-जलसों में उकड़ू बैठे-बैठे नाचना...! वह उग्रेन में, रूस की भूमि और जलवायु में, जन्मा और फला-फूला था। उसका शरीर अब विदेश की धरती में दबा था और शायद उसकी समाधि पर लोग जर्मन बोल रहे हों!

"अलेक्सी लुकिच!" सहसा वासिली के मुँह से निकल पड़ा। वह उठ खड़ा हुआ और कमरे का एक चक्कर लगाकर बोला, "और दूसरे लोग?"

"कारपोव जीवित है!" स्तेपान ने उत्तर दिया। "लेकिन, उसकी टाँग कोनिग्सबर्ग में कट गई थी। अब बेचारा शहर चला गया है, मोची का काम कर रहा है। मित्रियेव फ़ौज में ही है। लोग कहते हैं, अब वह कप्तान बन गया है...।"

"अच्छा...।"

कोई कुछ नहीं बोला। वासिली खिड़की की ओर बढ़ गया। कमरे में उसके पीछे सन्नाटा था। वह कोहरा जमी खिड़की के धुँधले शीशों पर नज़र गड़ाए चुपचाप खड़ा रहा।

बाहर बरफ़ में धँसे मकान भी चुपचाप खड़े थे। वे वैसे ही थे जैसे युद्ध के पहले थे।

वासिली को फिर यूक्रेन के गाँव कल्पना में दिखाई देने लगे। उसे उन दिनों की याद हो आई जब घायल अवस्था में उसे एक अस्पताल से दूसरे अस्पताल ले जाया जाता था। रास्ते में उसे जले हुए और कहीं नए बनते मकान दिखाई दे रहे थे। स्टेशनों पर ईंटों, चूने और इमारती सामान से लदी खड़ी गाड़ियाँ मिलती थीं।

"तुमने सामूहिक खेत की पंचवर्षीय योजना के सम्बन्ध में लोगों से बातचीत की है...।"

"नहीं! लेकिन अभी हाल में ज़िला कमिटी ने किसानों से राजकीय योजना के सम्बन्ध में बात करने के लिए कहा था, उस बारे में बात की है...।"

"तो...!"

फिर सब चुप रह गए। सहसा स्तेपान उत्साह से बोला :

"बड़ी गज़ब की योजना है। इतनी बड़ी चीज़ हम लोगों ने कभी सोची भी नहीं थी!" उसकी आवाज़ ओजपूर्ण हो उठी थी।

तीनों उत्साह से योजना के सम्बन्ध में बातें करने लगे। पारिवारिक संकट इस उत्साह की बाढ़ में डूब-सा गया। ऐसा ही होता है; घर का झगड़ा घर के भीतर बहुत बड़ा जान पड़ता है। परन्तु, उसे बड़ी सामाजिक समस्याओं की तुलना में ले आइए तो देखते-ही-देखते उसका आकार छोटा हो जाता है। वासिली फिर मेज़ के पास बैठ गया।

"कौमसोमोल (तरुण कम्युनिस्ट संघ) कैसा चल रहा है?"

"ठीक है।" स्तेपान ने बताया। "अलेक्सी लुकिच का बेटा अल्योशा उसका काम चला रहा है।"

"अल्योशा?" वासिली ने विस्मय से पूछा और उसे याद आया, गोल-गोल सा चेहरा, लुकिच की तरह की ही चमकती हुई आँखें।

"अरे, वह तो अभी छोटा सा था...!"

"अब बड़ा हो गया है। कम-से-कम उन्नीस बरस का होगा। समझदार लड़का है। बाप नहीं था यहाँ, फिर भी बिल्कुल बाप पर गया है।"

फिर चुप्पी। सहसा वासिली ने सामने की तश्तरी हटाकर स्तेपान की आँखों में आँखें गड़ा कर पूछा :

"स्तेपान, इस मामले में क्या किया जाए?"

स्तेपान की आँखें फैल-सी गईं और वह सामने देखता रह गया, मानो अन्धा हो गया हो। उसने अवदोत्या की ओर इशारा किया।

"बेहतर है, इनसे पूछो।...इन्हें ही बताना चाहिए..."

"नहीं!" अपनी मुट्ठी मेज़ पर दबाते हुए वासिली ने कहा, "इससे मैं कुछ नहीं पूछूँगा।"

अवदोत्या ने एक पलक में दोनों की ओर देखा। पहले तो विस्मय, फिर अपमान की श्यामलता उसके चेहरे पर छा गई।

वासिली उसका पति था। अवदोत्या का मन वासिली के प्रति अपराधी अनुभव कर रहा था। जीवन में पहले-पहल उसने वासिली को ही प्यार किया था। वासिली ने उसके प्रति कोई अन्याय नहीं किया था। वह उसकी दोनों बेटियों का पिता और घर का मालिक था। वासिली का इस तरह रौब और अधिकार से बोलना उसे उचित और न्यायपूर्ण लगा। होनी और 'न्याय' के सामने अपने को असहाय और निर्बल अनुभव करके वह चुप रह गई।

किंकर्तव्यविमूढ़ और दबी-कुचली-सी वह जैसे-तैसे घर का काम और बातचीत करती थी। उसे इसका ज्ञान भी नहीं था कि क्या कह और कर रही है। कभी-कभी उसका शरीर सिहर उठता और आँखों के आगे अँधेरा छा जाता। बड़ी कठिनाई से ही वह पैरों पर खड़ी रह पाती।

वासिली फिर कुर्सी से उठा। उसने कमरे में एक चक्कर लगाया। फिर, ठोकर से एक सन्दूक को खटखटा कर कहा :

"अवदोत्या, यह सन्दूक खाली कर दे।"

अवदोत्या की आँखें डबडबा आईं। "क्यों? क्या करोगे, वासिली कुज़मिच?"

"चुप रह अवदोत्या, चुप रह...मैं कहता हूँ, सन्दूक खाली कर दे!"

सन्दूक खाली कर दिया गया। तब वह बोला :

"मेरा नीला रंग का कोट और पतलून अभी रखा है?"

"हाँ! है, वासिली कुज़मिच! पर करोगे क्या?"

"चुप रह अवदोत्या! सन्दूक में ये दो चादरें डाल दे...ये फटी हुई नहीं! अच्छी चादरें!"

"हे भगवान! वासिली कुज़मिच!...वासेन्का!... तुम करना क्या चाहते हो?"

"चुप रह अवदोत्या! दो अच्छे नए तौलिए भी रख दे।"

अवदोत्या के हाथ काँप रहे थे। पर, वासिली के कहे अनुसार वह सन्दूक में सामान रखे जा रही थी। उसकी आँखें सन्दूक से उठ कर वासिली को नहीं, बल्कि स्तेपान को ढूँढ़ रही थीं। उसकी आँखों में घबराहट की, अप्रकट आशा की और सन्निहित सुख की चमक कौंध गई। इसे वासिली ने भी देखा।

स्तेपान निश्चल, परन्तु बिल्कुल सीधा बैठा हुआ था। उसकी हल्की भूरी-भूरी आँखों में भी उत्सुकता, भय और कृतज्ञता नाच रही थी।

"स्तेपान, तुम उस भेड़ के दो टुकड़े कर दो! आधा मांस छाल की चटाई में लपेट कर बण्डल बना लो। और अम्मा, तुम खेत के अस्तबल से एक घोड़ा और गाड़ी ले आओ।"

"लेकिन वासेन्का, यह कर क्या रहा है तू? कहाँ जाएगा तू?"

"चुप रहो अम्मा! बस जाकर गाड़ी ले आओ!"

वासिली ने जब देखा कि सब सामान और सन्दूक तैयार हो गया है, तो वह बेंच पर बैठ गया। दोनों हाथ मेज़ पर रख कर वह बोला :

"स्तेपान, मैं यहाँ रहूँगा। तुम अपना इन्तज़ाम कर लो...! हमारे दो बच्चे हैं। बच्चों के तो टुकड़े नहीं किए जा सकते। अपने बच्चे मैं नहीं दूँगा। मेरी तुम्हारी कोई दुश्मनी नहीं है। तुम्हारी मुझसे कोई दुश्मनी नहीं है। हम लोगों ने लड़ाई में एक साथ खून बहाया है; हम एक साथ खेतों में अनाज उपजाएँगे। घर की ये कुछ चीज़ें मैंने तुम्हारे लिए इकट्ठी कर दी हैं। अगर ये सब काफ़ी नहीं हैं और तुम्हें कुछ और चाहिए तो वे ले लो!"

अवदोत्या का चेहरा फक पड़ गया, मानो उसमें जीवन न रह गया हो। स्तेपान दौड़ कर उसकी बगल में जा पहुँचा।

वासिली को सम्बोधित करके उसने कहा, "वासिली, तेरा-मेरा ही तो मामला नहीं है!"

स्तेपान ने अवदोत्या का हाथ पकड़ लिया। लेकिन डर कर अवदोत्या ने अपना हाथ खींच लिया और परे हट गई।

"नहीं स्तेपा!...यही एक तरीका है! बच्चे! बच्चे भी तो हैं...!"

वासिली सिर झुकाए बाहर आँगन में चला गया ताकि स्तेपान और अवदोत्या विदा ले लें।

वह बहुत देर तक बाहर खिड़की के पास खड़ा रहा। बुढ़िया गाड़ी ले आई। एक छोटा-सा हरे रंग का सन्दूक गाड़ी पर रख दिया गया। गाड़ी सड़क पर चल दी। दुबला-पतला स्तेपान बर्फ़ानी आँधी में सिर झुकाए गाड़ी के पीछे-पीछे चला जा रहा था।

वासिली भीतर जाने के लिए घूमा। दरवाज़ा खुला हुआ था। बर्फ़ानी आँधी

के थपेड़े भीतर घुसे आ रहे थे। सन्दूक कोठरी के बीचों-बीच वैसे ही पड़ा था और उसके समीप ही छाल के टुकड़े पर भेड़ का आधा, ठण्डा और निर्जीव शरीर भी पड़ा था।

अवदोत्या बेंच पर निश्चल बैठी थी। बाँहें निष्प्राण-सी झूल रही थीं। कन्धे नीचे को झुके थे। वह, अब रो नहीं रही थी। उसकी साँस रुक-रुक कर चल रही थी।

वासिली ने देखा, अवदोत्या स्तेपान को इतना प्यार करने लगी थी!

अपने को शान्त रखने के लिए समूची शक्ति बटोरते हुए उसने सोचा : 'हाँ, दुन्या मामूली औरत नहीं है। यह नहीं कि पैसे के लिए ही किसी की हो रहे, या जिस किसी के साथ चल दे!...वह वैसी औरत थोड़े ही है!"

वासिली का मन उमड़ आया। वह बेंच पर अवदोत्या के पास बैठ गया। अपना हाथ उसने अवदोत्या के कन्धे पर रखा!

अवदोत्या ने अपना सिर उसके कन्धे पर टिका दिया और रो पड़ी।

"दुन्या, दूसरा कोई चारा भी तो न था। बच्चों का ख़याल तो करना ही था।"

उस समय वासिली के मन में अवदोत्या या स्तेपान के प्रति ज़रा-सी भी द्वेष-भावना नहीं थी।

उसे याद आने लगीं—अपनी सगाई और शादी की बातें। पहला बच्चा होने वाला था, तब भी अवदोत्या दिन भर खेतों में काम करने के बाद शाम को उसके लिए गरम परौंठे और मक्खन लिए काफ़ी दूर खेतों में पहुँची थी। वह जानती थी, उसे परौंठे और मक्खन बहुत रुचते हैं। परौंठे ठण्डे न हो जाएँ इसलिए उन्हें उसने अपने शॉल में लपेट लिया था।

उसे यह भी याद आया कि वह जब शहर जाती थी तो सभी के लिए कोई न कोई चीज़ लेकर आती थी। अपने वास्ते कोई चीज़ खरीदने के लिए ही उसके पास पैसे नहीं बचते थे। इस बात पर वासिली बिगड़ता तो वह बड़ी नर्मी से कहती, "अच्छा अगली बार अपने लिए जरूर लाऊँगी, वासेन्का!" कितनी ही बातें वासिली को याद आ रही थीं और वह जैसे एक बार फिर उन्हीं में से गुज़र रहा था।

"मैं जरा फ़ार्म के दफ्तर हो आऊँ, दुन्या!" वासिली ने कहा और उठ खड़ा हुआ।

अवदोत्या भी उठ कर उसे तैयार होने में सहायता देने लगी। उसकी आँखों को देखने से मालूम होता था कि वह किसी आन्तरिक पीड़ा से त्रस्त है। वासिली को याद आ रहा था, ऐसी आँखें उसने उन लोगों की देखी थीं जिनके पेट या सीने में गोली लगी हो! हाथ-पाँव में गोली लग जाने से यह बात नहीं होती थी। उसने

उसे फिर अपनी ओर खींच लिया और कहा :

"हौसला करो, दुन्या! कुछ और किया भी तो नहीं जा सकता। बच्चों का ख़याल तो करना ही था!"

अवदोत्या ने अपना सिर उसके कन्धे पर टिका दिया और बोली :

"मैं तो कुछ नहीं कह रही! कुछ कह रही हूँ क्या?"

वासिली चुप रह गया। उसका मन भीतर-ही-भीतर कटा जा रहा था—अपने लिए, अवदोत्या के लिए, उन सभी के लिए जिन्हें युद्ध ने बर्बाद कर दिया था!

"क्या यही देखने के लिए मैं बड़ी-बड़ी उमंगें लिए घर लौटा था?" उसने सोचा और उसका मन कड़वाहट से भर गया। पर इस कड़वाहट को दबा कर वह बोला :

"दुन्या, कोई बात नहीं! सब ठीक हो जाएगा! क्या-क्या नहीं झेल लिया है हम लोगों ने!..." और वह बाहर चला गया।

2. सुबह

सूर्य ऊँचा उठ चुका था, पर अभी सुबह ही थी। खिड़की के काँच पर जमे कोहरे के चकत्ते गुलाबी-गुलाबी दिखाई दे रहे थे। कमरे में चमचमाती तेज रोशनी आ रही थी—जाड़ों के स्वच्छ नीले आकाश और नीचे श्वेत बरफ़ की चकाचौंध लिए धूप और भी चटख हो रही थी।

ऐसे समय विचारों के बाँध टूट जाते हैं और वे स्वच्छन्द बहना चाहते हैं। दैनिक समस्याओं के चक्कर से अभी अछूता मस्तिष्क बड़ी सरल और सधी-बधी गति से अपना काम करता है और मनुष्य के विचार स्वच्छ एवं निर्बंध होते हैं।

मेज़ पर बिछे काँच के नीचे जिले का चितकबरा-सा नक्शा फैला हुआ था। नक्शे पर 'पहली मई सामूहिक खेत' के लिए बने चिह्न पर पेंसिल का निशान था। इस खेत की अवस्था चिन्ताजनक थी। 1943 और 1944 में जब युद्ध के समय परिस्थिति को सँभालने के लिए और भी अधिक योग्यता और श्रम की आवश्यकता थी, एक काहिल, शराबी यहाँ का प्रधान बन गया था। फसलों को हेरी-फेरी से उगाने का सिलसिला बिगड़ गया, ज़मीन की तरफ़ लापरवाही बरती गई। इससे बहुत नुकसान हुआ। खेत की इतनी बुरी हालत कभी नहीं हुई थी। खेत का वैसा ही हाल था जैसे जड़ें काट देने पर पेड़ का हो जाता है।

आन्द्रेई कुर्सी पर बैठा सोच रहा था : 'सबसे कठिन ज़िले के सबसे कठिन

क्षेत्र का सबसे खराब खेत!' नक्शे के ऊपर बिछे शीशे पर पहली मई खेत के चारों ओर वह पेंसिल से गोल-गोल निशान बनाता जा रहा था। "इस खेत को सँभालना सचमुच बहुत कठिन है...!"

आन्द्रेई कई बार इस खेत का दौरा कर चुका था। वहाँ की अवस्था देखकर वह सदा ही अपने साथ परेशानी और निराशा वापस लाता था। उसे लगता जैसे उसने कोई आकारहीन और कीचड़ जैसी चीज़ हाथ में उठाने की कोशिश की थी और वह उसकी उँगलियों से होकर बह गई।

वह सोचता : 'इसमें कहीं भी जान नहीं है। लेकिन, इसमें भी जान होगी, जैसे यहाँ है और यहाँ है।'

आन्द्रेई नक्शे पर बने लाल चिह्नों को देख रहा था।

लाल चिह्न उन सामूहिक खेतों के सूचक थे जहाँ कम्युनिस्ट पार्टी के संगठन क़ायम हो चुके थे। बहुत ही कम खेत ऐसे थे जहाँ अभी तक पार्टी संगठन क़ायम नहीं हुए थे।

आन्द्रेई सिर झुकाए, शीशे पर पेंसिल से चक्कर बनाता हुआ, सोच रहा था : 'सामूहिक खेत का नया प्रधान और मिखाइल बुयानोव—दो आदमी तो हो गए। तीसरा मोखोव हो सकता है। पर, मशीन-ट्रैक्टर स्टेशन में भी तो मोखोव की आवश्यकता है...। मोखोव की मशीन-ट्रैक्टर स्टेशन पर ज़रूरत है!' सख्ती से अपनी भौंह को रगड़ते हुए दो-तीन बार उसने मन-ही-मन दुहराया। वह अपने ऊपर झुँझला उठा, "मैं बार-बार यह क्यों सोचने लगता हूँ। सब कुछ तय कर चुका हूँ, फैसला कर चुका हूँ...। तय कर चुका हूँ, फ़ैसला कर चुका हूँ! पर, वह समझ पाएगी? समझेगी! जैसे और बातें समझ लेती है, इसे भी समझ जाएगी...!"

आन्द्रेई इस ख़याल में डूब गया, करुणा की जैसे एक लहर आई और वह उसमें बह गया। पर, तुरन्त ही उसने अपने आपको सँभाला। झेंप कर उसने चारों तरफ़ देखा, मानो जानना चाहता हो कि कोई उसके भावों को पढ़ तो नहीं रहा है। इस तरह की बातें सोचना? पार्टी सेक्रेटरी के दफ्तर में? दफ्तर में सन्नाटा था। हाँ, लकड़ी के पर्दे के दूसरी ओर से रात की ड्यूटी के आदमी की भर्राई हुई आवाज़ टेलीफोन पर बोलती सुनाई दे रही थी :

"मुलायम लकड़ी? कितनी लकड़ी? हलो! मुलायम लकड़ी...?"

"आन्द्रेई पेत्रोविच अन्दर हैं? " टेलीफोन पर बोलने वाले आदमी की आवाज़ से भिन्न बुयानोव की आवाज़ सुनाई दी।

आन्द्रेई की समझ में नहीं आता था कि लोग उसे उसके खानदानी नाम पेत्रोविच से ही क्यों पुकारते हैं? रोब-दाब का यह तरीक़ा उसे बड़ा बोझिल मालूम होता था, अच्छा भी नहीं लगता था।

"हैं नहीं तो कहाँ चले जाएँगे?" रात की ड्यूटी वाले आदमी का उत्तर सुनाई दिया।

"मैं ज़रा मिल लूँ?"

"हरगिज़ नहीं! कामरेड स्त्रेल्तसोव ने तुमसे मिलने के लिए आठ बजे का समय निश्चित किया है। बस, ठीक आठ बजे वह तुमसे मिलेंगे, उससे पहले नहीं।"

आन्द्रेई ने उठकर दरवाज़ा बन्द कर दिया और चटपट आकर अपनी मेज पर बैठ गया। अभी आठ बजने में बीस मिनट बाकी थे। लकड़ी भेजनेवाले विभाग को उसे एक बहुत ज़रूरी पत्र लिखना था।

पत्र लिखते-लिखते उसे लकड़ी-विभाग के लोगों की पिछली मीटिंग की याद हो आई। मीटिंग एक पुराने मठ में हुई थी। प्रतियोगिता में काम बढ़ाने के लिए एक इकरारनामा लिखा गया था। इकरारनामा महोगनी के नक्काशीदार एक सुन्दर चौखटे में मढ़ दिया गया था। यह चौखटा पहले देवी-देवताओं की छोटी-छोटी मूर्तियों को सजाकर रखने का था। आन्द्रेई को इस बात का ध्यान आया तो खुशी की मुस्कराहट उसके चेहरे पर नाच गई।

"चौखटे बनानेवाला कोई पुराना श्रद्धालु यह देख पाता तो बौखला उठता।"

इस प्रान्त में दूसरे प्रान्तों से भिन्न बहुत सी चकित कर देनेवाली और निराली बातें थीं। इन विशेषताओं के कारण ही आन्द्रेई ने छह महीने पहले काम के लिए यह स्थान स्वयं चुना था।

युद्ध से पहले आन्द्रेई कुबान के एक जिले में जिला पार्टी कमिटी का मन्त्री था। तब दूसरे साथी उसे ताने दिया करते थे :

"जी हाँ, आप पैदावार क्यों न बढ़ाएँगे—कुबान की काली धरती जो आपके हाथ में है।"

तभी आन्द्रेई ने मन ही मन निश्चय किया था कि मैं दूसरी जगह काम करके दिखा दूँगा कि सवाल उपजाऊ मिट्टी का नहीं है, बल्कि नेतृत्व के तरीक़े का है। उसने सोच लिया था कि प्रतिकूल परिस्थितियों में काम करके वह अपने को परखेगा। इसलिए युद्ध से लौटने पर वह स्वयं इस अनुपजाऊ जगह में आया था। यहाँ की मिट्टी काली नहीं थी। उसे प्रान्तीय कमिटी में जगह मिल रही थी, परन्तु उसने जिद की कि वह देहात में ही जाएगा। अनुपजाऊ मिट्टी और खराब जलवायु वाले उग्रेन प्रान्त ने उसे वैसे ही आकर्षित किया था जैसे गठीला प्रतिद्वंद्वी अच्छे कुश्तीबाज़ को आकर्षित करता है।

उग्रेन की ऐतिहासिक विशेषताओं और यहाँ की प्राकृतिक विचित्रता के प्रति भी उसे आकर्षण था।

समाजवादी क्रान्ति से पहले उग्रेन में खेती नहीं के बराबर होती थी। लोग

अपने यहाँ की धरती की उपज पर जीवन-निर्वाह नहीं करते थे। वे परदेश जाकर मजूरी कर लेते थे। मास्को से साइबेरिया की व्यापारी राह यहाँ होकर निकलती है।

साल में एक मेला लगता था। साइबेरिया का सोना इसी राह से आता और मास्को से कैदी भी साइबेरिया इसी राह से भेजे जाते थे। स्थानीय ऐतिहासिक दस्तावेज़ व्यापारियों, छोटे-छोटे ज़मींदारों और मेले की ही बातों से भरे हुए थे।

जिले के इतिहास की एक और विशेषता थी। पीटर महान के काल से ही स्थानीय जंगल, निर्वासितों और अपने धार्मिक विश्वास की रक्षा के लिए भागे हुए लोगों से भरे रहे थे और विभिन्न सम्प्रदायों के सैकड़ों नाम यहाँ के पुराने बासिन्दों की ज़बान पर चढ़े हुए थे।

यहाँ आने से पहले ही आन्द्रेई को प्रान्तीय कमिटी के दफ्तर में लोगों ने समझा दिया था : अजीब इलाक़ा है वह और वहाँ काम करना भी आसान नहीं है।

आन्द्रेई ने उत्तर दिया था, "अच्छी और आगे बढ़ी हुई जगहों में तो मैं काम कर चुका हूँ। मुझे उग्रेन ही जाने दो। वहीं के लिए मेरे कागज़ तैयार कर दो।"

आन्द्रेई को उग्रेन आए कई महीने हो चुके थे। कठिनाई, जितनी उसने कल्पना की थी, उससे अधिक ही सामने आई। परन्तु, वह निराश नहीं हुआ।

कठिनाइयों और उलझनों में फँस कर जब वह राह न खोज पाता तो कुबान की याद करता। उसके लिए वही उत्साह और आत्म-विश्वास का स्रोत था। उसे याद आते—दृष्टि की सीमा तक फैले हुए खेत, और गेहूँ की लहलहाती फसलें।

उसका मन छटपटाने लगता कि उड़ कर कुबान पहुँच जाए—वहाँ की गन्ध और तीर की तरह सीधी मीलों फैली लम्बी सड़कें!

पर, सबसे अधिक याद आते उसे कुबान के निवासी। वह उनके घर का सा ही हो गया था। वहाँ के साहसी किसान; कितनी पैनी सूझ थी उन लोगों की! भिन्न-भिन्न टीमों के लोग इस तरह साथ मिलकर काम करते थे, मानों एक ही परिवार के सदस्य हों। वसन्त के आरम्भ में निरीक्षण के लिए जब ट्रैक्टर एक साथ पंक्तियों में निकलते तो जान पड़ता था जैसे मास्को के रेड-स्क्वायर में मई दिवस की परेड में टैंक चल रहे हों। हर खेत के कैम्प में टँगे कार्य-सूचक पत्रों और फसल काटने वाली मशीनों के लिए कार्य-निर्धारक पत्रों की बातें कानून की तरह अनुल्लंघनीय मानी जाती थीं।

"अपनी धरती, अपना घर! उन्हें छोड़कर मैं यहाँ क्यों आ गया?"

कभी-कभी आन्द्रेई के मन में चुभन सी उठ ही जाती। परन्तु तुरन्त वह अपने आपको सँभाल लेता : "खुद मैंने ही तो यहाँ आने के लिए कहा था!...या, शायद साथियों का ही कहना ठीक था कि मैं काली उपजाऊ धरती के कारण जस पा

रहा था!''

आन्द्रेई उठा और सामने दीवार पर लटके प्रान्त के नक्शे के सामने जा खड़ा हुआ।

नक्शे के बीचोंबीच अब भी एक सड़क के लिए चिह्न बना हुआ था; यह सड़क अभी तक बन नहीं पाई थी। रेलवे लाइन की दो शाखाओं के लिए जंगलों की चीरते हुए चिह्न बने थे। नदी के किनारे सब फ़ार्मों को बिजली पहुँचाने वाले एक बहुत बड़े बिजली घर के लिए निशान बना था। उग्रेन के पास ही मरम्मत के सामान से लैस दूकानों वाला एक बड़े मशीन ट्रैक्टर स्टेशन का निशान बना था।

आन्द्रेई के माथे पर बल पड़ गए। ''सभी कुछ बनेगा!'' उसने निश्चय से कहा! ''तीन-चार बरस लगेंगे। तब हम कुबान से होड़ करने लगेंगे।''

आन्द्रेई ने जल्दी-जल्दी पत्र समाप्त किया और ठीक आठ बजे बुयानोव को भीतर बुला लिया (फ़ौजी ढंग की समय की पाबन्दी आन्द्रेई को बहुत पसन्द थी)।

बुयानोव चुस्त, साफ़-सुथरा नौजवान था। बाल कंघी से सँवारे, वह खूब साफ़ सूट पहने था। कमीज बरफ़ की तरह सफेद थी और कालर चिकना कलफ़दार था।

परन्तु उसके चेहरे की उद्विग्नता आन्द्रेई से छिप नहीं सकी।

''हूँ, इसे मालूम है मैंने क्यों बुलाया है!'' आन्द्रेई ने मन-ही-मन कहा।

''चलो, अच्छा है। कम बातें कहनी पड़ेंगी। पर, जान पड़ता है आदमी कलफ़ किया हुआ। कोई भी कह देगा कि अपने ऊपर इसे गर्व है।''

''मिखाइल ओसिपोचिव, मालूम है तुम्हें मैंने किस लिए बुलाया है?''

''सुना तो है मैंने, आन्द्रेई पेत्रोविच। पर मुझे यक़ीन नहीं आता।'' बुयानोव के स्वर में खिन्नता थी।

''क्यों, ऐसी क्या बात है?''

''आन्द्रेई पेत्रोविच, तुम तो हमेशा न्याय का ध्यान रखते थे...।''

''तुम समझते हो, अब नहीं रखता?''

''क्या यही न्याय है?'' बुयानोव की छोटी-छोटी आँखों से असन्तोष प्रकट हो रहा था। ''मैंने पढ़-लिख कर काम सीखा, सामूहिक क्षेत्र के इलेक्ट्रिक इंजीनियर का इम्तिहान इतने अच्छे नम्बरों से पास किया, अभी-अभी काम शुरू किया—कि बस, यह लीजिए। मुझे किसी सड़े हुए खेत में टीम-लीडर बना कर भेजा जा रहा है। अच्छा-खासा मज़ाक है!''

''क्यों! पहली मई फ़ार्म में भी तो जल-विद्युत स्टेशन है? छोटा-सा गाँव तो है नहीं जिसमें सिर्फ़ दस-बारह घर हों।''

''विद्युत स्टेशन!'' होंठ बनाकर बुयानोव ने उत्तर दिया, ''पच्चीस किलो

वाट ताक़त का बिजली घर! क्या कहने हैं विद्युत स्टेशन के!"

"हूँ, तो तुम्हें बड़ा बिजली घर चाहिए।" आन्द्रेई ने मुस्कराकर कहा। उसकी मुस्कराहट का अर्थ बुयानोव का समर्थन भी हो सकता था और हल्का उपहास भी।

बुयानोव चिढ़ कर बोला, "बड़ा चाहिए हो, चाहे छोटा! इसमें मज़ाक की क्या बात है, कामरेड पेत्रोविच? मैंने इंजीनियर का पूरा काम सीखा है। यहाँ, उग्रेन में, मैं कुछ करके दिखा सकता हूँ...! पहली मई फ़ार्म में कहीं मौका मिलेगा? यह बात तो आपको कोई भी बता देगा।" बुयानोव ने बात कहकर अपने पतले होंठ दाब लिए, मानो जो उसे साबित करना था वह उसने साबित कर दिया है।

"हूँ!" आन्द्रेई ने उत्तर दिया। "उग्रेन में तुम सैकड़ों किलोवाट बिजली सँभाल रहे हो! ठीक है न? पर तुम करते क्या हो वहाँ? हुक्म दे दिया—इतने किलोवाट बिजली इस लाइन पर छोड़ दो, इतने किलोवाट उस लाइन पर! बिल पास करके दस्तखत जड़ दिए। इसी को बड़ा काम कहते हो तुम? लेकिन, क्या अपने गाँव के कृषि-क्षेत्र की हालत सुधारना वास्तव में ही बड़ा काम नहीं है? अपने घर-गाँव से तुम्हें कोई मतलब नहीं क्या? क्यों?"

"घर-गाँव! क्या उग्रेन मेरा घर-गाँव नहीं है—वोलोकोलाम्स्क सड़क से लेकर इलाक़े की सीमा तक? सारा इलाक़ा ही मेरा घर है! जहाँ-जहाँ भी हमारा दस्ता गया है, हमारा घर-गाँव है। तो क्या हम हज़ारों मील फुदकते फिरें? आदमी ने जो काम सीखा हो उसे ढंग से करने का मौक़ा मिलना चाहिए। बिजली के इंजीनियर को खेती के काम में टीम-लीडर बना देना हास्यास्पद है या नहीं?"

"वहाँ हम लोग तुम्हें इसलिए भेज रहे हैं कि तुम बिजली के इंजीनियर भी होगे और खेती के काम में टीम-लीडर भी!"

"अगर ऐसी ही बात है तो अस्तबल की सफ़ाई, दूध वाली का काम, मुंशी का काम भी मुझे ही सौंप दीजिए न।"

"हाँ, अस्तबल की सफ़ाई, दूध वाली का काम, मुंशी का काम—सभी सौंप रहा हूँ। ज़िला पार्टी कमिटी तुम्हें कम्युनिस्ट की हैसियत से वहाँ भेज रही है मिखाइल बुयानोव!" आन्द्रेई उठ खड़ा हुआ और उसके छोटे-छोटे दृढ़ हाथों की मुट्ठियाँ बँध गईं। "हाँ, कम्युनिस्ट की हैसियत से। फ़िलहाल हम तुम्हें और किसी पद पर नियुक्त नहीं कर रहे हैं। तुम वहाँ खुद देखोगे कि कम्युनिस्ट की हैसियत से तुम्हें क्या करना है, और वह तुम करोगे।"

आन्द्रेई और बुयानोव एक-दूसरे को घूरते रहे, मानो एक-दूसरे को तौल रहे हों।

बुयानोव अब क्या उत्तर देता? अपने को वह 'आत्म-निर्भर' व्यक्ति समझता था, क्योंकि हर चीज़ के बारे में उसने अपना स्पष्ट दृष्टिकोण बना लिया था।

मन-ही-मन उसने सोचा–"बड़ा तेज़ आदमी है। बात तो इसने बता दी, पर कभी-कभी अच्छी बातें खोखलापन छिपाने के लिए भी होती हैं। जो हो, इसकी बात पर सोचना तो चाहिए।"

अपनी बात रखने के लिए उसने पूछा :

"आन्द्रेई पेत्रोविच, और भी तो लोग हैं यहाँ। मैं ही अकेला तो नहीं हूँ। मैं जानना चाहता हूँ, तुमने मुझे ही क्यों चुना!"

"हाँ, तुम्हीं अकेले नहीं हो!" आन्द्रेई ने हामी भरी। "हम लोग बहुत से कम्युनिस्टों को उनके ज़िले के कामों से हटाकर कृषि-क्षेत्रों में भेज रहे हैं। पहली मई फ़ार्म में इस समय बोर्तनिकोव ही एक कम्युनिस्ट है। वहाँ पार्टी का संगठन बनना बहुत ज़रूरी है।"

"दो कम्युनिस्टों से पार्टी संगठन बन जाएगा?"

"तीसरा आदमी भी पहुँच जाएगा!"

"तीसरा आदमी कौन है?"

"तीसरा..." आन्द्रेई के माथे पर बल पड़ गए। मन-ही-मन झुंझला उठा कि तीसरा नाम लेते वह झेंपता क्यों है। "तीसरा भी पहुँच जाएगा," उसने कहा, "और लोगों को तुम वहाँ भरती कर लेना। वहाँ के आदमी अच्छे हैं। अब बात साफ़ हो गई न, मिखाइल ओसिपोविच! बिजली घर का काम तो तुम पन्द्रह दिनों में किसी आदमी को सिखा कर सौंप दो। बस, अब तो सब तै हो गया न?"

बुयानोव को लगा कि आन्द्रेई जो कह रहा है, वह सच है। लेकिन, आन्द्रेई के फ़ैसले के खिलाफ़ वह अपने क्रोध को इतने अर्से से पाल-पोस रहा था और इस फ़ैसले का विरोध करने की इतने लम्बे काल से तैयारी कर रहा था कि अब उससे एकदम हथियार न डाले गए।

"खैर, मैं अपना एतराज़ लिख कर भेजूँगा।" उसने क्रुद्ध स्वर में कहा।

आन्द्रेई ने बुयानोव को देखा, मानो उसके दिल में पैठ रहा हो।

"मेरा तो ख़याल है, तुम नहीं भेजोगे!"

"कौन रोकेगा मुझे?" बुयानोव ने बिना ढीले पड़े, किन्तु कुछ नम्र स्वर में कहा, "तुम, आन्द्रेई पेत्रोविच?"

"मैं नहीं, तुम्हारी पार्टी-चेतना!" आन्द्रेई ने उत्तर दिया। "अच्छा, फिर मिलेंगे मिखाइल।"

बुयानोव बेबसी की खिन्नता लिए उठ कर चल दिया। उसके दुबले-पतले शरीर से क्रोध और खिन्नता बरस रही थी।

दरवाज़ा खोलते हुए वह एक बार फिर पीछे मुड़ा। सिर की टोपी को, जिसे उसने फिर लगा लिया था, झटके से उतारकर वह बोला :

"क्या मुसीबत है! अभी-अभी एक उग्रेनी लड़की से शादी की है मैंने। आप

लोग किसी को शादी के बाद चार दिन आराम भी नहीं करने देते, आन्द्रेई पेत्रोविच।''

''ओहो, अभी शादी की है तुमने? बधाई, बधाई! तभी बड़े बने-ठने दिखाई दे रहे हो! मैं सोच रहा था, क्या बात है! खैर, तो तुम एक सप्ताह और ले लो!''

बुयानोव के जाने के बाद आन्द्रेई मुस्कराने लगा। मगर तभी कोई विचार आकर उसके मस्तिष्क से टकराया। इस विचार ने सभी दूसरे विचारों को पीछे ठेल दिया। ''हाँ, तो 'तीसरे आदमी' का मामला भी तय हुआ...।'' तीसरा नाम वह सोच तो कभी का चुका था, शायद उसे बदल भी देता। लेकिन, बुयानोव की अभी हाल की शादी की बात सुन लेने के बाद तीसरा नाम बदलने की गुंजाइश जाती रही।

''हाँ, हाँ, तय हो गया।'' आन्द्रेई ने मन ही मन दोहराया। सामने दीवार पर टँगी घड़ी की ओर उसने देखा। आठ बजकर पच्चीस थे। उसने पहली मई सामूहिक खेत के नए प्रधान को साढ़े आठ बजे बुलाया था। इस आदमी से अभी तक आन्द्रेई की मुलाक़ात नहीं हुई थी।

साढ़े आठ बजे आन्द्रेई प्रधान को बुलाने के लिए घण्टी का बटन दबाने को ही था कि दरवाजा खुला और एक भारी-भरकम व्यक्ति भीतर घुसा। आगन्तुक के बाल काले थे और आँखों से क्रोध-सा टपकता था। आन्द्रेई अभ्यागत से मिलने के लिए उठ खड़ा हुआ।

सेक्रेटरी के कमरे में घुसते ही वासिली पल-भर के लिए अचकचा गया।

ज़िला कमिटी के प्रथम सेक्रेटरी की बाबत उसने बहुत कुछ सुना था। सभी लोग आदर और स्नेह से उसे उसके खानदानी नाम से 'पेत्रोविच' पुकारते थे। वासिली ने कल्पना की थी कि सामूहिक खेत के पुराने प्रधान एलेक्सी लुकिच की ही भाँति ज़िला कमिटी का प्रधान मन्त्री गम्भीर, अधेड़-उम्र और भारी-भरकम होगा; पकी मूँछें होंगी।

प्रधान मंत्री के कमरे में क़दम रखने पर वासिली को दिखाई दिया—छरहरे शरीर वाला एक नौजवान; माथा कुछ अधिक उभरा हुआ; चौड़ा गुलाबी चेहरा और ओजपूर्ण आकृति। वासिली को विश्वास न हुआ। उसने अपनी कल्पना के मंत्री को पाने के लिए दाएँ-बाएँ आँखें घुमाईं। जब वहाँ किसी और को न देखा तो भौंहें सिकोड़े, सिर झुकाए, कमरे में दाखिल हुआ। वासिली बहुत गम्भीर और बड़ी-बड़ी बातें करने के लिए आया था और गम्भीर और बड़े आदमी से ही बातें करना चाहता था। सामने दिखाई दिया एक बड़ी-बड़ी चमकती आँखों वाला तगड़ा-सा नौजवान, बल्कि कहा जाए 'छोकरा', जो घनी भौंहों के नीचे से मुलुर-मुलुर ताक रहा था। वासिली का मन निराश-सा हो गया। उसने बातें आरम्भ कीं तो ऐसे, जैसे किसी 'छोकरे' से बातें की जाती हैं।

"कामरेड स्त्रेल्तसोव, जिला केन्द्र में यह क्या तमाशा चल रहा है? माना कि एक फ़ार्म पिछड़ा हुआ है, तो क्या आप उसे धिक्कारते ही जाएँगे?"

आन्द्रेई की भौंहें सिकुड़ गईं। वासिली का कमरे में भड़भड़ाते हुए आने का ढंग उसे अच्छा नहीं लगा था। गम्भीर स्वर में उसने पूछा :

"आपका नाम कामरेड बोर्तनिकोव है?...हूँ। आपके सामूहिक खेत को कौन धिक्कार रहा है?"

"ज़िले की कार्यकारिणी कमिटी और वह भी तुम्हारा नाम लेकर!" बोर्तनिकोव और भी झुँझलाकर बोला।

"देखो कामरेड! यह ज़िला पार्टी का दफ्तर है। आप ज़रा धीरे-धीरे बोलिए तो मैं आपकी बात समझ सकूँगा।"

"धीरे क्यों बोलूँ? हमारे सामूहिक खेत को तो ज़िला कमिटी ऐसे समझती है जैसे सौत का बेटा हो। हमारी किसी बात की यहाँ परवाह नहीं की जाती।" वासिली की आँखें लाल हो रही थीं।

"किस बात में आपके सामूहिक खेत की परवाह नहीं की गई?"

"क्यों? ज़िला कमिटी में मड़ाई और चिराई की तीन बिजली की मशीनें आई हैं। ये मशीनें पहले किन फ़ार्मों को मिलनी चाहिए थीं? जहाँ काम लायक आदमी कम हैं और काम पिछड़ा है, उनका पहला हक़ होना चाहिए था। और मशीनें दी किन्हें गई हैं? उन फ़ार्मों को जहाँ काम अच्छा-भला चल रहा था। पिछड़े हुए फ़ार्मों की मदद ऐसे ही की जाएगी।"

"जो कुछ कहना था आप कह चुके, कामरेड बोर्तनिकोव? अभी नहीं? अच्छा कहिए, मैं सुन रहा हूँ।" वासिली चुप हो गया। "तो बस! और कुछ नहीं कहना? अच्छा सुनिए, मशीनों के तीन जोड़े आए थे। अगले सप्ताह बारह जोड़े और आने वाले हैं। ये तीन जोड़े उन सामूहिक खेतों को दिए गए हैं जो तुरन्त इन मशीनों को काम में ला सकते हों। आपका बिजलीघर ठीक काम नहीं कर रहा है। आपने अभी तक लकड़ी का अपना कोटा पूरा नहीं किया है, आपके हिस्से का सन भी तैयार करके नहीं भेजा गया है। मैंने हिसाब लगाकर देखा कि आप अभी एक सप्ताह तक मशीनों को काम में नहीं ला सकते। अगर यह बात सही नहीं है और आपको मशीनों की तुरन्त ज़रूरत है, तो मुझे बताइए। लेकिन शोर मचाकर नहीं, धीमे-धीमे बात कीजिए।" आन्द्रेई के बात करने के ढंग, खेत के मामलों की जानकारी और फ़ैसले पर फिर से बहस करने और उसे बदलने की तैयारी का वासिली पर तुरन्त ही असर यह हुआ कि उसका पारा उतर गया।

'सन न भेज सकने का भी उलाहना दे गया।' मन-ही-मन वासिली ने सोचा और झिझकते-झिझकते उत्तर दिया :

"हाँ...तो...खैर! अगर सप्ताह भर की ही बात है तो...तो...हम ही इन्तज़ार

कर लेंगे।''

कुछ देर दोनों चुप रहे।

फिर, आन्द्रेई ने पूछा :

''आपने काम सँभाल लिया है?...शुरू कहाँ से करेंगे?''

''शुरू तो कर दिया है,'' वासिली ने कहा, ''कल एक सभा भी की थी। लोगों के दल बनाकर काम भी बाँट दिया है। मैं सलाह करने आया हूँ। कुछ मदद भी चाहिए। बक़ाया के बारे में बात करनी है। कर्ज़ की भी ज़रूरत पड़ेगी।...राज्य के प्रति हमारा बहुत-सा बक़ाया हो गया है। इसी बरस पूरी अदायगी कैसे हो सकती है? बहुत मुश्किल है! हम लोग पिछला तो धीरे-धीरे, कुछ समय बाद ही, चुका सकेंगे; हमारी हालत आप जानते ही हैं। हमें कर्ज़, रुपया हो या अनाज...राज्य की ओर से कुछ मिल सकता है? सभी जानते हैं, ज़िले भर में हमारे फ़ार्म की अवस्था सभी से खराब है। सहायता की हमें नहीं तो और किसे ज़रूरत है?''

''तुम्हारे फ़ार्म को सरकारी सहायता मिलेगी तो ज़रूर, पर किस तरह, और कितनी, यह मैं अभी नहीं कह सकता। पिछड़े हुए फ़ार्मों को सहायता देने के बारे में प्रांतीय दफ्तर में विचार किया जा रहा है। पूरी और पक्की बातें मैं समझता हूँ, एक महीने तक तुम्हें बता सकूँगा। कोई और बात?'' आन्द्रेई ने पूछा।

''हाँ, हमारे यहाँ बीज के लिए अच्छा अनाज नहीं है। हमारा बीज बहुत खराब रहा है। बीज के लिए हम अनाज बदलवाना चाहते हैं।''

''हमने उसके लिए भी इन्तज़ाम कर दिया है। जितनी भी हो सकेगी हम तुम्हारी सहायता करेंगे। खास चीज़ यह है कि तुम्हें हम समझदार और अनुभवी आदमी देंगे। अभी हम दो कम्युनिस्ट, दो विशेषज्ञ, तुम्हारे यहाँ भेज रहे हैं।''

''कौन-कौन दो?''

''एक तो बिजली का इंजीनियर बुयानोव है। दूसरे का नाम अभी नहीं बता सकता...अभी मैं इस सम्बन्ध में आदमी भेजने वाले अधिकारियों से बात नहीं कर पाया। खैर, तुम्हारे यहाँ दो आ जाएँगे।''

एक-दूसरे से बिलकुल अपरिचित इन दोनों आदमियों में इतनी बातचीत बिलकुल व्यावहारिक ढंग से ही हुई। एक-दूसरे के सम्बन्ध में दोनों क्या सोच रहे थे, यह उनके शब्दों से प्रकट नहीं हुआ। परन्तु दोनों ही एक-दूसरे के बिना चल नहीं सकते थे, यह वे खूब जानते थे। और, दोनों ही अपरिचित, आपस में एक-दूसरे को खूब समझ भी रहे थे। दोनों को ऊपर से देखने में कोई कुछ भी नहीं भाँप सकता था, पर वे बड़ी बारीक़ी से और बड़ी तल्लीनता से एक-दूसरे को परख रहे थे।

एक की आँखें, स्वच्छ, शान्त और पैनी थीं, दूसरे की भारी भौंहों के नीचे दबी, गहरी आँखों में चिनगारी मौजूद थी।

इस नौजवान के प्रति वासिली के मन में उपेक्षा और निराशा का वह भाव अब नहीं रह गया था जो पहले था।

वासिली शान्त हुआ तो उसके चौड़े चेहरे पर और उज्ज्वल आँखों में चिन्ता और थकावट के चिह्न प्रकट हो गए। माथे पर भौंहों के बीच घाव के चिह्न की तरह की एक सीधी रेखा, आँखों के चारों ओर काली-सी छाया, आपस में सटे होंठ—उसके अनुभवी होने और परिश्रम से न कतराने वाला व्यक्ति होने की गवाही देते थे।

मन-ही-मन उसने सोचा—"पेत्रोविच! इसकी उम्र ज्यादा नहीं है। यह आदमी ढंग का जान पड़ता है...तभी तो लोग इसे आदर से पेत्रोविच कहते हैं...!"

आन्द्रेई ने भी वासिली के बारे में सोचा—"आदमी तो काम का जँचता है। परन्तु पार्टी से न जाने इसका कैसा सम्बन्ध है...?"

कुर्सी पर शरीर ढीला छोड़ते हुए उसने अपना सिगरेट-केस वासिली की ओर बढ़ा दिया और बात बदलते हुए दोस्ताना अन्दाज़ में पूछा :

"वासिली कुज़मिच, तुम्हारा मकान पहली मई फ़ार्म में ही है न...?"

"हाँ, मैं वहीं पैदा हुआ और वहीं पला-पनपा हूँ।"

"युद्ध से पहले तो फ़ार्म की हालत अच्छी थी?"

दबी-सी मुस्कराहट वासिली के चेहरे पर फिर गई। मुँह के बन्द रहने से यह मुस्कराहट कुछ कठोर और विचित्र-सी मालूम होती थी। पर उसकी काली आँखों में नरमी आ गई और उसके चेहरे पर उत्साह तथा स्फूर्ति, विनम्रता तथा सद्भावना के चिह्न एक साथ प्रकट हुए।

"युद्ध से पहले की क्या बात है!...हमारे प्रधान अलेक्सी लुकिच का नाम नहीं सुना आपने?"

"हाँ, हाँ! क्यों नहीं? मैं उन्हें खूब जानता था।"

"क्या खूब आदमी थे वह! बहुत समझदार! बड़ी दूर की देखते थे। उनके ज़माने में हमारे फ़ार्म को देखा होता! अस्तबल ही लीजिए—फ़र्श साफ़, दीवारें पुती हुईं। घोड़े क्या थे—जैसे गुलाब के फूल; हर घोड़ा! मालिश से चमकते पुट्ठे। पूँछें भी चोटी की तरह कंघी की हुई। सब की जीनें साफ़, अलग-अलग अलमारियों में रखी हुईं, रोगन और पालिश से चमकती हुईं।" बोर्तनिकोव की आँखें चमक रही थीं और होंठों पर मुस्कराहट नाच रही थी। हर बात पर वह अपने लम्बे, साँवले हाथ हिलाहिला कर ज़ोर दे रहा था। उसका स्वर उमग-उमग पड़ता था : "खेतों में जाते—चरागाह के पीछे वाली ढलवान तो जानते हैं न—तो वहाँ फसल की दीवार खड़ी होती थी; क्या मजाल कि खेत में खड़ा ट्रैक्टर दिख जाए। कटाई की मशीन पर चढ़ कर चलिए तो मालूम होता था कि खेत समुद्र की तरह हहर-हहर करता लहरें मार रहा है। आँधी-सी आती मालूम होती थी। पच्चीस-तीस मन अनाज

एक-एक एकड़ से काटा है हमने...। किसानों को ग्यारह-बारह सेर अनाज हर दिन की पगार के तौर पर बँटता था।"

वासिली खिड़की से बाहर देखता हुआ, जाने किस याद में खो गया!

"फिर तुम्हारे फ़ार्म की हालत इतनी बिगड़ कैसे गई?"

वासिली जैसे स्वप्न से जागा।

"वह तो होना ही था! सब कम्युनिस्ट तो युद्ध-मोर्चों पर चले गए। जितने भी अच्छे-अच्छे आदमी थे, सभी लड़ाई पर चले गए। फ़ौज को हमने बीस घोड़े दिए! मुसीबत का समय था; काम को नए ढंग से संगठित करने की जरूरत थी। लेकिन बदकिस्मती से जो आदमी प्रधान बना, उसके कहने ही क्या! जब काम निकम्मों के पल्ले पड़ेगा, अपने-आप सब कुछ चौपट हो जाएगा। कुछ लोगों ने अपना अलग तरीक़ा निकालना चाहा, पुराने ढर्रे पर चलने की सोची। कुछ खेती का काम छोड़ रस्सी-वस्सी बट कर गुज़ारा करने के लिए छाल की तलाश में चक्कर लगाने लगे।"

"हूँ! तो अब आगे तुम फ़ार्म का काम किस तरह सँभालोगे?"

"कैसे सँभालेंगे?"—जरा आगे झुककर अपना साँवला, कड़ा माथा आगे बढ़ाकर वासिली बोला—"हमें जुताई में और बीज में आपकी सहायता मिल जाए तो पहली फसल के समय ही हम यह झंझट की हालत खत्म कर दें। दूसरी फसल तक हम दूसरे औसत फ़ार्मों जैसे हो जाएँगे और तीसरी फसल के बाद अगर हम किसी से पीछे रह जाएँ तो मेरा नाम बदल देना।..." बोर्तनिकोव ने अपने कोट की भीतर की जेब से एक कापी निकाली। "देखो! सब हिसाब तैयार है। कितनी खाद चाहिए, कहाँ चाहिए। खाद कैसे जाएगी, घोड़ों पर या हाथ गाड़ी से! दूध का हिसाब ! किस गाय से कितना दूध मिलना चाहिए और किन स्त्रियों की यह ज़िम्मेदारी होगी कि ये गायें इतना दूध दें। पूरी योजना तैयार है।"

पहली मई फ़ार्म के प्रधान बोर्तनिकोव की बातें आन्द्रेई ध्यान से सुन रहा था। उसका आत्म-विश्वास और भरोसा, पिछली बातें करते समय फसल और फ़ार्म के जानवरों के प्रति उसका गर्व, मज़दूरी और पगार की बातों पर कोई ख़ास ज़ोर न देना,—सभी बातों को आन्द्रेई ने मन ही मन नोट किया था। आन्द्रेई को पार्टी के काम और कम्युनिस्टों के ढंग का काफी अनुभव था। बोर्तनिकोव के हर शब्द से उसका कम्युनिस्ट होना प्रकट होता था।

आन्द्रेई के मन में वासिली के प्रति सहसा एक ऐसा भाव जागा जो मित्रता या रिश्तेदारी के सम्बन्ध से कहीं अधिक दृढ़ और घनिष्ठ होता है। यह क्या था, इसकी आन्द्रेई व्याख्या नहीं कर सकता था। यह कहना कठिन था कि इसका आधार उद्देश्य की एकता, विचारों की समता या भविष्य में समान लक्ष्य था; या, जीवन-मरण की बाज़ी में एक साथ हो जाने वालों की भावना थी; या, ये सभी बातें

एक साथ थीं। ऐसी आत्मीयता की तुलना संसार के किसी भी दूसरे सम्बन्ध से नहीं की जा सकती। इस भावना की कोई व्याख्या आन्द्रेई नहीं कर सकता था। वह इसे 'पार्टी की भावना' ही कहता था। उसे इसी भावना का भरोसा था और इसी की खोज भी उसे रहती थी।

आन्द्रेई के चेहरे पर विमुग्ध बालकों का सा भाव छा गया। इस भाव ने उसके चेहरे का रंग बदल दिया, लेकिन यह रंग उसे बहुत फबता था।

आन्द्रेई और वासिली एक-दूसरे के सामने बैठे थे। एक था—छरहरे बदन वाला, खूबसूरत बालों वाला और चंचल; दूसरा था—लम्बा, साँवला और कुछ गम्भीर। प्रकट भेद और भिन्नता के बावजूद दोनों बातें करते-करते समता और अपनत्व के सूत्र में बँध गए थे।

"काम है मुश्किल," आन्द्रेई ने कहा, "कम से कम शुरू में तो कठिन होगा ही। लेकिन, आप जानते हैं इस काम का सबसे रोमांचकारी और विशेषतापूर्ण अंग कौन सा होगा? इसके विकास की गति की तीव्रता! हवाई जहाज़ में तो सफ़र किया है न?...हवाई जहाज़ जमीन पर खड़ा रहता है तो विस्मय होता है कि यह पहाड़-सी भारी चीज़ हिल भी पाएगी? पर, वह चलना शुरू करता है। पहले धचर-धचर करता हुआ ज़मीन पर लुढ़कता चलता है। फिर, सहसा वह ऊपर उठता है, ऊपर उठता ही जाता है, तेज़ी पकड़ता है, उसकी चाल सधती जाती है। मैंने कितने ही सामूहिक खेतों को, अच्छा नेतृत्व मिलने पर, इसी तरह उन्नति करते देखा है। जिस चीज़ से सदा ही विस्मय होता है, वह यह है कि इतनी जल्दी कैसे इतना परिवर्तन हो जाता है। यह सच है कि जितने फ़ार्म मैंने अब तक देखे हैं, उन सभी से तुम्हारे फ़ार्म की हालत खराब है। पर यह पक्की बात है कि वह सुधरेगी भी बहुत तेज़ी से।"

आन्द्रेई को ख़याल आया कि वह बातों ही में फँस गया। उसने सोचा, अब काम की चर्चा होनी चाहिए।

आवश्यक कार्यों सम्बन्धी वार्तालाप, पार्टी सेक्रेटरी के काम का आवश्यक अंग था। इस तरह का वार्तालाप उसे बहुत ही प्रिय और रोचक लगता था। लेकिन, उस पर ध्यान केन्द्रित करना और उसे लाभदायक धाराओं में मोड़ना बहुत ज़रूरी था। पहली मई सामूहिक खेत के प्रधान की खूबियों को आन्द्रेई भाँप चुका था। लेकिन यही सब कुछ नहीं था। उसे उसकी कमज़ोरियाँ भी तो जाननी थीं! उसने वासिली के मन की गहराइयों को नापते हुए प्रश्न किया :

"जो लोग खेती का काम छोड़ रस्सी बटने या दूसरे कामों में लग गए हैं उनका क्या करोगे, वासिली कुज़मिच?"

वासिली की पतली ऊँची नाक के नथुने ज़रा फूल उठे। उसने उत्तर दिया :

"फ़िक्र न करो! मैं सबको ठीक कर लूँगा, आन्द्रेई पेत्रोविच। सबकी अकल

ठीक कर दी जाएगी। कुछ को तो समझ आ गई है। जिन्हें समझ नहीं आएगी, उन्हें हम ठीक कर लेंगे।''

वासिली की बात आन्द्रेई को खटकी। उसने तुरन्त सावधान होकर पूछा :

''ठीक कर लेंगे, का क्या मतलब? ज़बर्दस्ती तुम्हारे मुँह में कोई हलवा भी ठूँसे तो क्या अच्छा लगेगा?''

''क्यों नहीं अच्छा लगेगा?'' लापरवाही से हँसते हुए वासिली ने कहा, ''खूब अच्छा लगेगा!'' वह इस तरह हँसा मानो उसने यह बात मज़ाक में कही हो; परन्तु उसके विचार की कठोरता स्पष्ट थी।

''यह मामला टेढ़ा है।'' आन्द्रेई ने सोचा। ''यह आसानी से नहीं समझेगा। ऐसे काम नहीं चलेगा।''

आन्द्रेई ने समझाया : ''इससे कोई फ़ायदा नहीं होने का। तुम ज़बर्दस्ती करोगे तो एक के बदले में दस दूर जा खड़े होंगे। फ़ार्म चलेगा कैसे? तुम अकेले तो चला नहीं लोगे? सुना नहीं तुमने : गाड़ी के बिना गाड़ीवान क्या, पर गाड़ीवान के बिना गाड़ी तो गाड़ी ही है। दुश्मन हों तो उन्हें खदेड़ भगाया जा सकता है, यातनाएँ दी जा सकती हैं। परन्तु, सोवियत के आदमी को तो तुम्हें समझाना ही पड़ेगा। उससे ज़बर्दस्ती तो की नहीं जा सकती।''

दोनों चुप रह गए।

आन्द्रेई उठ कर कमरे में चहलक़दमी करने लगा था। कमरे में सन्नाटा था। बस, आन्द्रेई के जूतों की आवाज़ आ रही थी।

वासिली के सामने खड़े होकर वह बोला :

''लोगों को समझाने की, उनमें विश्वास और उत्साह जगाने की ज़रूरत है ताकि वे तुम्हारा साथ दे सकें। तुम्हें रास्ता दिखाना होगा। लेकिन चलना होगा लोगों को साथ लेकर ही। उनके बिना कुछ नहीं होगा। लेकिन तुम बात करते हो लोगों को 'ठीक कर देने' की! ऐसे कैसे चलेगा, वासिली कुज़मिच?''

वासिली पलकें झुकाए सुनता रहा।

''मेरा मतलब यह नहीं था...ऐसे ही कह दिया था...।''

''नहीं, ऐसा नहीं होना चाहिए!'' आन्द्रेई बोला। ''तुम सामूहिक खेत के प्रधान हो, गाँव की सोवियत के सदस्य हो! तुम्हारे मुँह से निकली बात चार गाँवों में फैलेगी! तुम सोवियत सरकार के प्रतिनिधि हो। तुम्हारी बात सोवियत सरकार की बात मानी जाएगी, वासिली कुज़मिच!'' आन्द्रेई घूमकर अपनी कुर्सी पर जा बैठा और पूर्व-परिचित कामकाजी ढंग से बोला, ''मैं तुम्हें एक पत्र दे रहा हूँ। तुम जाकर बीज के लिए अनाज बदलवाने का प्रबन्ध करो! तीन बजे फिर तुम यहाँ आओ। मैं चलने-फिरने वाले पुस्तकालय के लिए तुम्हें कुछ पुस्तकें दूँगा और एक प्रचारक भी तुम्हारे यहाँ भेजूँगा। तुम अपने साथ ले जा

सकते हो। तुम्हारी गाड़ी में इतनी जगह होगी?...आए कैसे हो?...छोटी बरफ़गाड़ी में या बड़ी बरफ़गाड़ी में ?..."

आन्द्रेई के मुँह से इतनी गम्भीर बातों को सुनने के बाद बरफ़गाड़ी की बात सुनकर ताज्जुब होता था।

"बड़ी है!" वासिली ने अपने विचारों को कठिनाई से राह पर लाते हुए धीरे से उत्तर दिया।

"तो फिर क्या है? सभी के लिए उसमें काफी जगह होगी।...अच्छा, अब तुम अपना काम कर आओ, वासिली कुज़मिच!"

मंत्री ने खड़े होकर वासिली का हाथ अपने छोटे-छोटे हाथों में लिया और उसे दबाकर झकझोर दिया।

वासिली उठकर खड़ा हुआ, अपने कन्धे सीधे किए और सिर को इस तरह का झटका देकर अपने को अब तक के तनावपूर्ण वातावरण से मुक्त किया कि बालों का एक गुच्छा उसके माथे पर लटक आया।

दरवाज़ा खोलकर वह इतने धीरे-धीरे और सावधानी से बाहर निकला मानो डरता हो कि फ़र्श पर फिसल न जाए। अब भी आन्द्रेई उसकी ओर एकटक देख रहा था।

"आदमी निभा तो ले जाएगा। पर, जब तक तजुर्बा नहीं हासिल करता तब तक, काम का तरीक़ा समझाते रहने के लिए, इस पर बराबर ध्यान रखना पड़ेगा। स्वभाव में ज़रा ज़रूरत से ज्यादा आत्म-विश्वासी, अक्खड़ और बेसबरा है। पर, जाने क्यों मुझे आदमी अच्छा लग रहा है। खैर, इस पर ध्यान तो रखना ही होगा।"

आन्द्रेई फिर कुर्सी से उठ खड़ा हुआ। उसने एक सिगरेट सुलगाई, छोटी खिड़की खोली और बरफ़ से ढँकी गली की ओर देखता खड़ा रहा। बरफ़ से ढँकी, ज्योतिस्नात गली को देखकर उसे जाने क्यों बालेंतिना की याद आ गई। बालेंतिना कुछ दिनों में वहीं काम पर आने वाली थी। उसे ख़याल आया, तब शायद ऐसे खिड़की खोलने पर बालेंतिना सामने दिखाई दे जाया करे! आन्द्रेई कुछ देर इसी ख़याल में डूबा रहा।

खिड़की से कमरे में भीगी, बर्फ़ानी हवा भर आई।

ड्योढ़ी में एक देहाती बरफ़गाड़ी खड़ी थी। गाड़ी में एक छोटी-सी बादामी रंग की घोड़ी जुती थी और गाड़ी में फूस बिछाकर गाँव की सोवियत का प्रधान और दो स्त्रियाँ बैठी थीं।

"निस्संदेह यह घोड़ी सोवियत की उपज है। कितनी प्यारी लगती है।"

बोर्तनिकोव खटखट करता हुआ ड्योढ़ी की सीढ़ियों पर से उतर गया।

बाहर चलता-फिरता वह वैसा भारी-भरकम और बेडौल नहीं लगा जैसा कमरे

में कुर्सी पर बैठा दीख रहा था। वह चुस्त और फुर्तीला लग रहा था। उसका भेड़ की खाल से ढँका और चौड़ी पेटी से कसा लम्बा-चौड़ा शरीर इस समय बरफ़ भरी गली और सामने के चमकते बर्फ़ानी मैदान में भद्दा नहीं दीख रहा था। इतनी देर कुर्सी पर बैठना और बातें करते रहना ही बेचारे के लिए मुश्किल हो गया था। खुली हवा और बरफ़ में निकलकर जैसे उसे मुक्ति मिली हो। बोर्तनिकोव ने सुस्ती दूर करने के लिए अपने चौड़े कन्धे फैला कर बाँहें झटक लीं।

बोर्तनिकोव ने खम्भे में फँसाई घोड़ी की रास खोल ली और एक छलाँग में बरफ़गाड़ी पर सवार हो गया। अपना खूबसूरत सिर ज़रा पीछे डालकर वह खड़े-खड़े ही घोड़ी को हाँकने लगा। घोड़ी मुँहजोर हो रही थी। सड़क से इधर-उधर भागना चाहती थी।

बोर्तनिकोव ने रास तान कर उसे डाँटा :

''होश कर! सोवियत सरकार का अफ़सर चला रहा है तुझे!''

बोर्तनिकोव अकड़ दिखा रहा था, गर्व अनुभव कर रहा था और अपना ही मज़ाक भी उड़ा रहा था। गाड़ी में बैठे लोग ज़ोर से हँस पड़े। आन्द्रेई भी अपने दफ्तर में खिड़की के पीछे खड़ा पहली मई फ़ार्म के इस प्रधान की ज़िन्दादिली देख कर हँस पड़ा :

'असली अतामान है!' मन-ही-मन आन्द्रेई कह रहा था, 'आदमी सचमुच काम का है! ज़रा तेज़ है, मगर अच्छा है। ज़िन्दादिल है, हौसलेदार भी है!'

घोड़ी तेज़ दुलकी दौड़ने लगी। सड़क पर जमी बरफ़ उसके सुमों से टूट-टूट कर उड़ रही थी।

आन्द्रेई ने खिड़की बन्द कर ली।

ज़िले की अवस्था में सुधार की सम्भावनाएँ प्रकट हो रही थीं; पिछड़े हुए पहली मई सामूहिक खेत का प्रधान भरोसे का और उपयुक्त आदमी था। जल्दी ही बालेंतिना के आने की आशा थी; प्रभात भी उज्ज्वल और सुहावना था; आन्द्रेई का मन उत्साह से उमग उठा।

घड़ी ने नौ बजाए।

आन्द्रेई ने अपने दफ्तर का दरवाज़ा खोला। ज़िला पार्टी कमिटी के दफ्तर के काम-काज की नित्य की परिचित गूँज सुनाई दी। मेहमानों के कमरे में कई मिलने के लिए आए लोग बैठे थे। साथ के कमरे से टाइपराइटर की खट-खट सुनाई दे रही थी। आन्द्रेई की सेक्रेटरी टेलीफोन पर मुँह लगाए ज़ोर-ज़ोर से बोल रही थी :

''कार्पोवका! लाइन फिर कट गई। हलो! केन्द्रीय! कात्या, तुम ज़िला पार्टी कमिटी की लाइन ठीक क्यों नहीं करतीं? लाइन बार-बार कट रही है। हाँ! कार्पोवका! सुनो, कल एक प्रचारक तुम्हारे यहाँ भेज दिया जाएगा। समझीं!

हलो...!"

दूसरी ओर भेड़ की खाल का कोट पहने एक व्यक्ति दूसरे आदमी से बड़े उत्साह से कह रहा था—"हम लोगों ने अपना लकड़ी का कोटा तो क़रीब-क़रीब सवाया पूरा कर दिया। लकड़ी ढोने के काम में तीन दल होड़ पर लगे हुए हैं।"

एक कोने से आवाज़ आई—"चार सौ टन सुपरफासफ़ेट, अव्वल दर्ज़े की खाद! ...क्या कहना है फसल का!"

छोटे से कमरे में जीवन की चिर-परिचित ध्वनियाँ गूँज रही थीं। आन्द्रेई दरवाज़े पर ऐसे रुका जैसे नदी में कूदने से पहले तैराक रुकता है।

उसे अपने बचपन की उड़ती-सी याद आई। ओका नदी का किनारा, और वह। खूँटे जैसे सिरवाला लड़का—वह लहरों से जूझा करता था।

उसके मन में उमंग उठ रही थी कि ज़िला पार्टी के काम में वह सिर के बल कूद पड़े और धार को अपने वश में करके सब कामों को पूरा कर दे।

आन्द्रेई ने मिलने की प्रतीक्षा करते लोगों को एक सरसरी नज़र से देखा। अभ्यस्त नज़र ने भाँप लिया कि सबसे जरूरी काम वाला कौन है। आगे बढ़कर लकड़ी का काम करनेवालों के प्रतिनिधि की ओर इशारा कर, मुस्कराकर उसने पुकारा :

"आओ न, सर्गी सर्गेईविच!"

ज़िला पार्टी कमिटी के दफ्तर की दिनचर्या ज़ोरों से शुरू हो गई।

3. डोर

वासिली जब भी अपने सामूहिक खेत का चक्कर लगाकर लौटता, उसका मन खिन्नता से भर जाता। वह सोचता—'मेरे अस्पताल के साथी जब पत्र लिखते हैं, अपने खेतों की तारीफ़ें लिख भेजते हैं; वे खेत फल-फूल रहे हैं, उन्नति कर रहे हैं। पास-पड़ोस के जिस खेत को देखो, आगे बढ़ता चला जा रहा है। मोर्चे पर था तो मैं भी दिन-रात स्वप्न देखता था : हमारे खेत में यह हो रहा होगा, वह हो रहा होगा! यहाँ कम्बख्त सब चौपट पड़ा है...।'

लड़ाई से पहले पहली मई सामूहिक खेत के पशुओं का ज़िले भर में नाम था। अब देखो तो घोड़ों और गायों की हड्डियाँ निकल रही थीं।

अस्तबल वाले प्योत्र मातवेयेविच ने वासिली से कहा, "मैं तो शरम के मारे अपने घोड़ों को लोगों की नज़र से बचाए रहता हूँ जैसे बदन पर फोड़ा हो जाए

तो छोकरियाँ ढाँके रहती हैं।''

मन के क्षोभ के मारे प्योत्र लम्बी टाँगें फैलाए अपनी सफ़ेद दाढ़ी नोचता खड़ा रह गया।

प्योत्र का घर पड़ोस के गाँव तेम्ता में था। तेम्तावालों को इस बात का गर्व था कि उनके पूर्वज 'स्त्रेलत्सी' लोग थे, पुराने कर्मकांडी नहीं। स्त्रेलत्सी लोगों के विद्रोह के बाद उन्हें देश-निकाला देकर उग्रेन के जंगलों में भेज दिया गया था। तेम्तावाले खूब कद्दावर और हृष्ट-पुष्ट आदमी थे। प्योत्र पर तो खासतौर से नज़र पड़ती थी–विशेषकर उसकी दाढ़ी पर, जो गर्दन और छाती को ढँके थी, जो खूब घनी, घुँघराली, सुनहरी और बीच से दाएँ-बाएँ बटी हुई थी।

वासिली के मन में प्योत्र के सशक्त शरीर के लिए बहुत ईर्ष्या थी और आदर भी। अपनी जवानी में वह प्योत्र की तरह चलने और उसी की तरह गम्भीरता से धीरे-धीरे बातें करने की कोशिश करता था। अब प्योत्र के झुके कन्धे और उतरा चेहरा देखकर वासिली का मन पीड़ा से क्षुब्ध हो उठता था।

वासिली सोचता–'घोड़ों की तरह बेचारे बुढ़ऊ की हालत भी खराब होती जा रही है।'

''हो क्या गया है?'' वह अपने से तथा और सब लोगों से बीसों बार पूछता।

अपनी दाढ़ी नोचते-नोचते प्योत्र कहने लगा :

''यह सब बालकिन की करतूत है! शुरू में बहुत से लोग उससे खुश थे। चुप्पा-सा आदमी, मुँह का बड़ा मीठा...। जब देखो, 'मेरे प्यारे, मेरे दोस्त' कहता रहता था; यह उसका तकियाक़लाम था। काम की पगार में सब को पूरा-पूरा अनाज देता था! अच्छा क्यों न लगता! औरतें तो और भी खुश थीं। लेकिन, जब बोवाई का समय आया, अहा हा! बोने के लिए अनाज का एक दाना नहीं। यह थी करतूत 'मेरे प्यारे' की। तो भैया, बीज के लिए हमने किसानों से अनाज इकट्ठा करना शुरू किया...। मुझे भी इस काम में जोत दिया गया।'' मातवेयेविच का मन तलखी से भर उठा। ''मुझसे बोला–'तुम्हें लोग बहुत मानते हैं, तुम बीज के लिए अनाज जमा करने में हमारी मदद करो।' माँग-ताँगकर हम लोगों ने कुछ अनाज इकट्ठा किया। अनाज क्या, कूड़ा ज्यादा इकट्ठा हो गया। बालकिन को निकाल दिया गया। पर, इससे फसल थोड़े ही खड़ी हो जाती। घास के लिए छोड़े हुए खेत बे-जुते रह गए। उन्हें जोतना नई धरती पर हल चलाने से कम मुश्किल नहीं था। खेतों में झाड़ियाँ पड़ गईं। फसल की बदली का सिलसिला टूट गया; एक बार बिगड़ा तो बिगड़ता ही गया। इसी से यह हालत हुई। ज़मीन मानो ठिठुरकर जम गई। खाद की बात लो। फुदकी तक खेत में बीट नहीं करती! फुदकी वहाँ जाए भी तो पाए क्या? इसी से हमारा खेत ज़िले भर में बदनाम हो

गया। पहले लोग हमारे खेत को 'पिछड़ा हुआ' कहते थे, तो हमें बुरा लगता था। फिर इसकी भी आदत पड़ गई। पहली मई सामूहिक फ़ार्म की जगह हमारा नाम ही 'पिछड़ा हुआ' फ़ार्म पड़ गया। जहाँ ज़िले की कॉन्फ्रेंसों में किसी ने 'पिछड़ा हुआ' फ़ार्म कहा, समझ लिया हमारी ही बात है। अपना सिर खुजला कर रह जाते थे।''

बस, भेड़ों के बाड़े की हालत ही अच्छी थी। वहाँ जाता तो वासिली खुशी से खिल उठता। यहाँ गड़बड़ी का कोई चिह्न नहीं था। सच पूछो तो इसकी हालत युद्ध से पहले की अपेक्षा भी अच्छी थी। जब वासिली युद्ध पर गया था तब यहाँ दोगली जाति की भेड़ें ही भरी हुई थीं। बस, दो बढ़िया, बड़े-बड़े सींगों वाले मेढ़े नए खरीद कर लाए गए थे—बड़सींगा और धौरा। इन मेढ़ों के बाल बरफ़ जैसे सफेद और घुँघराले थे।

वासिली भेड़ों का बाड़ा देखने गया। दादी वासिलिसा भेड़ों के बाड़े की मालकिन थी। उसने बाड़ा दिखाया तो वासिली खुशी से नाच उठा। बाड़े की नीची बाड़ के ऊपर से खूब बड़ी-बड़ी, मोटी-मोटी भेड़ें, चमकदार काली-काली आँखों से ताक रही थीं। मेमनों के लिए बाड़ में छोटे-छोटे दरवाज़े छोड़ दिए गए थे। दादी वासिलिसा की आवाज़ सुनकर सफेद ऊन की गठरियों जैसे मेमने लुढ़कते-फुदकते दौड़कर आए और दादी को घेर लिया।

''मैं जानती हूँ तुम मेरी तारीफ़ करोगे!'' उसकी चमकती हुई आँखें कह रही थीं। ''तुम तारीफ़ किए बिना नहीं रह सकते, और मैं गर्व अनुभव किए बिना नहीं रह सकती।''

गर्व से मेमनों की ऊन पर हाथ फेरते हुए दादी ने झेंपते हुए फिर कहा, ''देखो तो कैसे शहद की मक्खियों की तरह आ लिपटते हैं मुझसे! मैं दावे से कह सकती हूँ कि ऐसे प्यारे नन्हे-नन्हे मेमने तुम्हें बहुतेरे फ़ार्मों में नहीं मिलेंगे। सफेद, नन्हे-नन्हे, झब्बेदार—नीले आसमान में सफेद बादलों के टुकड़े जैसे।''

एक भारी-भरकम मेढ़ा अपने बलखाए सींग आगे को करके बाड़ के पीछे से वासिली की ओर झपटा।

दादी ने मेढ़े के प्रदर्शन पर प्रसन्न होते हुए बताया : ''यह डर रहा है कि तुम मेमनों को उठा न ले जाओ! उनकी रखवाली करता है। यह बड़ा चौकस है! इससे होशियार रहना। ज़रा चूके नहीं कि इसने मारा!''

वासिली ने मुस्कराकर 'चौकस' मेढ़े की तरफ़ अपना हाथ बढ़ा दिया। मेढ़े ने हाथ को तिरछी निगाह से देखा और फिर अपने सींगों की नोक हाथ की सीध में करके एक चोट मारी।

''देखा कितना गुस्सेबाज़ है!'' दादी वासिलिसा अभिमान से बोली। ''गर्मियों में हम लोग इन्हें चराने के लिए पहाड़ियों पर ले गए थे। चरवाहे के

साथ मैं खुद भी गई थी। आसपास की सभी चरानें हम लोगों ने छान डालीं। भेड़ें बेचारी खाती ही कितना हैं? आजकल फिर दुबली हो चली हैं।''

वासिली भेड़ों के बाड़े से लौटा तो सोच रहा था—'देखो न, जहाँ लोगों में सामूहिक खेत वाली भावना हो, वहाँ बुरा प्रधान भी कुछ नहीं बिगाड़ सकता? मान लिया, प्रधान निकम्मा था, फ़ार्म के दफ्तर के लोग काम नहीं करते थे; पर तुम कहाँ थे?' वासिली कल्पना में खेत के किसानों से बातें कर रहा था। 'जब समय अच्छा होता है तब तो तुम लोग सहयोग के लिए तैयार रहते हो! लेकिन मुसीबत आई नहीं कि सब लोग अपने-अपने बिलों में घुस जाते हो और बिलों का मुँह बन्द कर लेते हो।'

एक दिन वासिली दोपहर की छुट्टी के बाद अस्तबल गया। आँगन में अच्छी-खासी भीड़ थी। लोग खेतों या जंगल में अपने-अपने काम पर जाने के लिए गाड़ियों की तलाश में जमा थे।

अस्तबल में अँधेरा-सा था। घोड़े अपने थानों पर सुम पटक-पटककर हिन-हिना रहे थे। अधखुले दरवाज़े से ठण्डी सुर्ख रोशनी की पट्टी से प्रकाश भीतर आ रहा था। मात्वेयेविच, पुराने प्रधान का गुलाबी गालोंवाला लड़का अल्योशा, और लुबावा बोल्शाकोवा दरवाज़े के पास भूसे के ढेर पर बैठे जीन और साज़ों की मरम्मत कर रहे थे।

युद्ध से पहले लुबावा के चेहरे पर खूब जवानी और रौनक थी। वह स्वभाव की खुशमिजाज़ और बड़बोली थी। युद्ध में उसका पति खेत रहा था। बेचारी के पाँच बच्चे थे और वह विधवा हो गई थी। इस शोक ने उसके चेहरे और मन, दोनों को झुलसा दिया। कठिनाई ने उसके स्वभाव की और कड़ा बना दिया; साथ ही उसके चेहरे को और ही एक छवि भी दे दी। अब वह पत्थर की तराशी हुई मूर्ति जैसी लगती थी।

''चलो अब काम चल जाएगा''—एक साज़ को समेटते हुए लुबावा बोली। वासिली को उसके स्वर में एक अपरिचित कटुता-सी खटकी। लुबावा उठी और एक धुँधले काले रंग के घोड़े को थान से खींच लाई।

घोड़ा अड़ता हुआ आ रहा था। उसकी सूखी-सूखी टाँगें अपने ही बोझ से फैली जा रही थीं। पसलियाँ कमचियों की तरह बाहर निकली पड़ती थीं। उसकी सूजी-सूजी आँखों से थकावट और अवसाद झलक रहा था।

''लानत है ऐसे लोगों पर!'' वासिली के मुँह से निकल पड़ा। ''क्या हाल कर दिया है बुलानी का! ये सामूहिक खेत के लोग हैं! आदमियों की तो बात क्या, जानवरों को भी मुँह दिखाने लायक नहीं हो तुम लोग!''

लुबावा का मुँह झटके के साथ ऊपर उठ गया :

''किससे कह रहे हो?''

"क्यों? चोर की दाढ़ी में तिनका?"

लुबावा के हाथ से रास गिर पड़ी। वह वासिली के सामने आ खड़ी हुई। दरवाज़े के भीतर के धुँधले प्रकाश में लुबावा का साँवला, क्रोध से तमतमाता, गाल धँसा चेहरा, तनी हुई भौंहों के नीचे चमकती काली आँखें—यह सब वासिली को कुछ ऐसा सुन्दर और विचित्र लगा कि उसके मुँह से बोल ही न निकल पाया। वह एकदम पीछे हट गया।

"ऐसे लफ़्ज अभी धरती, समुद्र या आसमान पर बने नहीं हैं जिनका तुम मेरे खिलाफ़ प्रयोग कर सको।" कड़े स्वर में लुबावा बोली। "तुम्हें एक दुबले घोड़े पर तो दया आती है, लेकिन तुम्हें यह नहीं मालूम कि युद्ध काल में हम लोगों ने कैसे अपने बच्चों के मुँह का ग्रास छीन-छीनकर सिपाहियों का, और प्रधान जी, आपका पेट भरा था। तुम सबको, एक ही लाठी से हाँकते हो! माना कि दो-चार निकम्मे आदमी हैं। पर, उन्हें तो हम खुद ही लानत भेजते हैं।"

"लड़ाई के पहले सालों में तो हमारे फ़ार्म ने अपने कोटे से भी ज्यादा अनाज दिया था"—किसी लड़की की महीन, पर ऊँची, आवाज़ सुनाई दी। कौमसोमोल की सदस्या, गोल-गोल चेहरे वाली तातिआना, अस्तबल के परले सिरे से बोल रही थी।

लुबावा वासिली की ओर एक क़दम और बढ़ आई—"हाँ! तब हमने योजना से अधिक काम किया था या नहीं?"

लुबावा का क्रोध से तमतमाता चेहरा उसके बिलकुल पास आ गया।

"क्या समझते हो! ऐसी धरती से, और सन् '42 की सर्दी में, योजना से अधिक पैदावार कर देना खेल था? जानते हो क्या हालत थी? मर्द सबके सब लड़ाई पर जा चुके थे। बढ़िया घोड़े भी हमने फ़ौज में भेज दिए थे," लुबावा का गला रुँधने लगा था पर वह कहती गई, "और...हम विधवाओं की आँखों से आँसू बह रहे थे।" उसके कन्धे जैसे किसी भार से झुक गए। सहारा लेने के लिए वह दीवाल से टिक गई। लगता था वासिली उसके सामने नहीं है और वह कहीं दूर देख रही है; वासिली से ज्यादा अब वह अपने से बात कर रही थी : "महीने भर की बारिश के बाद उस दिन धूप निकली थी। उसी दिन मुझे पति की मृत्यु की खबर मिली...। जौ की कटाई अभी पूरी नहीं हुई थी...। मैं कटाई करती जा रही थी, पर मुझे दिखाई कुछ नहीं दे रहा था। आँखों से आँसू बह रहे थे। हँसिया मेरे हाथ में था, पर मुझे कुछ पता नहीं था कि मैं क्या काटती जा रही हूँ, क्या कर रही हूँ। मुझे कुछ नहीं मालूम था कि क्या हो रहा है। बस हाथ चल रहा था। तभी प्रास्कोवा ने चिल्लाकर मुझे रोका—'क्या कर रही है री? कितना खून बह गया है? सारी ज़मीन खून से तर हो गई है।' रुककर मैंने देखा। मेरे कपड़े खून से तर थे और मेरी टाँगें हँसिये के घावों से जगह-जगह जख्मी हो रही थीं।" लुबावा

खामोश हो गई। वह चुप हुई तो सभी चुप हो गए; घोड़ों ने भी हिनहिनाना और सुम मारना बन्द कर दिया। "मैं कुछ कहना नहीं चाहती थी!" लुबावा फिर बोली, "पर तुम्हीं ने पहले डंक मारा। सभी को एक बाँट से तौलने का मतलब? अरे, तुम अपनी अवदोत्या को ही देखो! वह न होती तो आज एक गाय ज़िन्दा न दिखाई देती। इस अल्योशा को देखो, चौदह बरस की उम्र से पूरे जवान मर्द का काम कर रहा है। दादी वासिलिसा को देखो, भेड़ों का बाड़ा लड़ाई के पहले से भी बेहतर हालत में है। तुम सभी को दोषी समझते हो; सबको एक ही लपेट में लपेटते हो। नहीं; अभी ऐसे शब्द नहीं बने हैं जिनसे तुम हमें दोषी ठहरा दो और खुद बड़े क़ाबिल बनते फिरो! कुछ समझे, प्रधान महोदय! हटो! रास्ता छोड़ो!"

लुबावा के चले जाने के बाद दूसरे किसानों ने वासिली को घेर लिया। वे सभी एक साथ बोलने लगे।

"तुम हमें दोष देते हो कि हमने फसलों की अदला-बदली का सिलसिला बिगाड़ दिया!" उस खेत के अत्यन्त सम्मानित बुजुर्ग पिमेन यासनेव ने कहा। "अच्छा भाई! हमने ही बिगाड़ दिया! पर असल बात क्या थी? यूक्रेन के काली मिट्टी के सभी ख़ास-ख़ास इलाक़े नाज़ियों के हाथ में चले गए और गल्ला पैदा करने का पूरा बोझ हम लोगों के सिर आ पड़ा। हर तरफ़ से गल्ले की माँग! देश-भर के लिए गल्ला! सेना के लिए गल्ला! लड़ाई के पहले वर्षों में इतना ज्यादा गल्ला हमने दिया कि शायद ही कभी पहले इतना दिया हो। हाँ, ध्यान रहे—इतना ज्यादा! सभी काम तेज़ी से हो रहा था। लेकिन, क़िस्मत की बात! इसी कठिन समय में आ बैठा एक निकम्मा प्रधान! बस गड़बड़ी शुरू हुई। अरे, किसान तो अच्छे-बुरे सभी तरह के होते हैं; मतलब यह कि हम लोग ख़ामियों से बरी नहीं हैं। हम लोगों ने फ़ार्म के नेतृत्व के बारे में कमज़ोरी दिखलाई, और अब हम लोग भुगत रहे हैं। पर, लुबावा जैसों को निकम्मों में मिला देना तो शर्म की बात है न?"

ठिगना, गठीला यासनेव अपनी बात धीरे-धीरे समाप्त करके वासिली की ओर उलाहना भरी कठोर दृष्टि से देख रहा था।

"बार-बार युद्ध की बातें करने से क्या फायदा?" वासिली ने उत्तर दिया। "माना कि युद्ध के दिनों में फ़ार्म के लोगों ने बहुत काम किया था; पर, अब क्या हो गया है? अब भी तो तुम अपने सामूहिक खेत के मालिक हो—तुम प्योत्र मातवेयेविच और तुम पिमेन इवानोविच!"

जवाब देने को तो वासिली किसानों को निरुत्तर कर आया था। परन्तु उस रात बहुत देर तक उसे नींद नहीं आई। लुबावा का क्रुद्ध चेहरा बार-बार उसकी आँखों के सामने आ जाता था और उसे सुनाई देता मानो वह कह रही हो : "कुछ समझे, प्रधान महोदय?"

वासिली के मन में बार-बार खटक रहा था कि उससे कुछ चूक हो गई है। उसे लगता ग़लती खेत और पार्टी के काम में ही नहीं हुई, घर में भी हुई है। अपना पारिवारिक जीवन भी उसे असफल लगता। प्रकट में न तो कोई झगड़ा था, न तू-तू मैं-मैं। पर, खुशी और उमंग भी नहीं थी। घर में जैसे तनाव की चुप्पी छाई रहती हो।

एक शाम की बात है। वासिली को ज़िला पार्टी के दफ्तर से लौटे कुछ ही अरसा हुआ था। मेज़ पर पड़े कागज़ों को समेटते हुए झुँझलाकर वह बोला :

"बहुत हुआ! इस मनहूस खेत की प्रधानी से भर पाया। कभी तो हम भी साधारण आदमियों की तरह साँझ के समय चैन करें...। ज़रा घूम-फिरकर ही मन हल्का करें। चलो दुन्या, आज साँझ बप्पा के घर हो आएँ।"

वासिली तैयार हो गया। अवदोत्या अभी कपड़े बदल रही थी। कभी एक ब्लाउज पहनती, कभी दूसरा।

"कितनी देर लगेगी पोशाक सजाने में? कौन ब्याह शादी में जा रही हो?"

"अम्मा बुरा मान जाती हैं। कपड़े ठीक से न पहनो तो टोक देती हैं।" अवदोत्या ने उत्तर दिया।

अवदोत्या ने गहरी-नीली साटिन का ब्लाउज पहना और गाढ़े रंग का रूमाल सिर पर बाँध लिया। उसके चेहरे का पीलापन और भी उभर आया। बड़ी-बड़ी आँखों में थकावट और चिन्ता झलक रही थी। मालूम होता था—किसी छोटी-सी, थकी, और डरी हुई लड़की पर किसी ने भारी परिवार का बोझ डाल दिया था।

वासिली के मन में आ रहा था कि वह अवदोत्या की कमर में बाँह डाल ले। पर उसने मन मार लिया। अनबन की एक अदृश्य-सी दीवार उन लोगों के बीच बनी ही रहती थी, जैसे काँच का एक पर्दा हो जो दिखाई न देने पर भी अलंघ्य ही रहता है। जब भी वासिली के मन में पत्नी के लिए प्यार उमड़ता, उसे अवदोत्या का स्तेपान से हाल का सम्बन्ध याद आ जाता और उसका मन ठण्डा पड़ जाता। ऐसा ही इस समय भी हुआ। वासिली ने पत्नी की ओर बढ़ती बाँह रोक ली। पर, उसकी आँखों का भाव अवदोत्या से छिप न सका। उसके चेहरे पर हल्की सी लाली दौड़ गई। अपने खुश्क होठों को सिकोड़ कर उसने एक गहरी साँस ली। उसे जान पड़ा कि अपने कन्धों को दबाने वाला बोझ क्षण-भर के लिए उसने फेंक दिया है।

वासिली ड्योढ़ी पर जाकर अपनी पत्नी की प्रतीक्षा करने लगा।

ऊपर, नीले काँच की पटिया की तरह स्वच्छ आकाश में टँका हुआ हल्का बादल का टुकड़ा सूर्यास्त की किरणों में सुनहरा दिखाई दे रहा था। वासिली का मकान पहाड़ी की ढलवान पर था। ड्योढ़ी में खड़ा वह दाहिनी ओर फैले घने जंगलों को देख रहा था।

बाईं ओर दिगन्त तक खेत फैले हुए थे। सब ओर जमकर कड़ी पड़ गई बर्फ़ पर सूर्य की तिरछी किरणों से अबरक जैसी गुलाबी झलक आ गई थी। चारों ओर फैली सफेदी में खेतों को चीरती सिर्फ सड़क की नीली रेखा दिखाई पड़ रही थी। सड़क से नीचे ढलवान पर सूर्यास्त की छाया आ चुकी थी।

वासिली ने सीना फुलाकर एक गहरी साँस ली। ठण्डी हवा की ताज़गी से उसके शरीर में फुरफुरी दौड़ गई।

अवदोत्या जल्दी-जल्दी क़दम बढ़ाती हुई आकर वासिली के पास खड़ी हो गई। वह खाल का अस्तर लगा बालदार नीला कोट पहने थी और कन्धों पर सिलेटी रंग की ऊनी शॉल लपेटे थी।

वासिली ने उसकी ओर ध्यान नहीं दिया। निश्चल खड़ा वह बर्फ़-छाये मैदानों पर दृष्टि जमाए रहा।

अवदोत्या की आँखें सूर्य की किरणों और बरफ़ की चमक से चौंधिया रही थीं। पल-भर वह उसी ओर देखती रही, फिर बोली, "ओह, कितना सुन्दर लग रहा है!"

सामने फैले विस्तार पर आँखें जमाए वासिली बोला, "दुन्या, याद है खाई के परे का वह खेत जो बप्पा को मिला है? यह खाई पहले पावलोविच की थी। खाई से परे का छोटा-सा टुकड़ा कोनोपातोव का था।" वासिली ने मुँह बनाकर कहा, "तब हम लोग मक्खी जैसे ज़रा-ज़रा से टुकड़ों को 'खेत' कहा करते थे! और हम लोग सचमुच उन्हें खेत मानते भी थे—उन पर वैसी ही मेहनत भी करते थे।"

आज उसके लिए यह सोचना भी मुश्किल था कि ये खेत विभाजित हो सकते हैं, अलग-अलग पट्टियों में बँट सकते हैं।

खेतों से परे, जहाँ जंगल शुरू होते थे, वासिली को कोई छोटी-सी चमकदार चीज़ हिलती दिखाई दी।

"देखो, देखो, दुन्या! लोमड़ी!"

सन्ध्या के सुनहले प्रकाश में लोमड़ी आग की सिन्दूरी लपट जैसी दिखाई दे रही थी। बहुत दूर होने के कारण वह बिल्ली के बच्चे के बराबर लग रही थी। परन्तु उसकी पतली-पतली टाँगें, खूब फूली हुई भारी-सी पूँछ, उसका चपल-फुर्तीला शरीर—सब साफ़ दिखाई दे रहे थे।

लोमड़ी दौड़-दौड़ कर चक्कर लगा रही थी। दौड़ते-दौड़ते वह सहसा अगले पाँव उठाकर खड़ी हो जाती। कभी वह कुछ दूर तीर की तरह सीधी दौड़ जाती और फिर चक्कर काटने लगती। उसकी उठी हुई, फूली हुई पूँछ बहुत सुन्दर लग रही थी।

वासिली लड़कों की तरह किलक उठा—"अरे, देखो, देखो! चूहे पकड़ रही है!"

प्रकाश के पुंज-सी चपल और चंचल लोमड़ी बरफ़ के मैदान में चौकड़ी

भरती चली जा रही थी। दौड़ते-दौड़ते पेट को बरफ़ पर बिलकुल चिपका कर वह क्षण-भर को लेट गई और फिर सहसा उछल कर दौड़ लगाने लगी। वासिली की आँखें विस्मय से फटी जा रही थीं; वह साँस साधे खड़ा था।

लोमड़ी ने अपनी थूथनी बरफ़ में गाड़ दी। पूँछ को झंडे की तरह खड़ा किए वह पंजों से जल्दी-जल्दी बरफ़ खोदने लगी—जैसे बरफ़ में दबी हुई कोई चीज़ निकाल रही हो।

बरफ़ में खेलती इस छोटी-सी लोमड़ी को देखकर वासिली का मन गद्गद हो उठा। उसे लगा—चारों ओर, सभी तरफ, प्रसन्नता और सुख उमड़ा पड़ रहा है! बस उसे जितना चाहो समेटने की ज़रूरत है।

चरागाह के पास, छोटी पहाड़ी के पीछे से एक आदमी सड़क पर आता दिखाई दिया। आदमी एक छोटा-सा ठेला लिए आ रहा था। ठेले पर लकड़ी के छोटे-छोटे कुन्दे लदे थे। वासिली ने पहचाना। प्योत्र मातवेयेविच जंगल से कुन्दे ला रहा था वासिली भन्ना उठा :

''यह भी दूसरों से कम नहीं है! यह वक्त है खेतों में खाद डालने का और इसे जंगलों से छाल बटोरने की पड़ी है।''

छाल की रस्सी और डोरी अच्छे दामों बिक जाती थी। इसलिए सामूहिक खेत के किसान प्रायः खेत का काम छोड़कर पेड़ों के कुन्दे काटने के लिए जंगल चले जाते थे। कुन्दों को पानी में गला कर वे उनकी छाल उतार लेते थे। उससे रस्सी और डोर बना लेते थे।

शुरू में तो वासिली ने इस पर ज्यादा ध्यान नहीं दिया। सोचा, डोरी रस्सी बटते हैं तो बटने दो, उससे खेती के काम में क्या फ़र्क पड़ता है! पर, जब किसानों को रस्सी की बटाई के ही काम में लगे देखा तो वह परेशान होने लगा।

वासिली ने किसानों को सलाह दी कि रस्सी-बटाई का काम भी सामूहिक खेत के कामों में जोड़ लिया जाए। उसकी मज़दूरी भी खेती की मज़दूरी के साथ मिला जी जाए। लेकिन, किसानों ने यह सुझाव नहीं माना। उन्होंने इस विचार की खिल्ली उड़ाते हुए कहा :

''पहले सामूहिक खेत की हालत किसी लायक हो जाए तब देखा जाएगा? वाह वाह! रस्सी का तो यह है कि बटकर बाज़ार में ले गए और खरे दामों बेच आए।''

वासिली को डोरी-रस्सी के नाम और सूरत से भी चिढ़ हो गई। सड़क पर चलते-चलते रस्सी का टुकड़ा मिल जाए तो वह उसे क्रोध से ठोकर मारे बिना नहीं रहता था।

वासिली ने यह कभी नहीं सोचा था कि रस्सी की बीमारी इतनी बढ़ जाएगी। पर, मातवेयेविच जैसे आदमी को भी जब रस्सी में उलझे देखा तो वह

बौखला उठा :

"खाद खेतों में ढोने को पड़ी है, औज़ारों की मरम्मत बाक़ी है, और ये लोग हैं कि रात-दिन डोरी-रस्सी बटने में लगे हैं। अच्छी मुसीबत हो गई यह डोरी-रस्सी!"

"नाराज़ क्यों हो रहे हो, वास्या? लोग कुछ पैसा बना लेते हैं तो उससे क्या जाता है?"

"क्या कहना है," वासिली और भी बिगड़ा, "सामूहिक खेत से और खेती से पेट नहीं भरेगा? बस इस छाल की रस्सी-डोरी से ही निर्वाह होगा? मुझे तो डर है कहीं यह रस्सी सामूहिक खेत के गले की फाँसी न बन जाए।"

वासिली के पिता का मकान—जहाँ वासिली पला-पनपा था—खूब ऊँची बाड़ से घिरा था। इतनी ऊँची बाड़ गाँव के और किसी मकान की नहीं थी।

भेड़िया की सी शक्ल का भूरे रंग का एक कुत्ता ज़ोर से भोंकता हुआ वासिली पर झपटा। वासिली की सौतेली माँ भेड़ों के बाड़े में थी। कुत्ते को धमकाने के लिए वह एक फावड़ा घुमाती हुई दौड़ी।

"चुप हो! चुप हो, अधरमी!"

स्तेपनिदा लम्ब-तड़ंग और सुडौल स्त्री थी। उसका चेहरा-मोहरा मर्दाने ढंग का था। उसकी भूरी-सी निष्ठुरतापूर्ण आँखों पर पलकें सदा अधमुँदी-सी रहती थीं।

"मेरा मन कह रहा था कि आज तुम आओगे। इसीलिए मैंने खुम्बे भरकर परौंठे बनाए हैं। दुन्या को बहुत भाते हैं?"

मेहमानों का हाल-चाल पूछ कर स्तेपनिदा आगे-आगे मकान को चली।

स्तेपनिदा ऐसे चलती थी जैसे शान्त जल पर तैरती नाव का मस्तूल खड़ा हो। उसके सिर का एक बाल भी नहीं हिलता था। पीछे-पीछे चलता हुआ वासिली सोच रहा था—'गिलास में पानी भर कर इसके सिर पर रख दो; क्या मजाल है कि एक बूँद पानी गिर जाए!'

भीतर के कमरे में शहरी ढंग का क़ीमती फर्नीचर था। खिड़कियों में सुन्दर पौधों के गमले रखे हुए थे। वासिली का पिता दोनों छोटे लड़कों के साथ वहीं बैठा था। एक मेहमान—गाँव की तरुण अध्यापिका—भी बैठी थी। कोने में मूर्तियों के सामने एक दीपक जल रहा था।

उग्रेन में अब भी कुछ ऐसे लोग थे जो पुराने धार्मिक संस्कारों को निभाए जा रहे थे। वासिली के माता-पिता भी उन्हीं में से थे।

बाहर से तो लोगों को यही मालूम पड़ता था कि घर में वासिली के पिता की ही चलती है। स्तेपनिदा पति का सम्मान करती थी और उसकी बात कभी

नहीं टालती थी। पर वास्तव में घर में राज उसी का था।

स्तेपनिदा जवानी में शोख और सुन्दर थी। उसके माता-पिता की आर्थिक स्थिति भी अच्छी थी। वासिली की माँ के मर जाने के बाद स्तेपनिदा वासिली के पिता से प्रेम करने लगी। माता-पिता ने उसका विरोध किया। पर, वह मानी नहीं और वासिली के पिता से शादी कर ली। तभी से वासिली का पिता स्तेपनिदा का बहुत आदर और प्यार करता था।

स्तेपनिदा मालकिन बनी। घर सँभालने में उसने अद्भुत 'गुणों' का परिचय दिया। वह पड़ोसियों से सस्ते दामों में सौदा खरीद लेती और बाजार में जाकर तिगुने मुनाफ़े पर बेच आती। दूध में पानी और मक्खन में आटा मिला कर भी वह गाहकों को समझा देती थी कि उसी का माल बाज़ार में सबसे बढ़ कर है। स्तेपनिदा ने देख लिया था कि उसके पति में इस तरह के 'व्यापार' की समझ नहीं है—वास्तव में ऐसे कामों से बेचारे कुज़मा को डर ही लगता था। इसलिए स्तेपनिदा पति को ये बातें बता कर परेशान नहीं करती थी। वह बेचारा तो समझ ही नहीं पाता था कि घर में इतना सामान चला कहाँ से आ रहा है!

वासिली का पिता कड़ी मेहनत करके भी जैसे-तैसे पेट ही भर पाता था। स्तेपनिदा आई तो घर में लक्ष्मी बरसने लगी। इस चमत्कार को देखकर कुज़मा फूला नहीं समाता था। दोनों ने विचित्र ढंग से अपने-अपने काम बाँट लिए थे और दोनों की खूब निभ रही थी। कुज़मा का काम था 'आर्थिक स्रोतों' तथा 'अचल पूँजी' की देखभाल करना, अर्थात् घर के बाहर काम करना, गल्ला और पशुओं के लिए चारा लाना आदि। और स्तेपनिदा का काम था, इस पूँजी के उचित संचलन से मुनाफ़ा बटोरना।

स्तेपनिदा कहा करती थी, "रोटी तुम कमाओ; मक्खन का ढंग मैं कर लूँगी।"

धीरे-धीरे उनके जीवन में परिवर्तन आया। वे लोग सामूहिक खेत में सम्मिलित हो गए। कुज़मा की आय भी खूब बढ़ गई। ऐसा भी एक समय आया, जब कुज़मा ने गाड़ियों अनाज और ढेरों दूसरा सामान अपने घर ढोया। इस आमदनी की तुलना में स्तेपनिदा के बाज़ारी कारोबार की क्या औक़ात थी? कुज़मा अकेला ही रोटी और मक्खन कमाने लगा। फिर भी, बूढ़े कुज़मा के मन में इतने दिनों बाद भी यही विश्वास बना रहा कि उसकी सुख-सम्पदा स्तेपनिदा के भाग्य से है; स्तेपनिदा न होती तो वह बेचारा बच्चों को लेकर ग़रीबी में अकेले रंडुये की ज़िन्दगी बिता देता। टूटी-फूटी झोंपड़ी में नन्हे वासिली के साथ निराशा भरे सूने-सूने दिन बिताता!

स्तेपनिदा ने सौतेले बेटे वासिली और अपने बच्चों में कभी कोई भेद-भाव और पक्षपात नहीं किया। परन्तु, वासिली की सौतेली माँ से नहीं निभ पाई। दोनों

में ही अकड़ थी। और, जैसा कि वासिली कहता था, दोनों की अपनी-अपनी 'राह' अलग-अलग थी।

वासिली ने जब पहली बार ट्रैक्टर देखा तभी ठान लिया कि चाहे जो हो मैं ट्रैक्टर-ड्राइवर बनूँगा! माता-पिता के विरोध के बावजूद वासिली ट्रैक्टर चलाने का काम सीखने लगा और मशीन-ट्रैक्टर स्टेशन में भरती हो गया। वासिली को गाँव-गाँव का दौरा करना पड़ता था। वह जहाँ भी जाता, लोग कौतूहल और उत्साह से उसका स्वागत करते; उसकी खूब ख़ातिर होती। बच्चे उसके ट्रैक्टर को घेर लेते। गाँव की लड़कियाँ उसके पीछे-पीछे घूमतीं। थोड़े ही दिनों में ज़िले भर में उसका नाम हो गया। वह सबसे अच्छा ट्रैक्टर-ड्राइवर माना जाने लगा।

कम उम्र में ही इतना नाम हो जाने से वासिली पर अपने काम और नाम दोनों का ही नशा छाया रहता था। सब ओर से बरसने वाले आदर से उसकी उमंगें और भी लहलहा उठीं। वह प्यार के गीत गुनगुनाता; ज़रा-सी उपेक्षा से वह खिन्न हो जाता और आहें भरने लगता।

ट्रैक्टर-ड्राइवरी के उत्साह भरे दो बरस बिताने के बाद वासिली को कुछ महीनों के लिए जब अपने घर में रहना पड़ा तो उसे सभी तरफ अड़चन और परेशानी जान पड़ी। वासिली चाहता था स्वतंत्रता से अपने मन की उमंगें पूरी करना। पर स्तेपनिदा को यह सब कहाँ बर्दाश्त था? उचित बहाना मिलते ही वासिली माता-पिता से अलग हो गया।

कुछ और बरस बीत गए तो आपसी मतभेद और झगड़े वासिली को भूल गए। उसे याद रह गईं घर की प्यार-भरी बातें : आँगन में लगे रसभरी के झाड़, जिन्हें वासिली बचपन में रहस्य भरे दुर्गम जंगल समझा करता था; वह दिन, जब पिता ने पहले पहल उठा कर उसे घोड़े की पीठ पर बैठा दिया था; और वे दिन, जब सुबह की मीठी-मीठी धूप में वह खेतों में फिरते पाटे के पीछे-पीछे ठुमक-ठुमक कर चलता था।

अपने पिता के लिए वासिली के मन में बहुत प्यार था। कुज़मा चुप्पा, परन्तु मन का बहुत दयालु और गज़ब का मेहनती आदमी था। वह हाथ का भी बहुत सधा हुआ था। खेत की जुताई, ज़रूरत पड़ने पर लुहार-बढ़ई या मोची के काम में भी चुस्त। कुज़मा काम भी ऐसी चतुराई और लगन से करता था कि उसके साथ काम करने में वासिली को लगता जैसे खेल खेल रहा हो।

वासिली ने बेंच पर रखे फूलों के गमलों को एक ओर हटा दिया और पिता के पास बैठ गया। कमरे में चमड़े की गन्ध फैल रही थी। वासिली को यह गन्ध अच्छी लगती थी।

कुज़मा के सिर के बाल चाँदी की तरह उजले हो गए थे, पर भौंहें अभी काली थीं। उसका चेहरा साँवला पड़ गया था, जो सफेद बालों के कारण और भी साँवला लगता था। वह सिर झुकाए जूते का ऊपर का भाग कलबूत पर कस कर सी रहा था। उसके रूखे कड़े हाथ बार-बार वासिली के शरीर से छू जाते थे।

वासिली का सबसे छोटा भाई प्योत्र, जिसकी उम्र सत्रह साल की थी, खिड़की के पास एक नीची तिपाई पर बैठा दूसरे पाँव के कलबूत पर जूता सी रहा था। खिड़की में रखे जिरेनियम के फूलों की टहनियाँ और दूसरे गमले से लटकते चौड़े-चौड़े पत्तों से उसकी गर्दन और कन्धे छिपे हुए थे। प्योत्र सबसे छोटा था, इसीलिए माँ उसे 'छोटे' कहकर पुकारती थी। प्योत्र की आँखें और भौंहें पिता की तरह काली थीं, परन्तु रंग माँ की तरह गोरा चिट्टा था और सिर पर बड़े-बड़े बाल थे। वह हरफ़नमौला और शैतानियों की पुड़िया था। अपने भाइयों में वही अकेला था जिसे कुज़मा ने दो बार काठी का तंग लेकर उधेड़ा था।

स्तेपनिदा और उसकी बहू अनफीसा, दोनों बैठी कुछ सी रही थीं। वासिली से छोटा, भूरे बालों और दोहरे बदन की फिनोगेन अध्यापिका से बातें कर रहा था।

फिनोगेन लकड़ी के दफ्तर में काम करता था। वह अपने को शहरी आदमी समझता था और अपनी ठुड्डी पर उसने छोटी-सी नोकीली दाढ़ी भी रख ली थी।

फिनोगेन कुर्सी की पीठ से पीठ लगाए, ज़रा बड़प्पन की भावना से पर सच्ची गम्भीरता से, बातें कर रहा था। बातचीत पुस्तकों के बारे में चल रही थी। कुज़मा के घर के लोग ऊँचे-ऊँचे मसलों पर बातचीत करना बहुत पसन्द करते थे। बातें सुनते हुए सभी लोग फिनोगेन की विद्वत्ता और बुद्धिमत्ता पर प्रसन्न हो रहे थे और गर्व अनुभव कर रहे थे! वह गोंचारोव के उपन्यास 'पहाड़ी ढलवान' के बारे में बातें कर रहा था।

"सचमुच अव्वल दर्जे की किताब है," उसने कहा, "मैंने एक बार खत्म करके दुबारा फिर पढ़ी। वीरा है तो चतुर लड़की पर मुँहज़ोर है—जैसी बिगड़ैल औरतें पहले हुआ करती थीं। मारफिंका वैसी बुरी नहीं है; ज़रा कंजूस है और...क्या नाम ...कुछ अस्थिर भी..." ज़रा सिर तिरछा करके फिनोगेन ने कहा, "कुछ कहा नहीं जा सकता, मारफिंका का भविष्य कैसा होगा? वैसे कोई कम उम्र लड़की तो वह है नहीं; बीस-बाईस के लगभग होगी। मार्क दूसरे आदमियों जैसा साधारण आदमी है। जो चाहता था, वह उसे मिल गया है और वह सन्तुष्ट है। रेस्की को तो गोंचारोव ने बिल्कुल लफंगा दिखाया है। आजकल भी ऐसे आदमियों की कमी नहीं है। सचमुच रेस्की बहुत गन्दा आदमी है। और बुढ़िया! वह तो पूरी छबीली है। पड़ोसी के साथ जवानी के दिनों में चाहे जो खेल-खेलती रही हो, पर रोब क़ायम रखे है। उसकी उम्र पन्द्रह बरस कम कर दो—बस, किसी की भी बहू बन

जा सकती है।''

''किताबों में बहू ढूँढ़ा करते हो?'' स्तेपनिदा ने पूछा। ''पर, किसके लिए? क्या और एक ब्याह करोगे? बाबा, आजकल के लड़कों का क्या ठिकाना?''

''नहीं प्योत्र के लिए ढूँढ़ रहा हूँ।'' हँसते हुए फिनोगेन ने कहा।

प्योत्र ने जिरेनियम के फूलों की डाल के पीछे से सिर उठाकर देखा। उसके होंठों पर एक हल्की-सी मुस्कान फिर गई; बिलकुल वासिली जैसी।

''अच्छा है भैया! तुम्हारी मदद के बिना मुझे वह मिल भी तो नहीं सकती!''

''अरे तू इसी चिन्ता में गला जा रहा है!'' स्तेपनिदा ने त्यौरियाँ चढ़ाकर उसकी ओर देखा और फिर अध्यापिका को प्यार से सम्बोधित करके बोली, ''बेटी एलेना, तू ब्याह क्यों नहीं कर रही? तेरी जैसी सुन्दर, पढ़ी-लिखी लड़की को लड़कों की क्या कमी? कपड़े भी कैसे सजते हैं तेरे बदन पर? तुझसे ब्याह करने को तो बहुत से लड़के दौड़ते होंगे? मुझे तो अपनी ज़िन्दगी बड़ी सूनी-सूनी लगती होगी?''

''अम्मा! यह इन्तज़ार कर रही हैं कि मैं ज़रा और बड़ा हो जाऊँ!'' पत्तियों के झुरमुट के पीछे से ही दाँत निकाल कर प्योत्र बोला।

''हुँह, तेरे जैसे चन्डूल से ब्याह करेगी?'' स्तेपनिदा ने उत्तर दिया। ''उसके लिए भले चंगे जवानों की कमी है?''

स्तेपनिदा ने यह बात यों ही कह दी थी। वह जानती थी कि अध्यापिका अभी ब्याह के चक्कर में नहीं है। उसने यह बात कुछ तो कौतूहलवश चलाई थी, कुछ चुटकी लेने के लिए अध्यापिका के प्रति उसे मन-ही-मन कुछ ईर्ष्या भी होती थी : क्या लेडियों की तरह मजे की ज़िन्दगी है; न घर की चिन्ता, न खसम की फिकर, न कोई झंझट।

अध्यापिका ने कुछ शर्माते हुए मुस्कराकर कहा :

''लड़ाई के दिनों में मुझे इन बातों की फुर्सत ही कहाँ थी, स्तेपनिदा एकिमोवा? अब सोच रही हूँ अध्यापकों के कॉलिज की एक और परीक्षा पास कर लूँ। नई पंचवर्षीय योजना के मुताबिक लड़ाई से पहले के मुक़ाबले और बहुत से स्कूल खुलने वाले हैं। सभी अध्यापकों को विश्वविद्यालय की शिक्षा मिलने वाली है। मैं ही क्यों पीछे रहूँ?''

अध्यापिका उठकर जाने लगी तो स्तेपनिदा ने बहुत ज़ोर डालते हुए रुकने का आग्रह किया :

''वाह, अभी से क्यों चली जा रही हो? अभी ठहरो न, खा-पीकर जाना। हम लोग तुम्हारे जितने पढ़े-लिखे नहीं हैं। लेकिन, तुम्हारी खातिरदारी में कमी थोड़े ही होने दे सकते हैं!''

अध्यापिका चली गई तो स्तेपनिदा ने थूक कर कहा :

“छीः! कैसी तंग कुर्ती पहनती है? सारा बदन दिखाई पड़ता है; जैसे नंगी हो।”

“बनी है अध्यापिका!” कुज़्मा ने भी असन्तोष प्रकट करते हुए कहा। “पहनावा तो देखो! घुटनों तक टाँगें दिखाई देती हैं। दूसरों को क्या पढ़ाती होगी यह?”

इन बातों से एक बार फिर वासिली को उस सड़ाँध भरे वातावरण की याद हो आई जिससे ऊब कर वह घर छोड़ कर भागा था।

“क्यों खिल्ली उड़ा रहे हो उस बेचारी की?” वासिली की त्यौरियाँ चढ़ गईं। “वह तो बेचारी निष्कपट भाव से यहाँ आती है और तुम लोग...तुम लोगों की बातें ज़हरीले धुएँ जैसी होती हैं। मैं आज लुबावा बोल्शाकोवा के यहाँ गया था। विधवा है बेचारी। देखभाल करने को पाँच बच्चे हैं। मुसीबत में दिन काट रही है मगर फिर भी, उसके यहाँ बैठना इस घर में बैठने से ज्यादा अच्छा लगता है। तुम लोगों के घर में घुसो तो जैसे अन्धे कुएँ में आ गए हो!”

“तू तो ख़ामख़ा बात का बतंगड़ बना देता है!” स्तेपनिदा बोली। “लोग क्या कभी ज़रा हँसी-मज़ाक भी नहीं करते! सुनो तो इसकी बातें! कहता है : ‘अन्धा कुआँ’, ‘ज़हरीला धुआँ’! चुपचाप बैठ कर खाना खा। बाप के सामने बहुत बड़बड़ाना अच्छा नहीं लगता।”

स्तेपनिदा ने मेज़ पर रसेदार गोश्त का बहुत बड़ा-सा कटोरा, रोटी और चम्मच रख दिए।

“अब बैठो...भगवान से प्रार्थना करो...।” सब लोग एक-एक चम्मच लेकर एक ही कटोरे से शोरबा पीने लगे। सब क़ायदे से अपनी बारी पर ही कटोरे में चम्मच डालते थे। सभी बड़ी गम्भीरता से, धीरे-धीरे, और श्रद्धापूर्ण ढंग से भोजन करते थे, मानो कोई बहुत महत्त्वपूर्ण काम कर रहे हों। कुज़्मा के यहाँ खाना खाते-खाते बात करने का क़ायदा नहीं था। बस, एक-दो शब्द कभी सुनाई दे जाते :

“धन्य है भगवान!”

“रोटी इधर बढ़ाना!”

शोरबा चुक जाने पर बूढ़े ने कटोरे को अपने चम्मच से ठनकार कर कहा :

“लो न!”

सब लोग कटोरे से मांस के टुकड़े ले-लेकर खाने लगे। मांस के बाद उबले हुए आलू मक्खन लगाकर खाए गए। फिर, पन-खटाई में बनाया हुआ खीरा, और फिर खुम्ब भर कर बनाए हुए परोंठे खाए गए। चीजें बहुत-सी थीं। पर, कोई भी चीज़ पूरी समाप्त नहीं हुई। सब चीज़ों में से थोड़ा-थोड़ा लेकर खा लिया गया। कुज़्मा के यहाँ ऐसा ही रिवाज़ था।

खाना हो जाने पर स्तेपनिदा ने समावार लाकर मेज़ पर रख दिया और मेहमानों की ख़ातिरदारी के लिए तीन तरह का मुरब्बा निकाल लाई।

भोजन समाप्त होने के बाद बहू ने मेज़ साफ कर दी। स्तेपनिदा बोली।

"हाथ पर हाथ रखकर बैठना मुझे अच्छा नहीं लगता। ला बहू, रस्सी ले आ! हम तुम बटते जाएँगे!"

"भाड़ में जाए यह रस्सी!" वासिली बोल उठा, "यहाँ भी रस्सी!"

अध्यापिका के लिए कही गई बातों पर वह पहले ही झल्ला रहा था।

"रस्सी बटने में क्या बुराई है?"

"अम्मा! पहली बात तो यह है कि रस्सी छाल से बटती हो। यह छाल तुम्हारी अपनी चीज़ नहीं है। यों तो तुम भगवान का भजन करती हो; मगर जंगल से छाल की चोरी करने में नहीं हिचकिचातीं!"

वासिली कहने को तो कह गया, पर तुरन्त ही उसने अनुभव किया कि उसके मुँह से कड़ी बात निकल गई है। करता भी क्या; उसका स्वभाव ही खरी बात कहने का था, जो कभी-कभी बहुत कड़वी-भी हो जाती थी। वह चाहता तो शान्त रहना था, पर अपने को रोक नहीं पाता था। अभी भी बात कहकर वह अपने ही मन में खिन्न हो रहा था। माँ पर भी उसे खीझ आ रही थी। गुस्सा उसकी काली आँखों में स्पष्ट झलक रहा था।

स्तेपनिदा के माथे पर भी बल पड़ गए। वह झगड़ा नहीं करना चाहती थी। पर चुप रहकर चोर भी कैसे बन जाती?

"जंगल किसी के बाप के नहीं हैं! वे भगवान की देन हैं!"

"तुम्हारी बारी में उगी गोभी भी तो भगवान की देन है। तोड़ तो ले कोई बिना तुम्हारी इजाज़त के!"

"न कोई जंगल में पेड़ लगाने गया था और न किसी ने सींचा था उन्हें!...तुम्हारे माँ-बाप जंगल से थोड़ी-सी छाल ले आए तो वही तुम्हें खल गया?"

वासिली के भाई और पिता चुप रहे। पर, छोटे भाई की पत्नी बोल उठी :

"छाल का क्या है। हम नहीं लाएँगे, तो दूसरे ले आएँगे। हम नहीं लेंगे, दूसरे ले लेंगे!"

भाभी की बात सुनकर प्योत्र हँस पड़ा। जिज्ञासा भरी दृष्टि से उसने अपने पिता की ओर देखा। कुज़मा बिलकुल निश्चल बैठा हुआ था; उसकी आँखें उसकी छप्पर जैसी भौंहों के नीचे छिपी हुई थीं।

बहू ने फिर कहा, "थोड़ा बहुत पैसा बन जाए तो किसे बुरा लगता है।"

"तुम्हें पैसे की कौन-सी दिक्कत है? मुझे तो नहीं दिखाई देती!" वासिली ने तड़ाक से जवाब दिया।

"अब ज़रा हालत सुधरी है। पर कैसे-कैसे दिन बिताए हैं हम लोगों ने? अब जाकर तुम्हारे पिता जी को पनचक्की का काम मिला है। लड़ाई के दिनों में अस्तबल में मेहनत करते-करते बेचारे की वह दुर्गति हो गई थी कि क्या कहना!"

स्तेपनिदा की यह बात वासिली के तीर सी लगी।

"यह जानती भी हैं कि क्या कह रही हैं?" वह सोच रहा था।

पहले की सुनी हुई बहुत-सी बातें और ताने उसे एक साथ याद आने लगे। बैठे रहना अब उसके लिए मुश्किल हो गया, उसका दम घुटने लगा। कुर्सी पीछे फेंक कर वह झटाके से उठ खड़ा हुआ। वासिली आपे से बाहर हो गया था और बिना यह सोचे कि कह रहा है, वह बोल उठा :

"पनचक्की का काम मिल गया तो क्या! खेतों और अस्तबल में काम करने वालों को क्या उतनी ही पगार नहीं मिल रही है?"

कमरे में ख़ामोशी छा गई। यह ख़ामोशी इतनी तनाव भरी और गहरी थी कि बूढ़े की साँसों की आवाज़ और घड़ी की टिक-टिक साफ़ सुनाई दे रही थी।

फिनोगेन ने सिर झुका लिया। बहू उठकर मेज़ का कपड़ा ठीक करने लगी। सिर्फ प्योत्र ने हाथ का काम बन्द कर दिया। वह तीव्र जिज्ञासा से कभी पिता की ओर और कभी वासिली की ओर देखता।

स्तेपनिदा का रुख़ और भी कड़ा हो गया :

"क्या मतलब है तुम्हारा? अपने माँ-बाप पर इल्ज़ाम लगा रहे हो? तुम्हें तो हमारा जस मानना चाहिए कि सन् बयालीस में तुम्हारे बच्चों को हमी ने यहाँ लाकर पाला-पोसा। भगवान जानता है कि हमने कोई कसर नहीं रखी।"

वासिली के मस्तिष्क में कुछ अजीब से सन्देह उभर आए। माँ क्या कह रही है, यह उसने नहीं सुना।

वह सोच रहा था : यह नया बड़ा आईना! मकान की यह नई बाड़! चाय के साथ तीन-तीन तरह के मुरब्बे! पिछले साल तो सामूहिक खेत की हालत अच्छी नहीं थी। बहुत कम पगार लोगों को मिली थी...! इस घर में यह सब सामान आया कहाँ से?

कुज़्मा अपनी जगह से उठा। जाकर वह वासिली के सामने खड़ा हो गया। उसके चेहरे पर न तो क्रोध था, न घबराहट! हाँ एक अजीब तरह का तनाव और दयनीयता अवश्य थी।

वासिली ने पिता के झुर्रियों भरे चेहरे को देखा। उसका पितृ-स्नेह उमड़ आया, वैसे ही जैसे पिता से विदा होते समय उमड़ आता है। "बप्पा...जिन्हें कड़े श्रम से इतना प्यार था। इन्होंने खुद जीवन-भर कठिन श्रम किया है और हम लोगों को भी कठिन श्रम करना सिखाया है। अब क्या करेंगे? क्या इस तरह तौहीन करने पर नाराज़ होकर मुझे घर से निकाल देंगे? या...शायद इससे भी बुरा

...शायद? क्या मुझे ये बातें बकनी चाहिए थीं?''

बूढ़े के ओठ काँपे, मगर उसने कुछ कहा नहीं।

''ज़रा सोचो, क्या बके जा रहे हो तुम!'' फिनोगेन ने ऊँचे स्वर में कहा। ''साठ के पार हो चुके हैं यह और अब भी बैल की तरह जुएँ में कन्धा दिए हैं। पूरी पनचक्की इन्होंने अपने हाथ से नई बनाई है। फ़ार्म में सब लोग इनकी इज्ज़त करते हैं। किसी ने इनकी बात कभी टाली नहीं। तुम्हें शर्म आनी चाहिए...।''

पड़ोस के मकान से एक औरत घर में आई; वासिली की जान बची।

घर ऐसा हो गया जैसे कुछ हुआ ही न हो। इस घर का यह एक अलिखित, किन्तु अनुल्लंघनीय, नियम था कि घर के झगड़े बाहर वालों के सामने कभी न खोले जाएँ।

अवदोत्या और वासिली घर जाने के लिए उठ खड़े हुए।

बरौठे में रस्सी का एक पिंडा पड़ा हुआ था। पिंडे को देखकर वासिली ने ज़ोर से उसमें ठोकर मारी।

''इस रस्सी का एक छोर पकड़ा नहीं कि देखते-ही-देखते गले में लिपट जाएगी।''

उस रात वासिली को नींद नहीं आई। वह करवटें बदलता रहा।

''पिता की मैंने तौहीन की है। अच्छा हुआ कि ज्यादा मुँह नहीं खोला; जो कुछ कहा इशारे से ही कहा। मेरे दिमाग़ में भी कौन-सा कीड़ा घुस गया था? वह लोग बड़ी होशियारी से घर चलाते हैं, बस। लोग उनसे जलते इसलिए हैं कि उन्हें ईर्षा है! फिनोगेन लकड़ी के महक़मे में काम कर रहा है। बप्पा और अनफीसा फ़ार्म में काम करते हैं। उनकी घर की कछियारी है, अपने गोरू हैं। सौदा करने में अम्मा दुनिया-भर के कान काटती हैं, खरे दाम तो उन्हें दुकानदारी के अपने तरीक़े पर ही मिल जाते हैं; ऊपर से मोची का, बढ़ई का काम भी होता है। घर के सभी प्राणी कुछ न कुछ करते हैं, कभी किसी को खाली बैठे नहीं देखा। इनकी हालत अच्छी नहीं होगी, तो किस की होगी?''

इन बातों से वासिली को कुछ तसल्ली हुई। लेकिन, नींद फिर भी नहीं आई। अँधेरे में उसे सुनाई पड़ा कि छोटी लड़की दुन्याशा नींद में मुँह चला रही है। सब ओर ख़ामोशी और शान्ति थी। यदि कहीं शान्ति नहीं थी तो वासिली के मन में! स्पष्टता नहीं थी तो वासिली के दिमाग़ में!

पिता के यहाँ शाम को हुई बातों की कड़वी चरपराहट अब भी उसके मुँह में थी। लेकिन इतने पर भी, लुबावा का ताना उसे याद आ रहा था। ''देखने में तो सब कुछ सीधा सादा और साफ है, पर हर चीज़ की तह में पहुँचना आसान नहीं है; यह जानना आसान नहीं है कि क्या अच्छा है और क्या बुरा है,'' वासिली के मन में विचार उमड़ रहे थे, 'सोचा था चलो पिता के यहाँ हो आएँ, ज़रा दिल

बहल जाएगा। उल्टे मुसीबत गले बाँध लाए। लगता है, न जाते तो अच्छा रहता। कल लुबावा ने कैसी फटकार बताई। पर उसकी हर बात की मैं क़द्र करता हूँ। आन्द्रेई ने भी तो यही कहा था...। उसकी बात मानी होती तो अपने फ़ार्म के लोगों की ऐसी फटकार न सुननी पड़ती!'

वासिली ने गहरी साँस लेकर करवट बदल ली।

''क्या है वास्या, नींद नहीं आ रही क्या?'' धीमे से अवदोत्या ने पूछा। ''तकिया तो नहीं गड़ रहा? रुई कड़ी पड़ गई है इसकी। तुम मेरा तकिया ले लो न।''

''न, न, यह ठीक है...।''

कुछ देर दोनों चुप रहे। फिर अवदोत्या ने कहा :

''बछड़ोंवाले बाड़े का फ़र्श नया करवाना पड़ेगा, वास्या।''

''दुनिया के और भी कामों के बारे में तो सोचना है...बछड़ों का बाड़ा अभी रुक सकता है...'' वासिली ने उलट कर जवाब दिया। वह कुछ बहुत ज़रूरी बातों के बारे में सोच रहा था। अवदोत्या के बीच में बोल पड़ने से विचारों का ताँता टूट गया था। खोपड़ी में भरे विचार कुलबुला रहे थे; वे कभी एक ओर को, तो कभी दूसरी ओर को भागते थे।

उसे चारों ओर से घिरी समस्याओं को समझ लेना ही काफी नहीं था, इन समस्याओं को उचित रूप से सुलझाना भी था। वह सोचता : 'सामूहिक जीवन को सफल ढंग से चलाने की ज़िम्मेदारी मुझ पर है। लेकिन, अपने काम और व्यवहार से मुझे खुद सन्तोष नहीं है। लोगों को डाँटे-डपटे बिना कैसे ठीक राह पर चलाया जाए? क्या किया जाए कि वे मेरे नेतृत्व को मानें? लोगों के सामने पार्टी का कार्यक्रम किस ढंग से रखा जाए? मैं चाहता तो हूँ सब ठीक से करना, पर मुझे तजुर्बा नहीं है।'

वासिली सोचने लगा कि युद्ध से पहले सब ठीक चल रहा था। अलेक्सी लुकिच और दूसरे कम्युनिस्टों का संगठन खूब मज़बूत था। एक स्थानीय पार्टी संगठन था और सब लोग एक सुदृढ़ परिवार की तरह काम करते थे। 'बस, बुयानोव आ जाए,' उसने सोचा, '...आन्द्रेई ने कहा था, बुयानोव को और एक और कम्युनिस्ट को भेजेगा। ये लोग जल्दी आ जाएँ तो पार्टी संगठन बन जाए। तब, काम को आसानी से सँभाला जा सकेगा। तीसरा आदमी जाने कौन आएगा? कोई समझदार, अनुभवी आदमी ही आना चाहिए। पार्टी संगठन बन जाए तो बीसियों काम आसानी से हो जाएँगे। पार्टी संगठन और कौमसोमोल क़ायम हो जाए तो इन संगठनों के बल पर ग़ैर-पार्टी वालों की सहायता पाकर साल-दो साल में हमारा फ़ार्म भी दूसरे फ़ार्मों की तरह चल निकलेगा।'

सफलता की कल्पनाओं से सान्त्वना पाकर वासिली का मस्तिष्क कुछ शान्त

हुआ। उसे ऊँघ आने ही लगी थी कि किसी के सिसकने का शब्द सुनाई दिया। यह आवाज़ उसकी बगल से ही आ रही थी। वासिली ने समझने की कोशिश की तो पता चला कि अवदोत्या सिसकियाँ ले रही है।

"रोह रही है क्या?" वासिली ने सोचा।

वह उठ बैठा और एक दियासलाई रगड़कर रोशनी की।

अवदोत्या की पलकें भीगी हुई थीं। वह उन्हें दबाकर मूँदे थी। रोशनी होने पर वह आँखें मलने लगी, जैसे अभी नींद खुली हो।

"क्या बात है?" वासिली ने पूछा।

"कुछ नहीं, नींद आ गई होगी..." अवदोत्या ने संक्षिप्त सा उत्तर दिया।

वासिली ने साफ देखा कि अवदोत्या रो रही थी। अपना रोना वह वासिली से छिपाना चाहती थी।

दियासलाई बुझाकर वासिली फिर लेट गया।

"इसके रोने का मतलब?...मैंने तो समझा कि बात आई गई। इसे कुछ कहा-सुना नहीं, कोई बुरा व्यवहार नहीं किया।...अब रोने का क्या मतलब?... स्तेपान? उसकी याद आ रही है? छिः, यह औरतों की जात...। यहाँ सामूहिक खेत बर्बाद हुआ जा रहा है, सोच रहे हैं कि मामला कैसे सुधरे, कैसे उसे कीचड़ से बाहर निकाला जाए और यह अपने यार को रो रही है।...मैं तो सब कुछ चुपचाप पी गया; न कभी बात छेड़ी, न कभी कुछ पूछा! कभी कुछ नहीं पूछा! और...यह रो रही है।..."

वासिली ने अवदोत्या की ओर पीठ फेर कर करवट ले ली और उससे दूर, पलंग की पटिया से चिपककर, सो गया।

4. गिरगिट

जिन दिनों वासिली बोर्तनिकोव की ट्रैक्टर-ड्राइवरी की कीर्ति फैल रही थी, फ़ार्म के नौजवान लड़के और लड़कियाँ साँझ के समय उत्सा नदी के किनारे पेड़ों से लदी ढलवानों पर खेल-खिलवाड़ और दिल बहलाव के लिए जाया करते थे। इस गिरोह में एक दुबली-पतली, लगभग चौदह बरस की, लड़की भी जाती थी।

चोर-चोर का खेल हो या आँख-मिचौनी का या घास पर चकर-नृत्य हो, यह लड़की फिरकी की तरह चक्कर काटती बड़े-बड़े लड़के-लड़कियों में ज़रूर आ मिलती। वह सबसे तेज़ भागती थी और हँसती भी सबसे ज्यादा थी। कभी वह

देवदार के झाड़ों में जा छिपती और कभी बगूले की तरह झाड़ी से कूद कर किसी सहेली को कौली में भरकर ज़मीन पर गिरा देती, और उसे गुदगुदा कर हँसती हुई भाग जाती। कभी वह किसी लड़के के सिर से टोपी छीन लेती और खिलखिलाती और शोर मचाती हुई चिड़िया की तरह फुर्र से घाटी पर चढ़ जाती। बेचारा लड़का अपनी टोपी के लिए उसके पीछे चिल्लाता हुआ दौड़ता :

"दुन्याशा, दे मेरी टोपी! ठहर तेरी गत बनाता हूँ...!"

खेल के बाद लड़के-लड़कियाँ जोड़ों-जोड़ों में बँट जाते। कहीं से धीमे-धीमे, फुसफुसाहट से बात करने की और कहीं से लड़कियों के खि-खि करके हँसने की आवाज़ें आतीं। नदी के किनारे रात के इस मेले का मुख्य उद्देश्य शायद प्यार और मित्रता के साथियों की खोज थी। दबे-दबे स्वरों में शिकवे-शिक़ायतें होतीं, चोरी के चुम्बन होते और फिर ईर्ष्या के दृश्य! इस छोटी-सी लड़की का ही कोई साथी नहीं था। वह इन प्रेम के खेलों में भाग नहीं लेती थी, उसे इनकी समझ नहीं थी, या...शायद अभी ज़रूरत ही नहीं थी।

तारों भरी रात के आकाश के नीचे, चीड़ के वृक्षों की तीखी सुगन्ध और नदी की नमी लिए वायु से उस पर नशा-सा छा जाता। उसके पाँव ज़मीन पर न टिकते। सब चिन्ताओं और परेशानियों से मुक्त, स्वच्छन्दता के आनन्द में उन्मत्त, सन्ध्या के धूमिल प्रकाश में किलोलें करते खंजन पक्षी की तरह वह फुर्कियाँ भरती फिरती, मानो हवा में उड़ रही हो—स्वतन्त्रता की भावना में उन्मत्त, निस्सीम दिशाओं में निर्बंध उड़ानें भर रही हो!

मैदान में अलाव जल रहा था। वासिली ने चीड़ का एक सूखा झाड़ आग में डाल दिया। बड़ी-बड़ी लपटें भभक उठीं और चिनगारियाँ हवा में फैल गईं।

लड़के ऊँची उठती लपटों को लाँघने लगे। लड़कियाँ विस्मय से आँखें फैलाए चीख रही थीं :

"ख़बरदार! ख़बरदार, दुन्याशा! अरे जल मरेगी! पकड़ो इसे! क्या कर रही है?"

पर दुन्याशा तीर की तरह आग के अलाव की ओर लपकी। उसके बालों पर बँधा सफेद रूमाल फिसला जा रहा था। अलाव के पास पहुँचकर वह पल-भर को ठिठकी और फिर एक चीख मारकर आग के ऊपर से कूद गई—जैसे पतली हरी कमची को किसी ने फेंक दिया हो। उसके सिर का रूमाल अलाव पर गिर पड़ा। वह जलता हुआ तेज़ हवा में उड़ चला, मानो अँधेरे में आग का कोई पक्षी उड़ रहा हो। किसी ने झपट कर रूमाल को गिराया और बुझा दिया।

"वाह री छोकरी।" वासिली ने विस्मय से कहा। "तू तो बड़ी तेज़ कुदक्कड़ है! वह उसे पकड़ने के लिए आगे बढ़ा। पर लड़की उसके हाथों में से फिसलकर हँसती हुई एक झाड़ी में घुस गई।

वासिली उसकी ओर देखता ही रह गया। "वाह री गिरगिट!"—उसके मुँह से निकल पड़ा।

एक साल बीत गया। खेतों में फसल तैयार खड़ी थी। कटाई का काम शुरू होने वाला था! सामूहिक खेत और मशीन-ट्रैक्टर स्टेशन में अच्छा काम करने वालों की प्रशंसा के लिए—उन्हें बधाई देने के लिए—जलसा किया जा रहा था।

वासिली अपने ट्रैक्टर पर खड़ा था। सम्मानित कार्यकर्ता की चुनौती का झण्डा उसके हाथ में था। ट्रैक्टर हरी पत्तियों और घुंघची जैसे दानेदार फलों के गुच्छों से सजाया गया था। एक लाल गुच्छा वासिली की टोपी से भी लटक रहा था। ट्रैक्टर पर लगे हवा में लहराते दूसरे झण्डों के फुंदे उसके गालों को छू-छू जाते थे। ट्रैक्टर दृष्टि की सीमा तक फैले खेतों के किनारे खड़ा था। गेहूँ की फसल के खेत हरे रेशम से ढँके लग रहे थे। इन खेतों को वासिली ने ही जोता था। वासिली व्याख्यान देने के लिए खड़ा हुआ तो अपने ऊपर टिकी सैकड़ों आँखों का उसे गर्व हो रहा था :

"आज हमारे खेत—मखमल की तरह चमकते खेत—दृष्टि की सीमा तक फैले हुए हैं! उन्हें बाँटने, छाँटने, काटने, तोड़ने वाली मेंड़ें और बाड़े गायब हो गए हैं। वे अविभाज्य हैं—हमारे जीवन की तरह; हमारे—तुम्हारे और मेरे—भविष्य की ही तरह, साथियो!"

सब लोग चुपचाप, वासिली की ओर एकटक देखते, सुन रहे थे। उस पर टिकी इन्हीं सैकड़ों आँखों में उसे दो चमकती आँखें दिखाई दीं जो विचित्र रूप से मन को झकझोर देनेवाली, विस्फारित, अनुभूतिपूर्ण, उल्लासमयी और बरबस अपनी ओर खींच लेनेवाली थीं।

वासिली अपना भाषण समाप्त करके ट्रैक्टर से नीचे उतर आया। लोगों ने उसे घेर लिया। कोई उसकी तारीफ कर रहा था, कोई बधाइयाँ दे रहा था, कोई मज़ाक कर रहा था, और कोई प्रश्न पूछ रहा था। वासिली उन सबको उत्तर देता हुआ सोच रहा था : 'कौन था यह जो मेरी ओर इस तरह देख रहा था? वह देखो, फिर वे ही आँखें। अरे, यह तो 'गिरगिट' है!'

वह लड़की एक साल पहले जैसी ही दुबली-पतली और छमक-छरहरी अब भी थी। परतु अब उसके गोल चेहरे से अल्हड़पन उड़कर गम्भीरता और लाज का भाव आ गया था। अब वह अपनी सहेलियों के बीच चुपचाप और बड़ी गम्भीर बनी बैठी थी।

उत्सव का शोर-गुल ज़ोरों पर था। बाजेवाले अकार्डियन इतने ज़ोर से बजा रहे थे, मानो उसे फाड़ ही डालेंगे। लड़के नाच के लिए लड़कियों के पास आ खड़े हुए।

वासिली दूसरे लड़कों की तरह नाच के लिए साथी बनाने उन लड़कियों की ओर नहीं गया जो उस पर टकटकी लगाए थीं। उसका मन इतना निर्बंध था कि प्रेम की समस्या में फँसने या प्रेम करने की इच्छा ही नहीं हो रही थी। घण्टे भर इनके साथ नाच लो और वह बरस भर प्यार में आहें भरती रहेंगी। यह मुसीबत कौन सहे?

वासिली लड़के-लड़कियों के गिरोह में से होता हुआ छोटी लड़की की ओर बढ़ गया। उसके पास बैठते हुए उसने मज़ाक़ किया :

"गिरगिट, काटेगी तो नहीं?"

लड़की का मुख लज्जा से लाल हो गया। वासिली शाम तक उसका मज़ाक बनाता रहा, जैसे किसी जवान लड़की से प्यार की बातें कर रहा हो।

उसके माथे कोई ज़िम्मेदारी भी नहीं आती थी। वासिली से वह इतनी छोटी थी कि इसमें किसी को गम्भीर बात दिखाई दे ही नहीं सकती थी। वासिली खुश था और उससे खूब मज़ाक़ करता रहा।

दुन्याशा नाचने में भी खूब तेज़ थी। वासिली नाचते-नाचते थक गया तो घास पर लेट गया। उसने कहा—"कोई गीत सुना!" दुन्याशा ने पास बैठकर धीमे, परन्तु स्पष्ट स्वर में, एक गीत गाया। उसका गला भी मीठा था।

जब दोनों अपने-अपने घर के लिए विदा हुए तो वासिली ने उसे चूमा तक नहीं। सोचा, अच्छा खेल रहा। कोई अपराध की बात नहीं हुई।

उस दिन के बाद वासिली को कई बार 'गिरगिट' के साथ नाचने का मौक़ा मिला। रात में वह उसे घर तक छोड़ आता; सदा मज़ाक में प्रेम दिखाता, जैसे असल में प्यार की कोई सम्भावना ही न हो। कई दिन मेल-मिलाप न होने पर उसे उसके गीतों का स्वर और उसकी भोली-भाली आशा-भरी आँखें याद आने लगतीं।

जाड़ों में कई बार उनकी मुलाक़ात हुई। गर्मियाँ आईं तो खेतों में उन्हें एक साथ ही काम करना पड़ा। अब वह बिलकुल जवान लड़कियों की तरह काम करती थी, थकावट का नाम तक न जानती थी।

वासिली और दुन्याशा में मैत्री-सी हो गई। उसने उसके लिए एक रूमाल काढ़ दिया। वासिली रूमाल को गले में बाँधे रहता। उसने उसके लिए तम्बाकू रखने का एक बटुआ बना दिया। वह उसे कमर में खोंसे रहता।

पर, वासिली ने इसमें कोई खास बात नहीं समझी। दिल बहलावे और सैर-सपाटे के लिए जब-तब वह दूसरी लड़कियों के साथ भी चला जाता था।

वासिली दुन्याशा के यहाँ तभी जाता जब थकावट दूर करने के लिए सब झगड़े भूलकर सीधी-सादी बातचीत की इच्छा होती या घास पर लेटकर उसके गीत सुनने का मन होता।

ऐसे ही दिन बीत रहे थे कि एक पड़ोसी ने एक दिन कहा :

"वह लड़की तो पागल हो रही है तुम्हारे लिए, जब देखो तुम्हारे घर के आस-पास चक्कर काटा करती है!"

"अच्छा!" वासिली ने पूछा, "अब यह कौन-सी नई लड़की आई है?"

"दुन्याशा ओज़ेरोवा, और कौन?"

"दुन्याशा? वह तो बच्ची है बेचारी!"

"अरे, गए ज़माने में तो ऐसी बच्चियों के बच्चे हो जाया करते थे! अच्छी-भली शादी के लायक हो गई है।"

इस बातचीत से वासिली का मन उद्विग्न हो उठा। यह तो उसे मालूम था कि दुन्याशा उस पर जान देती है। पर अब तक वह उसकी भावनाओं का मखौल ही उड़ाता रहा था।

वासिली काफी समय तक इसी चिन्ता में उलझा रहा था। अन्त में उसने निश्चय किया कि यह मामला ख़त्म ही कर दिया जाए।

एक दिन वासिली जब सैर से लौटकर उसे उसके घर पहुँचाने गया तो बोला :

"अच्छा दुन्याशा, आज से हमेशा के लिए राम राम! हम लोग फिर साथ-साथ घूमने नहीं जाएँगे।"

वह फटी-फटी आँखों उसे देखती रह गई :

"क्यों? क्या मतलब, वास्या?"

"बात यह है कि अब तुम बड़ी हो गई हो। तुम बच्ची तो हो नहीं कि तुम्हारे साथ खेल-खिलवाड़ चलता रहे। दूसरे, तुम्हारी उम्र इतनी है नहीं कि तुम्हें दिल की रानी बना लिया जाए। फिर, मेरा अभी ब्याह करने का कोई विचार भी नहीं है।"

उज्ज्वल चाँदनी में अवदोत्या के चेहरे पर दुख और निराशा की छाया स्पष्ट दिखाई दे रही थी; वासिली जानता था कि लड़की उससे बहुत हिल गई है। लेकिन यह क्या ख़याल था कि बात यहाँ तक पहुँच जाएगी? उसे लग रहा था कि वह उससे लिपटकर रो पड़ेगी। बात इतनी बढ़ जाने के लिए उसे खेद और खिन्नता भी अनुभव हो रही थी।

उसके चेहरे पर गहरी उदासी के साथ-साथ आँखों में आँसू भी भर आए। वासिली के मन में आया कि उसे पुचकार कर सांत्वना दे। पर लड़की ने न तो एक भी आँसू गिराया और न शिकायत का एक शब्द अपने मुँह से निकाला।

आँखें झुकाए हुए स्थिर और धीमे स्वर में उसने कहा :

"अगर यही बात है तो अलविदा, वासिली कुज़्मिच!" और वह अपने मकान के भीतर चली गई।

वासिली भौचक खड़ा रह गया।

इससे पहले भी वासिली की लड़कियों से मित्रता हुई थी और अवसर आने पर उसने मित्रता समाप्त भी कर दी थी। लेकिन, ऐसी गम्भीरता और ऐसा आत्म-सम्मान उसने कभी नहीं देखा था।

घर लौटते हुए रास्ते में वासिली को अवदोत्या की बात और ढंग से स्वयं खिन्नता और झेंप मालूम हो रही थी। वह सोच रहा था : "लड़की भली और खुशमिजाज़ है। समझदार है; मन की मैली भी नहीं है। कम उम्र है, तो भी स्वभाव की गम्भीर है।"

इन्हीं दिनों एक दूसरी लड़की भी वासिली के लिए पागल हो रही थी। उसे अवदोत्या से जलन थी। इस घटना के एक महीने बाद ही उसने वासिली और अवदोत्या का प्रसंग लेकर एक गीत बना डाला। यह गीत गाँव भर की ज़बान पर था।

वासिली को अवदोत्या के प्रति सच्ची हमदर्दी थी। एक दिन वह अवदोत्या से मिलने उसके घर गया था। उस दिन की बात वासिली कभी नहीं भूल सकता था। गर्मियों की साँझ थी। सूर्यास्त के बाद आकाश गुलाबी हो रहा था।

दुन्या अपने घर की ड्योढ़ी पर चढ़ रही थी। हाथ में हँसिया था। शायद खेत में काम ख़त्म करके लौटी थी।

वासिली की आवाज सुनकर उसने तुरन्त घूमकर पीछे देखा। उसका हँसिया हाथ से गिर गया। उसके चेहरे का रंग बिलकुल सफेद पड़ गया और होंठ खुले रहे गए।

उसके रक्तहीन चेहरे और खुले होठों पर एक ऐसा भोलापन और पीड़ा छाई हुई थी कि वासिली का दिल टुकड़े-टुकड़े हो गया :

"क्यों? क्या माँ बहुत नाराज़ हैं?"

"नहीं...मुझ पर तरस खाती हैं..."

वासिली ने अनुभव किया कि बड़ा और अनुभवी होने के नाते इस लड़की को बदनामी से बचाना उसका फ़र्ज़ है।

उसकी आत्मा उसे कचोट रही थी। उसे अपने पर भरोसा था कि वह कभी किसी के साथ अन्याय नहीं करता।

वासिली के प्रायः सभी निर्णय मन के उद्वेग की अवस्था में होते थे। वैसे ही उद्वेग से अधीर होकर वह कह बैठा :

"अच्छा, दुन्याशा!...अगर ऐसी बात है, अगर तरह-तरह की कहानियाँ फैल रही हैं...तो...तो मैं तैयार हूँ...तुम राज़ी हो तो हम सगाई कर लें...कुछ दिनों में ब्याह भी कर लेंगे!"

कहने को तो वासिली कह गया, मगर फिर भौचक खड़ा अपने ही शब्दों

को सोचता रहा! अगर वह बात पकड़ कर हामी भर गई तो? तब तो फँस गए! अकेलेपन की मौज के दिन गए!

अवदोत्या ने इंकारी से सिर हिलाया :

"नहीं वास्या! अगर तुम मुझसे प्यार करते होते, तो मुझे बदनामी की परवाह नहीं थी। अगर तुम मुझसे प्यार करते होते, तो मुझे कोई ग़म नहीं था। लेकिन, जब तुम प्यार नहीं करते, तो ब्याह करो ही क्यों? नहीं, मेरा दिल बदनामी से नहीं टूटता ...वह टूटता है..."

अवदोत्या बात अधूरी छोड़कर नीचे गिरा हँसिया उठाने के लिए झुकी। असल में वह झुकी थी आँखों में आए आँसू छिपाने के लिए।

सँभाल कर उसने हँसिये को एक शहतीर में अटका दिया, एक गहरी साँस खींची और फिर वासिली की ओर मुड़कर बोली :

"अच्छा हो कि तुम चले जाओ, वास्या..."

वासिली लौट गया। विस्मय, खिन्नता और लज्जा का एक विचित्र बोझ उसे दबाये हुए था।

मशीन-ट्रैक्टर स्टेशन का स्थान समीप के एक गाँव में बदल दिया गया। वासिली को भी वहीं जाना पड़ा था। बहुत दिनों तक अवदोत्या से मिलने का उसे मौक़ा नहीं मिला।

वासिली दूसरी लड़कियों से मिलता तो उसे अवदोत्या का ख़याल जरूर आ जाता; हर बार उसका मन कहता :

"दुन्याशा और इनका क्या मुकाबला? उसकी बात ही और है।"

वासिली से जो भूल होनी थी, हो चुकी थी। अब उसका मिज़ाज ठिकाने आ गया था। साँझ के सैर-सपाटों, गीतों और लड़कियों की आह-कराहों की ओर अब उसका मन कुलांचे नहीं भरता था।

एक दिन अवदोत्या की एक सहेली ने वासिली से कहा :

"कुछ मालूम भी है तुम्हें? दुन्याशा की बड़ी धूम मची हुई है। उसने एक एकड़ में साढ़े चार सौ मन आलू पैदा किए हैं। जिला केन्द्र तक उसके हल्ले हैं! सात सौ दिन की पगार मिली है उसे; और उसकी माँ और छोटी बहन को भी चार सौ दिन की। चार टन अनाज गाड़ी में लाद कर घर लाई है। अखबारों के लिए तस्वीरें ली गई हैं उनकी। देखोगे तो पहचान भी न पाओगे। क्या हुस्न चढ़ा है उस पर; पूरे उठान पर है। भला उसके दीवानों की क्या गिनती!"

"सच?"

"और नहीं तो क्या। लेकिन अभी तक कोई उसकी नज़र चढ़ा नहीं है। फेदोर तो दो बार उसके यहाँ पहुँचा। बहुत गिड़गिड़ाया। पर उसने साफ जवाब दे दिया : "तुमसे कैसे ब्याह कर सकती हूँ, फेदोर? मेरा दिल तो किसी और का

हो चुका है।"

वासिली ने दुन्या को पत्र लिखने का फ़ैसला किया। "...तुम्हारी बड़ी याद आती है", उसने लिखा, "याद है, हम लोग...देवदार के नीचे मिला करते थे।...वहाँ आओ!"

वासिली कुछ देर पहले ही पहुँच गया और घास पर लेट गया।

कैसा मन लेकर आएगी वह? नाराज़ होगी? अविश्वास करेगी? उदास होगी। भला-बुरा कहेगी? उसे समझाना होगा; मनाना होगा! अगर वह रोती है, तो यह मेरी ग़लती है। रोने का उसे हक़ है। या, वह बिलकुल ख़ामोश रहेगी? अपने पर अंकुश लगाए रहेगी? या, निरभिमान आत्मसमर्पण कर देगी?

वासिली को पेड़ों के बीच से अवदोत्या की पोशाक दिखाई दी। वह चल नहीं, दौड़ रही थी।

आज वह नए कपड़ों में सजी-बजी थी। उसका चेहरा प्रसन्नता से जगमगा रहा था, जैसे शिकायत और शिकवे की कोई बात हुई ही न हो, न बिछोह और तड़पन के दिन बिताने पड़े हों।

अविश्वास, उलाहना या आँसुओं की उसके चेहरे पर परछाईं तक नहीं थी। उसके व्यवहार से पूर्ण विश्वास, निश्छलता और आह्लाद फूटा पड़ रहा था। उसने उमग-उमग कर गीत गाए और आमोद की तरंगों पर नाचती रही; उस जगह की घास के तिनके-तिनके को उसने सँवार दिया। वासिली का मन अपने व्यवहार के प्रति पश्चात्ताप से लज्जित हो रहा था। अवदोत्या का दुलार करता हुआ वह सोच रहा था :

'ऐसी लड़की का दिल दुखाना उतना ही बुरा है, जितना किसी निर्दोष बच्चे को पीट देना।'

प्रसन्नता और उन्माद के कुछ ही सप्ताहों में अवदोत्या ऐसी खिल गई कि सारा गाँव विस्मित रह गया।

अब अवदोत्या के लिए वासिली के रुख में एक नयापन आया। वासिली के कुछ-कुछ असंयमित उद्वेग से अवदोत्या सिहर-सी उठती थी; पर उसके इस उद्वेग को वह चुपचाप बर्दाश्त भी कर लेती थी।

अवदोत्या के रूप और प्रेम से बेबस होकर एक दिन वासिली को अपने पिता से बात करनी ही पड़ी। बात तो उसने मुस्कराकर ही शुरू की थी। परन्तु पिता का भाव जानने के लिए उसकी आँखें, उन्हीं के मुँह पर टिकी थीं।

"बप्पा, क्या ख़याल है? कोई भली लड़की बिगड़े, इससे पहले ही शादी क्यों न कर दो!"

"अच्छा? तो इतनी भलमनसाहत अभी बची है तुझमें, बेधरमी?" स्तेपनिदा अपना काम छोड़कर विस्मय से आँखें फैलाए उसके सामने आ बैठी। "बता तो

कौन लड़की है वह?...दुन्याशा ओज़ेरोवा?"

"वही..."

अपने ब्याह में वासिली ने खूब पी और ब्याह के समय, रीति-रस्म के अवसर पर, उसने अवदोत्या का अधीरता से आलिंगन किया।

दुन्या जब रात के समय सोने के लिए वासिली की कोठरी में गई तो पलंग की पटिया पर बैठ गई। उसका दिल धक-धक कर रहा था; खुद उसे उसकी आवाज़ सुनाई दे रही थी।

कितने ही समय से उसे एक विचित्र, सुखमय प्रतीक्षा थी! उसी दिन से जब अवदोत्या ने खेतों के किनारे फूल-पत्ती से सजे ट्रैक्टर पर खड़े वासिली को देखा था और उसका आवेशपूर्ण व्याख्यान सुना था तभी से मानो उसे इसकी प्रतीक्षा थी। उसे ठीक अनुमान नहीं था कि यह प्रतीक्षा किस चीज़ की है। उसे एक नए जीवन की आशा थी; शक्ति और उल्लास से भरे जीवन की आशा थी! और इस जीवन का केन्द्र और आधार था, उसके मन को जीतने वाला, उसका प्यारा, उसका अपना वासिली! उसी के साथ अब वह नए जीवन में प्रवेश कर रही थी। उसने वासिली को जितना प्यार किया, जितना प्यार उससे पाया वह सब तो मानो एक और भी बड़ी चीज़, एक और भी रोमांचकारी जीवन का दूर से पड़ता प्रकाश मात्र था। वह चिर-पोषित स्वप्न कब साकार होगा? वह कैसा होगा, क्या होगा?

वासिली आकर क्या कहेगा? किस नए जीवन का द्वार खोलेगा? इस क्षण से उसका जीवन कैसा होगा?

वासिली आया और उसने अवदोत्या को आलिंगन में समेट लिया :

"दुन्याशा!...आखिर हम लोग मिल ही गए!"

प्रभात के सूर्य की किरणें गहरे कोहरे में लिपटी हुई बेबस थीं। अवदोत्या निश्चल लेटी थी। उसे डर था कि उसके हिलने से पति की नींद न टूट जाए। प्यार से वह वासिली के चेहरे को निहार रही थी। उसकी नींद में विघ्न डाले बिना, धीरे-धीरे वह उसके घुँघराले बालों से खेलने लगी और उसकी भौंहों और पलकों को सहलाने लगी।

"बहू!...अवदोत्या!...क्या अभी उठने का वक्त नहीं हुआ?" स्तेपनिदा की लाड़ में भीगी किन्तु कुछ कठोरता लिए आवाज़ बन्द दरवाज़े के भीतर सुनाई दी।

अवदोत्या फुर्ती से उठ खड़ी हुई और कपड़े पहन रसोई घर में जा पहुँची।

"सूअरों को चारा तो डाल दे!" स्तेपनिदा बहू पर एक भेद भरी नज़र डाल कर बोली।

यह बहू को परखने का रिवाज़ था। स्तेपनिदा का इरादा बहू के आते ही

उस पर काम लाद देने का नहीं था। लेकिन, उसे यह जता देना भी ज़रूरी था कि इस घर में वह 'मालपुआ खाने' नहीं, घर का काम करने आई है, और यह भी कि घर में सास का हुक्म चलता है! शुरू में ही यह भी देख लेना ज़रूरी था कि वह आज्ञाकारिणी और मेहनती है या नहीं।

अवदोत्या को तुरन्त बाल्टी लेकर सूअरों के बाड़े की ओर जाते देख स्तेपनिदा का अभिप्राय पूरा हो गया। उसे फिर पुकार कर वह बोली :

"सुन तो बहू! तू बड़ी थकी-थकी-सी लग रही है। जा, थोड़ी देर और सो ले! जानवरों को चारा मैं डाल दूँगी।"

सास ने फिर बहू को सोने के लिए भेज दिया।

अवदोत्या फिर अपने पति के साथ जा लेटी। परन्तु उसकी पहली उमंग अब उड़ चुकी थी। अब यह 'बहू' इस प्रतीक्षा में लेटी हुई थी कि जाने कब हुक्म और पुकार सुनाई दे जाए।

स्तेपनिदा के मन का अभिप्राय पूरा हो गया था। अवदोत्या पहले दिन सुबह ही समझ गई कि वह पराये घर में और पराई माँ के पल्ले आ पड़ी है। इस घर में वह मौज मारने के लिए नहीं आई थी।

सचमुच ही, अवदोत्या को पता चल गया कि वह ससुराल में रंगरेलियाँ मनाने नहीं आई है। उसे लगता कि वह अपने चिर-परिचित संसार से बिछुड़कर एक अपरिचित संसार में आ फँसी है जहाँ स्तेपनिदा के कड़े अनुशासन ने बाहर की परिचित दुनिया से उसे अलग कर दिया है, उसके और बाहर की दुनिया के बीच एक बाड़ खड़ी कर दी है।

स्तेपनिदा ने पहले ही दिन कह दिया था : "बहू, तुम्हें खेत में काम करने की ज़रूरत नहीं है। यहाँ घर में ही काफ़ी काम है।"

सास की बात से अवदोत्या का दिल टूट गया था। सामूहिक खेत के काम में उसे रुचि और उत्साह था। लेकिन, वह सास से ज़बानदराज़ी करना और पति के घर में झगड़ा-फिसाद खड़ा करना उचित नहीं समझती थी। वह चुप रह गई थी और सास के इशारे पर काम करने लगी थी। वासिली कभी-कभी ही घर आता था। स्तेपनिदा ने घर की देखभाल का पूरा बोझ अवदोत्या पर डाल दिया और खुद बाज़ार में ख़रीद-फ़रोख़्त के काम में लग गई। यही काम उसे बहुत रुचता था।

ज़िन्दगी इसी तरह घसिटती रही। कोई नई बात हुई तो केवल यह कि अवदोत्या के एक बच्ची हुई। अब वह बच्ची को सँभालती; घर का और सास का काम करती; जानवरों को चारा-पानी डालती; और, घर की कछियारी में काम करती। दिन-भर वह शरीर तोड़ मेहनत करती थी। हाँ, प्रशंसा के दो बोल सुन लेती तो वह फूली नहीं समाती थी। लेकिन, ऐसे बोल कभी-कभी ही सुनने को मिलते थे।

घर के आदमी काम पर जाकर कई-कई दिन तक नहीं लौटते थे। अवदोत्या

का काम देखने वाली थी तो केवल सास। बहू के मुँह पर उसकी प्रशंसा करके सास उसे बिगाड़ना नहीं चाहती थी। इसलिए, केवल अवदोत्या की पीठ पीछे ही वह अपनी 'रतन जैसी अनमोल बहू' की प्रशंसा दूसरे लोगों के सामने करती थी।

अवदोत्या घर के काम की कड़ी मेहनत में पिस कर भी सन्तुष्ट ही थी।

उसमें प्रसन्नचित्त रहने का वह दुर्लभ गुण मौजूद था जो निष्कपट और मेहनती लोगों में ही विशेष रूप से पाया जाता है।

अपनी बच्ची की मुस्कानें, खिड़की के काँच पर जमे कोहरे पर नाचती सूर्य की किरणें, या तन्दूर में रोटियों का हल्की चित्ती पड़ कर फूल जाना—अवदोत्या को प्रसन्न करने के लिए यही सब बहुत था! प्रसन्न होने पर वह गायों के लिए सानी बनाते-बनाते अपने बारीक काँपते स्वर में गाने भी लगती।

जब वासिली कोहरे से चटिया कर लाल-लाल हुआ चेहरा लिए दरवाज़े पर आ खड़ा होता और अवदोत्या को आलिंगन में खींच लेता या बच्ची को गोद में लेकर खेलने लगता तो अवदोत्या के लिए संसार में और किसी सुख की कामना शेष न रह जाती।

घर का कड़े से कड़ा काम वह उसी उत्साह से करती थी जिस उत्साह से वह दौड़ती हुई अलाव को फाँदा करती थी।

आँगन में झाड़ू लगाने के बाद अवदोत्या अपनी साल-भर की बच्ची से कहती : "चलो अब हम चबूतरे पर झाड़ू लगाएँगे, जाजिम फटकारेंगे, सूअरों को चारा देंगे, तरकारी की क्यारी निराएँगे।" अवदोत्या के स्वर से ऐसा सुख फूटा पड़ता मानो संसार के सबसे अधिक आनन्ददायक काम ये ही हों।

महीनों पर महीने बीतते गए। आखिर, अवदोत्या का आनन्द और सुख उसी तरह कुम्हलाने लगा जैसे सूखी ज़मीन पर लगा दी गई फूलों की झाड़ी कुम्हला जाती है। एक दिन की बात है। अवदोत्या घर की बगीची में आलू खोद रही थी। घर में कोई नहीं था। सास हरी तरकारियाँ लेकर बाज़ार गई थी। मर्द लोग सुबह ही काम पर निकल गए थे। बच्ची को अवदोत्या अपनी माँ के पास छोड़ आई थी।

बूँदा-बाँदी लगी हुई थी। हवा भी तेज़ थी। रोवान के पेड़ों की पतझड़ में नंगी हो गई टहनियाँ हवा में झकझोर रही थीं।

अवदोत्या को याद आया कि सामूहिक खेत में वह आलू खोदने वाले दल की नेता थी।

सामूहिक खेत में लड़कियाँ दूर-दूर तक फैली हुई थीं। खेत के बीचों-बीच आलुओं के पहाड़ खड़े थे। समीप के पेड़ की एक डाल पर बैठी तमारा नाम की छात्रा गिनती कर रही थी। तमारा अख़बार के कागज़ का भोंपू बनाकर कहती जा रही थी : "कात्या और नताशा ने 100 वीं टोकरी डाल दी। मारूस्या अभी 80

पर अटकी है!"

उस दिन भी खूब सर्दी थी। पर, लड़कियों को श्रम की गर्मी से इतना पसीना आ रहा था कि उन्होंने अपनी रुई भरी बंडियाँ उतार फेंकी थीं।

कभी किसी पेड़ की जड़ में ढेरों आलू निकल आते तो लड़कियाँ पूरी जड़ को ऊपर उठाकर किलकारी भर उठतीं : "देखो, देखो! आलुओं की बेल!"

किशोर संघ की लड़कियाँ एक गोल में बढ़िया बीज के लिए आलू छाँट रही थीं और आलुओं का एक मज़ाकिया गीत गा रही थीं : "देखो री देखो, आई आलू की बहार!"

सामूहिक खेत का प्रधान और ज़िले का खेती का विशेषज्ञ आए हुए थे। सभी लोग अवदोत्या को इतनी बढ़िया फसल तैयार करने पर बधाई दे रहे थे। लोग उसकी प्रशंसा कर रहे थे कि इतनी छोटी है और दल की नेता बन गई है? वह एक भद्दा, पुराना-सा शॉल लपेटे थी। उसके बाल और हाथ खेत की मिट्टी में बुरी तरह सने थे। पर, सभी लोग उसे आदर भरी आँखों से देख रहे थे और उस पर गर्व अनुभव कर रहे थे।

काम का समय पूरा हो चुका था। पर कोई भी खेत छोड़कर घर नहीं जाना चाहता था। सभी लोग सूर्यास्त तक काम करते रहे। अँधेरा हो जाने पर खेत से आलुओं की आखिरी लारी चली; सब लोग उसी में सवार होकर गाँव लौटे। लारी में बैठी लड़कियाँ गीत गाती जा रही थीं। लारी सामूहिक खेत के दफ्तर के सामने से गुज़री तो दफ्तर के सभी आदमी—सामूहिक-किसान, प्रधान, कृषि-विशेषज्ञ, आदि—उनके स्वागत में बाहर निकल आए। उन्होंने इन लड़कियों का नाम रखा : "आलूवाली स्ताखनोवी।"

वे भी क्या दिन थे? ज़िन्दगी एक लम्बा मेला जान पड़ती थी।

और अब? अब भी वह आलू ही खोद रही थी। फसल भी बुरी नहीं थी। लेकिन, अब वह बात कहाँ थी? सब ओर सुनसान था। कभी-कभी दीवार के पीछे से गाय के रंभाने की आवाज़ आ जाती या बत्तखें यकायक कुड़कुड़ा उठतीं। बगिया की बाड़ पिंजरे जैसी जान पड़ रही थी। बात करने तक को आस-पास कोई नहीं था। ये आलू भी वैसे नहीं थे; न उतने बड़े, न उतने अच्छे कि तबीयत हो कच्चा ही खालो! वे आलू नौजवान लड़कियों के हाथों खोदे और सँवारे-सहलाये आलू होते थे, मानो लड़कियों ने अपनी कनखियों और गीतों से उन्हें और भी स्वादिष्ट बना दिया हो! इन आलुओं में क्या धरा था? वासिली तो इन्हें देखेगा भी नहीं! उसका काम ही दूसरी जगह है। बस, सास और देवर फिनोगेन साँझ को बैठकर हिसाब जोड़ेंगे कि फसल से आमदनी में कितनी बढ़ती होगी और बप्पा अपने साँवले हाथों से बढ़िया-बढ़िया आलू चुनकर अवदोत्या के परिश्रम की प्रशंसा कर देंगे। वह भी उसी जैसे थे। बप्पा को परिश्रम और काम की क़दर थी, परिश्रम और काम का

चस्का था। उन्हें उसी में जीवन का सुख और सन्तोष मिलता था।

अवदोत्या ज़रा कमर सीधी करने के लिए खड़ी हुई। आलुओं की क्यारी को नज़र से नापते हुए सोचा : 'शाम तक काम पूरा हो जाएगा।...शाम तक के लिए इसी पिंजरे की हो गई।...कात्यूशा को लेकर अम्मा आ जाएँ तो अच्छा है! ज़रा दिल तो बहले...।'

अवदोत्या फिर आलू खोदने में जुट गई।

अवदोत्या सोच रही थी कि उसकी इस जी-तोड़ मेहनत से सास-ससुर के सिवा और किसे सन्तोष होता है? इससे भी ज्यादा बुरा उसे यह लग रहा था कि वासिली, अपने काम की वजह से उससे दूर होता जा रहा है।

कहने को तो सभी कुछ ठीक-ठाक था। वासिली काफी कमा रहा था। वह अपनी पूरी कमाई घर में दे देता था। पीने की भी उसे दूसरों से ज्यादा आदत नहीं थी। उसे दूसरी औरतों के पीछे भागने की आदत नहीं थी। वह बच्ची को खूब प्यार करता था। इससे ज्यादा और क्या चाहिए था! कोई भी उसके परिवार को आदर्श परिवार कह देता।

पर, ब्याह के बाद से हेल-मेल बढ़ने की जगह उनमें अन्तर ही ज्यादा बढ़ने लगा था।

वासिली का काम था मशीन-ट्रैक्टर स्टेशन में। उसका ध्यान भी वहीं रहता था। महीनों वह घर से बाहर रहता था। पर, जब घर आता तो बहुत-सी चीज़ें लाता, प्यार भी करता। पर, आपस में बातचीत करने को कोई बात न मिलती थी; बात करें तो किस बात पर? अवदोत्या के साथ बैठा-बैठा वासिली उकताने लगता। घर में उसका जी न लगता। वह मशीन-ट्रैक्टर स्टेशन को, फ़ार्म को, पार्टी के दफ्तर को, या साथियों से मिलने चल देता, मानो उसे घर से बाहर ही साथी मिल सकते हों।

कभी-कभी वासिली मशीन-ट्रैक्टर स्टेशन के मित्रों को, ट्रैक्टर ड्राइवर तोशा बुज़िकिन और उसकी पत्नी को, अपने यहाँ बुलाता।

अवदोत्या दोनों को बड़े ध्यान से देखती। उसे डर लगा रहता कि उनमें भी कोई ऐसी चीज़ न निकल आए जिसकी उसके जीवन से दूर की भी समता हो।

कुछ दिन पहले तक ज़िले के लोग तोशा को सिर पर घुँघराले बाल छिटकाये घूमने वाले मनमौजी नौजवान के रूप में ही जानते थे। वह अपने काम को बड़े झपाटे से खत्म कर दिया करता था। उसे और आगे शिक्षा के लिए शहर भेजने का बन्दोबस्त किया गया था। लेकिन, उसकी पत्नी मलानिया ने रो-रो कर आसमान सिर पर उठा लिया था; उसने तोशा को ऊँची शिक्षा के लिए नहीं जाने दिया। मलानिया देखने-सुनने में साधारण और काम-काज में अल्हड़ और बुद्धू थी। क़िस्मत की ही बात थी कि उसे तोशा जैसा पति मिल गया था। मलानिया को सदा इस

बात की आशंका बनी रहती कि कहीं तोशा उसे छोड़कर किसी दूसरी के फंदे में न फँस जाए। वह घर में कहीं न कहीं वोद्का ज़रूर छिपाए रहती। जहाँ देखा कि तोशा पीने के लिए बाहर जाना चाहता है, वह झट बोतल सामने ला रखती। वह जानती थी कि वोद्का के अलावा दूसरी कोई चीज़ उसे घर में नहीं रोक सकती; उसे रोकने के लिए वह एक के बाद दूसरा प्याला दिए जाती। किशोरावस्था में वह 'तोशा' ही कहलाता था, आगे भी लोग उसे 'तोशा' के नाम से ही जानते थे; उसका 'एण्टन' नाम जैसे कोई जानता ही न हो। तोशा आदमी तेज़ था। जो भी काम शुरू करता, जान पड़ता कि चमत्कारिक सफलता से पूरा होगा; पर, हर काम हमेशा आधे पर ही रह जाता था। जब वह नशे में होता था तो बड़े मज़े की बातें करता था, फिर उदास हो जाता और अपने सीने पर हाथ मार-मार कर विलाप करने लगता : "मैं प्रतिभाशाली व्यक्ति हूँ...मैं जानता हूँ...।"

तोशा जिस महफ़िल में पहुँचता था, जान डाल देता था। वह गाने-बजाने में तेज़ और स्वभाव का हँसोड़ था। उसे अपने यहाँ बुलाने के लिए सभी उत्सुक रहते थे।

जहाँ कहीं तोशा जाता उसके दुबले-पुतले लटबावरे शरीर के पीछे छाया की तरह लगी रहती—भैंस की तरह फैली हुई मलानिया।

वह पल-भर के लिए भी पति को आँखों से ओझल नहीं होने देती थी। पार्टियों और महफ़िलों में वह पति से चिपकी रहती। लेकिन, रहती सदा चुप ही; एक शब्द भी कभी न बोलती।

तोशा जब ज़रा ज्यादा पी लेता था तो मलानिया का साथ चिपके रहना उसे बुरा लगता था। मलानिया की ओर इशारा करके वह कह बैठता :

"देखो तो इस मिट्टी की लौंद को! इसके बोझ के मारे तो मेरी बधिया बैठी जा रही है।"

मलानिया तोशा की ओर और तेज़ी से घूरती, पर कहती कुछ नहीं।

क्रोध या आपत्ति का एक शब्द भी उसके होठों पर न आता। बस, वह लौंद की तरह स्थिर, प्रायः निर्जीव की तरह निश्चल, बैठी रहती। वह न तो किसी को सुहाती, न किसी को दुखाती। कैसी भी बात या प्रसंग हो, उस पर कोई असर नहीं होता था।

अवदोत्या मलानिया को देखकर विस्मित रह जाती। यह भी क्या कि पति की पीठ पर निरर्थक बोझ की तरह लदे हैं! बाद में खुद उसके मन में खोद सी उठने लगती : "मैं भी तो मलानिया बनती जा रही हूँ!"

एक और भी स्त्री थी जिसके बारे में अवदोत्या अक्सर सोचती। उसके बारे में सोचकर एक तरह की ईर्ष्या या स्पर्धा उसे अनुभव होती।

नास्तासिया ओगोरोद्निकोवा ट्रैक्टर ड्राइवर थी। ज़िले भर में उसका नाम

था। नास्त्या कमरे में आती तो लोगों में फुरफुरी सी दौड़ जाती। वासिली भी गर्दन सीधी करके गम्भीर हो जाता और ज़रा अकड़ कर अपनी मूँछों को मरोड़ने लगता। नास्त्या रानी की तरह सिर उठाए आती और सीधे जाकर मेज़ के सिरे पर बैठ जाती—मानो उसके लिए वही जगह निश्चित है। सब लोग उसी को लक्ष्य करके बातें करने लगते। मर्दों से बातें करने के उसके ढंग में कुछ गम्भीरता लिए बड़प्पन रहता, कभी-कभी अक्खड़न भी, मानो बच्चों को समझा रही हो। सब लोग उसका रोब मानते थे। वह बोलती तो और लोग चुप हो जाते। वह गम्भीरता का बाना उतार कर हँसती, तो सबके चेहरों पर उत्सुकतापूर्ण प्रसन्नता छा जाती।

अवदोत्या अपने इन मौन अनुसंधानों और विचारों को सहेज-सहेज कर रखती जा रही थी। अन्त में एक दिन उसने वासिली से बात करने की ठानी।

''वास्या!'' मौक़ा पाने पर वह बोली। ''क्या बात है कि हम लोगों की ठीक से नहीं पट पाती!''

''ठीक से नहीं पट पाती?'' विस्मय से वासिली ने पूछा।

''तुम मुझसे कभी बातें नहीं करते...''

''बातें? क्या बातें करूँ तुमसे?'' वासिली ने आश्चर्य से पूछा।

अवदोत्या अवाक् रह गई। सचमुच—''क्या बातें?''

''लेकिन नास्तासिया से तो तुम बातें करते हो?''

वासिली सिर को दाईं ओर झुकाए चुप रह गया। उसकी आदत थी, जब भी कुछ सोचता उसका सिर दाईं ओर झुक जाता। स्पष्ट था कि अवदोत्या मज़ाक नहीं कर रही थी। वासिली बात को समझ कर ठीक उत्तर देना चाहता था। मिनट भर सोचकर वह ज़रा गम्भीरता से बोला :

''नास्तासिया से तो आपसी काम की बातें होती हैं।'' वह बाहर जाने की तैयारी में उठ खड़ा हुआ।

वह समझता था कि उसने उचित उत्तर दे दिया है और बात अब आगे नहीं बढ़ेगी।

वासिली चला गया। पर, अवदोत्या जहाँ की तहाँ बैठी रही, मानो उसके शब्दों ने उसे वहीं गाड़ दिया हो। इनसे ज्यादा, संक्षिप्त, कटु और सरल शब्द दूसरे नहीं हो सकते थे जो उसे इतनी परेशानी में डाल देते। ''आपसी काम की बातें!''... वासिली उससे किस आपसी काम की बातें करे? उनमें आपसी काम था ही क्या? बच्चों के बारे में बातें? पर दिन-भर बच्चों की ही बातें तो नहीं की जा सकती थीं; न ही दिन-भर बुरेन्का गाय और बगिया की बातें की जा सकती थीं।

अवदोत्या के हाथ में थमा तकुआ फ़र्श पर गिर पड़ा। वह सिर झुकाए बैठी रही।

धुले हुए सफेद फ़र्श पर खिड़की से आती धूप की चौकियाँ-सी बन गई थीं।

खिड़की के पास रखे गमलों में जिरेनियम के लाल फूलों के गुच्छे बड़े सुन्दर लग रहे थे। चारों ओर स्वच्छता, शान्ति और निश्चिंतता थी। वह निश्चल बैठी थी। उसकी आँखें खुली थीं, पर वह देख कुछ नहीं रही थी। "वास्या बड़ा भला है; मैं उससे बातें करूँ तो वह ज़रूर बातें करेगा। पर क्या ये 'आपसी काम की बातें' होंगी?"

नन्ही कात्या चुप बैठी-बैठी ऊब गई थी। बोली : "अम्मा! बातें करो न!"

अवदोत्या को ख़याल आया : वासिली उससे वैसे ही बातें करेगा जैसे वह कात्या से करती है—दुलार से, पर बिना किसी प्रयोजन के! क्या उसे ऐसी बातचीत चाहिए?

"मुझे दया नहीं चाहिए! मैं बच्ची नहीं हूँ! मैं मलानिया नहीं हूँ! मैं मलानिया नहीं हूँ और वास्या तोशा नहीं है। फिर हम लोगों की हालत उन जैसी ही क्यों होती जा रही है? वास्या की और मेरी ज़िन्दगी अलग-अलग तरह की है। उसे सामूहिक खेत से, गाँव सभा से, ज़िला केन्द्र से, पार्टी से मतलब रहता है। मेरी दुनिया सिर्फ़ घर की ड्योढ़ी तक है।"

अन्तरात्मा की पीड़ा समेटे वह उठी और जाकर खिड़की के पास खड़ी हो गई।

पिछली रात जिरेनियम के फूलों का एक नया सुर्ख गुच्छा खिल गया था। उसके मन में आया कि कात्या को बुलाकर फूल दिखाए।

छोटी-छोटी बातों को लेकर ही—नए खिले फूल, गुड़िया के रूप-रंग का ज़िक्र या बच्ची के नए कपड़ों को लेकर ही—अवदोत्या हँसने और खेलने का त्योहार मना लेती थी।

"कात्यूशा आ ज़रा देख तो..." अवदोत्या ने स्वाभाविक, उल्लास भरे, स्वर में पुकारा; फिर यकायक ठिठक गई।

बच्ची ठुमक-ठुमक करती दौड़ आई।

"क्या है अम्मा? देखें, अम्मा!"

माँ चुपचाप सिर झुकाए खड़ी थी। "मेरे लिए हँसी-खुशी नहीं है, मेरा सुख सच्चा नहीं है, मेरी ज़िन्दगी में कोई रंगत नहीं है...।" बच्ची को देख वह ज़बर्दस्ती मुस्करा दी :

"देख बेटी, कितना अच्छा फूल है!"

एक दिन वासिली जल्दी में झपटता हुआ घर आया। उसकी रुई भरी बंडी के बटन खुले हुए थे और टोपी सिर पर पीछे खिसकी हुई थी।

"नास्त्या यहाँ आई थी?"

"नहीं तो! क्या बात है, वास्या?"

"मैं उस बेईमान के बच्चे को मज़ा चखाऊँगा," बिना उसके प्रश्न का उत्तर

दिए वासिली क्रोध में बकता रहा, "बेईमान खामखा दूसरों को बदनाम करता फिरता है। नास्त्या आए तो कह देना मैं उसे ढूँढ़ता हुआ यहाँ आया था।"

कुछ और कहे बिना ही वह तुरन्त लौट गया।

अवदोत्या ने दूसरे लोगों से सुना था कि मशीन-ट्रैक्टर स्टेशन के मैनेजर ने वासिली की ड्यूटी किसी दूसरे आदमी के ट्रैक्टर से जुताई करने पर लगा दी थी। वासिली उस ट्रैक्टर से काम नहीं करना चाहता था, क्योंकि उस ट्रैक्टर से जुताई अच्छी नहीं हो सकती थी। काफ़ी बहस-मुबाहसे के बाद आखिर वासिली को ही दबना पड़ा क्योंकि जुताई का समय निकला जा रहा था; ज़मीन कड़ी पड़ती जा रही थी, और कोई दूसरा ट्रैक्टर था नहीं। पर, जुताई ठीक नहीं हुई। ज़िले के इंस्पेक्टर ने शिकायत भरी रिपोर्ट लिख मारी। मैनेजर ने सारा दोष वासिली के सिर मढ़ा। उसने कहा कि जुताई के समय वासिली पिये हुए था, इसलिए उससे ठीक काम नहीं हुआ।

मामला संगीन था। क़ानूनी कार्रवाई तक हो सकती थी।

पति पर आए इस संकट से अवदोत्या परेशान थी ही। और अधिक दुख उसे इस बात का था कि ऐसे संकट के समय अपनी चिन्ता और दुख बँटाने के लिए वासिली दूसरी औरत के यहाँ भागा गया।

कुछ देर बाद वासिली और नास्त्या इकट्ठे लौटे।

"अच्छा! इस तरह घबराओ नहीं! दिमाग़ ठण्डा रखो। तुम्हें अच्छा काम करने के सम्मान में जितने सर्टिफिकेट मिले हैं, निकाल लो!" नास्त्या ने समझाने के ढंग से कहा। "चलो, हम लोग सीधे ज़िला पार्टी दफ्तर चल कर त्रोफिम इवानोविच से बात करते हैं।"

नास्त्या बेंच पर अधलेटी-सी हो गई, जैसे वही घर की मालकिन हो। अवदोत्या की बिटिया को उसने उठाकर अपनी गोद में ले लिया था। अवदोत्या के पति पर भी वह ऐसे हुक्म चला रही थी जैसे उसका अपना ही आदमी हो। वासिली आज्ञाकारी लड़के की तरह दीनता से उसकी ओर देखता हुआ पूछ रहा था :

"नास्त्या, डॉन-क्षेत्र से जो प्रशंसा-पत्र मिला था वह भी ले लूँ या नहीं?"

इतने लगाव से अपने जीवन में उसने कभी अवदोत्या से बात नहीं की थी।

"हाँ, हाँ! ज़रूर ले लो!" नास्त्या ने हुक्म-सा दिया। "मैं त्रोफिम से खुद बात करूँगी। वह मुझे खूब जानता है। मेरी बात टालेगा नहीं। तैयार हो गए तुम?"

"बस, एक मिनट में।...उस बेईमान की..."

"क्यों तुम आपे से बाहर हुए जा रहे हो? ज़रा-सी बात पर बिगड़ उठते हो। कह तो रही हूँ कि सब ठीक हो जाएगा।" अपनी जगह से उठकर वासिली

के बालों में लापरवाही से उँगलियाँ चलाते हुए नास्त्या ने कहा, ''तुम तो बिलकुल आग-भभूके बन जाते हो!...जल्दी चलो न!''

नास्त्या का कुछ कठोर-सा, चेचक के हल्के दागों वाला चेहरा अवदोत्या को बहुत सुन्दर लग रहा था। ''ऐसी को कौन आदमी नहीं चाहेगा?'' अवदोत्या सोच रही थी।

''नास्त्या, अस्तबल में इस वक्त घोड़े तो हैं ही नहीं! चलेंगे कैसे?''

''पैदल चलेंगे। सड़क पर कोई न कोई सवारी मिल जाएगी! तुम भरोसा रखो।''

वासिली और नास्त्या आपस में बातें करते-करते चल दिए। अवदोत्या से कुछ कह जाने का उन्हें ध्यान भी नहीं आया।

अवदोत्या दरवाज़े में खड़ी वासिली और नास्त्या को साथ-साथ जाते देख रही थी। उसके दाँत भिंच गए।

उसे ईर्ष्या नहीं थी; वह वासिली और नास्त्या दोनों को ही खूब अच्छी तरह जानती थी और दोनों पर उसे भरोसा था।

इस समय वह नास्त्या के प्रति कृतज्ञता ही अनुभव कर रही थी। उसके पति की कठिनाई में नास्त्या कितनी उदारता और सीधे-सादे ढंग से सहायता करने चली आई। इस समय अवदोत्या से तो कुछ भी किए न बनता!

ईर्ष्या और सन्देह से भी गहरी पीड़ा अवदोत्या को इस बात से हो रही थी कि पति के संकट-काल में वह उसके किसी काम न आई! वह निर्बल, अयोग्य और असमर्थ सिद्ध हुई थी। सहायता के लिए उसके पति को दूसरी स्त्री के पास दौड़ना पड़ा; उसके पति को दूसरी स्त्री का भरोसा करना पड़ा! मानी हुई बात है, वह उसी का आदर भी ज्यादा करेगा।

इस घटना को भूल जाना अवदोत्या के लिए सम्भव नहीं था।

अवदोत्या का मन भारी-भारी रहता। वह सोचती रहती : 'मैं कहाँ घिसटती चली जा रही हूँ? मेरी कड़ी मेहनत से, मेरे काम से किसका जी खुश होता है? सास के सिवाय और किसे सन्तोष होता है? बस, कुछ पैसे और घर में आ जाते हैं। मुझे इससे क्या सुख मिलता है? वासिली को इससे क्या सुख मिलता है? मैं उसके लिए हूँ ही क्या? उसके लिए कर ही क्या सकती हूँ? खाना बना देती हूँ? नाश्ता बना देती हूँ? ऐसी औरत का क्या! ऐसी औरत से तो तोशा जैसा भोंदू भी भागता है। वासिली तोशा की तरह गया-बीता नहीं है! उसका मन मेरी ओर से हट जाए तो ताज्जुब ही क्या? मैं हूँ ही किस लायक? मैं क्यों इस चहार-दीवारी में सड़ती और कुढ़ती रहूँ? ...बच्चों के लिए? उनके लिए भी मैं क्या कर पाती हूँ?...खाना खिला दिया या कपड़े धो दिए! इतना तो कोई भी नौकरानी कर सकती है! क्या यही सब माँएँ अपने बच्चों के लिए करती हैं? मैं जब अपनी ही ज़िन्दगी

के लिए कुछ नहीं कर पाती तो बच्चों के लिए क्या करूँगी? बड़े होकर बच्चे भी सलाह-सहायता के लिए, काम की बातों के लिए, वासिली की ही तरह मुझे छोड़ ग़ैरों के पास भागते फिरेंगे। ठीक ही सज़ा मिली है मुझे। माँ को माँ होना चाहिए, दाई नहीं; पत्नी को पत्नी होना चाहिए, नौकरानी नहीं। अपने लिए मैंने ही तो यह स्वर्ग रचा है! लेकिन, क्या मैं सिर्फ़ इसी लायक हूँ? क्या मैं मलानिया हूँ, जो ऐसी ज़िन्दगी से चिपटी रहूँ?''

यही सब सोचते-सोचते अवदोत्या ने धीरे-धीरे, किन्तु दृढ़ता से, अपना कार्यक्रम निश्चित कर डाला।

एक रात की बात है।

''वात्स्या!'' खाना खाते समय अवदोत्या बोली। उसके स्वर में एक विचित्र दृढ़ता थी। ''मैंने सामूहिक खेत में काम करने का फ़ैसला किया है!''

वासिली सुनकर हैरान रह गया।

''क्या मतलब है तेरा? बच्ची का क्या होगा?''

''बच्ची को फ़ार्म की शिशुशाला में छोड़ दिया करूँगी; या फिर, माँ के यहाँ छोड़ दूँगी। और लोग भी तो बच्चों को छोड़ जाते हैं। मैं भी वैसे ही कर लूँगी!''

''तुझे खेत में काम करने की ज़रूरत क्या आ पड़ी? खेत में तू करेगी ही क्या? सूअरों को चारा डालेगी?''

जीवन में पहली बार अवदोत्या को लगा कि वासिली उस पर अन्याय कर रहा है। अपनी जिस बात के लिए अवदोत्या को अपने पर गर्व था, वासिली ने उसे देखा तक नहीं था? वह कैसे भूल गया कि फ़ार्म में उसके काम की कितनी प्रशंसा होती थी, कितना उसका नाम था, वह कितनी उल्लसित रहती थी। इस अन्याय को देख वह हक्की-बक्की रह गई।

''मेरे...मेरे काम की रिपोर्ट ज़िला केन्द्र तक गई थी! मैं फ़ार्म के सबसे अच्छे दल की नेता मानी जाती थी...और तुम...''

अवदोत्या के स्वर की कटुता और आँसू भरी घबराहट से वासिली चौंक उठा।

''क्यों, दुन्याशा! बात क्या है?''

अवदोत्या ने अपने आपको सम्हाल लिया। सीधी होकर वासिली के सामने बैठ गई। वासिली ने उसे पहले कभी इस रूप में नहीं देखा था। पति की आँखों में आँखें गड़ाकर वह बोली :

''क्या समझते हो अपने को तुम, वास्या? कैसी पत्नी चाहते हो अपने लिए? तुम शराबी तोशा तो हो नहीं कि पत्नी की ज़रूरत सिर्फ़ खाना पका देने

और रात को साथ सो जाने के लिए हो? मैं भी मलानिया नहीं हूँ। ब्याह करते वक्त तुमने नहीं देखा था कि किसने ब्याह कर रहे हो? फ़ार्म में काम करने वाली लड़कियों के दल में मैं सबसे छोटी थी। पर, तुम किसी से पूछ लो, सबसे अच्छा काम कौन करती थी? फ़ार्म के लोग अब तक मुझे याद करते हैं। मैं मलानिया नहीं हूँ, वास्या! जैसे तुम काम करते हो, मैं भी करूँगी। सुना तुमने!''

'आज इसे हो क्या गया है?' वासिली सोच रहा था। 'कैसी बातें कर रही है?...औरतें भी एक पहेली होती हैं। बरसों साथ रहो और समझ बैठो कि उन्हें मन और शरीर से खूब जान लिया है, कि बस, किसी दिन वह ऐसा रंग बदलेंगी कि अकल हैरान!'

मन का बोझ उतार कर अवदोत्या कुछ शिथिल-सी होकर बेंच पर लुढ़क गई थी। अपेक्षतः शान्त स्वर में वह बोली :

''तुम्हीं देखो, मेरी क्या हालत बन गई है? बच्चों की देखभाल के लिए दाई और घर में खाना पकाने के लिए नौकरानी—यही मेरी ज़िन्दगी है। तुम्हारा इसमें कोई दोष नहीं है। अपना-अपना रास्ता सभी चुनते हैं। लेकिन जो रास्ता गलती में मैंने अपने लिए चुना, वह खराब निकला!''

स्तेपनिदा दूसरी कोठरी में थी। उसके कान में बहू के इन शब्दों की भनक पड़ी तो बाज़ की तरह झपटती हुई आई :

''दिमाग़ खराब हो गया है तेरा? यहाँ घर की देखभाल कौन करेगा? जानवरों को कौन सँभालेगा?...

अवदोत्या ने गर्दन उठाकर लापरवाही से सास की ओर मुँह करके उसकी आँखों में ऐसी स्थिरता से देखा कि सास अपनी बात पूरी न कर पाई।

''घर का काम भी मैं करूँगी। खेत से लौटकर घर भी देख लूँगी, अम्मा; तुम्हें फ़िक्र करने की ज़रूरत नहीं है।''

अवदोत्या सामूहिक खेत से अपना काम पूरा करके लौटती तो चिढ़ी बैठी सास की आज्ञाएँ पूरी करने में लग जाती। कुछ दिन ऐसे ही चला। अवदोत्या निभाए तो जा रही थी, पर उसके गाल धँसे जा रहे थे। आखिर, एक दिन वासिली को कहना ही पड़ा :

''अरे भई, आदमी काम के लिए ही होता है, काम तो करना ही चाहिए। पर, इन लोगों ने तो मुझे मँगनी के जानवर से भी सस्ता बना लिया है। अब इस घर में गुज़ारा नहीं हो सकता! हम लोग अपनी मड़ैया अलग डालेंगे!''

1941 के मई महीने में वासिली अवदोत्या को लेकर एक दूसरे घर में जा बसा।

लड़ाई के मोर्चे से वासिली की मृत्यु का समाचार मिला, तो अवदोत्या को विश्वास ही न होता था। उसका मन मानता ही न था। वासिली दुनिया में नहीं रहा तो वह कैसे भली-चंगी बनी है? उसे वासिली से पृथक होकर ज़िन्दा रह सकने की सम्भावना पर विश्वास ही न होता था। अवदोत्या का मन कहता, वासिली को कुछ हुआ होता तो मैं कैसे बच जाती।

"बप्पा, यह सब झूठ है! आप इनकी न सुनिए! मेरा दिल कह रहा है कि वह ज़िन्दा हैं। अगर कुछ हुआ होता तो मुझे पता न चलता?" अवदोत्या बार-बार ससुर को समझाती। "मेरा दिल कह रहा है कि वह ज़िन्दा हैं। मैं देखती हूँ, अनुभव करती हूँ, जानती हूँ कि वह ज़िन्दा हैं। मेरा दिल तो मुझे धोखा नहीं दे सकता।"

अवदोत्या ने ठीक ख़बर पूछने के लिए सेना के दफ्तर में चिट्ठी लिखी और पहले से भी अधिक दृढ़ विश्वास के साथ उत्तर की प्रतीक्षा करने लगी—मानो वह मन को आन्दोलित करनेवाले भयावह विचारों को चित्त की शान्ति से पराजित कर देगी! सेना से आए उत्तर से अफवाहों का समर्थन ही हुआ। वासिली के एक साथी का भी पत्र आया :

"सिर में एक गोली लग गई। वह घाटी में गिर पड़ा। मैं भी ज़ख्मी होकर अस्पताल भेज दिया गया। इसके बाद ही हम लोग दूसरे मोर्चे पर चले गए। मालूम नहीं, वासिली को कहाँ दफ़नाया गया!"

अवदोत्या ने होठ दबाकर पूरा पत्र पढ़ डाला। वह क्षण-भर निश्चल बैठी रही और फिर बेहोश होकर फ़र्श पर गिर पड़ी; एक शब्द भी उसके मुँह से नहीं निकला। होश आने पर उसमें बहुत परिवर्तन आ चुका था।

अब तक का अवदोत्या का जीवन वासिली से ही भरा-पूरा था। खिड़की में रखे हुए फूल, फ़र्श पर बिछी चटाई—सभी चीजें उसे सप्राण जान पड़ती थीं। उनमें वासिली के हाथों के स्पर्श, उसके श्वास की गन्ध और उसकी मुस्कान का जादू था।

वासिली ही नहीं रहा तो अवदोत्या के लिए सब कुछ निरर्थक हो गया। घर की हर चीज़ पहले की ही तरह अपनी जगह पर थी; फिर भी, घर सूना हो गया था, साँय-साँय करता था। दीवारें, कुर्सियाँ, प्याले—सभी चीजें जो पहले वासिली के श्वास से सप्राण जान पड़ती थीं, अब निष्प्राण और मुर्दे की उघड़ी आँखों जैसी भयानक लगती थीं।

अवदोत्या के लिए जीवन समाप्त हो गया, संसार सूना हो गया।

वह निष्प्राण-सी हो गई थी—मानो वासिली उसके प्राणों और आत्मा को अपने साथ ही ले गया हो। अब उसका कंकाल ही चल फिर रहा था। उसकी इच्छाएँ, आशाएँ, भविष्य—सब समात हो गए थे। उसकी सहनशक्ति भी समाप्त हो गई थी!

कई दिनों तक अवदोत्या को न तो शरीर की और न घर की सुध रही। जिसके लिए वह सब कुछ करती थी, वही नहीं रहा था। जब वासिली ही नहीं रह गया था तो चिन्ताओं और प्रयत्नों का प्रयोजन ही क्या था?

रात में अवदोत्या छोटी बच्ची के खटोले के पास बैठी-बैठी उसके मुख को निहारा करती। बच्ची बिलकुल बाप को पड़ी थी। वासिली की ही तरह बच्ची की घनी और टूटी-टूटी भौंहों को देखकर अवदोत्या धीमे स्वर में पुकार उठती : "वात्या! बोलो न वास्या!...वासेन्का!"

घण्टों अवदोत्या खटोले के सिरहाने इसी प्रतीक्षा में बैठी रहती कि काली-काली भौंहों के नीचे जब बच्ची की आँखें खुलेंगी, तो उसकी नज़र उसके बाप की ही तरह परिचित, कोमल और उड़ती-उड़ती-सी होगी। वह कब से इस नज़र की भूखी थी।

बच्चे न होते तो सब कुछ छोड़-छाड़कर अवदोत्या खाट पर लेट जाती और मृत्यु की प्रतीक्षा करने लगती। उसे पूरा विश्वास था कि उसका अन्त निकट आ गया है। पर, बच्चों की उपेक्षा कैसे की जा सकती थी? उसे बच्चों की—और उनके लिए घर की—सँभाल करनी ही पड़ती थी। धीरे-धीरे अवदोत्या का संताप जलता-जलता भस्म हो गया और उसकी मूर्च्छा टूटी। जीवन के नए संचार के साथ ही अपने पति के भाग का समूचा प्रेम उसने बच्चों पर उँड़ेल दिया।

अवदोत्या बच्चों को प्यार तो पहले भी बहुत करती थी, पर अब तो वह जैसे प्यार में पागल हो उठी। उनके प्रति उसके अनुराग में जो स्पन्दन था वह स्वस्थ प्रेम की सीमा को लाँघे जा रहा था। अपनी उपेक्षा तो वह करने ही लगी; दूसरों की चिन्ता भी वह पहले से ज्यादा करने लगी। दूसरों के लिए कुछ करके, कष्ट उठाकर, ही अब उसे सन्तोष होता था।

असल में कष्ट और संकट में फँसे लोगों के लिए कुछ करके सन्तोष पाने के प्रयत्न में ही अवदोत्या का स्तेपान से परिचय हुआ; अवदोत्या ने उसे अपने घर में जगह दी।

स्तेपान हर बात में वासिली से ठीक उल्टा था : दुबला-पतला सूखा-सा शरीर, बाल बिलकुल सन जैसे भूरे, आँखें बहुत शान्त और स्थिर। वह जो भी करता था बहुत धीरे और बहुत सोच कर करता था।

स्तेपान को एक गहरा ज़ख्म हँसली पर लगा था। उसकी अवस्था दयनीय थी। अवदोत्या का नारी हृदय उसके प्रति संवेदना से पसीज उठा। उसके लिए टहल की आवश्यकता वह वैसे ही अनुभव करने लगी, जैसे वह कोई बीमार बालक हो।

आरम्भ में स्तेपान अवदोत्या से बच-बच कर रहता था। उसके मन में अवदोत्या की सहृदयता के प्रति यह संदेह था कि अकेलेपन से तंग आकर वह

मन बहलाव का साथी ढूँढ़ रही है। कुछ दिन में, अवदोत्या का निश्छल व्यवहार देखकर अपने संदेह पर वह स्वयं पश्चात्ताप करने लगा।

स्तेपान ने देखा कि अवदोत्या किसी बीमार पड़ोसी, बूढ़े आदमी या किसी संकटग्रस्त मनुष्य की उसी तरह सेवा करती थी जैसे उसकी। उतनी ही लगन और परिश्रम से वह फ़ार्म का भी काम करती थी।

भूल कर भी, और शायद खुद चाहने पर भी, अवदोत्या लापरवाह नहीं हो सकती थी।

कोमल शरीर, भूरे-भूरे बालों वाली इस स्त्री का परिश्रम और उसकी सहनशीलता देखकर स्तेपान विस्मित रह गया।

अवदोत्या कुल्हाड़ी लेकर लकड़ी चीर रही थी। स्तेपान से न रहा गया। बोला : "अवदोत्या तिखोनोबना, रहने भी दो! यह औरतों के लायक काम नहीं है। कभी तुम दो मिनट सुस्ता भी तो लिया करो। लाओ, लकड़ी मैं चीरे देता हूँ। छोड़ दो कुल्हाड़ी!"

"नहीं, मैं चीर लूँगी," अवदोत्या ने उत्तर दिया, "काम करती रहती हूँ तो तबीयत ठीक रहती है, स्तेपान निकितिच। खाली बैठने से मेरी तबीयत घबराने लगती है।"

स्तेपान का घाव बहुत धीरे-धीरे भर रहा था। बीमारी के कारण वह बहुत कम घर से बाहर जा पाता था।

जाड़ों में साँझ बड़ी लम्बी होती थी। अवदोत्या कुछ सीने के लिए लेकर बैठ जाती। उसकी माँ प्रास्कोव्या, कुछ बुनने लगती। स्तेपान जूतों या घोड़ों के साज़ की मरम्मत करने लगता।

काम भी होता रहता और धीरे-धीरे बातचीत भी चलती रहती। अवदोत्या को यह बहुत अच्छा लगता। बातें करने में ऐसा रस अवदोत्या ने पहले कभी नहीं पाया था। उन जाड़ों में किताबें भी घर में आईं। किताबें अवदोत्या के जीवन का एक अंग बन गईं।

स्तेपान ने अवदोत्या की बेटी कात्यूशा को पुकारा : "बेटी कात्यूशा, ज़रा विलियम वाली किताब तो पढ़ कर सुना!"

कात्यूशा ज़िल्द पर अखबार का काग़ज चढ़ी किताब उठा लायी!

"स्तेपा चाचा, कल कहाँ तक पढ़ा था?"

"कल शाम हम पढ़ रहे थे कि मिट्टी में नमी कैसे रहती है। ला तो, ज़रा मुझे दे किताब। मैं निकाल दूँ!"

पारिवारिक-क्षेत्र में यह महत्त्वपूर्ण काम कर सकने के गर्व में कात्या ने कुर्सी लैम्प के पास खींच ली। उस पर बैठ कर अपनी छोटी-सी उँगली पंक्तियों पर चलाती, हर शब्द का स्पष्ट उच्चारण करती हुई वह पढ़ने लगी :

"...'बर्फ़ पिघल चुकी है। वर्षा समाप्त हो चुकी है। अब भुरभुरी मिट्टी में पड़ा पानी कहाँ जाएगा?'...चाचा आगे सवालिया निशान बना है।"

अवरोध से अचकचाकर कात्या ने स्तेपान की ओर देखा।

"बेटी, सवालिया निशान पढ़ कर नहीं बताते हैं। ऐसे बोलते हैं जैसे बात पूछ रहे हैं।"

अवदोत्या पहले ध्यान नहीं देती थी कि किताब में क्या लिखा है। परिवार के लोगों का एक साथ बैठना और कात्या के मुँह से ऊँची आवाज़ में किताब के शब्द सुनना ही उसे अच्छा लगता था! इससे उसका मन बहल जाता था।

वह सोचती : 'इस तरह सबका साथ बैठना कितना अच्छा लगता है...जैसे चोट खाई जगह पर कोई फूँक मार कर सहला रहा हो!'

स्तेपान पुस्तक की बातों को बहुत ध्यान से सुनता था जैसे उसकी अपनी, या उसके मतलब की ही बातें हो रही हों। इसका अवदोत्या पर भी असर पड़ा।

वह आश्चर्य से सोचती : 'धरती का भी जीवन कैसा है! हम लोग धरती से अपना पेट पालते हैं, इसी के सहारे अपनी उम्र बिता देते हैं। लेकिन हमें उसके बारे में कुछ भी मालूम नहीं होता!'

स्तेपान और अवदोत्या ही नहीं, अवदोत्या की माँ भी बड़े ध्यान से एक-एक शब्द सुनती।

" 'ऊपर की मिट्टी कड़ी होती है। कड़ी मिट्टी तक ही खुदाई करने से कोई लाभ नहीं होता। इस कड़ी सतह को तोड़ कर नीचे की नरम मिट्टी को भी फारों से खोदना चाहिए।' "

"स्तेपा चाचा, फार क्या होते हैं?" किताब से आँखें हटा कर कात्या ने पूछा। "हमें फार दिखाओगे?"

"यह तो मुश्किल है बेटी! मशीन-ट्रैक्टर स्टेशन में हमारे पास फार है ही नहीं।"

स्तेपान उठ खड़ा हुआ और कोठरी में टहलने लगा।

"लानत है मुझ पर अगर मैं बिना फारों के खेत गया! ट्रैक्टर-स्टेशन अगर फारे मँगवा कर नहीं देगा तो मैं खुद बनाऊँगा। लुहार ज़रा मदद कर देगा, और हम लोग बना लेंगे। पर, मैं फारों के बिना जुताई नहीं करूँगा।"

स्तेपान शहर से पहली बार फारे लाया तो घर भर की उत्सुकता और कौतूहल का ठिकाना नहीं रहा। स्तेपान फारों को सँभालने लगा तो कात्या और उससे छोटी दुन्या आँखें फाड़े स्तेपान के चारों ओर मँडराती रहीं। दोपहर का खाना खाने की छुट्टी के समय अवदोत्या भी मशीन-ट्रैक्टर स्टेशन से दौड़ आई। खाने-पीने को उसे सुध ही न रही।

विलियम की पुस्तक समाप्त हो गई। लेकिन, अब साँझ को कुछ पढ़ा जाना

घर का नियम हो गया था।

एक दिन अवदोत्या फ़ार्म के पुस्तकालय से मार्गरीटा एलीगर की लिखी कविता-पुस्तक *'ज़ोया'* ले आई।

पुस्तक देखने के लिए कुछ पन्ने पलट कर स्तेपान ने असन्तोष से कहा, "कविता? यह तो बच्चों के लिए है!"

वह चाहता था कि घर में गम्भीर विषयों पर पुस्तकें आएँ ताकि पढ़ाई से लाभ हासिल हो।

"दूसरी पुस्तकें दूसरे लोग ले गए हैं। और थी ही नहीं।" अवदोत्या ने उत्तर दिया।

सचमुच उसे बुरा लग रहा था कि वह मामूली-सी पुस्तक ले आई है।

"स्तेपा चाचा, नई किताब पढ़ूँ या नहीं?"

"हाँ, हाँ बेटी! पढ़ो न! यह किताब खास तुम्हारे लिए है!"

उस साँझ बहुत ज्यादा सर्दी थी फ़र्श-खिड़कियाँ सभी कुछ जैसे जमे जा रहे हों। सर्दी के मारे सब लोग तन्दूर के पास सोने के लिए बने चबूतरे पर एक-दूसरे से चिपके बैठे थे। स्तेपान ज़रा हट कर एक स्टूल पर बैठा गाड़ी का साज़ बना रहा था। सर्दी से दीवारों के बाँस चरचरा रहे थे, झींगुरों की झाँय-झाँय की आवाज़ सुनाई दे रही थी, कमरे में रोटी, चमड़े आदि की गन्ध भर रही थी।

कात्या चटाई पर पालथी मारे बैठी पढ़ रही थी।

कुछ समय बाद कविता ने सभी का ध्यान खींच लिया :

बुझ चला दीप...सब ओर शान्ति...
तुम सुनते हो या हो सोते?
सरिता का जल है स्वच्छ,
किनारे, हरे-भरे ऊँचे-ऊँचे...

कात्या चटाई को पाँव के अंगूठे से कुरेदती हुई कविता पढ़ रही थी। उसके स्वर से ही जान पड़ता था कि वह बहुत भावुकता से पढ़ रही है। उसकी आँखों में आँसू भरे थे।

"स्तेपा चाचा, ये बातें ऐसे ही लिखी हैं या सच हैं? बताओ!"

---

1. ज़ोया कोस्मोदेम्यान्स्काया–(1923-1941)। पिछले युद्ध में ज़ोया स्वयंसेवक के रूप में नाज़ियों के विरुद्ध लड़ी थी। एक फ़ौजी नाज़ी कैम्प में आग लगाते समय वह पकड़ी गयी। नाज़ियों ने उससे भेद लेने के लिए उसे बहुत-सी यातनाएँ दीं और फिर उसे मास्को के समीप पेत्रिश्चेवो गाँव में फाँसी पर लटका दिया। सोवियत सरकार ने उसकी मृत्यु के बाद उसे 'सोवियत संज्ञा की वीरांगना' की उपाधि देकर उसका सम्मान किया।

कात्या सुबकने लगी। वह चाहती थी कि यह कोरी कहानी हो—नन्ही ज़ोया[1] के लिए उसे बहुत दुख हो रहा था।

"हाँ बेटी! यह बिलकुल सच्ची बात है।"

अपने डैने फड़-फड़ करते,
आ गए पास कलहंस वहाँ,
पैरों की जलन मिटाने की,
मारूस्या जल में खड़ी जहाँ।

ज़ोया की वीरता और कष्टों की कहानी पढ़कर कात्या दोनों हाथों से मुँह ढाँक कर ज़ोरों से सुबकने लगी।

"चाचा स्तेपा, तब तुम कहाँ थे? तुम उस नदी से बहुत दूर थे क्या?"

"पढ़ती जा, बेटी! पढ़ती जा!"

अवदोत्या की सीधी-सादी माँ भी ज़ोया की कहानी सुनकर रो पड़ी। अवदोत्या ने तो आँसू पोंछना भी बन्द कर दिया था।

सबको ऐसा लग रहा था जैसे पड़ोस की झोंपड़ी में ही कोई छोटी-सी लड़की—उनकी अपनी ही कात्या की तरह प्यारी—मृत्यु शय्या पर पड़ी हो!

"प्यारी ज़ोया...शाबाश बहादुर बेटी!...हम लोगों में बहादुरों की क्या कमी!...ज़िन्दगी में यही होता भी है!"

जिन लोगों ने युद्ध में जाकर अपने शरीरों पर चोटें सह कर उसकी और उसके बच्चों की रक्षा की थी उन सबके प्रति प्यार, आदर और कृतज्ञता की भावना से अवदोत्या का हृदय उमड़ पड़ा। उसकी आँखें स्तेपान के चोट खाए माथे और हँसली की ओर उठ गईं। उस दृष्टि में कितनी संवेदना थी।

क्या यही वह बात नहीं थी जिसने अवदोत्या के भावी जीवन की दिशा बदल दी?

अवदोत्या की माँ को बड़ी चिन्ता थी कि किसी तरह बेटी के मन का दुख दूर हो; उसका कोई ठौर-ठिकाना बन जाए। बुढ़िया बहुत दिनों से कनखियों से देखा करती थी कि स्तेपान कभी अवदोत्या की कोठरी में जाता है या नहीं!

पड़ोसियों को तो बहुत दिनों से निश्चय हो चुका था कि स्तेपान और अवदोत्या का सम्बन्ध हो गया है। परन्तु आपस में वे दोनों ही एक-दूसरे से दूर-दूर रहते थे। बातचीत में या बुलाने में वे ऐसा ढंग या ऐसे शब्द न लाते कि दूसरा कुछ और समझ ले; वे एक-दूसरे का नाम न लेते और 'तुम' की जगह 'आप' कहते।

स्वयं लगाई हुई इस रुकावट से वे दोनों एक-दूसरे के और भी समीप खिंचे

चले आ रहे थे। उतना प्रभाव शायद भावुक से भावुक शब्दों का न होता जितना इस चुप्पी का हो रहा था। एक-दूसरे के प्रति प्रेम की भावना की गहराई का इससे बड़ा सबूत और हो ही क्या सकता था?

रात में अपनी-अपनी कोठरियों में चले जाने के बाद, दोनों अपने-अपने बिस्तरों पर लेटे रहते। स्तेपान को किसी कारण उठना ही पड़ता तो धीमे-धीमे, पंजों के बल, चलता ताकि लकड़ी के फ़र्श पर खटका न हो। पर इतनी आहट तो हो ही जाती कि अपने बिस्तर पर लेटी अवदोत्या को पता चल जाए। अवदोत्या अँधेरे में आँखें खोले लेटी हुई मुस्करा देती। उसे यह बहुत अच्छा लगता। उसके शरीर में रोमांच-सा हो आता!

अवदोत्या खूब जानती थी कि स्तेपान उसे बहुत चाहता है। पर वह डर से कभी ज़बान न खोलता था कि कहीं अवदोत्या को बुरा न लग जाए। वह शर्मीला भी बहुत था। उसे डर लगता था कि कहीं उस विश्वास, मूक प्रेम और पारस्परिक सहृदयता की भावना को ठेस न लगे जो उनके बीच उमड़ रही थी।

वासिली से अवदोत्या को कम प्रेम नहीं था। परन्तु विचारों और भावनाओं का आपस में ऐसा घोल-मेल और हर बात में एकात्मता तो उसने कभी अनुभव नहीं की थी।

स्तेपान और अवदोत्या दोनों ही दिन-भर अपनी-अपनी जगह काम करते थे। पर, साँझ के समय वे एक-दूसरे की प्रतीक्षा करते। यदि स्तेपान पहले आ जाता तो खाने की मेज़ पर बैठा अवदोत्या की प्रतीक्षा करता रहता। अवदोत्या पहले आ जाती तो वह भी तब तक खाना न खाती जब तक स्तेपान न आ जाता।

स्तेपान को घर लौटने में अक्सर देर हो जाती थी। अवदोत्या की माँ और दोनों बच्चियाँ जाकर सो जातीं। अवदोत्या प्रतीक्षा में बैठी रहती। स्तेपान के घर आने पर वह ऐसे खिल उठती मानो वह बरसों के बाद लौटा हो। दिन-भर के काम-काज की कितनी ही बातों के प्रसंग दिलों में भरे होते। वे पास-पास बैठे बहुत देर तक खाना खाते बातचीत करते रहते। दूसरों की नींद खराब न हो इसलिए वे बातचीत दबे-दबे स्वर में ही करते थे। पशुशाला में दोनों का काम एक साथ ही था। इससे दोनों में और भी घनिष्ठ सम्बन्ध स्थापित हो गया।

गोशाला की देख-रेख का भार अवदोत्या पर था। वह चाहती थी कि दूसरे लोगों से मदद माँगे बिना गोशाला से लगी ज़मीन में पशुओं के लिए वह थोड़ा चारा तैयार कर ले।

स्तेपान ने ही उसे एक बार सुझाया था : "...चरान के परे चरी का जो बर्बाद खेत पड़ा है, उसे तो जानती हो न अवदोत्या तिखोनोवना! मालूम होता है तीन-चार बरस से उसमें हल नहीं चला है। जगह-जगह झाड़ियाँ और जंगली पेड़ उग आए हैं; बस बीच-बीच में कहीं-कहीं चरी के पौधे हैं। उनमें खूब बीज भरे

हैं। यही मौक़ा है कि बीज समेट लिए जाएँ। ज़िले में चारे के बीजों की बहुत तंगी है। अगले बरस के लिए कुछ बीज समेट लिए जाएँ तो बहुत अच्छा हो।"

अवदोत्या ने बीज समेट लिए थे। चारे की फसल बोने का समय आया तो उसने स्तेपान से कहा :

"स्तेपान, ट्रैक्टर-स्टेशन वालों की तो योजना ऐसी नहीं है लेकिन तुम थोड़ी मेहरबानी करो—मेरी खातिर उस खेत को जोत दो!"

स्तेपान साँझ तक अपना काम पूरा करके रात में चारे के खेत में ट्रैक्टर ले आया।

वसंत की ठण्डी रात मानो धरती की तरह-तरह की सुगन्धों में बसी हुई थी। ट्रैक्टर अपनी भारी-भरकम चाल से चलने लगा। ट्रैक्टर की आगे की बत्तियों की तेज़ रोशनी अँधेरे में तैर रही थी। अँधेरे में छिपे पौधे रोशनी में खिंचे चले आते और मुड़-तुड़कर कुचल जाते। वे बहुत बड़े और उलझे-उलझे लगते थे।

खेत के किनारे टूट पड़े चीड़ के पौधों के ढेर पर अवदोत्या बैठी थी। स्तेपान ट्रैक्टर पर खेत का चक्कर पूरा करके उसके पास से गुज़रता तो एक नज़र अवदोत्या के अँधेरे से क्षण-भर के लिए प्रकट होते शरीर और बड़ी-बड़ी चमकती आँखों वाले मुँह को देख लेता।

"अवदोत्या तिखोनोवना! तुम घर जाओ न। दिन-भर की थकी हो; जाकर आराम करो!"

"और तुम्हें अकेला छोड़ जाऊँ? नहीं। मैं बैठी हूँ। अब बहुत देर नहीं लगेगी!"

अवदोत्या मांस भरे परौंठे और दूध साथ ले आई थी। काम ख़त्म होने पर दोनों ने अँधेरे में साथ बैठ कर खाना खाया।

"बस, कल ही बीज डाल दें खेत में। मिट्टी खूब भुरभुरी और भीगी है, जैसे बीज का इन्तज़ार ही कर रही हो!" अवदोत्या ने कहा।

"हाँ, कल ही!" स्तेपान ने समर्थन किया। "लेकिन धरती कल तक सूख तो नहीं जाएगी।"

बातें तो मामूली ही थीं, पर वे दोनों दबे स्वर में बोल रहे थे जैसे ये कोई रहस्य की बातें हों। दोनों एक साथ ट्रैक्टर पर घर लौटे। अवदोत्या अलसाई-सी अपने मन की बातें कहती जा रही थी :

"...इस साल की फसल का बीज इकट्ठा करके हम अगले बरस फिर बो देंगे। अगले बरस, जब दूसरे काम सँभल जाएँगे, तब फ़ार्म वालों को चारा बोने की सुध आएगी। बीज की ज़रूरत पड़ेगी—यहाँ ढेरों बीज तैयार होगा! पर पहले किसे ख़याल आया था? हम लोगों को ही तो!"

दोनों एक-दूसरे को अपने इतना समीप अनुभव कर रहे थे, जैसे वे दो नहीं एक ही हों।

युद्ध की विजय का उत्सव मनाया गया। अवदोत्या सिसकियाँ भर-भर कर रोई। विजय दिवस उसके लिए कटु और मधुर, अवसाद और प्रसन्नता का, दिन था। उस दिन खुशी मनाने के लिए उसका वासिली नहीं था। उसने चुपचाप संताप और वियोग के आँसू बहाए। पर वह देर तक नहीं रोई। कुछ ही समय बाद उसका दुःख आम उत्साह की लहरों में बह गया।

सभी लोग जानते थे कि युद्ध के विध्वंस और विनाश के कारण सैकड़ों कठिनाइयाँ सामने हैं। पर सभी को भरोसा था कि जल्दी ही इन कठिनाइयों को पार कर लिया जाएगा।

विजय दिवस की प्रसन्नता और उत्साह के साथ-साथ अवदोत्या के मन में दूसरा पुलक और आवेश भी था। स्तेपान ने उसे कभी छुआ तक नहीं था—फिर भी, पति को जो कुछ होना चाहिए, जैसी आशा पति से की जानी चाहिए, स्वभाव और भावों की समता और सामीप्य, आपस में अनन्त भरोसा और विश्वास—सभी कुछ अवदोत्या स्तेपान से पा रही थी। अवदोत्या को जान पड़ता था कि अपने जीवन में इतना सन्तोष और इतनी पूर्णता उसने पहले कभी अनुभव नहीं की थी। प्रसन्नता और सन्तोष का उन्मेष उसके हृदय में समा नहीं रहा था। उसने जान पड़ता था कि वह किसी षोड़शी से कम नहीं है।

एक दिन ट्रैक्टर के लिए तेल नहीं मिल सका था। स्तेपान ने हँसिया उठा लिया और चारा काटने में दूसरे किसानों के साथ जा मिला।

नदी किनारे की चरानों से घास काटी जा रही थी। अवदोत्या अपनी माँ और चचेरी बहन के साथ सबसे परे की चरान में घास काट रही थी। सभी लोग सूरज डूबने तक घास काटते रहे।

नदी पार के एक खेत में अलाव जला दिया गया था। साँझ के खाने की तैयारी हो रही थी। धुएँ की सोंधी-सोंधी गन्ध उड़कर हवा में फैल रही थी।

सूर्य की अन्तिम किरणें आकाश से विदाई ले रही थीं। नदी किनारे के वृक्षों और झाड़ों पर अँधेरे का काला परदा पड़ता जा रहा था। नदी का जल, जिस पर आकाश का प्रतिबिम्ब पड़ रहा था, आईने की तरह स्थिर और स्वच्छ था। चारों ओर की गहरी हरियाली के बीच वह ऐसा लग रहा था जैसे हवा में तैरता हुआ कहीं से आ गया हो।

नदी किनारे के काले झाड़-झंखाड़ों और घाट पर दूर खड़ी सुनसान पुरानी झोंपड़ी की छाया जल में स्पष्ट पड़ रही थी। आकाश में पहला तारा चमका। तुरन्त ही नदी में दूसरा दिखाई दिया।

नदी के स्वच्छ जल पर गहरे रंग की बड़ी-बड़ी पंखड़ियों वाले कमल निस्संकोच भाव से तैर रहे थे, मानो कितनी ही अंजुलियाँ जल के ऊपर उठी हों।

अवदोत्या किनारे के पास के आखिरी गढ़ों में से घास काट रही थी। तभी एक तीतरी उसके पाँव के पास से उड़ारी भर कर परों को फड़फड़ करती हुई कुछ दूर जा छिपी।

"इसका घोंसला यहीं है। देखो तो हमें बहकाने की कैसी कोशिश कर रही है!"

अवदोत्या ने हाथों से घास हटाई। सचमुच, घोंसले में तीतर के बड़े-बड़े बच्चे बैठे हुए थे।

स्तेपान भी घोंसला देखने के लिए झुका। उसका कन्धा अवदोत्या के कन्धे से रगड़ रहा था। अवदोत्या को स्तेपान की तेज़ी से चलती साँस भी सुनाई दे रही थी।

"हाय, छूना नहीं!" अवदोत्या ने जल्दी से उससे अलग हटते हुए कहा।

"डरो नहीं! मैं नहीं छूऊँगा!" स्तेपान ने अवदोत्या की आँखों में देखते हुए धीमे से कहा।

अवदोत्या उसके शब्दों का गूढ़ अर्थ समझ गई। स्तेपान उसे विश्वास दिला रहा था : डरो मत, तुम्हें नहीं छूऊँगा, तुम्हें दुःख नहीं दूँगा। अवदोत्या का मन उसके प्रति कृतज्ञता तथा उमंग के आवेश से भर गया।

उन्होंने बड़ी सावधानी से तीतरी के घोंसले को घास से ढँका और फिर खाना खाने के लिए दूर की झोंपड़ी की ओर चल दिए।

स्तेपान ने कुछ पीले और सफेद कमल चुने और अवदोत्या को दिए। उसने उन्हें अपने वालों में खोंस लिया।

नदी पार लड़कियाँ गीत गा रही थीं। अवदोत्या की माँ और बहन के साथ सुर मिला कर स्तेपान भी गाने लगा :

"ओ गोरी, तेरी चुटिया में झूले पीला फूल!"

नदी किनारे की हवा गाने की गूँज से भर गई।

अवदोत्या को जान पड़ रहा था कि वह धरती से उठी जा रही है! मन-ही-मन वह गुनगुना रही थी :

"...आज, प्रीतम से मिलन की रात!"

चरान की मेंड़ पर कटी हुई घास का छोटा-सा ढेर लगा हुआ था। अवदोत्या ढेर को दबा कर उसी पर लेट गई।

उसके सिर में खोंसे कमल अब भी बालों में उलझे थे। वे कुछ-कुछ नुस गए थे जिससे महक की अरघानें उठ रही थीं। नदी के पानी की नम हल्की गन्ध से उनकी महक और भी फैल रही थी। अवदोत्या तारों भरे आकाश को देखती पीठ के बल लेटी थी। ऊपर आकाश में अनगिनत तारे टिमटिमाते हुए तैर रहे थे, मानो आकाश में प्रकाश का अनन्त जाल बुन रहे हों।

देर से लौटने वाले किसान नदी किनारे की पगडण्डी से अपने-अपने घरों की ओर जा रहे थे। कोई लड़की बड़े स्पष्ट स्वर में गा रही थी :

"इक तारा नभ से टूटा री,
सब जग दियो चमकाय,
मैं डरसों ऐसी बिलखी री,
साजन लियो लपटाय!"

गीत का स्वर दूर होता जा रहा था। अवदोत्या आकाश की ओर टकटकी लगाए थी। तभी एक तारा टूटा; प्रकाश की क्षणिक रेख खींचता हुआ वह दूर जाकर विलीन हो गया।

"ओह, कितने तारे हैं। इनमें से कौन-सा तारा मेरा है?" अवदोत्या सोच रही थी। "...बोलो न, कौन-सा तारा मेरा है?" उसने आकाश की ओर अपना हाथ उठाया। तभी, मानो इस प्रश्न के उत्तर में, एक तारा टूटा और दूर जाकर विलीन हो गया। अवदोत्या का मन किलक उठा। वह अपने मन के आमोद को दबा न सकी : "आज! ...स्तेपा आएगा? क्या उसे मेरा ख़याल आएगा?...वह ज़रूर आएगा...!"

अवदोत्या को घास पर क़दमों की आहट सुनाई दी।

स्तेपान को निकट जाने का साहस नहीं हो रहा था। मन कहता था कि अवदोत्या उसकी प्रतीक्षा कर रही है। फिर भी उसे डर लग रहा था कि कहीं कोई भारी ग़लती न हो जाए; कहीं अवदोत्या बुरा न मान जाए! बरस भर से उनके जीवन में संचित माधुर्य और आपसी विश्वास कहीं एक धक्के से बिखर न जाय!

स्तेपान दुविधा में इधर-उधर टहलता रहा। एक सिगरेट सुलगाई; कुछ कश खींचे और फेंक दी। एक सिगरेट फिर सुलगाई। इस बार उसने फ़ैसला किया : "अपना ओवरकोट ले आऊँ, ओढ़ने के लिए दे दूँगा। कहूँगा, सर्दी न खा जाओ इसलिए ले आया; फिर देखा जाएगा।"

स्तेपान कोट को कन्धे पर लटकाए घास के ढेर के पास लौटा। सहसा, उसे अपनी भीरुता पर क्रोध हो आया। उसने कोट को फेंक दिया और सिगरेट नीचे डाल कर कुचल डाली। "छिः, यह बचपना है! किसे धोखा देना चाहता हूँ मैं?"

वह घास के ढेर की ओर बढ़ा। उसका हृदय ज़ोरों से धक-धक कर रहा था।

"डरो नहीं, अवदोत्या तिखोनोवना! मैं हूँ!"

अवदोत्या ने उसकी ओर अपनी बाँहें फैला दीं; उसके होठ हिल उठे :

"स्तेपा!"

स्तेपान और अवदोत्या का विवाह हो गया।

अवदोत्या बहुत प्रसन्न और सन्तुष्ट थी। वह आशा कर रही थी कि उसका पूरा जीवन इसी प्रसन्नता और सन्तोष से भरापूरा रहेगा। तभी, वासिली लौट आया।

5. घर

नगर से चले उन्हें लगभग पाँच घण्टे हो चुके थे। उनकी लारी उस घने जंगल की चीरती चली जा रही थी जिसका कोई अन्त नहीं दिखाई देता था। सड़क के किनारे-किनारे जंगल के वृक्षों और झाड़ियों की कड़ी शाखाएँ आपस में गुँथी और उलझी हुई थीं। वृक्ष, टहनियाँ और पत्ते—सब बरफ़ के सफेद चूरे से ढँके हुए थे।

लेना ऊब रही थी। वह नगर में जन्मी और वहीं पली-पनपी थी। बरस भर पहले वह देहात में आई थी। आने से पहले उसे कुछ झिझक थी। पर, देहात में आकर उसे ऐसा अच्छा लगने लगा कि खुद ताज्जुब होता था। यह ठीक है कि जब भी वह घर होकर लौटती तो कुछ दिन तक शहर की याद सताती रहती। लारी में सफर करते उसे पाँच घण्टे हो चुके थे। लगातार बरफ़ से ढँके खेत और फिर घने जंगल आते जा रहे थे। पर, उसकी स्मृति में नगर की चमकीली रातें नाच रही थीं—दूकानों की बिजली से चमचमाती खिड़कियाँ, आती जाती बसों और मोटरों की गूँज!

वह बरफ़ से ढँके जंगलों को विस्मय भरी उदासी से देख रही थी, मानो इन्हें पहली बार देख रही हो।

कहीं-कहीं जंगल के वृक्ष ऊँचे न उठकर सिकुड़-सिमट कर रह गए थे। भूरा-भूरा बर्फ़ानी आकाश जैसे पतझड़ से नंगे हो गए वृक्षों को ढँक लेने के लिए नीचे उतर आया हो! कहीं-कहीं जंगलों के बीच घाटियाँ और मैदानों के छोटे-छोटे टुकड़े आ जाते।

कहीं-कहीं गढ़ों में हल्की बरफ़ भरी थी। मैदानों में और हवा से साफ़ किए ढलवानों पर नंगी धरती के काले-काले धब्बे दिखाई दे रहे थे।

सड़क पर काला शॉल ओढ़े एक विचित्र-सी स्त्री दिखाई दी। मोटर को निकल जाने देने के लिए वह सड़क के किनारे हो गई। सवारियों की ओर देखकर उसने ऐसे मुस्कराया मानो उनसे उसका पुराना परिचय हो।

मोटर के निकल जाने पर भी वह खड़ी-खड़ी कौतूहल से मोटर की ओर देखती रही।

कुछ दूर जाकर सड़क के किनारे कटे हुए जंगल आने लगे। बड़े-बड़े पेड़ों की

जगह नए छोटे-छोटे पेड़ उग आए थे। कहीं-कहीं टट्टरों से घिरी चौकोर छोटी-छोटी झोंपड़ियाँ भी दिखाई दीं। एक कुएँ पर सिर ऊँचा उठाए ढेंकली खड़ी थी।

"लो, पहुँच गए..." वालेंतिना ने प्रसन्नता प्रकट की।

लेना ने वालेंतिना की ओर देखा। उसकी भूरी आँखों से अवर्णनीय प्रसन्नता फूटी पड़ रही थी। उसके होठों से मुस्कान बिखर रही थी। लेना ने सोचा—'ओह कितनी खुश है यहाँ...वह यहीं पैदा हुई है। अब बहुत दिन बाद अपने घर लौटी है!...जाने कैसा स्वभाव है इसका?...अच्छा ही होगा!...'पेत्रोविच' की पत्नी है न!'

लारी में बहुत-सी टोकरियों और गाँठों के बीच में फँसी बैठी वालेंतिना चारों ओर के दृश्यों को लेना की तरह ही, कौतूहल से, देख रही थी। परन्तु, उसमें लेना की उदासी नहीं थी; उसे रोमांच हो रहा था।

आकाश का स्वच्छ, निस्सीम चँदोवा दृष्टि की सीमाओं तक फैला हुआ था। मकानों के धब्बों से मुक्त, चारों ओर श्वेत बर्फ़ से ढँकी धरती को वह अत्यन्त कोमलता से आलिंगन में समेटे था। वालेंतिना का मन चाह रहा था कि गाँठों पर खड़ी होकर हाथ से क्षितिज को छू ले।

स्वच्छन्द और उन्मुक्त हवा के झोंके श्वास की राह आ-आकर निरन्तर ताजगी और स्फूर्ति दे रहे थे। सड़क के किनारे के लचीले भूर्ज वृक्ष हवा के झोंकों से डर कर दोहरे हो-हो जा रहे थे। चीर के पेड़ धीरे-धीरे अपने सिर हिला रहे थे, जैसे किसी चिन्तन में मग्न हों। आस्पेनों की शाखाएँ काँप-काँप कर रह जाती थीं। देवदार की शाखाएँ ऐसे फैल रही थीं जैसे सहायता के लिए कोई बच्चा बाँहें पसार रहा हो।

सड़क पर बिना पहचाने ही मुस्करा देने वाली अपरिचित स्त्री को देखकर, जो लारी के निकल जाने पर भी उसे खड़ी देखती रही थी, वालेंतिना प्रसन्नता से मुस्करा उठी थी। निस्सीम आकाश और शान्त वनों के इस संसार से उसे कितनी आत्मीयता थी! यहाँ दूर तक फैले हुए जंगल के बीच मिलने वाला मनुष्य, परिचित हो या अपरिचित, बहुत प्यारा लगता था; उसके बारे में जानने की इच्छा होती थी; वह निकट का और अभिन्न लगने लगता था।

'कितना सुहावना और प्यारा है!' वालेंतिना सोच रही थी। 'इतने बरस मैं कैसे इससे अलग रह सकी। अल्योशा के साथ मैं इन झाड़ियों में बेर चुना करती थी। वह देखो! वह रहा खलिहान का छप्पर! बरसात में हम लोग वहीं जाकर तो बैठते थे। जी चाहता है गाड़ी से कूद कर उस पगडण्डी पर दौड़ जाऊँ। वह देखो, जुआ कन्धे पर उठाए एक लड़की चली आ रही है। कितनी अच्छी चाल है उसकी—कितनी चपल है वह; फिर भी कितने चुस्त और जमे हुए क़दम हैं उसके! अरे, यह तो दुन्या मालूम होती है!'

"दुन्या! ओ दुन्या! अरी दुन्यूश्का!" गाड़ी के तख्ते से झुककर वालेंतिना चिल्लाई।

"ओ हो! वाल्या बेरेजोवा? वाल्या, तू आ गई! यहीं रहेगी न अब?"

"हाँ, दो-एक दिन।"

लारी के रुकते ही वालेंतिना कूद पड़ी और दौड़ कर अपने घर में जा घुसी।

"वाल्युश्का! मेरी पोती! वाल्या!"

दादी दरवाज़े में ही मिल गई। पोती को पहचान उसने वालेंतिना को अपनी सूखी-सूखी बाँहों में भर लिया और "वालेंतिना, वालेंतिना" कहती हुई उसके सिर और मुँह पर हाथ फेरने लगी। घर और दादी के कपड़ों से उठती खमीरी रोटी, जिरेनियम के फूलों और दूध की पुरानी परिचित गन्ध से वालेंतिना का मस्तिष्क भर गया। दादी उसे प्यार करती जा रही थी :

"मेरी वाल्या, मेरी बछड़ी, मेरे गुड़िया! बड़ी सर्दी लगी होगी तुझे रास्ते में? ...अरी तू अल्योशा को नहीं पहचान रही?"

"अरे! ...अल्योशा भैया! अरे, क्या हो गया तुझे? इतना बड़ा रीछ बन गया तू तो! ज़रा-सा था तू! दादी क्या खिलाती हो इसे?" प्यार से अल्योशा से लिपटते हुए वालेंतिना ने पूछा।

लेना भी वालेंतिना के पीछे-पीछे आई थी। वालेंतिना अपने घर के लोगों में ऐसी बेसुध हो गई थी कि लेना की याद ही नहीं रही। लेना यह सोचकर ड्योढ़ी पर ही खड़ी रह गई थी कि घर के लोगों की मेल-मिलाप की खुशी में क्यों विघ्न डाले। उसने सोचा, वालेंतिना से बिना बताए चुपचाप लौट जाना भी अभद्रता होगी।

"वाल्या, मैं जा रही हूँ!" कुछ आगे बढ़ कर शर्माते हुए उसने कहा।

"नहीं नहीं, लेना! वाह, जा कहाँ रही है? मैं नहीं जाने दूँगी! यहीं ठहरना होगा! हमारी खुशी में हिस्सा नहीं बटाएगी? देख क्या रहा है, अल्योशा! मेहमान का कोट उतरवा जल्दी!" अल्योशा को प्यार से डाँटते हुए उसने कहा।

"हाँ बेटी, तू कहाँ जाएगी।" दादी ने भी आग्रह किया। "तेरी कोठरी तो ऐसे ही पड़ी होगी। पोल्यूखा ने तेरे जाने के बाद वहाँ एक दिन भी आग नहीं जलाई। बड़ी सर्दी होगी। आज रात यहीं ठहर जा।"

दादी का चेहरा झुर्रियों से भरा था। उसकी धुँधली आँखें मद्धिम ज्योति से चमक रही थीं। उसके चेहरे पर सन्तोष और शान्ति का वही भाव था, जो कठिन परिश्रम करने वालों और ईमानदारी से ज़िन्दगी बिताने वालों के चेहरों पर होता है।

घर वालों के मीठे शब्दों से लेना के मन का परायापन दूर हो गया। उसने अपना कोट उतार दिया। उसके मन की उदासी भी दूर हो गई।

वालेंतिना को चैन नहीं था। वह फुदकती फिर रही थी।

"अल्योशा! बाबा रे, तू कैसे इतना लम्बा हो गया! कौन सोच सकता था? मुझसे दूना हो गया है! देखो कितना बड़ा है और कैसा अच्छा है...ऐसे भैया पर मुझे गर्व है।"

वालेंतिना अल्योशा की खिल्ली उड़ाने के बहाने भाई की सराहना कर सन्तोष पा रही थी। अल्योशा खूब लम्बा हो गया था; कन्धे भी खूब चौड़े थे। उसका चेहरा खूबसूरत था। आँखें बहुत सुन्दर थीं; सफेद कोयों पर हल्की नीलिमा और भूरी पुतलियों में एक सुनहरी चमक थी। उसके चेहरे से शान्ति और स्वास्थ्य बरसते थे।

"अल्योशा! दादी! बताओ न, यहाँ का क्या हालचाल है?...सामूहिक खेत की क्या ख़बर है?" वालेंतिना ने दोनों से पूछा।

"हम लोगों का हालचाल तो अच्छा ही है, लेकिन खेत की हालत अच्छी नहीं है...।"

"क्यों...? क्या बात है? अल्योशा, तेरे जैसे दैत्य के रहते यह बात?...तू तो कौमसोमोल का सदस्य है; तेरे यहाँ होते ऐसी बात...? बता मुझे, लोगों ने ऐसा क्यों होने दिया?"

अल्योशा के माथे पर बल पड़ गए, वह कुछ उत्तर न दे सका।

दादी उसके बदले बोल उठी :

"इसकी उम्र ही क्या है? पिछले एक बरस में ही इतना लम्बा हो गया है। सन् बयालिस में तो यह बेचारा चौदह बरस का था! पर जानती है, अच्छे-खासे मर्द का काम कर रहा था! गाँव में बड़ी उम्र के कोई रह ही नहीं गए थे; उँगलियों पर गिने जा सकते थे। औरतें थीं और छोकरे थे! जुताई-बोवाई करें तो वे, लुनाई करें तो वे। सख़्त सर्दी में लकड़ी काटने जाएँ तो वे! सभी कुछ उन्हें ही करना पड़ता था!"

कुछ देर कोठरी की गरमी में बैठकर सुस्ता लेने के बाद वालेंतिना फिर उठ खड़ी हुई।

"अल्योशा, चल! ज़रा गाँव-सोवियत के दफ्तर चलें! आन्द्रेई को फोन करना है। उसे पता नहीं है कि मैं आ रही हूँ। मुझे उम्मीद नहीं थी कि आज ही चल दूँगी!"

अल्योशा और वालेंतिना गाँव-सोवियत की ओर चले तो लेना स्कूल की ओर चली गई।

वालेंतिना टेलीफोन के आबनूस के ठण्डे रिसीवर को ऐसे प्यार से गाल से चिपकाए थी, मानो आन्द्रेई को ही प्यार कर रही हो।

परन्तु दूसरी ओर से जब एक अपरिचित, खुश्क-सी आवाज़ ने बताया कि आन्द्रेई ज़िले का दौरा करने गया है और दो दिन बाद लौटेगा तो वालेंतिना के हाथ से रिसीवर छूट गिरा।

इसका मतलब था, एक दिर और! एक दिन का विरह और!...कितने दिन तो हो चुके थे! उस पर एक दिन और!...यह दिन काटे नहीं कटेगा...। इतने

पास आकर उनके बीच का अन्तर फिर बढ़ गया...!

"चल, अच्छा ही हुआ, वाल्या!" अल्योशा प्रसन्नता से बोला। "हमारे साथ एक दिन तो और रहेगी!" उसके आने से घर के लोग कितने प्रसन्न थे, यह बात वह भूल ही गई थी। उसे बड़ी झेंप लगी।

"हाँ, ठीक तो है अल्योशा! तुझसे बातें भी होंगी; खेत भी देख आएँगे।"

वालेंतिना बहुत देर तक अल्योशा और दादी से बातचीत करती रही। कई मिलने-जुलने वाले भी आए थे। इसके बाद उसने गोशाला और भेड़-बकरियों का बाड़ा देखा और फिर खेतों की ओर निकल पड़ी!

बरफ़ से लदे बादलों से हल्की-हल्की बरफ़ पड़ रही थी। ऊपर आकाश और नीचे धरती, सब बिलकुल सफेद थे—मौन और सिकुड़े हुए। पहाड़ी ढलवान पर गाँव बरफ़ से ठिठुरा खड़ा था, जैसे किसी ने उसे रुई में लपेट दिया हो। चारों ओर निस्तब्धता का राज्य था; लहरा-लहराकर धरती पर बैठती बरफ़ की फुहारों तक का शब्द सुना जा सकता था।

वालेंतिना ताज़ी पड़ी कच्ची बरफ़ को रौंदती खेत की ओर चली जा रही थी।

खलिहान पर वासिली मिल गया। वासिली सुबह वालेंतिना के घर गया था। पर, उस समय बातचीत का मौक़ा नहीं मिला था।

"घूम-फिर कर सब देख लिया न, वालेंतिना अलेक्सेयेवना?" वासिली ने पूछा।

"हाँ वासिली कुज़मिच, देख आई हूँ। सुनो, पशुओं को आधा-चारा ही देने का हुक्म तुमने दिया है?"

"हाँ!"

वासिली और वालेंतिना खलिहान के गोदाम में जाकर लकड़ी के भारी से कुन्दे पर बैठ गए। चारों ओर सनी की छड़ियाँ और छाल भरी हुई थी।

"पशुओं को चारा आधा देने के बजाय और बढ़ाने की ज़रूरत थी। पशुओं को ज़िन्दा रखना चाहते हो तो फ़ौरन ही चारा बढ़ा देने का हुक्म दो। समझे! फौरन!"

"अच्छा हुआ तुमने बता दिया। धन्यवाद! मैं बेवकूफ़ यह क्या जानता था!" वासिली ने ताने के स्वर में कहा। "मुझे क्या मालूम था यह सब!"

"मेरे कहने का बुरा न मानो!...समझ लो, चारा बढ़ाओगे नहीं तो मार्च-अप्रैल तक जानवर भूख से मरने लगेंगे।"

"अगर बढ़वा दूँ तो वे फ़रवरी में ही मरने लगेंगे। पूरा चारा दिया जाए तो फ़रवरी में ही सारा ख़त्म हो जाएगा!"

"तुम फ़रवरी से पहले ही एक लाख इकट्ठे करके और भूसा क्यों नहीं खरीद लेते?"

वासिली ने वालेंतिना के दृढ़ चौड़े चेहरे पर प्रश्न-सूचक नज़र डाली। उसका तथ्यों को यों सामने रखने का ढंग उसे बड़ा तीखा लग रहा था।

"तुम एक लाख इकट्ठे करने को कहती हो। अरे, इन एक लाख के लिए मैंने जंगल और खेत सब छान डाले!"

"कुछ मिला!"

"मिला? दस लाख मिले। रखे तो हैं तुम्हारे सामने! पर हाथ में तो नहीं आते।"

"वासिली कुज़मिच, मैं समझ नहीं पाई!"

वासिली का मन साफ़-साफ़ दो टूक बात कहने को नहीं चाह रहा था। परन्तु, वालेंतिना की दृष्टि ने उसे मज़बूर कर दिया। अपने मन को दबाकर उसे बोलना ही पड़ा :

"यह सब सनी तुम्हारे सामने ही तो पड़ी है," सनी की एक भूरी-सी गुत्थी उठाकर वासिली ने कहा, "अगर यह ठीक से तैयार हो गई होती और हम सरकार को सप्लाई कर पाते तो हर टन सनी पाँच से आठ हज़ार रूबल तक बिकती। इससे तीस हज़ार मिले होते। ठीक कह रहा हूँ न?"

"हाँ, हाँ, तो फिर?"

"अब छाल को लो। हमारे यहाँ लाइम के ढेरों पेड़ हैं। छाल उतार कर हम रस्सी बट सकते हैं। उससे चटाइयाँ बना ली जातीं। तीस हज़ार उनसे निकल आते!"

"हाँ ठीक है! पर यह किया क्यों नहीं?"

"छाल को पन्द्रह किलोमीटर दूर जंगल से ढोकर लाना पड़ता है। इधर, हमारे सब जानवर लकड़ी ढोने में लगे हैं। यह तो पहला अड़ंगा है। छाल की रस्सी बनाने के लिए हाथ चाहिए, यानी आदमी चाहिए। और जिनके हाथ हैं, वे उल्टी राह चल रहे हैं। तुम पावका कोनोपातोव को जानती हो? उसी की मिसाल ले लो। वह कहता है : 'मैंने अपनी मज़दूरी का काम पूरा कर लिया है। अब शिकार पर जा रहा हूँ।' उसने आखनकों की खाल सप्लाई करने का ठेका ले लिया है। उसे मैंने दो बार बुलवा भेजा। लेकिन, वह शिकारी का बच्चा, नहीं आया। यह है हालत, वालेंतिना अलेक्सेयेवना! चलो उठो, चलें!"

वालेंतिना और वासिली कोनोपातोव के मकान के सामने पहुँचे तो वासिली ने कहा :

"चलो, ज़रा इस शिकारी की दुम से बातें करें! देखें क्या कहता है!"

कोनोपातोव की कोठरी गरम और घुटी-घुटी-सी हो रही थी। बिना झाड़ी बेंच पर खूब साफ़ हजामत बनाए एक नौजवान बैठा था। उसका चेहरा-मोहरा काफ़ी अच्छा था। केवल होंठ डोरी खिंचे बटुए के मुँह की तरह सिकुड़े हुए थे। वह प्याले

में भरा शोरबा सुर्र-सुर्र पी रहा था।

उसकी काली-काली आँखें नाक के पास आकर सिमट गई थीं। आँखों से छिछोरेपन और सन्देह का भाव झलक रहा था। इन लोगों को अपने यहाँ आया देख कोनोपातोव ने प्याला बेंच पर रख दिया और लापरवाही दिखाने के लिए बेंच पर ज़रा और फैलकर बैठ गया।

''क्या हाल है, पावेल मिखाइलोविच?''

''अच्छा है!'' पावका ने दो शब्दों में उत्तर दिया।

''अरे यार, तुमने तो हम लोगों से बैठने के लिए भी नहीं कहा। आखिर, यह बेंच है किसलिए? या, शायद मेहमान तुम्हारे यहाँ ग़लत वक्त पर आ गए हैं?''

''आए हो, तो बैठ जाओ!''

तन्दूर के पास के चबूतरे पर पड़ा भेड़ की खाल का कोट हिला और पावका जैसी काली सिमटी आँखों वाला सफेद दाढ़ी का एक सिर बाहर निकला। यह सिर इस पुरानी झोंपड़ी की दीवालों जैसा ही सूखा-सूखा, काला और निश्चल था। मालूम होता था, वह इन दीवालों और छत से ही निकल रहा है और इस अँधेरे में अपनी काली-काली, कुटिल और निष्पलक आँखों से झोंपड़ी ही तुम्हारी ओर घूर रही है।

''सलाम, मिखाइल पावलोविच! क्या हालचाल है?'' वासिली ने बूढ़े को भी सम्बोधित किया। ''भई, तुम्हारे बेटे से मिलने आए हैं। तुम्हारा बेटा खेत के प्रधान के बुलाने से नहीं आता, तो प्रधान ही यहाँ चला आया है। इसमें कोई हर्ज़ भी नहीं। सोचा, कहीं तबीयत ख़राब न हो।''

वासिली हँसता हुआ बात कर रहा था। उसकी अधमुँदी आँखों और फड़कते नथनों को देखकर कोई भी भाँप सकता था कि वह गुस्से से तिलमिला रहा है।

कोनोपातो और उसका पिता चुप बैठे रहे।

''तुम्हारी तबीयत कैसी है अब, पावेल मिखाइलोविच!'' वासिली ने पूछा। ''पेट तो ख़राब नहीं है? तुम्हारे पेट का दर्द कैसा है? उस शनिवार को सब लोग जब लकड़ी के लिए जंगल जा रहे थे, तब तुम्हारे दर्द उठ आया था न!...कहो तो डॉक्टर को बुलवा दें?''

पावेल खिड़की की ओर मुँह फेर कर बाहर देखने लगा, जैसे उसे कुछ मतलब ही न हो। लेकिन उसके चेहरे पर धूर्तता और क्रोध के चिह्न स्पष्ट थे।

''प्रधान ने तुम्हें बुलाया था तो आए क्यों नहीं?'' वालेंतिना ने पूछा।

''क्यों आता?''

''क्यों आते?...तुम सामूहिक खेत के किसान नहीं हो?''

''मैं अपना दिन-भर का काम पूरा कर देता हूँ। तुम्हें और क्या चाहिए?''

तन्दूर के पास के चबूतरे पर भेड़ की खाल के कोट से फिर वही सिर बाहर

निकला—मौन और स्थिर।

"तो अब डाक्टर की ज़रूरत नहीं?" वासिली ने पूछा।

चुप्पी।

"सुना है तुमने आखनकों व गिलहरियों के शिकार का ठेका लिया है?"

"लिया है तो क्या?"

"होता क्या! तुम शिकारी बन गए! अच्छा, अच्छा! जैसा चाहो करो! करो शिकार! तुम्हारे लिए यह कोई नई बात नहीं है। कुछ लोग फ़ासिस्ट शत्रु को मारते हैं, कुछ लोग गिलहरियाँ मार रहे हैं। खैर, बुरा क्या है? करो शिकार! पैसा मिलेगा! ...इधर तुम गिलहरियाँ ढूँढ़ते फिरोगे, उधर रीछ खेतों में अपना काम करेंगे। जितनी मुश्तैदी से तुम करोगे, उतनी ही मुश्तैदी से वे भी करेंगे।"

"मुझसे मतलब?"

"मालूम होता है रीछ को भी अपनी माँद की चिन्ता उससे ज्यादा रहती है, जितनी तुमको अपने खेत की है...।"

"यह सब बहुत सुन लिया!" पावका ने खिड़की की ओर देखते हुए भी उत्तर दिया। "सामूहिक खेत में मेरा क्या है? मुझे क्या मिलता है?"

"क्या मिलता है? बड़ी जल्दी भूल गए, पावेल मिखाइलोविच! यह घर सामूहिक खेत से नहीं मिला! सन् '41 में तुम्हें गाय कहाँ से मिली थी? इधर आँगन में लकड़ी का जो चट्टा लगा है, यह तुमने सामूहिक खेत की गाड़ी में नहीं ढोया? तुम्हारी पत्नी पोल्यूखा के बच्चा सामूहिक खेत के जच्चाखाने में नहीं हुआ था? उधर पीछे बगिया में जो गुसलखाना बना है, उसके लिए लकड़ी सामूहिक खेत से नहीं मिली थी?"

अपनी नज़र खिड़की से हटाए बिना कोनोपातोव ने गुनगुनाया : "यह सब बहुत बार सुन लिया है..." जैसे यह सब सुनते-सुनते वह ऊब गया हो।

"बहुत बार सुन लिया है, तो अब नहीं कहेंगे। जो कुछ कहना होगा वह फ़ार्म की सभा में ही कहेंगे।" वासिली उठ बैठा। "चलो वालेंतिना, चलें!"

पावका हिला तक नहीं। तन्दूर के पास के चबूतरे पर सिर इन लोगों की ओर चुपचाप घूमा और निष्पलक आँखों से इन लोगों को जाते हुए देखता रहा।

"हरामखोर! पिस्सू...!" वालेंतिना के साथ लौटते हुए वासिली अपना क्रोध बस में न रख सका। "जैसा बाप, वैसा बेटा!...वह बूढ़ा ही तो सिखाता है उसे?...चोर, भिखमंगा!"

"भिखमंगा कैसे कहते हो उसे?"

"भिखमंगा नहीं तो क्या?...बहुत रुपया कमाया है बेईमान ने माँग-माँग कर! उन दिनों मैं बच्चा था। यह करता क्या था कि जाड़ों में अपनी गाड़ी जोत कर, उसमें ईसा की मूर्ति रख कर, गिरजे की मरम्मत कराने के नाम, गाँव-गाँव

भीख माँगता फिरता था। महीने दो महीने बाद लौट आता। मूर्ति फिर सिंहासन पर पहुँच जाती; पैसा तिजोरी में पहुँच जाता; बखारें अनाज से भरी रहतीं—सब कुछ चकाचक! फिर बोवाई का मौसम आता तो खेती में जुट जाता, फ़सल काटने के मौक़े पर फ़सल काटता और फिर गाँव-गाँव वही : 'दो कुछ धरम के नाम पर गिरजे की मरम्मत के लिए!' "

"बप्पा! बप्पा!" कात्या चिल्लाती हुई दौड़ी आ रही थी। "बप्पा, कहाँ गए थे तुम? मैं तुम्हें सब जगह देख आई! ज़िला केन्द्र से एक आदमी आया है। घर में बैठा है। भेड़ की खाल का कोट पहने है। अन्दर एक काला कोट भी है। बप्पा, उसकी पतलून के पीछे चमड़ा लगा है। बप्पा, घुटनों पर भी चमड़ा लगा है।" कात्या सब कुछ जल्दी-जल्दी बता गई। "आओ न, जल्दी चलो! कमरे के सामने खड़ा है।"

"चलो, अच्छा हुआ।" वालेंतिना बोली। "कुआँ प्यासे के घर आया। सलाह लेने के लिए ज़िला दफ्तर जाने से बचे। सब बातें यहीं तय हो जाएँगी।"

"सचमुच बड़े मौक़े से आया। जल्दी चलो, वालेंतिना अलेक्सेयेवना!"

वालेंतिना क्षण-भर को अपने घर गई, इधर वासिली सीधे घर आ पहुँचा।

मेहमान ख़ाकी कोट और चमड़ा लगी बिर्जिस पहने था। चेहरा लाल-लाल! प्रतीक्षा में वह कोठरी में चलहक़दमी कर रहा था।

"कामरेड प्रधान, बहुत इन्तज़ार करवाते हैं आप लोगों से।" कुछ चिड़चिड़ाहट से मेहमान बोला। उसके घुटनों तक काले चमकदार बूट चढ़े हुए थे। एक स्टूल को ठोकर से खड़खड़ाते हुए आगे बढ़ा कर उसने वासिली से बैठने को कहा।

वासिली को मेहमान की ऐंठ भली न लगी। पराये घर में ऐसे बरताव कर रहा था, जैसे घर नहीं रेल का स्टेशन हो।

वासिली ने अपना कोट उतारा, उसे खूँटी पर लटकाया और फिर बोला :

"माफ़ कीजिए, आप कौन हैं! मैं आपको जानता नहीं हूँ।"

"नाम तो सुना होगा?...मेरा नाम त्रावनित्सकी है। मैं ज़िले की कार्यकारिणी समिति में हूँ।"

"कुछ याद नहीं आ रहा! मैं समिति के प्रधान कामरेड बाबायेव और उनके सहायक बेल्किन को तो जानता हूँ। पर, आपका नाम पहले कभी नहीं सुना।"

वासिली कोनोपातोव परिवार से चिढ़ा हुआ आया था। मेहमान के व्यवहार से उस चिड़चिड़ाहट में और भी घी पड़ा। वह अपने स्वभाव को जानता था। कहीं कुछ और न मुँह से निकल पड़े इस ख़याल से वह अपने को बहुत सन्तुलित रख कर बातें कर रहा था।

"आप सफर से आए हैं! आपने कुछ खाया-पिया या नहीं? मेरी घरवाली

ने कुछ दिया या नहीं?"

"अण्डे का चीला बना रही हूँ। थोड़ा औटा हुआ दूध भी लाऊँ?" अवदोत्या हड़बड़ाकर बोली।

"अण्डे रहने दो। दूध पी लूँगा। मुझे जल्दी आगे जाना है। रास्ते में तुम्हारे यहाँ उतर गया, कामरेड प्रधान! मैं तुम्हारा अस्तबल देख आया हूँ...घोड़ों की हालत बहुत ही बुरी है। मैंने खुद देखा है, दो घोड़ों की पीठ पर साज के ज़ख्म हैं। यह हौलनाक हालत फ़ौरन ख़त्म करनी चाहिए। हाँ लकड़ी का काम भी जैसे हो रहा है, वह मुझे पसन्द नहीं है। तुम्हारे यहाँ सिर्फ़ पाँच गाड़ियाँ हैं। दो और होनी चाहिए!...तुम्हें ज़िला कमिटी के सामने इसका जवाब देना होगा। मैंने जो कुछ देखा है वह खुद कामरेड बाबायेव को बताए बिना नहीं मानूँगा!"

वासिली चुप रहा। वह जानता था कि वह बोला तो मुँह से आग ही बरसेगी। त्रावनित्सकी ने कमरे का एक चक्कर लगाया और वासिली के सामने आ खड़ा हुआ। बड़प्पन की भावना से अकड़ते हुए आँखें सिकोड़कर उसने वासिली को देखा, जैसे उसे तौल रहा हो। फिर, मानो यह सोचकर कि इस देहाती प्रधान से क्या बात की जाए, वह घूमकर पहले जैसी लापरवाही से चहलक़दमी करने लगा। कुछ पल बाद ज़रा नरम स्वर में बोला :

"हाँ, भेड़ों का बाड़ा अच्छा दिखाई देता है। कुछ तारीफ़ के लायक भी है! काराकुली मेमने काफ़ी खूबसूरत हैं। दो मेमने मैं बाल-मन्दिर के लिए लूँगा, एक मैं अपने लिए खरीदना चाहता हूँ।"

मेहमान की अकड़ और ऐंठ तथा उसके बड़प्पन से बोलने के ढंग से वासिली का क्रोध भड़क ही उठा।

'हूँ, तो यह बात है! भेड़ों की जोड़ी चाहिए इन्हें!' वासिली ने सोचा। 'बहुत देखे हैं तुम्हारे जैसे! पतलून में चमड़ा क्या चिपका लिया, अपने आपको यहाँ का मालिक समझ बैठे। ठहरो बच्चू, अभी पता चलता है कि कितने गहरे में हो!'

वासिली के चेहरे पर डरावनी मुस्कराहट और उसके फड़कते नथुनों को देखकर डरी हुई अवदोत्या समझ गई कि अब क्रोध का विस्फोट होने ही वाला है। वासिली बोला :

"अच्छा! हाँ! तो तीन काराकुली मेमने चाहिए आपको? अपनी पसन्द के? ज़रूर, ज़रूर! कुछ मुर्गियाँ बत्तखें वग़ैरा नहीं चाहिए? बड़ी खूबसूरत हैं, समझे आप, मोटी-मोटी! एक जोड़ी बत्तखें भी लेते जाइए!"

"हाँ, हाँ कोई बात नहीं! लेता जाऊँगा..." त्रावनित्सकी ने उत्तर दिया और उसकी झुकी हुई भौंहों के नीचे छिपी आँखों में और भी नरमी आ गई।

"ज़रूर...अभी एक मिनट में लीजिए..." वासिली अपने को बस में किए रहने की पूरी कोशिश करता हुआ बोला। वह जानता था कि अब उसे अपने को

रोक सकना सम्भव नहीं है।

"कामरेड त्रावनित्सकी, क्या बस इन मेमनों के लिए ही आपने गाँव भर में मेरे लिए ढिंढोरा पिटवाया था या कोई और भी बात मुझसे कहनी है?"

त्रावनित्सकी चकित रह गया :

"ज़रा इन नवाब साहब को तो देखो! क्यों, आपके चैन में खलल डाला मैंने!" वह बोला।

"देखो, यह अफसरपना मुझे मत दिखाओ! मैं फ़ार्म का प्रधान हूँ।" वासिली गरज उठा। "मेमने बहुत पसन्द आए आपको, क्यों? वह मेमने और बत्तखें दिखाऊँगा कि इस गाँव का रास्ता हमेशा के लिए भूल जाओगे! चलो, निकलो यहाँ से!"

वासिली ने कोठरी का दरवाज़ा खोला और त्रावनित्सकी का भेड़ की खाल का कोट उठाकर बाहर आँगन में फेंक दिया।

कोठरी का दरवाज़ा खुलते ही ठण्डा कोहरा भीतर घुस आया। लकड़ी की दीवाल के उस ओर अपने खटोले में पड़ी नन्ही दुन्या सर्दी से घबराकर रोने लगी। वासिली के कान बज रहे थे। उसका ध्यान उधर नहीं गया। क्षण-भर के लिए त्रावनित्सकी के चेहरे पर घबराहट की छाया आई और फिर बाहर से उसकी तेज़ और क्रोध भरी आवाज़ सुनाई दी :

"देखूँगा! तुम्हें इसका जवाब देना होगा...!"

वालेंतिना वासिली के यहाँ पहुँची तो देखा कि खाने की मेज़ पर बैठा वासिली मज़े से गोभी की काँजी पी रहा है। उसकी कमीज़ के बटन गले के पास खुले हुए थे।

"मेहमान कहाँ है?" वालेंतिना ने पूछा।

"गया।"

"कौन था!"

"था कोई गधा..."

वासिली को बात करने की मुद्रा में न देख वालेंतिना उठकर चली गई।

रात को वालेंतिना तन्दूर के पास बने चबूतरे पर लेटी हुई थी। लेना मेज़ पर बैठी पढ़ रही थी। वालेंतिना की दादी वासिलिसा बिस्तर लगा रही थी।

अल्योशा बाहर से आया। उसकी खाल की टोपी और भेड़ी की खाल के कॉलर पर बहुत-सी बरफ़ चिपकी हुई थी।

टोपी से बाहर निकले बालों के गीले गुच्छे में भी बरफ़ का चूरा भरा हुआ था। उसका चेहरा बरफ़ से भीग कर लाल हो गया था जिससे आँखों के कोयों की सफेदी और भी चमक रही थी।

वालेंतिना ने आहट पाई तो सिर उठा कर देखा।

"ये लो, आ गया!" बनावटी क्रोध से वह बोली। "लक्कड़ कहीं का, जैसे लकड़ी के कुन्दे में आँखें गड़ी हों!"

लेना को वालेंतिना का स्वागत का यह ढंग विचित्र-सा लगा, पर अल्योशा को नहीं! वह ज़ोर से हँस पड़ा।

"हँस क्यों रहा है रे?" वालेंतिना ने गुस्से से डाँटा!

तन्दूर के चबूतरे से उतरकर पाँव में स्लीपर फँसा कर वह भाई के पास आ गई और उसके माथे पर लटके बालों के गुच्छे को पकड़कर बोली :

"बुद्धू! चल, बैठकर खाना खा!"

पैरों में स्लीपर, फूला-फूला शॉल कन्धों पर, गोल चेहरा, फूले-फूले गाल, बड़ी-बड़ी आँखें, छोटा-सा मुँह, कोमल और चंचल—वालेंतिना बिलकुल बिल्ली जैसी लग रही थी! उसने लेना को सम्बोधित किया :

"लेना! मालूम है यह घोड़ा कहाँ से आ रहा है? देहाती नौजवानों की रात की पाठशाला से, जो यहाँ से पाँच किलोमीटर दूर है! एक बरस से इस ज़िद्दी लड़के को लिख रही हूँ कि मेरे साथ उग्रेन चला चल! आज भी दो घण्टे सिर मारा है! वहाँ रहता और स्कूल में पढ़ता। खूब बड़ा मकान है, पढ़ने-लिखने का आराम है। दिल चाहता है, इसके दो चाँटे लगाऊँ।" घूम कर उसने भाई की ओर देखा।

"क्यों नहीं जाना चाहते हो?" लेना ने पूछा।

"क्या ज़रूरत है?" अल्योशा ने कुछ क्रोध से उत्तर दिया। "मैं बच्चा हूँ या निकम्मा हूँ जो रिश्तेदारों के सिर बोझ बनूँ?"

"क्या फ़ायदा इसे समझाने से? कितना समझा चुकी हूँ इसे? यह तो निरा पत्थर है। इसके भेजे में कुछ नहीं पैठता। मैं इससे तंग आ गई हूँ।...हट! लक्कड़ कहीं का!"

वालेंतिना ने अपनी छोटी-छोटी मुट्ठियों से अल्योशा की पीठ कर मुक्कों की बरसात शुरू कर दी। अल्योशा ने एक ठण्डी साँस ली, चम्मच मेज़ पर रख दिया और चुप बैठ गया। वह तब तक बैठा मुस्कराता रहा, जब तक वालेंतिना थक न गई।

"देखो तो, हँस रहा है बेशरम! मेरे तो हाथ टूट गए और इस पर कोई असर ही नहीं हुआ। कोई क्या समझाए इसे?" सहसा उसने अपना भाव बदल दिया। अल्योशा के गले में बाँहें डाल कर, उसके गाल से गाल सटा कर बोली, "मेरा भैया! मेरे साथ उग्रेन चला चल!"

खाना खाकर अल्योशा लेना के सामने मेज़ पर बैठ गया और स्कूल की किताबें मेज़ पर रख लीं।

लेना की नज़र उसके चेहरे पर पड़ी : चौड़ा चिकना माथा, महीन भौंहें और लम्बी पलकें।

अपनी कापी के पृष्ठों पर निगाह जमाए, अल्योशा धीमे-धीमे पढ़ने लगा, "... यदि किसी त्रिकोण का एक कोण सम हो तो शेष दो कोणों का योग...।" अल्योशा की लगन का प्रभाव लेना पर भी पड़ा। वह और अधिक लगन से अपना काम करने लगी। अल्योशा के साथ पढ़ने में उसे खुशी हो रही थी। दोनों एक ही दवात में अपने-अपने क़लम डुबो कर लिख रहे थे। दोनों की किताबें एक ही मेज़ पर रखी थीं। कोई भी दूसरे के काम में बाधा नहीं डाल रहा था!

कभी दोनों के सिर एक साथ उठ जाते और आँखें चार हो जातीं, तो अल्योशा के होठों पर मुस्कान फिर जाती।

वालेंतिना अपनी जगह बैठी दोनों को देख रही थी!

"लेना, मैं कहती हूँ तू यहाँ हम लोगों के साथ ही क्यों नहीं रह जाती? दोनों एक साथ बैठकर पढ़ा करोगे तो अच्छा रहेगा।"

"अरे हाँ, ठीक तो है।" अकस्मात अल्योशा उत्साह से बोल उठा। "पोल्या के यहाँ क्या रखा है? कल मैं तुम्हारा सामान उठा लाऊँगा। सब तै हो गया!"

दादी ने भी सहयोग दिया : "हाँ, सामने वाली कोठरी के पलंग को ज़रा तन्दूर के पास खिसका देंगे! बस, जगह हो जाएगी।"

लेना का संकोच कभी का दूर हो चुका था। अपना काम समाप्त कर वह वालेंतिना के पास जा लेटी और उसके कन्धे पर अपना गाल टिका दिया। वालेंतिना उम्र में लेना से कुछ ही बड़ी थी; क़द में उससे छोटी और दुबली-पतली थी। परन्तु, लेना को वह बड़ी सशक्त और माँ की तरह लगती थी।

'अगर वाल्या यहीं रहती तो कितना अच्छा होता...!' यही सोचती-सोचती वह सो गई।

वालेंतिना उग्रेन पहुँची तो आन्द्रेई दौरे से नहीं लौटा था। वह अकेली ही घर जा पहुँची।

"आखिर घर पहुँच ही गई...! घर...! मेरा घर...!" वह दौड़-दौड़ कर कमरों का चक्कर लगा रही थी। 'घर' शब्द से उसके शरीर में रोमांच हो आता था।

कई बरस बाद वालेंतिना को अपने घर में आने का सन्तोष मिला था।

युद्ध से पहले वह गोर्की के कृषि विद्यालय में पढ़ती थी और आन्द्रेई देहात में काम करता था। उनका जीवन, विरहियों का जीवन था।

फिर युद्ध आया। युद्ध ने दोनों को अलग-अलग मोर्चों पर भेज दिया। युद्ध समाप्त हुआ तो वालेंतिना विद्यालय को लौट गई और आन्द्रेई देहात में अपने काम पर चला गया। फिर वही विरह का जीवन! विद्यालय की पढ़ाई पूरी कर लेने पर वालेंतिना को उग्रेन में ही काम मिल गया। हमेशा-हमेशा के लिए आखिर एक

साथ घर में रहने का अवसर आया! उसका चिर-पोषित स्वप्न साकार हुआ—"हमेशा के लिए एक साथ घर में!"

विदाइयाँ लेने और बिछोह के दिनों का अन्त हो गया। अब वह प्रतिदिन सुबह उठने पर अपने पास ही, तकिए पर, आन्द्रेई का मुँह देखा करेगी। वह उसे कभी अपनी आँखों से दूर नहीं होने देगी।

वह खुशी में हँस पड़ी। मन में भरी उमंग से वह पास पड़ी कुर्सी पर धम्म से बैठ गई और अपने आप ही बोल उठी :

"आखिर मैं घर पहुँच ही गई! हमारा घर! मेरा और आन्द्रेई का घर!"

उठकर उसने एक नया झालरदार एप्रन कमर से बाँधा और कमरों को ठीक करने लगी।

उसने सोचा, आन्द्रेई के लौटने से पहले ही सब कुछ सजा कर खाना तैयार कर मेज़ पर रख दूँ। मेज़ पर उसने खूब सफेद मेज़पोश बिछाया, सामान रखने की मेज़ पर भी एक कढ़ा हुआ सफेद कपड़ा बिछा दिया और लैम्प पर रेशम का नया शेड लगा दिया।

वालेंतिना अभी सब कुछ तैयार नहीं कर पाई थी कि भड़ाक से दरवाज़ा खुला। आन्द्रेई दरवाज़ा बन्द करना भूल, ओवरकोट और टोपी पहने ही, झपटता हुआ आया और वालेंतिना को बाँहों में भर लिया।

"ठहरो तो, ठहरो तो...! ज़रा हाथ तो धो लूँ...! देखो कितने गन्दे हो रहे हैं!" वालेंतिना कहे जा रही थी और अपने को छुड़ाने की कोशिश कर रही थी। पर आन्द्रेई नहीं माना। वह वालेंतिना के होठ, आँख, नाक, सिर, हाथ—सभी को चुम्बनों से पाटे दे रहा था।

"आन्द्रेई...! पागल हो गए हो...! हाथ तो धो लूँ...! कम-से-कम यह एप्रन तो उतार लेने दो...!"

किसी तरह वालेंतिना आन्द्रेई की बाँहों से फिसल कर निकली, जाकर दरवाज़ा बन्द किया, उसका कोट उतरवाया और बोली :

"ज़रा शान्ति से बैठो! सर्दी से थके हुए आए हो! मैं खाना लेकर आती हूँ...।"

"ऐसी तैसी खाने की!...वाल्या, प्यारी! कितना बुरा लगता था तेरे बिना।"

वालेंतिना ने किसी तरह आन्द्रेई को जब तक खाने की मेज़ पर बैठाया तब तक खाना ठण्डा हो चुका था। वह खाने को गरम करने गई तो आन्द्रेई भी उसके पीछे-पीछे रेंगता रहा।

दोनों मेज़ पर बैठ गए, तो वालेंतिना ने कहा :

"हाँ तो आन्द्रेई, अब हम लोग साथ-साथ घर में हैं। यह सोचकर ही कितना अच्छा लगता है कि अब हम लोगों को अलग-अलग रह कर कलपना नहीं पड़ेगा।"

आन्द्रेई के चेहरे पर विषाद और विमर्श की एक छाया सी फिर गई। लेकिन वालेंतिना का ध्यान उस ओर नहीं गया। वह कहती गई :

"ज़रा सोचो तो! सुबह आँख खुलते ही रोज़ तुम्हें पास ही देखा करूँगी। हर रोज़ अपने पास ही!" वालेंतिना प्रसन्नता से हँस रही थी। आन्द्रेई ने हाथ का कौर तश्तरी में रख दिया।

"क्यों! क्या खाना अच्छा नहीं बना!"

"नहीं, नहीं...बहुत स्वाद है!"

आन्द्रेई ने सफेद मेज़पोश और अलमारी पर बिछे कढ़े हुए कपड़े, और लैम्प पर लगे शेड पर निगाह डाली। एक चुभन-सी उसके मन में उठी।

"वाल्या!"

"हाँ!"

आन्द्रेई बोल न पाया। वह वालेंतिना का दिल अभी से नहीं तोड़ना चाहता था।

उसने सोचा, कुछ देर बाद समझा कर कहूँगा। समझ लेगी, तो बुरा नहीं मानेगी।

आन्द्रेई ज़िले के काम की बाबत बातें करने लगा। वालेंतिना आराम-कुर्सी पर गुड़ी-मुड़ी-सी लेटी सुन रही थी।

आन्द्रेई बहुत उत्साह से बातें कर रहा था। उसकी आदत थी कि अपनी बातों में डूब जाता था तो कुर्सी से उछल-उछल पड़ता था। अपने हाथ-पैरों और आँखों की भाव-भंगिमा से वह उन लोगों का व्यंग-चित्र उपस्थित कर देता जिनके बारे में बातें करता होता। फिर, ज्यों ही कोई नया संस्मरण सहसा मस्तिष्क में आता वह बातें बन्द करके, ठहाका मार कर हँस पड़ता।

वालेंतिना उसकी ओर टकटकी लगाए, उसी में खोई बैठी थी। अपने कार्य और अपनी जनता के प्रति आन्द्रेई के उत्साह को वह आँखों से आत्मसात कर रही थी।

जब दोनों जी भर कर बातें कर चुके तो आन्द्रेई वाल्या की कुर्सी पर जा बैठा और उसके कन्धे पर हाथ रख कर बोला :

"सुनो, एक बात कहनी है। देखो, घबराना नहीं! ध्यान से मेरी बात सुनो और मुझे समझने की कोशिश करो—जैसे हमेशा समझती रही हो!"

वाल्या ने चौंक कर उसकी ओर देखा।

आन्द्रेई से कुछ कहते नहीं बन रहा था। उसके शब्द शुष्क और अधिकारपूर्ण जान पड़ रहे थे।

"देखो, मेरी वाल्या...! मैं कह रहा था कि पार्टी के काम की हालत यहाँ अच्छी नहीं है। ज़िले में काम को संगठित करने के लिए कम्युनिस्टों को देहातों

में जाना होगा...। तुम्हें तो मालूम है, सभी जगह ऐसा ही करना पड़ रहा है।" आन्द्रेई रुका, उसके कन्धे को थपथपाया और उसे अपने और समीप दबाकर बोला : "तुम्हारे गाँव के पहली मई सामूहिक खेत की हालत सबसे गई बीती है। हाँ, तो वहाँ सिर्फ़ दो कम्युनिस्ट हैं। पार्टी का संगठन तीन मेम्बरों के बिना नहीं बन सकता। वहाँ पार्टी का संगठन आरम्भ करने के लिए एक और मेम्बर की जरूरत है...और फिर...फिर वहाँ एक कृषि विशेषज्ञ की भी जरूरत है।...हमारे पास ऐसा कोई है नहीं जिसे वहाँ भेजें।...यह तो एक बात हुई...दूसरे...यहाँ उग्रेन में अभी कृषि विशेषज्ञ की कोई जगह खाली नहीं है..."

आन्द्रेई ओर कुछ न कह सका।

वालेंतिना समझ गई। पर, उसे इस बात पर विश्वास नहीं हो रहा था कि आन्द्रेई खुद उसे अपने पास से दूर भेज रहा है। ऐसे दुर्भाग्य और ऐसी क्रूरता पर उसे विश्वास नहीं हो रहा था। घबराहट में उसके मुँह से निकला :

"तुम...? तुम मुझे वहाँ भेजना चाहते हो...?"

"वाल्या, प्यारी! जरा समझने की कोशिश करो। तुम्हीं बताओ, क्या किया जाए! ...तुम कम्युनिस्ट हो, कृषि विशेषज्ञ हो, वहाँ की रहने वाली हो, उस जगह को सबसे अच्छी तरह समझती हो! और किसे भेजना ठीक होगा? तुम्हें वहाँ भेजने में एक ही नुकसान है—मेरी पत्नी मुझसे दूर चली जाएगी। पर सोचो, अगर तुम मेरी पत्नी न होतीं तो तुम्हें भेजता या नहीं? तो, अब कैसे न भेजूँ? अगर तुम्हें वहाँ न भेजूँ तो किस मुँह से दूसरों से वहाँ जाने को कहूँ? तू तो समझती है, मजबूरी है। और कोई रास्ता ही नहीं है। जो लोग यहाँ बरसों से काम कर रहे हैं, उन्हें यहाँ से हटाकर पहली मई फ़ार्म भेज दूँ और तुम्हें यहाँ रख लूँ, इसलिए कि तुम मेरी पत्नी हो? यह कैसे हो सकता है?"

वाल्या का चेहरा पीला पड़ गया। आन्द्रेई की ओर देखकर बोली :

"इसका मतलब है, फिर जाना पड़ेगा? फिर अकेले रहना पड़ेगा? यहाँ नहीं रहूँगी?" वाल्या के कमरे में नज़र दौड़ा कर कहा, "मैं तो बहुत खुश हो गई थी...मैं फूली नहीं समा रही थी..."

सहसा आन्द्रेई ने वह दृश्य देखा जिसकी उसे लेशमात्र आशंका नहीं थी। उसकी वाल्या—जिस पर उसे इतना विश्वास था—सहसा उठी और झपटकर अलमारी पर बिछे कढ़े कपड़े को फाड़ डाला, उसे घूरती रही और फिर उसमें मुँह छिपाकर रो उठी।

आन्द्रेई हैरान था। इससे पहले उसने वाल्या को कभी रोते नहीं देखा था। उसे लगा कि बरसों तक विरह और विछोह के दिन बिताने के बाद वाल्या कितनी आशा से घर बसाकर उसके साथ रहने के लिए आई थी! उससे फिर दूर चले जाने के लिए कहना, अपने पति के साथ रहने की उसकी साधारण और

स्वाभाविक इच्छा की पूर्ति का अवसर उससे छीन लेना, वास्तव में क्रूरता थी! इन सुन्दर कपड़ों को उसने कितनी साध और उत्साह से तैयार किया था! अब वह उन्हीं में मुँह छिपाकर रो रही थी! आन्द्रेई के लिए यह दृश्य असह्य हो गया।

उसने बहुत कठिनाई से अपने आप को वश में किया।

"आखिर हो क्या गया है?" अपने मन को उसने समझाया। "सब ठीक-ठाक तो है। हम लोग बेमतलब परेशान हो रहे हैं। वाल्या को यहाँ से केवल बीस किलोमीटर दूर ही तो रहना है। मोटर है, हम लोग हफ्ते में एक बार मिल सकते हैं। हमें एक साथ ही काम करना है। हम लोग सुखी हैं और सुखी रहेंगे। क्यों बेकार में अपने-आपको परेशान करें, क्यों दिल को जलाएँ।"

आन्द्रेई वाल्या के पास गया और उसके कन्धों को प्यार से थपथपाने लगा। वाल्या प्रतीक्षा कर रही थी कि आन्द्रेई कहेगा : अच्छा, घबराओ नहीं! मत जाना! बस?...पर आन्द्रेई चुप था। वह चाहता था कि वालेंतिना खुद ही समझ जाए और शान्त हो जाए। वाल्या ने आँखें उठाकर उसके चेहरे की ओर देखा। आन्द्रेई के पतले कोमल होठ भिंचे हुए थे और आँखें शान्त थीं। वह समझ गई कि उनसे न तो सांत्वना की आशा की जा सकती है और न लाड़-दुलार की। वह चाहता था कि वह खुद ही सँभले और तब तक चुप खड़ा रहा जब तक वालेंतिना ने अपने पर काबू न पा लिया। वाल्या उसकी दृढ़ता से खूब परिचित थी, ऐसी दृढ़ता जो कभी-कभी निर्दयता-सी जान पड़ने लगती थी। पर आन्द्रेई की ये ही बातें तो उसे इतनी अच्छी लगती थीं; उसकी सभी बातें वाल्या को अच्छी लगती थीं!

वाल्या ने आँसू पोंछ डाले और अपना गाल आन्द्रेई की गर्दन पर रखकर बोली :

"सचमुच आन्द्रेई, तुम्हीं से यह हो सकता है! सात बरस से राह देख रहे थे कि बीवी आएगी! बीवी आई तो एक दिन में ही उसे फिर चलता करने लगे! यह तुम्हीं से हो सकता है...!"

एक ठण्डी साँस लेकर वह मुस्करा दी।

"कब भेजोगे मुझे?"

आन्द्रेई को साहस नहीं हो रहा था कि वह कह दे कि जल्दी ही जाना होगा।

"सुनो प्यारी वाल्या! पहले तुम एक-दो दिन के लिए वहाँ जाकर देख आओ। अपने-आप ही देख लेना कि कब काम शुरू करना ठीक रहेगा!"

आन्द्रेई का यही ढंग था। वाल्या पर ज़िम्मेदारी डाल कर उसके स्वाभिमान को जगा देना। फिर वह स्वयं ही निर्बलता न दिखाने या काम में पति से पीछे न रह जाने के लिए व्यग्र हो उठती थी। उसकी इच्छा होती थी कि आन्द्रेई को होड़ के लिए ललकारे और उसे पीछे छोड़ कर आगे बढ़ जाए।

"मैं वहाँ की हालत देख भी आई हूँ!" वाल्या ने चुनौती सी देते हुए कहा।

"मेरी राय पूछो तो मुझे कल ही चले जाना चाहिए!"

अब आन्द्रेई के विस्मित होने की बारी थी। वह हक्का-बक्का रह गया।

"कल?...नहीं नहीं, यह कैसे हो सकता है?...कल ही क्यों? नहीं-नहीं... हफ्ते दो हफ्ते तो यहाँ रहो...नहीं, कल नहीं जाने दूँगा।"

वाल्या ने आन्द्रेई के दृढ़, मजबूत चेहरे पर व्यग्रता और घबराहट की उदासी देखी। उसने सोचा—किसी और के सामने ऐसी उदासी थोड़े ही दिखा सकता है! उसे अपने अधिकार का सतोष हो रहा था। "तो, तुम मुझे प्यार करते हो?"

"नहीं तो क्या, पगली? कल नहीं जाने दूँगा तुझे...कल तेरा जाना मुझसे बर्दाश्त नहीं हो सकता।"

आन्द्रेई को नींद आ गई। वालेंतिना उसकी बगल में लेटी-लेटी सोचती रही ...उसे इस तरह भेज देना! ऐसी ही बातों के लिए तो वाल्या का मन आन्द्रेई के प्रति आदर और प्यार से भर जाता था।...तभी तो सब लोग उसे आदर और सम्मान से 'पेत्रोविच' कहते थे। तमाम मंत्रियों में वही ऐसा था जिसे इस प्रकार सम्बोधित किया जाता था। उसे इस तरह सम्बोधित करना उसके बड़प्पन, उसकी परिपक्वता और उसकी प्रतिष्ठा को स्वीकार करना था...!

आन्द्रेई का हाथ लेकर वाल्या ने अपने गाल पर दबा दिया। "तू मेरा है! बस तू तू तू...!" आन्द्रेई के अपना होने में कोई सन्देह न होने पर भी उसे अपना कहने में वाल्या को सन्तोष हो रहा था।

आन्द्रेई का प्यार और नैकट्य वालेंतिना के लिए कितने सन्तोष और अभिमान की बात थी? वही तो उसका आदर्श था। उसकी कल्पना की सभी बातें उसमें मौजूद थीं! वह एक सच्चा इन्सान था!

सात बरस पहले जब उसकी सहेलियाँ और उसके सम्बन्धी उससे पूछते थे कि आखिर आन्द्रेई में ऐसी क्या बात थी कि वह उस पर दीवानी हो गई तो वह उत्तर सोचती रह जाती थी।

"क्या वह बहुत सुन्दर हैं?" सहेलियाँ पूछतीं।

"नहीं तो!" उसे कहना पड़ता।

"बहुत होशियार हैं? प्रतिभावान हैं?"

वाल्या ऐसा ही समझती थी! पर क्या बताए कि कौन-सी प्रतिभा है उसके आन्द्रेई में?

उसकी प्रतिभा जीवन के प्रति अभिरुचि में प्रकट होती थी। वह जो भी करता उसमें पूरी तरह डूब जाता था—चाहे वह दैनिक कार्य हो, लोगों का नेतृत्व करना हो, प्रेम हो, मित्रता हो, अध्ययन हो, हँसी-मजाक हो, क्रोध हो, चिन्तन अथवा अपने विचारों को कार्य रूप में परिणत करना हो। क्रियाशीलता के लिए उसमें एक आन्तरिक लगन थी। जीवन की सरिता में अपनी दृढ़ पतवार डाल देने

के लिए वह सचमुच ही उतावला रहता था।

नीद में भी आन्द्रेई का हाथ हिल रहा था, जैसे कुछ पकड़ना चाहता हो! वालेंतिना ने उसका हाथ अपने गाल पर दबा लिया और उससे लिपट गई :

"बस तू मेरा है...मुझे और कुछ नहीं चाहिए!"

आन्द्रेई जाग उठा। पन्द्रह मिनट की गहरी नींद भी उसके लिए काफी होती थी। वह फिर दिन-भर के काम के लिए ताज़ा हो जाता था। अपना हाथ वाल्या के गाल पर देखकर उसके आशय को समझ कर बोला :

"तुम सोई नहीं, वाल्या?...लम्बे सफर से थकी हुई आई हो! तुम्हें जल्दी ही जाना भी है। और मुझे देखो, मैं लक्कड़ की तरह बेहोश सोता रहा!"

वाल्या ने कोई उत्तर नहीं दिया। उसका आन्द्रेई इस समय उसके पास था। इससे अधिक उसे और क्या चाहिए था?

6. 'कूकी'

वालेंतिना पहाड़ी पर चढ़ कर आँधी से गिरे हुए एक पेड़ के तने पर बैठकर सुस्ताने लगी। उसके लम्बे नरम फर के कोट पर कमर तक बरफ़ चिपकी हुई थी। सुबह से वह बरफ़ से भरे खेतों में चक्कर लगाती हुई मिट्टी के नमूने इकट्ठे कर रही थी। कन्धे से लटका हुआ उसका थैला मिट्टी के ढेलों से भरा था। थैले का फीता, मोटे कोट की गद्दी में से भी, कन्धे पर गड़ रहा था।

कन्धे को आराम देने के लिए वालेंतिना ने थैला उतार कर नीचे रख दिया।

आज बदली थी और कुछ गरमी भी! बादलों में ढँका सूरज दूर तक फैले जंगल के वृक्षों की चोटियों पर अटका जान पड़ रहा था। पश्चिम की ओर काले-काले जंगल अर्ध-चंद्राकार खड़े थे। पूर्व की ओर फैले खेतों पर बरफ़ की चादर फैली थी। चारों ओर सब कुछ शान्त और निश्चल था। इस बियाबान में सिर्फ़ एक पतली-सी फुनगी, बरफ़ से बाहर सिर निकाले, हवा के झोंकों में अकेली, हिल-डुल रही थी। दूर तक फैले सुनसान खेत बरफ़ की नीली-नीली लहरों में आत्म-समर्पण किए निश्चेष्ट लेटे थे। कभी हवा के झोंकों के साथ आता एक विचित्र प्रकार का, आवेशपूर्ण, और देर तक गूँजने वाला, स्वर सुनाई देता था। शायद, यह वायु का ही करुण संगीत था। या, शायद कहीं बरफ़ के बोझ को तोड़कर किसी निर्झर का जल फूट निकला था और वृक्षों की जड़ों के बीच से कल-कल शब्द करता हुआ बह रहा था।

कहीं दूर से आता यह स्वर और बरफ़ पर हिलती हुई फुनगी, दोनों ही, एकाकी और असहाय थे।

झाड़ियाँ भी अपनी सूखी डालें फैलाए मानो किसी की प्रतीक्षा में खड़ी थीं।

झाड़ियों की ओर आँखें किए वालेंतिना सोच रही थी : 'अभी कुछ दिन पहले इधर से गुज़री थी तो सोचा था तुम्हें खूब सँवारूँगी, तुम्हें फूलों से इतना लाद दूँगी, जितनी तुम कभी न लदी होगी।...जाने तुम्हें सजा भी पाऊँगी या नहीं? जाने क्या हाल रहा है तुम्हारा? जाने आगे क्या हाल हो?'

उस पहाड़ी पर से वालेंतिना की नज़र जहाँ तक जा सकती थी सब उसी की धरती थी—गाँव सोवियत की धरती थी! वह सोवियत की कृषि-विशेषज्ञ थी।

सामने के खेत किसी अनपढ़ी, नई पुस्तक के पृष्ठों की तरह, उसके सामने फैले हुए थे। हर खेत का अपना इतिहास था। उसका भूत, वर्तमान और भविष्य था! वालेंतिना को इन सबका अध्ययन—जैसा कि धरती-विज्ञान के प्रोफ़ेसर साहब कहा करते थे—समय और स्थान के परिमाणों का ख़याल रखते हुए, करना था। फ़ार्म में आए वालेंतिना को दो दिन हुए थे। दोनों दिन वह धरती से सम्बन्धित कागज़ों की जाँच करती रही थी। यहाँ बदल-बदल कर फसलों की बोवाई की व्यवस्था गड़बड़ हो गई थी। खेतों की फसल से सम्बन्धित कागज़ भी नहीं रखे गए थे। यह जान लेना कठिन था कि कब और कहाँ क्या बोया गया था और कैसी खाद डाली जाती रही थी। खेत के प्रधान और टीम-लीडरों से मिलकर ही वह कुछ जान पाई थी। कभी-कभी उसे मालूम होता कि जिस ज़मीन में जौ की फसल हुई थी उसी में राई बो दी गई थी। चारे के खेतों में झाड़ियों के जंगल उग आए थे। वहाँ लगातार चरी ही बोयी जाती रही थी। कुछ खेत बरसों से खिल्ले पड़े थे, जिससे धरती पथरा गई थी।

"चारे के खेतों में लगातार चारा ही क्यों होने दिया गया है?" उसने पूछा था।

"क्या करते," उत्तर मिला था, "वहाँ की धरती बड़ी कड़ी है, उसे जोतना नई ज़मीन तोड़ने के बराबर है। इसीलिए हमने पहले उसे जोता नहीं; फिर उसमें देवदार की झाड़ियाँ उग आईं।"

धरती को ठीक करने के लिए फसलों का नया क्रम जारी करना था। इसके लिए गल्ले के सरकारी दफ्तर से सलाह करना भी आवश्यक था। सब जगह की मिट्टी की परीक्षा करना ज़रूरी था। मुनासिब खाद के नुस्खे बनाने थे, सब खेतों के अलग-अलग खाते बनाने थे।

सामने मौजूद पूरे काम की विविधता का ख़याल कर वालेंतिना सिहर उठी। बरफ़ से ढँकी इस निस्सीम धरती को वह कैसे सँभाल पाएगी? उसे लगा कि वह बहुत नन्ही-सी है, इस विस्तार में खो गई है, और बर्फ़ानी हवा के झोंकों में फँसी

अकेली छटपटा रही है।

"यह कोई छोटा-मोटा, मामूली-सा, 'घर' नहीं है? मुझे इसके एक-एक चप्पे को समझना है, जैसे गृहस्थिन अपने कोठार के हर आले और हंडिया को समझे रहती है। मैं इतना कर पाऊँगी? कहीं बदनामी ही तो नहीं माथे लगेगी? कौमसोमोल और फ़ार्म के नौजवानों पर ही मुझे उम्मीद है। उन लोगों के बिना तो मेरा भी वही हाल होगा जो बरफ़ में छटपटाती इस फुनगी का है। काम का कोई ढंग निकालना पड़ेगा। आज की तरह खेत-खेत घूमने और ढेले बीनने निकली तो हो चुका। शुरू में तो यह ठीक है, मगर आगे दूसरे ही ढंग से काम करना होगा!...यह गूँज, बड़ी उदासी भरी है! किस चीज़ की है? यह कहाँ से आ रही है?"

वालेंतिना पहाड़ी से उतरने लगी। उतराई के आधे के लगभग ही गाँव शुरू हो गया। सड़क के किनारे सबसे पहली इमारत स्कूल की थी।

वालेंतिना ज्यों-ज्यों स्कूल के नज़दीक पहुँचती जाती उसे सुनाई देने वाला स्वर और भी स्पष्ट होता जाता। शीघ्र ही इस स्वर की रहस्यमयता लुप्त होने लगी। स्पष्ट जान पड़ता था कि कोई अनाड़ी बाँसुरी बजाने का बड़े परिश्रम से यत्न कर रहा है।

स्कूल के ठीक सामने आ जाने पर भेद खुला। स्कूल के दरवाज़े की सीढ़ियों पर मातवेयेविच का नाती स्लावका बैठा था। स्लावका को सब लोग 'मेंढकी' कहकर पुकारते थे। वह घर में बनी एक बाँसुरी से सुर निकालने में मगन था। गाँव वाले बाँसुरी के उदासी भरे स्वरों के कारण उसे 'कूकी' कहते थे। स्लावका भेड़ की खाल का नया कोट पहने था। कोट को कसने के लिए पेटी की जगह उसने रूमाल बाँध रखा था। वह लोहे की छड़ की तरह तना हुआ बैठा था। उसके फर के कनटोप का एक कान ऊपर को उठा था और उसका सिर एक ओर को झुका हुआ था। उसे देखकर लगता था कि कोई पिल्ला एक कान खड़ा किए बैठा है। स्लावका अपनी संगीत साधना में इतना मग्न था कि वालेंतिना के आने का उसे पता भी न चला। वह बार-बार एक ही धुन बजाए जा रहा था :

रहम कर मुझ पर, रहम वाले...

एक क्षण को वह रुका; और फिर वही :

रहम कर मुझ पर...

स्पष्ट था कि स्लावका की संगीत साधना अभी इससे आगे नहीं बढ़ पाई थी।

"धत्! क्या दुनिया सिर पर उठा रखी है!" वालेंतिना ने ऊब प्रकट करते

हुए कहा। "पहाड़ी पर और खेतों में जहाँ भी मैं गई यही 'गूँ! गूँ!' हैरान थी कि कौन रो रहा है। मैं तो डर सी गई थी।"

स्लावका ने होठों पर से बाँसुरी हटा ली। अपनी टोपी को झटका देते हुए कठोर स्वर में बड़े व्यावहारिक ढंग से उसके कहा :

"यह मुझे मेफोदी बाबा ने भेंट की है..."

"धत्! भाड़ में जाओ तुम दोनों..."

वालेंतिना ने कुछ ज़रूरी बातें लिखने के लिए लेना से दो-एक कापियाँ लीं, फिर दोनों गाँव का बिजली घर देखने चल दीं। वे मालूम करना चाहती थीं कि रात को बिजली आएगी या नहीं। स्लावका भी उनके पीछे हो लिया।

बिजली घर पड़ोस में ही था।

बुयानोव काफी दिन पहले ही आ गया था और तोशा बुज़िकिन की जगह बिजली घर का काम सँभाल रहा था। कुछ बरस पहले जब बुयानोव गाँव से गया था तब एक मामूली सा दिखाई देने वाला ढीठ लड़का था; चेहरे पर लाल झाइयाँ सी पड़ी हुई थीं। जब लौटा तो पहचाना ही न जाता था। इस परिवर्तन से लोग विस्मित थे। अब वह साफ-सुथरा, चुस्त नौजवान था; बिर्जिस पहने हुए और ऐसे फैशन का जाकेट डाटे हुए कि जिले भर में कहीं दिखाई न दे। जाकेट कमर पर खूब चुस्त था, कमर के ऊपर का घेरा काफी चौड़ा था; नीचे, किनारे पर, भूरी फर लगी हुई थी। गाँव के लाल बुक्क्कड़ फ्रोस्का ने बताया था कि यह हंगेरियन जाकेट है। बुयानोव के सिर पर भूरे फर की कासेकों जैसी ऊँची टोपी थी। उसके पीले से चेहरे पर अकड़ और ऐंठ का रौब बराबर बना रहता था। उसकी पत्नी सदा उसके साथ ही चिपकी रहती। बुयानोव की पत्नी देखने में सीधी-सादी थी, नाक पकौड़े जैसी थी। गाँव की लड़कियाँ सोचतीं, क्या अजीब जोड़ी बनी है! बुयानोव और बहू प्रायः साथ-साथ ही बाहर आते-जाते। गाँव में अगर वे लुहारखाने को टूटा-फूटा या मुर्गियों के दरबे की टूटी छत देख लेते तो भौंहें चढ़ाकर आपस में ऐसे सिर झटकाते मानो कह रहे हों : 'ओह, हम किस नरक में आ पड़े हैं!'

बुयानोव बातचीत में पुस्तकों के बड़े-बड़े शब्द प्रयोग करता तो लोगों को कौतूहल होता। सड़क पर गुज़रते किसी लारी ड्राइवर से बात करने का मौका मिलता तो सड़कें अच्छी होने के लाभ बताने लगता। गोशाला में जाता तो पशुओं को वैज्ञानिक ढंग से खुराक देने और दूध दुहने की मशीनों के सम्बन्ध में समझाने लगता। गाँव के नौजवान लड़के उससे खूब प्रभावित थे। परन्तु, बूढ़ों को उसकी क़ाबिलियत में शक था। बूढ़ा मातवेयेविच भौंह चढ़ाकर कहता :

"दो शहरिये कलावंत हमारे फ़ार्म में मुफ्त की रोटियाँ तोड़ने आ डटे हैं...!"

बुयनोव के आने के बाद जब बिजली में गड़बड़ होने लगी और बिजली घर मरम्मत के लिए कई दिन बन्द पड़ा रहा, तो लोगों का सन्देह और भी बढ़

गया। पुराना, बिजलीवाला कारीगर तोशा बुज़िकिन, अपनी हल्की सी बकर दाढ़ी को ऐंठता हुआ रहस्यपूर्ण ढंग से आँखें मटकाता गाँव में घूमता तो लगता कि वह कह रहा है: "अरे अभी क्या हुआ है? देखते जाओ..."

रात को बिजली न आने से वालेंतिना और लेना ऊब उठी थीं। मामला क्या है, यह जानने के लिए दोनों बिजली घर पहुँचीं।

तोशा छत पर दिखाई दिया। वह छत की कानस पर टाँगें फैलाए बैठा, कानस पर नीला रोगन लगा रहा था। उसकी दाढ़ी भी रोगन में सनी हुई थी। रोगन की धारियाँ छत पर से बह रही थीं।

बुयानोव दरवाज़े के सामने खड़ा अपना हंगेरियन जाकेट कन्धे पर डाले उछलता हुआ मुक्का दिखा-दिखाकर तोशा पर चीख रहा था :

"अबे ओ बकर दाढ़ी! छत पर रोगन फेरने को किसने कहा था? मैंने तुझसे कानस पर रंग लगाने को कहा था और तू ने सारी छत ही पोत डाली! उतर नीचे, बेवकूफ!"

बुयानोव थोड़ी देर उछलता-कूदता और बकता-झकता रहा, फिर भीतर चला गया। तोशा मुँह बनाकर छत पर से रंग के धब्बे पोंछने लगा। कुछ देर वालेंतिना और लेना तमाशा देखती रहीं, फिर वे भी बुयानोव के पीछे भीतर चली गईं। उन्होंने चौखट नांघी ही थी कि बुयानोव की ललकार सुनाई दी :

"देखकर, देखकर! सँभलकर!"

सामने, पाँव के पास ही, खूब गहरा गढ़ा था। फ़र्श के तख्ते हटा दिए गए थे। नीचे गहराई में, कल-कल करता, पानी बह रहा था। गढ़े के उस पार मशीन के काले-काले, जंग लगे हिस्से, फैले हुए थे वहीं बुयानोव टाँगें फैलाए एक तख्ते पर बैठा फ़र्श के नीचे किसी पर चिल्ला रहा था :

"अबे, ज़रा और ज़ोर लगा! ज़रा अच्छी तरह रगड़!"

यहाँ सब मशीनें अपनी जगह से उखड़ी हुईं, अलग-अलग हिस्सों में, इधर-उधर बिखरी हुई थीं। मलानिया दूसरे कोने में खड़ी खिड़की के काँच साफ कर रही थी। उसने लेना और वालेंतिना के चेहरे पर व्यग्रता का भाव देखा तो विद्वेष से मुस्करा दी।

"जल्दी बिजली मिलने की उम्मीद तो दिखाई नहीं देती!"

"उम्मीद?" मलानिया बोली : "देख नहीं रही हो, किस आफत में फँसे हैं?"

बुयानोव की पत्नी ने फ़र्श के नीचे से सिर निकाला। वह ढीली-सी पतलून पहने हुए थी। आगन्तुकों से दुआ-सलाम किए बिना ही बोली :

"सब मशीनों का सत्यानाश कर डाला है!"

फ़र्श पर से कुछ चिथड़े लेकर वह फिर फ़र्श के नीचे घुस गई।

"होशियार! सँभलकर!" फिर बुयानोव की ललकार सुनाई दी।

वालेंतिना और लेना ने घूमकर देखा। दरवाजे में वासिली खड़ा था।

"ओह!" उसके मुँह से निकला। इस 'ओह' का मतलब सावधानी भी हो सकता था, विस्मय भी। गढ़े पर आड़े पड़े एक तख्ते पर होकर वह भीतर आ गया। वालेंतिना और लेना भी उसके पीछे-पीछे भीतर चली आईं। स्लावका ने भी सिर भीतर करके झाँका। पर, उसे फौरन भगा दिया गया। वह आकर ड्योढ़ी में ही बैठ गया। मिनट दो मिनट में उसकी बाँसुरी बजने लगी...

रहम कर मुझ पर, रहमवाले...

वासिली मशीन के पुरज़ों पर हाथ फेरकर उन्हें बड़े सम्मान से देख रहा था। बुयानोव दाँतोंवाली एक गरारी पर रेती चलाता हुआ कहता जा रहा था :

"कोई भी समझदार आदमी खेत की हालत समझना चाहे तो सबसे पहले क्या देखेगा?...वह असली चीज़ कौन-सी है जिसे देखते ही वह फ़ार्म की हालत समझ जाएगा? बिजली घर! बिजली घर ही बन्द और बिगड़ा पड़ा हो तो फिर और कुछ देखने की ज़रूरत ही क्या है?"

"यही बात तो यहाँ के लोग समझते नहीं!" फ़र्श के नीचे से सिर निकालकर पकौड़े जैसी नाक वाली बुयानोव की पत्नी बोली : "मैंने एक दिन यहाँ का हिसाब लिखने के लिए मुंशी से कागज़ माँगा, मगर उसने फौरन मना कर दिया।"

"निहायत नासमझी है...!" नाक सिकोड़कर बुयानोव ने कहा।

बुयानोव और उसकी पत्नी का दृढ़ विश्वास था कि उन दोनों से बढ़कर महत्त्वपूर्ण आदमी फ़ार्म में दूसरा कोई नहीं है। वासिली बुयानोव के पास उकड़ूँ बैठकर टर्बाइन और जेनरेटर (भाप को संचित करने और बिजली पैदा करने की मशीनों) के बारे में समझने की कोशिश करने लगा। सामने बेंच पर बैठी हुई लेना और वालेंतिना भी ध्यान से बातचीत सुन रही थीं। खुले हुए फ़र्श के नीचे से पानी के बहने का शब्द आ रहा था।

वालेंतिना चुप थी। उसका ध्यान भविष्य का अपना कार्यक्रम बनाने में उलझा हुआ था। लेना नई सहेली मिल जाने की खुशी में खूब उत्साह और प्रसन्नता से बातें कर रही थी।

"थोड़े दिनों में हम लोग रेडियो पर मास्को से बातचीत और खबरें सुना करेंगे!" उसने कहा। "हम लोग रोशनी चले जाने पर बड़बड़ा रहे हैं। मास्को से बातें सुनने को मिलें तो मैं महीना भर बिजली के बिना काट दूँ!"

फिर दरवाज़ा खुला और फिर बुयानोव की चेतावनी भरी ललकार सुनाई दी : "खबरदार! सँभलकर!" दरवाज़े में मातवेयेविच दिखाई दिया। उसके कपड़ों पर खूब बरफ़ पड़ी हुई थी; चेहरा लाल दिखाई दे रहा था। अपनी घनी दाढ़ी के कारण

इस समय वह बिलकुल पिता क्रिसमस जैसा लग रहा था। वह अपने दैत्याकार शरीर से दरवाज़े को रोके कुछ देर चुप खड़ा रहा।

''वासिली कुज़मिच, तुम यहाँ बैठे हो और मैं तुम्हें ढूँढ़-ढूँढ़कर हार गया!''

''हूँ! क्यों!'' वासिली बोला।

वासिली घुटनों तक चढ़े जूते पहने ज़रा और आगे को बढ़ गया और फ़र्श में बने गढ़े के इस पार मातवेयेविच के सामने खड़ा हो गया। खिड़की में से बरफ़ से लदे भूर्ज वृक्षों की टहनियों का जाल और उनके बीच से बादलों में छिपे धुँधले सूर्य का लाल-लाल गोला दिखाई पड़ रहा था। वासिली का भेड़ की खाल का, कसा हुआ कोट, इस प्रकाश में लाल लपटों जैसा दिखाई दे रहा था। मातवेयेविच ने एक बड़ा-सा लाल रूमाल निकाला, अपनी दाढ़ी और मूँछों पर से बरफ़ साफ की और बोला :

''मैं तुमसे यही बताने आया था कि आज हम जंगल से लकड़ी नहीं ढो पाए।''

अपने बड़े-बड़े हाथों को बड़े अन्दाज़ से और धीरे-धीरे हिलाते हुए मातवेयेविच ने बहुत मामूली-सी बात कही थी। पर, वालेंतिना ध्यान से देख रही थी कि इस मामूली-सी बात से वासिली का चेहरा बहुत गम्भीर हो गया है। फ़र्श में खुले गढ़े की ओर बढ़कर अपनी गर्दन सीधी करके उसने मातवेयेविच से कहा :

''यह क्या तमाशा है? तुमने प्रधान का हुक्म पूरा नहीं किया! तुम दल के नेता हो! तुम आकर मुझे खबर दे रहे हो कि काम पूरा नहीं हुआ! जैसे कोई बात ही नहीं हुई! अनुशासन का यही ढंग होता है?''

मातवेयेविच ने बहुत मज़े से रूमाल जेब में रखकर, दरवाज़े के बाहर गौर से देखते हुए, पहले की ही तरह शान्त स्वर में कहा :

''आज नहीं हो सका और कल भी नहीं हो पाएगा...!''

''कल क्या, आज ही करना होगा!'' वासिली गढ़े पर रखे तख़्ते पर एक क़दम और बढ़ गया। ''दल के नेता का काम खेत के प्रधान को ढूँढ़ते फिरना नहीं है। तुम्हारा काम है, गाड़ियों का इन्तज़ाम करके लकड़ी पहुँचवाना। जाओ! समय बर्बाद मत करो, प्योत्र मातवेयेविच! अस्तबल से घोड़े ले लो...''

वासिली के क्रोध और मातवेयेविच के संक्षिप्त उत्तरों में वालेंतिना को कुछ रहस्य सा जान पड़ रहा था।

मातवेयेविच जैसा का तैसा खड़ा रहा।

दरवाज़े से बाहर देखते हुए वह बोला :

''अँधेरे में जंगलों में जाकर झख मारने से क्या फ़ायदा?'' और फिर सहसा अपनी चित्त-स्थिरता भूल, वासिली की ओर घूमकर तीखे स्वर में बोला :

''हम भी समझते हैं कि लकड़ी और खाद का काम बहुत ज़रूरी है। पर,

तुम्हारा यह इमारती काम—हमारी समझ में नहीं आता! साफ बात कहने के लिए मुझ बूढ़े को माफ़ करना, मगर मेरी समझ में नहीं आता इसमें क्या तुक है? ज़रूरी काम तो हो नहीं पा रहे और तुम इमारतों के झंझट में फँसे हो!''

इमारतों की बात सुनते ही वासिली का चेहरा तमतमा उठा।

अब वालेंतिना की समझ में आया कि यह 'रहस्य' क्या था!

वालेंतिना का अनुमान ठीक ही था। कुछ दिन पहले फ़ार्म की कार्यकारिणी में वासिली की नए मकान बनाने की योजना पर बहस हुई थी। काफी बहस-मुबाहसा हुआ था। योजना में काफी काट-छाँट कर दी गई थी। बुज़िकिन और मातवेयेविच वासिली की योजना का विरोध कर रहे थे। बहस के झगड़े में वासिली ने बुज़िकिन पर दोष लगाया था कि वह शराब में धुत्त होकर सभा में आया है और मातवेयेविच के लिए उसने कहा कि वह 'पुरानपंथी' है।

जंगल से इमारती लकड़ी लाने के बारे में वासिली और मातवेयेविच के बीच हुई बातों का सम्बन्ध इमारती-योजना के बारे में हुई बहस से ही था।

मातवेयेविच ने कहा, ''हमारे घोड़ों के लिए चारा तो पूरा पड़ नहीं रहा, योजना बनाई जा रही है खलिहान और गोशाला के लिए इमारतें बनाने की!... मसल मशहूर है कि पेट के लिए रोटी नहीं, पाग में कलंगी चाहिए।''

''रोटी! रोटी का इससे क्या मतलब?'' वासिली ने उसकी खिल्ली उड़ाते हुए उत्तर दिया। ''लोग अभी यहाँ कह रहे थे कि सामूहिक खेत की जान बिजली घर है। मैं कहता हूँ सामूहिक खेत की जान खलिहान है। समझे, खलिहान है! तुम रोटी की बात करते हो! फसल कटने के बाद अनाज की गहवाई कहाँ होगी? खुले में? उन्हीं पुराने झोंपड़ों में?''

''फसल कटने को अभी बहुत दिन पड़े हैं। तुम खलिहान भी बना सकते हो, गोशाला भी दुबारा खड़ी कर सकते हो—ढंग से करो, तो सभी कुछ कर सकते हो! लेकिन, हो क्या रहा है? तुम चाहते हो कि एक ही आदमी पेड़ काटे, खाद ढोये, लकड़ी लाद कर लाए—और यह सब वह एक ही दिन में कर दे! वह दिन-भर काम करता है, रात-भर काम करता है, मगर तुम्हें इसकी कोई फिक्र नहीं। बस, तुम्हारा तो मतलब है कि चुटकी बजे और सब कुछ हो जाए, जैसे हाथ का कौर हो जो गप्प से मुँह में डाल लिया। फसल कटाई के लिए जैसे अब दिन ही नहीं रह गए! तुम चाहते हो मुँह से बात निकले और काम हो जाए।''

''कहाँ है फसल तक समय? लकड़ी ढोने का वक्त अभी नहीं आया तो कब आएगा? अभी पाला पड़ना शुरू नहीं हुआ, मगर किसी भी दिन शुरू हो सकता है। अभी इमारती लकड़ी के लिए हमें पास का ही जंगल मिला हुआ है। अगले हफ्ते से हमें दूर के जंगल से लकड़ी लानी पड़ेगी—तीन महीने तक। तब आदमियों और घोड़ों के लिए मेहनत बढ़ जाएगी। अभी से ज़ोर नहीं लगाएँगे तो

आगे काम और भी मुश्किल हो जाएगा। वसंत में बरफ़ पिघलने लगेगी। सड़कों पर दलदल बन जाएँगे। तुम सँभलने भी नहीं पाओगे कि बोवाई शुरू हो जाएगी। यही वक्त है इमारती लकड़ी ढोने का। नए खलिहान के लिए इसी हफ्ते लकड़ी आ जानी चाहिए! योजना पर तो लात न मारो, प्योत्र मातवेयेविच! वक्त बर्बाद न करो!"

"अँधेरी रात में लोगों को जंगल में खदेड़ दूँ? वे आदमी हैं भेड़िए नहीं कि रात में जंगल में घूमते फिरें!" मातवेयेविच बोला।

"तुम लोगों ने शाम तक काम पूरा नहीं किया, यह कसूर किसका है? लोगों को काम पर निकल जाना चाहिए था आठ बजे, लेकिन तुम्हारी सवारी निकलती है दस बजे। क्या इसी का नाम अनुशासन है?"

"क्यों? खाद ढोने के लिए हमें स्टेशन नहीं जाना पड़ा?"

"क्या ज़रूरत थी...? खाद ठेलों पर आ सकती थी। औरतें और बच्चे दो दिन में खाद ले आते। यही मैंने कहा भी था। पर, तुम मनमानी करते हो! हमारी बात टालते हो और फिर आकर कहते हो : 'काम नहीं हो सका!' अब वक्त मत बर्बाद करो! चलो! अँधेरा होने से पहले वहाँ पहुँच जाओगे। लालटेन लेकर वापस आ जाना—कोई डर नहीं है!"

वालेंतिना ने मातवेयेविच के सफेद दाढ़ी से ढँके चेहरे को देखा। उसने कल्पना की—सूरज डूबने के बाद का झुटपुटा अँधेरा और बर्फ़ से ढँके खेतों की श्मशान जैसी शान्ति! बरफ़ में दबी, अकेली, धीरे-धीरे हिलती फुनगी और बेसुरी बाँसुरी की गूँज! मातवेयेविच और उसके साथियों के अँधेरे में जंगल जाने की बात से उसका मन सिहर उठा।

सहसा उसके मुँह से निकल पड़ा : "वासिली, अब तो बहुत देर हो गई है। कल सही!"

वासिली ने घूम कर वालेंतिना की ओर देखा। होठ फड़कने से उसकी कटी-कटी मूँछें काँटों की तरह खड़ी हो गई थीं। वह जाने क्या कह डालता, पर उसने अपने आपको रोक लिया। उसकी आँखों में क्रोध और घृणा देखकर वालेंतिना ने अनुमान लगा लिया कि मन-ही-मन वह कह रहा है : 'वाह री लाड़ली! नरम फर के कोट में लिपटी! तुझे अँधेरे से और काम से डर नहीं लगेगा तो और क्या होगा!'

"वालेंतिना अलेक्सेयेवना, तुम बीच में न बोलो!" वासिली ने कह ही दिया।

वालेंतिना की सहानुभूति पाकर मातवेयेविच का हौसला बढ़ गया। वासिली की ओर देखकर उसने कहा :

"तीन किलोमीटर तक लोग खाद को हाथों से ढोयेंगे...अँधेरे में जाकर

जंगलों में लकड़ी काँटेंगे...वासिली, तुम्हारे दिल में इन्सान के लिए जरा भी दर्द नहीं है!"

"ज़रा भी दर्द नहीं है?" वासिली गढ़े पर पड़े तख्ते पर एक कदम और आगे बढ़ गया। तख्ते के नीचे गहराई में पानी की कल-कल आवाज़ आ रही थी। उसके माथे की नसें फूल गईं। "जब फसल की गहवाई आँधी-पानी में खुली जगह होती है और सैकड़ों मन अनाज बर्बाद होता है तब तुम्हें दर्द नहीं होता? जब उस टूटे अस्तबल में घोड़े फरफर आती हवा और सर्दी से ठिठुरने लगते हैं, तब तुम्हें दर्द नहीं होता? कैसा दर्द चाहते हो मेरे दिल से? प्यार-दुलार चाहिए, तो मलानिया से बातें कर लो! मेरा हुक्म ही मेरा दर्द है। मेरा हुक्म है कि इमारती लकड़ी, दूसरा इमारती सामान, और खाद—ठीक जगह पहुँच जाएँ। बस, यही मेरा दर्द है!"

वासिली ने गढ़े के उस पार जाकर गुस्से में दरवाज़ा खोल दिया। स्लावका की बेसुरी बाँसुरी की धुन भीतर आने लगी :

रहम कर मुझ पर...

ठण्डी ताज़ी हवा में आकर वासिली ने दो-तीन गहरे साँस खींचे और अपनी टोपी को सिर पर ठीक से जमा लिया।

"मातवेयेविच, प्रधान ने जो हुक्म दिया है, वह पूरा होना चाहिए। लकड़ी-बकड़ी की बात नहीं। बात है उसूल की! चलो, मैं तुम्हारे साथ चलता हूँ। हम लोगों को अनुशासन और हुक्म पूरा करना सीखना चाहिए।"

घूमकर वासिली ने वालेंतिना को सम्बोधित किया :

"वालेंतिना अलेक्सेयेवना, तुम और झगड़े छोड़कर यहाँ बैठकर 'कूकी' बजाओ!"

मातवेयेविच वासिली के पीछे-पीछे चला। स्लावका के पास आते ही उसने उसे डाँटा :

"खुदा के वास्ते यह टीं-टीं बन्द कर!..."

इन लोगों के चले जाने के बाद बिजली घर में सन्नाटा छा गया।

अल्योशा सन्ध्या समय फ़ार्म के दफ्तर में नवयुवकों को कृषि-विज्ञान की शिक्षा देने के लिए एक स्कूल चलाता था। शाम को वालेंतिना भी वहाँ गई।

खेतों का चक्कर लगाते समय वालेंतिना सोच रही थी कि पूरे गाँव की धरती को कैसे सँभालूँ, अपने गाँव के खेतों और चरागाहों की सच्ची स्वामिनी कैसे बनूँ! एक बात साफ थी। अकेले अपने से यह नहीं हो सकता था। धरती के इस विस्तार को वश में करने के लिए अपनी सेना के बीच से ही एक 'प्रेरक-यन्त्र' की आवश्यकता होगी, जो ज़मीन पर पूरे वेग से हमला कर सके। सामूहिक खेत के नौजवानों को कृषि-विज्ञान का अध्ययन करते देख उसे बहुत आशा बँधी।

उसने घर पर अल्योशा को आगे की आवश्यक बातें बता दी थीं। खेतों की मिट्टी की अम्ल परीक्षण विधि भी उसे समझा दी थी।

अल्योशा को रासायनिक पदार्थों और प्रयोग के यंत्रों से काम करना मनोरंजक खेल-सा मालूम होता था। उसकी प्रसन्नता देखकर वालेंतिना को बहुत अच्छा लगता।

वालेंतिना को गाँव सोवियत में देर हो गई थी। जब वह फ़ार्म के दफ्तर पहुँची तो अल्योशा पाठ समाप्त कर रहा था।

वालेंतिना की नज़र दफ्तर के कमरे के बीचोंबीच लम्बी मेज़ पर पहुँची, जिस पर लाल कपड़ा बिछा हुआ था। कमरे में फर्नीचर ज्यादा नहीं था, तो भी बैठे हुए लोगों के चेहरों पर सन्तोष जान पड़ रहा था। फ्रोस्का, तातिआना–सुन्दरी क्सेन्या वोल्शाकोवा, लेना, यासनेव और लुबावा–सभी अल्योशा को घेरे, बिलकुल घरेलू ढंग से बैठे उसकी बातें सुन रहे थे।

'यह है मेरी भविष्य की 'सेना'।' वालेंतिना ने सोचा। 'सेना तो मौजूद ही है। अब इसकी सहायता करना, इसे और बढ़ाना, मेरा काम है।'

वालेंतिना को भीतर आते देख सब लोगों के चेहरों पर मुस्कान छा गई। लेना ने एक ओर को थोड़ा सरक कर उसे अपने पास बैठने की जगह दे दी। अल्योशा बहन को देखकर जरा झेंप गया। पल-भर को उसका चेहरा लाल हो गया। पर उसने अपने को सँभाल लिया और पहले की ही तरह बोलता गया। उसे बड़े ही स्पष्ट और अच्छे ढंग से बोलते देखकर वालेंतिना चकित रह गई।

अल्योशा बोलता गया :

"मिट्टी का यह नया नमूना बकरी की टेकरी के खेत का है। और यह ढलवान के खेत का है। अब हमें जानना यह है कि इन खेतों में गेहूँ की फसल कैसी हुई थी।"

"ढलवान पर तो फसल अच्छी हुई थी। पर, जहाँ तक मेरा ख़याल है, बकरी की टेकरी पर तो फसल तैयार हुई ही नहीं।" यासनेव बोला।

"ठीक है।" अल्योशा ने कहा। "अब इस अन्तर का कारण समझना चाहिए। कारण का पता तब चलेगा जब देखा जाए कि इन दोनों खेतों की मिट्टी में कितना-कितना अम्ल मौजूद है? एलेना स्तेपनोवना, जरा यहाँ आओगी?"

लेना अपनी जगह से उठ कर मिट्टी में अम्ल की जाँच करने में अल्योशा की सहायता करने लगी। लेना वालेंतिना की ओर सिर घुमा कर मुस्कराई मानो कह रही हो : "ठीक कर रहे हैं न हम लोग!"

वालेंतिना चुपचाप भाई का काम देख रही थी। अल्योशा जाँच करने वाली काँच की नलियों और दूसरे यन्त्रों का इस तरह प्रयोग कर रहा था जैसे रसायनशाला में काफी दिन काम कर चुका हो।

'कौन कहेगा कि इसने कल ही पहले-पहल काँच की नलियों को पकड़ना सीखा है!' वालेंतिना मन ही मन कह रही थी।

अल्योशा एक हाथ में परीक्षण-नली थामे था और दूसरे हाथ से एक बारीक नली से रासायनिक द्रव बूँद-बूँद कर उस नली में टपकाता जा रहा था। बूँदें बड़ी-बड़ी थीं और ढंग से पड़ रही थीं और परीक्षण-नली में भरे द्रव का रंग बदलता जा रहा था। धीरे-धीरे द्रव का रंग गुलाबी हो गया। अल्योशा का चेहरा भी खुशी से सुर्ख हो उठा। अपने प्रथम स्वतन्त्र परीक्षण की सफलता के बारे में उसके मन में तरह-तरह की शंकाएँ थीं। परीक्षण का परिणाम जब 'अक्षरशः' ठीक निकला तो उसका चेहरा सफलता के विस्मय और उत्साह से खिल उठा।

अल्योशा ने कहा, "अब यह बात स्पष्ट हो गई कि हमारे खेतों की मिट्‌टी में अम्ल ज्यादा है। बकरी की टेकरी वाले खेत की मिट्‌टी में अम्ल ढालू खेत की मिट्‌टी से ज्यादा है।"

यासनेव फिर बोल उठा, "यही तो मैंने कहा था! बकरी की टेकरी पर गेहूँ कभी पनप ही नहीं पाता!"

"वहाँ पनप ही नहीं सकता!" लुबावा ने भी समर्थन किया।

"तरकारी वाले खेतों की मिट्‌टी कैसी है?" तातिआना ने पूछा।

उन लोगों की आँखों के सामने ही मिट्‌टी की परीक्षा से उन लोगों का उत्साह और भी बढ़ गया। साथ ही, उन्होंने जो कुछ अभी सुना था उसका चित्रमय विवरण भी उनके सामने उपस्थित हो गया था।

"तरकारी के खेत से थोड़ी मिट्‌टी ले आओ। हम सब मिलकर यहाँ उसकी परीक्षा करेंगे और फिर उसे जिले की प्रयोगशाला में भेजकर पता लगाएँगे कि हमारी बात ठीक है या नहीं।"

वालेंतिना ने सोचा : 'ये लोग खुद ही खेतों में जाकर वहाँ की मिट्‌टी की जाँच करेंगे। मुझे खेत-खेत घूमने और बरफ़ के अन्धड़ में मारे-मारे फिरने की ज़रूरत नहीं रहेगी; लिख-लिखकर हुक्म देने की ज़रूरत भी नहीं रहेगी! ये लोग खुद ही बड़े चाव और शौक से काम करेंगे। बस, ज़रा अक्ल से काम लेने की ज़रूरत है। अल्योशा को थोड़ा और सिखा देने और परीक्षण यन्त्र मँगवा देने से काम बन जाएगा।"

"तो फिर किया क्या जाए?" लुबावा ने पूछा। "जिन खेतों की मिट्टी ठीक नहीं है, वहाँ गेहूँ बोना बन्द कर दें?"

अल्योशा उसकी तरफ घूमकर बोला, "नहीं, हमें गेहूँ बोना बन्द नहीं करना चाहिए। हमें खेत की मिट्टी को ठीक करना चाहिए। मिट्टी में अम्ल कम करने का एक बहुत सरल उपाय है। यह उपाय है, चूना डालना! हमारे यहाँ खड्ड में चूने के ढेरों पत्थर पड़े हैं। इस हफ्ते उन्हें खेतों में ढो लाना चाहिए।"

वालेंतिना हैरान थी। अल्योशा इतना कुछ इतनी जल्दी समझ सकता है, इसकी उसने कल्पना भी नहीं की थी। उसके व्यक्तित्व के नए-नए पहलू उसे दिखाई दे रहे थे। अल्योशा जिस तरह अधिकार से बातें कर रहा था उससे जान पड़ता था कि उसमें नेता बनने, लोगों से काम ले सकने की क्षमता है। परीक्षण में सफल हो जाने से उसका आत्म-विश्वास और भी बढ़ गया था। उसकी वाणी में और भी प्रवाह आ गया था; उसके स्वर में और भी दृढ़ता आ गई थी।

"अब यह हिसाब लगाना चाहिए कि इन खेतों की मिट्टी में कितना चूना मिलाना ज़रूरी है। हमें पता लगाना चाहिए कि चूने के कितने पत्थर टेकरी वाले खेत के हर हेक्टर के लिए चाहिए।...क्सेन्या, तुम बोर्ड पर लिखो! साथियो, कागज़ पेंसिल ले लो!"

'यह सब इसने कहाँ से सीख लिया? कमाल कर रहा है!' प्यार से वालेंतिना सोच रही थी। 'यह तो ऐसे पढ़ा रहा है जैसे विश्वविद्यालय का प्रोफ़ेसर हो! कमाल हासिल है इसे तो!'

दरवाज़ा खुला और एक लंबा-सा नौज़वान—बहुत भूरे बाल, काली भौंहें और खूब सफेद चेहरा—भीतर आ गया। आकर वह वालेंतिना के पास ही बैठ गया। अपनी काली-काली आँखें वालेंतिना के चेहरे पर गढ़ाकर वह ज़रा मुस्कराया और फिर उसकी ओर झुककर बोला :

"आपका ही नाम वालेंतिना अलेक्सेयेवना स्त्रेल्तसोवा है? आप ही कृषि-विशेषज्ञ हैं?"

उसकी मुस्कराहट और निगाहें वालेंतिना को कुछ अजीब, चुभती सी, लगीं। वह सिमट गई और सोचने लगी : 'कौन है यह? बड़ा गुस्ताख मालूम होता है! इसके मुँह से वोद्का की गन्ध आ रही है। क्या यही पेत्रो बोर्तनिकोव है? कितना लम्बा हो गया है!'

अब वह लड़का घूमकर तातिआना से बातें करने लगा था :

"तान्या, ये नीले बुन्दे तुम्हें किसने दिए हैं?"

अल्योशा ने उसे टोका :

"पेत्रो! यह क्या हो रहा है?"

उसकी आवाज़ गम्भीर और अधिकार पूर्ण थी। वालेंतिना को और भी विस्मय हुआ, जब उसने देखा कि पेत्रो एकदम सीधा होकर बैठ गया है और विनय से मुस्करा कर कह रहा है :

"मुझसे कह रहे हो अल्योशा? मैंने तो कुछ नहीं किया!"

"कुछ नहीं कर रहे हो तो चुपचाप बैठकर सुनो, वर्ना बाहर चले जाओ!"

पढ़ाई जारी रही। अल्योशा से बहुत से सवाल पूछे गए। वह बड़ी शान्ति से और बड़े आत्म-विश्वास से सबका ठीक-ठीक उत्तर दे रहा था।

पाठ समाप्त हो जाने के बाद सबने अल्योशा को घेर लिया। लुबावा वालेंतिना के पास आई।

"मैं इधर से जा रही थी। सोचा, देखूँ क्या हो रहा है।" अपनी उपस्थिति का कारण बताते हुए वह बोली। "देखकर अच्छा लगा। पहले, फ़ार्म के सभी लोग ऐसे लेक्चर सुनने आया करते थे। उन दिनों की याद आ जाती है।"

लुबावा सामने शून्य में टकटकी लगाए थी। उसके सूखे-से होठों पर हल्की सी मुस्कराहट आ गई। कृषि-विज्ञान के अध्ययन के इस दृश्य से उसकी पुरानी स्मृति जाग उठी थी।

"मैं और पाशा इकट्ठे आया करते थे।" वह धीरे से बोली। "...एक साथ ही बैठते थे...वह सारा पैसा कृषि की पुस्तकें खरीदने में खर्च कर देता था।...बड़ा शौक था उसे। वह जब भी शहर जाता था, खूब सारी किताबें लाता था...।" लुबावा ने ऐसे सिर हिलाया जैसे स्वप्न से जाग उठी हो!

"अच्छा, अल्योशा...! नहीं, अलेक्सी अलेक्सेयेविच! बहुत अच्छी तरह समझाया तुमने! आज के पाठ के लिए धन्यवाद!"

सब लोग अपने-अपने घर चलने लगे।

अल्योशा काली आँखों वाले लड़के के पास आया।

"देख पेत्रो, तू आज फिर यहाँ लाल-केन्द्र में पीकर आया है!"

"भाई अल्योशा, आज दूसरी बात थी! सच, मेरे भाई! प्रधान जी महराज ने हम लोगों को लकड़ी ढोने के लिए रात में जंगल में भेज दिया। जरा गर्मी के लिए थोड़ी सी पी ली! अब इसमें क्या बुराई हुई? अहा...जंगल में बड़ा मजा आया!" बड़े उत्साह से वह बताता गया। "एक लोमड़ी मेरी टाँगों में आ घुसी। क्या बताऊँ, बन्दूक नहीं थी...नहीं तो और भी आनन्द आ जाता!"

"ले आए लकड़ी?"

"हाँ! टीले पर ढेर लगा दिया है! वहीं, जहाँ नया खलिहान बनेगा!"

इन लोगों की बातें सुनती हुई वालेंतिना सोच रही थी, आखिर ये लोग ले ही आए लकड़ी। उसे बुरा लगा कि मातवेयेविच और वासिली के बीच वह ख़ामख़ा बोल उठी थी। वासिली ने अपनी बात पूरी कर ही ली!

"खैर, जो भी 'बात' हो!" अल्योशा बोला। "लेकिन तुम जब भी पियो, तुम्हें घर पर ही रहना चाहिए। पीकर यहाँ गाँव के क्लब में आने का क्या मतलब?"

"क्यों, तुम्हारा क्या बिगड़ता है?"

"तुम क्या समझते हो?"

"मैं कुछ नहीं समझता! यहाँ एक समझदार तुम हो तो! इस गाँव के लिए एक ही समझदार काफी है।" प्योत्र ज़ोर से हँस पड़ा और अल्योशा की ओर लपक

कर उसके गले में बाँहें डालने लगा, जैसे बड़ा प्यार उमड़ आया हो। "यार अल्योशा, मैं तुझे बहुत प्यार करता हूँ। खुदा की क़सम इतना प्यार करता हूँ कि कोई किसी लड़की को भी क्या करेगा। तेरी क़सम! यार तू बड़ा गजब का आदमी है। तेरे सब काम पंचवर्षीय योजना की तरह सौ बरस पहले ठीक हो जाते हैं। हम सब छोटी उम्र के लोगों को समझने-समझाने की क्या ज़रूरत है? बूढ़ों को सिर मारने दो! अपना गुज़ारा ऐसे ही चल सकता है!"

"तुम्हारा मतलब है कि बस खाओ-पियो और मनमानी मौज करो। यह तुमने बड़ी नई बात कही! क्यों! ऐसी बातें लोग पहले भी बका करते थे। गाँव के बड़े-बूढ़ों से पूछो—गाँव का भठियारा भी ये ही बातें सिखाता था।"

दीवार-समाचार पत्र के काम के लिए कुछ लड़कियों को वहीं छोड़कर अल्योशा, वालेंतिना और लेना के साथ वहाँ से चल दिया।

बाहर अँधेरा था। लेना और वालेंतिना ठोकर खाकर या फिसलकर गिर न पड़ें इसलिए अल्योशा ने उनकी बाँहों में बाँहें डाल लीं। लेना वालेंतिना से कह रही थी :

"हमारे कौमसोमोल के लोग बड़े काम करने वाले हैं।"

"ठीक कह रही है तू। अल्योशा, मैं तो तुझे देखकर हैरान रह गई। तू ने तो बहुत ही अच्छी तरह पढ़ाया है। इससे अच्छा तो मैं भी नहीं पढ़ा सकती थी। तू तो बिलकुल आचार्य बन गया है, आचार्य!"

"हाँ, सचमुच!" लेना ने समर्थन किया, मानो उसे अल्योशा की योग्यता का गर्व उसकी बहिन से भी अधिक है।

उसे बड़ी खुशी हो रही थी।

'निश्चय ही अल्योशा वैज्ञानिक बनेगा।' वह मन-ही-मन सोच रही थी। 'कई प्रसिद्ध वैज्ञानिकों ने अपने जीवन का आरम्भ कृषि-पाठशालाओं और गाँव के नवयुवकों के लिए चालू स्कूलों से ही किया था। हम लोग साथ-साथ पढ़ेंगे। वह मुझसे छोटा है, पढ़ा-लिखा भी कम है, लेकिन इससे क्या? मैंने जितने लड़के अभी तक देखे हैं, उनमें यही सबसे ज्यादा भाया है। असली दोस्ती उन लोगों में क्या होगी, जो सफलता प्राप्त कर चुके हैं और नाम कमा चुके हैं? असली दोस्ती तो यहाँ शुरू होती है, कृषि-पाठशाला में! एक मेज़ पर काम करने में! एक झोंपड़ी में रहने में! ऐसी दोस्ती उम्र भर की दोस्ती होती है, वह कभी भूलती नहीं; कभी टूटती नहीं! हम लोग चाहे प्रोफेसर हो जाएँ, चाहे बड़े-बड़े वैज्ञानिक...इन दिनों को नहीं भूल सकते!...ज्यों-ज्यों हम बड़े होते जाएँगे, ज्यों-ज्यों और सफलताएँ प्राप्त करेंगे...त्यों-त्यों इन दिनों की याद और भी मीठी होती जाएगी!...'

वालेंतिना दिन-भर के काम से थकी हुई थी। वह जल्दी ही सोने चल दी।

वह तन्दूर के चबूतरे पर लगे बिस्तर पर लेट गई। लेटी-लेटी वह उन दृश्यों

को देख रही थी जो उसके हृदय को इतने प्रिय हो गए थे। दादी वासिलिसा बैठी कात रही थी। लेना और अल्योशा मेज़ पर अपने सामने अपनी-अपनी पुस्तकें फैलाए पढ़ने में लगे हुए थे। नींद आने से पहले अपनी आदत के मुताबिक वालेंतिना बिस्तर में लेटी दिन-भर की बातों को दिमाग़ में दोहरा रही थी।

'आज काफी काम हो गया,' उसने मन-ही-मन सोचा, 'काफी अच्छा रहा। धरती के हिसाब के कई खाते देख डाले। दो सामूहिक खेतों के बीज और औज़ारों को भी देख लिया। खेतों की हालत भी समझ ली है। लेकिन सबसे बड़ी बात यह हुई कि कृषि विज्ञान की पाठशाला को देखा। अच्छा हुआ कि अल्योशा को थोड़ा बहुत पाठ समझा दिया था। यह भी अच्छा ही हुआ कि रासायनिक चीज़ें और परीक्षण का सामान साथ लेती आई। आज का दिन काफी अच्छा रहा। हाँ, ख़ामखा ही वासिली और मातवेयेविच के झगड़े में बोल पड़ी। मुझे बोलने की क्या ज़रूरत थी?'

'तुम बैठ कर 'कूकी' बजाओ...!' वासिली की यह बात उसे भूलती ही नहीं थी। 'वासिली की जगह आन्द्रेई होता तो ऐसी बात कभी न कहता। वह भौंहें चढ़ा कर मेरी ओर ऐसे देखता कि बस...। यहाँ उसने मुझे सिर्फ कृषि-विशेषज्ञ की ही तरह नहीं, बल्कि कम्युनिस्ट की तरह काम करने के लिए भेजा है। कृषि-विशेषज्ञ का काम तो मैंने ठीक शुरू कर दिया है। पर पार्टी मेम्बर का काम तो अभी शुरू ही नहीं किया। जो किया भी उसमें भयानक ग़लती की। मुझे उस मामले में बोलने की क्या ज़रूरत थी? हाँ, मुझे यह मानना पड़ेगा कि शुरू में ही भूल हुई। दूसरा क़दम मैंने यह उठाया है कि अपनी भूल को मैं समझ गई हूँ...। अब, तीसरा क़दम क्या होगा?...'

7. अनमोल शब्द

वासिली फ़ार्म की पहली पार्टी मीटिंग में जा रहा था तो उसके मन में सन्तोष भी था और निराशा भी।

उसे सन्तोष इस बात का था कि पहली मई फ़ार्म में पार्टी संगठन की स्थापना हो गई है। पर, उसे इस बात से निराशा हो रही थी कि आन्द्रेई ने अनुभवी कम्युनिस्ट न भेज कर बुयानोव और वालेंतिना जैसों को भेज दिया है, जो नौजवान थे और बहुत भरोसे के लायक नहीं थे।

वासिली को वालेंतिना के बचपन की याद आ रही थी। सब लोग उसे वाल्या कहते थे। वह पगली-सी छोकरी थी। उसकी आँखें बड़ी और चमकदार

थीं—बहुत ही भोली, सदा हँसती आँखें! आँखों की राह से मन तक देख लो! छड़ी लिए हुए वह खड्ड में बत्तखों को चराती फिरती थी। लड़की अच्छी थी, समझदार और कामक़ाजी थी। पर, स्वभाव की ज़रा तेज़ और चुलबुली थी। हमेशा बच्चों पर अपना रौब बनाए रखती थी। खेत में फसल काटने के समय वह उतनी ही तत्परता से काम करती थी जितनी तत्परता से कोई बड़ा आदमी करता। वह फ़ार्म में सबकी दुलारी थी। सामूहिक खेत में जब कोई दौड़-भाग का काम हो, किसी मीटिंग के लिए किसानों को बुलाना हो, या खेत से टीम-लीडर को बुलाना हो, तो वाल्या की ही पुकार होती थी। वह हमेशा फुदकती नज़र आती थी। बत्तखें चराने वाली वाल्या की याद कर वासिली को अच्छा ही लग रहा था। पर, यह सोचकर उसे दुःख सा हो रहा था कि वह छोटी-सी अल्हड़ छोकरी, अब फर का कोट पहन कर चिकनी-चुपड़ी लेडी बन गई है और उसी ने बिजलीघर में उसके और मातवेयेविच के झगड़े में बेमौक़े अपनी टाँग अड़ा दी थी।

बुयानोव को फ़ार्म में आए कितने ही दिन हो चुके थे। पर, अभी तक उसकी कोई करामात देखने को नहीं मिली थी। बुयानोव और उसकी नई-नवेली पत्नी दिन-भर बिजलीघर में खुट्ट-खुट्ट करते रहते। रात में दोनों फ़ार्म की बुढ़िया तान्या के यहाँ, जिसके मकान में इन लोगों ने किराये पर जगह ली थी, तन्दूर के पास बैठे खुसुर-फुसुर किया करते और सूरजमुखी के बीज छील-छील कर खाते रहते थे। आखिर तान्या की लड़की फ्रोस्या झल्ला उठती :

"अरे बाबा, अब यह प्रेमालाप बन्द करो! ख़ामख़ा खार दे रहे हो मुझे! चलो, खाना खाओ!"

ये नव-दम्पति दिन-भर घर में घुसे रहते। लोग इनके तौर-तरीक़ों और घर में बैठे रहने की आदत को देखकर मज़ाक में इन्हें 'घर-घुस्सू' आशिक कहने लगे।

"तुमने ग़लती की है, पेत्रोविच!" वासिली मन-ही-मन आन्द्रेई पर बिगड़ रहा था। "ऐसे ही कम्युनिस्ट हमारे पिछड़े हुए फ़ार्म को उबारेंगे? 'घर-घुस्सू' 'नव-दम्पति' और 'बाँसुरी बजाने लायक छोकरी' वाल्या! इन्हीं लोगों के साथ पार्टी के कामकाज की बातें की जाएँ? अहा,...अलेक्सी लुकिच, अलेक्सी लुकिच! आज तुम्हारी बड़ी ज़रूरत महसूस हो रही है!"

पार्टी मीटिंग में जाने से पहले वासिली ने हज़ामत बनाई। सेना में पाए सभी तमगे उसने अपने कोट पर लगाए। फ़ार्म में वही सबसे आगे बढ़ा हुआ और सबसे अनुभवी आदमी था। इसलिए, उसका उत्तरदायित्व भी सबसे ज्यादा था। फ़ार्म और पार्टी का काम, दोनों के लिए वही ज़िम्मेदार था। काम और उत्तरदायित्व बँटाने वाला कोई दूसरा नहीं था। सारा बोझ उसी के कंधों पर था। इसलिए, पहली पार्टी मीटिंग में वह उचित ढंग से तैयार होकर गया, जैसे कोई सेनापति अपनी सेना के सामने जाए।

वासिली खूब सज-धज कर और चुस्त होकर मीटिंग के लिए निकला। लेकिन, उसका मन बुझा-बुझा-सा था। गली में अँधेरा था; खूब घना कोहरा था। चेहरे पर हवा तीर की तरह चुभ रही थी। उसकी मूँछें और भौंहें जम कर सफेद सी हो गईं। गली की बत्तियाँ नहीं जल रही थीं। मकानों की खिड़कियों से लालटेनों की रोशनी दिखाई दे रही थी। अँधेरे के कारण गली अपरिचित मालूम हो रही थी।

'गलियों में रोशनी भी नहीं है!' वासिली सोच रहा था। 'बुयानोव बातें तो चतुर इंजीनियरों की तरह करता है, लेकिन तीन दिन से बिजली ग़ायब है। वह कहता है कि मशीनों की देखभाल ठीक से नहीं की गई, मरम्मत की ज़रूरत है!...शायद ठीक कहता हो, कौन जाने! पर नए, बिना परखे आदमी का भरोसा भी तो ज्यादा नहीं किया जा सकता!...कैसा अँधेरा है, जैसे धुआँ बरस रहा हो!''

वासिली पाँव से टटोल-टटोलकर फ़ार्म के दफ्तर की सीढ़ियों पर चढ़ा। आगे बढ़कर उसने कमरे का दरवाजा खोला, फिर वहीं ठिठक गया। कमरे की सजावट देख कर वह चकित रह गया। मेज़ पर बिछे लाल कपड़े और पुस्तकों से सजी अलमारी ने कमरे की रंगत ही बदल दी थी।

''मैंने कमरे को ज़रा ठीक-ठाक कर दिया है, वासिली कुज़्मिच!'' वालेंतिना बोली।

वालेंतिना खुद भी कुछ बदली-बदली सी लग रही थी। हल्के सिलेटी रंग का बहुत अच्छा सिला हुआ कोट और छोटा लहंगा पहने वह गम्भीर और खूब चुस्त दीख रही थी। सिलेटी कोट पर रंगीन फीतों से लटके तमगे खूब खिल रहे थे। वासिली का ध्यान पहली बार उसकी भौंहों की ओर गया। उसकी भौंहें महीन और नोकीली थीं। नाक पर मिलती हुई दोनों भौंहें कनपटी के पास ऊपर को उठ गई थीं। इससे उसके चेहरे पर तेज़ी और दृढ़ता की छाप आ गई थी।

कैसा रूप बदल लेती है यह लड़की! वासिली सोच रहा था। आज चौथी बार देख रहा हूँ इसे! हर बार नयी! इसका असली रूप कौन सा है? बत्तखों के पीछे भागने वाली पगली वाल्या का? बाँसुरी बजानेवाली छोकरी का? या, गम्भीर दृढ़-निश्चय महिला का? इन औरतों को समझ पाना बड़ा मुश्किल है!

वालेंतिना के पास ही बुयानोव सैनिक अफसर की वर्दी पहने बैठा था। उसके सीने पर भी तमगे लटके हुए थे। वासिली ने सोचा : ये लोग भी अपने आपको फ़ार्म के काम में महत्वपूर्ण और ज़िम्मेदार आदमी समझते हैं। इसीलिए पहली पार्टी मीटिंग के मौक़े पर पूरे सज-धज कर आए हैं।'

तीनों में एक ही भावना, एक ही ढंग से काम कर रही थी। तीनों ही ऐसे तैयार होकर आए थे, जैसे कोई उत्सव हो। तीनों में ही भीतरी और बाहरी चुस्ती थी। तीनों में से हरेक अपने पिछले जीवन के लिए गर्व अनुभव कर रहा था। तीनों

में ही एक-दूसरे के प्रति एक नया आकर्षण उत्पन्न हो गया था।

वासिली ने सुव्यवस्थित किए गए अपने कमरे की ओर देखा, फिर वालेंतिना और बुयानोव की ओर! दोनों नौजवान, हँसमुख और आत्मविश्वासपूर्ण थे। मन ही मन मुसकराकर वासिली ने सोचा :

किससे कम हैं ये लोग? सच पूछो तो ऐसे ही लोग चाहिए थे...!

वालेंतिना और बुयानोव भी यही सोच रहे थे। बुयानोव को अपने काम से प्यार था। वह उसे बहुत महत्त्वपूर्ण समझता था। इसीलिए, वह अपने व्यक्तित्व को भी अत्यधिक सम्माननीय समझता था। उसका विश्वास था कि समाज का भविष्य रेडियो और बिजली पर निर्भर है। उसकी निगाह में इनसे बढ़कर कोई चीज़ थी तो केवल आणविक शक्ति! विज्ञान और इंजीनियरिंग की शेष बातों को वह एक नौजवान और उत्साही पुरुष की तरह तिरस्कार की भावना से देखता था। गाँव में वह अपने आपको वैज्ञानिक संसार का एकमात्र प्रतिनिधि समझता था। उसे असन्तोष इस बात का था कि भाग्य ने उसे अपनी सामर्थ्य और योग्यता को चरितार्थ करने का 'उचित क्षेत्र' नहीं दिया! युद्ध से पहले उसने एक विशाल जल-विद्युत स्टेशन के निर्माण के काम का अध्ययन किया था और उसके निर्माण में भाग लिया था। युद्ध के काल में वह एक बड़े पार्टी संगठन का सदस्य था। इन बड़े कामों की तुलना में फ़ार्म का पार्टी-संगठन—वह भी, जिसमें कुल तीन कम्युनिस्ट थे—उसे बहुत छोटा और कमज़ोर लगता था। मीटिंग में आते समय वह सोच रहा था कि उन तीनों में सबसे अनुभवी और शिक्षित व्यक्ति वही होगा।

मीटिंग के कार्यक्रम की पहली बात—मंत्री का चुनाव—तुरन्त ही, सर्वसम्मति से, निश्चित हो गई। वालेंतिना को मंत्री नियत कर दिया गया।

दूसरी बात—फ़ार्म के श्रमिकों के संगठन—पर भी अच्छी तरह विचार किया गया।

"मेरा खयाल है," वासिली ने कहा, "अब सब बातें बिना किसी दफ्तरी ढोंग के तय हो गयी हैं।"

वालेंतिना उठ खड़ी हुई।

"नहीं, सब बातें नहीं तय हुईं। मुझे कुछ कहना है, साथियो!"

उसकी दृढ़, ऊपर खिंची भौंहें और भी तन गईं जिससे उसके मुख पर दृढ़ता और आत्म-विश्वास की भावना और भी स्पष्ट हो गई।

"कहो, वालेंतिना अलेक्सेयेवना! क्या कहना चाहती हो?"

"मुझे कहना तो हरेक के बारे में है। लेकिन, साथी वासिली! तुम्हारे बारे में खास तौर से!"

"मेरे बारे में? अच्छा! कहो, कहो!"

वालेंतिना ने पल भर रुक कर, धीरे-धीरे, सोच-सोचकर, बोलना शुरू किया।

वासिली को लग रहा था, जैसे वह उसे चुनौती दे रही हो।

"जब से मैं यहाँ आई हूँ, तभी से यह बात मेरे दिमाग में घूम रही है।...मैं शायद अपनी बात ठीक ढंग से व्यक्त न सकूँ, पर मैं जानती हूँ कि वह सही है। पर, आप लोगों के सामने जैसे भी कह सकूँगी, जैसे भी मैं सोचती हूँ, कह दूँगी, और आप लोग मेरी बात समझ लेंगे।"

वालेंतिना फिर रुक गई। बुयानोव और वासिली उसकी ओर बड़े कौतूहल से देख रहे थे।

उसने फिर बोलना शुरू किया :

"...हम लोगों ने फ़ार्म में काम करने वाले सभी दलों के काम समाप्त करने की तारीखें आदि निश्चित कर दी हैं। कल या परसों हम अपना प्रस्ताव बहस के लिए आम सभा में भी पेश कर देंगे। यहाँ तक तो सब ठीक है। पर मैं सोचती रह जाती हूँ कि आखिर इस प्रस्ताव के मुताबिक काम पूरा होगा कैसे! मैं अस्तबल की हालत जानती हूँ...मैं जानती हूँ कि गाड़ियाँ लेने के लिए लोग एक-एक करके आते हैं और गाड़ियों के लिए उन्हें घण्टों उस गन्दगी में हाथ पर हाथ धरे बैठे रहना पड़ता है...इस हालत की कल्पना करके ही मैं परेशान हो उठती हूँ।"

"तो हम में से एक आदमी सवेरे ही अस्तबल पहुँच जाया करे। वह लोगों को वहाँ बैठने न दे—फ़ौरन ही काम पर खदेड़ दे।" भौंहें सिकोड़ कर वासिली बोला।

"यही! यही तो! 'खदेड़ दे'! यही बात तो कहना चाहती हूँ, वासिली कुज़मिच। तुम बहुत मेहनत करते हो, जी लगाकर काम करते हो, तुमने बहुत काम किया है, लेकिन तुम इससे कहीं ज्यादा काम कर सकते थे! आखिर इसकी वजह क्या है कि जितना तुम कर सकते थे, उतना नहीं कर पाए। इसकी वजह एक ही है, और वह यह है कि अपने काम में तुम उत्साह नहीं भर पाते? जो लोग तुम्हारे साथ काम करते हैं वे खुशी-खुशी नहीं करते! लकड़ी ढोने वाली घटना की ही मिसाल ले लो। तुमने इमारतें बनाने की योजना बनाई। ठीक किया! लेकिन, इसे पूरा करने के लिए तुम लोगों को संगठित नहीं कर पाए। फ़ार्म की सभा में तुमने जिस तरह बहस चलाई थी, वह मैंने सुन रखा है। बुज़िकिन ने जब तुम्हारा विरोध किया तो तुमने उसे निकाल बाहर किया। तुमने कहा, वह पीकर आया है! पीकर तो वह आया ही था! लेकिन तुमने उसे निकाला तब जब उसने तुम्हारा विरोध किया! तुमने मातवेयेविच को 'पुरानपंथी' करार दे दिया और यासनेव से कहा कि 'तुम्हारा दिमाग़ ठिकाने नहीं है'!"

वालेंतिना की बातों से वासिली का पारा चढ़ता जा रहा था। उसे इस बात की परवाह नहीं थी कि वालेंतिना की बातें ठीक हैं या नहीं। उसे लग रहा था कि वह उसकी बड़ी मेहनत से बनाई और लड़-झगड़ कर फ़ार्म सभा में पास कराई,

अत्यन्त प्रिय, इमारती योजना पर 'हमला' कर रही है।

"क्या यह तरीक़ा ठीक था, वासिली कुज़्मिच!" वालेंतिना ने पूछा। "क्या पार्टी सदस्य को ऐसा ही व्यवहार करना चाहिए।"

"तो फिर क्या करना चाहिए? क्या मैं जान सकता हूँ?" वासिली भड़क उठा। "हिमायत दिखाते हुए दखल देना—क्या यही उचित व्यवहार है? फ़ार्म के प्रधान के मामले में दख़लन्दाजी करना, उसके सम्मान की जड़ काटना—क्या तुम्हारे विचार से यही उचित पार्टी व्यवहार है?"

"नहीं! यह उचित नहीं है!" वालेंतिना ने वासिली की ओर देखते हुए दृढ़ता से कहा। "बिजली घर में मुझसे गलती हुई थी, मेरा व्यवहार पार्टी के सदस्य के लिए उचित व्यवहार नहीं था। मैंने तभी समझ लिया था कि मुझसे भूल हुई है। पर मैं कुछ कर नहीं सकी।"

वासिली को क्या मालूम था कि वालेंतिना अपनी भूल को इस तरह साफ-साफ स्वीकार कर लेगी। उसे सूझ ही नहीं रहा था कि अब वह क्या कहे?

स्वभाव से ही अक्खड़ होने के कारण दूसरों के सामने तो क्या वासिली अपने मन में भी भूल मानने को तैयार नहीं होता था। जिस सादगी और स्पष्टता से वालेंतिना ने अपनी ग़लती स्वीकार की थी उसे देखकर वासिली निरस्त्र हो गया। अब बातचीत का ढंग ही बदल गया था। वालेंतिना ने गलती भी इस ढंग से स्वीकार की थी कि उसे हार मान जाना नहीं कहा जा सकता था। उल्टे, अपनी ग़लती मानने में संकोच न करने से वासिली पर उसी की जीत हुई थी।

"खैर!...तो मान ली तुमने अपनी ग़लती !" वासिली और कुछ न कह सका।

"मेरा व्यवहार बिल्कुल ग़लत था। पर, इसका यह मतलब नहीं है कि तुम्हारा व्यवहार बिल्कुल ठीक था!" वालेंतिना दृढ़ता से कहती गई : "सबसे बड़ी बात तो यह है कि तुम्हारे काम करने के ढंग में प्रसन्नता और उत्साह नहीं रहता, वह बिलकुल नीरस होता है।"

"तुम्हारा मतलब है कि फ़ार्म का प्रधान लोगों के सामने भांड़ों की तरह 'ही-ही' करता फिरे?"

"वासिली, ज़रा अलेक्सी लुक़िच की याद करो! क्या वह भांड़ था? याद है, उसके साथ लोग कितनी प्रसन्नता और उत्साह से काम करते थे; उसके साथ रहने में कितने खुश होते थे? तुम अपने बारे में ही याद करो, वासिली! पहले तुम कैसे थे? एक जमाने में तो तुम अब से बिल्कुल भिन्न थे!"

वालेंतिना की भौंहों पर बल पड़ गए। वासिली देख रहा था कि बत्तखों के पीछे-पीछे भागने वाली नन्ही वाल्या इस समय गम्भीर वालेंतिना बनकर काली-काली पुतलियों से उसकी ओर घूर रही है। पर थी यह वही—आश्चर्य-जनक

रूप से परिवर्तनशील! और फिर भी, इस परिवर्तनशीलता के आवरण के नीचे थी एक स्थिर, निश्चल और अत्यन्त विश्वसनीय बालिका जो उसी के गाँव में इतनी बड़ी हुई थी और उन्हीं सब चिन्ताओं की साझीदार थी जिनका साझीदार वासिली था।

वासिली चुप रह गया। वालेंतिना ने वासिली के हाथ पर हाथ रख कर कहा :

"जरा याद करो, पहले तुम कैसे थे? कितने हँसोड़ थे! जो मुँह पर आया कह दिया! कितनी उमंग थी तुम्हारे दिल में! वासिली कुज़्मिच, तुम्हें हम सब 'चाचा वास्या' कहते थे। तुम, इतने बदल कैसे गए ? तुम पहले ही जैसे क्यों नहीं हो जाते? तुम वही क्यों नहीं बन जाते जिसे सारा फ़ार्म प्यार करता था?"

"आदमी हमेशा जवान थोड़े ही बना रहता है!" वासिली ने आँखें चुराकर जवाब दिया।

"मैंने माना...तुमने बहुत झेला है... तुम युद्ध में लड़े...जख्मी हुए। ये सब मामूली बातें नहीं हैं।... पर तुमने अच्छे दिन भी तो देखे हैं!...क्या उन अच्छे दिनों की स्मृति तुम्हें इतनी शक्ति नहीं दे सकती कि कठिनाई के दिनों में भी मुस्कराते रह सको। तुम्हें खुद इस मुस्कराहट की ज़रूरत है! इस मुस्कराहट की उन लोगों को ज़रूरत है जो तुम्हारे साथ काम करते हैं। अपने लिए नहीं तो कम से कम उनके लिए तो मुस्कराओ!"

"अजीब बातें सुन रहा हूँ। पार्टी की मीटिंग में बहस हो रही है प्रधान के मुस्कराने पर! कार्यवाही वाली कापी में नोट कर लो न—प्रस्ताव पास हुआ कि प्रधान दिन-भर में इतने बार मुस्कराएगा!" वासिली ने अपनी उत्तेजना को बनावटी हँसी की आड़ में छिपाते हुए कहा।

"तुम मेरी बात नहीं समझना चाहते, वासिली कुज़्मिच।" वालेंतिना ने भौंहें चढ़ाकर दृढ़ता से कहा। "मैं बहुत ज़रूरी बात कह रही हूँ। आखिर तुम्हारे इस तरह उदास रहने का कारण क्या है? इसका कारण यह है कि तुम्हें लोगों पर भरोसा और विश्वास नहीं रह गया है।"

"यह बकवास है!"

"हूँ! तुम्हारे विचार से यह बात बकवास है!" वालेंतिना ने तीखे स्वर में कहा। "जब मैं तुमसे ज़रूरी बातें, तुम्हारी ग़लतियों के मूल कारणों को, बताती हूँ तो तुम कहते हो बकवास है! बहुत अच्छा! मैं दूसरे ढंग से कहती हूँ!"

दोनों हाथ कोट की जेबों में डाल कर वह ठीक वासिली के सामने खड़ी हो गई। एक बार फिर वासिली के देखते ही देखते वह बदल गई थी। अब उसमें बत्तखें चरानेवाली उस वाल्या का चिह्न मात्र भी नहीं था जिसने अभी-अभी उसे इतना झकझोर दिया था।

'बाबा रे! यह तो बड़ी तीखी मिर्च है!' वासिली ने सोचा। ''पेत्रोविच की पत्नी ऐसे ही थोड़े बन गई है! ऐसी लड़की से सावधान रहने में ही भलाई है। पता नहीं कब देखते ही देखते तुम्हें घेर ले और चारों खाने चित कर दे!''

''तुम समस्या की जड़ को नहीं पकड़ना चाहते, मत पकड़ो! तुम्हारी इच्छा! मैं घटनाओं को लेकर तुम्हारे नेतृत्व के बारे में कहूँगी। एक महीने से ज्यादा बीत गया, लेकिन फ़ार्म के लोगों को अब तक ठीक समय पर काम शुरू करने के लिए तुम संगठित नहीं कर पाए। यह एक बहुत मामूली काम था! इसका कारण क्या है? तुम या तो दफ्तर में बैठे रहते हो या हुक्म चलाते हो, लोगों को धमकियाँ देते हो, या–जो सबसे बुरी बात है–लोगों के घर जाकर उन्हें काम पर 'खदेड़ते' हो! मैं पूछना चाहती हूँ, क्या तुम किसानों के साथ कभी खेत पर गए हो? क्या उनके साथ उन जंगलों में गए हो जहाँ लकड़ी कट रही है? काम में सामूहिक खेत के किसानों की रुचि बढ़ाने के लिए तुमने क्या किया है? इस काम से भविष्य में क्या लाभ होगा, यह बताने के लिए तुमने क्या किया है? लोगों में सच्ची प्रतियोगिता की भावना जगाने के लिए तुमने क्या किया है? तुमने कार्य सूचक अंकों की तख्ती लगाई है! लेकिन, क्या इन अंकों के प्रति लोगों की उत्सुकता जगाने में तुम सफल हुए हो? अपने यहाँ की सबसे अच्छी टोलियों के नेताओं के काम का ढंग तुमने कभी दूसरों को बताया है?''

''फ़ार्म में ऐसे नेता हैं ही नहीं! काम का सबसे अच्छा तरीक़ा जैसी कोई चीज़ इस फ़ार्म में है ही नहीं!''

''अगर नहीं है तो यह तुम्हारा कसूर है। इसका मतलब है कि फ़ार्म के लोगों में काम को सुधारने की इच्छा तुम नहीं जगा सके! इसका मतलब यह है कि फ़ार्म के प्रधान के रूप में तुम्हारी क़ीमत दमड़ी बराबर भी नहीं है!''

वालेंतिना जितनी ही ज्यादा कड़ी पड़ रही थी, वासिली को उतनी ही ज्यादा सांत्वना मिल रही थी। वह देख रहा था कि उसकी बगल में ही कोई दूसरा भी ऐसा है जो उसी की तरह फ़ार्म का हित दिल से चाहता है, जो विभिन्न समस्याओं को उतनी ही अच्छी तरह समझता है जितनी अच्छी तरह वह, जो स्नेह से और दृढ़ता से बात कह सकता है, जो उसे उसकी भूलें सुझा सकता है, जो उसे सही रास्ता दिखा सकता है और उचित मंत्रणा दे सकता है। इस समय उसे वही 'पार्टी की डाँट' सुनने को मिली थी जिसके लिए वह इतना छटपटा रहा था, जो उसके लिए साँस की तरह ज़रूरी हो गई थी। वालेंतिना की हर तीखी फटकार से उसे राहत मिल रही थी।

''मैं भी वालेंतिना अलेक्सेयेवना की बातों का पूरी तरह समर्थन करता हूँ।'' बुयानोव ने कहा। ''समस्या को सुलझाने का अमली तरीका यह नहीं है कि हम लोग अपनी कुर्सियों से चिपके बैठे रहें, या झाड़ू लेकर लोगों से लड़ने निकलें।

अमली तरीक़ा यह है कि कल से ही हम सब जहाँ-जहाँ फ़ार्म की टुकड़ियाँ काम करती हैं, वहाँ खुद पहुँचें। अलग-अलग टोलियों की ज़िम्मेदारी हम लोग आपस में बाँट लें। लोगों से व्यवहार के सम्बन्ध में वालेंतिना ने जो कहा है, वह बिलकुल ठीक है। वासिली कुज़मिच, अलेक्सी लुकिच की मिसाल तुम हमेशा अपने सामने रखो! तुम अपनी जवानी के दिनों की मिसाल अपने सामने रखो!"

वासिली ने अपना झुका हुआ सिर ऊपर उठाया। उसके होठों पर वही मुस्कराहट छा गई जो सदा इतनी उल्लासमय और आकस्मिक होती थी।

"तो पार्टी मीटिंग में यह प्रस्ताव पेश हुआ और पास हो गया कि फ़ार्म के प्रधान को फिर से युवावस्था लानी चाहिए? अच्छा, जब पार्टी मीटिंग में पास हो गया है तो कोई चारा नहीं है। मुझे इस नीति का अनुसरण करना ही पड़ेगा!"

कार्यक्रम में तीसरी बात थी—फ़ार्म में बिजली के विकास के सम्बन्ध में विचार-विनिमय। इस विषय के सामने उपस्थित होने पर बुयानोव ने बहुत गम्भीर मुखाकृति धारण करते हुए बोलने की इजाज़त माँगी।

"हूँ, तो फ़ार्म में पानी से बिजली पैदा करने के लिए बिजलीघर बना लिया गया है, माना! पर अकेले इससे ही सब कुछ नहीं होता है!" उत्तेजित स्वर में उसने बोलना शुरू किया। "हूँ! तो बिजलीघर खड़ा हो गया, माना! लोगों के घरों में बिजली के लैम्प भी जलने लगे, माना! पर क्या बिजलीघर का असली काम यही है? क्या वह ऐसी बछेड़ी है जिसे जोतने में डर लगता हो? पुराने ज़माने में बिजलीघर का होना बहुत बड़ी बात मानी जा सकती थी! सोचो, लोग खुश हो जाते कि उनके घरों में बिजली जल गई है!...अहा-हा; ओहो-हो! लेकिन हमें तो बिजली से और बहुत से काम लेने हैं, गाड़ी के पुराने घोड़े की तरह उसे खूब जोतना है। उससे खलिहानों में टनों अनाज की गहवाई करवानी है, मीलों दूर के खेतों में सिंचाई करानी है, लट्ठे चिरवाने हैं, पानी पहुँचाकर बागीचों को हरा-भरा करवाना है!"

"बीस किलोवाट के बिजलीघर से इतना काम कैसे हो सकता है?" वासिली ने पूछा।

"हमारी टर्बाइन पर अभी तो कुछ बोझ है ही नहीं! हम एक और जेनरेटर लगा सकते हैं।"

"जेनरेटर कहाँ से आएगा?"

"तुम्हें समझने में देर लगती है, वासिली कुज़मिच। इस काम में हमें मदद लेनी होगी, यह साफ जाहिर है। हमारा फ़ार्म ज़िले में सबसे पिछड़ा हुआ है। हमें मदद नहीं मिलनी चाहिए तो किसे मिलनी चाहिए?" अपनी बात पर ज़ोर देने के लिए बुयानोव ने अपने घुँघराले बालों को एक झटका दिया। "हम लोग ज़िला केन्द्र में जाएँगे। सीधे प्रधान से मिलेंगे। हम उससे कहेंगे—सुनिए, ऐसी-ऐसी

हालत है, हम चाहते हैं कि बिजली के विकास के लिए आप हमारे पिछड़े हुए फ़ार्म को कर्ज़ दें। हम देहातों से सम्बन्धित बिजली-विभाग में पहुँचते हैं। हम कहते हैं—हमारे पिछड़े हुए फ़ार्म को मामूली शर्तों पर एक जेनरेटर दीजिए। हम बिजली के सामान के स्टोर में पहुँचते हैं। हम कहते हैं—देखिए, हमारा फ़ार्म एक पिछड़ा हुआ फ़ार्म है, आप हमें जल्दी से जल्दी तार और बिजली का दूसरा सामान दीजिए। मैं देखूँगा कोई कैसे इनकार करता है! अरे, हम सीधे प्रान्तीय कमिटी के बड़े-बड़े अधिकारियों को लिखेंगे, ज़िले के अखबार में खत छपवाएँगे—भाई, ऐसी-ऐसी हालत है, हमारा फ़ार्म पिछड़ा हुआ फ़ार्म है, कोई हमारी मदद नहीं करना चाहता! अरे, खिलाड़ी हाथों में ऐसा तुरुप का पत्ता हो तो पिछड़े हुए फ़ार्म को शैतान के घर की भट्ठी भी मिल सकती है। हमें माँग करनी है, मिन्नत नहीं। मुझे यही कहना है, वासिली कुज़्मिच!"

"वाह! क्या ज़ोरदार बात कह दी है!" वासिली ने कहा। "अरे, पिछड़े हुए होना कौन बड़े गर्व की बात है! फ़ार्म को बरबाद कर देना देश की बड़ी भारी सेवा तो है नहीं! मैं पिछड़ेपन को दाँव पर नहीं लगाना चाहता। मैं पूरे प्रान्त के सामने फ़ार्म को भिखमंगे के रूप में नहीं पेश करना चाहता। फ़ार्म में अपने आत्म-सम्मान की भावना होनी चाहिए—इन्सान की तरह। फिर भी, थोड़ी सी मदद माँगने में कोई हर्ज नहीं है। मेरा खयाल है, जिला और प्रान्तीय केन्द्र से कुछ मदद मिल सकती है।"

अन्त में, सामूहिक खेत में सार्वजनिक सम्पर्क और प्रचार के सम्बन्ध में बात हुई।

जब पूरी कार्रवाई लिखी जा चुकी तो वासिली ने बुयानोव की ओर देख कर ऐसे शुष्क ढंग से बात कहनी शुरू की जिससे लगता था कि अब खैर नहीं है :

"प्रचार कार्य के सिलसिले में अपने योग्य बिजली इंजीनियर, कामरेड बुयानोव के व्यवहार के सम्बन्ध में मुझे कुछ कहना है!"

"मेरे व्यवहार के सम्बन्ध में?" बुयानोव अपनी कुर्सी पर तड़प उठा। "मेरे व्यवहार में क्या ग़लती है?"

बुयानोव की धारणा थी कि चूँकि विवाह के एक मास बाद ही, अपनी नौजवान पत्नी के रोने-धोने की परवाह न कर, स्वयं भी कुछ एतराज़ किए बिना, वह अपना कर्तव्य पूरा करने के लिए पिछड़े हुए फ़ार्म में काम करने आ गया था, ईमानदारी और कड़ी मेहनत से वह बिजली घर का काम कर रहा था, इसलिए उसका त्याग किसी शहीद से कम न था! उसे आशा थी कि सब लोग सहानुभूति से उसके त्याग की सराहना करेंगे और उसके प्रति कृतज्ञता अनुभव करेंगे। उसे स्वप्न में भी आशा नहीं थी कि उसके व्यवहार के प्रति किसी को कोई आपत्ति हो सकती है।

"तुम्हारे व्यवहार में क्या ग़लती है, यह मैं अभी बताता हूँ।" वासिली ने गम्भीरता से कहा। "जनता में प्रचार कार्य का मतलब यह नहीं है कि हफ्ते में एक रिपोर्ट लिख डाली और फ़ार्म के किसानों को अखबार पढ़ कर सुना दिया! सामूहिक खेत में कम्युनिस्ट का पूरा जीवन ही प्रचार कार्य है। सामूहिक खेत में तुम्हारा जीवन कैसा है? तुम क्या करते हो? तुम फ़ार्म के इंजीनियर हो, अगुवा हो, फ़ार्म में बुद्धिजीवी वर्ग के प्रतिनिधि हो! तुम्हारा नम्बर सबसे पहले आता है। बिजली, रेडियो और यंत्रों का उपयोग तथा संस्कृति, फ़ार्म तुमसे प्राप्त करता है। तुम गली में से गुज़रते हो तो लड़कियाँ खिड़कियों में से झाँक-झाँक कर कहने लगती हैं—'देखो वह जा रहा है, बिजली का इंजीनियर!' तुम कोई बात कह दो तो सारे गाँव में फैल जाती है। लोग कहते हैं : 'इंजीनियर ने कहा है।' इस बात का तुम्हें ख़याल रखना चाहिए न! पहले, जब मैं फ़ार्म का सबसे अच्छा ट्रैक्टर ड्राइवर माना जाता था, तो मेरे साथ भी यही बात थी! मुझे खुद इसका तजुर्बा है। हम सात आदमी प्रान्त से काम सीख कर आए थे। कहीं भी हम लोग दिखाई दे जाते तो बच्चे चिल्लाने लगते—'देखो, देखो, ट्रैक्टर ड्राइवर आ गए' तब हम लोग गाँव में सबसे आगे बढ़े आदमी माने जाते थे और हम लोग हमेशा इस बात का ध्यान भी रखते थे। किसानों को कुछ समझाना होता, तो हम लोग सबसे आगे रहते! किसी जलसे का प्रबन्ध करना होता, तो हम लोग सबसे आगे रहते! राज्य के लिए कर्ज़ जुटाने की बात होती, तो हम लोग सबसे आगे रहते! कोई भी जलसा हम लोगों के बिना सफल नहीं माना जाता था। गाँव के किसान नाचने-गाने के लिए ढलवान पर इकट्ठा होते, तो हम लोगों का अकार्डियन सबसे ज़ोर से बजता सुनाई पड़ता था। और तुम! तुम ऐसे हो कि बिजली घर का काम ख़त्म किया और जोरू को लेकर तन्दूर के सहारे जा बैठे। लोग तुम्हें 'घर घुस्सू' कहते हैं, तो इसमें ताज्जुब ही क्या है! तुम और क्या उम्मीद कर सकते हो? क्या इंजीनियर के लिए यह उचित है कि तन्दूर से चिपका बैठा रहे और सूरजमुखी के बीज छील-छील कर खाया करे?"

"बिलकुल ठीक कहा!" वालेंतिना ने समर्थन किया। "हम लोग गाँव के लोगों से दूर-दूर रहेंगे तो गाँव की ज़िन्दगी कैसी हो जाएगी? तुम अनुभवी और समझदार आदमी हो, कामरेड बुयानोव! देखो, तुमने अपना क्या मज़ाक बनवा लिया है! सामूहिक किसानों ने पहले दिन से ही तुम्हारा मज़ाकिया नाम बना लिया। उन्होंने ठीक ही किया। तुम्हें इस नाम से छुटकारा पाना है। एक कम्युनिस्ट के लिए यह उचित नाम नहीं है।"

बुयानोव का दिमाग़ चकरा गया। उसे भारी ठेस लगी। 'घर घुस्सू' की व्यंग्यपूर्ण पदवी और वालेंतिना और वासिली की तीखी आलोचना ने उसके हौसले पस्त कर दिए।

दो ही घण्टे पहले बुयानोव सोच रहा था कि पिछड़े हुए देहाती फ़ार्म की. तीन मेम्बरों की, पार्टी भी क्या पार्टी है? लेकिन यह छोटा-सा पार्टी संगठन शुरू से ही एक दृढ़ और शक्तिशाली संगठन सिद्ध हुआ। वासिली और वालेंतिना ने उसे ऐसे झाड़ डाला जैसे वह कोई स्कूली लड़का हो। उनकी बात का विरोध भी वह नहीं कर सकता था। उसे गुस्सा और खीझ आ रही थी, अपमान भी जान पड़ रहा था। परन्तु मीटिंग में जाते वक्त समय बर्बाद होने का जो ख़याल उसे था, अब वह नहीं रह गया था।

सभी प्रश्नों पर बातचीत हो चुकी थी। कार्रवाई भी लिखी जा चुकी थी और सब के दस्तख़त भी हो गए थे। पर वे तीनों बैठे ही रहे। भविष्य में क्या करना होगा, इस बात पर वे एक-दूसरे की राय ले रहे थे, वे एक-दूसरे की आलोचना भी कर रहे थे। और इस बात पर खुशी मना रहे थे कि पहली मई सामूहिक खेत में पार्टी का ऐसा संगठन क़ायम हो गया है जिसकी निर्देशक और प्रेरक क्षमता का अभी भी अनुभव किया जा सकता था।

संख्या में वे केवल तीन थे! तीन कम्युनिस्ट! उनमें भी दूसरे लोगों की तरह ही कमज़ोरियाँ थीं। परन्तु एक महान आदर्श के लिए पार्टी द्वारा निश्चित किए गए मार्ग पर दृढ़ता से आगे बढ़ने के विश्वास ने, एक-दूसरे की खरी आलोचना करके उसे सुधारने तथा एक महान् उद्देश्य की प्राप्ति में सहायता देने के संकल्प ने, उन्हें शक्ति का रूप दे दिया। इसी शक्ति का नाम था—पार्टी!

कई बार वे उठने को हुए। पर हर बार कोई नई बात निकल आती थी और वे ठहर जाते थे। उनकी बातें समाप्त ही नहीं हो रही थीं, जैसे मुद्दतों से मिलने के लिए व्याकुल वे बहुत दिन बाद एक-दूसरे से मिले हों।

वालेंतिना ने घड़ी पर नज़र डाली।

"अरे बाप रे! बारह बज गए! बहुत देर हो गई! मैं घर चलती हूँ। कार्रवाई के कागज़ मुझे दे दो, वासिली कुज़्मिच।"

वासिली ने कागज़ वालेंतिना की ओर बढ़ा दिए, पर उन्हें अपने हाथ में ही रोके रहा।

"एक मिनट और, वालेंतिना अलेक्सेयेवना! एक बात और है। हमने भूसा खरीदने के लिए चन्दा जमा करने की बात तो तय कर ली, पर सनी की बात रह गई। इस साल सन की फसल खूब अच्छी हुई है, हालाँकि हमने बोई थोड़ी ही थी। वह अभी तक हमारे यहाँ ही पड़ी है। मैंने जानबूझ कर रोक रखी थी। छड़ियाँ भेज देने के बजाय अगर हम सन निकाल कर भेजेंगे तो फ़ार्म को और राज्य को काफ़ी लाभ होगा। हमें हज़ारों का फ़ायदा होना चाहिए। मैं सोच रहा था, छड़ियाँ घर-घर बँटवा दें और लोग अपने यहाँ सन निकाल लें। पहले हम लोग सन पर ज़्यादा ध्यान नहीं देते थे; जो हुआ तो छड़ियाँ घर-घर बाँट कर सन

निकलवा लेते थे।"

"सन की बाबत मैं भी सोच रही थी, वासिली कुज़मिच।" वालेंतिना ने उत्तर दिया। "सन छड़ियों से अलग करवा कर देने में ही फ़ायदा रहेगा। फ़ार्म का इतना फ़ायदा हम क्यों खोएँ? लेकिन हमें अलग-अलग नहीं, सामूहिक रूप से ही सन निकलवाना चाहिए!"

"सामूहिक रूप से? सन हमारे यहाँ की मुख्य पैदावार में थोड़े ही शामिल है। हम लोग कसम खाने भर को योजना बना कर बो लेते हैं। हमारे यहाँ मशीनें भी नहीं हैं। तुम सामूहिक रूप से काम करने की बात कहती हो! मेरा तो ख़याल है कि हम इसे वैसे ही लोगों को बाँट दें जैसे पहले बाँटा करते थे बस!"

"पहले ऐसा होता रहा था, तो क्या हुआ! अब दूसरी तरह काम होना चाहिए। तुम समझे नहीं? इसे फ़ार्म के जीवन में एक महत्त्वपूर्ण घटना बना देना चाहिए। हमारे यहाँ सन साफ करने की मशीनें और दूसरा नया सामान नहीं है; पुराना सामान ही सही। पर जो भी हो, हमको इस बार यह काम करना चाहिए सामूहिक रूप से ही। और, आँगनों या गुसलखानों में नहीं, बल्कि किसी झोंपड़ी में—गा-बजा कर।"

"गा-बजा कर?" कुछ-कुछ सन्देह प्रकट करते हुए वासिली ने कहा। "गाना-बजाना तो ठीक है। फ्रोस्या इसके लिए हमेशा तैयार है। कहने भर की देर है कि गाते-गाते तुम्हारे कान बहरे कर देगी। पर, यह झोंपड़ी कौन-सी होगी? कौन अपने यहाँ कूड़ा-कबाड़ा बर्दाश्त करेगा?"

"तान्या से कहेंगे कि पुरानी झोंपड़ी दे दे।" बुयानोव ने राय दी।

"अजी, वह नहीं मानेंगी।"

"फ्रोस्या कहेगी तो सौ बार मानेगी। फ्रोस्या को मना लेना कौन बड़ी बात है!"

"पर उसके यहाँ की भट्ठियों का तो बहुत बुरा हाल है।"

"उनकी मरम्मत अल्योशा और कौमसोमोल वाले कर लेंगे। देर नहीं लगेगी! देखो न, यह कितनी महत्त्वपूर्ण बात होगी, वासिली कुज़मिच। हमें यह ऐसे ढंग से करना चाहिए कि लोगों को खूब अच्छा लगे; मन बहलाव भी हो। यह एक ऐसा सामाजिक मामला बन जाए जिससे लोगों में सामूहिक रूप से काम करने की रुचि बढ़े। अगर हम इसे ढंग से संगठित कर पाए तो यह बहुत बड़ा काम होगा, नहीं तो बिगड़ जाएगा।"

"अच्छी बात है। हम इसे संगठित करेंगे। भट्ठियों की मरम्मत करवा देने की ज़िम्मेदारी मुझ पर रही।"

घर लौटते समय वासिली सोच रहा था—पेत्रोविच आदमी बहुत समझदार है। फ़ार्म के लिए कितने अच्छे आदमी भेजे हैं!

वह सोच रहा था—बुयानोव इंजीनियर है और कम्युनिस्ट है। फ़ार्म के लिए सोना समझो! वालेंतिना, कृषि-विशेषज्ञ और कम्युनिस्ट है! हर दृष्टिकोण से बड़ी योग्य स्त्री है, बड़ी कुशल कार्यकर्ता है। अपने फ़ार्म का पार्टी संगठन उसे एक सबल और सशक्त संगठन जान पड़ने लगा। बिस्तर पर लेटा हुआ नींद आने से पहले बहुत देर तक वह वालेंतिना की बातों पर सोचता रहा। वह सोचता रहा कि युद्ध से पहले वह कैसा था!

"यह सच है कि जैसा मैं पहले था, वैसा अब नहीं हूँ। काम तो मैं पहले की अपेक्षा ज्यादा लगाव और मेहनत से करता हूँ, पर वह उत्साह नहीं रहा है। दफ्तर में ही बहुत ज्यादा बैठा रहता हूँ।"

दूसरे दिन से वासिली पूरी लगन से काम में जुट गया।

दूसरे दिन पौ फटने से पहले ही वह हाथ में लालटेन लिए एक टट्टू पर बैठा बरफ़ से भरी सड़क पर चला जा रहा था। मन-ही-मन सोच रहा था :

'अस्तबल में नहीं, मैं खेतों में जाऊँगा। यह भी मैं खुद ही देखूँगा कि कल क्या-क्या और कैसा काम हुआ है? लोगों को यह ख़याल भी न रहे कि उन्हें ही जल्दी उठकर खेतों में जाना पड़ता है और प्रधान मज़े मारता है। प्रधान उनसे भी पहले आ पहुँचेगा तो उन्हें अपने आप ही समय पर जाने का ख़याल होगा। उनका उत्साह बढ़ेगा! बार-बार हुक्म चलाने और डाँट-फटकार बताने की अपेक्षा यह कहीं ज्यादा अच्छा रहेगा।'

वासिली के हाथ में लटकी टिमटिमाती छोटी-सी लालटेन का प्रकाश कभी किसी टूटे पेड़ के ठूँठ पर पड़ जाता और कभी बरफ़ से ढँका कोई भारी देवदार वृक्ष दिखाई दे जाता। लालटेन के प्रकाश के चक्कर के आगे का अँधेरा और भी घना जान पड़ रहा था। मालूम होता था कि अँधेरा जमकर एक दुर्भेद्य दीवार बन गया है।

वासिली ने जंगल में लकड़ी की कटाई देखी। तैयार लट्ठे चीड़ के अधकटे पेड़ों के बीच पड़े थे। लट्ठे लम्बे और सीधे थे, उनकी टहनियाँ और गाँठें छाँट दी गई थीं। वासिली टट्टू पर से उतर पड़ा। हाथ का दस्ताना उतार कर वह खुरदुरे लट्ठों को सहलाने लगा। लट्ठे जैसे किसी रेशमी जाली से ढँके हुए थे, उन पर हाथ फेरने से गरमी महसूस होती थी। लेकिन इस समय वासिली सामने पड़े लट्ठों को नहीं देख रहा था। जाड़े के इस अँधेरे भोर में जंगल की इन बर्फ़ानी झाड़ियों के बीच उसे दिखाई दे रहा था—क्वार-कातिक का सुनहला दिन, अनाज के बड़े-बड़े अम्बार और फ़ार्म के खेतों के बीच हवादार, नया खलिहान। यह कोई ऐसा-वैसा खलिहान नहीं था। इसमें बिजली की मशीनें लगी हुई थीं। खलिहान के बगल में ही बिल्कुल नया मीनार, मैनेजर का मकान और औज़ारों का गोदाम बना हुआ था।

यही वासिली का चिर-पोषित स्वप्न था—इतना निजी कि इसके बारे में किसी से बात करते में भी उसे संकोच होता था। पहाड़ी के निकट, खलिहान के लिए निश्चित जगह पर, एक टूटा-सा छप्पर मौजूद था। कल्पना में वासिली उस जगह अपनी महत्त्वाकांक्षा के खलिहान की इमारत देख रहा था। खूब लम्बी-चौड़ी, भारी-भारी मज़बूत लट्ठों से बनी खलिहान की इमारत—चारों ओर आवश्यक कामों के लिए बने खूबसूरत मकानों से घिरी हुई; जहाँ-तहाँ बिजली के तार लगे हुए; उधर से गुज़रने वालों को बिजली से चलने वाली मोटरों की गूँज दूर से ही सुनाई देती; वे पास आते तो भीतर, मशीनों से अनाज ऐसे गिरते देखते जैसे अनाज जल-धारा बनकर बह रहा हो; अनाज धीरे-धीरे और मुश्किल से अलग नहीं होता था, जैसे मामूली फटकाई से होता है, बिजली के ज़ोर से वह बलखाती, इठलाती, बड़ी-बड़ी धाराओं के रूप में बह रहा था और उसे जल्दी-जल्दी समेट लेना मुश्किल था!

अँधेरे में खड़ा वासिली कल्पना में यह स्वप्न देखता हुआ लट्ठों पर हाथ फेर रहा था। यह स्वप्न उसे इतना स्पष्ट दिखाई दे रहा था कि उसने आँखें मूँद लीं।

'मालूम होता है कि गाँठें अच्छी तरह नहीं छीली गई हैं।' उसने सोचा। 'पिछले दिन की छीलन भी साफ़ नहीं की गई है। ऊपर बरफ़ जम गई है। अब इसे हटाना और भी मुश्किल होगा।'

वासिली खेतों की ओर गया। यहाँ भी कई चीज़ें ठीक नहीं थीं। गोबर के ढेर खेतों के किनारे सड़क के बिलकुल पास ही लगा दिए गए थे।

वह खेतों से लौट पड़ा। एक जगह गाँव से आता हुआ रास्ता फटता था; एक रास्ता खेतों को जा रहा था और दूसरा जंगल में कटाई की जगह। वासिली टट्टू से उतर पड़ा और टट्टू की लगाम एक पेड़ की टहनी से उलझा दी। सामूहिक किसान जंगल जाएँ तो, खेतों पर जाएँ तो—उन्हें यहीं से होकर जाना पड़ता।

किसानों को आठ बजे काम पर पहुँच जाना चाहिए था। इस समय आठ बज चुके थे।

'लोग आया ही चाहते हैं।' वासिली ने सोचा। 'अभी आते ही होंगे; यहीं रोकूँगा।'

सुबह की सफेदी फैलने लगी थी। घनी काली झाड़ियों के बीच नीले-नीले खेत चमक रहे थे। चीड़ के वृक्ष बिल्कुल स्तब्ध खड़े थे। चारों ओर शान्ति और नीरवता का राज्य था। सिर्फ़, हवा जमीन तक आ-आकर, भुरभुरी बरफ़ से खेलकर, भौंरियाँ बना रही थी। सूनेपन में खड़े-खड़े प्रतीक्षा करना वासिली के लिए असह्य हो रहा था; ऐसा लगता था जैसे वृक्षों की टहनियों पर पड़ी बरफ़ का बोझ उसे भी दबा रहा हो।

'आखिर हो क्या गया है? लोग आ क्यों नहीं रहे हैं?' वह आश्चर्य से सोच रहा था।

शरीर को गरमाने के लिए वासिली सड़क किनारे लगे तार के खम्भे और एक गठीले दोहरे चीड़ के पेड़ के पास से होता हुआ बरफ़ से ढँके छीलन के ढेर तक जल्दी-जल्दी चहलक़दमी करने लगा।

बरफ़ पर उसके क़दमों के निशानों से एक राह सी बन गई थी। वह और भी तेज़ी से टहलने लगा। अब उसे परेशानी हो रही थी। वासिली सोच रहा था :

'वालेंतिना कह रही थी कि मैंने काफी काम नहीं किया है। ठीक है, लुकिच ने मुझसे ज्यादा किया होता। मुझे लगता है किसानों से भी अब मेरी वैसी घनिष्ठता नहीं रह गई जैसी पहले थी। छिः कहाँ गायब हो गया है वह वास्या बोर्तनिकोव जो पहले हर काम में जान डाल देता था! क्या अब वह नहीं रहा है?'

वासिली ने कन्धे झटका कर पीठ को सीधा किया। टोपी को ज़रा पीछे खिसकाया और हवा लगने देने के लिए कोट का कालर नीचे कर लिया।

''ख़बरदार, जवान, मौत का नाम मत ले! शाबाश, बहादुर!'' उसने अपने आपको प्रोत्साहित किया। ''तुम मुझे नहीं हरा सकते!'' छीलन के ढेर में एक लात मारते हुए उसने कहा! सामने से सड़क तक आए बरफ़ के अन्धड़ को मुक्का दिखाते हुए उसने कहा : ''अभी मुझमें बहुत दम बाक़ी है।'' देर से आने वालों को मन ही मन सम्बोधित करता हुआ वह बोला, ''तुम जब तक आओगे नहीं तब तक मैं तुम्हारा इन्तज़ार करूँगा! तुम मुझे यहीं खड़ा पाओगे!''

उसके हाथ में थमी लालटेन का प्रकाश कभी चीड़ के पेड़ पर, कभी तार के खम्भे पर और कभी छीलन के ढेरों पर पड़ता और वे बारी-बारी से प्रकाश में नाच जाते। अब तक वह जाने कितने चक्कर लगा चुका था। उसका मन खिन्न होने लगा था। वह बक रहा था : ''चीड़–छीलन–खम्भा! खम्भा–छीलन–चीड़! एक भी आदमी नहीं दिखाई देता। देर कर दी इन लोगों ने!...खम्भा–छीलन–चीड़! जैसे कोल्हू का चक्कर हो। आखिर कब घर से निकलेंगे ये काहिल?''

आखिर हवा के झोंके के साथ बहुत से लोगों के एक साथ गाने की गूँज आई। ढलवान पर एक छोटा-सा घोड़ा दिखाई दिया। अल्योशा बिना पहिए की, बरफ़ पर फिसलने वाली, गाड़ी हाँक रहा था। उसके पीछे बरफ़ गाड़ी में कई लड़कियाँ बैठी थीं।

''आधे घण्टे लेट!'' वासिली खीझ रहा था। गुस्सा दबाकर उसने लालटेन ऊपर उठाई और पुकारा :

''कौन है? ठहरो!''

वासिली ने किसी को डाँटा नहीं। बस, उनकी आँखों के सामने लालटेन उठाकर अपनी घड़ी दिखा दी।

“साढ़े आठ बजे हैं! आधा घण्टा लेट!” लड़कियों की ओर देखकर उसने कहा, “क्या यह तुम्हारी सुघड़ाई का नमूना है कि सब जगह छीलन फैली हुई है? आने दो तुम्हारे ब्याह का वक्त! सब बातें तुम्हारे दूल्हों को बताऊँगा! मैं कहूँगा कि ये बड़ी फूहड़ लड़कियाँ हैं। शाम को घर में झाड़ू लगाएँगी, मगर दूसरे दिन सबेरे तक के लिए कूड़ा वहीं छोड़ देंगी।”

“अरे हम क्या करतीं, वासिली कुज़मिच! रात पता है कितनी देर तक हम लोग काम करती रहीं?” एक बोली।

“वाह, वाह! हमने सोचा, तुम कहोगे ‘शाबाश! सबसे पहले तुम्हीं आई हो।’ तुम उल्टे डाँट रहे हो!” दूसरी बोली।

“क्या कहना है! बड़ा हौसला है! एक तो आधे घण्टे लेट, उस पर बड़ाई करवाने का चाव! ऐसे काम नहीं चलेगा, लड़कियो! कल से आना लेट! देखना यहीं सड़क पर कैसी ख़बर लेता हूँ।”

बरफ़ गाड़ी आगे बढ़कर मोड़ पर घूम गई। लड़कियों की आवाज़ धीमी होती गई। वासिली के चेहरे की मुस्कान उड़ गई। उसके चेहरे पर फिर गम्भीरता छा गई। वह फिर तार के खम्भे और चीड़ के पेड़ के बीच तेज़ी से और गुस्से से चक्कर लगाने लगा। लालटेन का प्रकाश फिर बारी-बारी से तार के खम्भे, छीलन के ढेर और चीड़ के पेड़ पर पड़ने लगा।

सर्दी और सुनसान में प्रतीक्षा का मिनट-मिनट उसके लिए पहाड़ हो रहा था।

काफी प्रकाश हो जाने पर तीन और बरफ़ गाड़ियाँ दिखाई दीं। लुबावा, क्सेनिया और प्योत्र खेतों में खाद ले जा रहे थे।

वासिली दुराहे पर उनकी प्रतीक्षा करता रहा। उनके पास आने पर उसने उन्हें घड़ी दिखाई।

“खाद को ऐसी लापरवाही से क्यों फेंका जाता है? उसे अच्छी तरह दबाया क्यों नहीं जाता? ऐसे उसमें रह ही क्या जाएगा?”

इसके बाद लकड़ी काटने के लिए जंगल की ओर जाता मातवेयेविच का दल आया।

वासिली ने उसे ताना दिया : “ज़रा घड़ी की तरफ़ देखो, मातवेयेविच! लोग तो कहते हैं बूढ़े सुबह बहुत जल्दी उठ जाते हैं, जवान देर में उठते हैं। यहाँ उल्टा ज़माना है। अलेक्सी छोकरियों के साथ कभी का चला गया। तुम्हारी और तुम्हारे साथ की औरतों की बारी अब आई है?”

मातवेयेविच झेंप कर चुप रह गया।

“लोग तो एक-एक करके जाने कब तक आते रहेंगे? कब तक यहाँ खड़ा रहूँ?”

"देर से आने वालों के लिए तुम क्यों खड़े हो? जो देर से आएँ उन्हें पैदल जाने दो!"

मातवेयेविच के पीछे औरतें और मर्द एक-एक करके धीरे-धीरे आ रहे थे। वासिली ने घड़ी की ओर देखा और कहा :

"गाय की दुम की तरह पीछे-पीछे घिसटते क्यों आ रहे हो? अच्छे किसान तो कभी के काम पर जा चुके हैं।"

कुछ लोगों से वासिली ने कहा कुछ भी नहीं, केवल आँखें मिलाकर रह गया।

जब देर से काम शुरू करने वालों का दल चला गया तो वासिली टट्टू पर बैठ खेतों की ओर चल दिया। सुबह काम इतनी देर से शुरू होने के कारण वह मन ही मन खीझ रहा था।

"चाचा, वास्या!"

वालेंतिना की आवाज़ आई। वह एक बरफ़ गाड़ी पर जा रही थी। उसने कहा :

"वास्या चाचा! आन्द्रेई ने टेलीफोन किया था। उसे बताया है कि ज़िला केन्द्र में बिजली का सामान आ गया है। हमारे लिए बिजली की मोटरें और दूसरा सामान दोपहर की लारी से आ जाएगा!"

वालेंतिना की बरफ़ गाड़ी मोड़ पर जाकर आँखों से ओझल हो गई। धूप की पहली किरणों में सड़क पर बन गए बरफ़ गाड़ी के निशान चमक रहे थे।

वालेंतिना की प्रसन्नता-भरी आवाज से और इस विचार से कि मीलों दूर बैठा आन्द्रेई फ़ार्म की कितनी चिन्ता कर रहा है, वासिली को सान्त्वना मिली। उसने फिर अपने पर क़ाबू पाने की कोशिश की। वह अपने आपको समझाने लगा :

"ज़रा-ज़रा-सी बात पर नन्हे बच्चों की तरह मुँह फुलाने से क्या फायदा? आज काम ठीक से नहीं शुरू हुआ, तो कल से होने लगेगा। मेरी आदत क्यों बिगड़ गई है? सुनो वासिली, तुम फिर पहले जैसे बनो!"

चुस्ती और फुर्ती लाने के लिए उसने कोट के बटन खोल दिए। टट्टू को उसने वहीं छोड़ दिया और खेतों में उधर को चला जहाँ ढलती उम्र की स्त्रियाँ खाद को खेतों में दबा रही थीं।

"ओ हो! इन छबीली रानियों को देखो!" उसने मज़ाक के स्वर में पुकारा। "जाड़ा तो नहीं लग रहा किसी को?" अपना कोट उतार कर उसने लुबावा के कन्धों पर डाल दिया और उसके हाथ से बेल्चा छीन लिया।

"हाँ, जरा ज़ोर से, लड़कियो!" बेल्चे को ज़ोरों से चलाता हुआ वह बड़बड़ाने लगा : "ठंड लग रही है, लड़कियो? कोई बात नहीं! अभी गर्मी आई जाती है! क्या! बड़ी मुसीबत है? कोई फिकर नहीं! जल्दी ही हालत सुधरेगी! इन्हीं खेतों

में बढ़िया फसल लहलहाएगी! हम लोग जलसा करेंगे! तभी मैं तुम सबका ब्याह भी करवा दूँगा!"

उसे उम्मीद नहीं थी कि इन छोटे-मोटे मज़ाकों का वह असर होगा जो हुआ।

स्त्रियों के जाड़े से सिकुड़े चेहरे खिल उठे। उनके हाथ जल्दी-जल्दी चलने लगे।

"वासिली, आज बड़े खुश दिखाई दे रहे हो! क्या मिल गया है तुम्हें?" लुबावा ने पूछा।

"कल पार्टी मीटिंग में खूब फटकार मिली। तबीयत झक हो गई।"

"तो फटकार से तुम्हें फ़ायदा होता है?"

"और क्या! पुराने बोरिए को झाड़-फटकार दो तो साफ़-सुथरा हो जाता है। कहो तो ज़रा तुम्हें भी झाड़ दूँ!"

"किस बात के लिए? क्या जैसे डाँटते-फटकारते हो वैसे ही डाँटो-फटकारोगे?"

"हाँ!...तुम्हारी आँखें हैं कि बटन? बड़ी समझदार गिनी जाती हो, लेकिन यह किया क्या है तुमने? ये खाद के ढेर कैसे बिखरे हुए हैं? उन्हें पीट कर दबाया क्यों नहीं गया? इस तरह तो अच्छी खाद बर्बाद ही होती है!...मोंगरी किसलिए होती है। तुम्हें उसका ख़याल भी नहीं आया?...इससे भी बढ़कर यह कि दो दिन से आप खाद ढो रही हैं, लेकिन यह नहीं हुआ कि गाड़ियों के पीछे अलग निकलने वाला तख्ता बनवा लें। खाद गिराने में उससे कितनी आसानी हो जाती! पेत्रो! ओ पेत्रो!" उसने पुकारा। "अस्तबल में जाकर खाद ढोने वाली गाड़ियों में बाहर निकलने वाले तख्ते लगवा ले। यहाँ आ, मैं बताऊँ।" उसने पेत्रों को पास बुलाकर समझाया। "दो मिनट का काम है! समझा?"

खेतों से वासिली जंगल में कटाई की जगह पहुँचा। वह लकड़ी काटने वालों से हँसता-बोलता रहा। उसने सुझाया कि लकड़ी नीचे पहुँचाने के लिए शहतीरें रख कर रेल की लाइन-सी बना ली जाए तो लकड़ियाँ फिसल कर नीचे पहुँच जाएँगी। उसने लकड़ियाँ ले जाने का एक पास का रास्ता भी बताया।

मातवेयेविच को झेंप लगी कि इतनी-सी बात उसे पहले क्यों नहीं सूझी। उसने बात बनाई : "बीच में खाई जो पड़ती है! उसका क्या करें?"

"खाई? अरे, वह तो क्वार कातिक में थी! आजकल तो खाई बरफ़ से पटी पड़ी है। कुछ और झाड़-झंखाड़ भर कर बरफ़ डाल दो! बराबर हो जाएगी!"

वासिली खाई के किनारे जाकर उसे भरने में सहायता करने लगा। काम के बीच-बीच वह मज़ाक भी करता जा रहा था, परन्तु मन-ही-मन कुढ़ रहा था :

"इन लोगों का मन काम में है ही नहीं। क्या यह इन्हें अपने आप नहीं सूझ सकता था? बेगार करने से क्या फ़ायदा?"

दोपहर के खाने के समय वासिली भी अन्य सामूहिक किसानों के साथ अस्तबल में लौटा। वहाँ उसे मालूम हुआ कि गाड़ियों के पीछे ढीले फट्टे लगा देने से खाद की ढोवाई पहले से बहुत ज्यादा हुई है और पहाड़ की ढलवान पर शहतीरों की लाइन बना देने से आधे दिन में ही इतनी लकड़ी उतर आई है जितनी पिछले रोज़ दिन-भर में आ पाई थी। किसान बड़े उत्साह से बातें कर रहे थे। वासिली से भी वे लोग अपूर्व अपनत्व से बातें कर रहे थे। दादी वासिलिसा ने कहा :

"अब तुम फिर कुछ-कुछ पहले जैसे लग रहे हो, वासिली कुज़मिच! हम लोग तो सोचते थे कि किसी अजनबी को प्रधान चुन लिया है।"

वासिली ने पड़ोस के एक सामूहिक खेत से सन कूटने की एक पुरानी मशीन खरीद ली थी। अल्योशा और प्योत्र कई दिन से उसे ठीक करने में लगे हुए थे। मशीनों के काम में अल्योशा का मन खूब लगता था; उसे मशीनों के काम से दिलचस्पी थी। प्योत्र, अल्योशा से मित्रता के कारण, सहायता में जुटा हुआ था।

अल्योशा के गम्भीर स्वभाव और पैनी सूझ के कारण यह शरारती लड़का भी उसे बहुत मानता था। प्योत्र अल्योशा को समझ नहीं पाता था, अल्योशा उसे एक पहेली लगता था, वह उससे बिलकुल भिन्न था।

मशीन के बगल में बैठकर पेंचों को कसते हुए प्योत्र ने कहा : "यार, तू अजीब आदमी है। कभी तो मुझे लगता है कि तू बहुत नरम मिजाज़ का है। लेकिन कोई तुझे दबाना तो चाहे! हिम्मत नहीं होगी उसकी। लगता सीधा-सादा है, पर है बहुत सख्त! वैसे कहो, तो ठंडा मिजाज़ है—बस लकड़ी के कुंदे की तरह ठंडा। कभी-कभी मुझे तुझसे रश्क होता है। अगर मैं लड़की होता तो तेरे लिए अपना कौमार्य कभी का लुटा दिया होता। लेकिन, यार कभी-कभी तू मेरे दिल में आग लगा देता है। आखिर, तू है क्या, खूसट! तू सीधा-सीधा जैसा क्यों नहीं बन जाता?"

"खूसट-ऊसट होने की कोई बात नहीं है। बात यह है कि मेरे दिमाग़ के सब पेंच ठीक से कसे हुए हैं!" मुस्कराकर अलेक्सी ने कहा।

"और मेरे दिमाग़ के?"

"तेरे दिमाग़ के और सब पेंच तो ठीक हैं, सिर्फ दसवाँ गायब है।"

"यह 'दसवाँ' कौन सा है, मेरे भाई?"

"देखो, कभी-कभी होता यह है कि मशीन के सभी हिस्से ठीक दिखाई देते हैं; दाँतोंवाली गरारियाँ आदि सब कसी हुई। लेकिन कहीं एक छोटा सा पुर्ज़ा—दसवाँ पुर्ज़ा—ग़ायब होता है। बस इस पुर्ज़े की गैर-हाज़िरी ही मशीन को पूरी तेज़ी से नहीं चलने देती!"

सन की साँझी कुटाई के लिए झोंपड़ी की मरम्मत हो गई। सर्दी से बचाव के लिए अँगीठियाँ ठीक कर ली गईं। बैठने के लिए बेंचें वग़ैरा रख दी गईं। दूसरा

सामान, जैसे सन-कुट्टी वग़ैरा, भी आ गया। सन की छड़ियाँ बरौठे में जमा कर दी गईं।

जान पड़ रहा था कि सब काम बड़ी आसानी से और अपने आप ही होता जा रहा है। पर असल में उसके पीछे जी-तोड़ कोशिश और होशियारी थी वालेंतिना की।

वालेंतिना सन की साँझी कुटाई ऐसे आरम्भ करना चाहती थी कि लोग उसमें जलसे के तौर पर, प्रसन्नता और उत्साह से, भाग लें। इसके लिए पूरी तैयारी और संगठन की ज़रूरत थी। इन तैयारियों में अधिक से अधिक जितने लोगों को वह सम्मिलित कर सकी, उसने सम्मिलित किया। वह चाहती थी कि सन-कुटाई के इस नए केन्द्र में सभी लोग सन्तोष का अनुभव करें।

अल्योशा और प्योत्र ने मशीन की मरम्मत कर डाली। मातवेयेविच ने बेंचें बनाईं। अंगीठियाँ ठीक करने के काम की यासनेव ने निगरानी की। अंगीठियों के लिए ईंटें और मिट्टी क्सेनिया ने ढोई। लेना और स्कूल के बच्चों ने खिड़कियाँ साफ कीं और दीवारों को चित्रों और फूल-पत्तियों से सजाया। सन की साँझी कुटाई का यह उत्सव था तो मामूली-सी चीज़, परन्तु वालेंतिना को अपनी पूरी शक्ति और साधन इसमें लगा देने पड़े!

अब वह मुश्किल से ही कभी अकेली दिखाई देती थी। उसकी प्रतीक्षा में लोग अपनी खिड़कियों से ही सड़क या गली पर आँखें गड़ाए रहते। वह घर से निकली नहीं कि कोई न कोई, किसी न किसी मदद के लिए, आ पहुँचता।

कभी स्कूल के बच्चे आ घेरते और सन की कुटाई की झोंपड़ी के लिए बनाए हुए पोस्टर दिखाने लगते। कभी मातवेयेविच को यह पूछने की ज़रूरत पड़ जाती कि बेंचों की ऊँचाई कितनी रखी जाए? कभी क्सेनिया ही उसे गली में रोक कर शिकायत करने लगती कि झोंपड़ी में अंगीठियाँ बनाने के लिए अच्छी मिट्टी नहीं मिल रही। वालेंतिना समस्याओं के भँवर में फँसी रहती।

वासिली उसे देखता तो कहता, ''यह क्या अपनी दुर्गति कर ली है? जब देखो, चूजों वाली मुर्गी की तरह घिरी हुई! अकेली कभी दिखाई ही नहीं देती हो!''

यह तो सभी देखते थे कि वालेंतिना सदा इस या उस काम में व्यस्त रहती है। परन्तु, इन सब कामों के लिए उसे कितनी चिन्ता, कितनी उधेड़-बुन रहती है, कितना हिसाब उसे अपने दिमाग़ में रखना पड़ता है, कितनी आशा-निराशा से लड़ना पड़ता है, इसका अनुमान किसी को नहीं था!

''यह काम हो भी पाएगा या नहीं?'' वालेंतिना परेशान रहती। ''सन की कुटाई करके हज़ार का जो लाभ होगा वह असली चीज़ नहीं है। असली बात यह है कि इस छोटी-सी चीज़ को हम लोग बड़ी चीज़ बना पाएँगे या नहीं, इसे ऐसा बना पाएँगे या नहीं जैसे उस दिन कोई त्योहार मना रहे हों! अगर यह काम ठीक

से हो जाए तो सामूहिक खेत के जीवन में यह एक बहुत महत्त्वपूर्ण घटना होगी! अगर ठीक से न हुआ तो बस कुछ धन खेत को मिल जाएगा!"

मुलाक़ात होने पर या टेलीफोन पर बात होने पर आन्द्रेई उससे ज़रूर पूछ लेता कि पार्टी का काम कैसा चल रहा है? वालेंतिना उत्तर देती :

"अभी तक तो अच्छा नहीं है। मेरा ख़याल है, मैं अभी तक उसे गम्भीरता से शुरू नहीं कर पाई। पार्टी संगठन की सेक्रेटरी बनकर मैंने अभी तक कोई महत्त्वपूर्ण काम नहीं किया है। फ़ार्म की अवस्था काफी सुधर गई है। अनुशासन पहले की अपेक्षा अब काफी अच्छा है, लोगों में काम के लिए उत्साह भी है! पर, असली चीज़ अभी नहीं आई। अभी तक कोई ऐसा काम नहीं हुआ जिसके बारे में मैं कह सकूँ—हाँ, यह मेरे करने से हुआ है, पार्टी सेक्रेटरी के रूप में यह मेरे प्रयत्नों का परिणाम है!"

वासिली सन कुटाई के काम को उतना महत्त्वपूर्ण नहीं समझता था जितना कि वालेंतिना समझती थी। वासिली को सिर्फ़ यही लाभ दिखाई देता था कि इससे आवश्यक धन मिल सकेगा। अपने मन में अनेक सन्देहों के होते हुए भी वह पूरी लगन और इच्छा-शक्ति से वालेंतिना की सहायता कर रहा था।

"सन की कुटाई का काम तो लोग दो-तीन दिन करेंगे और फिर बन्द कर देंगे! जैसी हालत है, उसे देखने से पता चलता है कि अपने रोज़ के काम के लिए लोग ऐसे निकलते हैं जैसे गोमदानी से मक्खियाँ निकल रही हों। लोग दिन में अपना काम निबटाकर रात में 'ओवर-टाइम' करने पहुँचे—वह मेरी समझ के बाहर है। इतने आदमी हैं नहीं कि कुछ को इसी काम पर मुस्तकिल तौर पर लगा दिया जाए! लकड़ी की कटाई, ढोबाई, खाद का काम, गोशाला और अस्तबल की मरम्मत—सभी के लिए तो आदमी चाहिए!"

सन की कुटाई की झोंपड़ी में सब तैयारी हो चुकी तो एक दिन तान्या, कौतूहल के कारण, वहाँ आई। विस्मय से हाथ ऊपर उठाकर बोली :

"हे मेरे भगवान! ये मालाएँ! ये तस्वीरें! इतनी सजावट! इनकी क्या ज़रूरत? इन पर गर्द जमते कितनी देर लगेगी?"

"इनकी ज़रूरत इसलिए है," वालेंतिना ने उत्तर दिया, "कि लोग यहाँ आकर बैठें तो जगह ज़रा साफ-सुथरी और ढंग की लगे!"

दिन-भर के काम के बाद लोगों ने शाम को सात बजे आना शुरू किया।

अल्योशा बिलकुल नए कपड़े पहनकर आया था। वह बड़ा गम्भीर लग रहा था। सिर के बाल कंघी से सँवारे हुए थे, माँग तिरछी कढ़ी थी। कपड़ों पर यत्न से लोहा किया हुआ था। उसकी यह तैयारी वालेंतिना को अच्छी लगी।

"यह सब कुछ समझता है?" उसने सोचा।

खुश-मिजाज़ तातिआना कौमसोमोल की अपनी टोली को लिए हुए आई!

सभी कामों की समर्थक उदार-हृदया अवदोत्या आई। उसके बाद दादी वासिलिसा आई—बड़ी प्रसन्न, और बड़ी बातूनी! फिर बुजुर्गों के सम्मानित प्रतिनिधि मातवेयेविच आए! इसके बाद अपनी शैतान-चौकड़ी के साथ प्योत्र आया! फिर सभी लोग, निमंत्रित या अनिमंत्रित, आए। अनिमंत्रित लोग देखना चाहते थे कि कौमसोमोल वाले अब कौन सा नया गुल खिलाते हैं।

चंचल, भेंगी आँखों वाली, चटपटी फ्रोस्या सिर पर नया रूमाल बाँधकर और नई बालियाँ पहनकर आई थी। वह होठों पर सुरखी लगाए थी और लच्छेदार बाल काढ़े थी। कुछ देर वह बड़ी अदा से दरवाज़े पर खड़ी रही ताकि आँखों को चकाचौंध कर देने वाले उसके रूप को सब लोग देख लें।

फ्रोस्या की दोनों आँखों का रंग अलग-अलग था! एक आँख की पुतली नीली थी और दूसरी आँख की पीली! उसकी आँखें बिल्लियों की आँखों जैसी लगती थीं। लेकिन, इससे उसको ज़रा भी परेशानी नहीं थी। गाँव के नौजवानों को अपनी अदाओं से क़तल करने में उसकी बराबरी कोई नहीं कर सकती थी।

''अरे क्या है यह सब! क्या तैयारियाँ हैं? बिना पहले से बताए कोई पार्टी की है? पर, इतनी जल्दी की क्या ज़रूरत थी? मुझे क्यों नहीं बुलाया गया? बड़े शर्म की बात है!''

''मुझे बुलाने न बुलाने से क्या फ़ायदा? तू तो यों भी आए बिना नहीं मानती!''

वासिली और वालेंतिना ने निश्चय किया था कि कार्रवाई कौमसोमोल की ओर से अल्योशा के भाषण से आरम्भ होगी।

अल्योशा आकर मेज़ के पास खड़ा हुआ। कुछ पल वह वहाँ चुप ही खड़ा रहा। अपने आपको सँभालने के लिए बार-बार वह अपने घुँघराले बालों में उँगलियाँ चला रहा था।

सबकी आँखें उसकी ओर लगी थीं। वालेंतिना घबरा रही थी।

''ठीक से बोल भी पाएगा?'' वह सोच रही थी। ''शुरू क्यों नहीं कर रहा है?'' मन ही मन वह उसे ढाढस दे रही थी : ''बहुत हो गया, अब रहने दे अपने बालों को! लोग हँसने लगेंगे! शुरू कर! शाबाश!''

कोई महत्त्वपूर्ण भाषण देने के लिए खड़े वक्ता के बाल अल्योशा के अनुसार जैसे होने चाहिए, वैसे बाल बना लेने के बाद उसने बोलना शुरू किया।

''साथियो!'' उसने कहा। ''एक समय हमारे फ़ार्म की स्थिति अच्छी थी और हमारी प्रतिष्ठा भी थी। हमें अपने फ़ार्म को फिर उसी स्तर पर उठाना है। हमें अपने पशुओं की अवस्था सुधारनी है। हमें अपने खेतों में अच्छी तरह खाद देनी है। अगली फसल बोने की हमें अच्छी तरह तैयारी करनी है। इस काम के लिए हमें कुछ अधिक रूबल की ज़रूरत पड़ेगी। सरकार ने हमें इस काम के लिए

कर्ज़ा देने का आश्वासन दिया है। लेकिन यह अच्छा नहीं लगता कि हम सहायता की प्रतीक्षा में हाथ पर हाथ धरे बैठे रहें। हम कौमसोमोल सदस्यों ने फ़ार्म की सभा को वचन दिया है कि हम लोग एक जनवरी से पहले फ़ार्म को कम से कम तीस हज़ार रूबल दे देंगे। हमने हिसाब लगाया है कि यदि हमारे यहाँ के सन को ठीक ढंग से तैयार करके ऊँचे दर्ज़े के सन के रूप में सरकार को दिया जाए तो इतना धन आसानी से मिल सकता है। हमारे क्षेत्र के बहुत से काम अभी अधूरे पड़े हैं और हमारे यहाँ आदमियों की संख्या भी कम है। इसलिए, हमने फ़ैसला किया है कि सन की कुटाई और सफाई का काम हम लोग साँझ को, खाली समय में, किया करेंगे। जो लोग फ़ार्म की हालत सुधारने में हाथ बँटाना चाहते हैं, वे अपनी मर्ज़ी से हमारे साथ शामिल हो सकते हैं। वे जिस दल में भी चाहें, अपना नाम लिखा सकते हैं। साथियो, मुझे इतना ही कहना था। अब हमें अपने आपको अलग-अलग दलों में बाँट लेना चाहिए और काम शुरू कर देना चाहिए।''

एक शोर-सा मच गया।

''फ्रोस्या हमारे दल में शामिल हो जा।'' वालेंतिना बोली! ''तेरे रहने से ज़रा मज़ा रहेगा।''

''मैं अल्योशा के दल में जाना चाहती हूँ! बोल अल्योशा, तेरे दल में हमारे जैसे चंचल लोगों के लिए भी जगह है या सिर्फ़ गम्भीर लोगों को ही लेगा?''

''जो भी काम करना चाहे, आ जाए!''

''अच्छा भाई, सन भीतर लाओ।''

सन की छड़ियों के उठाने और पटके जाने की आवाज़ होने लगी। धूल उठने लगी। सन की मीठी गन्ध कमरे में भर गई।

अल्योशा ने अपनी आस्तीनें चढ़ा लीं और मशीन के पास जा खड़ा हुआ; सन की छड़ियों का पहला पूर मशीन में कुचल कर बाहर निकाला। सन का पहला सुनहला गुच्छा मेज़ पर सजा कर रखा गया। उसे सिर के ऊपर उठाकर प्योत्र बोला :

''देखो, यह हमारा पहला अतिरिक्त रूबल है!''

तातिआना बोली : ''ला, इसे यहाँ दे! इसे दीवार पर लटकाऊँगी। यह यहाँ आज के दिन की याद के तौर पर रहेगा।'' उसे फर की टहनियों में गूँथ कर तातिआना उसकी माला बनाने लगी।

कमरे में लोग ज़ोर-ज़ोर से बातें कर रहे थे।

''पहले हमारे क्षेत्र की अवस्था अच्छी थी, तो फिर क्यों नहीं होगी? ज़रूर होगी!''

''याद है, जब हम लोग ज़िले की कान्फ्रेंस में उग्रेन जाते थे तो लोग हमारे घोड़े देखकर इशारा करते थे : 'देखो, देखो, पहली मई फ़ार्म के घोड़े!' क्या घोड़े

थे! काले चमकदार! बिजली की तरह तड़पते हुए! देखकर लोगों की आँखें फटी की फटी रह जाती थीं!"

"फ्रोस्या, यह नया रूमाल क्यों बाँध कर आई है?" अवदोत्या बोली। "गर्द से मैला हो जाएगा।"

"ऊँह, रूमाल का क्या है," फ्रोस्या ने उत्तर दिया, "नया खरीद लूँगी! रूमाल तो कुछ भी नहीं है, अपने कौमसोमोल लीडर अल्योशा के लिए तो मैं जान तक कुर्बान कर दूँ!"

बूढ़े मातवेयेविच ने दादी वासिलिसा को सम्बोधित किया : "तो हम-तुम भी कौमसोमोल में शामिल हो गए न, वासिलिसा मिखाइलोवना।"

"हम लोग इन नौजवानों से किस बात में कम हैं? ख़ामख़ा ही ये लोग बकवास करते हैं कि हम पुराने जमाने के लोग हैं! मुझसे पूछो तो हम पुरानिया लोग ही असली सामूहिक किसान हैं!" दादी वासिलिसा ने कुछ क्रोध से उत्तर दिया।

इस सुखमय वातावरण और सुपरिचित काम से दादी प्रसन्न थीं। नौजवानों से आदर पाकर उनका उत्साह दूना हो गया था। अपने कड़े हाथों से वह सन की पतली-पतली छड़ियों के मुट्ठे बड़े कौशल से बना रही थीं।

"आजकल के लड़के-लड़कियों के दिमाग़ खराब हो रहे हैं। इन्हें जो मिलता है, उससे सन्तोष नहीं होता; इनका मन ही नहीं भरता!" वह कौमसोमोल के सदस्यों को सम्बोधित करती हुई बोली, "फ्रोस्या को देखो! नया रूमाल बाँध कर आई है। कहती है, वह खराब हो जाएगा तो नया खरीद लूँगी। लो! मैं तुम लोगों को कुछ अपने बारे में भी बता हूँ।" दादी ने चारों ओर बैठे लोगों पर नज़र दौड़ाई। इस बात से उसका मन खिल उठा कि सभी के चेहरों पर उसकी बात सुनने की उत्सुकता है। अस्तु, अपनी जगह पर वह ज़रा और जम कर बैठ गई और बोली, "सुनो बच्चो! एक मर्तबा मुझे एक नन्ही-सी बछिया दी गई—इतनी बड़ी—" दादी ने एक छड़ी फ़र्श से डेढ़ हाथ ऊँची उठा कर बछिया की ऊँचाई बताई। "मैं उसे पालती रही, पालती रही! अरे! वह तो बढ़कर पूरी गैया बन गई।" दादी ने आँखें और हाथ फैला कर इस असाधारण परिवर्तन पर विस्मय प्रकट किया, मानो बछिया का गाय बन जाना बड़ी आश्चर्यजनक और आनन्ददायक घटना हो। "मेरे पास एक रूमाल था। एक दिन मैंने अपना रूमाल धोकर सूखने डाला था। बाहर आकर देखा तो कमबख्त गैया रूमाल को चबाये जा रही थी। दादा रे, दादा!" दादी आँखें बन्द करके ऐसे हिलने लगी जैसे उसके कहीं दर्द उठ रहा हो। "ओह, मैं कितना रोई थी! मेरे पास पुराना-धुराना वही एक रूमाल था और उसे भी गाय चबा गई थी! तुम लोग मानो चाहे न मानो, मैंने अपनी हालत खराब कर ली थी—बस, बाल नोच डालना बाकी था! तब तक मेरा ससुर आ धमका। मुझसे पूछा : 'क्यों रो

रही है री!' अब बताऊँ तो कैसे! गालियाँ पड़तीं कि बड़ी लापरवाह है! यह कहते शरम लगती थी कि गैया रूमाल चबा गई है, इसलिए रो रही हूँ। मैं चुप्पी साधे रही। लेकिन वह भला काहे को मानने का। 'क्यों सिसकियाँ भर रही है?' उसने पूछा। आखिर मैंने बताया : 'गैया रूमाल चबा गई है?' 'बस! इसीलिए रो रही है?' वह बोला! 'हम लोग उग्रेन के बाज़ार जाएँगे तो तेरे लिए और रूमाल ख़रीद लाएँगे।' मैं कितनी खुश थी! अरे, तुम लोगों को क्या मालूम कि मैं कितनी खुश थी! लेकिन हुआ क्या, मेरी शहजादियो? कुछ मालूम है?" वासिलिसा ने सन की छड़ियाँ एक ओर रख दीं और नाराज़गी से चारों तरफ देखा मानो उन्हें भी अपने क्रोध और आक्रोश में शामिल होने के लिए आमन्त्रित कर रही हो। "आखिर, मेरी सास ने रूमाल नहीं ख़रीदा! न किसी को ख़रीदने दिया! बस, मजबूरन वही फटा रूमाल बाँधे फिरती थी! दैया, शर्म के मारे मैं धरती में गड़ी जाती थी।"

दादी चुप हो गई। उसकी आँखें कहीं दूर देख रही थीं। सामने की दीवार पर वह ऐसे नज़र गड़ाए थी मानो उसे चीर कर अपने अतीत को देख रही हो।

उसकी करुण कथा के प्रति सहानुभूति में एक निस्तब्धता-सी छा गई। सिर्फ सन की छड़ियों की कड़कड़ाहट और मशीन क़ी घड़घड़ाहट की आवाज़ हो रही थी।

मातवेयेविच बुदबुदाया, जैसे सपने में बातें कर रहा हो : "मेरा पोता है न, उसे इसी कातिक में स्कूल में दाखिल करवाना है। उसकी माँ ने उसके लिए बूटों पर चढ़ाने वाले बरफ़ के जूते नहीं खरीदे। बस, रो-रोकर उसने सारा घर सिर पर उठा लिया। मैंने उससे कहा, 'कोई बात नहीं बरफ़ और कीचड़ में जाते समय बूटों पर गूदड़ लपेट लेना, काम चल जाएगा।' अरे, घर भर के लोग मुझ पर बरस पड़े। मुझे लगा, मेरे सिर पर मनों ईंटें टूट पड़ी हैं। मैंने चालीस बरस की उमर में पहली बार बरफ़ वाला जूता पहना था! बूट तो बस कभी किसी से मिलने-जुलने जाना होता तो दिखाने के लिए पहन जाता था! इतवार को गिरजे जाना होता तो बूट हाथ में उठा कर ले जाता था। वहाँ जाकर पहन लेता था। प्रार्थना के बाद गिरजे से बाहर निकला तो हाथ में ले लेता और घर चला आता! सच कहता हूँ!"

सन की मूठों के ढेर बढ़ते ही जा रहे थे। झोंपड़ी में सन की सफेद गर्द भर गई। जान पड़ता था कि बादल भीतर घुस कर छा गए हैं। सन साफ करती हुई दादी सन के मटमैले सफेद रेशमी तारों से ढँकी बैठी थी।

सन के तार कमरे भर में छा रहे थे, कुछ मेज़ पर भी उड़-उड़कर आ गिरे थे। मालूम होता था कि सारा कमरा, और उसमें बैठे तमाम लोग, सन के बारीक़ मुलायम जाले में फँसे हुए हैं।

अवदोत्या ने गर्दन सीधी की, सिर पर रूमाल सीधा किया, और फिर धीमे

स्वर में गाने लगी :

मैं बोवन गई थी सनिया,
मैं गावन लागी रनिया,
जल्दी-जल्दी बढ़े मोरी सनिया!

वह बारीक़ किन्तु स्पष्ट और मधुर स्वर में गा रही थी :

जल्दी जल्दी बढ़े मोरी सनिया!

उसकी आवाज़ और भी सुरीली हो उठी :

गोरी, गोरी, बढ़े मोरी सनिया!

लुबावा भी अपनी भारी-सी आवाज़ में आदेश के स्वर में गाने लगी :

हाँ, हाँ,
जल्दी बढ़े मोरी सनिया!

कमरे में बैठी दर्जनों लड़कियों की आवाज़ें सन की छड़ियों और सन के ढेरों के ऊपर मँडराने लगीं।

मौक़ा देखकर सन की मूठों के ढेर की आड़ में पीछे से आकर फ्रोस्या ने प्योत्र के कान में धीरे से कहा :

"तेरी सुनहरी जुल्फें तो सनिये की तरह चमक रही हैं! सच!"

"फ्रोस्या!" प्योत्र ने धीमे स्वर में उसे चिढ़ाते हुए उत्तर दिया : "याद है, पिछले जाड़ों की बात? लड़के तुझे पीटने पर तुल गए थे?"

"तो क्या हुआ! एक साथ चार के साथ जाने की सज़ा थी!" फ्रोस्या ने न्याय की बात बताते हुए जवाब दिया।

"इस साल भी वैसा ही न हो जाए!"

फ्रोस्या हँस दी और प्योत्र के मुँह के पास मुँह लाकर गाने लगी :

गो-री-ई गो-री-ई बढ़े मोरी...

अवदोत्या आगे की कड़ी गा रही थी :

मैं पीटन गई थी सनिया,
मैं गावन लागी रनिया...

घर में सन की सफ़ेद गर्द भरी हुई थी और उसमें सन के रेशे लहरा-लहराकर उड़ रहे थे। लोगों के चेहरों पर मुस्कराहट थी। गीत लम्बा मगर उल्लासमय था।

लय के साथ गाने का आरोह और अवरोह बड़ा मधुर लग रहा था। लगता था, सन के उड़ते रेशे, चेहरों पर नाचती मुस्कराहटें, कार्य में व्यस्त हाथ—संगीत लहरी के साथ ही उठते और गिरते हैं!

लोग आते थे और बैठकर गीत गाने लगते थे। उनके हाथ काम करते जाते थे। वे आपस में बात कर रहे थे :

"सनी तो कभी की पड़ी थी। यह काम पहले ही क्यों नहीं शुरू किया?"

वालेंतिना का मन उमग उठा : "बात बन ही गई! बड़ी कामयाबी हुई!...कितने लोग आए हैं! शायद ही कोई न आया हो। मलानिया भी आई है। इसके आने की तो मुझे ज़रा भी आशा नहीं थी। आन्द्रेई मेरी प्रतीक्षा में बेचैन हो रहा होगा। दफ्तर दौड़ जाऊँ और उसे फोन कर दूँ? कहूँ : 'बहुत सफलता से काम हो रहा है! इतनी तो मुझे भी आशा नहीं थी!' "

वालेंतिना की आँखें दूसरे छोर पर बैठे वासिली से मिलीं। वासिली की आँखों से आदर और प्रशंसा का भाव उमड़ रहा था।

गाते-बजाते मनोविनोद से काम करने की वालेंतिना की योजना को पहले उसने 'औरतों की बात' समझकर उसे विशेष महत्त्व नहीं दिया था।

अब वासिली को वालेंतिना के पूरे व्यवहार में—बिजली घर में मातवेयेविच से झगड़े में उसके टोक देने से लेकर, पार्टी की मीटिंग में 'प्रधान के काम में मुस्कराहटों' की माँग करने तक और इस शाम सन की कुटाई के काम में—सभी बातों में, एक तारतम्य दिखाई दे रहा था। वह सोच रहा था :

"हम दोनों एक ही जुए में जुते दो बैल हैं, या इक्के के दो पहियों की तरह हैं। एक के बिना दूसरा चल ही नहीं सकता। दोनों ठीक से चलें तो हज़ारों मील निकल जाएँ!"

वासिली वालेंतिना के समीप आया। अपना भारी-भरकम गरम हाथ उसने उसके कन्धे पर रख दिया।

उसकी आँखों से कृतज्ञता और स्तुति बरस रही थी। उसके स्वर में अपूर्व मिठास थी; वह अपने साधारण कर्कश हाकिमाना ढंग से नहीं बोला! उसने कहा :

"मुझे बहुत खुशी हो रही है! बहुत बड़ा काम किया है तुमने, वालेंतिना! तुमने तो लोगों में जान डाल दी है! मैं कह सकता हूँ, आज पाँच सौ रूबल से कम का काम नहीं होगा!"

वालेंतिना ने उसकी ओर देखा।

"...पाँच सौ से ज्यादा का होगा, वासिली कुज़मिच! ज़रा सुनो तो, लोग क्या कह रहे हैं? 'हम', 'हमारा', 'हम लोग!' ये कितने अनमोल शब्द हैं!"

8. स्तेपान का घर

गाँव की सड़क के बीचोंबीच एक लारी अड़ी खड़ी थी। ड्राइवर इंजन को ठीक करने का यत्न करता हुआ उतावली से गालियाँ दिए जा रहा था। नन्ही दुन्या एक शॉल और कोट में लिपटी, नन्हे पैरों में बड़ी-बड़ी स्लीपरें डाले, तमाशा देखने के लिए लुढ़कती-फुदकती आ पहुँची।

वासिली ड्राइवर की सहायता कर रहा था। उसने टोका : "भले आदमी ज़रा ज़बान को लगाम लगा! देख, लड़की खड़ी है!" वासिली ने बिटिया को बाँहों में उठा लिया! लेकिन दुन्या चुपके से वासिली की बाँहों से फिसल कर निकल आई और इंजन के पास जा पहुँची। अपनी कौड़ियों जैसी काली-काली आँखें इंजन में गड़ाए वह चुपचाप खड़ी रही। फिर अचानक उसने अपनी बात कह ही डाली :

"कारबोरेटर के छेद बन्द हो गए हैं।"

वासिली और ड्राइवर ठहाका मार कर हँस पड़े।

"बहुत अच्छा! वाह!" ड्राइवर बोला, "भई, यह कह रही है तो कारबोरेटर भी देख लो। सचमुच! कारबोरेटर के छेद बन्द हैं!... क्या बेटी पाई है तूने, वासिली कुज़मिच!...जब हम लोग इतने बड़े थे तब हम लोगों ने मोटर देखी भी नहीं थी। और इसे देखो, कहती है कि 'कारबोरेटर के छेद बन्द हैं!' गजब है, गजब!"

वासिली का मन पुलक उठा। लाड़ से अपनी दुन्या को उसने गोद में उठा लिया :

"शाबाश! शाबाश मेरी रानी बेटी! कारबोरेटर की बात किसने बताई थी तुझे!"

"बप्पू ने!"

दुन्या का मतलब स्तेपान से था। वासिली समझ गया। उसके मन की प्रसन्नता उड़ गई। अपनी इस छोटी बिटिया से वासिली चिन्तित रहता था। दुन्या उसे अपनाने और स्तेपान को भुला देने के लिए तैयार नहीं थी। तो भी, दुन्या को वह बड़ी लड़की कात्या से ज़्यादा प्यार करता था। यह रहस्य वासिली की समझ में नहीं आता था। ...शायद इसका कारण यह हो कि कात्या उसके यौवन की सन्तान थी; उन दिनों की, जब उसका पारिवारिक जीवन सुखमय था, जब उसे प्रेम और स्नेह की वैसी आवश्यकता नहीं थी जैसी आज! दुन्या खरी बात कहने वाली और अपने मन की करने वाली थी। सुस्ती उसे ज़रा भी पसन्द नहीं थी। माँ तंग आकर कभी उसके चपत लगा देती तो दुन्या पूछ लेती :

"अम्मा, तुमने थापी दी है कि मारा है?"

दुन्या को चोट की परवाह नहीं थी, पर वह सज़ा बर्दाश्त नहीं कर सकती थी। यदि माँ हँस कर उत्तर देती कि : "तू बड़ी शैतान है, तुझे थापी दी है," तो चाहे जितनी ज़ोर से मारा हो, कोई बात नहीं। यदि माँ गुस्से में कह देती कि : "तू खराब लड़की है, मैंने तुझे सज़ा दी है," तो उँगली-भर छुला देने से दुन्या आँसुओं की वर्षा शुरू कर देती।

दुन्या पर दिन भर चौकसी रखनी ज़रूरी थी। कोई न कोई शरारत उसे हर घड़ी सूझा करती थी। अक्सर वह अपनी शरारत छिपाती भी नहीं थी।

घर में इस समय आश्चर्य में डाल देने वाली शान्ति देखकर, कुछ उद्विग्न होकर, अवदोत्या ने पुकारा : "बेटी कात्या! देखना तो दुन्या कहाँ है, क्या कर रही है?" कात्या ने दूर से ही देखकर कह दिया :

"अम्मा, कुछ नहीं कर रही है! खिड़की के पास खड़ी है!"

"नहीं, नहीं! जरा पास से तो देखो," दुन्या की भर्राये गले की आवाज़ सुनाई दी, "अम्मा, मैं खिड़की को उधर झुका रही हूँ..."

अवदोत्या दौड़ी-दौड़ी पहुँची। देखा, दुन्या खिड़की के पास खड़ी काँच में अपना माथा और नाक सटाए पूरे ज़ोर से उसे धक्का दे रही है।

"क्या कर रही है, शैतान!"

"अम्मा, देखो तो काँच झुक रहा है..." दुन्या ने उल्लास भरे स्वर में उत्तर दिया।

न्याय के सम्बन्ध में भी दुन्या की समझ बहुत परिपक्व थी।

एक दिन वासिली किसी काम से, बीच में ही, पल-भर को घर आया। घर में सन्नाटा देखकर वासिली को विस्मय हुआ।

दुन्या घर में अकेली थी। वह निरलस भाव से चुपचाप तन्दूर के पीछे के कोने में उस जगह खड़ी दीवार की मिट्टी कुरेद रही थी जहाँ सज़ा देने के लिए माँ उसे खड़ा कर देती थी।

"क्या अम्मा ने सज़ा दी है?"

"नहीं तो!" दुन्या ने बिना एक क्षण सोचे-विचारे उत्तर दे दिया।

"तो फिर, यहाँ क्यों खड़ी है?"

"ऐसे ही..."

"कुछ शैतानी की है, मालूम होता है?"

दुन्या मौन खड़ी रही।

"बता, क्या बात है?"

"वह...रसोई घर...में...एक प्याला टूट गया!" दुन्या ने ऐसे स्वर में उत्तर दिया, जैसे टूटे प्याले और उसका कोई सम्बन्ध ही न हो।

"आहा! तो यह बात है? रसोई घर में एक प्याला टूट गया, और तू यहाँ

आकर खड़ी हो गई! ऐसे ही! बेकार में!...कैसे टूटा प्याला? हाँ, समझा! बिल्ली ने अपनी दुम से उसे तोड़ दिया होगा!"

दुन्या ने सिर लटका लिया।

"हाँ...बिल्ली ने ही तोड़ा होगा...!"

"कहाँ है, लाठी! मैं अभी इस कमबख्त बिल्ली की कमर तोड़ता हूँ। ठहर जा तू!"

दुन्या की पलकें फड़फड़ाने लगीं। उसके गुलाबी गालों पर आँसुओं की धारा बह चली।

"...नहीं, नहीं! बापू! बिल्ली को लाठी से मत मारो। मेरी ग़लती थी... मैं...मैंने...तोड़ा है! ऊँ-ऊँ-ऊँ।"

दुन्या ज़ोरों से सिसक रही थी। उसके आँसू थम ही नहीं रहे थे।

वासिली के घुटनों से चिपक कर वह फफक-फफक कर रोने लगी थी। वह प्याला दादी को बहुत प्यारा था। प्याला टूट जाने से दुन्या सकपका गई थी। मन की चुभन मिटाने के लिए वह खुद ही कोने में जा खड़ी हुई थी। जितना ही दुख दुन्या के मन को होता, उतनी ही दृढ़ता वह अपने स्वभाव में लाती।

'बिलकुल मुझ पर ही गई है!' वासिली ने सोचा। 'बिलकुल मुझ जैसी ही है!'

वासिली को दुन्या की हर बात आश्चर्यजनक और प्यारी लगती। उसका मन उसी में रमा रहता। परन्तु दुन्या? दुन्या, स्तेपान को ही याद करती रहती थी! वासिली से वह दूर-दूर भागती रहती थी। उसे लगता था कि वासिली ने ही उसके प्यारे 'बप्पू' का भाग दिया है।

अपनी बेटी में ही नहीं, वासिली को अपनी पत्नी में भी एक छिपे, अस्पष्ट से, दुराव का आभास मिलता था।

अवदोत्या अब भी उसका प्यार और आदर करती थी! पर उसके प्यार में अब पहले जैसी गरमाई नहीं थी और उसका आदर निरुत्साहपूर्ण लगता था। अब इससे वासिली का मन खुश नहीं होता था।

अवदोत्या उसके लिए तरह-तरह का स्वादिष्ट भोजन बनाती थी। जब वह आता था तो वह घर को भी खूब साफ़-सुथरा रखती थी। लेकिन, उसे हँसी-मज़ाक न सूझता! उसके होंठों पर खुशी की मुस्कान न दिखाई देती। वासिली दोपहर में दो मिनट को घर आता तो सीधा मेज़ पर जा बैठता और बिना इधर-उधर नज़र दौड़ाए नीरस स्वर में पुकारता :

"दुन्या, खाना दे दे! मुझे जल्दी है!"

शून्य आँखों से इधर-उधर देखता हुआ वासिली चुपचाप जल्दी-जल्दी खाना खा लेता। उसके दिमाग़ में बीसियों उलझनें भरी रहती थीं। उसके जिम्मे सैकड़ों

काम थे जिनकी बाबत वह अवदोत्या से न तो बातें करना चाहता था, न करता था; जिनके बारे में अवदोत्या न तो कुछ पूछती थी, न पूछने का साहस कर सकती थी। वह चुपचाप खाना खाता और फिर शाम तक के लिए चला जाता। वह शाम को लौटता तो थका हुआ और परेशान—बीसियों उलझनों और परेशानियों में डूबा हुआ। अवदोत्या को इनका कोई पता न रहता था।

और अवदोत्या! स्तेपान के लिए वह छिपी चाह की टीस मन में दबाए थी। वह वासिली के कामों और समस्याओं में हिस्सा बँटाकर उसकी सहयोगी और सहायक बनने के बजाय एक मूक और गूँगी दासी बनती जा रही थी। दासी के जीवन से उसे पहले भी सन्तोष न था। और अब, जब वह स्तेपान को तथा सच्चे प्रेम की पूर्णता को पा चुकी थी, उसे सदा ही स्तेपान के साथ बिताए जीवन की याद आती रहती। अनायास ही वह उसके व्यवहार की तुलना वासिली के व्यवहार और अपने इस जीवन से करने लगती। पहले से कहीं अधिक तीव्रता से उसका मन स्तेपान के लिए अकुला उठता।

अवदोत्या का हमेशा मुरझाया-मुरझाया चेहरा और पथराई हुई चिन्तित आँखें देखकर वासिली खीझ उठता था।

'इसका पति लौटकर घर आया है, और यह मुर्दा बनी घूमती है।' वासिली सोचता रह जाता। 'मैंने सब माफ़ कर दिया—चलो, जाने दो, जो हुआ सो हुआ! पर क्या मैं इसका पति नहीं हूँ? लेकिन, लगता है अपराधी यह नहीं, बल्कि मैं हूँ।'

वासिली सोचता कि अवदोत्या ने उसकी उदारता की उचित क़द्र नहीं की है। यह विचार उसे हमेशा कचोटता रहता था। फलस्वरूप, उसके व्यवहार में अधिकाधिक निष्ठुरता आती गई। उधर, अवदोत्या अलग अपने दिल के फोड़े को पका रही थी।

'इसके एक शब्द पर मैंने स्तेपान को हृदय और जीवन से दूर कर दिया। फिर क्यों यह मुझे निरादर की दृष्टि से देखता है?' वह सोचती। 'जो बात हो, एक बार साफ़ हो जानी चाहिए...सारी गन्दगी तह से निकाल फेंकी जाए! पर मैं इससे कहूँ क्या? क्या यह कहूँ कि मैं तुम्हारे साथ खुश नहीं हूँ, मुझे स्तेपान की याद आती है? मैं उससे कह भी दूँ, तो? फिर क्या होगा? क्या हम लोग साथ रह पाएँगे? अगर अलग हो जाएँ, तो बच्चों का क्या होगा? नहीं...! मुझे चुप ही रहना चाहिए...! किसी तरह इसे भी पार कर लेंगे।'

और, दोनों चुप्पी साधे रहते।

चुप्पी इसलिए भी थी कि दिनोंदिन बलवती होती ईर्ष्या के कारण वासिली अवदोत्या की हर बात का उल्टा अर्थ लगाता था।

एक दिन अवदोत्या ने कहा, "फ्रोस्या फिर प्योत्र वाले दल में ही काम

करना चाहती है। वह उससे जुदा नहीं होना चाहती। मालूम होता है दोनों में प्यार हो गया है!"

वासिली ने झट अर्थ लगाया : "इसका मतलब स्तेपान से है। इसे उसकी जुदाई का बड़ा गम है! जब देखो, आहें भरती रहती है। स्तेपान के लिए आहें भरती है! बेहतर यह होगा कि आहें भरने के बजाय वह बच्चों पर ध्यान दे।"

उसने ऐसी रुखाई से उत्तर दिया कि अवदोत्या कुछ समझ ही न पाई :

"तुझे क्यों फ्रोस्या की फिकर लगी है?"

वासिली की रुखाई से खिन्न होकर अवदोत्या कोठरी से बाहर चली गई।

एक दिन अवदोत्या ने दुन्या को डाँटते हुए पूछा, "अरी बेटी, तूने अपनी यह मोटर-लारी कैसे तोड़ डाली?"

वासिली के मन में तुरन्त यह विचार कौंध गया : "स्तेपान ने यह खिलौना बनाया था, इसीलिए इसे इतना दर्द हो रहा है...!"

उसने लारी उठाकर आग में फेंक दी।

"दुनिया भर का झाड़-झंखाड़ घर में भर रखा है! उग्रेन तो गई थीं तुम, बच्चे के लिए कोई अच्छा-सा खिलौना क्यों नहीं ले आईं। जहाँ देखो, कबाड़ा भर रखा है!"

जवानी में वासिली को बीसियों स्त्रियों की आकर्षणपूर्ण नज़रों की गरमी मिली थी। उससे उसका मिजाज़ बिगड़ा हुआ था। ईर्ष्या का अनुभव उसके लिए नया ही था। ज्यों-ज्यों ईर्ष्या बढ़ती थी, वासिली की असमर्थता भी बढ़ती जाती थी, उसकी पीड़ा भी घनीभूत होती जाती थी।

अवदोत्या सामूहिक खेत की गोशाला में काम करती थी। इस काम में दोनों का सहयोग हो सकता था। परन्तु, वासिली गोशाला जाता ही नहीं था। कारण यह था कि फ़ार्म के काम की अन्य शाखाओं की अपेक्षा गोशाला का काम अधिक ठीक चल रहा था और इससे उसके मन को तसल्ली थी।

गोशाला का काम कोई दूसरी स्त्री सँभाल रही होती, तो वासिली अवश्य उसके काम की प्रशंसा करता और उसका उत्साह बढ़ाता। परन्तु अवदोत्या तो उसकी पत्नी थी! इसलिए, वह सोचता, उसे तो और सबों से अच्छा काम करना ही चाहिए।

जो भी हो। दिन पर दिन दोनों के बीच का अन्तर बढ़ता ही जा रहा था। और अवदोत्या, जो दूसरे प्रकार के व्यवहार की आदी थी, दिन पर दिन दयनीयता की मूर्ति बनती जा रही थी।

जिस वस्तु पर भी उसकी नज़र पड़ती, वह स्तेपान की स्मृति को ताज़ा कर देती।

मेज़ पर स्तेपान के हाथों का जड़ा हुआ तख्ता! दुन्या के लिए धागे की खाली रीलों के पहिए लगाकर बनाई हुई मोटर...! अवदोत्या के स्लीपरों की

मरम्मत भी उसने ही की थी! घर की गोहरन का छप्पर भी उसी के हाथों का छाया हुआ था!

घर की जिस-जिस चीज़ में उसका हाथ लगा था सब में से उन साधारण घरेलू सुखों का प्रकाश फूटा पड़ता था जिनके बिना धरती पर जीवन का आनन्द अधूरा रहता है।

दोनों बच्चे, खास कर दुन्या, स्तेपान को याद करते रहते थे और उसके लिए हुड़कते रहते थे।

एक दिन वासिली एक चमड़ा-मढ़े छोटे से मोढ़े पर अपने जूते रखकर फीते बाँध रहा था। दुन्या बहुत नाराज़ होती हुई बोली, "इस पर नहीं! इस पर नहीं रखो! यह बप्पू का है!" दुन्या ने वासिली के पाँव के नीचे से मोढ़ा खींच लिया और ले जाकर कोने में रख आई। स्तेपान इसी मोढ़े पर बैठा करता था। दुन्या उसे बड़ी चौकसी से, सँभाल कर, रखती थी।

"स्तेपान की बेटी! स्तेपान की पत्नी! स्तेपान का घर...!" वासिली तलखी से सोच कर रह गया।

वह अपना समझ सकता था तो बस बड़ी लड़की कात्या को। कात्या के बाल भूरे-भूरे थे, आँखें बड़ी-बड़ी थीं और माँ की तरह का कोमल स्वभाव था। कात्या का बहुत सा समय स्कूल में बीत जाता था। वह स्कूल से लौटती तो गोशाला में 'अनाथ' नामक बछड़े से खेलती रहती थी।

वासिली सुबह प्रायः गोशाला में अनाथ को देखता हुआ जाता। कात्या भी घर से स्कूल जाने के लिए बाप के साथ ही निकलती। दिन-भर में यही समय वासिली के लिए सबसे मधुर था। सुबह, अँधेरी गली में, बरफ़ पर खुट्ट-खुट्ट करती कात्या बाप के साथ बातें करती हुई, उसका हाथ थामे, साथ लटकी हुई सी, चली जाती।

'कैसी चहकती है! बिलकुल चिड़िया की तरह!' वासिली सोचता। कात्या की बातें समझने की चिन्ता किए बिना वह वह उसकी आवाज़ सुनता रहता।

"बप्पू, बप्पू! धौली का छोटा-सा बछड़ा बिलकुल अनाथ जैसा है। उसके चारों खुर वैसे ही सफेद हैं, और सामने का हिस्सा भी सफेद है। बप्पू, तुम ताज्जुब करते रह जाओगे। अम्मा कह रही थीं अब तू नानी बन गई है, तेरे दोहता हो गया है।" कात्या बड़े ज़ोर से हँस पड़ी। वासिली भी अपनी तमाम चिन्ताओं को भूल कर उसके साथ हँस पड़ा।

कात्या के बछड़े 'अनाथ' की कहानी बड़ी विचित्र थी। उक्रेन की मुक्ति के बाद जब लोग अपने जानवरों को हाँक कर वापस ले जा रहे थे, तो ग्वाले एक बछड़े को उठाए हुए फ़ार्म में लाए और बोले :

"इसे ले लो! इसके पाँव सुन्न हो गए हैं! यह खड़ा नहीं हो पाता। हम

इसे कहाँ उठाए फिरेंगे!"

बछड़े का रंग खूब चमकीला काला था। मुँह सफेद था और नथुने गुलाबी रंग के। घुटनों से नीचे उसकी टाँगों को जाने क्या हो गया था; वह खड़ा नहीं हो पाता था। बस, घुटने मोड़े पड़ा रहता था। उसकी आँखों में ऐसी उदासी झलकती थी जैसे उसे संसार से विरक्ति हो।

"मालूम होता है, इसे बूचड़खाने ही भिजवाना पड़ेगा।" अवदोत्या ने सन्देह भरे स्वर में कहा।

"नहीं, नहीं अम्मा!" कात्या ने रो-रो कर कहा, "इसे मुझे दे दो। इसे मैं पालूँगी। मुझे दे दो, अम्मा। इसके लिए मैं घास काट कर लाया करूँगी। इसके लिए सानी मैं बना दिया करूँगी। अम्मा, मेरी अम्मा!"

उस दिन से कात्या ने अपने सब खेल-तमाशे छोड़ दिए। उसने बछड़े के लिए बाग़ के एक कोने में जगह बना दी। उसके ऊपर छप्पर डलवा दिया। वह खुद चारे के खेतों में जाकर उसके लिए हरी-हरी घास लाती थी। वही उसे नहलाती-पोंछती थी। उसने उसके सींगों पर एक रूमाल बाँध दिया; बहुत से लाल, काले, पीले मनके लाकर उसके गले में एक माला डाल दी। वह उसे ऐसे दुलराती-पुचकारती जैसे वह नन्हा बच्चा हो, उससे ऐसे बातें करती जैसे वह उसका मित्र हो, उसकी ऐसे तीमारदारी करती जैसे वह कोई बीमार आदमी हो!

"हाय मेरा छोटा-सा अनाथ, प्यारा प्यारा! मेरा बे-माँ का बच्चा!"

बदले में, अनाथ भी कात्या के स्नेह का प्रतिपान बड़ी आतुरता से करता था। अनाथ के लिए खड़े हो पाना या चल पाना सम्भव नहीं था। उस छप्पर के नीचे बँधा वह अपनी बिरादरी के लोगों से एकदम कटा हुआ था। मनुष्यों के भी दर्शन उसे लगभग दुर्लभ ही थे। एकमात्र कात्या ही उसके मानस पटल पर अंकित होने वाले भाव-चित्रों, उसके जीवन और उसकी सीधी-सादी बछेड़ अल्हड़ता के सुखों की स्रोत थी। कात्या के प्रति उसका स्नेह बिलकुल मानवों जैसा था। कात्या को आते देख, वह उसकी ओर सरकने का यत्न करने लगता। वह उसके पाँवों को चाटता, उसके हाथों और बालों को चाटता। उसकी फ्राक का किनारा अपने होंठों से पकड़ कर वह अपना प्यार प्रदर्शित करता। कात्या चली जाती तो वह दीनता भरे स्वर में ज़ोरों से रंभाने लगता, दुखी होकर अपने छोटे-छोटे सींगों से धरती खोदने लगता, गले में बँधी रस्सी को तुड़ाने की कोशिश करने लगता।

कात्या के शब्दों को अनाथ इतनी अच्छी तरह समझने लगा था कि देखने वालों को विस्मय होता था।

कात्या कहती, "अनाथ, ज़रा हट तो। तेरे नीचे की घास गन्दी हो गई है। हट, बदल दूँ!" अनाथ सरक कर एक ओर को हो जाता।

"अनाथ, देख तेरी इस बगल में कितना गोबर लगा है। हट तो, ज़रा साफ

कर दूँ!"

अनाथ दूसरी करवट बैठ जाता।

"यह तो बिलकुल इन्सानों जैसा है!" प्रास्कोव्या ने आश्चर्य प्रकट करते हुए कहा। "जो कुछ कहो, सब समझ लेता है! और, देखता कैसे है? मानो कुछ कह रहा हो!"

एक दिन कात्या विस्मय से चीखती हुई आई :

"अम्मा, ओ अम्मा! दादी! अनाथ अपने पैर हिलाने लगा है। पहले उसने दाहिनी टाँग फैला कर सीधी की, फिर मोड़ ली। फिर दाईं टाँग सीधी की, फिर मोड़ ली। लेटा-लेटा पैरों को फैला और सिकोड़ रहा है।"

मवेशी डाक्टर की सलाह पर कात्या अनाथ के पैरों की गरम और ठण्डे पानी से सेंक और मालिश करने लगी। कात्या का इशारा पाकर अनाथ अपने चौड़े भद्दे खुर फैला देता और चुपचाप सन्तोष से देखता रहता, जैसे समझ रहा हो कि यह उपचार उसे ठीक करने के लिए ही किया जा रहा है। कुछ दिन बाद अनाथ खड़ा होने लगा। पर, वह जल्दी ही थक जाता था। कात्या ने लोगों से कह-कहकर उसके लिए दो खम्भों में एक तख्ता लगवा दिया था। अनाथ जब थक जाता, तो तख्ते के पास जाकर उसका सहारा लेकर कुछ झुका और कुछ आराम करता, खड़ा रहता था।

छह महीने बीत गए। अनाथ के पैरों में मज़बूती आ गई। वह स्वस्थ होकर आश्चर्यजनक रूप से हृष्ट-पुष्ट बछड़ा बन गया। उसे देखकर लोग दाँतों तले उँगली दबाते थे।

या तो उसकी नस्ल ही ऐसी थी या यह कात्या की सेवा का फल था; अनाथ की उम्र के दूसरे सभी बछड़े उसके सामने कमज़ोर और नाटे लगते थे।

अनाथ के गले से लटका लम्बा गल-कम्बल इतना बड़ा था कि ज़मीन को छूता जान पड़ता था। सीना खूब चौड़ा, खुर भी खूब भारी और बड़े-बड़े! जिधर से निकलता था धरती पर गहरे-गहरे निशान छोड़ता जाता था। उसका चौड़ा माथा ज़रा झुका हुआ रहता था और सींग यों आगे को रहते थे, जैसे वह लड़ने के लिए तैयार हो। उसका स्वभाव कुछ गुस्सैल और चिड़चिड़ा था। परन्तु, कात्या को देखकर वह पानी-पानी हो जाता था।

"मेरा नन्हा अनाथ! मेरा मुन्ना!" कात्या कहती।

अनाथ तुरन्त अपना भारी सिर नीचा कर कात्या के घुटने चाटने लगता। वह इतना सीधा और निरीह जान पड़ता, जैसे वह सचमुच ही "बेचारा नन्हा अनाथ" हो।

कात्या की पुकार के उत्तर में रंभाते समय उसकी आवाज़ भी बदल जाती। वह अपनी आवाज़ को कोमल से कोमल बनाने का प्रयत्न करता था। इस

प्रयत्न का परिणाम बड़ा बीभत्स होता था—उसकी आवाज़ बैठकर ऐसी भयानक बन जाती कि पास के मुर्गीखाने की बत्तखें डरकर कुड़कुड़-कुड़कुड़ करने लगतीं। अपने स्वर से अपनी अनुभूति को प्रकट करने में असमर्थ बेचारा अनाथ मौन हो जाता। अपना भाव प्रकट करने में असमर्थ, उसकी आँखों में मन को पिघला देने वाला, दया की भीख माँगने वाला, भाव आ जाता। उसे देखकर मालूम होता था कि अपना भाव प्रकट करने के लिए वह बैल की खाल से मुक्त होकर अपने आस-पास के अनूठे, बोधगम्यता से परे, संसार को अपने भीतर समेट लेने का संघर्ष कर रहा है। उसकी आँखों में विषाद भरा रहता, मानों वे कुछ पूछ रही हों; उनसे मानवीय आर्द्रता फूटी पड़ती थी। उसके भाग्य में पशु बने रहना ही लिखा था। अस्तु, वह अपनी गर्दन झुकाकर, घण्टों निश्चल खड़ा, कात्या के नन्हे हाथों के स्पर्श की सुखद अनुभूति में डूबा रहता।

एक दिन मांसपेशियों के इस काले पर्वताकार शरीर को कात्या के पास खिन्न और मौन खड़े देखकर वासिली के मन में सहसा यह आत्म-व्यंग्यपूर्ण विचार उठा—मैं भी तो कुछ-कुछ अनाथ जैसा ही हूँ।

"बेटी मैं भी एक बेचारा अनाथ हूँ, तुम्हारे बछड़े जैसा। मुझे भी तो प्यार किया करो...!" वासिली ने अपनी मोटी गर्दन और कड़े बालों से भरा सिर कात्या के सामने झुका दिया।

वासिली की तरह अवदोत्या भी अपने आपको काम-काज और बच्चों में भुलाए रखने की चेष्टा करती थी।

गोशाला में अवदोत्या का मन लगाने या ध्यान बँटाने की कोई न कोई बात रोज़ ही हो जाती। जब से बुयानोव ने गोशाला में बिजली की बत्तियाँ लगा दी थीं, शाम को वहाँ ठहरने में और भी अच्छा लगता था।

एक दिन की बात है। संध्या समय दूध दुहा जा चुका था। दूध दुहने वाली स्त्रियाँ और लड़कियाँ हिसाब करने वाले को दूध सौंप कर जा चुकी थीं। तभी कात्या दौड़ी-दौड़ी आई :

"अम्मा, अम्मा! सूअरों के बाड़े में कबरी बड़ी चिल्ला रही है। वह बच्चे दे रही है। क्सेनोफोन्तोवना जाने कहाँ चली गई है!"

"यह औरत बड़ी लापरवाह है!" अवदोत्या ने गुस्से से कहा और उठ कर खुद सूअरों के बाड़े की ओर चल दी।

चितकबरे रंग की बड़ी सूअरिया एक करवट लेटी, धीरे-धीरे कराह रही थी। अभी-अभी पैदा हुआ एक छोटा-सा लाल बच्चा सफेद खुरों वाले अपने पैर हिला रहा था। कभी-कभी किसी सूअर की आवाज़ सुनाई दे जाती थी। कबरी एक क्षण

तो कराहती रही, फिर बड़े ज़ोरों से चीख पड़ी।

अवदोत्या लाल-लाल, नन्हे-नन्हे, गिलगिले सूअरों को समेट रही थी। छाल से ढँकी डलिया में अभी भी सात बच्चे रखे थे। पर, कबरी उनकी संख्या बढ़ाती ही जा रही थी। मांस की इन नन्ही-नन्ही असमर्थ गेंदों को देखकर अवदोत्या फूली नहीं समा रही थी।

नौवें बच्चे को साफ़ करती हुई अवदोत्या बुदबुदाई : "आहा! कैसे प्यारे-प्यारे हैं हम लोग! कैसे सुन्दर-सुन्दर हैं!" नन्हा लाल बच्चा उसकी हथेली पर चुपचाप पड़ा था। उसके नन्हे खुरों वाले पिछले पैर हवा में झूल रहे थे। वह अपनी नाक से उसकी हथेली सूँघ रहा था।

सहसा बिजली बुझ गई।

कबरी पीड़ा से और ज़ोरों से चिल्लाने और हाथ-पैर पटकने लगी। अवदोत्या लपक कर टेलीफ़ोन के पास पहुँची।

"हल्लो! हल्लो! बिजली घर! हल्लो! कौन है? मिशा! हल्लो! अरे तुमने गोशाला की बिजली क्यों बुझा दी? जल्दी रोशनी करो! यहाँ कबरी ब्या रही है और तुमने अँधेरा कर दिया! ज़रा होश करो!"

"ओ हो!...कबरी! तुम्हारी कबरी न हुई, कोई महारानी हो गई?" बुयानोव की भर्राती हुई आवाज़ टेलीफोन पर सुनाई दी। "बरसों वह अँधेरे में ब्याती रही है। कभी कुछ नहीं बिगड़ा। और अब, बिजली की रोशनी के बिना वह बच्चे नहीं दे सकती? वाह, वाह!"

"मिशा भैया! नौ बच्चे हो चुके हैं। अभी और ब्याने को है। मैं इस अँधेरे में उन्हें कैसे सँभालूँगी?"

कहा नहीं जा सकता कि अवदोत्या के गिड़गिड़ाने का प्रभाव था या कबरी के बच्चों की असाधारण संख्या, बुयानोव ने मिनट दो मिनट बाद फिर बिजली जला दी।

काफी देर बाद ही थकी हुई कबरी शान्त होकर लेटी। उसके एक दर्जन बच्चे दो टोकरियों में कुलमुला रहे थे।

अवदोत्या दोनों टोकरियों को चौकीदार के हवाले करके घर की ओर लौटी।

वह बहुत धीरे-धीरे अँधेरी गली से बाहर आई। जानबूझ कर वह कदम धीरे-धीरे उठा रही थी ताकि पति के सामने पहुँचने से पहले एकान्त के जितने भी क्षण मिल सकें उनका सुख लूट ले।

"ओह! कितने तारे हैं आकाश में और कैसी अच्छी रात है!" वह मन ही मन कह रही थी। "इनमें मेरा तारा कौन-सा था?...मेरा तारा तो हाथ में आकर फिर उड़ गया...!"

पड़ोस की गली में बरफ़ से ढँकी स्तेपान के घर की छत चाँदनी में खूब

साफ़ दिखाई दे रही थी। स्तेपान अब उस मकान में नहीं रहता था। उसने साल-भर के लिए दूसरे ज़िले में लकड़ी चिराई का काम कर लिया था और कुछ ही दिन पहले गाँव से गया था। जाने से पहले वह अवदोत्या से विदा लेने भी नहीं आया था। वासिली और अवदोत्या के आपसी मनमुटाव के बारे में पड़ोसियों को कुछ भी नहीं मालूम था। सब लोगों का विश्वास था कि अब दोनों सुख से दिन बिता रहे हैं। स्तेपान ने भी सोचा, क्यों अब जाते समय वह स्वयं दुखी हो और शान्त अवदोत्या को परेशान कर जाए! इसलिए जाने से पहले उसने अवदोत्या से मिलने की कोई कोशिश नहीं की। उस खाली मकान की छत को देखकर अवदोत्या के मन में स्तेपान की निरन्तर सुलगती याद, ज्वाला ही तरह भड़क उठी। उसकी इच्छा हुई कि कम से कम मन से ही उसे विदा कह आए, ज़रा उन खिड़कियों को देख आए जिनसे वह झाँका करता था, और उस गली में हो आए जहाँ से स्तेपान आता-जाता था।

रात का अँधेरा था। कोई उसे देख नहीं सकता था। कोई नहीं जान सकता था कि...।

अवदोत्या का मन वश में न रहा। वह उस गली की ओर घूम गई। न चाहते हुए भी उसके पाँव उसे उसी ओर ले चले।

घर में अँधेरा था। कुछ दिनों पहले इन्हीं निःशब्द दीवारों के पीछे वह रहा करता था। अब वह वहाँ नहीं था...। जाते समय उसने विदाई के दो शब्द भी नहीं कहे; एक बार, अन्तिम बार, नज़र भर कर देख लेने का अवसर भी नहीं दिया!...अवदोत्या के विवेक ने उसे बताया कि उसने अच्छा ही किया था! दोनों के लिए यही अच्छा भी था...! परन्तु अवदोत्या की आँखों से बरबस आँसू बह चले।

"स्तेपा..." अवदोत्या ने धीरे से पुकारा।

अवदोत्या जानती थी कि स्तेपान बहुत दूर है। परन्तु, इतने दिनों बाद एक बार फिर उसका नाम पुकारने में उसे सन्तोष मिल रहा था। यह नाम पुकारे कितने दिन बीत चुके थे! कोहरे से भरी रात की निस्तब्धता में यह नाम कितना प्यारा और मधुर लगता था।

बरफ़ से घिरा मकान मौन, निःशब्द खड़ा था। सुनसान गली भी अँधेरी और मौन थी। सहसा बहुत समीप ही बरफ़ को पीसते हुए असाधारण भारी कदमों की आहट सुनाई दी। अवदोत्या चौंक कर किनारे की बाड़ की ओर सिमट गई। सामने वासिली दिखाई दिया। स्तेपनिदा के घर में, देशी शराब ज़रा ज्यादा चढ़ा जाने के कारण, उसके कदम लड़खड़ा रहे थे। इस समय वह घर लौट रहा था।

अस्तु, स्तेपान के मकान के ठीक सामने, अँधेरी गली में, आधी रात में, दोनों का आमना-सामना हो गया!

अवदोत्या ने छाती पर हाथ रख कर हकलाते हुए कहा, " तू...तुम हो वासिली? मैं तो डर गई थी!"

तेज़ कदम उठा कर वह स्तेपान के मकान से आगे बढ़ गई।

"यहाँ आधी रात में तू क्या कर रही है?"

"बात...बात...यह है कि सूअरों के बाड़े में आज शाम को कबरी ब्याई है।" अवदोत्या ने लम्बी साँस लेकर कहा। "कबरी ब्याने को थी और क्सेनोफोन्तोवना उसे छोड़ कर कहीं चली गई थी।"

"तेरी कबरी को ब्याने में क्या रात भर लगती है?"

"लेकिन बारह बच्चे ब्याई है। यह कोई मामूली बात है?" मन पर छा गए आतंक के बावजूद अवदोत्या के स्वर में प्रसन्नता की झंकार थी। नन्हे-नन्हे, लाल-लाल किलबिलाते बच्चों और गोशाला में शान्ति से बिताए समय की याद अभी उसके मन में ताज़ी थी।

"और तू यहाँ क्या कर रही थी?"

अवदोत्या चुप रह गई।

उसकी सहमी हुई आँखों और बेज़रूरत जल्दी ने सारी कहानी खुद ही कह दी। इस चुप्पी, इन छिपती आँखों और स्तेपान के घर के सामने आधी रात की इस विचित्र मुलाकात से वासिली की घृणा एकदम भड़क उठी। उसने ज़ोर से उसका कन्धा पकड़ा और एक झटके से उसका मुँह अपनी ओर कर लिया।

"बोलती क्यों नहीं?...जवाब क्यों नहीं देती?"

बिना कुछ बोले दोनों चुपचाप अपने घर में घुसे। घर में भी कब्र का सा सन्नाटा छाया रहा।

वासिली सोच रहा था, दूसरे दिन वह देखेगा कि रात भर रोने से अवदोत्या के अपराधी मुख पर आँसुओं की धारियाँ बनी हुई हैं। परन्तु दूसरे दिन अवदोत्या और भी दृढ़ और शान्त थी। उसके चेहरे पर पहले जैसी उदासी और कातरता का भाव नहीं था।

"मालूम होता है अक्ल आ रही है...। ठीक होने के चिह्न दिखाई देते हैं!...शायद कुछ दिनों में बिल्कुल ठीक हो जाए।"

वासिली का अनुमान सच निकलता तो वह अपने को बहुत भाग्यवान मानता।

परन्तु, पिछली रात अवदोत्या ने भी अपने भाग्य का निपटारा कर लिया था।

'आखिर यह मेरे साथ ऐसा व्यवहार क्यों करता है?' अवदोत्या ने सोचा था। 'क्या मैंने अपने दिल को कुचल कर चुप नहीं कर दिया? मुझे स्तेपान की याद आती

है, तो क्या इसमें वासिली का कोई कसूर नहीं है। मुझे सिर्फ़ इसमें अपमान ही तो मिलता है! क्या कसूर है मेरा? हाथ-पाँव बाँधे मैं सदा इसकी सेवा के लिए बाँदी की तरह हाज़िर रहती हूँ, पर इसे खुश नहीं कर पाती।"

उस दिन पहली बार उसे अपनी सच्चाई का ज्ञान हुआ। इस ज्ञान ने उसको और भी दृढ़ बना दिया तथा वासिली से दुराव की उस खाई को और भी गहरा बना दिया जिसे वह समझौते की शुरुआत समझता था।

9. परौंठे

पारिवारिक कलह के कारण वासिली उठने-बैठने के लिए अपने पिता के यहाँ पहले से अधिक जाने लगा था।

वासिली के घर में उलझन और तनाव का वातावरण था जब कि पिता के यहाँ पारिवारिक सहयोग, शान्ति और सन्तोष देखने को मिलता था। युद्ध के समय से वासिली इसी चीज़ के लिए तरस रहा था। यही चीज़ उसे अपने घर में नहीं मिल रही थी!

वासिली का पिता अपनी पैनी दृष्टि से भाँप गया था कि वासिली के हृदय में अशान्ति और उलझन है। इसलिए, बेटे से वह बड़ी सहानुभूति का व्यवहार करता था। पिता और पुत्र में पारस्परिक प्रेम और आत्मीयता की ऐसी गहराई पहले कभी नहीं देखी गई थी।

काश! सब लोग बापू की तरह होते तो श्रम ही सुख का स्रोत बन जाता! वासिली सोचता। 'पनचक्की को कैसे सँवार कर रखते हैं! ऐसा लगता है, इसे बैठक-धर बना लो। हर चीज़ साफ-सुथरी और अपनी जगह पर! कोई काम उन्हें दे दो, बड़ी लगन से करेंगे ।...इनकी आदत ही ऐसी है। इनके हाथ से काम तो कोई बिगड़ ही नहीं सकता! घर पर भी हर चीज़ कायदे से! इनके नज़दीक मुझे खुद भी बहुत अच्छा लगता है।'

पिता के निकट वासिली को शान्ति और विश्राम का अनुभव होता था। फ़ार्म की अवस्था सुधरने लगी थी, इसलिए अब शान्ति और विश्राम की इच्छा और भी होती थी। पशुओं के बाड़े में बिजली लग गई थी। खाद भी काफी मात्रा में जमा की जा चुकी थी और लकड़ी कटाई की योजना भी पूरी हो रही थी। किसी-किसी क्षण तो वासिली को यह अनुभव होता कि भयानकतम कठिनाइयाँ पार कर ली गई हैं।

फिर भी, पिता के घरेलू जीवन के अब भी कुछ पहलू ऐसे थे जिनसे वासिली को घृणा थी। घर के वातावरण और बात-चीत में सन्देह, ज़िद और संकीर्णता की छाया बनी रहती थी, जो वासिली को खटकती थी। परन्तु, उसकी घरेलू आत्मीयता और स्नेह की भूख इतनी प्रबल थी कि वह ऐसी बातें सुनकर भी अनसुनी और देखकर भी अनदेखी कर देता था। इस प्रयत्न में बहुत कष्ट होता था और अक्सर वह दुखी होकर सोचता था :

'अब कभी वहाँ नहीं जाऊँगा! स्तेपनिदा और फिनोगेन से मेरी नहीं पट सकती।'

परन्तु, शाम होते ही अपने घर के नीरवता भरे वातावरण से ऊब कर—अकेले अवदोत्या के पास बैठने से बचने के लिए--वह घर से निकल पड़ता था।

धीरे-धीरे वासिली पिता के घर के वातावरण का आदी हो गया। वह अखरने वाली बातों को नज़रअंदाज़ करने लगा। विश्राम और शान्ति की चाह उसमें इतनी उग्र हो गई थी कि अपनी बात पर अड़े रहने की, समझौता न करने की, उसके युवाकाल की विशेषता दूर होती गई।

एक साँझ, दिन भर के काम के बाद, वासिली पिता के यहाँ आया। घर के सभी लोग और दिनों की तरह ही बड़े कमरे में आराम से एक साथ बैठे बातें कर रहे थे। सभी लोग हाथों में कोई न कोई घरेलू काम लिए थे और इधर-उधर की बातें कर रहे थे।

वासिली नन्ही दुन्या को साथ लाया था। दुन्या जिरेनियम के गमलों के बीच बैठी एक किताब से खेल रही थी। कुछ दिनों से वह वासिली से हिल गई थी और जान पड़ता था कि अब स्तेपान को भूल गई है।

जिरेनियम की टहनियों को एक ओर हटाकर, अपना छोटा-सा मुँह बाहर निकालकर, अपनी गर्दन एक ओर झुकाकर, बड़े चटपटे स्वर में दुन्या ने पूछा :

"तुम्हें किताब दिखाऊँ?"

"हाँ, दिखाओ! मुझे किताब अच्छी लगती है।"

"अच्छा, दिखाती हूँ।"

दुन्या पुस्तक लेकर वासिली के पास बेंच पर जा बैठी।

"बापू यह क्या है?"

"यह 'र' है, बेटी! बिल्ली को देखकर कुत्ता कैसे गुर्राता है?"

"र्...र्...र्...र्!"

"हाँ, ठीक है। यही वह 'र'। याद रखोगी न?"

"हाँ, याद रखूँगी बापू! देखो बापू ट्रैक्टर की तस्वीर!"

"बेटी, यह टैंक है, ट्रैक्टर नहीं।"

"तुम्हें क्या मालूम! यह ट्रैक्टर है—स्लावका ने खुद बताया था।"

"बेटी, तेरे स्लावका से तो मैं ज्यादा ही जानता हूँ।" वासिली कुछ ऐसे स्वर में बोला जैसे उसका अपमान हुआ हो। "आखिर, मैं उससे बड़ा हूँ न!...अच्छा अब बताओ यह अक्षर क्या है! राम राम! भूल गई! तू ने तो कहा था, याद रहेगा।"

दुन्या पल-भर सोचती रही। फिर, याद आने पर यकायक वह मुस्कराई और खुशी से टाँगें उछालने लगी :

"भौं...भौं....भौं...भौं!"

सब लोग ज़ोर से हँस पड़े।

"वाह भई वाह! खूब पढ़ाया बाप ने बेटी को! उसे भौंकना सिखा दिया।" स्तेपनिदा ने हँस कर कहा।

"बेटी...भौं...भौं नहीं, र्...र्...र्...।"

लेकिन दुन्या को इस समय भौंकने में ही मज़ा आ रहा था।

"भौं-भौं-भौं!" वह फिर भौंकने लगी। "र्...र्...नहीं अच्छा लगता। भौं... भौं...भौं...भौं!"

"अच्छा बाबा; भौं-भौं ही सही! लेकिन, खुदा के लिए, यह शोर तो बन्द कर!"

वासिली ने दुन्या को सोफे पर लिटा दिया। थोड़ी देर बाद दुन्या को नींद आ गई।

बातचीत बहुत शान्त और निरावेग थी।

"कल मैं खिड़की के पास खड़ी बाहर देख रही थी," स्तेपनिदा कह रही थी, "कि फ्रोस्या सामने से गुज़री। भई, क्या बनी-ठनी थी? फर की कालर वाला कोट, घुटनों तक रबड़ के जूते! सिर पर गोल टोपी! बुढ़िया तान्या ने तो सजा कर उसे राजकुमारी बना दिया था!"

"सजाये क्यों नहीं? वही तो अकेली लड़की है!" फिनोगेन बोला।

"लड़ाई के दिनों में माँ-बेटी बाज़ार के ही चक्कर लगाया करती थीं। सुना है उसकी माँ उसके दहेज के लिए एक यारोस्लावस्की गैया खरीदने वाली है। प्योत्र, अच्छा मौक़ा है..."

प्योत्र हँस दिया :

"न भाई! गैया वाली दुल्हन नहीं चाहिए! लोग कहेंगे, जब तक गैया दूध देती रही, प्योत्र उसको प्यार करता रहा; गैया ने दूध देना बन्द किया तो प्योत्र ने उसे छोड़ दिया।"

स्तेपनिदा ने अपनी बड़ी-बड़ी तीखी आँखें ज़रा सिकोड़ते हुए बड़े संगीतमय स्वर में कहा :

"फ्रोस्या में आखिर ख़राबी क्या है? अच्छी तगड़ी-तंदुरुस्त लड़की है। उसका गला कितना मीठा है! बस एक खराबी है बेचारी में! ज़रा सुस्त है! बस इतनी-सी बात है!"

"सुस्त नहीं है जी, माँ के लाड़ ने बिगाड़ दिया है!" फिनोगेन बोला। "फ्रोस्या को मेहनत करनी ही क्यों पड़ेगी? प्योत्र उसे बैठाकर खिलाएगा।"

"प्योत्र के पास एक छदाम है?"

"प्योत्र उसे मोती चुगाएगा, जैसे पावका कोनोपातोव अपनी बीवी को चुगाता है।"

प्योत्र ने फिर दाँत निकाल दिए।

"पावका की बहू पोल्यूखा बड़ी तेज़ है, वह पड़ोसियों के यहाँ हाथ मार आती है। इस काम में वह पूरी उस्ताद है।"

वासिली आराम कुर्सी पर बैठा झूलता हुआ अधमुँदी आँखों से सोच रहा था :

"अब तो सब ठीक हो रहा है...! अब तो दुन्या भी मुझे बापू कहने लगी है, और स्तेपान की याद नहीं करती। पिछले दो दिनों से फ़ार्म में भी काम ढंग से हो रहा है...! अवदोत्या भी, मेरा ख़याल है, होश में आ रही है। बप्पा से भी अच्छी तरह निभ रही है। सब कुछ ठीक-ठाक है!"

अधमुँदी पलकों से छन-छन कर प्रकाश की किरणें आ रही थीं—वह देख रहा था कि लैम्प से प्रकाश के कण बिखर रहे हैं, और सारे घर में नींद का ताना-बाना बुन रहे हैं।

जिरेनियम के फूल बड़े-बड़े दिखाई दे रहे थे।

स्तेपनिदा का आकार मानो छोटा हो गया था और वह दूर पहुँच गई थी। वह उठ बैठी और बोली :

"मैं जाकर परौंठों के लिए आटे में रामदाना गूँध दूँ!"

"रोज़ रामदाने के परौंठे!" प्योत्र बोला।

वासिली की ऊँघ टूट गई। वह सचेतन होकर कुर्सी पर बैठ गया।

हफ्ते भर पहले वह खुद फ़ार्म के बाल-मन्दिर के लिए कुछ रामदाना पनचक्की पर ले गया था और दलवा कर अपने सामने बाल-मन्दिर में पहुँचवा दिया था। "रोज़ रामदाने के परौंठे?"—का मतलब क्या था? बाज़ार या फ़ार्म में तो महीनों से किसी ने रामदाना नहीं देखा था।

"क्या अक्सर रामदाने के परौंठे बनते हैं?"

"यह दूसरा दिन है। माँ की तो आदत है, कोई नई चीज़ बनाएगी तो तब तक बनाती रहेगी जब तक गले में अटकने न लगे!"

वासिली स्तेपनिदा के पीछे-पीछे रसोई-घर में गया। वासिली पहचान गया। यह बाल-मन्दिर का ही रामदाना था—यह छीजन का माल था और इसमें कुछ सड़ी

बदबू भी थी। वासिली स्तेपनिदा के साथ ही कमरे में लौट आया।

कमरे में अब भी सब कुछ वैसा ही था। अब भी वही शान्ति और विश्राम का पहले जैसा वातावरण था, जिसमें वासिली पाँच मिनट पहले सन्तोष की साँसें ले रहा था। जिरेनियम के फूल अब भी वैसे ही खिले हुए थे। सोने के लिए बने तख्ते पर बिल्ली अब भी वैसे ही म्याऊँ-म्याऊँ कर रही थी। नन्ही दुन्या पहले की तरह अब भी सोफ़े पर सो रही थी। पिता अब भी पहले की ही भाँति अपनी कुर्सी पर चैन से बैठे थे—उन्हें न तो अपने से झगड़ा था, न दुनिया से। उनके मुख पर पहले जैसा ही शान्ति और सन्तोष का भाव था।

अब भी सब कुछ पहले जैसा ही था। फिर भी वासिली की मनःस्थिति उस मनुष्य की सी हो रही थी जो तफ़री के लिए टहलता हुआ यकायक किसी भयानक खाई के किनारे आ लगा हो। उसे अपने चारों ओर की चीज़ें धोखे-भरी मालूम हो रही थीं। जिरेनियम के फूल भी अब पहले जैसे नहीं लग रहे थे—उनकी हर पंखड़ी के पीछे कुछ छिपा हुआ मालूम होता था।

"तो यह बात है...!" वासिली मन ही मन बेचैन हो रहा था। "यहाँ की हर बात झूठी है...! इनसे कब कहूँ; अभी, या बाद में? साफ़-साफ़ कह दूँ या इशारा करके छोड़ दूँ!" पर इशारा करके छोड़ देना तो वासिली की आदत ही नहीं थी।

अपने दोनों पाँव फ़र्श पर जमा कर वासिली कमरे के बीचोंबीच सीधा खड़ा हो गया। उसके दोनों हाथों में फौलादी मुट्ठियाँ बँध गईं। लड़ने के लिए तैयार किसी सांड की तरह उसका सिर आगे को झुक गया।

"यह रामदाना कहाँ से आया, बप्पा?"

"रामदाना?...कैसा रामदाना?"

सहसा पिता के चेहरे से सन्तोष और विश्राम का भाव उड़ गया; चेहरे का रंग गायब हो गया, गाल धंस गए और आँखों में परेशानी छा गई। फिनोगेन कुर्सी पर घूम गया। स्तेपनिदा के हड़बड़ाकर उठ खड़े होने से बिल्ली चौंक पड़ी और तख्ते से कूद कर भागी।

"तुम्हारी रसोई में रामदाना कहाँ से आया, बप्पा?"

सहसा कमरे में वासिली का दम घुटता-सा मालूम हुआ। उसे खुद अपना शरीर भारी लगने लगा।

स्तेपनिदा उसकी ओर बढ़ आई और अकड़कर सामने खड़ी हो गई।

"क्यों? तुझे क्या?...हम उग्रेन के बाज़ार से लाए हैं।"

"तुम बाज़ार गई हीं कब? फिर, उग्रेन में रामदाना है ही नहीं।"

"कौन कहता है हम नहीं गए? तू कौन होता है हमारे मामलों में नाक घुसेड़ने वाला?" स्तेपनिदा का चेहरा लाल हो गया और आँखें लज्जा और क्रोध

से जलने लगीं।

"यह रामदाना मैं खुद कन्धे पर लाद कर पनचक्की पर ले गया था। तुमने खरीदा नहीं है! तुम झूठ कहती हो!"

"शरम नहीं आती माँ से इस तरह बोलते हुए? लानत है तुझ पर! हम तो तुझे अपना समझ कर घर आने देते हैं और तू हम पर चोरी लगाता है। जिस पत्तल में खाता है उसी में छेद करता है?"

वासिली ने स्तेपनिदा की ओर से मुँह फेर लिया।

"चुप रहो अम्मा! बप्पा, आखिर क्या मतलब है इसका? मामला क्या अब यहाँ तक बढ़ गया है कि तुम...कि तुम..." उसके गले में शब्द अटक रहा था, "...कि तुम ...अब चोरी करने लगे हो?"

पिता का चेहरा फक हो गया। सहारे के लिए उसने अपनी कमर की पेटी को पकड़ते हुए कहा :

"यह...यह फ़ार्म का नहीं है।"

"यह बाल-मन्दिर का है! यह उन अनाथ बच्चों का है जिनके बापों ने लड़ाई के मैदान में जान दी है–जहाँ से मैं खुद जख्मी होकर आया हूँ!...तुम उस मैदान में नहीं थे, बप्पा! तुम क्या समझोगे!"

"दो-चार परौंठों के लिए इतना तूफ़ान क्यों!" फिनोगेन बोला।

"अरे, क्या चक्की वाला चक्की की झाड़न भी नहीं ले सकता?" स्तेपनिदा ने दुहाई दी, पर उसकी आँखें भागती फिरती थीं, मानो किसी एक चीज़ पर ठहरना ही न चाहती हों।

"खूब झाड़न हुई! लगातार दो दिन से परौंठे बन रहे हैं! दो बोरों से इतनी झाड़न? अब मालूम हुआ कि मामला क्या था...! बप्पा, कई लोगों ने मुझसे पहले भी कहा, मुझे होशियार किया।...लेकिन मैं सोचता था, यह कैसे हो सकता है...!"

पिता के कन्धे और भी झुक गए। वह असहाय-सा सिर झुकाए चुप बैठा था। वासिली यह दृश्य न देख सका। उसने आँखें बन्द कर लीं।

'बूढ़ा और बच्चा–एक बराबर! इनसे इस तरह नहीं कहना चाहिए था!' वासिली सोच रहा था!

"बाप को गालियाँ दे! बाप की बेइज्जती कर! दो परौंठों के लिए बाप का मुँह काला कर!" स्तेपनिदा चीखती हुई बोली। "अच्छा फल मिल रहा है हमें अपनी करनी का! इसीलिए तो हमने तुझ साँप को पाल-पोस कर बड़ा किया था।"

बूढ़े ने स्तेपनिदा को रोका।

"चुप कर!" उसकी साँस फूल रही थी। उसने अपना सीना दोनों हाथों से दबा लिया। उसका शरीर पसीना-पसीना होकर काँप रहा था, कोई अजीब-सी चीज़

उसके सीने में खड़खड़ा रही थी।

फिनोगेन अपनी कुर्सी पीछे फेंक कर उठा और वासिली के सामने आ खड़ा हुआ।

"हमारे घर में तुम्हारे आने का क्या मतलब? तुम बापू को डाँटने आते हो? मुझसे बात करो! क्या कहना चाहते हो? क्यों तुम सबके पीछे पड़े हो?"

"मैं चाहता हूँ लोग ईमानदार बनें।"

"बड़े आए ईमानदारी वाले! जो चाहता है सामूहिक खेत की सम्पत्ति हड़प किए जा रहा है और ये चले हैं हमें ईमानदारी सिखाने।"

फिनोगेन का भी चेहरा लाल हो रहा था। माँ क्या करती है उसे खूब मालूम था। वह खुद भी चक्की से माँ द्वारा लाई चोरी की चीज़ें खाता-पीता था। वह खुद पाक-साफ़ नहीं था, इसलिए दूसरों को भी वैसा ही समझता था। वह सामूहिक किसानों को ही बदनाम करने पर तुला हुआ था : "तुम समझते हो, लोग गोशाला से मक्खन चुरा कर नहीं ले जाते?" वह कहता गया। "ले जाते हैं! तुम समझते हो लोग गोदामों से गल्ला उड़ाकर नहीं ले जाते!"

"नहीं! यह झूठ है!"

"नहीं! यह झूठ नहीं है! वे बड़ी चालाकी से चुराते हैं और तुमसे बच निकलते हैं, तुमसे दूर-दूर बचते रहते हैं। हमने तुम्हारे लिए अपने घर का दरवाज़ा खोल दिया, तुम्हें घर का आदमी समझा। बापू ने तुमसे दुराव नहीं किया। तुम दूसरे चोरों की तो तारीफ़ें करते नहीं अघाते, लेकिन बाप का नाम कालिख में घसीटना चाहते हो!"

"नाम ले चोर का! बताता क्यों नहीं कि कौन चोर है? बता!"

फिनोगेन चक्कर में पड़ गया। उसकी धूर्तता भरी परेशान आँखें कभी उड़ कर एक चीज़ पर पहुँचतीं तो कभी दूसरी चीज़ पर। उसने बहुत चाहा कि अपनी बात साबित करने के लिए उसे चोरी का एक वाकया ही याद आ जाए, लेकिन उसकी स्मरण शक्ति ने उसे जरा भी सहारा न दिया।

"बोलता क्यों नहीं?" वासिली ने फिर डाँटा।

"खुद पता लगाओ!"

"नहीं! तुझे नाम लेना पड़ेगा! तूने लोगों पर चोरी लगाई है, तो तुझे नाम भी बताना पड़ेगा!" वासिली ने फिनोगेन को गिरेबान से पकड़ लिया। "बोल जल्दी! ...अब बोलता क्यों नहीं? किसे छिपा रहा है तू? अगर झूठ है, तो तूने झूठी चोरी क्यों लगाई? क्यों दूसरों पर कीचड़ उछाला है!"

"छोड़ दे मुझे, पागल सांड! खबरदार, जो मुझ पर हाथ उठाया। छोड़, नहीं तो अभी सिर तोड़ दूँगा तेरा!"

"नाम बता चोर का नहीं तो गर्दन मरोड़ दूँगा!"

शोरगुल से नन्ही दुन्या जाग पड़ी और डर कर चिल्लाने लगी।

"निकल हमारे घर से बाहर!" स्तेपनिदा चीखी! उसने वासिली का ओवरकोट, टोपी और गुलूबन्द खूँटी से लेकर खुले दरवाज़े से बाहर फेंक दिया। "निकल यहाँ से! हमारा दुश्मन! मत ले बाप की जान। बेचारा वैसे ही अधमरा हो गया है। दो परौंठों के लिए बाप की जान लेने पर तुल गया! निकल यहाँ से! दरवाज़ा खुला है, तू हम पर रहम कर। किसी ने रीछ को भेड़िए के यहाँ जाते नहीं देखा! खरगोश कभी लोमड़ी की मेज़बानी नहीं करता! निकल यहाँ से!"

दहलीज से मुड़कर वासिली ने चेतावनी दी : "फ़ार्म की मीटिंग में जवाब देना होगा तुम्हें!"

वासिली लौटा तो अवदोत्या घर में नहीं थी। कात्या और दादी प्रास्कोव्या सो चुकी थीं। उसके लिए कोई बैठा नहीं था। घर में सब कुछ बिखरा पड़ा था। एक अजीब तरह की वीरानी छायी थी।

"अवदोत्या कहाँ गई होगी? स्तेपान तो नहीं आ गया? नहीं नहीं! वह आया होता तो मुझे ज़रूर खबर लगती। तो फिर? अवदोत्या गई कहाँ?"

दरवाज़ा खुलने की आवाज़ हुई। अवदोत्या आई, परन्तु दरवाज़े में ही खड़ी एक बड़े से ब्रश से अपने स्लीपरों से बरफ़ झाड़ती रही।

"इतनी देर तक कहाँ थी!"

"काम था।"

वासिली की आँखें सिकुड़ गईं।

"क्या आज फिर सूअरिया ब्या रही थी?"

अवदोत्या ने वासिली की ओर नज़र भी न उठाई और बड़े व्यंग्य और कटुता के स्वर में उत्तर दिया :

"नहीं! एक बैल ने बछिया दी है..."

अवदोत्या सीधी भीतर चली गई।

वासिली जहाँ का तहाँ खड़ा रह गया। अवदोत्या की लापरवाही और उसके स्वर की घृणा से उसे काठ मार गया। वह हैरान था कि इसे क्या हो गया है। उसे एक बात साफ दिखाई दे रही थी—उसके लिए वह अजनबी थी।

वासिली कुछ देर अकेला चुपचाप खाली कमरे में मेज़ के पास बैठा रहा।

"क्या फिनोगेन सच कह रहा था? क्या सचमुच ही लोग गोदाम से गल्ला चुरा रहे हैं?...नहीं, यह कभी नहीं हो सकता! मगर क्या जानें? मुमकिन है, सभी कुछ मुमकिन है!"

वासिली को जान पड़ रहा था कि अब कोई भी अपना नहीं है; उसकी दुनिया टूट-टूट कर बिखर रही थी। घण्टे भर पहले उसके सब कोई थे; बाप था, माँ थी, भाई था, पत्नी थी। और लोगों की तरह उसके भी सब थे। लेकिन दो

बातें, 'रामदाने के परौंठे' और 'बैल ने बछिया दी है'–सब कुछ चकनाचूर कर दिया। अब न पत्नी थी, न पिता था।

10. पूर्ण अधिवेशन के बाद

जिला पार्टी की ब्यूरो कान्फ्रेंस समाप्त हो चुकी थी। पर, लोग अभी भी आन्द्रेई को घेरे खड़े थे। सिगरेट पीते हुए आखिरी बातचीत हो रही थी। लाल मेज़पोश पर सिगरेट की राख फैली हुई थी। सिगरेट के धुएँ की नीली-नीली लहरें छत के नीचे मँडरा रही थीं। कुर्सियाँ इधर-उधर बिखरी पड़ी थीं। सभी कुछ अस्तव्यस्त था। ज़िले के प्रधानमन्त्री के दफ्तर की सुनियमित सुव्यवस्था उलट-पलट हो गई थी। परन्तु आन्द्रेई को लम्बी बैठकों के बाद की ऐसी अव्यवस्था से सन्तोष ही होता था। बैठक के बाद लोगों का काफी देर तक लटके रहना, कहकहे लगाना, शाब्दिक द्वन्द्व और बहसें करना, उसे अच्छा लगता था। उत्तेजित मस्तिष्क और हृदय का यह ज्वार उसे बहुत अच्छा लगता था। उसकी प्रकृति ही ऐसी थी।

पिछली रात ही आन्द्रेई नगर से लौटा था। अगले दिन सुबह से कार्यकारिणी की बैठक थी। रात-भर बैठक की तैयारी में लगे रहने के कारण वह सो नहीं पाया था। दिन भर वह ज़िला पार्टी कमिटी के दफ्तर से नहीं टला; उसे अपने बारे में सोचने या ध्यान देने का मौक़ा नहीं मिला। अब, बहस-मुबाहसा समाप्त होने के बाद, उसे थोड़ी शिथिलता मालूम हो रही थी। शरीर में अजीब तरह का हलकापन मालूम हो रहा था। जाकर सो जाना चाहिए था। पर मन उठने को नहीं कर रहा था। आराम कुर्सी पर लेटे हुए उसने सिर कुर्सी की लम्बी पीठ पर टिका दिया था और नींद से भारी अधमुँदी आँखों से तीसरे सेक्रेटरी लुक्यानोव को देख रहा था। लुक्यानोव का पीला-सा तातारी चेहरा धुँधला-सा दीख रहा था। उसकी आवाज़ बहुत दूर से आती मालूम हो रही थी।

लुक्यानोव के सामने ही कार्यकारिणी समिति के इमारती विभाग का प्रधान लापतेव बैठा था। लापतेव का चेहरा बच्चे के मुँह की तरह गुलाबी-गुलाबी सा था। लुक्यानोव मेज़ पर फैले अख़बार पर ज़ोर से हाथ मार कर कह रहा था :

"केन्द्रीय कमिटी के फ़रवरी पूर्णाधिवेशन के निर्णयों से आगे उन्नति की सभी सम्भावनाएँ स्पष्ट हो जाती हैं। पर हम कर क्या रहे हैं?...बुनियादी चीज़ है मशीन ट्रैक्टर स्टेशन। अभी तक न तो इसकी इमारत ही बनी है, न सामान ही आया है।"

"इमारत अप्रैल में पूरी हो जाएगी।" लापतेव ने कहा।

"हो चुकी अप्रैल में! तुम्हारी रफ्तार के बारे में क्या मुझे मालूम नहीं है?"

"रफ्तार यह तेज़ करा देंगे।" लापतेव ने आँख से आन्द्रेई की ओर इशारा किया। बैठक में लापतेव की जो आलोचना हुई थी, उसी की ओर उसका इशारा था। "यह मुझे उत्तेजित कर देंगे।"

आन्द्रेई बिलकुल बच्चों की तरह हँस दिया।

"रफ्तार तो तेज़ हो ही जाएगी। एक दफे से काम नहीं चलेगा, तो दुबारा सही।"

"तुम्हें मैं अच्छी तरह जानता हूँ।" लापतेव बोला। "तुम किसी भी आदमी की अक्ल दुरुस्त कर सकते हो!"

"सो तो कर सकते हैं।" पार्टी के सहकारी मंत्री वोलगिन ने भी मुस्कराकर समर्थन किया। वोलगिन ज़िले का दौरा पूरा करके लौटा ही था। उसका दुबला-पतला, धूल भरा चेहरा, थका हुआ लग रहा था और आँखों की पलकें सुर्ख हो रही थीं। पर, गोल-गोल चश्मे के पीछे से उसकी आँखों में उत्साह की चमक भी झलक रही थी। आन्द्रेई की तरह वह भी उनींदा हो रहा था; पर, वह भी दफ्तर से तुरन्त उठ कर नहीं जाना चाहता था।

"इमारतें अप्रैल में पूरी होनी ही चाहिए।" आन्द्रेई बोला। "पाँच छोटे-छोटे मशीन ट्रैक्टर स्टेशनों के बजाय एक बड़ा मशीन ट्रैक्टर स्टेशन बनाना चाहिए। उन्नीस सौ सैंतालिस और उन्नीस सौ अड़तालिस के बीच एक लाख ट्रैक्टर!" वह सोचता हुआ बुदबुदा रहा था। "पंचवर्षीय योजना के अन्त तक तीन लाख पच्चीस हज़ार ट्रैक्टर!...समझते हो कितना बड़ा काम है?" आन्द्रेई अधिकाधिक उत्तेजित होता जा रहा था। "तीन-चार साल में हमारे ज़िले के पास डेढ़ सौ ट्रैक्टर हो जाएँगे। इतने तो मेरे पास कुबान में भी नहीं थे। हम वहाँ वसन्त में ट्रैक्टरों की दौड़ कराते थे तो ट्रैक्टरों की पाँत से पूरी सड़क भर जाती थी। ज़मीन काँप उठती थी। मकानों की छतों से चूना गिरने लगता था। बड़े ज़ोरों की आवाज़ होती थी!" आन्द्रेई ने क्षण-भर को आँखें झपका लीं, मानो कल्पना में उस स्मरणीय दृश्य को फिर से देख रहा हो। फिर, सन्तोष की गहरी साँस लेकर बुदबुदाया : "ओह! पंचवर्षीय योजना पूरी होने के बाद तो हम अपने को पहचान भी नहीं पाएँगे।"

सामने बैठे लोगों को मुस्कराते देख, आन्द्रेई खुद भी मुस्करा दिया।

आन्द्रेई के सभी साथी जानते थे कि ज़िले के चमत्कारिक भविष्य की चर्चा और कुबान के संस्मरण ज़िला सेक्रेटरी की दो प्रमुख कमज़ोरियाँ थीं। लेकिन उसके साथी इन बातों से चिढ़ते नहीं थे; वास्तव में उन्हें उसकी इन बातों में बड़ा मज़ा आता था। आन्द्रेई इन प्रसंगों पर बातें करने लगता तो साथी आपस में कहते, "पेत्रोविच इस समय बादलों को छू रहा है।" आन्द्रेई अपनी इन

कमज़ोरियों से स्वयं भी परिचित था और प्रायः अपने-आपको रोके रहता था। लेकिन, इस समय थकावट में और साथियों से बातचीत के उत्साह में दिवा-स्वप्न देखने की उसकी इच्छा बढ़ रही थी।

"क्यों हँस रहे हो?" उसने लापतेव से पूछा। "देखेंगे उन्नीस सौ पचास में कौन हँसता है?"

"मैं काम के खिलाफ़ थोड़े ही हँस रहा था।...मैं तो बातचीत पर हँस रहा था।"

"ऐसी बातें करने में हर्ज़ ही क्या है?" आन्द्रेई ने उनींदे स्वर में कुछ विनम्रता से कहा। "क्या इसके बारे में बातें करने में मज़ा नहीं आता?"

कान्फ्रेंस का उत्तेजक प्रभाव अभी भी हरा था और आन्द्रेई का हृदय अपने चारों ओर बैठे लोगों के लिए प्रेमभाव से उमग रहा था।

सब लोगों के चले जाने के बाद आन्द्रेई भी उठकर चलने की तैयारी कर रहा था कि दरवाज़ा खुला और किसी ने सिर अन्दर करके झाँका। यह था कार्यकारिणी समिति का कार्यकर्ता त्रावनित्सकी!

"मैं ज़रा अन्दर आ सकता हूँ, आन्द्रेई पेत्रोविच?"

"क्या ज़रूरी काम है!"

"बहुत ज़रूरी काम है! सचमुच!"

"आओ।" आन्द्रेई ने सावधान होते हुए, रुखाई से उत्तर दिया। इस लम्बी ठुड्डी और नेवले जैसी आँखों वाले आदमी को देखकर आन्द्रेई को कुछ ऐसा लगा जैसे अभी कुछ क्षण पहले तक छाए अत्यन्त उत्साहपूर्ण वातावरण में कोई अनावश्यक और बेज़रूरी चीज़ धँस आई हो।

त्रावनित्सकी को इस ज़िले में आए अभी बहुत दिन नहीं हुए थे। अपने पिछले काम की वह अच्छी रिपोर्टें लाया था। पोशाक और व्यवहार में वह खूब चुस्त और उत्साही आदमी था, वक्त का ज़बर्दस्त पाबन्द भी था।

उसके चेहरे पर एक अभ्यस्त मुस्कान बनी रहती थी, जिससे आत्म-सन्तोष झलकता था। बात करने का उसका ढंग बहुत संक्षिप्त होता था, जैसे कोई सरकारी रिपोर्ट पेश कर रहा हो। समय का वह इतना पाबन्द था कि बात करते-करते—समय की पाबन्दी दिखाने के लिए—वह बार-बार घड़ी पर नज़र दौड़ाता रहता था।

आन्द्रेई स्वयं भी सुव्यवस्था पसन्द करता था। त्रावनित्सकी के तौर-तरीक़े देखकर आन्द्रेई का चित्त प्रसन्न हो गया था। परन्तु त्रावनित्सकी की दिखावे की आदत से उसे चिढ़ थी। दिखावे से आन्द्रेई को सदा ही सन्देह हो जाता था।

त्रावनित्सकी चुस्ती और सावधानी के कदम बढ़ाता हुआ आया। उसके चेहरे से पार्टी के दफ्तर और पार्टी के मन्त्री के प्रति सम्मान फूटा पड़ता था।

'लगता है जैसे परेड कर रहा हो!" आन्द्रेई ने मन ही मन सोचा।

"बैठो! कहो, क्या बात है?"

"इस समय मैं आपको कष्ट नहीं देना चाहता था।" त्रावनित्सकी ने कहना शुरू किया। "लेकिन मैंने सुना कि आप कल सुबह ही सामूहिक खेतों के दौरे पर जा रहे हैं, इसलिए चला आया। कुछ ऐसी बातें हैं, जो मैंने खुद पता लगाई हैं और जिन्हें व्यक्तिगत रूप से आपको बताना अपना कर्तव्य समझता हूँ। उन्हें ज़ाब्ते में बताना ठीक नहीं था।"

"अच्छा! क्या बात है?" आन्द्रेई और सतर्क हो गया।

"प्रभात, ट्रैक्टर और उज्ज्वल-पथ सामूहिक खेतों के किसानों से मैंने सुना है कि प्लेनम के फ़ैसलों के सिलसिले में पहली मई सामूहिक खेत के लोगों ने लकड़ी का काम छोड़ दिया है।" "क्या? क्या किया है?" आन्द्रेई ने त्रावनित्सकी की ओर झुककर पूछा।

"हाँ, मैंने यही सुना है।" त्रावनित्सकी ने विनम्र गम्भीरता से कहा।

"लकड़ी चिराई के प्रमुख के समझाने के बावजूद फ़ार्म के लकड़ी काटने वाले अपनी-अपनी बर्फ गाड़ियों पर बैठे और वहाँ से चल दिये। ज़िले भर में बात फैल गई है और तरह-तरह की बुरी अफवाहें उड़ रही हैं।"

"हूँ!" आन्द्रेई ने हुंकारी-भरी। वह त्रावनित्सकी का अभिप्राय समझने की कोशिश कर रहा था। आन्द्रेई को यह समझते देर नहीं लगी कि त्रावनित्सकी का कोई गुप्त अभिप्राय जरूर है। परन्तु यह अभिप्राय क्या है, यह अभी तक वह निश्चित नहीं कर पाया था।

"क्या तुमने यह भी पता लगाने की कोशिश की कि यह सब क्यों हुआ?" आन्द्रेई ने पूछा।

"हाँ, की। वही तो मैं आपसे बताना चाहता हूँ। मैं पहली मई फ़ार्म में गया था। लेकिन फ़ार्म का प्रधान वहाँ नहीं था। किसानों ने जो कुछ बताया उससे तो यही मालूम होता है कि यह सब प्रधान की ज्यादतियों के कारण हुआ। उसने जनवादी कार्यप्रणाली को तिलांजलि दे दी है। उसने खुद ही फैसला कर लिया है कि किसानों को 'आधे-आधे' मकान दिए जाएँ। प्रधान कहता है कि पार्टी की फ़रवरी की मीटिंग का यही निर्णय है। किसान इस बात से बिगड़ उठे और अपना विरोध प्रदर्शित करने के लिए उन्होंने काम छोड़ दिया। मैंने यह अपना कर्त्तव्य समझा कि आपको इसकी रिपोर्ट दूँ ताकि आप समझ सकें कि जनता में फैली अफवाहों का स्वरूप क्या है!"

"बहुत ठीक! और कोई बात? हाँ, प्रधान कैसा है?"

"अरे, यह सब मुझे नहीं मालूम। लोग कहते हैं कि वह बहुत पीता है, जनवादी कार्यप्रणाली को ठुकराता है। उसका पारिवारिक जीवन भी बहुत गड़बड़ है और आम तौर से वह बड़ा...मेरा मतलब है..."

"हाँ, हाँ! तुम्हारा मतलब है...?"

"सचमुच! मैं कह नहीं पा रहा हूँ।...जो भी हो, मैंने सोचा कि ऐसी बात की सूचना आपको देना मेरा कर्त्तव्य है।"

"अच्छा! मैं कल इस मामले को देखूँगा। लेकिन इस बीच तुम किसी और से कुछ न कहना ताकि व्यर्थ की अफवाहें न फैलें!"

त्रावनित्सकी चला गया। आन्द्रेई ने उठ कर कमरे का एक चक्कर लगाया। सहसा उसे वालेंतिना की याद आई। अभी कुछ दिन पहले वह मिच्यूरिन के कृषि-सम्बन्धी सिद्धान्तों पर एक व्याख्यान-माला सुनने के लिए शहर गई थी। आन्द्रेई को अब अपने पर क्रोध आ रहा था कि ऐसे समय क्यों उसने उसे जाने दिया? वोलगिन को बुलाने के लिए उसने घण्टी बजाई।

वोलगिन छोटे-छोटे कदमों से सड़पड़-सड़पड़ करता हुआ आया। कुछ-कुछ नीचे को लटके उसके जबड़ों की खाल खुरदुरी और छिली-छिली सी लग रही थी। उसके पीले होठ खुश्क और फटे-फटे से थे। चश्मे के शीशों से आँखें लाल-लाल दिखाई दे रही थीं। उसकी आँखों से थकान और सन्तोष दोनों ही प्रकट हो रहे थे।

"मुझे बुलाया है, पेत्रोविच?" वोलगिन ने मुस्कराकर आन्द्रेई की ओर देखा। उसके गालों की खाल बड़े-बड़े पर्तों में सिमट गई।

"बैठो! बताओ तो, दौरे में तुमने क्या-क्या देखा!"

"मैंने सात फ़ार्मों का दौरा किया है। घर भी नहीं गया—मोटर से उतरकर सीधा ब्यूरो कान्फ्रेस में चला आया। पाँवों पर खड़ा होना भी मुश्किल हो रहा है।" आराम कुर्सी पर बैठते हुए वोलगिन बोला। "सारा बदन टूट रहा है। मालूम होता है, बुढ़ापा आ गया है। पहले, एक दिन में मैं तीन-तीन सौ किलोमीटर का सफ़र करता था, और कुछ मालूम नहीं होता था। लेकिन कल सिर्फ़ डेढ़ सौ किलोमीटर का चक्कर लगाया, और मालूम होता हैब जान निकल गई है।"

"अपने काम को किलोमीटरों में नापना कब से शुरू कर दिया है? काम कोई रेलवे पार्सल तो है नहीं कि इतने टन माल का इतने मील के लिए इतना दाम होगा। अच्छा बताओ, तुम पहली मई, प्रभात और ट्रैक्टर फ़ार्मों में कब गए थे?"

"क्यों? कल ही तो! पहली मई और प्रभात, दोनों जगह कल ही तो गया था।"

"वहाँ के हालचाल सुनाओ।"

"हालचाल क्या सुनाऊँ! लकड़ी का काम पूरा हो रहा है। खाद ढोई जा रही थी। पिछले हफ्ते कुछ लेक्चर देने वाले भी वहाँ गए थे।"

"पहली मई के किसानों का क्या हाल है?"

"हाल? मेरा ख़याल है, खूब खुश हैं। धीरे-धीरे फ़ार्म की अवस्था सुधर रही

है। प्रधान, एक योग्य और मेहनती आदमी है। काम अच्छा हो रहा है, अनुशासन भी है।''

सामने रखे कलमदान को क्रोध से एक ओर हटाता हुआ आन्द्रेई बोला :

''कुछ समझ में नहीं आता! त्रावनित्सकी आज वहाँ गया था। वहाँ से लौटकर उसने बताया है कि लकड़ी की चिराई वालों ने काम बन्द कर दिया है, ज़िले में अफवाहें उड़ रही हैं कि प्रधान बहुत शराबी और अकड़ू है। अब तुम यह बता रहे हो कि वहाँ सब कुछ ठीक-ठाक है, काम अच्छा हो रहा है, अनुशासन भी है और किसान खूब खुश हैं।''

''बोर्तनिकोव को तो मैं लड़ाई से भी पहले से जानता हूँ, आन्द्रेई पेत्रोविच!''

''लेकिन मैं लड़ाई से पहले की बात तो नहीं पूछ रहा हूँ! कल की बात बताओ। कल वहाँ क्या हुआ? लकड़ी चिराई के प्रमुख, दाढ़ी वाले बूढ़े मातवेयेविच से बातचीत की थी?''

वोलगिन ने चश्मे पर उँगलियाँ फेरीं—मानो वह उसके और आन्द्रेई के बीच आ रहा हो—अपनी भौंहों को कुछ सिकोड़ा, फिर ग्लानि भरे स्वर में बोला :

''नहीं, मातवेयेविच से तो नहीं मिला, आन्द्रेई पेत्रोविच।''

''हूँ! कौमसोमोल दल के नेता अलेक्सी बेरेज़ोव से मिले? या, लुबावा से मिले जो अपने दल की नेता है? जानते हो न—खूबसूरत सी औरत है।''

''मैं जानता तो सबको हूँ, पर उनसे मुलाक़ात नहीं कर पाया।''

''तो किससे मुलाक़ात की?''

''बार्तनिकोव से मिला था।''

''फ़ार्म के दफ्तर में क्या अकेला वही था?''

''नहीं, मैं फ़ार्म के दफ्तर नहीं गया!''

''तो कहाँ गए थे? गोशाला में? खेतों में?''

''गोशाला भी नहीं गया।''

''तो फिर कहाँ गए थे?'' अपना क्रोध दबाने का भरसक प्रयत्न करता हुआ आन्द्रेई पूछ रहा था।

वोलगिन फिर अपने चश्मे से खेलने लगा। उसे देखकर साफ मालूम हो रहा था कि वह कितना झेंप रहा है। आन्द्रेई बड़े सब्र से उसके चश्मा ठीक कर चुकने की प्रतीक्षा करता रहा।

आखिर वोलगिन ने चश्मे से हाथ हटाया और गहरी साँस लेकर बोला :

''सच बात यह है आन्द्रेई पेत्रोविच, कि पहली मई फ़ार्म पर मैं सबसे आखिर में पहुँचा। थकावट के मारे मेरा जोड़-जोड़ दुख रहा था। मुझसे चला नहीं गया। मैंने बोर्तनिकोव को अपनी मोटर के पास बुलवा लिया और वहीं उससे बातचीत कर ली...!''

आन्द्रेई उठकर खड़ा हो गया।

"तुम वहाँ गए किसलिए थे! क्या ज़िले का दौरा तुम सिर्फ़ किलोमीटर गिनने के लिए करते हो? बोलो? नहीं, सेम्योन सेम्योनोविच, यह ठीक नहीं है। मैं तुम्हारी इज्ज़त करता हूँ, तुम्हारी क़द्र करता हूँ। लेकिन तुम्हारी यह आदत बरदाश्त के बाहर है। दुर्भाग्य से तुम्हीं अकेले ऐसे नहीं हो जिस पर दौरे का बेहूदा भूत सवार रहता है। लोग-बाग एक दिन में एक दर्जन फ़ार्मों का दौरा पूरा कर आते हैं और फिर ऐसे बैठ जाते हैं जैसे शहीद बन गए हों। ऐसे दौरों से क्या फायदा? ऐसे दौरों से क्या हासिल होता है? नहीं, नहीं—तुम बताओ, क्या फ़ायदा होता है ऐसे दौरों से?" आन्द्रेई पूछने पर तुला हुआ था।

वोलगिन के चेहरे पर अपमानित होने के चिह्न दिखाई दे रहे थे। वह तन कर बैठ गया। उसकी मुख-मुद्रा गम्भीर हो गई।

"आन्द्रेई पेत्रोविच, तुम मेरा मिलान अपने से नहीं कर सकते। तुम्हें यहाँ आए अभी साल भर भी नहीं हुआ। मैं बहुत पहले से यहाँ के जानवरों के पीछे दौड़ता फिरा हूँ। मैं एक मिनट में उतना देख सकता हूँ जितना तुम दिन भर में नहीं देख सकते। मैं हर सामूहिक किसान को तीन पुश्तों से जानता हूँ। मैं हर गाय-घोड़े को पहचानता हूँ, मैं जानता हूँ कि कौन किसका बछड़ा है!"

"तो तुम समझते हो कि बिना मोटर से बाहर पैर निकाले भी नेतृत्व किया जा सकता है? अच्छा! बताओ, फ़रवरी प्लेनम के निर्णयों के बारे में फ़ार्म में क्या बहस हुई?"

"बोर्तनिकोव से इस बारे में मैंने कोई बात नहीं की।"

"यही तो मैं कहता हूँ! तुमने इस बारे में कोई बात नहीं की और मैं यहाँ बैठा अफवाहें सुन रहा हूँ कि फ़रवरी प्लेनम के निर्णय के नाम पर वहाँ लोगों के रहने की जगह 'आधी' की जा रही है। तुम ज़िला पार्टी कमिटी की ओर से कल वहाँ गए थे, लेकिन तुम्हें कुछ नहीं मालूम कि वहाँ क्या हो रहा है! तुम मुझे वहाँ की बावत कुछ नहीं बता सकते! अब बताओ तुम्हारे दौरे से क्या फ़ायदा हुआ!" आन्द्रेई ने और भी तीखे स्वर में उसे चिढ़ाते हुए पूछा, "आखिर तुम्हारे दौरे का फ़ायदा क्या हुआ? तुमने वहाँ क्या देखा! क्या समझा?"

वोलगिन के चले जाने के बाद आन्द्रेई बहुत देर तक अपने कमरे में बेचैनी से चहलक़दमी करता रहा। पहली मई फ़ार्म की बाबत त्रावनित्सकी की बातें, वहाँ की चिन्ताजनक स्थिति, और वोलगिन का निरर्थक दौरा—ये सब एक ही जंज़ीर की अलग-अलग कड़ियाँ थीं।

'यह है हालत!' वह सोच रहा था। 'मेहनत करो, काम करो, काम होने लगता है। लोग तारीफ़ें करने लगते हैं। तारीफ़ों के बाद ज़रा चैन करने की सूझती है, कुछ चीज़ें नज़रअन्दाज़ होने लगती हैं, फिर वे ही मुसीबत बन जाती हैं।'

अगले दिन सुबह ही आन्द्रेई मोटर से पहली मई फ़ार्म के लिए रवाना हो गया। मोटर घण्टे भर से सड़क पर दौड़ती चली जा रही थी। कोहरे में लिपटा सुबह का लाल सूरज वृक्षों की आड़ में छिप-छिप जाता था। उसकी किरणें शाखाओं से छन-छन कर धरती पर फैल रही थीं।

कोहरे से भरे स्तब्ध जंगलों में कुल्हाड़ियों और आरों की गूँज स्पष्ट सुनाई दे रही थी। चिराई का इलाक़ा समीप ही था। कभी-कभी लम्बे-लम्बे लट्ठों से लदी भारी लारियाँ पास से गुज़र जातीं। गुलाबी-गुलाबी गालों वाले लड़के और लड़कियाँ इन लट्ठों पर जाने कैसे चिपके बैठे थे। सड़क पर बनी खाइयों और गढ़ों में पहिए पड़ने से लारी धचका खाती और लट्ठे खूब ज़ोर से हिल जाते; लड़के-लड़कियाँ चीखें मार-मारकर किलकारियाँ भरने लगते।

"लारियों की भीड़ ऐसी है जैसे मास्को की सड़कों पर।" ड्राइवर बोला। "जंगल के बीच के रास्ते से चलूँ या सड़क-सड़क ही।"

"सीधे!" अपने ख़याल में डूबे हुए आन्द्रेई ने उत्तर दिया।

वह पहली मई फ़ार्म के अपने पिछले दौरों की याद कर रहा था।

मोटर एक पहाड़ी के ऊपर से जा रही थी। खुली धूप में चमकते चीड़ के वृक्ष पहरेदारों की तरह सड़क के किनारे पाँति बाँधे सीधे खड़े थे। वृक्षों के तनों के बीच से नीला आकाश चमक रहा था। इसी जगह का नाम था 'डांड़'। यह स्थान जंगलों की देखभाल करने वाले मिखेयेव को बहुत पसन्द था। मिखेयेव को प्रदेश भर के लोग जानते थे। उसकी आयु अस्सी बरस की थी। सारी ज़िन्दगी उसने इन जंगलों में ही बिता दी थी। वह आन्द्रेई का मित्र भी था। मिखेयेव के बेटे भी जंगलों में ही काम करते थे उसके पोते जंगलों की शिक्षा के कॉलेज में शिक्षा पा रहे थे। मिखेयेव अपने आपको जंगलों में काम करने वाला नहीं बल्कि वन-वैज्ञानिक और वन-प्रेमी कहता था। मिखेयेव इस जंगल के एक-एक पेड़ से परिचित था, वह बीमार पेड़ों का 'इलाज' करता था, पेड़ों की मुरझाई शाखाओं को छाँट देता था और सूखी लकड़ियों को तुड़वा देता था। और डांड़, मानो कृतज्ञता सूचित करने के लिए, खूब मजबूत, सीधा और ऊँचा होता जा रहा था। आसमान में सिर ऊँचा उठाए बर्फ़ से ढँकी चीड़ वृक्षों की गुलाबी चोटियों को देखकर आन्द्रेई को अपनी और अपने साथियों—ज़िले के कम्युनिस्टों—की बरबस याद हो आई : "हम सभी वन-वैज्ञानिक हैं, सभी जंगलों के प्रेमी हैं। हमें अपने जंगलों को गन्दगी और झाड़-झंखाड़ से साफ़ रखना चाहिए और अपने यहाँ के लोगों को उसी तरह मज़बूत और अडिग बनने की शिक्षा देनी चाहिए जैसे ये पेड़ हैं।"

आन्द्रेई चाहता था कि फ़ार्म में जल्दी से जल्दी पहुँच कर वहाँ की स्थिति देखे। ड्राइवर की ओर झुककर व्यग्रता से उसका कन्धा छूते हुए वह बोला :

"सार्जेंट! ऐसे रेंग क्यों रहे हो, नीचे बारूद थोड़े ही बिछी है! ज़रा तेज़ चलो

न!"

जंगल पीछे छूट गए। सामने दूसरी ऊँची पहाड़ी दिखाई दी। ढलवान पर छोटा-सा गाँव बसा था।

आन्द्रेई ने सीधे प्रधान के घर चलने का फैसला किया।

वासिली से दुआ-सलाम करने के बाद अपनी कमर सीधी करते हुए आन्द्रेई बोला : "माफ़ करना, मैं सीधा तुम्हारे घर आया। मैं तुमसे कुछ व्यक्तिगत बातचीत करना चाहता था।"

"बड़ी खुशी हुई तुम्हारे आने से, आन्द्रेई पेत्रोविच! तुम आते ही कब हो? ओवरकोट उतार डालो!"

"पिछली बार जब मैं आया था, तब से तुम और लम्बे हो गए हो।" अवदोत्या को भीतर आते देख आन्द्रेई ने कहा, "नमस्कार! आपका पति छत के नीचे समाता कैसे है, मालकिन? मेरे इस तरह चले आने से आपको कोई परेशानी तो नहीं हुई?"

दुबली-पुतली, बड़ी-बड़ी आँखों वाली महिला ने अपना सीधा, लम्बा हाथ उसकी ओर बढ़ा दिया :

"आपका स्वागत है! माफ़ कीजिए, अभी सुबह-सुबह घर वैसे ही पड़ा है।"

'बड़ा भोला और प्यारा चेहरा है!' आन्द्रेई सोच रहा था। 'मैंने ऐसे चेहरे चित्रकारों की कृतियों में देखे हैं—शायद वासनेत्सोव के चित्रों में! अलबत्ता आँखों में उदासी सी है; खोयी-खोयी-सी लगती है। फिर भी, पति-पत्नी की जोड़ी बड़ी अच्छी है। बच्ची भी कितनी प्यारी है!'

अवदोत्या के पीछे से काली भौंहों वाली लड़की ने झाँककर आन्द्रेई को देखा।

"आओ, मुन्नी!"

अपना सिर एक ओर झुकाकर और माथा ज़रा आगे बढ़ाकर लड़की ने बिलकुल बाप की मुद्रा बना ली। फिर, बाप की ही तरह यकायक खुलकर मुस्कराती हुई बोली :

"ओ हो!...मैं तो तुम्हें जानती हूँ...!"

"सच? कौन हूँ मैं?"

"तुमने नए दिन पर हमारे लिए खिलौने भेजे थे! तुम आन्द्रेई पेत्रोविच हो! ज़िला पार्टी कमिटी वाले!"

"ओ हो, क्या खूब नाम रखा है! ज़िला पार्टी कमिटी वाले!" आन्द्रेई हँस पड़ा।

"अच्छा बेटी, ज़िला पार्टी कमिटी क्या है?

"ज़िला पार्टी कमिटी वह जगह है जहाँ खिड़की में से स्तालिन सबको देखते हैं!"

"अरे बाबा! सुना तुमने, वासिली कुज़मिच? क्या तुम इससे ज्यादा सोच सकते थे? ज़िला पार्टी कमिटी वह जगह है जहाँ खिड़की में से स्तालिन सबको देखते हैं। वाह! बड़ी होशियार बिटिया है!"

"छुट्टियों में हम लोग इसे उग्रेन ले गए थे। ज़िला पार्टी के दफ्तर की खिड़कियों से नेताओं की तस्वीरें दिखाई दे रही थीं। वे ही इसे याद रह गई हैं।" दुन्या की माँ ने बताया।

मंत्री के आने से अवदोत्या को बहुत अच्छा लग रहा था! वासिली के साथ घर में अकेले रहने पर उसे बड़ी उलझन होती थी। कुछ दिनों से उसे आभास हो रहा था कि कोई बात उसके पति के मस्तिष्क को कुरेद रही है, पर वह बिलकुल चुप रहता है। उन लोगों के बीच भेद की खाई इतनी गहरी हो चुकी थी कि अवदोत्या ने इस चुप्पी को तोड़ने का यत्न भी छोड़ दिया था। अब बातचीत करना भी बहुत पीड़ाजनक था।

घर में कात्या, और अवदोत्या की माँ प्रास्कोव्या, बीमार थीं। गोशाला में काफी काम था। घर और गोशाला के काम से ही अवदोत्या को छुट्टी न मिलती थी। इस तरह काम में फँसे रहने से उसे खुशी ही होती थी। वह भीतर ही भीतर सुलगने और कुढ़ते रहने से बच जाती थी। अवदोत्या नाश्ता तैयार करने चली गई। आन्द्रेई और वासिली बातें करने लगे :

"काम-काज का क्या हाल है? तुम्हें कैसा मालूम होता है, वासिली कुज़मिच?"

"खूब ठीक है! बल्कि इतना ठीक कभी हुआ ही नहीं।" समाचार-पत्र में पार्टी कमिटी के निर्णयों की ओर संकेत करते हुए उसने कहा, "यह तो एक तोहफ़ा है! हम लोगों के जीवन में यह दिन एक गौरवशाली दिन है।"

"बड़ी खुशी हुई तुम्हारी बात सुनकर! मैंने तो जाने क्या-क्या अफवाहें सुनी थीं। लोग कह रहे थे कि तुम्हारे यहाँ लकड़ी की चिराई करने वालों ने काम बन्द कर दिया है।"

"किसने कहा!"

"त्रावनित्सकी ने।"

"अरे, उसने!" वासिली के माथे पर बल पड़ गए। "बड़ा निकम्मा आदमी है! उसकी बात झूठी है। हाँ, ऐसे ही लोगों में ज़रा ग़लतफ़हमी फैल गई थी। ग़लतफ़हमी तो फैली ही थी। जैसे ही हम लोगों तक पार्टी का फैसला पहुँचा, हमने घरों के लिए दी गई जगह फिर से नापनी शुरू कर दी। देखो, पार्टी के निर्णय में साफ़-साफ़ कहा गया है : 'सामूहिक खेत की धरती बर्बाद नहीं होनी चाहिए।' देखो? यहाँ इक्के-दुक्के कुछ लोग ऐसे भी हैं जो फालतू धरती घेरे हुए हैं। इसलिए हम लोगों ने फिर धरती नापनी शुरू की। किसी ने अफवाह उड़ा दी कि मैं सबकी

धरती छीन रहा हूँ। अफवाह फैली तो लकड़ी की चिराई वाले लोग भाग-भाग कर यहाँ आने लगे। कल से उन्हें फिर काम पर भेज दूँगा।"

आन्द्रेई के चेहरे पर चिन्ता झलक आई।

"कितने दिन काम बन्द रहा?"

"कल आधे दिन और आज!"

"क़रीब-क़रीब दो दिन बर्बाद हुए।" आन्द्रेई अपनी पेटी में अँगूठे फँसाए कमरे में घूम रहा था। "फिर भी, यह हुआ कैसे? क्यों हुआ? प्लेनम के निर्णयों पर किसानों से बहस की थी?"

"इसमें बहस करने की बात थी ही क्या? साफ़ बात तो है—पढ़ लो, और समझ लो! हमारे यहाँ के सभी लोग पढ़े-लिखे हैं। बेमतलब जबड़े चलाने से क्या फ़ायदा?"

"भई, तुम बात नहीं करोगे तो दूसरे करेंगे और उल्टी बात समझा देंगे। नतीजा सामने है। तुमने किसानों से बात नहीं की। किसी दूसरे ने फायदा उठाया। नतीजा यह कि दो दिन तक काम नहीं हुआ। कसूर किसका है? तुम्हारा! सिर्फ़ तुम्हारा! इतना ही नहीं! खास चीज़ इस मसले का राजनीतिक पहलू है। किसी ने तुम्हारी ग़लती का फ़ायदा उठाया और अब ज़िले भर में अफवाहें फैल गईं। तो दोस्त, यह नतीजा है तुम्हारी राजनीतिक अदूरदर्शिता का। यह सिर्फ़ प्रबन्ध-सम्बन्धी भूल नहीं है!"

वासिली आन्द्रेई की हर बात बड़े ध्यान से सुन रहा था। उसके शब्दों को तौलने, दिमाग़ में उलटने-पुलटने और पचाने का प्रयत्न स्पष्ट रूप से वासिली के चेहरे पर झलक रहा था।

"देखो न, तुम्हारा काम सिर्फ़ ज़मीन की बचत करना ही तो नहीं है, तुम कम्युनिस्ट हो, एक राजनीतिक नेता हो।" आन्द्रेई कह रहा था। "इस बात को तुम ज़रा देर को भूले नहीं कि इतने अच्छे फैसले का भी उलटा प्रभाव पड़ा। तुम तो पार्टी के फ़ैसले को अमल में लाने की कोशिश कर रहे थे, लेकिन तुम्हारे फ़ार्म के किसान काम छोड़ रहे हैं, ज़िले भर में फ़ार्म के बारे में तरह-तरह की अफवाहें फैल रही हैं। बात तो दिखाई देती है छोटी-सी। लेकिन इससे तुम्हारी बड़ी ग़लतियों का पता चलता है, वासिली कुज़मिच!"

"ठीक है...।" वासिली ने कटु निश्वास लेते हुए कहा। "कभी दो ही शब्दों में इतनी बड़ी बात निकल आती है कि हैरान रह जाओ।"

'आदमी कुछ परेशान ज़रूर है।' आन्द्रेई सोच रहा था।

आन्द्रेई आकर वासिली के पास बैठ गया और धीमे स्वर में बड़े अपनत्व से उससे बातें करने लगा :

"मैंने जब पार्टी के निर्णयों पर ध्यान से सोचा तो मुझे अपनी कई भूलें

दिखाई दीं। मुझे बहुत अफ़सोस हुआ! सचमुच! कुछ भी कहा जाए, तुम्हारे फ़ार्म की समस्या को सच्चे बोल्शेविक ढंग से सुलझाने की कोशिश मैंने नहीं की। यह ग़लती मेरी है।...हाँ...मैं तुम्हारे प्रति देनदार हूँ, वासिली कुज़मिच! अपनी पार्टी की केन्द्रीय कमिटी के पूर्णाधिवेशन से मैंने यही शिक्षा पाई है...!''

वासिली की भूलों के लिए उसे फटकार बताने के बजाय, मंत्री ने अपनी ही ग़लतियाँ उसे बताना शुरू कर दी थीं। इस अप्रत्याशित बात से वासिली भौचक रह गया।

आन्द्रेई ने सिगरेट निकालकर वासिली को दी। दोनों ने चुपचाप सिगरेटें सुलगाईं। नीले धुएँ की दो पतली-पतली डोरें उनके सिर से ऊपर मँडराने लगीं। लकड़ी की दीवार के पीछे से बीमार कात्या के कराहने और अवदोत्या के उसे तसल्ली देने के शब्द भी सुनाई दे रहे थे। अभी हाल में सींचे गए जिरेनियम के फूलों पर पानी की बूँदें मोतियों की तरह चमक रही थीं। अलमारी के सिरे पर बिछाए बर्फ़ जैसे सफेद कपड़े पर लाल धागे से कढ़े, टाँगें उठाकर अकड़ कर चलते, मुर्गों की पंक्ति भी दिखाई दे रही थी।

'वालेंतिना जैसी ही कढ़ाई है!' आन्द्रेई सोच रहा था। 'अच्छी तो लगती है, फिर भी मन को नहीं खींचती। पता नहीं क्या बात है? जब से आया हूँ इन पति-पत्नी में कोई बात ही नहीं हुई!' अपनी सिगरेट राखदानी में बुझाते हुए आन्द्रेई ने पूछा :

''आजकल तुम्हारे दलों के लीडर कौन-कौन हैं? अल्योशा को तो मैं जानता हूँ—बहुत अच्छा लड़का है। दूसरे दल का नेता कौन है? जंगल की कटाई, तरकारी के बागों और गोशाला का काम कौन लोग सँभाल रहे हैं?''

''दूसरे दल का नेता पिमेन यासनेव है।''

''पिमेन आदमी तो बहुत अच्छा है, पर बूढ़ा है! क्या वह ऐसे काम के योग्य है? टीम के नेतृत्व के लिए तो बहुत उत्साही आदमी चाहिए।''

''सो तो है, पर ऐसा आदमी लाएँ कहाँ से? लकड़ी कटाई में मातवेयेविच है, तरकारी के बागों के काम में अभी कोई लीडर नहीं है, गोशाला में यह काम कर रही है,'' वासिली ने सिर से अवदोत्या की ओर संकेत किया, जो फिर कमरे में आ गई थी।

मंत्री से आँखें मिलने पर अवदोत्या को झेंप सी लगी।

''चरागाहों का क्या हाल है?''

''हाल बहुत तारीफ़ लायक नहीं है। चरानें बहुत दूर हैं और घास अच्छी नहीं है।'' अवदोत्या ने उत्तर दिया।

''नदी किनारे की चरान के दलदल का पानी क्यों नहीं निकाल डालते तुम लोग?'' आन्द्रेई ने उत्साह से कहा। ''पिछली गर्मियों में आया था तो मैंने उसे

देखा था—मेरे ख़याल से यह कोई मुश्किल काम नहीं है। बीचोंबीच से दो हाथ चौड़ी नाली खोद देने की ज़रूरत है। दस हेक्टर की अच्छी चरान एकबारगी निकल आएगी। कभी इस बारे में सोचा तुमने?" आन्द्रेई अपनी नोटबुक का एक पन्ना फाड़ कर उस पर पेंसिल से नक्शा बनाने लगा। "देखो, बाढ़ के पानी से यहाँ दलदल बन जाता है। यह रहा ढलवान। नाली इस रास्ते निकाली जाएगी...खास कठिनाई नहीं होगी। कहीं-कहीं दो-चार पेड़ आएँगे और क़रीब आधे हेक्टर तक घनी झाड़ियाँ हैं। धरती में थोड़ा चूना देकर नई घास लगा दो, तो इससे बढ़िया चरान ढूँढ़ने से नहीं मिलेगी। गाँव से दूर भी नहीं है और नदी बिलकुल पास है।"

अवदोत्या अविश्वास से कागज़ पर बनती लकीरों को देख रही थी।

"कागज़ पर नाली खोद कर चरान बना देना बड़ा आसान है।" वह सोच रही थी। "हम लोग हाथ का काम तो पूरा कर नहीं पाते, यह नाली कौन खोदेगा!"

इस बीच मंत्री प्रश्नों की झड़ी लगाए था :

"बारी-बारी से चारा बोने की व्यवस्था का क्या हाल है? सदा उगने वाली घास का बीज कितना जमा किया है?"

अवदोत्या के उत्तर अस्पष्ट थे और प्रश्नकर्ता का समाधान नहीं कर पा रहे थे। वह गोशाला में खूब मेहनत से काम करती थी, जगह खूब साफ़ रखती थी, पशुओं को नियमित ढंग से चारा देती थी, दूध और दूसरी चीज़ों का पूरा हिसाब रखती थी और इस बात के लिए चौकस रहती थी कि दूध दुहनेवाली औरतें गायों को साफ़ रखती हैं या नहीं। वह समझती थी कि जितना कुछ करना सम्भव है, वह कर रही है। किन्तु मंत्री के प्रश्नों ने उसके काम पर नया ही प्रकाश डाला! उसके मन में उथल-पुथल मच गई। "जिन कामों के बारे में उसने सबसे पहले पूछा है, उन पर मैं सबसे बाद में ध्यान देती हूँ। शायद मैं अपना काम ग़लत ढंग से कर रही हूँ।"

आन्द्रेई ने अवदोत्या की परेशानी देखी। वह चुप होकर विचारों में डूब गया। अवदोत्या के हाथों में चीनी की पीली-पीली-सी सफेद तश्तरियाँ एक-दूसरे से लड़खड़ा रही थीं; कभी चम्मच, तो कभी काँटा, फ़र्श पर गिर जाता था।

"मुझे हो क्या गया है?" अवदोत्या अपने ऊपर खीझ रही थी। "यह आदमी सोचेगा कि मैं एकदम फूहड़ हूँ।"

"पशु-पालन शिक्षा का कोर्स आपने पास किया है? आप आजकल कौन-सी किताबें पढ़ रही हैं?"

"कोर्स तो नहीं पास किया, पर कुछ पुस्तकें मेरे पास हैं। पुस्तकें अधिकतर चारे और पशुओं की खुराक के बारे में हैं...पर हमारे फ़ार्म में इनका कोई उपयोग

नहीं हो सकता।"

"अच्छा? यह क्यों?"

"मेरा मतलब है, हमारे फ़ार्म में उनके उपयोग की सम्भावनाएँ नहीं हैं!"

मंत्री की भौंहें फड़क उठीं और ऊपर को तन गईं। उसके गालों की हड्डियाँ और भी उभर आईं। मालूम होता था कि अवदोत्या के शब्दों ने किसी चोट खाई जगह को छू दिया है।

"यह तो और भी बुरा है!" आन्द्रेई ने धीरे से कहा। "हम लोग कभी-कभी अपनी सम्भावनाओं को देखते ही नहीं—उनका उपयोग करना तो दूर की बात है। सम्भावनाएँ होती ही नहीं, तो बात दूसरी थी। पर, वे हैं! उन्हें पहचानने की ज़रूरत है। सोना धूल में दबा पड़ा हो तो उससे क्या फ़ायदा। हम उसे अन्धे की तरह रौंदते चले जाते हैं।" उसके स्वर से क्रोध, घृणा और उलाहना फूटा पड़ रहा था।

"मैं ख़ामख़ा क्या कह गई!" अवदोत्या को और भी उलझन मालूम हो रही थी। "यों ही इसे नाराज़ कर दिया।" मंत्री कहता गया :

"गाँव की बगल में ही, दलदल के पास, कितनी बढ़िया चरान बन सकती है! दो बरस उसमें चारा बो दिया जाए तो कम से कम ढाई टन चारा निकले!"

आन्द्रेई के सामने तश्तरियों में रखा खाना ठण्डा हो रहा था; उस ओर उसका ध्यान नहीं गया। अवदोत्या आतिथ्य भूलकर तन्दूर के चबूतरे की टेक लिए चुपचाप उसकी बातें सुन रही थी।

जब आन्द्रेई और वासिली बाहर चले गए, तब घर में ऐसा सन्नाटा हो गया जैसा निमंत्रण पर आए लोगों के चले जाने के बाद होता है।

यह सन्नाटा अवदोत्या को अखर रहा था।

"ये लोग चले गए...मैं भी इन लोगों के साथ जाती तो अच्छा रहता...सुनती कि फ़ार्म के बारे में क्या बातें करते हैं। उसकी बातें तो दादी की कहानी जैसी लगती हैं।...फिर भी, उसने फ़ार्म को खाद उधार दिलवा दी है और मशीन दिलाने का भी वादा किया है। बिजली का दूसरा जेनरेटर भी दिलवा दिया है। यह कोई दादी की कहानी नहीं है।"

शाम को अवदोत्या भी फ़ार्म जाना चाहती थी। परन्तु दूध दुहे जाने के समय उसका गोशाला में रहना ज़रूरी था। दूसरे, वह कात्या और माँ को कैसे छोड़ जाती? दोनों बीमार थीं।

आन्द्रेई और वासिली दिन-भर साथ-साथ खेतों, खलिहानों और गोदामों का चक्कर लगाते रहे। दोनों ने मिलकर आगे के कामों की योजना बनाई, काम करने वाले दलों के नामों की फेहरिश्त देखी और दलों के नेताओं से बातें कीं। शाम तक साथ-साथ काम और बातें करने के फलस्वरूप दोनों एक-दूसरे को इतना समझ गए थे कि आपस में एक शब्द से ही एक दूसरे की बात समझ लेते थे।

दोनों में उस गहरी मित्रता का भाव जाग गया था जो केवल साथ-साथ जीने-मरने वालों में जागता है, जो एक ही लक्ष्य के लिए कन्धे से कन्धा मिला कर आगे बढ़ने वालों को आजीवन अपनत्व के अटूट बन्धन में बाँध देता है।

गाँव में घर-घर सूचना देने वाला लड़का दरवाज़े खटखटा-खटखटाकर कह रहा था : "सभा में चलो! आन्द्रेई पेत्रोविच आ गए हैं...!"

फ़ार्म में आन्द्रेई को सभी लोग खूब जानते थे। खुद आन्द्रेई पेत्रोविच के आने की ख़बर पाकर भला कौन सभा में न आता? सामूहिक खेत के सभी किसान, बच्चे--और, अपाहिज बूढ़े तक, जो कभी सभा-वभा की परवाह न करते थे—नियत समय पर सभा में आ पहुँचे।

तीखी ठण्डी हवा दोपहर बाद कुछ बन्द सी हो गई थी और कुछ-कुछ गरमी हो गई थी। बरफ़ रिसने लगी थी। यह मार्च महीने के शुरू के दिनों की वह साँझ थी जब सूर्यास्त के समय की हवा पिघलती बरफ़, नदी-नालों और भीगे जंगलों के स्पर्श से वसन्त के आगमन की सूचना लाती है। सूर्यास्त की लाली से ढँके आकाश पर वृक्षों की नम काली शाखाएँ ऐसी जान पड़ रही थीं जैसे काली स्याही से लकीरें बना दी गई हों। दूर के जंगल सिलेटी रंग के नहीं लग रहे थे; वे चिकने काले और खूबसूरत दीख रहे थे। वसन्त के आगमन के इस प्रथम आभास से लोगों का मन खिल उठा था और गाँव वाले घरों से बाहर निकल कर बेंचों पर बैठे या गली में टहलते हुए गप्पें लड़ा रहे थे।

पावका की पत्नी, पोल्यूखा कोनोपातोवा, गली में से होकर निकली। पोल्यूखा बहुत दुबली-पतली थी उसकी सारस जैसी लम्बी-पतली गर्दन कुछ आगे बढ़ कर सीने पर झुकी हुई थी। गर्दन पर छोटा-सा सिर, अभिमान से ऐंठा हुआ था। सिर पर गोल टोपी थी और उस पर एक क्लिप।

पोल्यूखा का पिता गाँव के सहकारी-गोदाम का प्रमुख था। भाई रेल में गार्ड था और चचेरा भाई शहर के बाज़ार में माल तौलने का काम करता था।

सम्बन्धियों की इस ऊँची स्थिति के कारण पोल्यूखा कोनोपातोवा को नियति के थपेड़ों से भयभीत और पराजित होने की आशंका नहीं थी।

मकान और मकान के साथ की धरती पर अधिकार बनाए रखने के लिए ही पोल्यूखा सामूहिक खेत की सदस्या बनी हुई थी। आमतौर से वह महीनों, गाँव से दूर, जाने कहाँ, किस रहस्यमय काम से घूमती रहती थी। उसके पास लोहे की पत्तियों से मढ़ा एक सन्दूक था जो तन्दूर के पीछे छिपाया रखा रहता था। इस सन्दूक की चाभी पोल्यूखा अपने पति पावका को भी नहीं देती थी।

"अरे, आज तो पोल्यूखा भी सभा में आई है!" तातिआना ने आश्चर्य प्रकट

करते हुए कहा।

"क्यों न आऊँ? क्या मैं सभा में आना चाहूँ तो नहीं आ सकती? मैं कहती हूँ, तुम आ सकती हो तो मैं भी आ सकती हूँ।"

"तेरा आदमी कहाँ है?"

"मेरी बला से! जाने कहाँ है!"

"क्यों? क्या शिकार के शौक में तुझे भी छोड़ दिया है?"

"अरी अपनी तरह दूसरों के बारे में मत सोच, रानी! तेरा आदमी तुझे छोड़ गया होगा! मेरा आदमी मुझे छोड़ दे तो बिना सिर के गाँव में घूमता दिखाई दे!" करारा जवाब देकर पोल्यूखा सिर उठाए रौब से दफ्तर की ड्योढ़ी की सीढ़ियाँ चढ़ने लगी।

फ़ार्म के दफ्तर का छोटा-सा कमरा धीरे-धीरे ठसाठस भर गया। जिन लोगों को बेंचों पर जगह नहीं मिली वे खिड़कियों पर जा बैठे। किसान ऐसे सज कर आए थे मानों किसी उत्सव में जा रहे हों। ओवरकोटों और भेड़ की खाल के जाकेटों के बटन खुले होने से भीतर शहर के सिले सूट और ब्लाउज़ दिखाई दे रहे थे। कौमसोमोल के लड़के और लड़कियाँ सबसे आगे बैठे थे। अल्योशा, और अवदोत्या की दूर की बहन तातिआना ग्रिबोवा, सबसे आगे थे।

तातिआना के स्वस्थ चेहरे से ताज़गी और प्रसन्नता फूटी पड़ रही थी। उसकी, अवदोत्या जैसी नीली आँखों में, उत्सुकता नाच रही थी। सिर ज़रा पीछे किए बड़े आराम से पसर कर बैठी हुई थी। दूसरी लड़कियाँ तातिआना को घेरे हुए थीं। वह अपनी सहेलियों की बातों का उत्तर कभी तो मुस्कराकर और कभी भौंहों के इशारे से दे रही थी। कभी-कभी अल्योशा की ओर झुककर वह उससे धीरे-धीरे कुछ बातें भी करने लगती थी।

अलेक्सी तो ऐसे अवसरों पर बहुत प्रसन्न और उत्साह-भरा दिखाई देता ही था।

ज़िला पार्टी के सेक्रेटरी आन्द्रेई पेत्रोविच की सभा में उपस्थिति अल्योशा के लिए एक महत्त्वपूर्ण घटना थी।

बोर्तनिकोव परिवार के लोग—स्तेपनिदा, बूढ़ा कुज़मा वासिलीयेविच और प्योत्र—एक पिछली बेंच पर चुपचाप बैठे थे। तीनों ही खूब लम्बे और कद्दावर थे, सिर्फ कुज़मा का शरीर ही बहुत ढीला मालूम पड़ रहा था। उसके गाल भीतर धँस गए थे। उसके साँवले, मुरझाये माथे पर, चाँदी जैसे उजले बाल छा रहे थे; सिर भी कुछ-कुछ हिल रहा था। बेंच पर सीधे बैठने में स्पष्ट ही उसे असुविधा हो रही थी। उसके चेहरे पर सदा दिखाई देने वाली आत्मविश्वास और सहृदयता की छाप भी इस समय नहीं थी। उसके चेहरे पर चिन्ता और परेशानी छाई हुई थी।

फ्रोस्या सभापति-मण्डल की कुर्सियों के पास की खिड़की पर, सब जगह से

दीखने वाले स्थान पर, बैठ गई। फ्रोस्या जब आई थी तो बेंचों पर भी जगह थी, परन्तु उसे तो अपने एकदम नए, चमचम चमकते, बूट दिखाने थे! अपने रबड़ के जूतों को सभी लोगों को दिखाने के लिए, और विशेषकर आन्द्रेई को दिखाने के लिए, वह पाँव ऊँचे किए थी। फ्रोस्या, फ्रोस्या ही न रह जाती अगर उसने ज़िला पार्टी के मंत्री पर भी जादू डालने की न सोची होती।

यों तो फ्रोस्या सामने की जुल्फें माथे पर खूब सँवारे थी, भौंहों पर भी रंग लगाए थी, पर उसे सबसे ज्यादा भरोसा था आईने जैसे चमकते अपने लम्बे नए जूतों पर।

फिर भी, उसने सोचा, क्या मालूम किसी की नज़र ही उधर न जाए; इसलिए वह अपने पाँवों को कभी इधर करती थी और कभी उधर। कभी जूतों को ढीला करने के लिए ज़िप को नीचे कर देती थी और कभी कसने के लिए ऊपर खींच लेती थी।

कमरे में उत्साह भरा शोरगुल हो रहा था। आन्द्रेई के अनुरोध पर अल्योशा ने बहुत जल्दी में फ़ार्म के निर्माण और विकास का एक नक्शा तैयार किया था। उसे दीवार पर टाँग दिया गया था। नक्शे में फसलों की अदला-बदली वाले खेत, नए बनाए जाने वाले खलिहान और नई गोशाला आदि भी चित्रित थे।

आन्द्रेई और वासिली ने कमरे में प्रवेश किया। उनके आते ही एकदम सन्नाटा छा गया। दोनों ने हाल ही में हजामत बनाई थी। दोनों के सीनों पर, युद्ध में पाए तग़मे, इन्द्र-धनुष के रंग के फीतों में लटक रहे थे। दोनों ही खूब चुस्त, और फुर्तीले लग रहे थे। उन्हें देखने में भी सुख होता था। भूरे-भूरे बालों से भरा सिर उठाए, स्वस्थ, सुडौल आन्द्रेई अपनी स्वाभाविक चुस्त चाल से आगे-आगे चल रहा था। उसके पीछे लम्बा, कद्दावर और भारी-भरकम वासिली था, जिसका चेहरा धूप से तप कर कत्थई हो गया था। अपनी भारी-भारी भौंहों के नीचे छिपी, लाल-लाल, कुछ-कुछ परेशान, आँखें झुकाए वह चुपचाप पीछे आ रहा था।

सभा के कार्यक्रम में रखी गई अन्तिम बात से वासिली के मन में बहुत खुदबुद हो रही थी। यह बात थी : फ़ार्म की पनचक्की के काम से कुज़्मा बोर्तनिकोव को हटा देने का प्रस्ताव। वासिली ने पिता को बताया था कि बुढ़ापे के कारण कड़ा काम न कर सकने का कारण बताकर वह काम छोड़ दे। दिन में कई बार उसके मन में यह विचार बड़े ज़ोरों से उठा कि मंत्री को सच बात ही क्यों न बता दे? परन्तु यह बात उसे बहुत पीड़ाजनक मालूम होती थी। वह बात साफ़-साफ़ कहने का साहस नहीं बटोर सका। अब वह मौन था। यह विचार कि वह मसले को टाल रहा है, और अपने पिता के प्रति संवेदना का भाव—उसके मस्तिष्क को कचोट रहे थे।

वासिली मेज़ के पास पहुँचा। उसने मेज़ पर रखी घण्टी को ज़ोरों से बजाना

शुरू किया। उसे ज़िले या प्रांतीय केन्द्र की सभाओं की कार्यप्रणाली याद आ रही थी। जिस सभा का सभापतित्व उसे करना था उसमें उपस्थित जनसमुदाय को देखकर उसकी आँखें गर्व से चमक रही थीं और उसे मन ही मन प्रसन्नता हो रही थी। मेज़ पर रखी छोटी घण्टी फ़ार्म की एक गाय, जिसका नाम 'भगोड़ी' था, के गले से खोलकर ख़ासतौर से सभा के काम के लिए लाई गई थी।

सभा आरम्भ होने की सूचना की रस्म पूरी करने के लिए वासिली 'भगोड़ी' की घण्टी ज़ोरों से और देर तक बजाता रहा। सब लोग चुपचाप बैठे घण्टी की टनटनाइट सुन रहे थे। हाँ, बूढ़ा ग्वाला मेफोदी रैस्की भी वहाँ था, वह ज़रूर भौचक-सा इधर-उधर देख रहा था। उसने समझा कि 'भगोड़ी' गोशाला से रस्सी तुड़ाकर भागी है और उसे ढूँढ़ने के लिए उसे जाना चाहिए।

सब लोग चुप हो गए तो वासिली ने बोलना शुरू किया :

''साथियो!'' उसने कहा। ''वसन्त हमारे द्वार पर है! मेरा मतलब उस वसन्त से नहीं है,'' खिड़की से बाहर संकेत करके वह बोला। ''मेरा मतलब सामूहिक खेत में इस अख़बार द्वारा लाए गए वसन्त से है।'' उसने पार्टी के फ़रवरी के निर्णय की रिपोर्ट को हाथ में लेते हुए कहा। ''अब ज़िला पार्टी कमिटी के प्रथम मंत्री कामरेड स्त्रेल्तसोव आपके सामने भाषण देंगे और आपको पार्टी के फ़रवरी प्लेनम के निर्णयों के बारे में बताएँगे।''

आन्द्रेई कुर्सी से उठकर मेज़ के समीप आ गया। आगे बढ़ते ही सूर्य की किरणों का पूरा प्रकाश उसके मुँह पर पड़ा। परन्तु वह पीछे नहीं हटा।

नाटा क़द, सुनहरे बाल, सिर से पैरों तक धूप में नहाया, वह बिलकुल तरुण लग रहा था।

आन्द्रेई धीरे-धीरे, सोच-सोच कर, बहुत सीधे-सादे ढंग से बोल रहा था। ऐसा लगता था मानो वह व्याख्यान नहीं दे रहा था, बल्कि घर में बेंच पर बैठा साथियों से साधारण बातचीत कर रहा था।

''आप लोगों में से शायद कुछ साथियों ने इस बात पर ध्यान न दिया हो कि फ़रवरी प्लेनम ने हमारी कृषि में युद्ध के बाद के काल में कितनी अधिक उन्नति का रास्ता खोल दिया है। क्या आप सबके दिमाग़ में यह नक्शा साफ है कि तीन-चार वर्ष बाद हमारा देश कैसा लगने लगेगा? क्या आप जानते हैं, कि तीन-चार साल बाद हमारे फ़ार्म की हालत क्या से क्या हो जाएगी? आपके फ़ार्म की अवस्था अच्छी नहीं है, ज़िले भर में वह सबसे पिछड़ा हुआ है! लेकिन, अगर हम सब एक साथ मिलकर कंधा लगाएँ तो हमारा फ़ार्म बहुत जल्दी अपने पाँवों पर खड़ा हो सकता है। यही हमारी शक्ति का रहस्य है!''

आन्द्रेई ने खेतों में दो से तीन टन तक फसल बढ़ने, पशुओं की संख्या और दूध की मात्रा बढ़ने, फ़ार्म के कामों के बिजली द्वारा होने और गाँव भर में

रेडियो लगने की बातें इस तरह कीं मानो वे निकट भविष्य की और अवश्यम्भावी चीज़ें हों। शायद किसानों को इतनी जल्दी और इतना बड़ा परिवर्तन होने में विश्वास न होता। परन्तु, मंत्री ने स्वयं किसानों के अनुभव के प्रमाण दिए। उसने फ़ार्म का पुराना कर्ज़ा बेबाक हो जाने, फ़ार्म में टनों खाद उधार आ जाने, उधार नया बीज भेजा जाने, ज़िले की सबसे अच्छी ट्रैक्टर-ड्राइवर नास्त्या ओगोरोद्निकोवा के पहली मई फ़ार्म में भेजे जाने, अच्छी नस्ल के पशुओं के भेजे जाने, फ़ार्म के दलदल को मशीन-ट्रैक्टर स्टेशन की मदद से बढ़िया चरान बना देने की योजना तथा बिजलीघर में नया जेनरेटर आ जाने के प्रमाण दिए।

उसने सबके सामने फ़ार्म के लक्ष्य को स्पष्ट किया और उस लक्ष्य तक पहुँचने के लिए मार्ग निर्धारित किया। उसके प्रत्येक शब्द से भविष्य अधिक स्पष्ट और अधिक निकट दिखाई दे रहा था।

"ज़िला केन्द्र से आपको पूरी सहायता मिलेगी, परन्तु असली ताकत तो आप ही हैं।" उसने कहा। "युद्ध में ध्वस्त उक्रेन और बेलोरूस के नगरों को आज फिर आपकी शक्ति ही नए ढंग से बसा रही है और देश को एक के बाद दूसरी विजय-मंजिल पर ले जा रही है।"

"भाई, मेरी समझ में नहीं आ रहा, यह क्या कह रहा है?" बुढ़िया वासिलिसा ने बगल में बैठे मातवेयेविच से धीरे से कहा।

आन्द्रेई कहता गया :

"मेरा मतलब किस चीज़ से है, साथियो? मेरा मतलब है, सोवियत जनता के देश प्रेम से और उसके वीरतापूर्ण कारनामों से! मेरा मतलब किससे है, साथियो?" आन्द्रेई ने घूमकर वासिलिसा की ओर देखा। वासिलिसा को शंका हुई कि शायद उसकी बात आन्द्रेई ने सुन ली है और नाराज़ हो रहा है। वह अपनी जगह पर बैठी पसीने-पसीने हुई जा रही थी। आन्द्रेई ने कहा, "हम तुम्हारी ही मिसाल लें, वासिलिसा।" अब तो मानो बुढ़िया की जान ही निकल गई। "भेड़ों के बाड़े में तुमने सराहनीय काम किया है। तुम कमज़ोर हो, पर इतने संकट के दिनों में भी तुमने न सिर्फ़, भेड़ों के बाड़े की रक्षा की है, बल्कि पशुओं की नस्ल को उन्नत किया है और उनकी संख्या को बढ़ाया है।"

कमरे में उत्साह की लहर दौड़ गई। यह आशा किसे थी कि दादी वासिलिसा जैसी जानी-पहचानी औरत का श्रम और जीवन सुदूर मास्को में हुए केन्द्रीय समिति के पूर्ण अधिवेशन के निर्णयों से इतने निकट से सम्बन्धित होगा।

"मुझे तुम्हारे काम का भी ज़िक्र करना चाहिए, मातवेयेविच!" आन्द्रेई ने मातवेयेविच की ओर घूमकर कहा। "चारे की कमी के वक्त तुम्हारे फ़ार्म के घोड़े दुबले हो गए थे। परन्तु एक भी घोड़े की पीठ पर मुझे ज़ख्म नहीं दिखाई दिए। हर घोड़े के बालों पर कन्घा किया होता था। पुरानी गाड़ियों और पुरानी साज़ों की

बड़ी चुतराई से मरम्मत करके तुमने उन्हें सदा काम लायक बनाए रखा। और हमारे नवयुवकों का क्या हाल है, साथियो? आपके फ़ार्म को भविष्य में ये लोग ही उन्नति के मार्ग पर आगे बढ़ाएँगे!"

बूढ़ा मातवेयेविच सोच रहा था : '...कोई बात नहीं छोड़ी इसने तो। यह भी देख लिया कि साजों को कैसे टाँक-टाँक कर हम लोगों ने ठीक रखा है और वासिलिसा ने कैसे मेमनों को पाला है!'

"तुम्हें करना सिर्फ़ यह है," आन्द्रेई ने कहा, "कि अपनी शक्ति को संगठित करो और अवसर से लाभ उठाओ। दुर्भाग्य से, पहले आप लोगों को अच्छा प्रधान नहीं मिला था। अब आपके यहाँ अच्छा प्रधान है। अब आपको अपने यहाँ की टीमों के लिए अच्छे नेता चुन लेने चाहिए। आपके फ़ार्म की कार्यकारिणी और आपके टीम-लीडर आपकी सेना के सेनापति हैं। भिन्न-भिन्न टीमें और उनके नेता सोच-विचार कर चुने जाएँ; उन्हें खेती के औज़ार और खेत ढंग से बाँटे जाएँ। हर आदमी को मेहनत के परिणाम के हिसाब से मज़दूरी दी जाए। सरकार से जो बीज और मशीनें मिलती हैं उनके पूरे उपयोग की व्यवस्था की जाए। आज हमारे सामने मौजूद ये ही बुनियादी कर्तव्य हैं।"

आन्द्रेई बोल चुका। सभी को लग रहा था कि फ़ार्म के दिन फिरने वाले हैं। परन्तु, भविष्य क्या और कैसा होगा, इसके बारे में सबकी कल्पनाएँ अलग-अलग थीं।

यासनेव आगे को झुका बैठा आन्द्रेई की बातें बड़े ध्यान से सुन रहा था। फ़ार्म में तेज़ी से उन्नति की आशा तो उसे भी थी। परन्तु क्या इतनी जल्दी? उसे सम्भावनाओं के ज़रूरत से ज्यादा आँके जाने का डर था। वह सोच रहा था कि कह देना आसान है, लेकिन कर सकना मुश्किल है। सहायता सभी ओर से—मशीनों, कर्जे और बीज के रूप में—चली आ रही थी। मुमकिन है, सचमुच ही एक साल में हालत सुधर जाए। देश के इसी भाग में कई फ़ार्मों की अवस्था सुधरने के उदाहरण भी थे।

लुबावा के कन्धे से शॉल गिर गया था। एक बार फिर उसके चेहरे पर वही चिर-परिचित मुस्कान दिखाई दे रही थी जिसे वह भूल सी गई थी। इस समय उसके मस्तिष्क में योजनाएँ नाच रही थीं—न जाने कितनी योजनाएँ!

"कोई कुछ कहना चाहता है?" वासिली ने पूछा।

"मैं कहना चाहती हूँ।" खड़े होते हुए लुबावा ने कहा। "हम पहली मई फ़ार्म वालों को आज खुशी के गीत गाने चाहिए। लेकिन, मैं गाना-बाना भूल गई हूँ। मुझे कोई गीत भी याद नहीं। फिर भी मैं आप लोगों को बताऊँगी कि मैं क्या सोचती हूँ। पहले मैं ज्यादा मज़दूरी के बारे में कहूँगी। पिछले साल दूसरे दलों के मुक़ाबले अल्योशा के दल ने ड्योढ़ी फ़सल काटी थी। लेकिन फिर भी, मज़दूरी

सबको बराबर दी गई। क्या इन कौमसोमोल के लड़के-लड़कियों के प्रति यह अन्याय नहीं है? मैं एक बात और कहती हूँ—जो जिस दल में हो उसे उसी दल में रखने की कोशिश करना चाहिए। कई लड़कियाँ रोज़-रोज़ दल बदला करती हैं; अन्ना बकरियों की तरह जंगल-जंगल घूमती-फिरती हैं। आज किसी से लड़ पड़ीं। बस, चलो। किसी दूसरे दल में पहुँच गईं। यह अच्छी बात नहीं है! एक बात मुझे और कहनी है—फसल बोने वाले दलों के बारे में। फसल बोने के वक्त खेतों के दल बनते हैं और जाड़ों में फिर बदल जाते हैं। इस बारे में भी कुछ किया जाना चाहिए। या तो दल बनें ही नहीं, या बनें तो तोड़े न जाएँ। क्या करना चाहिए यह मैं नहीं सोच सकी। लेकिन, एक बात मैं जानती हूँ—यह दल वाली व्यवस्था हमारे फ़ार्म में चल नहीं रही है।''

लुबावा की काम-काजी बातों को सबने बड़े ध्यान से सुना। वह चुप हो गई तो मलानिया बुज़किना की तेज़, महीन आवाज़, पीछे से सुनाई दी :

''क्या यह सच है कि घरों के साथ मिली ज़मीन आधी कर दी जाएगी?''

पोल्यूखा बीच में बोल उठी :

''ज़मीन को दुबारा नापने का क्या मतलब है?''

''क्या यह सच है कि प्लेनम ने आधी-आधी ज़मीन छीन लेने का हुक्म दिया है।'' पीछे की बेंचों से कोई बोला।

वासिली ने घण्टी बजाई। जब सब चुप हो गए तो खड़े होकर उसने पूछा :

''किसने आपसे ऐसा कहा है? आपने यह सब किससे सुना, साथियो?''

''क्यों? उस दिन पोल्यूखा ही तो लकड़ी चिराई की जगह से होकर जा रही थी। उसी ने तो कहा था कि सबकी आधी-आधी ज़मीन छीन ली जाएगी!''

''पेलागेया कोनोपातोवा, क्या तुम बताओगी कि तुम्हें यह खबर कहाँ से मिली! क्या सोचकर तुमने यह अफवाह फैलाई थी?''

''अरे मेरा क्या है! मैं अभी बताती हूँ। ज़रूर बताऊँगी! मुझसे क्सेनोफोन्तोवना ने कहा था! जो सच्ची बात है, मैंने कह दी है।''

''क्सेनोफोन्तोवना ने ही यह अफवाह गाँव भर में फैलाई है।'' लुबावा बोली।

''तातिआना क्सेनोफोन्तोवना ब्लिनोवा! इस मीटिंग के सदर की हैसियत से मैं तुमसे कहता हूँ कि खड़ी होकर मेरे सवाल का जबाव दो! यह तुमको किसने बतलाया कि घरों के साथ की ज़मीन अधियाई जा रही है?''

क्सेनोफोन्तोवना अपनी जगह बैठे-बैठे ही, पहले दाएँ फिर बाएँ, घूमी। उसका फूला हुआ चेहरा उतर गया था। उसका चेहरा कुछ-कुछ वैसा ही लग रहा था जैसा कुत्ते के गले में रस्सी बाँध कर लटका देने से हो जाता है।

''क्यों खड़ी होऊँ? बैठे-बेठे ही बताती हूँ।''

''नहीं! मेहरबानी करके खड़ी हो जाइए और सबके सामने बताइए कि ये झूठी अफवाहें फैलाने का क्या मकसद था?''

निर्भयता दिखाने के लिए क्सेनोफोन्तोवना झटके से उठ खड़ी हुई। लेकिन उसके हाथ-पैर काँप रहे थे।

''मैंने कहा तो क्या बुरा किया? मैंने क्या झूठ कहा? तुम्हीं ने तो मुझसे कहा था, वासिली कुज़मिच, कि आधी ज़मीन ले ली जाएगी। तुम्हारे ही लफ्ज थे! अब तुम कहोगे कि मैं झूठ कहती हूँ।''

''किसकी ज़मीन के लिए कहा था मैंने? तुम्हारी?''

''हाँ!...जैसी मेरी ज़मीन, वैसी सबकी...!''

''ठीक है! मैंने तुम्हारी ज़मीन के लिए कहा था! लेकिन, सबकी ज़मीन के लिए नहीं। तुमने तो पूरी एक हेक्टर ज़मीन दबा रखी है। साथियो, मैं आपको यकीन दिलाता हूँ कि ज़मीन नापने पर सिर्फ़ तीन घरों की ज़मीनें ज्यादा निकलीं—कोनोपातोव परिवार की, कुज़मा बोर्तनिकोव की और ब्लिनोवा की।''

वासिली ने पिता की ओर देखा। बूढ़ा कुज़मिच और स्तेपनिदा बिलकुल निश्चल बैठे थे—अडिग और शान्त!

''मैंने लिखकर दिया तो बापू ने अपनी फालतू ज़मीन चुपचाप सामूहिक खेत को लौटा दी। लेकिन, कोनोपातोव और ब्लिनोवा परिवार से ज़मीन मिलनी अभी बाकी है।''

''कौन कहता है कि मेरे पास एक हेक्टर ज़मीन है?'' क्सेनोफोन्तोवना उत्तेजित स्वर में बोली। ''भाइयो, तुम इसकी बात मत मानो। मेरे पास सिर्फ़ आधा हेक्टर ज़मीन है।''

''हाँ! आधा हेक्टर ज़मीन घर के चारों ओर और आधा हेक्टर ढलवान पर।''

''उसे तुम ज़मीन कहते हो? वहाँ तो झाड़ियाँ, ठूँठ और गढ़े हैं।''

''यह तो तुम कहती हो। वह फ़ार्म की सबसे बढ़िया ज़मीन है। उसकी जैसी बढ़िया ज़मीन तो और है नहीं। सामूहिक खेत उसे वापस ले लेगा।''

''और कहो, और कहो! क्या इरादा है तुम्हारा?'' फ्रोस्या यकायक बिगड़ उठी। वह गुस्से से काँप रही थी। ''मैंने और माँ ने मिलकर सारे ठूँठ उखाड़े हैं और जगह ठीक की है!''

''बेचारा एक ही ठूँठ तो था वहाँ।'' मातवेयेविच की बुलन्द आवाज़ उसकी घनी दाढ़ी की गहराइयों से निकली।

''झूठ है! तुम्हें क्या मालूम! हमने तो अपने हाथों से तमाम ठूँठ साफ किए हैं। हमें मालूम है कितनी मेहनत लगी है!''

''किसने कहा था तुमसे मेहनत करने को? पहले तो, तुम्हें वह ज़मीन लेनी ही नहीं चाहिए थी।''

"वह तो उन्हें पिछले प्रधान वाल्किन ने दी थी। फ्रोस्या ने उससे इश्क जो लड़ाया था!"

"इश्क लड़ाया होगा तेरी दादी ने! हमें तो उसने ऐसे ही दे दी थी। उसने कहा—'ज़मीन फालतू पड़ी है, बर्बाद हो रही है! ले लो, फ्रोस्या!' उसने कहा—'इसे साफ कर लो, दस साल के लिए तुम्हारी हो जाएगी।' हमी जानती हैं, हमने कितनी मेहनत की है। ओह, कितनी खाद डाली है उसमें—ढेरों! बड़े आए तुम उसे छीनने वाले! क्या यही न्याय है?" फ्रोस्या बहुत गुस्से में बोल रही थी। लेकिन, इस क्रोधपूर्व भाषण के समय भी वह आन्द्रेई को अपने चमकते बूट दिखाना और उस पर नैन-वाण चलाना नहीं भूली। "तुम्हीं बताओ, कामरेड सेक्रेटरी, क्या यही इन्साफ है?" आँखों में बड़ी दीनता का भाव लिए उसने सीधे आन्द्रेई से अपील की! "तुमने ऐसा जुल्म कभी सुना है?"

"नहीं, जुल्म नहीं होने पाएगा!" आन्द्रेई ने मुस्कराकर कहा। "तुम्हारी मेहनत बर्बाद न होने पाए इसलिए मेरा सुझाव है कि वह ज़मीन तुम्हारे दल को दे दी जाए। तुम्हारी मेहनत, तुम्हारी ही रहेगी।"

"क्या मतलब है आपका? दल को दे दी जाए? इससे हमारा क्या फ़ायदा हुआ?" फ्रोस्या घबराकर बोली।

"तुम अब मतलब की बात पर आ जाओ।" आन्द्रेई ने वासिली के कान में कहा।

इसी समय मातवेयेविच की बुलन्द आवाज़ फिर पीछे से सुनाई दी :

"भई, अब छोड़ो इस झंझट को! कोई काम की बात करो! हम लोगों को और भी बड़े मसलों पर बातें करनी हैं।"

"हाँ, हाँ! ठीक है। ठीक है!" बहुत से लोगों ने एक साथ समर्थन किया।

"साथियो," वासिली बोला, "ज़मीन का मामला तो अब साफ हो गया। कोई किसी की आधी ज़मीन नहीं छीनना चाहता। कोनोपातोव और ब्लिनोव परिवार के पास जो फालतू ज़मीन है, उसे क़ानूनी तौर पर ले लिया जाएगा। उस बारे में बहस करने से कोई फ़ायदा नहीं। अब आगे की बात की जाए। कोई कुछ कहना चाहता है?"

"मैं कहूँगा!" मातवेयेविच उठ खड़ा हुआ।

सब लोग चुप हो गए। सभी मातवेयेविच का आदर और सम्मान करते थे। अपनी घनी दाढ़ी पर हाथ फेरते हुए बहुत आत्म-विश्वास से मातवेयेविच बोलने के लिए खड़ा हुआ, मानो जानता हो कि उसकी बातों को उचित महत्त्व दिया जाएगा। सभा-मीटिंगों में मातवेयेविच बहुत कम बोलता था। पर, ज़िले के मंत्री ने उसका नाम बड़े सम्मान से लिया था! उसका हृदय कृतज्ञता से भर उठा था। वह मानो अनुभव कर रहा था कि फ़ार्म के भविष्य की एक विशेष ज़िम्मेदारी उस

पर भी है।

जिस समय लुबावा बोल रही थी और फ्रोस्या का झगड़ा चल रहा था, तभी उसने सोच लिया था कि वह क्या कहेगा।

"सामूहिक खेत के किसान साथियो!" गम्भीर स्वर में मातवेयेविच ने बोलना शुरू किया। "हमारी ज़िला पार्टी कमिटी के आदरणीय मंत्री, आन्द्रेई पेत्रोविच ने, अभी आपके सामने भाषण दिया है। मैं आपके सामने उसी भाषण के सम्बन्ध में कुछ निवेदन करना चाहता हूँ।" इतनी बात कहकर बूढ़ा चुप हो गया। बहुत देर तक सोच-सोचकर उसने इतना भाषण तैयार किया था। पल-भर सोचते रहने के बाद उसकी समझ में आ गया कि इसी तरह का भाषण आगे जारी रख सकना उसके बस की बात नहीं है। अस्तु, झटके से हाथ हिलाकर, ऐसा भाषण देने का विचार छोड़, उसने उत्तेजित भाव से, किन्तु धीमे स्वर में बोलना शुरू किया : "जब हमारे फ़ार्म का नाम बीमार फ़ार्मों की लिस्ट में था और फ़ार्म की जायदाद ऐसे बही जा रही थी जैसे छलनी से पानी, तब मेरे दिल में यह विचार आया, साथियो, कि अपनी लाल गैया बेच दूँ, रेल का टिकट कटाकर मास्को चला जाऊँ और सीधे कामरेड स्तालिन से सब बातें कह दूँ। लेकिन, मैं मास्को नहीं गया। कामरेड स्तालिन ने खुद खत भेज दिया। यह देखो!" मातवेयेविच ने अपने कोट की भीतरी जेब से तह किया हुआ एक अखबार निकाला। "इसमें साफ़-साफ़ रास्ता बताया गया है; रास्ते का हर मोड़ बता दिया गया है; हमारे पास इंजन और डिब्बे हैं;–ज़रूरत है सिर्फ़ चढ़कर चल देने की। रिपोर्ट की बातें सुनकर और आप लोगों को देखकर, साथियो, मैंने मन ही मन सोचा : आन्द्रेई पेत्रोचिव ठीक कहते हैं। आप लोग देखना, साल-भर में हम लोग अपने को पहचान भी नहीं पाएँगे! अब हमारे फ़ार्म का प्रधान बहुत अच्छा आदमी है। इस साल हमने कुछ धन भी बचाया है, चारा खरीदने के लिए राज्य से कुछ कर्ज़ा भी मिल गया है। हमने बदलकर अच्छा बीज भी ले लिया है। इस बार तो वसन्त का ऐसा स्वागत होगा जैसा बहुत अर्से से हमने नहीं किया। आन्द्रेई पेत्रोविच ने जिस उन्नति की ओर इशारा किया है उसके लिए सिर्फ़ ज़रूरत है काम में पूरी हिम्मत से दिल लगाने की! एक बात और–अलग-अलग दलों को ज़मीन और खेती के औज़ार ठीक-ठीक बाँट दिए जाएँ और सब अपने-अपने औज़ारों का ख़याल रखें! देखो होता क्या है! मेरे पास अस्तबल में बीज बोने वाली एक मशीन पड़ी है। किसी को खबर नहीं कि वह किसकी है या किस दल की है। मैं उसे सँभाल कर रखे हुए हूँ, नहीं तो अब तक चौपट हो जाती। यही बात ज़मीन पर भी लागू होती है। सब दलों को अपने-अपने खेतों की खबरदारी वैसे ही रखनी चाहिए जैसे माँ अपने बच्चे की खबरदारी रखती है।"

मातवेयेविच के बोल चुकने पर ज़ोरों से तालियाँ बजीं। फिर दलों के

संगठन पर बातचीत शुरू हुई। इस मामले पर देर तक, और खूब गरमागरम, बहस जारी रही।

अब अल्योशा बोलने के लिए खड़ा हुआ।

उसने भेड़ की खाल का कोट उतार फेंका। वह नया नीला सूट पहने हुए था। घुँघराले बालों और चमकीली आँखों वाला उसका चेहरा इतना प्यारा लग रहा था कि लोगों की निगाहें उस पर उठी की उठी रह गईं। एक मिनट के लिए तो फ्रोस्या आन्द्रेई को भी भूल गई, उसने अपने बूट अल्योशा की ओर घुमा दिए।

"हाय, कितना प्यारा लग रहा है! कोई बयान कर सकता है?" उसने तातिआना के कान में कहा। उसे विश्वास था, अपने भाषण में अल्योशा उसका नाम ज़रूर लेगा।

"हमारा, नौजवानों का दल, यहाँ पेश किए गए सभी प्रस्तावों का समर्थन करता है।" अल्योशा ने कहा। "हमारा, नौजवानों का दल, इस सभा से प्रार्थना करता है कि बीजों के लिए हमें एक खेत दे दिया जाए। हम प्रतिज्ञा करते हैं कि इस खेत के लिए हम लोग दाना-दाना छाँटकर बीज चुनेंगे। हम प्रतिज्ञा करते हैं कि हम लोग अच्छी तरह इस खेत की मिट्टी की जाँच करेंगे और उसके माफिक ज़रूरी खाद तैयार करके उसमें खाद डालेंगे। हम कृषि-विज्ञान की शिक्षा का और भी अच्छा प्रबन्ध करेंगे और विज्ञान द्वारा बताए गए खेती सम्बन्धी सभी सिद्धान्तों का पालन करेंगे। परन्तु, नए बनाए गए दलों के सम्बन्ध में हमें कुछ कहना है।" इतना कहकर अल्योशा ने फ्रोस्या की ओर बड़ी निर्मम आँखों से देखा, मानो उसके कलेजे को वेध देना चाहता हो। "दल जैसा बनाया गया है, मैं उससे सहमत हूँ। लेकिन इस दल की नेता वही रखी गई है जो पिछले साल थी—यानी, येफ्रोसीनिया ब्लिनोवा। मैं इसका विरोध करता हूँ। मैं अकेले ही दल की देखभाल कर सकता हूँ। फ्रोस्या जैसों से काम में अड़चन ही ज्यादा होती है।"

"क्या ख़राबी पाई है मेरे काम में?" हैरान फ्रोस्या गुस्से में चीख उठी। "क्या तुम्हीं ने बोवाई के वक्त मेरे काम की तारीफ़ नहीं की थी?"

"हाँ, बोवाई के वक्त तुमने ठीक काम किया था। लेकिन फसल कटाई के वक्त बाज़ार में मँडराती रहीं।"

"इस बात से बाज़ार का कोई ताल्लुक नहीं।"

"एक दिन तो तुम पहाड़ सरका देती हो, लेकिन दो दिन तुम्हें खुद सरकाने की ज़रूरत पड़ जाती है। ऐसे काम से कोई फायदा नहीं, साथियो। टीम के नेता की हैसियत से मैं कहता हूँ : मुझे ऐसे दल-नायक नहीं चाहिए।"

"यह भी कोई तरीक़ा है? पहले से बिना बताए इस तरह आलोचना करने का मतलब?" फ्रोस्या बिगड़ उठी।

उस शाम फ्रोस्या की तक़दीर उसका साथ नहीं दे रही थी। कई तरफ़ से

उस पर बौछारें पड़ रही थीं। फिर भी, वह मैदान छोड़कर भागी नहीं।

"मैं पूछती हूँ, तुमने कभी मुझे चेतावनी दी? नहीं! तुमने कभी जवाब-तलब किया? नहीं! मेरा काम खराब था तो लीडर की हैसियत से तुम्हें पहले मुझे बताना चाहिए था। मैं ठीक काम न करती तो जवाब-तलब करना चाहिए था। और तब भी मैं ठीक काम न करती तो मुझे काम पर से हटाया जाना चाहिए था। इससे पहले नहीं।"

"साथियो, कौमसोमोल के युवक दल के नेता की हैसियत से..." अल्योशा ने कहना शुरू किया, परन्तु फ्रोस्या ने उसे नहीं बोलने दिया।

"तुम कौमसोमोल के सेक्रेटरी हो! तुम्हें मुझे व्यक्तिगत रूप से समझाना चाहिए था! तुम्हें मुझे समझाना चाहिए था, न कि इस तरह मज़ाक बनाना! पहले मुझे समझाओ! समझे!" एक टाँग दूसरी टाँग पर रखते हुए उसने माँग की और सबकी ओर इस तरह देखा मानो अल्योशा को अन्तिम रूप से पराजित कर दिया हो।

सब लोग हँस पड़े। केवल अल्योशा गम्भीर बना रहा।

"मैं तुम्हें समझाता भी, अगर तुम मेरी बात सुनतीं!" उसने गम्भीरता और विश्वास के साथ कहा!

"तो फिर ठीक है! तुम जो कहोगे, मैं करने को तैयार हूँ।" फ्रोस्या राजी हो गई।

" 'तो फिर ठीक है' कहने से काम नहीं चलेगा। तुम्हें सब लोगों के सामने वचन देना होगा।"

"तुम तो बस नुक्स निकालना जानते हो! मैंने वचन दे दिया है या नहीं? एक बार वचन दे दिया, तो निभाऊँगी भी!"

"यह ठीक है कि अल्योशा कहता है कि अकेले ही वह टीम को सँभाल लेगा," वासिली ने कहा, "परन्तु मेरी राय है कि अभी जैसे चल रहा है, चलता रहे। येफ्रोसीनिया को ऐसे ही एक साल और काम करने दिया जाए, फिर देखा जाए।"

फ़ार्म-टीमें बनाने और उन्हें ज़मीनें बाँटने के वाद-विवाद में और इस सम्बन्ध में प्रस्ताव पास करने में काफी देर हो गयी। सभी में खूब उल्लास था और वे इस उत्साहपूर्ण वातावरण को भंग नहीं करना चाहते थे।

अँधेरा घना होता जा रहा था। अल्योशा ने बिजली जला दी। बिजली घर में एक और नया इंजन लगाने का काम हो रहा था, इसलिए बिजली की धारा नियमित रूप से नहीं आ रही थी। कभी तो प्रकाश बिल्कुल कम हो जाता था और कमरे में लालिमामय अंधकार छा जाता था, कभी प्रकाश खूब तेज हो जाता था और सभी के मुस्कराते चेहरे जगमगा उठते थे।

अब सभा में कोनोपातोव का मामला पेश हुआ।

"मेरा सुझाव है कि हम लोग इस मामले को अगली सभा के लिए रखें।" तातिआना बोली। "हम सब लोग यहाँ अपने आशामय भविष्य की बातें सोच रहे हैं, कोनोपातोव जैसों की नहीं। उनकी चर्चा छेड़ कर क्यों रंग में भंग डाला जाए।"

"हाँ, हाँ! ठीक है!" बहुत से लोग बोल पड़े!

"कोनोपातोव की बात करने का मतलब हँसी-खुशी के दिन कूड़ा-कबाड़ा निकालना है।" लुबावा ने तातिआना के सुझाव का समर्थन किया।

"लेकिन यह कूड़ा-कबाड़ा तो निकालना ही है!" बुयानोव ने आपत्ति की। "मुझे बोलने की इजाज़त दो, वासिली कुज़्मिच! साथियो! मैं तातिआना और लुबावा की बात का विरोध करता हूँ। इस मसले का फैसला अभी होना चाहिए। यह भी क्या खूब है कि हँसी-खुशी के दिन भी घर के कोनों में कूड़ा-कचरा भरा है। एक बात और भी है—कोई आदमी लम्बे सफर पर निकलता है तो सिर पर कूड़ा-कबाड़ा लाद कर नहीं चलता। यही वक्त है कि मामले की सफाई कर ली जाए और गन्दगी निकाल फेंकी जाए।"

"कोनोपातोव परिवार को तो आप लोग जानते ही हैं!" वासिली ने कहना शुरू किया। "युद्ध से पहले भी इन लोगों ने कई झगड़े खड़े किये थे। इनके परिवार वालों को एक-एक करके लीजिए। बूढ़ा कोनोपातोव है। कौन सा काम है जो उसे नहीं दिया गया? लेकिन, कोई काम उसके माफिक नहीं बैठा। बाद में उसे शहद की मक्खियों की रखवाली का काम दिया गया। इससे हल्का काम और कौन-सा हो सकता था? लेकिन उसमें भी उसका मन नहीं लगा! उसके बेटे, पावका कोनोपातोव को भी आप लोग जानते हैं। उसने भी अपने पिता के पदचिह्नों का ही अनुसरण किया। तीन महीने से उसने गिलहरियों के शिकार का ठेका ले लिया है। तब से उसने काम करने से इनकार ही कर दिया है। उसे बुलाया जाता है तो आता नहीं है। आज भी नहीं आया। बीमारी का बहाना बनाकर पड़ा है। उसकी पत्नी पोल्यूखा को लीजिए। पिछले साल उसने सिर्फ़ साठ दिन काम किया था। इस साल तो उतने दिन भी नहीं किया। फ़ार्म की कार्यकारिणी ने उन्हें बुलाया तो वे आए नहीं। बस, सन्देशा भिजवा दिया—हमें फ़ार्म से कोई मतलब नहीं! फ़ार्म की कार्यकारिणी ने फ़ैसला किया है कि इन्हें फ़ार्म से अलग कर दिया जाए।"

"पावका को सामूहिक खेत से निकालने का तुम्हें कोई हक नहीं!" पोल्यूखा ने कहा। "पावका ने काम की मियाद पूरी की है। उसके पैर में चोट थी। इसीलिए वह फ़ार्म की कार्यकारिणी के सामने नहीं आ पाया था।"

"आपको अपनी बात कहने का मौक़ा मिलेगा, कोनोपातोवा। साथियो, फ़ार्म की कार्यकारिणी का फ़ैसला, बहस के लिए, आपके सामने है। जहाँ तक हक़ की

बात है, फ़ार्म को यह हक़ है कि जो लोग काम से जी चुरायें, या गड़बड़ी पैदा करें, उन्हें फ़ार्म से निकाल बाहर किया जाय।"

"हम लोग कहाँ चले जायँ?"

"जहाँ तुम्हारे सींग समायें?" वासिली ने तड़ाक से जवाब दिया। "कोई कुछ कहना चाहता है, साथियो।"

सब चुप थे। कोनोपातोव परिवार वाले अच्छे तो किसी को नहीं लगते थे। फिर भी, वे थे तो उसी गाँव के लोग, अरसे से साथ रहने वाले!

"तुम्हारा मतलब क्या है?" लोगों की चुप्पी से साहस पाकर पोल्यूखा ने दुहाई दी। "हम लोगों की सारी उम्र इस गाँव में कटी है। बरसों से हम लोग सामूहिक खेत के सदस्य हैं। आज तुम हमसे कहते हो—चलते बनो, दूर हो जाओ। क्यों? पिछले साल तुम यहाँ नहीं थे। ज़रा पूछो तो, बकरी की टेकरी पर बोवाई किसने की थी? मेरे बूढ़े ससुर ने! वह बेचारा बूढ़ा है और बीमार है! उसे पूरा हक़ है कि वह काम न करे! लेकिन उसकी आत्मा ने गवाही नहीं दी! वह काम पर निकल पड़ा!"

"ठीक है! यह तो उसने किया था।"

"भाई, यह बात तो सच्ची है।"

"देखा? सभी लोग जानते हैं! लेकिन, यह नया प्रधान तो अपनी चलाना चाहता है।" पोल्यूखा ने मौक़ा देखकर पैंतरा बदला। "अरे मैं तो आन्द्रेई पेत्रोविच के मुँह पर कहे देती हूँ—जैसी हालत है वैसी ही रही तो कुछ दिनों में फ़ार्म का नामोनिशान भी बाकी नहीं रहेगा।" पोल्यूखा ने चेहरे पर ऐसा मीठा भाव बनाया मानो कह रही हो : "आन्द्रेई पेत्रोविच, तुम और मैं, दो ही शिक्षित आदमी यहाँ हैं जो एक-दूसरे को समझते हैं।"

मातवेयेविच बोलने के लिए उठ खड़ा हुआ।

"साथियो, मेरा तो ख़याल है कि फिलहाल इनको न निकाला जाए। एक मौक़ा इन्हें और दिया जाए। आख़िर हैं तो अपने ही आदमी! इन लोगों की सारी उम्र यहीं कटी है। अपने ही लोगों पर इतनी बेमुरौवती नहीं करनी चाहिए। पिछले साल वसन्त में बोवाई के वक्त बेचारे बूढ़े ने काफ़ी मेहनत की थी। उसकी नेकी का ख़याल तो करना ही चाहिए।"

"जरा ठहरो! मैं बताये देती हूँ उसकी नेकी!" बुढ़िया वासिलिसा यकायक बिगड़ उठी। बुढ़िया प्रायः सभा में चुप ही रहती थी, इसलिए सभी का आश्चर्य और भी बढ़ गया था। "उस बेशरम बूढ़े के पास जाकर हमने मिन्नतें की थीं। पिछले वसन्त की ही तो बात है। तातिआना और मैंने देखा कि धरती सूखी जा रही है। देर पर देर हो रही थी। सूरज तप रहा था। हमारे दल के हिस्से के आधे खेत में भी बीज नहीं बोये गए थे। मेरा तो दिल फटा जा रहा था! काम करने

वाला कोई दूसरा था नहीं! टाँग का जख्म लेकर पावका उग्रेन चल दिया था। बेचारी तातिआना बूढ़े के पास गयी। उसे समझाया। उसकी खुशामद की। लेकिन बूढ़े ने हिलने का नाम न लिया। बोला—मैं नहीं चल सकता, जी! बोला—मैं बीमार हूँ, मुझसे चला नहीं जाता! तातिआना फिर उसके पास गयी। लेकिन वह टस से मस नहीं हुआ। और देखो—दिन-दिन भर जंगलों में अच्छा-भला घूमता छाल बटोरता फिरता था! तब पैरों में दरद नहीं होता था? तब बीमारी गायब हो जाती थी? तातिआना बेचारी तिबारा उसके पास गयी। मगर, उसने तो न आने की कसम खा रखी थी। आखिर, अपनी मरजी के खिलाफ़, मैं खुद गयी। जाकर उसके आगे माथा टेका, रोयी-गायी। घुटने छूकर मिन्नत की : 'भाई हम लोगों पर मेहरबानी करो! उठो, चलो, बीज बोना है। हमारे बुरे दिन आ गए हैं! धरती माता पर तो रहम करो! वह बरवाद हो रही हैं।' तब कहीं बूढ़ा पसीजा। तब तो, शाम तक मज़े में काम करता रहा! इसी को तुम नेकी कहते हो? लोग झोली पसार कर तुमसे भीख माँगें?"

वासिलिसा बैठ गयी। वह बहुत उत्तेजित थी।

"तो मैं समझूँ कि तुम इस बात का समर्थन करती हो कि इन लोगों को फ़ार्म से निकाल दिया जाए?" वासिली ने पूछा!

"यह सब मैं क्या जानूँ?" वासिलिसा पिघली। "मैं तो यह बता रही थी कि इनमें ईमान रत्ती भर नहीं है। मैं यह नहीं चाहती कि इनसे बहुत सख्ती बरती जाए! रहने दो! हमें किसी का डर थोड़े ही है!" वासिलिसा का क्रोध समाप्त हो गया। उसे कोनोपातोव परिवार से कोई डर नहीं था। यद्यपि अब वह बूढ़ी थी और अकेली थी, फिर भी जवानी के दिनों का अकेलापन और लाचारी अब उसे नहीं सताती थी। उसके पोते-पोतियाँ स्कूलों में अध्यापक और कृषि-विशेषज्ञ बन गए थे। खाने-पहनने की कोई तंगी नहीं थी। सबसे बड़ी बात यह थी कि फ़ार्म के जीवन में उसका महत्त्वपूर्ण और आवश्यक स्थान था। उसे अपना सुखमय जीवन स्थायी और अपरिवर्तनशील लगता था। पावका कोनोपातोव जैसों का उसे स्वप्न में भी डर नहीं था। निर्भयता और भविष्य में अदम्य विश्वास के साथ-साथ उसकी सहृदय प्रकृति ने कोनोपातोव परिवार के प्रति उसके दयालु और सहानुभूतिपूर्ण दृष्टिकोण को निर्धारित कर दिया।

"उनके बच्चे भी तो हैं! उन पर तो रहम करना ही होगा!" सहसा याद आने पर वासिलिसा ने ठंडी साँस भरी।

" 'रहम करना ही होगा!' 'बच्चे हैं!' " लुबावा का क्रोध भड़क उठा। "क्या कह रही हो, दादी वासिलिसा? ये ही लोग तो फ़ार्म को बरवाद करने पर तुले हैं। तुम्हें उन पर दया आती है? लेकिन, उनके तानों और जलीकटी बातों ने मेरा पोर-पोर जला कर रख दिया है!"

लुबावा के पति ने अपने अन्तिम पत्र में उसे लिखा था : ''आज मैं अपने प्यारे देश और अपने सामूहिक खेत की रक्षा के लिए मोर्चे पर जा रहा हूँ!'' इन शब्दों को लुबावा कभी नहीं भूलती थी। फ़ार्म का ज़रा सा नुकसान होते देख उसका खून खौल उठता था। यह पत्र उसने किसी को दिखाया नहीं था, पर इस पत्र की बातें ही उसके क्रोध और उन्माद का कारण थीं।

''इन लोगों की बातें सुनकर ऐसा लगता है जैसे किसी ने मेरे दिल पर खौलता पानी डाल दिया हो। हम तो कमर दोहरी किये खेतों में काम करते होते हैं, और पोल्यूखा रानी नए बूट पहनकर निकलती हैं और हम पर फ़िकरे कसती हैं। हमने पूछा : 'काम पर क्यों नहीं आई?' जवाब मिलता है : 'ऐसे कामों के लिए तुम्हारे जैसे बेवकूफ़ क्या कम हैं?' यह हम कब तक बर्दाश्त करते रहेंगे?'' लुबावा तन कर सीधी खड़ी हो गयी। उसके पीले गालों पर क्रोध की रक्तिम छाया दौड़ गयी। ''कब तक वह हमारे फ़ार्म, हमारे काम और हमारी जिन्दगी पर थूकती रहेगी? क्या हमारे मर्दों और जवान बेटों ने अपनी जानें इसकी लानतें सुनने के लिए दी थीं? कब तक यह हमारे जख्मों पर नमक छिड़कती रहेगी? तुम्हें कोनोपातोव लोगों पर तरस आता है, दादी वासिलिसा! लेकिन, मेरे बे-बाप के पाँच बच्चों पर दया नहीं आती? मैं तो कहती हूँ, कोनोपातोव लोगों को ठोकर मार कर निकाल दो! उनको भी छुट्टी मिले। भर पाये उनसे और उनकी लानतों-मलामतों से! मुझे यही कहना है।''

लुबावा की खरी-खरी बातों से लोगों का भाव बदल गया।

''लेकिन जब पूरे फ़ार्म में गड़बड़ थी, तभी हमने भी काम ठीक नहीं किया।'' अब पोल्यूखा का पहले वाला आत्म-विश्वास गायब हो चुका था। ''जब फ़ार्म का काम ठीक होने लगेगा, हम भी काम ठीक करने लगेंगे!''

''आहा! तो यह बात है!'' प्रधान के पद की गम्भीरता भूलकर वासिली बरस पड़ा। ''गरम-गरम हलवा तो तुम खाओ, उँगलियाँ जलाये कोई और? ईंटें ढो-ढो कर मकान तो हम बनायें, रहने को चली आओ तुम! नहीं, पोल्यूखा रानी! यह नहीं होने का!''

आन्द्रेई बहुत ध्यान से अपने चारों ओर के चेहरों को देख रहा था। अल्योशा का चेहरा सहसा गम्भीर और कठोर बन गया था।

दूसरी बेंच पर बैठी लड़कियाँ काफी उत्तेजना से फुसफुसाकर बातें कर रही थीं। निश्चय ही वे किसी बात पर बहस कर रही थीं।

वासिलिसा ठंडी साँसें ले-लेकर सिर हिला रही थी।

पोल्यूखा ने अपने तीर तरकश में रख लिए। लेकिन अब भी उसके चेहरे पर पराजय की शिकन न थी। उसे पड़ोसियों की सहृदयता का भरोसा था।

''आज की सभा के बाद यह सँभलेगी या नहीं!'' आन्द्रेई सोच रहा था।

"मैं इसे अच्छी तरह नहीं जानता। लेकिन एक बात साफ है—अगर इसके व्यवहार में बुनियादी परिवर्तन नहीं आता, तो इसे फ़ार्म में नहीं रहने दिया जा सकता।"

आन्द्रेई उठ खड़ा हुआ।

"पेलागेया कोनोपातोवा! जब सामूहिक खेत का काम ठीक चलता था, तब तुम और तुम्हारे पति ने थोड़ा-बहुत काम किया। लेकिन, जैसे ही फ़ार्म के बुरे दिन आये, तुम लोगों ने अँगूठा दिखा दिया। अब तुम्हीं बताओ, फ़ार्म के लोग तुम्हारा क्या करें? पिछले बरसों में आखिर तुमने क्या काम किया है? तुमने न सिर्फ़ काम से जी चुराया है बल्कि हमारे यहाँ के सबसे अच्छे सामूहिक किसानों पर कीचड़ उछाला है! तुम वासिलिसा दादी, और तुम प्योत्र मातवेयेविच! तुम लोग कोनोपातोवों पर दया करते हो! ठीक है न? अब मैं ज़रा इस दया वाले मसले पर भी आप लोगों से कुछ कह दूँ।.....दया क्या चीज़ है? क्या लुबावा की यह बात सच नहीं है कि कोनोपातोव लोगों पर दया दिखाकर—जो इस सामूहिक खेत के गले में चक्की का पाट बने लटके हैं, जो पत्थर की चट्टान की तरह लुबावा और आप लोगों का रास्ता रोके खड़े हैं—आप लोगा लुबावा और उसके बच्चों पर निर्दयता करते हैं? मेरी राय है कि जब भी आप किसी पर दया करें तो याद रखिए—एक काहिल पर दया करके आप एक परिश्रमी पर अन्याय कर रहे हैं, एक बुजदिल पर दया करके आप एक बहादुर पर अन्याय कर रहे हैं, और चोर पर दया करके आप ईमानदार पर अन्याय कर रहे हैं!"

"आप दया की बात जाने दीजिए। आपको सूचना यह है कि क्या कोनोपातोव परिवार के लोग फ़ार्म में ईमानदारी से मेहनत करके अपने कलुषित अतीत को धो सकते हैं?" आन्द्रेई ने अपनी बात समाप्त की।

पोल्यूखा कुछ कहने के लिए खड़ी हुई। उसे दिखाई दे रहा था कि खुद खोदा गढ़ा उसी को निगलने के लिए तैयार है। यह तो वह पूरी तरह नहीं समझ पायी थी कि नुकसानदेह और खतरनाक आदमी को लोग जब अपने बीच से निकाल फेंकते हैं तो उसका क्या हश्र होता है। लेकिन, उसे सिर पर मँडराते खतरे का थोड़ा-बहुत आभास हो चुका था। वह भय से काँप रही थी। उसके मुँह से बोल नहीं फूट रहा था।

"किसान साथियो....यह आप लोग क्या कर रहे हैं?" उसकी आँखों से आँसू बह रहे थे। "मुसीबत के दिनों में हम लोग साथ रहे। अब, जब अच्छे दिन आ रहे हैं, क्या आप हमें निकाल देंगे? हमारे सोवियत देश में ऐसा कोई कानून नहीं है। बिना नोटिस, बिना चेतावनी, बिना कुछ कहे सुने....? मैं यहीं जन्मी, मेरी सारी उम्र यहीं बीती है....! आप हमें कैसे निकाल फेंकेंगे? मैं मानती हूँ, मुझसे गलती हुई है...! लेकिन मैंने जानबूझकर गलती नहीं की—वह मेरा अज्ञान था। भाइयो, मैं आपसे विनती करती हूँ कि आप हमें अन्तिम बार चेतावनी दें,

आखिरी मौक़ा दें—हम अपने को ठीक कर लेंगे। मैं सबके सामने कसम खाती हूँ, अपनी और अपने पति की ओर से वचन देती हूँ कि आज से हमारे काम में कोई कमी नहीं होगी।"

"हाँ, हाँ! इन लोगों को आखिरी चेतावनी देकर, एक मौक़ा और दे दो।" मातवेयेविच ने कहा। "इन लोगों से साफ़-साफ़ कह दिया जाए कि अब गलती होगी तो ये जानें।"

मातवेयेविच की बात सब ने मान ली।

अब सभा के कार्यक्रम की आखिरी बात आई। वासिली के लिए पूरे कार्यक्रम की यही सबसे पीड़ाजनक चीज़ थी।

वह कुर्सी पर सिर झुकाये चिन्तामग्न बैठा था। लोग विस्मय से उसकी ओर देख रहे थे। घने काले बालों का एक गुच्छा उसके झुके माथे और क्लान्त मुख पर लटक आया था। उसके हाथ तो और भी विचित्र लग रहे थे—काले और भारी, चक्की के पाटों की तरह, चौड़ी चपटी उँगलियाँ, कड़े, पीले नाखून, जिनका रंग हाथों के रंग से भी फीका था! उसकी उँगलियाँ हिल-हिलकर रह जाती थीं, मानो मेज़ पर रखी किसी चीज़ को पकड़ना चाहती हों। कुछ न मिलने पर मेज़ पर रखा कार्यक्रम वाला कागज़ ही उसके हाथों में आ गया! वह उसी को मरोड़ने लगा।

देखने में बड़ा विचित्र लग रहा था—उसके बड़े-बड़े हाथ निर्ममता से, लेकिन व्यवस्थित रूप से, उस फड़फड़ाते कागज़ के टुकड़े को मरोड़ रहे थे। और कागज़, मानो उसके प्रयत्नों का प्रतिरोध कर रहा था! इधर-उधर से फट जाने पर भी बीच में अब भी वह पहले जैसा चिकना था।

सब लोग उत्सुकता से प्रधान पर आँखें लगाये बैठे थे! परन्तु वह इतना बे-सुध था कि अपने पर लगी दर्जनों आँखों का उसे कोई ध्यान नहीं था। भरी सभा में इस 'बेसुधी' को आन्द्रेई भी बड़े विस्मय से देख रहा था।

"अब क्या इन्तज़ार है?" वासिली की ओर झुककर उसने धीरे से कहा।

तभी वासिलिसा ने आश्चर्य से पूछ ही तो दिया :

"ऊँघ रहे हो क्या, वासिली कुज़्मिच?"

वासिली अचकचाकर बैठ गया। सिर के झटके से बालों का काला गुच्छा पीछे हट गया। दोनों हाथों की मुट्ठियाँ खूब ज़ोर से बँध गयीं। उसके नाखून और भी सफेद हो गये।

"साथियो कार्यक्रम का आखिरी मसला है कुज़्मा बोर्तनिकोव को पनचक्की के काम से छुट्टी देना।"

"हैं? क्या कहा?"

"क्या वजह है?"

"क्या बात है?"

"खुद उन्होंने कहा है....!" वासिली ने भर्राई हुई आवाज़ में उत्तर दिया।

"वजह क्या है?"

"क्या बात है, कुज़मा वासिलीयेविच?"

"क्या काम छोड़ना चाहता है? क्या वजह है?"

"बात यह है कि उनकी तबीयत ठीक नहीं रहती...." वासिली की आवाज़ और भी भर्रा रही थी।

"क्या बीमारी है, भई?"

"क्या तकलीफ़ है!"

"बात यह है कि उमर काफ़ी हो चुकी है, और अक्सर उनकी तबीयत..." वासिली ने हाथ के कागज़ को कुचल डाला।

"वह हमें खुद बताये कि क्या बात है?"

लोगों को सन्देह हो रहा था कि कुछ गड़बड़ जरूर है। कभी वे बाप की ओर देखते, कभी बेटे की ओर। बूढ़ा कमर झुकाये बैठा था। चाँदी जैसे उजले बालों से ढँके उसके साँवले चेहरे पर कालिमा छा रही थी। झुर्रियों से भरा चेहरा झुलसा-झुलसा लग रहा था। कुज़मा उठे हुए माथे, तनी हुई पीठ, रोब, आत्म-विश्वास तथा काली आँखों में दया के भाव वाला मनुष्य था। लोग उसे इसी रूप में जानते थे। सहसा उसकी दयनीय अवस्था देखकर लोग विस्मित रह गए थे। उसकी झुकी पीठ और बड़ी-बड़ी झुर्रियाँ नहीं, बल्कि उसके मुख पर असमर्थता, पीड़ा और व्यग्रता का भाव उसकी दयनीयता को प्रकट कर रहा था। उसके मुख पर कुछ-कुछ उसी रोगी जैसी दीनता थी जो बहुधा पीड़ा, दुःख, आत्म-भर्त्सना और असमर्थता का शिकार होने पर एक ही टीम और कराह में सब कुछ व्यक्त कर देता है।

उसके बगल में ही बैठी स्तेपनिदा का क्रोध से लाल चेहरा, बूढ़े के मुरझाये चेहरे को और भी विलक्षण बना रहा था। स्तेपनिदा की घृणा से भरी, पैनी दृष्टि वासिली के मुँह पर जमी थी। वासिली किसी को नहीं देख रहा था।

"घर में कुछ झगड़ा हो गया है!" बहुत से लोगों को यही सन्देह हो रहा था। सब चुप थे। केवल फ्रोस्या की कुछ समझ में नहीं आया। वह खिड़की से कूदकर, कमरे की शान्ति को भंग करने वाले, ऊँचे स्वर में चीख उठी :

"क्या बात है, कुज़मा वासिलीयेविच? क्या चक्की के परौंठे-पूरी खाते-खाते मन ऊब गया? न हो तो मुझे बुला लिया करो, मुझे अच्छे लगते हैं!"

"चुप! शैतान!" मातवेयेविच ने उसे डाँट कर चुप किया।

"यह कोई मामूली बात है? बताओ न, भाई कुज़मा! क्यों छोड़ रहे हो पनचक्की?"

"मैंने अपनी दरखास्त में सब-कुछ लिख दिया है...."

"क्या ऐसे बीमार हो कि बिल्कुल काम नहीं करोगे?"

"बिल्कुल काम नहीं करना चाहते?"

"काम तो करना चाहता हूँ!"

"फिर क्या बात है? तुम्हें पनचक्की के काम से हल्का और कौन सा काम मिल सकता है?"

"पनचक्की में काम ही क्या है?....बस बैठे-बैठे देखते रहना है कि पानी चल रहा है या नहीं।" वासिलिसा बोली। "तुम्हें कौन बोरियाँ ढोनी हैं। वह तो तुम्हारे साथ का आदमी करता है, भैया। तुम इस काम को जानते हो, और फ़ार्म को तुम्हारी ज़रूरत है!"

"चक्की के लिए कुज़मा वासिलीयेविच से अच्छा आदमी ज़िले भर में नहीं मिलेगा!" क्सेनोफोन्तोवना बड़े दुलार भरे स्वर में बोली। "वासिली कुज़मिच! तुम्हीं क्यों नहीं अपने बाप को मनाते?"

बाप-बेटे एक-दूसरे से आँखें चुरा रहे थे। दोनों के ही चेहरों पर विषाद की एक विचित्र छाया थी। दोनों के चेहरों पर विचित्र प्रकार की कालिमा छाई हुई थी। दोनों की भौंहें सिकुड़ी हुई थीं। कमरे में बिल्कुल सन्नाटा था।

"मैं चाहता हूँ, अब मुझे छुट्टी दी जाए...." बूढ़े ने धीरे से दोहराया।

उसकी विक्षिप्त अवस्था देखकर किसान अचम्भे में थे।

"पर बात क्या हो गई है?"

"किसी ने कुछ कहा है?"

"किसी ने तुम्हारी तौहीन की है?"

"क्या मालूम! शायद किसी ने कुछ बक दिया हो?"

बूढ़े ने गर्दन सीधी करके सामने देखा।

"तुम्हारा भला हो, भैया कुज़मा!" वासिलिसा ने उत्तेजित हो कर बड़े भावुक स्वर में कहा। "तुम्हें किसी की हर बात पर ध्यान नहीं देना चाहिए। किसने हिम्मत की है तुम्हारा दिल दुखाने की?"

बूढ़ा चुप था। लोगों ने अनुमान लगाया कि कुज़मा की नाराज़गी का कारण झूठी निन्दा ही है।

एक साथ कई लोग बोल उठे :

"भौंकने वाले कुत्ते काटते नहीं हैं।"

"हम लोगों के लिए तुम कोई नए आदमी थोड़े ही हो!"

कुज़मा बोलने के लिए खड़ा हुआ। उसकी पीड़ित आँखों से वेदना झलक रही थी। बुढ़ापे के कारण उसका सिर काँप रहा था। वह बोला तो मालूम होता था कि होठों से हवा पकड़ रहा है :

"मैं कहना चाहता हूँ....कि....अब मुझे....जाने दो।" उसने घूँट-सा

निगला। वह आगे कुछ कहना ही चाहता था कि स्तेपनिदा ने उसकी बाँह पकड़ कर बैठा लिया।

वासिली अपने काम, सभा और किसानों—सब को भूलकर अपने पिता पर आँखें गड़ाये था।

"सभा को ठीक से क्यों नहीं चलाते?" आन्द्रेई ने धीरे से कहा। "सभा की कार्रवाई अपने-आप हो रही है!"

आन्द्रेई समझ रहा था कि कोई न कोई बात है ज़रूर। मगर वह क्या है—यह नहीं भाँप पा रहा था।

वासिली सँभलकर बैठ गया ।

"खामोश, खामोश, साथियो! कोई कुछ कहना चाहता है?"

"मैं कहना चाहता हूँ!" पिमेन यासनेव उठ खड़ा हुआ। यासनेव का कद नाटा, परन्तु बदन खूब गँठा हुआ था। उसके चेहरे पर इस उम्र में भी यौवन की अमिट छाप बनी हुई थी। उसकी चाल-ढाल बहुत संयत थी। उसका नाक-नक्शा, जो एक सक्रिय मस्तिष्क की गतिविधि का द्योतक था, मानो तराश कर बनाया गया था। सभी को याद था कि युद्ध के समय उसने तीस हज़ार रूबल की सम्पत्ति चंदे में दे दी थी।

फ़ार्म में बहुत अच्छा काम करने वाला और बहुत ही भरोसे का आदमी होने के कारण सब उसकी बात को बहुत ध्यान से सुनते थे।

"साथियो!" उसने अपने संयत, धीमे स्वर में, कहना शुरू किया। "कुज़्मा वासिलीयेविच ने पनचक्की की पूरी मरम्मत अपने हाथों से की है। जब से उसने पनचक्की का काम सँभाला है, एक भी दिन के लिए काम नहीं रुका। चक्की फायदे में चल रही है। यह बात हम सब लोग जानते हैं। फ़ार्म में इस काम के लिए उससे कुशल और कोई आदमी नहीं है। बकने वालों का क्या है? किसी का मुँह तो पकड़ा नहीं जा सकता? कुज़्मा वासिलीयेविच और मैं बचपन से, बाल सफेद होने तक, एक ही गली में रहे हैं। हम सब उसे जानते हैं। फ़ार्म में सबके मुँह पर उसका नाम है। कोई ऐसा न होगा जो उसकी तारीफ़ किये बिना चूके। खैर पनचक्की का काम समझने में कुशल होना तो एक बात है, लेकिन हमें तो ऐसा आदमी चाहिए जो ईमानदार हो, जो आसानी से लालच में न फँसे! हम सभी लोगों का, पूरे फ़ार्म के लोगों का, कहना है कि तुम पनचक्की मत छोड़ो, कुज़्मा वासिलीयेविच!"

अब तोशा बुज़िकिन खड़ा हुआ। उसने अपनी मुलायम टोपी माथे से पीछे खिसकाई और दोनों हाथ जेबों में डालकर बोलना शुरू किया :

"साथियो!" उसने कहा। "अब हमारा फ़ार्म तरक्की कर रहा है और हर आदमी को अपनी काम की जगह पर मुश्तैद रहना चाहिए। अभी हमारे और हमारे

देश के सामने बड़ी-बड़ी मुश्किलें मौजूद हैं। हम किसी तरह की ढिलाई नहीं बरत सकते। साथियो, मेरा विचार है कि अपने यहाँ की अन्दरूनी स्थिति और अन्तर्राष्ट्रीय परिस्थिति को देखते हुए...." यहाँ तोशा ने आन्द्रेई की ओर देखा, मानो कह रहा हो : 'हम लोग भी थोड़ा-बहुत जानते हैं'—"हम अच्छे पनचक्की वालों को नहीं छोड़ सकते! मेरा प्रस्ताव है साथियो, कि बोर्तनिकोव की अरज़ी नामंजूर कर दी जाए।"

उसके वक्तव्य का तालियों की गड़गड़ाहट से स्वागत हुआ।

"बिल्कुल ठीक है, भाई!"

"वोट ले लो, सभापति जी!"

"नहीं, नहीं! कुज़्मा की बात हम नहीं मानते!"

"वोट लेकर मीटिंग खतम करो, वासिली कुज़्मिच! बहुत देर हो गई बैठे-बैठे। घर जाने का वक्त हो गया है!"

कुज़्मा ने खड़े होकर एक बार फिर माँग की :

"भाइयो, मुझे अब छुट्टी दो...!"

"लेकिन क्यों?"

"अरे बाबा, बात क्या है?"

"कोई वजह भी बताओगे?"

"वजह...य...यह है कि मेरा एतबार नहीं किया जाता!...सो भाइयो...मुझे जाने दो...!"

"लेकिन, हम सब तो तुम पर एतबार करते हैं।"

"इन सब झगड़ों से क्या फ़ायदा? वोट ले लो न, सभापति जी!"

"अरे भाई, फ़ार्म के सब लोगों को तुम पर एतबार है!"

"कौन है, जिसे एतबार नहीं है?"

"मुझे नहीं है एतबार...!" वासिली के हाथ का कुचला हुआ कागज मेज पर आ गिरा। उसके दोनों हाथ असहाय से मेज़ पर आ टिके। फिर कमरे में सन्नाटा छा गया।

फ्रोस्या ने कोई और बेढंगी बात कहने के लिए मुँह खोला ही था, पर कह न सकी। उसका मुँह खुला का खुला रह गया।

"हूँ, अब समझ में आया।" आन्द्रेई ने मन ही मन कहा। "इसीलिए यह इतना परेशान था!"

वासिली को पिता की दशा पर दुःख हो रहा था। परन्तु वह जानता था कि दूसरा कोई रास्ता भी नहीं है। उसके हृदय में पीड़ा सी उठी। उसके दाहिने हाथ ने मेज़ पर पड़े कलम को मुट्ठी में पकड़ लिया। कलम के दो टुकड़े हो गए और निब स्याही से रंगी हथेली में चुभ गया।

कलम के टुकड़े आन्द्रेई ने उसके हाथ से छीन लिये।

"तुम अपने पिता पर क्यों एतबार नहीं करते? तुम्हें कुछ मालूम है तो बताओ!" लुबावा ने तकाज़ा किया।

"बोल! बोल! अब हाथ उठाया है, तो मारता क्यों नहीं!" स्तेपनिदा ने चीखते हुए कहा।

उसका सिर ऊँचा उठ गया था; आँखें वासिली के प्रति क्रोध से जल रही थीं। सफेद चेहरे पर भौंहें दो आड़ी काली लकीरों की तरह खड़ी थीं। खतरा सामने आ जाने पर—हमेशा की तरह इस वक्त भी—वह उसके मुकाबले के लिए दौड़ पड़ी।

देखने वालों को लग रहा था कि बूढ़े कुज़्मा की अवस्था और भी दयनीय हो गई है। उसके चेहरे पर न तो घृणा का, न क्रोध का, और न भय का चिह्न था। नन्हे बालक की तरह आँखों में आँसू भरे वह अपने पुत्र की ओर देख रहा था, मानो अब भी अपने छुटकारे की आशा उसे उसी से थी। लज्जा की पीड़ा उसके हृदय को बेधे दे रही थी। फ़ार्म के लोग साथ-साथ उन्नति पथ पर आगे बढ़ रहे थे। आखिर यह हुआ क्या कि कुज़्मा बोर्तनिकोव—जिसका फ़ार्म में इतना सम्मान था—दूसरों के रास्ते में रोड़ा बन गया था।

आन्द्रेई ने वासिली से धीरे से कहा :

"सभा के सामने साफ़-साफ़ बता दो कि क्या बात है, वासिली कुज़्मिच!"

वासिली खड़ा हो गया।

"मैं आप लोगों को बताता हूँ...!" उसने रुक कर साँस ली। "हफ्ते भर पहले बाल-मन्दिर से थोड़ा सा रामदाना दलने के लिए पनचक्की पर भेजा गया था। ...उसके चार-पाँच दिन बाद मैं बापू के यहाँ गया तो वहाँ मुझे रामदाने के परौंठे खिलाए गए।...इससे पहले उनके यहाँ रामदाना था ही नहीं...वह और कहीं से ला ही नहीं सकते थे...।" आगे उसे शब्द नहीं मिल रहे थे। वह सबके सामने चुप खड़ा था। उसे यह भी नहीं सूझा कि बैठ जाये। सब लोगों के चेहरे उत्तेजित थे। क्सेनोफोन्तोवना के चेहरे से भी कपट-भाव दूर हो गया था; उसकी चंचल भेंगी आँखों और तिरछी मुस्कान का नकाब हट गया था और एक अत्यन्त भावुक चेहरा दिखाई दे रहा था।

सभा में निस्तब्धता छाई थी। कुज़्मा खड़ा हो गया। सब लोगों के सामने पिता और पुत्र मुकाबले पर खड़े थे। एक प्रधान की कुर्सी के पास और दूसरा ठीक सामने पीछे की बेंचों पर! काँपते हुए स्वर में कुज़्मा बोला :

"साथियो, मैं थोड़ा-सा रामदाना घर ले गया था।...यह मेरा कसूर है...! आप फैसला करें, जो आपका फैसला होगा, मुझे मंजूर है...।"

स्तेपनिदा ने बूढ़े को एक ओर हटाया और खुद उसकी जगह तनकर खड़ी

हो गई।

" 'मैं थोड़ा-सा रामदाना ले गया था!' " उसने बूढ़े के शब्द दुहराये। "क्या बक रहे हो? काहे का कसूर अपने माथे ले रहे हो, बेअकल? साथियो, इसकी बात पर ध्यान मत दो। छोटे बच्चों की तरह यह तो बेकार के सन्देह पर कसूर ओढ़े ले रहा है। जो पाप किया ही नहीं, वह अपने माथे थोपे ले रहा है। रामदाना मैं लाई थी! लेकिन, इसे मैं कोई भारी जुल्म नहीं समझती। मैं बताये देती हूँ कि सच-सच बात क्या थी। मेरी हर बात की गवाही देने वाले भी मौजूद हैं।" कुछ पल साँस लेकर स्तेपनिदा ने दृढ़ विश्वास से कहा, "अरे, उसमें था ही क्या? रामदाने की बोरी पनचक्की से बाहर ले जायी जा रही थी तो थोड़ा-सा बिखर गया। तुम सब जानते ही हो—उस जगह कूड़ा-कचड़ा पड़ा रहता है, गाँव भर की बत्तखें आ-आकर वहीं बीट करती हैं। मैं बिखरा हुआ माल समेटने लगी तो ड्राइवर बोला : 'राम, राम! क्या कर रही हो बूढ़ी दादी? ऐसा कूड़ा और बीट मिला अन्न हम बच्चों को देंगे? यह उनके लायक नहीं रह गया है!' बस इतना कहकर ड्राइवर चला गया। गिरा हुआ दाना वहीं पड़ा रह गया। न मानो साथियो, तो बाल-मन्दिर के ड्राइवर से पूछ लो। पिमेन यासनेव भी वहीं था। उससे पूछ लो। दोनों के सामने की बात है!"

"हाँ, हाँ! यह तो मेरे सामने की बात है।" यासनेव खुशी से बोल उठा। उसे वह घटना याद हो आई। सच है, दाना ज़रा सा ही था। मुश्किल से आठ-दस परौंठों लायक होगा। लेकिन बूढ़े कुज़मा का अपमान उसे इतना दुःखजनक लग रहा था और फ़ार्म के एक सम्मानित साथी की ईमानदारी और बेदाग़ इज्ज़त में उसका विश्वास इतना दृढ़ था कि रामदाने की मात्रा उसके दिमाग़ में धुँधली होती जाती थी।

"हाँ, हाँ, ज़रा ज्यादा हो सकता है!" उसने सोचा। "मैंने तौला तो था नहीं। लेकिन यह सच है कि थोड़ा फैल गया था—मैंने खुद देखा था।" और एक बार फिर उसने स्तेपनिदा का समर्थन किया :

"स्तेपनिदा इलिनिचना सच कहती हैं! मैं कसम खाने को तैयार हूँ।"

"देख लिया न!" स्तेपनिदा ज़ोर से बोल उठी। "ड्राइवर चला गया तो मैंने दाना समेट लिया। उसे चुनकर साफ़ किया, पानी में उबाला और फिर दूसरे आटे में मिलाकर परौंठे बना लिये। बस, यही है मेरा कसूर। इसके लिए जो भी सजा देना चाहो, दे लो!"

"हाय राम!" वासिलिसा ने दुहाई देते हुए बड़ी बुलन्द आवाज़ में कहा : "दो परौंठे बना ही लिए तो क्या जुल्म हो गया? क्या समझ रखा है हमें—क्या हम इन्सान नहीं हैं? अरे, ज़रा ज़मीन झाड़ी, दानों में से मिट्टी-कूड़ा निकाला—लो, दो परौंठे तैयार!"

बहुत से लोग एक साथ बोल उठे :

"अरे अब जाने दो इस झगड़े को, कुज़मा!"

"क्यों तिल को ताड़ बना रहे हो?"

फ़ार्म में कुज़मा का सचमुच बहुत आदर था।

मातवेयेविच बोलने के लिए खड़ा हुआ। दूसरे किसानों की भाँति वह भी इस घटना से बहुत उत्तेजित हो गया था। उसे वासिली और कुज़मा दोनों पर तरस आ रहा था—वासिली पर तो इसलिए कि वह अपने बाप के साथ बेजा सख्ती बरत रहा था, और कुज़मा पर इसलिए कि उसने अपनी नकेल औरत के हाथ में सौंप दी थी। जो दृश्य अभी उसने देखा था उसने—अन्य उपस्थित लोगों की तरह—उसे भी आन्दोलित कर दिया था। उसके मन में रोमांच, पीड़ा और उल्लास के तरह-तरह के धुँधले और अस्पष्ट भाव उमड़ रहे थे।

"साथियो! हम सब जानते हैं कि कुज़मा कितना ईमानदार और किफ़ायती आदमी है। फ़ार्म के लिए पनचक्की किसने बनायी थी? कहो, कुज़मा ने! कौन आदमी है जिसने किसी काम से मन नहीं चुराया? कहो, कुज़मा। अरे भाई, उसने फर्श पर से ज़रा-सा रामदाना समेट लिया तो क्या गज़ब कर दिया? कोई दूसरा पनचक्की पर होता तो रोज़ दस सेर झाड़ू में ही जाता। अब हमारा फ़ार्म जरा अच्छे रास्ते पर आ रहा है। बूढ़े वासिलीयेविच के बिना हम कैसे काम चला सकेंगे? मुसीबत के दिनों में वह भूत की तरह काम में चिपटा रहता था। मेरा सुझाव है कि कुज़मा पनचक्की पर रहे और हम उस पर से अपना यकीन न हटायें।"

मातवेयेविच के बोल चुकने पर एक के बाद एक कई किसानों ने कुज़मा बोर्तनिकोव को पनचक्की पर रखने का समर्थन किया। बूढ़ा कुज़मा चुपचाप पिछली बेंच पर बैठा था। उसकी आँखों से आँसू बह रहे थे। वह उन्हें छिपाने का प्रयत्न भी नहीं कर रहा था। सभी स्त्री और पुरुष वक्ताओं की बातों को वह ऐसे सुन रहा था जैसे उसका जीवन उनके फ़ैसलों पर ही निर्भर हो। उसे खुद विश्वास नहीं था कि स्तेपनिदा ने जो कुछ कहा था वह सच था। स्तेपनिदा प्रायः ही पनचक्की पर 'सफाई करने' आती थी।

वह पनचक्की का फ़र्श धोती, बोरियों को झाड़ती, सब चीज़ें ढंग से लगाती, बाद में उस दिन घर में जौ का दलिया या रामदाने के परौंठे बनते थे।

"यह सब कहाँ से आता है?" कुज़मा पूछता।

स्तपेनिदा के होंठ सट जाते, वह घूर कर उसकी ओर देखती और कहती :

"आता कहाँ से? बाज़ार से लायी हूँ।"

बूढ़े को लगता कि कुछ गड़बड़ी जरूर है। पर वह मन को मार लेता—कितना शान्त, निरद्वेग और सुखद था स्तेपनिदा के साथ उसका जीवन!

कुज़मा की जवानी के दिनों में भी स्तेपनिदा की ही चलती थी। बूढ़ा होकर

तो वह बिल्कुल उसके वश में हो गया था। उसका मन शरीर की अपेक्षा जल्दी बूढ़ा हो गया था। शरीर अभी उसका भला-चंगा था और चाल भी चुस्त थी। पर किसी बूढ़े की तरह मन में आराम और बे-फिक्री की चाह बढ़ गई थी। किसी बूढ़े की ही तरह उसने सब कुछ पत्नी के हाथ में सौंप दिया था; सिर्फ ऊपर से देखने में घर में मर्द का राज था—सब कुछ उससे पूछकर और उसकी अनुमति से किया जाता था। उसका समूचा जीवन बिना किसी झगड़े-झंझट का और एकरस रहा था। वह मेहनत करता था, अपने को स्तेपनिदा के शासन के सुपुर्द कर देता था, और घर में सुख-शान्ति तथा बाहर के लोगों में आदर-सम्मान की सुखद अनुभूति में डूबा रहता था। इस चिन्ता में वह पड़ना ही नहीं चाहता था कि इस सुख और शान्ति का स्रोत क्या है।

उस शाम उसके मन को पहला धक्का लगा! उसे पहली बार अपने प्रति ग्लानि हुई! उसे लगा कि घर में टँगे जालीदार परदे, कढ़े हुए मेज़पोश, और सोफ़ा-सेट—सब दिखावे की चीज़ें हैं। वह स्तेपनिदा की ओर से खिंच गया और बालकों जैसे दुर्बल हृदय का समूचा उत्साह लिए अपने बेटे की ओर ललक पड़ा। उसे अपने बेटे से कोई शिकायत नहीं थी! उसके प्रति उसके मन में और भी आदर बढ़ गया था! वासिली का विश्वास और आदर पाने के लिए वह उतावला हो रहा था!

पिता के प्रति किसान साथियों की सहानुभूति देखकर वासिली के मन का क्षोभ और भी बढ़ गया था! यासनेव की गवाही के बावजूद, उसे स्तेपनिदा की बात पर यकीन नहीं था। उसे लग रहा था कि स्तेपनिदा ने बचाव का एक बहाना ढूँढ़ निकाला है! लेकिन, उसकी बात काटने के लिए उसके पास कोई सबूत नहीं था।

"बुढ़िया बड़ी चालाक है! उसने बापू की नाक में नकेल डाल रखी है!" वासिली सोच रहा था। "बापू को तो जाल में फँसा दिया और खुद बाहर निकल गई। जानता तो हूँ, लेकिन साबित नहीं कर सकता। क्या मैं इन लोगों से अपना सन्देह प्रकट कर दूँ? लेकिन मैं कह ही क्या सकता हूँ? बिना सबूत, बिना तथ्यों के, किसी को कैसे चोर कह दिया जाए? बेचारे बापू! ओफ़, कितना तरस आता है उन पर।"

मन की परेशानी के कारण वासिली के हाथ जो कुछ पाते, तोड़ते-मरोड़ते जा रहे थे। मेज़ पर जितने कलम और पेन्सिलें थीं—सब टूट गईं। घण्टी की मूठ के भी—जो उसे बहुत पसन्द थी—टूटने की नौबत आ गई थी।

लोग क्या बोल रहे हैं, वासिली नहीं सुन रहा था। उसकी आँखें पिता के झुके हुए शरीर पर लगी थीं। वह उनके सिकुड़े हुए होठों और बेबस निष्क्रिय हाथों पर से अपनी नज़र हटा ही नहीं पा रहा था। कितनी ही बार पिता ने ये ही हाथ वासिली के सिर पर फेरे थे और उसका प्यार किया था।

"खैर, होगा भी! जाने दो!" वासिली ने सोचा। "इस सभा के बाद पनचक्की से चुटकी भर मिट्टी उठाने की भी स्तेपनिदा की हिम्मत नहीं होगी। पहले की तरह अब बढ़-बढ़ कर बातें नहीं करेगी!"

मेज़ पर रखी दावात वासिली के हाथों में देख आन्द्रेई ने उसके हाथों से ले ली, मानो किसी निद्रा-रोग से पीड़ित रोगी के हाथ से छीन रहा हो, और मेज़ के परले सिरे पर रख दी।

वासिली ने असमर्थता और दीनता के स्वर में आन्द्रेई से पूछा :

"बताओ क्या किया जाए? तुम्हारी सच्ची और निष्पक्ष राय क्या है, पेत्रोविच?"

आन्द्रेई की भी समझ में नहीं आ रहा था कि असलियत क्या है। उसे स्तेपनिदा की कहानी पर पूरा यकीन नहीं था। लेकिन, वह यह भी देख रहा था कि फ़ार्म के किसानों के मन में कुज़मा के लिए बहुत ही आदर और विश्वास है, कि अपमान ने बूढ़े की अवस्था कितनी दयनीय बना दी है।

"अगर चोरी का पक्का सबूत मिल जाता, तो बात दूसरी थी।" आन्द्रेई ने सोचा। "इस हालत में तो अदालत में चोरी का मामला चलाया नहीं जा सकता—कोई सबूत ही नहीं है। सिर्फ़ सन्देह पर ही तो किसी को चोर नहीं ठहरा दिया जा सकता। यह तो साफ़ है कि बूढ़ा चोर नहीं है!...इसका दोष है तो सिर्फ़ यह कि वह कमज़ोर और अन्धा है...। उसे ऐसा सदमा पहुँचा है कि मरते दम तक यह मीटिंग याद रहेगी। सभा की कार्रवाई ठीक चल रही है; लोग-बाग इस मसले को सही तरीके से ही हल कर रहे हैं!"

आन्द्रेई यही सब सोच रहा था। यही कारण था कि बहस के दौरान में वह चुप था। वासिली के पूछने पर उसने कहा :

"भाई, फ़ार्म के लोग कुज़मा वासिलीयेविच को जितनी अच्छी तरह जानते हैं, उतनी अच्छी तरह मैं नहीं जानता। इसलिए मैं राय देने का दम कैसे भर सकता हूँ? सब साथी जो ठीक समझें, फैसला कर लें! इस मामले को आप ही लोग ज्यादा समझते हैं। अगर आप जानना ही चाहें कि मैं क्या सोचता हूँ, तो मैं बताए देता हूँ। मैं समझता हूँ कि कुज़मा ने परिश्रम और ईमानदारी का जीवन बसर किया है और बुढ़ापे में वह कोई ऐसा काम नहीं करेगा जिससे उसकी इज्जत में बट्टा लगे। मेरा तो यकीन है साथियो, कि कुज़मा वासिलीयेविच के लिए इज्जत दो परौंठों से कहीं बड़ी चीज है। मेरी राय है कि पनचक्की का काम कुज़मा के ही हाथ में रहना चाहिए। लेकिन आगे अफ़वाहें और ग़लतफ़हमियाँ न बढ़ें इसलिए मेरा सुझाव है कि बाहर के किसी भी आदमी को—कुज़मा की पत्नी को भी—पनचक्की के भीतर न जाने दिया जाए।"

"अरे, मुझे क्या पड़ी है! मैं उधर झाँकूँगी भी नहीं।" स्तेपनिदा सिर मटका

कर बोली।

"अच्छा अब वोट ले लो, वासिली कुज़मिच!"

सभी लोगों ने एक मत से फ़ैसला किया कि कुज़मा को पनचक्की के काम पर रखा जाए।

सभा खत्म हुई। वासिली और आन्द्रेई एक साथ घर लौट रहे थे। घर के दरवाजे पर पहुँचकर वासिली ने आन्द्रेई से कहा :

"अभी अन्दर मत चलो, पेत्रोविच...मैं तुमसे कुछ कहना चाहता हूँ।"

तारों भरी निस्तब्ध रात थी। गली में कहीं दूर, कदमों के नीचे बरफ पिसने का शब्द सुनाई दिया और किसी ने दरवाजा बन्द किया। फिर सन्नाटा छा गया।

"कहो, वासिली! मैं सुन रहा हूँ।"

आन्द्रेई ने अँधेरे में वासिली के चेहरे को गौर से देखा। चेहरा अँधेरे में धुँधला दिखाई दे रहा था, मालूम होता था काली भौंहों की चौड़ी पट्टियाँ बँधी हैं।

"उसी बात के बारे में कहना है...! मुझे तो अपनी सौतेली माँ की बात झूठी लगती है। कूड़ा और बीट मिला रामदाना वह खाने में इस्तेमाल करे, यह नामुमकिन है! वह बड़ी पाखण्डी है। लेकिन इसे जाने दो...! असल में मुझे इन लोगों पर कोई एतबार नहीं है—मेरा मतलब बापू से नहीं—उससे है...! पनचक्की की सफाई और बोरियों की मरम्मत करने वह रोज-रोज यों ही थोड़े ही जाती थी।"

"तुम्हारे पास कोई पक्का सबूत है?"

"सबूत होता तो मैं यों छोड़ता? सबूत ही तो नहीं है। लेकिन फिर भी मेरा दिल नहीं मानता...!"

"तुम्हारा मतलब है कि बूढ़ा ईमानदार है?"

"एकदम ईमानदार! सारी उम्र बापू ने जी-तोड़ परिश्रम किया है। किसी परायी चीज़ पर हाथ पड़े, इससे पहले वह हाथ ही काट डालेंगे। शुरू से उन्होंने इसी तरह का जीवन बिताया है और हम लोगों को भी यही सिखाया है।"

"क्या फ़ार्म में उनका काम बहुत अच्छा है?"

"अरे, उन जैसे कुछ और होते तो बात ही क्या थी! उनके काम के बारे में तो तुमने सब लोगों से सुन ही लिया है!"

"तब तो उनकी कमजोरी और तंग-नजरिया ही उनकी सबसे बड़ी गलती है। क्या ख़याल है? इस मीटिंग के बाद वह अच्छा काम करेंगे या खराब?"

"अरे, वह पहाड़ तक हिला देंगे...! मैं उन्हें जानता हूँ!"

"और सौतेली माँ?"

"वह अब चक्की के पास भी नहीं फटकेगी। बापू उसे पास नहीं आने देंगे। बापू एक हद तक ही सीधे हैं। लेकिन, बात हद से बाहर होते ही वह फ़ौलाद की तरह सख्त हो जाते हैं। अब यह बात उनके घर में नहीं चल सकती।"

दरवाज़ा खुला और अवदोत्या खाल का ओवरकोट कन्धे पर डाले दरवाजे में दिखाई दी।

"यहाँ बाहर क्यों खड़े हो? मुझे भीतर आप लोगों की आवाज़ सुनाई दी...। अन्दर आ जाओ न...।"

अवदोत्या की आवाज़ भारी थी। तातिआना इन लोगों के आने से पहले ही आ गई थी और उसने सभा की बातें अवदोत्या को बतला दी थीं। अवदोत्या को इस बात से बहुत चोट लगी थी कि घर के बारे में इतनी बड़ी बात वासिली ने उसे नहीं बतायी थी। इससे भी ज्यादा यह कि उसका पति और जिला पार्टी सेक्रेटरी बाहर खड़े थे, मानो उन्हें अन्दर आने में डर लगता हो, मानो उन्हें उसके सामने ऐसी बातें करने में डर लगता हो जो उसके और फ़ार्म के लिए बहुत महत्त्वपूर्ण थीं। दोनों को अन्दर जाने का रास्ता देने के लिए वह एक ओर हट गयी। फिर, वह देखने चली गई कि सूअरों का बाड़ा ठीक से बन्द है या नहीं। बाड़े की पतली लम्बी पगडंडी पर पड़ी बरफ़ अवदोत्या के पैरों के नीचे चरचरा रही थी। उसने चाल और धीमी कर ली।

"ये लोग नहीं चाहते कि मैं इनकी बातें सुनूँ। जैसे मैं इनके रास्ते में हूँ। मेरे और वास्या के बीच खामोशी ने आखिर यह रंगत ला दी। हम लोग अजनबियों से भी बदतर हो गए हैं...। 'हो गए हैं?'...लेकिन क्या पहले हालत अच्छी थी? शादी से पहले वह मेरा गाना सुनता था, मेरे बनाये तम्बाकू के बटुए को कमर में बाँधकर रखता था, जब चलते-चलते थक जाता था तो मेरी गोद में सिर रखकर आराम करने लगता था। लेकिन तब भी, उसे मेरी फिक्र नहीं थी। उसे इस बात में ज़रा भी दिलचस्पी नहीं थी कि मैं कैसे रहती हूँ, मेरे दिल और दिमाग में क्या है?"

वह सूअरों के बाड़े का ताला देखकर लौटी। बरफ़ से ढँकी सीढ़ियाँ पार कर, वह दरवाजे पर आकर ठिठक गयी। भीतर जाने के लिए उसके पैर नहीं उठ रहे थे।

11. 'अदम्य प्रवाह'

गोशाला में अभी भी बिजली की बत्तियाँ जल रही थीं। सब ओर रात्रि का मौन और सन्नाटा था।

दूध के बड़े-बड़े सफ़ेद बर्तन, जिनमें दिन भर दूध की धारायें झर्र-झर्र पड़ती

रही थीं, अब तन्दूर पर औंधाये, एक पर एक रखे, सूख रहे थे।

गोशाला का चौकीदार मेफोदिच सुस्ताने के लिए तन्दूर के पास की बेंच पर बैठा हुआ था। उसका सहायक झबरा कुत्ता, एक कान ऊपर उठाये, दरवाज़े पर झपकी ले रहा था।

आम तौर से अवदोत्या सबसे बाद में जाती थी। रोज़ की तरह आज भी वह गोशाला का आखिरी चक्कर लगा रही थी। रोज़ रात को इस तरह पूरी गोशाला में घूमना उसे बहुत अच्छा लगता था।

दिन भर के काम की चहल-पहल खत्म हो जाने के बाद रात की शान्ति और सन्नाटे में नए सुधारों को वैसे ही स्पष्टता से देखा और समझा जा सकता था, जैसे किसी नए मकान के चारों ओर लगे मचानों को हटा देने के बाद उसके महराबों वगैरा को देखा जा सकता है। फ़ार्म में बिजली लग चुकी थी। चारों ओर बिजली की बत्तियों की कतारें दिखाई दे रही थीं। दीवारों और छतों की मरम्मत अच्छी तरह हो गई थी। पशुओं को अब सर्द हवा और छत से चूते पानी का डर नहीं था। बीच-बीच में कायदे से नालियाँ बना दी गई थीं। अब जानवरों के नीचे बिछा भूसा और फूस कीचड़ नहीं बन सकता था। वह सूखा, मुलायम और सुनहला रहता था।

बाहर से आकर देखने वालों के लिए ये बड़ी साधारण चीज़ें थीं। परन्तु जिन लोगों ने अपने हाथों यह सब बनाया-सँवारा था उनके लिए हर चीज़ आनन्द का स्रोत थी।

कर्मठता और जीवन की पूर्णता की चाह अवदोत्या के स्वभाव और प्रकृति का अंग थी। उत्साह और आनन्द के प्रत्येक स्रोत की ओर उसकी आँखें स्वयं ही उठ जाती थीं। गोशाला का निरीक्षण करते समय अपने काम की सफलता पर उसका मन मुस्करा उठता था। मन की मुस्कराहट की हल्की छाया उसके होठों पर भी आ जाती। दिन के काम से थकी इस स्त्री को कोई नया आदमी रात के समय, रूई का मैला कोट पहने, अकेले गोशाला में चक्कर काटते और मुस्कराते देखता तो उसे अवश्य आश्चर्य होता। अवदोत्या जिस स्थान को अंतिम बार देख लेती, वहाँ की बत्ती बुझा देती। बिजली के बटन की हल्की सी खुट्ट होती! उसे लगता कि उसके इशारे पर ही गोशाला में रात शुरू होती है! उसे इस अनुभूति से बड़ा सन्तोष मिलता।

अवदोत्या ने आखिरी बत्ती बुझायी। अँधेरे में सिर्फ खिड़कियाँ दिखायी दे रही थीं। पशुओं के साँस लेने और जुगाली करने का शब्द स्पष्ट सुनाई दे रहा था।

गोशाला में अब कोई काम बाकी न था। परन्तु अवदोत्या अँधेरे में दरवाज़े के पास ही खड़ी थी। वह मानो सोच रही थी कि और कौन सा काम किया जा सकता है! और किस चीज़ पर मुस्कराया जा सकता है! घर जाने की उसे ज़रा

भी उतावली न थी। वैसे, घर जाने का समय हो गया था....।

घर का खयाल आते ही अवदोत्या के चेहरे पर छाई खुशी उड़ गयी। वह देर तक वहीं रुकी रही। फिर, घर जाने के बजाय, पास के एक बथान पर पहुँची, और दूध दुहने के स्टूल पर बैठ गयी। उसने अपना गाल गाय के गरम पेट पर टिका दिया।

बाहर आकाश में पूरा चाँद तैर रहा था। हवा के झोंकों से बरफ़ की लहरें आ-आकर दीवारों से टकरा रही थीं। अवदोत्या कभी आकाश में तैरते चाँद की ओर देखती और कभी बरफ़ पर बनती-बिगड़ती लहरों की ओर। उसके मन में बार-बार एक ही प्रश्न उठ रहा था : "मैं क्या करूँ और कैसे करूँ?"

यह प्रश्न दिन भर से अवदोत्या के मन में बार-बार उठ रहा था। दूसरे कामों के रहते वह इस प्रश्न की उपेक्षा करती आ रही थी। परन्तु, अँधेरा हो जाने के बाद, अब जब वह अकेली रह गई थी, इस प्रश्न ने उसे धर दबाया था।

"ऐसी भी औरतें होती हैं जो एक आदमी को छोड़ दूसरे के पास चली जाना कोई बड़ी बात नहीं समझतीं। लेकिन मैं तो एक ही के साथ ऐसी जुड़ी हूँ कि अलग करने में शरीर का मांस खिंच आएगा। उसी के साथ मैं पूरी जिन्दगी बिता देती। लेकिन भाग्य ने मेरे साथ छल किया है। क्या स्तेपा के पास चली जाऊँ? पर वास्या भी तो मुझे प्यारा है। किसी के साथ रहूँ, दूसरा याद आएगा। कुछ औरतें यह सब आसानी से झेल जाती हैं। पर क्या यह मेरे बस का है? मेरी हालत क्या हो रही है। जहाँ मेरा दायाँ पैर पड़ा है, वहीं मेरा बायाँ पैर भी है। मैं क्या करूँ? सबसे अच्छा यही होगा कि मैं अकेली रहूँ।"

आकाश में चाँद तैरता चला जा रहा था, दूर के मकानों में रोशनी बुझती जा रही थी। अवदोत्या के पैर अब भी घर की ओर नहीं बढ़ रहे थे....

अवदोत्या को उग्रेन से निजी पत्र मिला था। नगर में पशुपालन पर पन्द्रह दिन के लिए एक व्याख्यान-माला का आयोजन किया गया था। इस व्याख्यान-माला में सम्मिलित होने के लिए उसे भी बुलाया गया था।

वासिली को अवदोत्या का बुलाया जाना ज़रा भी नहीं भाया। पहली चिन्ता तो उसे यह थी कि बच्चियों को कौन सँभालेगा! दूसरी, लेकिन मुख्य, यह थी कि शहर में आस-पास के तीन ज़िलों के लकड़ी चिराई के सबसे अच्छे कार्यकर्त्ताओं का सम्मेलन होने वाला था, जिसमें स्तेपान भी आने वाला था।

सबसे बड़ी कठिनाई यह थी कि अवदोत्या की माँ महीने भर से खाट पकड़े थी। उसे सन्धि ज्वर था—बुखार भी और गाँठों में दर्द भी।

"अवदोत्या कैसे जा सकेगी?" खीझ प्रकट करते हुए वासिली ने वालेंतिना से कहा था! "छोटी बच्चियों और बीमार माँ को किस पर छोड़ जाएगी? मैं भी काठ का बना नहीं हूँ, मुझे रोटी-टुकड़ा चाहिए या नहीं? ऊपर से गाय ब्याने को

है! यही मौक़ा मिला था उसे शहर जाने को?''

''दादी वासिलिसा और मैं तुम्हारी सास और बच्चों को सँभाल लेंगे। उन्हें हम अपने यहाँ ले जाएँगे—आधा घर खाली पड़ा है। गाय और मुर्गियों की भी चिन्ता मत करो। हम लोग रख लेंगे। रही तुम्हारे खाने की बात, सो बुढ़िया अगाफ्या से कह देंगे, वह आकर बना जाया करेगी।''

अवदोत्या खाट पर बैठी सुनती रही। इस बहस में उसने एक शब्द भी अपनी ओर से नहीं कहा।

''जाए!....मेरी बला से!'' वासिली ने कहा।

शाम हो आई। अवदोत्या सफर की तैयारी के लिए बक्से में कपड़े लगा रही थी। उसके चेहरे पर उत्साह दिखाई दे रहा था। एक बार फिर वासिली की ईर्ष्या जागी : ''कितनी खुश है! खूब मज़े होंगे वहाँ!''

काश, अवदोत्या उसे बता पाती कि उसके मन पर क्या-क्या गुज़री है, या, वासिली अपनी ग़लतियों और उन कड़ियों को समझ पाता जिनसे अवदोत्या स्तेपान से बँधी थी! तब वह ऐसी बातें न सोचता। पर न तो वह यह सब जानता था, न समझता था!

अवदोत्या का यात्रा का उत्साह वासिली के कलेजे में बर्छी की तरह चुभ रहा था। उसे इस उत्साह का एक ही कारण दिखाई दे रहा था—शहर में स्तेपान से उसकी मुलाकात होगी!

अवदोत्या की ओर देखकर भौंहें सिकोड़ता हुआ बोला :

''यह नया ब्लाउज़ ले जाने की क्या जरूरत है? समझती हो, सब तुम्हें देखते ही रीझ जाएँगे? तुम्हारी जैसी उन्होंने कभी देखी ही न होगी....?''

अवदोत्या के हाथ से ब्लाउज़ छूट गिरा!

''बच्चों के सामने ऐसी बातें!'' वह और कुछ न कह सकी।

बच्चियाँ विस्मय से आँखें फाड़े देख रही थीं। दरवाज़ा बंद करता हुआ वासिली बाहर चला गया।

''अब मुझे बोलना ही पड़ेगा।'' अवदोत्या ने निश्चय किया। ''ऐसे नहीं निभ सकती!''

अवदोत्या का निश्चय बहुत पहले ही परिपक्व हो चुका था। यह निश्चय वह उसी दिन कर चुकी थी जिस दिन वासिली ने परौंठों की बात उसे न बताकर, सभा में सबको बतायी थी। उसी दिन वह समझ गई थी कि अब उनमें कोई अपनत्व नहीं रह गया है। आपस की यह दूरी और यह मनमुटाव, अवदोत्या के लिए असह्य हो उठा था।

वासिली लौटकर आया तो अवदोत्या उसके पास जा बैठी और शान्त स्वर में बोली :

"इस तरह की ज़िन्दगी से क्या फ़ायदा, वास्या?....हम दोनों के लिए ज़िन्दगी भार हो रही है। बच्चों की भी हालत खराब है! ज़रा देखो, इनकी क्या हालत हो रही है?"

"कसूर किसका है?"

"खैर, तुम चाहते हो तो कसूर मैं अपने ऊपर ही लिए लेती हूँ!" अवदोत्या ने शान्ति से कहा। "मैंने सोचा था, सब अच्छा ही होगा। मैं सोचती थी, हम लोग पिछली बातें भूल जाएँगे। लेकिन...मैं मज़बूर हूँ...मुझे स्तेपान की याद अब भी आती है। तुम कहोगे, इसमें कसूर मेरा ही है। उस दिन तुमने बहुत-सी चीज़ों को बराबर बाँट दिया था। भेड़ के मांस के दो टुकड़े कर दिये थे। मेरे प्यार के भी तुमने दो टुकड़े कर दिये होते, वास्या! उसी मांस की तरह!....कुल्हाड़ी की एक चोट से....! पर ऐसा नहीं हो सकता। आखिर हम लोग इन्सान हैं....। बनैले जानवरों के भी नर और मादा अलग कर दिये जाएँ तो एक दूसरे के लिए तड़पेंगे। तुमने मुझे समझने की कोशिश की होती, तुम्हारे हृदय में थोड़ी दया होती और तुमने मुझसे तसल्ली के दो शब्द कहे होते तो मैं सब कुछ भूल जाती। मैंने अपनी भावनाओं पर काबू पा लिया होता। पर वैसा नहीं हो सका। तुम समझते हो मैं नीच और अपराधी हूँ।...लेकिन मेरा अपराध क्या है? मैं मन में स्तेपान की याद नहीं रखना चाहती थी। पर तुमने मुझे मजबूर कर दिया। यह है असलियत। मुझे स्तेपान की याद आती है। मैं तुम्हारी पत्नी नहीं..."

'बस, सब कुछ खत्म....!' वासिली ने सोचा। सहसा उसका मुँह और गला सूख गया। वह बड़ी कठिनाई से बोला :

"तो तुम स्तेपान के पास जा रही हो?"

"नहीं! मैं उसके पास नहीं जा सकती....। तुम भी तो मेरे लिए अजनबी नहीं हो...। मैं उसके साथ रही भी, तो तुम्हारी याद में घुलती रहूँगी। अच्छा होगा, वास्या, कि कुछ दिन हम लोग अलग-अलग रहें। हम लोग ज़रा सोचें-समझें। मैं सदा के लिए कोई फ़ैसला नहीं ले रही हूँ। शायद कोई दिन आए जब हम लोग दूसरे ढंग से एक-दूसरे से बोलें-बतलायें! शायद...हम लोग फिर नए सिरे से शुरू करें....मैं नहीं कह सकती! मैं सिर्फ़ इतना जातनी हूँ कि हम लोग इस तरह नहीं रह सकते। मैं अकेली रहूँगी, वास्या! घाव तभी जल्दी भरता है, जब उसे बार-बार दुखाया न जाए।"

साधारणतः वासिली का स्वभाव था क्रोध में बावले हो जाना या भावुकता में बह जाना। परन्तु परिस्थिति के अधिक जटिल होते ही वह पत्थर की तरह निस्पंद हो जाता था और उसकी बुद्धि भी विशेष प्रखरता से काम करती थी। वही बात इस समय भी हुई।

"ठीक है, यह मेरी पत्नी नहीं है....! यह उसे चाहती है....! हाँ, उसी को

चाहती है....! क्या मुझे ऐसी औरत चाहिए जो दूसरे के लिए तड़पती हो? नहीं, नहीं! क्या मुझे ऐसी पत्नी चाहिए जिस पर खुद मुझे यकीन न हो? नहीं! पर बच्चे? जब हमारा आपस में यह हाल है तो उनको ही हम कौन सा सुख दे सकते हैं? फिर यह हालत उनसे छिपायी भी तो नहीं जा सकती! वे सब कुछ समझते हैं!''

घर लौटने की कठिन घड़ी में भी उसने ऐसे ही सोच-समझकर ठंडे दिल से फ़ैसला किया था। पर वह फ़ैसला ठीक न उतरा था....!

''वास्या,'' अवदोत्या ने कहा, ''मैं माँ और बच्चों को आज वालेंतिना के यहाँ पहुँचाए देती हूँ। जब निश्चय कर ही लिया है तो आज मैं भी वहीं रहूँगी।''

वासिली के हाथों की मुट्ठियाँ भिंच गयीं। उसकी गर्दन झुक गयी! भारी पलकों से मानो आन्तरिक आग की चिनगारियाँ निकल रही थीं।

''खैर, यही सही....!''

दूसरे दिन तड़के, सूर्योदय से पहले ही, अवदोत्या उग्रेन के लिए चल पड़ी। एक छोटी-सी देहाती बरफ़-गाड़ी कड़ी बरफ़ पर फिसलती चली जा रही थी। मातवेयेविच ऊँघता-ऊँघता घोड़े को हाँक रहा था। सड़क के किनारे के तार के खम्भे, झाड़-झंखाड़ और काले नोकीले देवदार वृक्ष पीछे को भाग रहे थे। बरफ़-गाड़ी में फूस का बिछौना लगा हुआ था। अवदोत्या उसी पर भेड़ की खाल का भारी मोटा कोट ओढ़े लेटी थी। बरफ़ से पटी इस सड़क पर उसे सूनेपन और विषाद का अनुभव हो रहा था।

अब भी उसके दिमाग़ में घर की चिन्ता ही उथल-पुथल मचाये थी। पारिवारिक झगड़ा अब भी उसके मन पर भारी पत्थर की तरह रखा हुआ था। वह सोच रही थी :

'दादी वासिलिसा के यहाँ जाते वक्त कात्या और दुन्या कितनी खुश थीं। उनके लिए यह भी एक नया खेल था। बेचारी, कुछ भी नहीं समझ पातीं? सूनी झोंपड़ी में बुढ़िया अगाफ्या के साथ वास्या बेचारा अकेला होगा! जाने उसे कैसा लग रहा हो? ओफ़, हम लोगों ने अपनी ज़िन्दगी कैसी बना डाली है। पर मैं करती ही क्या? लेकिन, ऐसे पति के साथ रहना सम्भव कैसे है जिससे मन फट गया हो? ओफ़, दिल पर कैसा बोझ है! कैसा भारी बोझ है....! लगता है दिल पर पहाड़ रखा हो।'

दिन चढ़ते-चढ़ते वे लोग उग्रेन पहुँच गये। अवदोत्या ने मातवेयेविच को विदा किया और ज़िला कार्यकारिणी कमिटी की राह ली। वहाँ से उसे सफर के ज़रूरी कागज़ लेने थे। अवदोत्या दफ्तर पहुँची तो वहाँ इतने सवेरे कोई भी नहीं

था। बस, सफाई करने वाला आदमी झाड़-पोंछ कर रहा था। स्टेशन से गाड़ी छूटने में केवल आध घंटे का समय बाकी था।

अवदोत्या बहुत परेशान थी। दफ्तर से कागज़ लिए बिना वह जा नहीं सकती थी। और दफ्तर के आदमियों के लिए प्रतीक्षा करने का मतलब था गाड़ी छोड़ देना और पढ़ाई शुरू होने के समय न पहुँच पाना!

कभी तो वह सूने बरामदे में टहलती और कभी दौड़कर सड़क पर देखती। वह इतनी परेशान थी कि रो पड़ना कोई बड़ी बात न थी। "लोग मेरे बारे में क्या कहेंगे! अच्छे कार्यकर्त्ता के रूप में लोग मुझे ऊँची शिक्षा के लिए भेज रहे हैं और अपनी लापरवाही के कारण मैं खुद ही पहुँचूँगी देर में....।"

अपना शॉल हाथ में पकड़े अवदोत्या परेशानी से इधर-उधर नज़र दौड़ा रही थी। तभी गली के मोड़ से आन्द्रेई आता दिखाई दिया।

अवदोत्या आन्द्रेई को पुकारने ही वाली थी कि बरबस उसने अपने को रोक लिया। 'मेरी बेवकूफ़ियों से कहीं बड़े मसलों पर उसे सोचना-विचारना होता है!' उसने सोचा।

लेकिन, आन्द्रेई ने अवदोत्या को देख लिया था। वह उसी की ओर आ रहा था।

"अवदोत्या तिखोनोवना! अरे, तुम अब तक यहीं हो? व्याख्यान-माला के शुरू में पहुँचने में देर नहीं होगी?"

"गाड़ी छूटने में सिर्फ़ आधा घंटा है, आन्द्रेई पेत्रोविच! मेरे सफर सम्बन्धी कागज़ अभी तक नहीं मिले हैं। यहाँ अभी कोई आया ही नहीं है। समझ में नहीं आता, क्या करूँ?"

"आओ, मेरे साथ ज़िला कमिटी के दफ्तर चलो। सफर के लिए प्रमाणपत्र मैं लिख दूँगा।"

अवदोत्या पहले कभी ज़िला कमिटी के दफ्तर नहीं गई थी। दफ्तर के बाहर वाले कमरे में ही बड़े एहतियात से वह चुपचाप कुर्सी पर बैठ गयी। आन्द्रेई और सुन्दर नेत्रों वाली एक सहायक लड़की ने, जिसका नाम आन्या था, उसके लिए प्रमाणपत्र लिखना शुरू किया।

दफ्तर खूब साफ़ और हवादार था। वहाँ एक भी फालतू चीज़ नहीं थी। अवदोत्या को बड़ी शान्ति मिल रही थी। कोनों में रखी हुई मेज़ों और लकड़ी के कलमदानों को देखकर–जिन पर सुनहला काम किया हुआ था–आँखों को बड़ा सुख मिलता था।

आन्द्रेई और आन्या के नियन्त्रण में उसके आत्म-विश्वास को बल मिला था। उन पर अपनी आस्था जमाये वह बड़े धैर्य से बैठी थी।

'आन्द्रेई कितना भला आदमी है!' अवदोत्या सोच रही थी। 'दिल का

कितना साफ़! कितना ही भारी काम हो, उससे बातें होने पर काम हल्का मालूम होने लगता है। ऐसे आदमी के पास जाकर कितना भरोसा होता है। आन्या भी कितनी अच्छी है।'

अवदोत्या के सामने ही स्तालिन की एक बड़ी तसवीर लटकी थी। स्तालिन की तसवीर उसने पहले भी कई बार देखी थी। चेहरा-मोहरा पहचाना हुआ था। लेकिन यहाँ, पार्टी कमिटी के दफ्तर में, स्तालिन की मुखाकृति कुछ भिन्न लग रही थी। ऐसा लगता था जैसे किसी आदमी को पहली बार उसके अपने घर में देखा हो।

स्तालिन की पलकें कुछ सिकुड़ी हुई थीं। लगता था, वह दूर की कोई चीज़ देख रहे हैं, जिसे दूसरे अभी नहीं देख पाये हैं। उनके होठों पर हल्की मुस्कान थी। चेहरे पर गम्भीर बुद्धिमत्ता की छाप थी।

अवदोत्या को लगा कि स्तालिन के साथ रहने वाले लोगों का जीवन बहुत अच्छा, शान्त, सुखमय और निश्िंचत होता होगा। स्तालिन का एक नया ही परिचय उसे मिला और उसे लगा जैसे वह कह रहे हों :

''ईमानदारी का जीवन बिताओ और मेहनत से काम करो तो सब समस्याएँ हल हो जाएँगी!''

आन्द्रेई ने उसके हाथ में प्रमाणपत्र दिया और कहा :

''बस, अब भागो! जितनी तेज़ी से बने भागो! आन्या तुम्हें टिकट खरीद देगी और गाड़ी पर बिठाल देगी!''

अवदोत्या और आन्या स्टेशन पर पहुँचीं तो गाड़ी प्लेटफ़ार्म पर आ ही रही थी।

आन्या भागी हुई टिकट घर में गयी। उसने एक मिनट में टिकट लाकर अवदोत्या के हाथ में दे दिया और चलती गाड़ी पर अवदोत्या को चढ़ाया। एक आदमी दरवाज़े में खड़ा था। आन्या ने उसे हुक्म सा दिया :

''देख क्या रहे हो? इसका झोला पकड़ लो। ज़रा मदद करो न!''

गाड़ी धीरे-धीरे चल पड़ी। आन्या दरवाज़े के पास का डंडा पकड़े साथ चलती हुई कह रही थी :

''अच्छा बधाई! खुश रहो! खूब जी लगा कर पढ़ना!''

अवदोत्या के साथ खड़ा आदमी, जिसने आन्या के कहने से अवदोत्या का थैला पकड़ लिया था, बोला : ''लड़की भली मालूम पड़ती है, तातारी जान पड़ती है!''

स्टेशन की इमारत पीछे, और दूर पीछे, भागी जा रही थी। लेकिन आन्या अब भी हँसती रूमाल हिलाती हुई गाड़ी के साथ-साथ दौड़ रही थी।

कुछ देर तक उसका हँसता लाल चेहरा दिखाई देता रहा, फिर गायब हो

गया।

"चलो, अब आगे देखो!" अवदोत्या ने अपने आप को तसल्ली दी।

उग्रेन के परिचित मकान पीछे की तरफ़ भागते चले जा रहे थे। मालूम होता था बरफ़ से ढँके सिर झुका कर वे सलाम करते जा रहे हों। नीलिमा लिए बरफ़ के सफेद मैदान भी पीछे भागते जा रहे थे और उनकी छाती पर से फिसलती हवा गाड़ी में धँसी आ रही थी। तेज़ ठंडी हवा से अवदोत्या की शॉल के नीचे दबी लटें उड़ रही थीं और उसके कोट का दामन उसकी टाँगों पर चोटों पर चोटें कर रहा था। उसके गालों पर ठंडी हवा चुटकियाँ ले रही थी।

झाड़-झंखाड़ और जंगल बड़ी तेज़ी से दौड़ते हुए सामने आते और उसी तेजी से पीछे की ओर दौड़ते हुए आँखों से ओझल हो जाते थे।

झाड़-झंखाड़ अब पीछे छूट गए थे। पटरी को खेतों ने घेर लिया था। गाड़ी जैसे-जैसे आगे बढ़ रही थी, वे फैलते और समतल होते जा रहे थे। तूफानी तेज़ी से आँखों के सामने उपस्थित होने वाले दृश्य पल-पल पर खुलते और फैलते जाते थे। अवदोत्या खिड़की के सामने खड़ी चारों ओर से नए दृश्यों के खुलते विस्तार और फिर इस विस्तार को सिमट कर पीछे भाग जाते देख रही थी।

"देखो, बहन," अवदोत्या का झोला हाथ में लिए समीप खड़े आदमी ने कहा, "वह लड़की तुम्हें मेरे जिम्मे छोड़ गई है। चलो मेरे डिब्बे में ही बैठना।" अवदोत्या उस आदमी के पीछे हो ली।

गाड़ी में काफ़ी भीड़ थी और गरमी भी। लोगों के लगातार बोलते रहने से जो गूँज होती है, वही डिब्बे में भरी हुई थी। पहियों की निरन्तर गड़गड़ाहट की ताल में ऊँचे स्वर से कही हुई कोई-कोई बात ही सुनाई देती थी। अवदोत्या का ध्यान न तो सवारियों की ओर था, न डिब्बे की ओर, और न गाड़ी की ओर। उसे एक अस्पष्ट सी अनुभूति हो रही थी कि कोई बड़ी भारी शक्ति किसी नियम और व्यवस्था में बँधी, हाहाकार करती हुई आगे बढ़ती चली जा रही है।

"भाई ज़रा हटना! एक और सवारी भी है। इसके लिए जगह करना।" अवदोत्या के साथ के आदमी ने कहा।

"जितनी ज्यादा सवारी आयें, अच्छा है।"

नीली-नीली चिपरी आँखों और लाल चेहरे वाली एक ठिगनी-सी बुढ़िया ने एक ओर हट कर अवदोत्या के लिए जगह कर दी।

अवदोत्या बैठ गयी।

"अरे, दरवाज़ा किसने खुला छोड़ दिया?" अवदोत्या के साथ के आदमी ने चिल्लाकर कहा।

अवदोत्या के सामने खड़ा वह निस्संकोच नेत्रों से उसे जाँच रहा था। भारी-भरकम शरीर पर चमड़े का काला ओवरकोट पहने और दोनों हाथ जेबों में

धँसाये वह पतले रास्ते के बीचोंबीच खड़ा था। उसके खड़े होने की मुद्रा से आत्म-विश्वास का भाव टपक रहा था और उसका फूला हुआ चेहरा–चालीस वर्ष के तगड़े-तन्दुरुस्त आदमी का चेहरा–उसके अच्छे स्वभाव का परिचायक था। होठों पर हल्की मुस्कराहट थी। स्पष्ट ही वह यहाँ काफ़ी आराम महसूस कर रहा था। वह सफर का आदी भी लगता था।

"मालूम होता है दौड़ कर आई हो? क्या शहर जा रही हो?"

"हाँ...."

सचमुच ही, उग्रेन में दौड़-भाग करने के कारण अवदोत्या की साँस फूल गई थी और वह अभी तक साधारण अवस्था में नहीं आ पायी थी।

"कोई फिक्र नहीं! कोई फिक्र नहीं!"

बेंचों के बीच में भरे असबाब को सुविधा से ऐसे लाँघ कर जैसे अच्छी समतल भूमि पर चल रहा हो वह खिड़की के पास जा बैठा।

अरुणोदय काल का सिंदूरी सूर्य खिड़की की ऊँचाई के बराबर ही दौड़ रहा था। गाड़ी जब समतल मैदानों से होकर गुजरती तो सूर्य की चाल धीमी हो जाती और वह बड़ी सधी गति से आराम-आराम से चलता। गाड़ी जब किसी जंगल से होकर गुजरती तो वह पक्षी की तरह उड़ने लगता और पेड़ों की चोटियों पर सिन्दूर बिखेरता हुआ आगे बढ़ता जाता।

अवदोत्या को रेल पर सफर किये बरसों बीत गए थे। उसे लग रहा था जैसे वह पहली बार सफर कर रही हो। गाड़ी की थिरकन, दबी आवाज़ों की गूँज, गाड़ी के साथ-साथ उड़ता हुआ सूर्य–सभी कुछ उसे नया लग रहा था।

शुरू में अलग-अलग लोगों को पहचानने और उनकी बातचीत समझने में अवदोत्या को कठिनाई हो रही थी–सब कुछ किसी भागती चीज़ में घुला-मिला जान पड़ता था। कुछ अरसे बाद ही अलग-अलग लोगों की बातें उसकी समझ में आनी शुरू हुईं। बगल के डिब्बे में दूसरी आवाज़ों से ऊपर किसी की आवाज सुनाई दी :

"...पौधे सिर से ऊँचे निकल गये! क्या कहने हैं! अनाज की बालें हाथ-हाथ भर की थीं! कृषि-विशेषज्ञ जो पहले नाक-भौं सिकोड़ रहा था, ओलगा से माफ़ी माँगने आया और बोला"–आगे की बात दूसरी आवाजों में डूब गयी। किसी दूसरे की ज़ोरों से, और स्पष्ट आवाज़ सुनाई दी :

"...मैं अभी पेड़ों को काट भी नहीं पाया था कि ज़िला कमिटी का हुक्म आ गया–ढुलाई शुरू कर दो!"

एक मोटा-तगड़ा आदमी, अवदोत्या के सामने बैठा उँगलियाँ नचा-नचा कर बड़े उत्साह से बातें कर रहा था। वह कुछ-कुछ नशे में था।

वह भेड़ की खाल का बिलकुल नया कोरा कोट और पाँव में सफेद नमदे

के घुटनों तक ऊँचे जूते पहने था। उसके गालों पर जवान लड़कियों के गालों जैसी सुर्खी थी और उसका चेहरा वैसा ही नया, मज़बूत और ताज़ा लग रहा था जैसा उसका कोट और जूता था।

''मुझे कम से कम आठ दलों की ज़रूरत है,'' वह कह रहा था, ''और हैं, मेरे पास सिर्फ़ साढ़े चार!''

''तो बाकी पूरे कर लो!'' चमड़े के कोट वाले आदमी ने खिड़की के बाहर नज़र गड़ाये हुए ही कहा।

''और मैं कर क्या रहा हूँ?'' पहले ने चुनौती सी दी। ''अरे भाई अवेर्यान मकारोविच, समझते क्या हो! मैंने अपने यहाँ स्थायी रूप से काम करने वाले आदमियों के लिए पाँच अलगाये हुए झोंपड़े खड़े कर लिए हैं। लोगों के उठने-बैठने के लिए शयनागार जितना बड़ा कमरा बना लिया है। एक क्लब भी बनायी है, अवेर्यान मकारोविच! ऐसी क्लब जैसी ज़िले भर में नहीं होगी।''

एक और आदमी नशे के कारण बहुत ज़ोर से हँस कर बोल रहा था :

''अरे तुम कह रहे हो, बड़ा काम किया? अच्छा! समझो, मुझे सत्तर हज़ार क्यूबिक मीटर लकड़ी भेजनी है। अब क्या हो? नदी उसे बहा ही नहीं सकती। मेरे पास मोटे लट्ठे ही इतने हैं कि पतली थूनियों की गिनती की ज़रूरत नहीं। मैं पूछता हूँ, मैं इन्हें कहाँ बहाऊँ।'' घुँघराले बालों वाले आदमी ने, जो खुद कुछ-कुछ नशे में था, आश्चर्य से बाँहें फैला दीं। उसे देखकर हँसी आती थी।

'लकड़ी का काम करने वाले हैं।' अवदोत्या सोच रही थी। 'कितने अच्छे आदमी हैं! कितने समझदार और खुश मिजाज़ हैं, हालाँकि पिये हुए हैं। इसी से अपने काम के बारे में ज़रा उत्तेजित हो रहे हैं।'

डिब्बे में तीखी ठंडी हवा का झोंका आया। कहीं एक बच्चा ज़ोरों से रो पड़ा!

''अरे, दरवाज़ा बन्द करो, दरवाज़ा!'' अवेर्यान की हुंकार सुनाई दी। ''कौन है यह?...किसने दरवाज़ा खुला छोड़ दिया? मालूम नहीं कि गाड़ी में बच्चे भी हैं?''

जैसे पानी में कंकड़ी फेंकने से लहरें उठने लगती हैं, वैसे ही डिब्बे में आवाज़ें गूँज उठीं :

''बन्द करो! दरवाज़ा बन्द करो! किसने खुला छोड़ दिया है?''

दरवाज़ा बन्द करके हवा रोक दी गयी। अवेर्यान का क्रोध शान्त हो गया। उसकी आँखें फिर खिड़की के बाहर जा पहुँचीं।

''जंगल...'' उसके होंठ ऐसे हिलने लगे जैसे सपने में बोल रहा हो। ''कितने बढ़िया जंगल हैं। बिल्कुल खाकास प्रदेश के जंगलों जैसे। कितना धनी प्रदेश है!...लोग कोयले के लिए परेशान हैं—यहाँ यह इतना है कि सदियों तक खतम न होगा!''

''खान की बल्लियों का उपयोग यहीं हो सकता है!'' गुलाबी चेहरे वाला

नौजवान बोल उठा।

"बल्लियाँ तो मैंने भेजी हैं! अरे मैं रोज़ दो-दो गाड़ी बल्लियाँ भेजता था। लेकिन उन्हें तसल्ली नहीं हुई। हँसी आती थी...." अवेर्यान मकारोविच गरजा। "पहले एक गाड़ी बल्लियाँ भेजी गयीं—तसल्ली नहीं हुई। दो गाड़ी भेजीं—फिर भी तसल्ली नहीं हुई। मुझे और मेरे कप्तान को ताव चढ़ आया—हमने तीन गाड़ियाँ भेज दीं। फिर भी वे तार भेजे बिना नहीं माने : 'एक गाड़ी और भेजो'।"

"मुझे नहीं मालूम था कि खाकास प्रदेश में कोयला भी है।"

घुँघराले बालों वाले नौजवान ने आश्चर्य प्रकट करते हुए कहा। "मैं समझता था कि यहाँ वालों का खास काम सिर्फ पशु-पालन है।"

"यहाँ पशुओं की भी भरमार है। पतझड़ के दिनों में खिड़की से बाहर देखो तो पहाड़ी ढलवानें ऐसी मालूम होती हैं जैसे चादर से ढकी हों। गोल के गोल जानवर दिखाई पड़ते हैं। एक दिन देखो, गोल खतम नहीं होंगे दो दिन देखो, गोल खतम नहीं होंगे। तीन दिन देखो, गोल खतम नहीं होगे। आहा हा! कितना आनन्द आता है देखते रहने में!" अवेर्यान की पलकें मुँदी जा रही थीं। आनन्दातिरेक से उसका सिर हिल रहा था।

अवदोत्या को खाकास प्रदेश की बाबत कुछ भी नहीं मालूम था। बड़े ध्यान से वह लोगों की बातें सुन रही थी। कभी-कभी बातें अधिक परिचित विषयों—जंगलों और खेतों के बारे में—होने लगतीं। तब ऐसा मालूम होता था जैसे किसी सुदूर पर्वत से आती जल-धारा, समतल भूमि पर बहती शान्त नदी से मिल रही हो।

अवदोत्या ये बातें बड़े ध्यान से सुन रही थी। ये बातें उसे अपने चारों ओर की प्रबल जीवन-शक्ति की गूँज की तरह जान पड़ रही थीं।

अवदोत्या के साथ बैठी बुढ़िया ने एक गठरी खोली और सूरजमुखी के भुने हुए बीज सबको बाँटने लगी। अवदोत्या ने भी एक मुट्ठी बीज लिये। फिर अपने थैले में से परौंठियाँ निकाल कर उसने साथ वालों को एक-एक बाँटी। लोग परौंठियाँ खाकर बनाने वाले की सराहना कर रहे थे।

रास्ते में एक छोटे से स्टेशन पर खूब हँसते-बोलते नौजवानों की भीड़ डिब्बे में घुस आई। एक गोरी चिट्टी लड़की लम्बा ओवरकोट पहने एक अजीब से आदमी की बाँह थामे थी। लड़की की भूरी आँखों में दृढ़ता और उसके धीमे स्वर में अधिकार की झंकार थी। आदमी की आँखों पर काला चश्मा था और बायें गाल पर किसी बड़ी चोट का बड़ा सा दाग था। उसका सिर कभी इस कन्धे की तरफ तो कभी उस कन्धे की तरफ लुढ़क-लुढ़क जाता था, उसके होंठ भी विचित्र प्रकार से सिकुड़-सिकुड़ जाते थे। कोशिश करने पर भी उसका सिर स्थिर नहीं हो पाता था, और इस पर उसे क्रोध सा हो रहा था। उसके कन्धे पर अकार्डियन लटका

हुआ था। उसने एक शब्द भी नहीं कहा था, पर उसे देख कर ही दूसरे लोग सन्नाटे में आ गए थे। इस ओवरकोट और लुढ़कते सिर वाले आदमी के रूप के डिब्बे के प्रसन्नतापूर्ण वातावरण में युद्ध की सजीव स्मृति आ पहुँची थी। अभी कल की ध्वंसकारी घटना, जिसे लोग इतनी जल्दी भूल गए थे, जिसने सभी के जीवन पर कोई न कोई छाप छोड़ी थी–लेकिन जो इतनी अवास्तविक मालूम होती थी–फिर साकार हो उठी।

उस मनुष्य की उपस्थिति ने युद्ध-स्मृति को ताज़ा कर दिया। वह अपने साथ कोई ऐसी चीज़ लाया था जो महत्त्वपूर्ण थी, चित्त को अस्थिर बना देने वाली थी और जिसे कभी भूला नहीं जा सकता था।

डिब्बे में सहसा छा गयी खामोशी का आभास होने पर उसके होठों पर एक फीकी, कुछ-कुछ दुख भरी, याचनापूर्ण मुस्कराहट–जैसी बहुधा अन्धों के मुँह पर देखी जाती है–छा गयी।

''इधर! इधर लड़को! यहाँ बैठो, मिशा! बहुत जगह पड़ी है!'' गोरी चिट्टी लड़की ने प्रसन्नता भरे स्वर में कहा। उसने साथ के आदमी को एक सीट पर बैठा दिया। फिर मुसाफिरों की ओर कुछ कड़ी नजर से देखा, मानो उन्हें आदेश दे रही हो कि बेकार की पूछताछ न करें और कोई ऐसी-वैसी बात न कहें।

नौजवानों की भीड़ जगह पाकर बैठ गयी।

''आप लोग कौन हैं?'' बुढ़िया अपनी जिज्ञासा को न रोक सकी।

''यह हम शैकिया लोगों का संगीत समाज है।'' गोरी लड़की ने रोब से उत्तर दिया। ''बस अगले स्टेशन तक जा रहे हैं। वहाँ के सामूहिक खेत के किसानों ने हम लोगों को आमन्त्रिंत किया है।''

''आपका नाम अलेक्सेयेव तो नहीं है?'' अवेर्यान मकारोविच ने बाजे वाले को बड़ी आत्मीयता से सम्बोधित किया।

''हाँ, वही।'' लम्बे ओवरकोट वाले आदमी के मुँह पर हल्की सी मुस्कराहट दौड़ गयी।

''वाह! वाह! बड़ी खुशी हुई मिल कर। मेरा नाम अवेर्यान अवेर्यानोव है। मैं लकड़ी चिराई विभाग का प्रमुख हूँ। मैंने आपके बारे में बहुत कुछ सुना है।''

बहुत से लोग एक साथ बोल उठे :

''हाँ, हाँ, हमने भी बहुत सुना है।''

''तारीफ़ें तो बहुत सुनी हैं, लेकिन गाते कभी नहीं सुना।''

सभी को पता चल गया कि मिखाइल अलेक्सेयेव ज़िले भर में गाने-बजाने के लिए प्रसिद्ध था। लोकप्रिय धुनों पर वह अपने गीत खुद ही बनाता था। बर्लिन की लड़ाई में वह ज़ख्मी हुआ था। गोरी लड़की उसकी पत्नी थी। उनके दो साल का एक बच्चा भी था। इस बच्चे को वे बाहर जाते समय दादी के पास छोड़ आते

थे। अब बाजे वाले के लिए लोगों के हृदय में बहुत सहानुभूति थी। वे उसकी पत्नी से भी बड़े आदर और आत्मीयता से बातें कर रहे थे। लगता था यात्रियों की नज़रों में उसका भी सम्मान यकायक बढ़ गया है।

सब लोग अलेक्सेयेव से कुछ गाने का अनुरोध करने लगे। मालूम होता था कि इस अनुरोध से उसे प्रसन्नता ही हुई। उसके चेहरे पर लाली दौड़ गयी, वह खिल उठा और उसने मुड़कर अपनी पत्नी से पूछा :

"क्या गाऊँ, लिदिया?"

"कोई ऐसी चीज़ सुनाओ जो मन में चुभे, जो मन को पकड़ ले!" बुढ़िया बोली।

"अपना नया गीत सुनाओ, मिशा!" लिदिया बोली।

अलेक्सेयेव ने बाजा कन्धे से उतारा।

बाजे का तीव्र और स्पष्ट स्वर गाड़ी में भर गया। डिब्बे में सन्नाटा छा गया। दूसरे डिब्बों में बैठे यात्री नज़दीक आ गए और अलेक्सेयेव के पास खड़े हो गये। अलेक्सेयेव की उँगलियाँ परदों पर तेज़ी से दौड़ पड़ीं और धौंकनी ने भी अपना काम ज़ोरों से शुरू कर दिया। बाजा, पहले तो पीड़ा से काँपा, फिर सहसा अनेकों निर्बन्ध स्वरों में आह्लादपूर्ण निनाद कर उठा। क्षण भर के लिए, पीड़ा और आह्लाद, इन दो अनुभूतियों में संघर्ष छिड़ गया। फिर, मानो दोनों के बीच संतुलन स्थापित करती हुई, मानव साहस से पूर्ण, एक संयत स्वर-लहरी डिब्बे भर में फैल गयी।

संगीत के इस छोटे से उपक्रम में ही युद्ध की पूरी स्थिति का वर्णन कर दिया गया—दुख की पहली क्रूर अनुभूति, फिर राष्ट्रव्यापी उत्साह, जनता का सेना में भर्ती के लिए उमड़ पड़ना, अंत में सेनाओं के नपे हुए कदमों की धमक! पूरा दृश्य आँखों के सामने नाच गया। लेकिन अब भी इसमें जीवन की कमी थी, इसमें मानव की भूमिका मौजूद नहीं थी। लोग-बाग इसी भूमिका की कहानी सुनने की बाट जोह रहे थे।

सहसा अलेक्सेयेव ने सिर झटककर मुँह ऊपर उठाया और भारी, परन्तु दर्द भरी, सुरीली आवाज़ में गा उठा :

सच है, मेरा खून बहा है,
पर मत रो, मेरी रानी!
देश और तेरी ही खातिर,
है यह मेरी कुरबानी!

अलेक्सेयेव की आँखें आधी मुँद गई थीं और उसका सिर हिलना बन्द हो गया था। वर्तमान के सुखमय वातावरण के बीच पिछले दिनों का खौफ और भी

भयानक लगता था। उसे अलग नहीं किया जा सकता था। वह चारों ओर मँडरा रहा था, यात्रियों से भरे डिब्बे में फैल गया था और मानो इस मनुष्य और उसके गीत में उसने साकार रूप धारण कर लिया था।

अलेक्सेयेव ये कड़ियाँ गाकर चुप हो गया था। पर बाजा गीत के बोलों को दोहरा रहा था।

चलती गाड़ी और उसमें बैठे लोगों के साथ-साथ बाजे के स्वर भी तेज़ी से बढ़ रहे थे। अवदोत्या को इन स्वरों की विविधता और दृढ़ता ने उसी प्रकार छाप लिया था जैसे शुरू-शुरू में डिब्बे के वातावरण ने।

गाड़ी में सब लोग निश्चल और स्तब्ध थे। एक ही विचार और एक ही भावना सब मस्तिष्कों में समायी हुई थी। दुर्भाग्य का सामना उन्होंने एक होकर किया था और एक होकर वे भयंकर अग्नि-परीक्षा में सम्मान सहित उत्तीर्ण हुए थे। उन सबके विचार एक समान थे। और, विचारों की इस एकता ने उन्हें लोहे से भी ज्यादा मज़बूत बना दिया था।

बाजा बन्द हो गया था। पर हवा में अब भी उसकी गूँज समायी हुई थी। हर चीज़ एक नए रंग में रंगी जान पड़ती थी। हर कोई महसूस कर रहा था कि डिब्बे में बैठे ये लोग मामूली किसान, पशुपालक या जंगल में लकड़ी काटने वाले ही नहीं हैं, बल्कि एक विचित्र ढाँचे में ढले लोग हैं—ऐसे लोग जो किसी भी शत्रु के विरुद्ध कैसी भी लड़ाई में विजय प्राप्त कर सकते हैं और जिन्होंने विजय प्राप्त की है।

बुढ़िया सिसकियाँ ले रही थी। अवदोत्या ने तो आँखों से बहते आँसुओं को पोंछने की चेष्टा भी नहीं की। डिब्बे में आए वे नौजवान भी, जो पहले इस गीत को सुन चुके थे, स्तब्ध थे।

गाड़ी की रफ्तार धीमी हो गयी।

"हमारा स्टेशन आ गया!" गोरी चिट्टी लड़की ने सबसे पहले मौन भंग किया। "आओ मिशा, दरवाज़े के पास खड़े हो जाएँ।"

सब लोगों ने अलेक्सेयेव से हाथ मिलाया। सभी ने उसे अपने यहाँ आने का निमन्त्रण दिया।

जब वे लोग गाड़ी से उतर गए तो अवेर्यान मकारोविच ने सिर ऊपर उठाया और गम्भीरता से बोला :

"गज़ब का आदमी है!....दिल हिला देता है।"

"...क्या बताऊँ, उसे अपने यहाँ का निमन्त्रण देना तो मैं भूल ही गया!" गुलाबी चेहरे वाला नौजवान अपनी भूल पर पछता रहा था। "खैर, चिट्ठी लिखकर बुलायेंगे। अपनी क्लब में छह सौ रूबल मासिक पर उसे रख लेंगे। शौकिया लोगों को सिखायेगा भी और लकड़ी वालों के सामने गाना-बजाना हो जाया करेगा.... ।"

"अरे, छह सौ रूबल क्या होते हैं?" ऊपर के तख्ते से सफेद चेहरे और लाल गालों वाली एक लड़की नीचे कूदती हुई बोली : "मैं और मेरी सहेली तो महीने में दो-दो हज़ार रूबल कमा लेती हैं। हम लोगों ने एक महीने तो ढाई-ढाई हजार खड़े किये थे। क्यों मारूस्या, दिसम्बर में ही हम लोगों ने ढाई-ढाई हज़ार बनाये थे न?"

"नहीं, जनवरी में!" ऊपर से किसी ने संशोधन किया।

"भाई ज़रा सँभल कर बातें करो।" घुँघराले बालों वाले जवान ने प्रसन्नता सूचक आश्चर्य से कहा। "यहाँ हज़ारों बनाने वाले भी बैठे हैं, और हम लोगों को पता ही नहीं था!"

लड़की ने अपना कीमती शॉल ठीक किया, घुटनों तक लम्बे नए जूतों वाले पैर दो एक बार ज़मीन पर पटके, लकड़ी काटने वालों की ओर ढीठता से देखा और गाने लगी :

सीधे खड़े हैं चीड़, री बहना
सीधे खड़े हैं देवदार,
कोई बनेंगे बल्ली, री बहना
कोई बनेंगे पतवार,
हम तो लकड़हारिन, री बहना,
कमायें हज़ार-हज़ार!

"कोई भी बता देगा कि ये लड़कियाँ लकड़ी काटने वाले विभाग में काम करती हैं।" अवदोत्या सोच रही थी। "साफ-सुथरे कपड़े पहने हैं। उमंग और मस्ती से भरी हैं। स्वच्छंद हैं। घर से दूर, जंगलों में रहती हैं। बहुत से खुश-मिजाज़ लोगों का साथ होता है। मर्दों की तरह काम करती हैं। मनमाना रुपया कमाती हैं। क्यों न इनमें मस्ती और अल्हड़पन हो?"

"हज़ारों तो कमा लेती हो, लेकिन तुम्हारे यहाँ पंचवर्षीय योजना का क्या हाल है?" अवेर्यान मकारोविच ने कुछ सख्ती से पूछा।

"हमें क्या कोई मुफ्त पैसा दे देता है? तुमने हम लोगों को समझ क्या रखा है?" लड़की ने भौंहें चढ़ाकर पूछा। "पंचवर्षीय योजना को तो हमने नकेल से पकड़ रखा है। मालूम है, स्ताखनोवियो के सम्मेलन के लिए हमारे पास खास बुलावा आया था?"

"हाँ तो यह कहो! अब बात ठीक है।....'हजारों कमाने' की डींग मारना क्या कोई अच्छी बात है?"

"हमारे फ़ार्म की कमिटी ने हमें मास्को भेजने का वायदा किया है। तुमने लूशा सोबोलेवा का नाम नहीं सुना? उसे कम्युनिस्ट नवयुवक संघ की केन्द्रीय

कमिटी की ओर से बुलाया गया है। हमारे पड़ोस के गाँव की छोटी-सी लड़की है!"

"सोबोलेवा? कौन सोबोलेवा? वही न जो योजना में निश्चित काम से तिगुना कर रही है?"

"हाँ, हाँ, वही। क्यों न करे वह तिगुना काम? उनके यहाँ बिजली का आरा है और सब काम मशीनों से होता है। हमारे यहाँ ऐसा हो जाए तो हम पाँच गुना काम करके दिखा दें। ला मारूस्या, थोड़े से लेमन ड्राप दे! आप लोग भी लीजिए। बड़े मजेदार हैं।"

"मेरी बहू को भी कुछ दिन पहले इनाम मिला है। उसने बहुत लम्बे रेशे का सन तैयार किया है।" बुढ़िया बोली। "मैं अभी उससे मिलकर आ रही हूँ। कुछ तो मेरा जी उससे मिलने को हो रहा था, कुछ फ़ार्म का काम था—ज्ञान की अदला-बदली!"

"तुम्हारे यहाँ सन की फसल कैसी हुई है?" गुलाबी चेहरे वाले नौजवान ने प्रश्न किया।

अवदोत्या की भी इच्छा हो रही थी कि साथ बैठे लोगों को बता दे कि वह भी यों ही सफर नहीं कर रही, बल्कि सरकारी काम से जा रही है। इससे पहले सरकारी काम के लिए कहीं जाने का उसे कोई अवसर नहीं मिला था। उसे अपनी इस यात्रा पर गर्व हो रहा था। उसने अपना प्रमाणपत्र निकाला, उसे खोला और अवसर देखकर बोली :

"मैं भी फ़ार्म के ही काम से जा रही हूँ। ज़िला पार्टी कमिटी ने मुझे भेजा है।"

अवेर्यान ने उसके हाथ से कागज ले लिया, उसे ध्यान से पढ़ा और फिर प्रशंसा-सूचक ढंग से सिर हिलाया।

"अच्छा! तो तुम अध्ययन के लिए जा रही हो? बहुत अच्छा विचार है! क्या गोशाला में काम करती हो?"

"हाँ! मैं गोशाला की मैनेजर हूँ।"

गोशाला, दूध और पशुओं के सम्बन्ध में प्रश्नों की झड़ी लग गयी। अवदोत्या को जान पड़ रहा था कि वह अधिकारियों के सामने जवाब दे रही है। वह बड़ी सतर्कता से प्रश्नों के उत्तर दे रही थी।

"आदमी जितना भी सीख सके अच्छा है!" अवेर्यान ने कहा। "तुम्हें कोई दो-तीन गायें तो सँभालनी नहीं कि जैसे-तैसे निभा लिया! सैकड़ों गायों का सवाल है। बिना गहरी जानकारी के कोई अच्छी तरह काम कर ही नहीं सकता। लेकिन, कोई बात नहीं। इस अध्ययन से तुम्हें खूब मदद मिलेगी।"

"आदमी गम्भीर और समझदार है। पार्टी का आदमी मालूम होता है।" अवदोत्या ने अन्दाज़ लगाया।

गाड़ी हर छोटे-छोटे स्टेशन पर खड़ी होती थी। मुसाफिर लगातार चढ़ और उतर रहे थे। उनका दो-दो, तीन-तीन घंटे का ही साथ होता था। परन्तु व्यवहार से ऐसा नहीं जान पड़ता था कि वे अचानक ही मिल गए हों और एक-दूसरे से अलग, 'अपनी-अपनी' ही, सोच रहे हों। थोड़े समय के लिए ही सही—वे एक संगठित समाज बन गए थे और अवेर्यान मकारोविच को उन्होंने अपना नेता चुन कर अपने विशेष नियम और कानून बना लिए थे। इस समाज का नियम था कि सब लोग खाने-पीने की चीज़ों को बाँटकर खायें, दूसरे सभी लोगों को अपने बारे में बतायें, दूसरों की ज़िन्दगी में दिलचस्पी लें, और इस बात का ध्यान रखें कि दरवाजा बन्द रहे। अवदोत्या इस नए समाज की हर चीज़ को बड़े ध्यान से देख और सुन रही थी। लकड़ी की योजनाएँ, खाकास का कोयला, ज़ख्मी सिपाही का गीत, लूशा सोबोलेवा, जिसे नौजवान कम्युनिस्ट संघ के केन्द्रीय दफ्तर में बुलाया गया था—सब कुछ अवदोत्या को एक व्यापक सामाजिक जीवन का अंग जान पड़ रहा था, उस जीवन का जो उसके चारों ओर लहरें मार रहा था और गाड़ी के इस डिब्बे में भी भर आया था।

'लोग कितना स्वस्थ जीवन बिताते हैं...' वह सोच रही थी। 'कितना सुन्दर है इनका जीवन...और मेरा? मैं अपना जीवन क्यों नहीं व्यवस्थित कर पाती?'

डिब्बे में बैठे यात्रियों को अवदोत्या अलग-अलग—पसन्द या नापसन्द आने वाली—इकाइयों के रूप में नहीं देख रही थी। वह उन्हें एक विशाल और सुसम्बद्ध शक्ति के रूप में देख रही थी। वह उन्हें उस जनता के रूप में देख रही थी जो कल ही, कन्धे से कन्धा मिलाये, युद्ध की भयानक अग्नि-परीक्षा से विजयी होकर निकली थी और जो आज आश्चर्यजनक एकता और उत्साह से देश के औद्योगिक निर्माण में जुटी थी।

अवदोत्या अपने मन की बातें शब्दों में व्यक्त नहीं कर सकती थी, लेकिन उसे लग ऐसा ही रहा था और इसीलिए वह सोच रही थी :

'जी चाहता है, इनके सामने अपना मन उँड़ेल दूँ, अपनी सभी समस्याएँ बता दूँ। प्यारे दोस्तो, मैं ऐसी-ऐसी परेशानी में फँसी हुई हूँ। मैं नहीं जानती, मुझे क्या करना चाहिए! बताओ, मैं क्या करूँ? जो कुछ तुम कहोगे, वही मैं करूँगी!'

लेकिन अवदोत्या ने कुछ नहीं कहा। हाँ, अपने चारों ओर बैठे लोगों की बातें वह और भी ध्यान से सुनने लगी।

गाड़ी की रफ्तार बढ़ती जाती थी, उसकी चाल और तेज़ होती जा रही थी, बातचीत और भी दिलचस्प तथा गम्भीर होती जा रही थी।

अवदोत्या को एक बार फिर लगा कि वह रेल में नहीं बैठी है। उसे लगा कि जीवन की गतिमय धारा ने उसे अपने में लपेट लिया है और अपने साथ बहाये लिए जा रही है।

'लगता है मुझे एक बार और भी ऐसा ही अनुभव हुआ है।' इसी तरह के अनुभव को याद करती हुई वह सोच रही थी। 'ठीक याद नहीं आ रहा। बहुत पहले की बात है। शायद कोई सपना ही हो। आ हा! याद आ गया! मैं ग्रूशा मौसी के साथ गई थी—खारी झील के किनारे!'

तब वह सिर्फ़ सात साल की थी। अपने किन्ही दूर के रिश्तेदारों के यहाँ गई थी। उसे नहलाने के लिए मौसी खारी झील के किनारे ले गई थी। अवदोत्या के गाँव के पास एक छोटा सा नाला भर था, इसलिए उसे तैरना अच्छी तरह नहीं आता था। गहरी और नीली झील को देखकर वह घबरा गई थी। वह डरी हुई किनारे पर खड़ी थी।

ग्रूशा मौसी, विशालकाय महिला थी। चेहरा लम्बा और दयालु था। बड़े से चिकने गोल पत्थर पर बैठी, बालों पर रूमाल कसती, वह कह रही थी :

"डरती क्या है, बेटी? कूद जा! तैर! डर मत—तू इसमें डूब नहीं सकती। तू चाहे तो भी इसमें डूब नहीं सकती।"

अवदोत्या झील में कूद पड़ी। उसे लगा कि वह पानी में नीचे जा रही है। वह हाथ-पैर फटफटाने वाली ही थी कि सहसा अपने आप ऊपर आ गयी। उसे बड़ा आश्चर्य हुआ। उसका शरीर हल्का हो गया था और उसके हाथ-पैर अपने आप काम कर रहे थे। झील का गहरा नीला और गाढ़ा पानी उसे जैसे हाथों पर सँभाले था। झील की सतह पर वह ऐसे पड़ी थी जैसे पालने में झूल रही हो। वह आश्चर्य और प्रसन्नता से हँस रही थी। इसी हँसी के बीच उसने सुना कि ग्रूशा मौसी अपनी मद्धिम आवाज़ में कह रही हैं :

"देखा बेटी! कैसी झील है! इसका पानी गाढ़ा, खारा और गुनगुना है। इसमें कोई डूब नहीं सकता। यह अपने आप ही ऊपर तैरा देता है।" वह दृश्य अवदोत्या की स्मृति में इतना स्पष्ट था, उसकी एक-एक घटना उसे इतनी साफ़ दिखाई दे रही थी कि क्षण भर के लिए उसने आँखें बन्द कर लीं।

गाड़ी में समय गुज़रता जान ही नहीं पड़ा। उसके उतरने का स्टेशन आया तो वह हैरान रह गयी।

"अरे, इतनी जल्दी?"

उसने सबसे विदा ली और सभी से अनुरोध किया कि उसके गाँव आएँ :

"हमारे ज़िले आओ तो हमारे गाँव जरूर आना।"

"विदा लेने की ऐसी जल्दी क्या पड़ी है?" अवेर्यान मकारोविच बोला। "हम तुम्हें सामूहिक किसान भवन तक पहुँचा आएँगे।"

सामूहिक किसान भवन पहुँचने पर शहरियों जैसे फैशनेबल कपड़े पहने एक चुस्त युवक ने अवदोत्या के कागज़ों पर नज़र दौड़ायी और पास खड़ी एक सुन्दर लड़की से कहा :

"यह एक और छात्रा हैं, नाद्या! इन्हें इनके कमरे में पहुँचा दो!"

वह लड़की अवदोत्या को एक अच्छे से कमरे में ले गयी। इस कमरे में दो पलंग बिछे थे, दीवार पर काफी बड़ा आईना लगा था। मेज़ के पास एक अधेड़ महिला बैठी थी। वह बिल्कुल लुबावा से मिलती थी। उसका शरीर लुबावा की ही तरह सुघड़ और चेहरा गम्भीर था। अवदोत्या की ओर देखकर वह मुस्करा दी।

"आओ, आओ! अच्छा हुआ तुम आ गयीं। अब हम दो हो गयीं। अकेले अच्छा नहीं लगता था। मुझे कभी अकेले रहने की आदत नहीं रही। पढ़ाई कल सुबह से शुरू होगी। आज कोई काम नहीं है।"

नाद्या ने पलंग पर लगे तकियों को ठीक किया।

"यह पलंग और यह छोटी मेज़ आपके लिए है। आप आराम से बैठिये। मुँह-हाथ धोना चाहें या चाय पीना चाहें, तो पी सकती हैं।"

अवदोत्या सुन्दर पलंग पर लगे दूधिया सफेद बिस्तर और तकियों को देख रही थी। सोचा, पूछ लूँ :

"इनके लिए रोज़ का कितना देना होगा?"

"कुछ भी नहीं!" नाद्या अपनी मुस्कराहट नहीं रोक सकी।

"सामूहिक खेतों से आए विद्यार्थियों से रहने की जगह का किराया नहीं लिया जाता।" अवदोत्या की कमरे वाली सहेली ने कहा। "आओ, तुम्हें गुसलखाना दिखा दूँ...।"

हाथ-मुँह धोकर अवदोत्या ने कपड़े बदले और सहेली के साथ बैठकर चाय पीने लगी। कमरे के सामान और सफ़ाई को देखकर उसका मन गुदगुदा उठा। यह विचित्र कमरा यकायक उसका अपना कमरा बन गया था।

चाय पी लेने के बाद सहेली की सलाह पर अवदोत्या पाठ्यक्रम के विषयों को लिखाने और भोजन सम्बन्धी कार्ड लेने के लिए चल दी।

पढ़ाई का प्रबन्ध कृषि-प्रतिष्ठान में था। खूब भारी-भारी खम्भों पर खड़ी ऊँची इमारत! खूब चौड़े-चौड़े जीने! जीना पार कर अवदोत्या अन्दर पहुँची।

लम्बी-लम्बी गुम्बददार गैलरियों में लड़के-लड़कियों की भीड़ थी। यहाँ उन्हें खूब अच्छा लग रहा था। वे ज़ोर-ज़ोर से बातें कर रहे थे और हँस रहे थे। यह भी मालूम होता था कि सभी को किसी न किसी बात की जल्दी है।

कई लम्बी गैलरियों की भूल-भुलैयाँ पार कर अवदोत्या दफ्तर के सामने पहुँची। दफ्तर के दरवाज़े पर ताला लटका हुआ था। एक स्त्री ने अवदोत्या को बताया कि सेक्रेटरी के आने में अभी आधे घंटे की देर है।

अवदोत्या जिज्ञासावश गैलरी के दोनों ओर बने कमरों को देखती हुई घूमने लगी। वह धीरे-धीरे चल रही थी और खुले हुए कमरों के अन्दर झाँक लेती थी। कुछ कमरों में पशुओं के अस्थि-पंजर, कुछ में रंगीन पदार्थों से भरे काँच के

अजीब-अजीब बर्तन, कहीं बड़े-बड़े विचित्र नक्शे दिखाई दे रहे थे।

उसे यहाँ बड़ा अजीब लग रहा था। मालूम होता था कि विचित्र नक्शे और वैज्ञानिक यंत्र उसे आकर्षित करते हैं, उसे झकझोरते हैं और फिर उससे कतराकर निकल जाते हैं।

'निस्सन्देह, यह सभी कुछ सीखा-समझा जा सकता है!' वह खिन्न मन से सोच रही थी। 'शायद ये सब लड़के-लड़कियाँ भी सामूहिक खेतों से ही आए हैं!'

वह भी यहाँ उतनी ही खुश और निश्चिन्त बनना चाहती थी जितने ये लोग थे।

एक कमरे के दरवाज़े पर लिखा था : जलपान-गृह। वह जिज्ञासावश भीतर चली गयी।

"आपको क्या दूँ, बहन?" मेज़ के पास खड़ी लड़की ने नम्रता से पूछा।

अवदोत्या से यह नहीं कहते बना कि उसे कुछ नहीं चाहिए था, कि वह सिर्फ़ देखने के लिए चली आई थी! अस्तु, एक प्याला चाय लेकर वह एक कुर्सी पर बैठ गयी। जलपान-गृह खाली ही था। सिर्फ़ एक मेज़ पर तीन आदमी बैठे बातें कर रहे थे।

इनमें से एक दुबला-पतला और लम्बा था। उसकी नाक लम्बी थी, बाज़ की चोंच की तरह, और आँखें काली और उभरी-उभरी सी, जिन पर पतली पलकें गिरती और उठती थीं। उसका सिर किसी ऊँघते, बहुत बड़े पक्षी के सिर जैसा, लग रहा था।

दूसरा आदमी नाटा-सा था। चेहरा गुलाबी-गुलाबी और रंग-ढंग फुर्तीला। तीसरा खूब भारी-भरकम था। उसकी ऊपर को तनी भौंहें उसके चेहरे पर प्रसन्नतामय आश्चर्य के भाव को व्यक्त कर रही थीं।

अवदोत्या ने उनकी बातों को ध्यान से सुनना शुरू किया। वे घास के बीजों के बारे में बातें कर रहे थे। अपने फ़ार्म में अवदोत्या घास के बीजों के लिए काफी परेशान रहती थी, इसलिए इस बातचीत में उसकी दिलचस्पी और भी बढ़ गयी।

"नहीं, नहीं, येवगेनी येवगेनीयेविच," नाटे आदमी ने कहा, "माना कि तुम घास उगाने के विशेषज्ञ हो, लेकिन तुम्हारी यह बात ठीक नहीं है।"

पक्षी जैसे चेहरे वाले आदमी ने हल्के से पलकें झपकाईं और ऐसे बुदबुदाकर कहा मानो उसे बोलने में भी कष्ट हो रहा हो :

"कोई भी सैद्धान्तिक तर्क जब तक अमल की कसौटी पर न परखा गया हो, तर्क नहीं कहलाता।"

उन लोगों की बातचीत चलती रही। अवदोत्या उनकी बातें सुन रही थी और सोच रही थी :

'बाबा रे बाबा, घास के मामले में देश का सबसे बड़ा विशेषज्ञ! इससे अच्छा

और क्या मौक़ा होगा! बीच में बोल पड़ना अच्छा नहीं होगा! लेकिन, यह मौक़ा मैं हाथ से नहीं जाने दे सकती! मैं इनसे पूछूँगी। हाँ, हाँ, जरूर पूछूँगी। अगर अच्छे आदमी हैं, तो बुरा नहीं मानेंगे, अगर अच्छे नहीं हैं, तो मेरी बला से! कुछ भी सोचा करें मेरे बारे में! तो मैं इनसे पूछती हूँ।'

उसने रूमाल निकालकर होंठ पोंछे, मौक़े की ताक में बैठी रही और फिर बीच में बोल उठी :

"माफ़ कीजिए, मैं बीच में बोल पड़ी हूँ। हमारे यहाँ भी यही मुश्किल है। घास के किसी खेत में तो ऐसा बीज पड़ जाता है कि आप ताज्जुब करेंगे, और किसी खेत में पड़ता ही नहीं। बस भूसा-भूसा नज़र आता है! कुछ समझ में ही नहीं आता!"

तीनों चुप होकर अवदोत्या की ओर देखने लगे। उन्होंने देखा—लम्बा गोल चेहरा, उस पर उत्तेजना की सुर्खी, बड़ी-बड़ी नीली आँखें! उसका चेहरा कुमारियों जैसा नहीं मालूम होता था परन्तु अब भी चेहरे पर बचपन की स्पष्ट कोमल रेखायें मौजूद थीं। मालूम होता था कि यह चेहरा भोर के कोहरे के बीच से उदय हुआ है जिसने उसकी रेखाओं को और भी कोमल बना दिया है और उसे नवप्रभात की पवित्रता से रंग दिया है।

किसी सामूहिक खेत की एक साधारण स्त्री के उनकी बातचीत में सहसा कूद पड़ने से पल भर को तो वे अकचका गए थे, परन्तु उन्हें यह समझते देर न लगी कि वाद-विवाद में जितनी दिलचस्पी उन्हें है, उतनी ही उसे भी। वे समझ गये!

अवदोत्या भरोसे से उनकी ओर देखती हुई बड़े आत्म-विश्वास से कहती गयी :

"हम लोग तो इसका कारण खोज नहीं पाये। हमारे ज़िले के कृषि-विशेषज्ञ आये, वे भी कुछ नहीं बता पाये। उन्होंने कहा कि विज्ञान अभी तक इसका कारण ही नहीं खोज पाया है।"

"तुम कहाँ से आई हो?" लम्बे आदमी ने पूछा।

"मैं उग्रेन ज़िले से आई हूँ। पहली मई सामूहिक खेत से।"

"तुम्हारे यहाँ शहद की मक्खियाँ तो पाली जाती होंगी। कभी इन मक्खियों के बक्सों को खेतों में रखकर देखा है?" मोटे आदमी ने प्रश्न किया।

"हमने शहद की मक्खियों के बक्से भी घास के खेतों में रखकर देखे। हमारे यहाँ बहुत ज्यादा मधु-मक्खियाँ नहीं हैं। सिर्फ़ सात छत्ते हैं। फिर, हमारे यहाँ की मक्खियाँ बहुत अच्छी नहीं हैं। पिछले कुछ दिनों में मैंने देखा है कि वे फूलों में गहरी नहीं पैठतीं। मक्खी फूल पर आकर बैठती थी तभी से मैं उसे देखने लगती थी। मैं सिर झुका कर नीचे से देखती थी। ऐसे...." अवदोत्या ने अपने हाथ को

फूल बना कर सिर नीचे झुकाकर दिखाया कि किस तरह वह फूल पर बैठी मक्खी को 'नीचे से' देखती थी।

अवदोत्या की चेष्टा में इतना सरल, स्वाभाविक, भोलापन था और उसकी नीली आँखों में इतनी गम्भीरता और विश्वास था कि उन तीनों के चेहरे पर अनायास ही मुस्कराहट दौड़ गयी।

"अच्छा? तो आपने क्या देखा?" मोटे आदमी ने बात आगे बढ़ायी।

"यही कि मक्खियाँ फूलों में गहरी नहीं पैठतीं!" वह कहती गयी। "भौंरा जरूर गहरे जाता है। वह तो सारे फूल को खखोल डालता है।"

"यहीं आ जाइये न!" लम्बे आदमी ने उसे आमन्त्रित किया।

लम्बे व्यक्ति के चेहरे पर से सुस्ती हट गयी। उसने आँखें खोल दीं। अब उसका चेहरा ऊँघते पक्षी जैसा नहीं लग रहा था। अब उसके चेहरे पर और उभरी हुई पैनी आँखों में जागरूकता का भाव आ गया था।

"मैं परिचय करा दूँ। मेरा नाम पेत्रोव है। यह मेरे मित्र प्रोफेसर तोल्सतोव हैं और यह प्रोफेसर लुकिन हैं।"

"आपके दर्शन करके बड़ी प्रसन्नता हुई।" अवदोत्या बोली। "मैं पहली मई सामूहिक खेत में काम करती हूँ। वहाँ की गोशाला की मैनेजर हूँ। मेरा नाम बोर्तनिकोवा है।"

अवदोत्या उठ कर उनकी मेज के पास चली गयी। उसे इतने बड़े व्यक्तियों से परिचय पाने का गर्व अनुभव हो रहा था। इस बात में उसे कोई संदेह नहीं था कि इस परिचय से उसे बहुत लाभ होगा।

"तुम्हारे घास के खेत किस जगह हैं। वहाँ की मिट्टी कैसी है?" पेत्रोव ने पूछा।

"मिट्टी चिकनी है। हमारे यहाँ मिट्टी प्रायः चिकनी ही है। घास का एक खेत ढलवान पर है, दूसरा नीचे दलदल के पास।"

"हूँ! तुमने कभी जड़ें देखीं? तुमने कभी देखने की कोशिश की कि ढलवान के खेत की जड़ें कैसी हैं और दलदल के पास वाले खेत की कैसी?"

"हाँ। हमने देखी हैं। यह जानने के लिए कि जड़ें कैसी हैं हमने घास जड़ से उखाड़ी। काफी फरक रहता है।"

"खास फरक क्या होता है?"

बातचीत और भी दिलचस्प होती जा रही थी।

"देखा, अलेक्जाण्डर दानिलोविच," पेत्रोव ने लुकिन से कहा, "मैं कहता था न कि हमारे विज्ञान के लिए एक मात्र उचित मार्ग सामूहिक किसानों से व्यापक सम्पर्क स्थापित करना है। तुम सामूहिक खेत नहीं जाते तो सामूहिक खेत खुद तुम्हारे पास चला आता है। देखो, यह कितनी बातें जानती हैं"—पेत्रोव ने

अवदोत्या के हाथ पर अपना हाथ रखकर कहा—"शहद की मक्खी और भौंरों के फूल पर बैठने में क्या फरक है, ढलवान ज़मीन और नीचे की ज़मीन की घास की जड़ों में क्या फरक होता है! इनसे अभी मैंने दस मिनट भी बातचीत नहीं की। लेकिन मुझे विश्वास है कि परीक्षण के लिए इन्हें जो भी काम दिया जाएगा उसे यह बहुत अच्छी तरह करेंगी। आपके सामने ही आपकी प्रशंसा कर रहा हूँ, इसके लिए क्षमा कीजिए," अवदोत्या की ओर घूम कर उसका हाथ दबाता हुआ वह बोला, "पर मैं सच ही कह रहा हूँ!"

कहीं दूर से घण्टी की आवाज़ सुनाई दी।

"मेरे व्याख्यान का समय हो गया है!" पेत्रोव ने कहा। "अच्छा, आपसे फिर मुलाकात होगी। कभी मेरे यहाँ आइए, आपको कुछ पुस्तकें दूँगा!" पेत्रोव उठकर चल दिया। लेकिन फिर जैसे कुछ सोच कर अवदोत्या की ओर घूम कर बोला : "क्या आप मेरे व्याख्यान में चलना पसन्द करेंगी? व्याख्यान पाठ्यक्रम से कुछ अलग विषय पर होगा। समझने में शायद कठिनाई हो, लेकिन मैं कोशिश करूँगा कि आप समझ सकें।"

अवदोत्या आचार्य पेत्रोव के साथ चल दी।

'आज का दिन मेरे लिए बहुत शुभ है," अवदोत्या सोच रही थी, 'मेरी सभी आशाएँ पूरी हो रही हैं।'

आधे घंटे पहले उसे उन लोगों से ईर्ष्या हो रही थी जो प्रतिष्ठान के कमरों में बड़ी स्वतन्त्रता और निर्भयता से घूम रहे थे। अब वह खुद ही आचार्य पेत्रोव के साथ लेक्चर के कमरे की ओर जा रही थी।

आचार्य पेत्रोव के कमरे में घुसते ही सब विद्यार्थी उठ खड़े हुए और तालियाँ बजाकर उनका स्वागत किया। आचार्य ने विद्यार्थियों से बैठने का संकेत किया और बोले :

"एक सामूहिक खेत की अतिथि आपके यहाँ आई हैं। आप इन्हें बैठने के लिए जगह दें।"

अवदोत्या को पहली पंक्ति में ही बैठने की जगह दे दी गयी।

आचार्य पेत्रोव के सहायक बहुत से नक्शे साथ लाये थे। वे इन नक्शों को खोल-खोल कर दीवारों पर लटका रहे थे। अवदोत्या अपने चारों ओर के वातावरण को आत्मसात कर रही थी।

चारों ओर बैठे विद्यार्थियों की उत्सुकतापूर्ण आँखें उस पर लगी थीं।

'उस भूरे बालों वाली लड़की ने चुटिया कैसी गूँथी है? बिल्कुल कात्या की तरह! शक्ल भी कुछ-कुछ उससे मिलती है....।' अवदोत्या सोच रही थी। एक दूसरी लड़की को देखकर उसने सोचा : 'अरे उस लड़की की आँखें कैसी चमकदार हैं....अल्योशा की आँखों जैसी...' उसे प्रायः हर चेहरे में परिचित सी बातें दिखाई

दे रही थीं। शायद इसीलिए उसे यह वातावरण परिचित जान पड़ा। उसे लग रहा था कि वह अपने मित्रों के बीच बैठी है। दूसरों के मुस्कराने पर, वह भी उन्हें देखकर मुस्करा देती थी।

"तुम्हारे पास कागज़-पेंसिल है?" कात्या जैसी चोटी वाली लड़की ने पूछा, फिर दूसरी ओर मुँह करके बोली : "भई किसी लड़की के पास फालतू पेंसिल है?"

कई हाथ कागज़, पेंसिलें और पेंसिल बनाने के चाकू लिये बढ़ आये।

अवदोत्या के आस-पास के लड़के-लड़कियों ने उसके लिए कागज़ और पेंसिलों तथा अच्छी तरह बैठने का प्रबन्ध कर दिया। पेत्रोव व्याख्यान देने की मेज़ के पास आ खड़े हुए।

"आप ठीक से बैठ गयीं?" उन्होंने अवदोत्या से पूछा।

अवदोत्या ने शर्माते हुए जल्दी सिर हिला कर हामी भरी।

बोलने की तैयारी में आचार्य पेत्रोव ने सिर ऊँचा किया। उनका सिर फिर किसी बड़े पक्षी के सिर जैसा लग रहा था—परन्तु इस बार आँखों में ऊँघ नहीं थी। मालूम होता था, कोई बाज़ उड़ान भरने से पहले सतर्क होकर खड़ा है।

कमरे में सन्नाटा छा गया।

अवदोत्या आचार्य के चेहरे की ओर कौतूहल और विस्मय से देख रही थी। उसे याद आया—1941 में युद्ध के मोर्चे पर जाने वाले स्वयंसेवकों की ओर से भाषण देने के लिए जब लुबावा का पति खड़ा हुआ था तो उसके चेहरे पर भी ऐसा ही भाव था। सामूहिक खेत में जब विजय-उत्सव के दिन स्तेपान भाषण देने के लिए खड़ा हुआ था तो उसके चेहरे पर भी ऐसा ही भाव था। उस समय तो उत्तेजना और दृढ़ता का यह भाव समझ में आता था। परन्तु अब, घास पैदा करने और मामूली जड़ों की समस्या पर बोलने के समय, अवदोत्या को यह भाव बेमौक़ा और विचित्र लग रहा था।

आचार्य बोले : "सोवियत विज्ञान ने आज चौमुखी हमला बोल दिया है। सोवियत के उड़ाके और भौतिक-शास्त्री अंतरिक्ष पर धावा बोल रहे हैं। हमारे समुद्र-शास्त्री समुद्र की गहराइयों को नाप रहे हैं। सोवियत वैज्ञानिक अणु-न्यष्टि को पकड़ रहे हैं। सोवियत मिच्यूरिनवादी जीवमय कोषों के प्ररस को नियन्त्रित कर रहे हैं और हम, सोवियत किसान भी, अपने खेतों पर लगातार आक्रमण कर रहे हैं, हम भी स्तालिन पंचवर्षीय योजना के अनुसार टनों अनाज पैदा करने के संघर्ष में जुटे हैं।"

आचार्य के शब्द—'हम सोवियत किसान'—अवदोत्या को बहुत अच्छे लगे। इन शब्दों से ही आचार्य ने सामूहिक खेतों के विद्यार्थियों के साथ अपना नाता जोड़ लिया। 'हम सोवियत किसान!...' अवदोत्या ने मन ही मन दोहराया।

आचार्य काली और साधारण मिट्टी के बारे में बता रहे थे।

"यह देखो!" दीवार पर लटके हुए एक नक्शे पर बने बड़े-बड़े भूरे धब्बों की ओर छड़ी से संकेत करके आचार्य ने कहा। "इन स्थानों की मिट्टी काली नहीं है। ये वे जगहें हैं जहाँ पहले फ़ी हेक्टर आधे टन से अधिक अनाज पैदा नहीं हो सकता था। इन जगहों की जमीन रेतीली और शाद्वल ढेलुवा ज़मीन है।"

आचार्य ने अवदोत्या की ओर देखा और संक्षेप में समझाया : "जिन ज़मीनों में आम्ल और अनाज की उत्पत्ति के लिए आवश्यक तत्त्वों की कमी होती है, उन्हें हम इन्हीं नामों से पुकारते हैं।"

अवदोत्या ने तुरन्त सिर हिलाकर बताया कि वह समझ गई है। आचार्य ने आगे कहना शुरू किया :

"ऐसी जगहें सदियों से बंजर और जैसी की तैसी पड़ी थीं। उन पर आक्रमण करके हम न केवल लाखों हेक्टर ज़मीन को जीत रहे हैं—बल्कि हम समय पर भी हमला बोल रहे हैं। अपने भविष्य के हित में हम अतीत पर हमला बोल रहे हैं। इस आक्रमण में हमारे पास न तो तोपें हैं, न बन्दूकें हैं, और न वायुयान हैं।...हमारे हथियार ये हैं," आचार्य ने छड़ी से एक दूसरे नक्शे पर बनी हुई कई प्रकार की घनी और परिचित घासों की ओर संकेत किया, "ये जल्दी पकने वाली घासें हैं जो प्रायः हमारे इलाके में पायी जाती हैं। दूसरी घासों की अपेक्षा इन घासों के अनुपत्र छोटे होते हैं और इसमें पाँच से सात तक पर्व होते हैं।..."

आचार्य ने फिर अवदोत्या की ओर देखा और 'अनुपत्र' तथा 'पर्व' का मतलब संक्षेप में समझा दिया।

डेढ़ घण्टे के व्याख्यान में जब भी कोई अपरिचित शब्द आ जाता, वह अवदोत्या के लिए उसकी संक्षिप्त व्याख्या करना न भूलते। अवदोत्या को शुरू में यह डर था कि वह कुछ भी नहीं समझ सकेगी। पर, उसकी प्रसन्नता और उत्साह का अन्त न रहा जब उसने देखा कि वह सभी कुछ समझ लेती है। अवदोत्या ने केवल व्याख्यान को ही अच्छी तरह नहीं समझा था, उसने यह भी समझ लिया था कि देश की आर्थिक व्यवस्था में अच्छी घास पैदा करने का क्या महत्त्व है। वह यह भी समझ गई कि घास के बारे में बताते समय आचार्य के चेहरे पर दिखाई देनेवाली उत्तेजना का कारण क्या था!

अवदोत्या व्याख्यान से लौटी तो उसके मस्तिष्क में तरह-तरह के विचार उमड़ रहे थे।

उसके कमरे की सहेली बिस्तर पर लेट चुकी थी। अवदोत्या ने देखा कि उसके अपने बिस्तर के सिरहाने कापियों का एक पुलिंदा और पेंसिलों से भरा एक डिब्बा रखा हुआ है।

"ये किसकी हैं?" उसने पूछा।

"तुम्हारी। एक आदमी आया था। तुम्हें पूछ रहा था। ये कापियाँ दे गया

है। व्याख्यान और समय की सूची भी दे गया है।''

अवदोत्या ने मुस्कराते हुए कापियाँ उठा लीं। पतली-पतली कापियों पर नीली-नीली जिल्दें चढ़ी हुई थीं। सिर्फ़ एक मोटी कापी पर कपड़े की काली जिल्द थी। अवदोत्या कापियों के पन्ने देखती हुई सोच रही थी :

'यह कापी खास-खास बातें लिखने के लिए होगी....। जो बातें सबसे महत्त्वपूर्ण होंगी, उन्हें इसी में लिखूँगी....। इसे कात्या के लिए रख लूँ? उसके पास ऐसी कापियाँ कभी रही ही नहीं हैं। नहीं-नहीं! इसमें मैं फ़ार्म के लिए सबसे उपयोगी बातें लिखूँगी।' अवदोत्या मेज़ के पास जाकर बैठ गई और सँवार-सँवार कर बड़े-बड़े हरफ़ों में कापी पर लिखा : 'हमारे फ़ार्म के लिए महत्त्व की बातें।'

कुछ देर तक अवदोत्या आचार्य के व्याख्यान की बातें मन ही मन दोहराती रही। फिर उसने कापी में धीरे-धीरे लिखा :

''1. घास के खेतों में चूना डालो।

2. खेतों में शहद की मक्खियों का उपयोग करो।''

वह फिर कुछ सोचने लगी। व्याख्यान के समय उसने जो बातें नोट की थीं उन्हें एक बार फिर पढ़ा और अपनी सुन्दर नई कापी में विशेष उपयोग की बातें लिखने लगी।

लिख चुकने के बाद उसने बिजली बुझायी और बिस्तर पर लेट गयी। नई चादरों के बीच उसने खूब अच्छी तरह अपने हाथ-पैर फैला लिये। सड़क पर लगे खम्भों पर बिजली की सजावटदार बत्तियों और आती-जाती ट्रामों और मोटरों का प्रकाश खिड़की से दिखाई दे रहा था।

मोटरों का प्रकाश खिड़की की राह आकर दीवार पर चतुष्कोण बनाता था। ये चतुष्कोण कमरे के कोनों में पहुँचते, फैलते और लम्बे हो जाते। फिर क्षण भर को सिकुड़ते और दीवार को लाँघ कर लोप हो जाते। बड़े नगर का व्यस्त जीवन, जिससे उसे अब प्यार हो गया था, खिड़की के बाहर बड़ी चौकसी से पहरेदारी कर रहा था।

थकावट, उत्तेजना और लम्बे सफ़र के कारण अवदोत्या का सिर चकरा रहा था। उसे एक विचित्र प्रकार के सुख की अनुभूति हो रही थी। मालूम होता था कि शहर उसे पालने में झुला कर सुला रहा है। अवदोत्या को लग रहा था कि जब से उग्रेन में आन्द्रेई मिला था तब से अब तक एक के बाद दूसरे ममता भरे हाथों में उसे सौंपा गया है।

पहले ये हाथ आन्द्रेई के थे। फिर आन्या के। फिर गाड़ी के डिब्बे में उमड़ते जीवन की तेज़ धारा के बीच अवेर्यान मकारोविच के हाथों ने उसे अपने संरक्षण में ले लिया था। फिर नाद्या और कमरे की सहेली ने उसे अपने नियंत्रण में रखा। और सबने अन्त में....पेत्रोव ने। न जाने किन अदृश्य हाथों ने बड़ी ममता से यह

कमरा और स्वच्छ बिस्तर भी उसके लिए सजाकर तैयार किया था। कोई व्यक्ति कापियों का बंडल और पेंसिलों का डिब्बा भी उसके बिस्तर के सिरहाने, छोटी-सी मेज़ पर रख गया था।

सभी कुछ बड़ा सुखमय और रहस्यपूर्ण था। उसके मस्तिष्क में यह एक ही शब्द में घुला-मिला था, यह शब्द था--नगर।

'कितना सुव्यवस्थित है यह जीवन! कितना अच्छा!' अवदोत्या सोच रही थी। 'सिर्फ़ घर में ही सब कुछ गड़बड़ है।....खैर, सब ठीक हो जाएगा! मैं बाहर निकल कर काम में भाग लेने लगूँ....बस फिर सब ठीक हो जाएगा....!'

उसे कुछ-कुछ नींद आने लगी थी। उसने आँखें बन्द कर लीं। स्वप्निल अवस्था में उसे ग्रूशा मौसी का दयालु चेहरा दिखाई दिया। उसे लगा, बड़े कोमल स्वर में वह धीरे-धीरे कह रही थी :

"यह खारा पानी है बेटी...गरम-गरम! इसमें कोई डूब नहीं सकता! यह अपने आप ऊपर उठा देगा।...."

दूसरा भाग

1. हमारे फ़ार्म के लिए महत्त्व की बातें!

अवदोत्या को गाँव पहुँचते-पहुँचते शाम हो आई थी। दिन में सड़क की बरफ़ कुछ-कुछ पिघली थी। पर इस मार्च महीने की पिछली रात पाला पड़ने से बरफ़ फिर जमकर कड़ी हो गई थी। चढ़ाई पर चढ़ते समय क्षण भर को मोटर अवदोत्या के उस घर के बिल्कुल पास रुकी जिसमें उसने न जाने कितने वर्ष बिताये थे। अवदोत्या की आँखें कानस की नीली नक्काशी और ऊँची ड्योढ़ी पर जमी हुई थीं। इस ड्योढ़ी को सुबह धोकर चमका देना अवदोत्या का दैनिक प्रिय कार्य था।

"शायद वास्या घर में ही हो!...शायद खिड़की से बाहर देख रहा हो...! मोटर से कूद जाऊँ। दौड़ी जाकर पुकारूँ—वास्या!"

मोटर चढ़ाई पर चढ़ने लगी। अवदोत्या ने मन की उमंग को दबा लिया। उसने घर की ओर से आँखें फेर लीं और सिर को दूसरी ओर घुमा लिया। मोटर वासिलिसा के मकान के सामने रुकी। कौन कल्पना कर सकता था कि सड़क से बागीचे के बर्फ़ जमे रास्ते पर होकर उस अपरिचित घर की ड्योढ़ी तक कुछ क़दम चलना और दरवाज़े के अपरिचित कुंडे पर हाथ रखना इतना कठिन होगा?

"दरवाज़े को धक्का दो! अन्दर चलो! पीछे मुड़ कर मत देखो! मैं झिझक क्यों रही हूँ? मैं किस सोच में पड़ी हूँ?"

फैसला तो अवदोत्या के नगर जाने से पहले ही हो गया था, परन्तु इस फैसले को निर्णयात्मक रूप देने का समय अब आया था।

अवदोत्या पल भर ड्योढ़ी में ठिठकी। फिर, कोहरे से भरी हवा में एक गहरी साँस ली और किवाड़ों को धकेल कर भीतर चली गयी।

"दादी वासिलिसा! मैं आ गयी!"

वालेंतिना और दादी वासिलिसा ने शुरू से ही इस बात का प्रयत्न किया है कि अवदोत्या इस घर को अपना ही घर समझे। पूरे मकान का लगभग आधा भाग उन्होंने उसके लिए छोड़ दिया था। एक कोने में कात्या का 'पायनियर कक्ष' था जहाँ बहुत से चित्र और उसके स्कूल का टाइम-टेबिल टँगा था। दुन्या के 'खिलौनों की मेज़', अवदोत्या के बिस्तर पर साफ गिलाफ़ों में तकिये, चौके में

कपड़े बदलने की जगह कढ़ा हुआ पर्दा—सभी कुछ व्यवस्थित, आरामदेह और भला लग रहा था।

अवदोत्या ने बच्चों को गोद में लेकर प्यार किया। मन ही मन वह सोच रही थी : 'हम लोग तो यहाँ चैन से और मौज से हैं! लेकिन वास्या का क्या हाल होगा? ये लोग वे पर्दे क्यों उतार लाये जिन पर मुर्गे कढ़े थे? खिड़कियाँ नंगी रह गई होंगी...!'

उसे रुलाई आ रही थी।

वालेंतिना उसकी मानसिक स्थिति भाँप गयी। अब उसने ज्यादा प्रसन्नता प्रकट करने और ज्यादा बातें करने की ठानी।

"ओहो! अवदोत्या! कितनी किताबें लायी है! तू तो पूरा पुस्तकालय उठा लायी है। इतनी कापियाँ? व्याख्यान के नोट हैं ये! बहुत खूब। अब तो हमारी गोशाला में भी रंगत आ जाएगी!" वह कहती गयी। "मैंने सोचा, तू आने वाली होगी! हमने ढेरों परौंठे बना रखे हैं!....दादी! लेना! बच्चियो! चलो, सब खाने के लिए मेज़ पर बैठो! अवदोत्या, बताओ न, क्या-क्या देखा वहाँ? क्या लायी हो शहर से...?"

उपहार की सभी चीज़ें बाँट दी गयीं। उत्तेजना कुछ कम हुई तो वालेंतिना ने पूछा :

"तुम्हारी क्या योजना है? काम कैसे शुरू करोगी?"

अवदोत्या ने फिर कमरे में एक नज़र दौड़ायी! दीवार पर लटकी घंटेवाली पुरानी घड़ी, कोने में रखी किताबों से भरी अलमारी, लैम्प पर लगा झालरदार शेड—सभी चीज़ें नई और अपरिचित थीं, परायी सी। पहले उनकी ओर उसने ध्यान ही नहीं दिया था। अब हर चीज़ को देखकर उसका दिल दुख रहा था। अच्छा हो, उनकी तरफ़ देखा ही न जाए। अच्छा हो, उनके बारे में सोचा ही न जाए। कुछ क्षण अवदोत्या सिर झुकाये नीचे देखती रही, फिर उठ खड़ी हुई और कपड़े की काली जिल्द वाली कापी निकाल लायी।

"यह देखो, वाल्या! मेरी ज़िन्दगी की शुरुआत।"

"हमारे फ़ार्म के लिए महत्त्व की बातें!" वालेंतिना ने कापी पर सँवार कर लिखे अक्षरों को पढ़ा। नीचे स्याही से बहुत महीन अक्षरों में—जैसे कोई बहुत निजी बात हो—लिखा था :

"अपनी सम्भावनाओं को देखो, अपनी सम्भावनाओं में विश्वास रखो, अपनी असीम सम्भावनाओं का उचित उपयोग करो!"

अवदोत्या का चेहरा संकोच से लाल हो गया था, मानो किसी ने उसकी बहुत प्रिय और गोपनीय बात जान ली हो।

"ये आचार्य पेत्रोव के शब्द हैं...! मैंने उनकी पुस्तक से नकल कर लिए थे!"

वालेंतिना उसकी ओर फटी-फटी आँखों से देखती रह गयी। "इसमें शर्माने की क्या बात है...? इसने इन्हें क्यों इतनी मेहनत से नकल किया? इन शब्दों में इसने कौन सा नया अर्थ पाया है?"

अवदोत्या के उदास चेहरे पर—झुर्रियों के महीन जाले के बावजूद—तरुणाई की चमक थी। तरुणाई की यह आभा उसकी नीली-नीली, विश्वास भरी, कोमल और सजीव आँखों से प्रकट हो रही थी। उसके छोटे-छोटे होंठ दृढ़ता से सटे हुए थे। उसके रूखे हाथ बड़े आत्म-विश्वास से कापी के पन्ने पलट रहे थे। कापी के वाक्य उतने ही संक्षिप्त और दुरूह थे जितने कानून की किसी धारा के वाक्य होते हैं।

'अरे, मैं तो इसे अब तक समझ ही नहीं पायी थी!' वालेंतिना प्रसन्नता भरे विस्मय से सोच रही थी। मालूम होता था कि उसने किसी छोटी सी नदी में झाँका है और सहसा उसकी रोमांचकारी गहराइयों को देखकर चकित रह गई है।

"मैंने ऐसी योजना बनायी है कि पशुओं को साल भर हरा चारा मिलता रहे," अवदोत्या अपने को संयत करती हुई बोली, "फसल की अदला-बदली की योजना के नक्शे तुम्हारे पास हैं?"

बड़े-बड़े नक्शों के लिए मेज़ पर मुश्किल से ही जगह थी। कमरे में सन्नाटा था। सोने के कमरे में बच्चियाँ अपने नए खिलौनों से खेल रही थीं। प्रास्कोव्या और वासिलिसा बुनाई की सिलाइयाँ दौड़ाने में होड़ लगाये थीं। पर्दे के पीछे बैठी लेना स्कूल के बच्चों की कापियाँ जाँच रही थी, बार-बार पन्नों के पलटने की आवाज़ आ रही थी।

सन्नाटे में अवदोत्या और वालेंतिना के छिट-पुट वाक्य बीच-बीच में सुनाई पड़ रहे थे।

"पानी के पास वाली चरान की कम से कम तीस हेक्टेयर जमीन में घास बोयी जानी चाहिए। खेत नं. 5 में जौ और ज्वार का बेरड़ा बोना चाहिए।"

सहसा प्रास्कोव्या ने एक आह भरी और सलाइयाँ नीचे पटक कमरे से बाहर चली गई।

अवदोत्या और वालेंतिना की बातचीत रुक गयी।

"बेटी अवदोत्या! एक बार फिर सोच कर देख!" वासिलिसा ने साहस बटोर कर कहा।

अवदोत्या ने कागज़ों पर से आँखें नहीं हटायीं। उसकी आँखों के आगे हरे, नीले और भूरे चतुष्कोण नाच रहे थे।

"मैं नहीं रह सकती उसके साथ! बार-बार बात उठाने से क्या फायदा? एक बार फ़ैसला कर लिया, तो कर लिया!"

"इनकी जगह मैं होती, तो मैं भी न रह सकती," वालेंतिना ने धीरे से कहा,

"वह सिर्फ़ रिश्तेदार, भाई या पड़ोसी तो है नहीं। वह इनका पति है....! ऐसे आदमी के साथ कैसे रहा जा सकता है जिससे मन न बैठता हो, जिससे लगाव न रह गया हो?"

अवदोत्या ने एक नक्शे के मुड़े हुए कोने को सीधा किया, आँसुओं से डबडबाती आँखें ऊपर उठायीं और बड़े शान्त स्वर में बोली :

"हाँ, वाल्या! मैं तुझसे पानी के पास वाली चरान के बारे में कह रही थी। उसके बारे में ज़िला केन्द्र से सब तै कर लिया है। वे उसे अपनी मशीन-ट्रैक्टर स्टेशन योजना में भी शामिल करने वाले हैं। यह पहली महत्त्वपूर्ण बात है। दूसरा बड़ा काम यह है कि जहाँ चारा राँधा जाता है, वहाँ बिजली लगनी चाहिए। चारा काटने और धोनेवाली मशीन को खली पीसने वाली चक्की के साथ एक पट्टे से जोड़े देंगे। बस इसके लिए ज़रूरत सिर्फ़ यह होगी कि कई किलोवाट की ताक़त का इंजन मँगवा लिया जाए!"

दादी वासिलिसा बुनाई भूल अवदोत्या के बारे में सोचती रह गयी।

उसने अपनी सारी उम्र शराबी पति के साथ गुजारी थी। उसे कभी खयाल ही नहीं आया था कि उसे छोड़ कर वह अलग हो सकती थी। अवदोत्या का ढंग उसकी समझ में नहीं आ रहा था। उसका वासिली से अलग हो जाना उसे बड़ी बदनामी की बात लग रही थी। 'मैंने अपने आदमी के हाथों इससे कहीं ज्यादा सहा है,' दादी सोच रही थी। लेकिन उसके भले स्वभाव ने उसके मुँह पर ताला जड़ रखा था और उसने कभी शिकवा-शिकायत नहीं की थी। पर अब, जब वह अवदोत्या को सामूहिक खेत की दर्जनों हेक्टेयर धरती का हिसाब करते, बिजली के इंजन और किलोवाटों जैसी रहस्यमय चीज़ों के बारे में इतनी चतुराई से बातें करते सुन रही थी, तो उसने खुद ही महसूस किया कि वह सब बर्दाश्त नहीं कर सकती—उसे बरदाश्त नहीं करना चाहिए। जो उसने बरदाश्त किया था। यह समझने में तर्क से अधिक अनुभूति ने उसकी सहायता की। "मैं ही इसकी जगह होती, तो यह सब बरदाश्त करती? नहीं, लूका मिरोनोविच! कभी नहीं!" दादी को कभी अपने पति से प्यार नहीं रहा था। उसे मरे तीस वर्ष हो गए थे। परन्तु दादी मन ही मन उसे प्रतारणा दिये जा रही थी : 'अब ज़माना और है! अब तुम्हारी वैसी नहीं चल सकती। मैं भी अकड़ कर ऐसे चल देती—जैसे यह चल दी। तुम्हें पता भी न चलता कि मैं कब चली गयी। मुझे क्या परवाह थी! भेड़ों के बाड़े की निगरानी मेरे हाथ में है। सब लोग मेरी इज्जत करते हैं। मैं अपने मन की मालिक हूँ। या तो मेरे साथ भले आदमी की तरह रहो, जैसा अच्छे घरों में होता है, नहीं तो अपना रास्ता नापो! मैं अपने घर में भली-चंगी!'

सोचते-सोचते दादी की सहानुभूति अवदोत्या के प्रति इतनी बढ़ गई थी और

अपने पति पर मन ही मन उसे इतना क्रोध आ रहा था कि लूका मिरोनोविच अगर कब्र से निकल कर वासिलिसा के जीवन-चक्र को फिर उल्टा घुमाने के लिए कमर कस लेता तो कोई ताज्जुब की बात न थी।

गोशाला के परिचित मकान, बाड़े और रास्ते अवदोत्या को नए लग रहे थे। गोशाला में जो नए सुधार अवदोत्या करना चाहती थी, उन्हें वह इतने लम्बे अरसे से और इतने ब्योरे से सोचती आ रही थी, उन्हें कल्पना में इतने स्पष्ट और ठोस रूप से देखती आ रही थी, कि सामने खड़ी हुई चीज़ों और भविष्य की योजनाओं में उसे कोई अन्तर नहीं जान पड़ता था। वह दोनों को एक साथ देख रही थी—जो वहाँ था उसे भी, जो वहाँ होगा उसे भी। सड़क के किनारे तक चले आए ऊँची-ऊँची घास के खेतों और अनेक टुकड़ों में बँटी हुई चरानों की सुनहरी हरियाली दूर दलदलोंवाली भूमि पर दिखाई दे रही थी। पशुओं के लिए चारा राँधने की जगह से उसे इंजनों की गूँज आती सुनाई दे रही थी। पहाड़ी के नीचे बछड़ों के लिए एक अलग नया मकान दिखाई दे रहा था। यह सब उसे इतना निश्चित और निकट दिखाई दे रहा था, मानो वास्तव में हो गया हो। वह अपनी योजनाओं को अपने भीतर ऐसे लिए फिरती थी जैसे कोई महान आन्तरिक बल और प्रसन्नता के स्रोत को लिए फिरता है। उसे बड़ा विचित्र लगता था कि जो कुछ वह देख रही है, उसे दूसरे नहीं देख पा रहे हैं और उसकी बातों को सुनकर उसकी ओर ताज्जुब की निगाहों से देखते रह जाते हैं।

कभी अवदोत्या मन ही मन कल्पना करने लगती कि वह लोगों को रोटी बाँट रही है—ताज़ी गरम, महकती हुई रोटी बाँट रही है—और लोग उसकी इस सच्ची भेंट, इस सच्ची प्रसन्नता को समझ नहीं पा रहे हैं और विस्मय तथा सन्देह से उसकी ओर देखते रह जाते हैं।

एक शाम को उसे गोशाला में देर हो गयी। पशुओं की नस्ल में सुधार करने और नए साँड मँगवाने के बारे में वह कुछ लोगों से बातों में उलझी हुई थी। बातचीत के उत्साह में वह ऐसी खो गई थी कि उसे दूसरों का ध्यान ही नहीं रहा था। उसकी निगाह क्सेनोफोन्तोवना पर पड़ी तो देखा कि बुढ़िया जमुहाई लेती हुई बार-बार दीवार पर टँगी घड़ी की ओर देख रही है, बछड़ों की देख-भाल करनेवाली लड़की दुस्या खिड़की से बाहर किसी से ताक-झाँक कर रही है और मातवेयेविच किसी सोच में डूबा हुआ दूर देख रहा है।

"बातें तो बहुत अच्छी हैं...." वासिलिसा ने अवदोत्या का मन रखने के लिए कहा, "पर मुझसे पूछो तो यह सब हमारे यहाँ नहीं हो सकता....!"

"पर मैं तो यहाँ की ही बात कर रही हूँ, अपने ही लोगों के बारे में!"

अवदोत्या बोली। "क्या तुम्हें मेरी बातों पर विश्वास नहीं होता?" उसकी आवाज़ भर्रा गयी। इन लोगों के न समझ सकने और खुद उन्हें समझा न पाने पर अवदोत्या को खीझ उठ रही थी।

उसे फ़रवरी मीटिंग के पहले ज़िला कमिटी के मंत्री से अपनी बातचीत याद हो आई। उस समय मंत्री की आवाज़ में पीड़ा थी। उस पीड़ा को आज वह कितनी अच्छी तरह समझ रही थी। कितना अच्छा होता कि इस समय वह यहाँ होते!

"अन्धों की तरह हम लोग सोने को रौंदते चले जा रहे हैं...." अनायास ज़िला मंत्री के ये शब्द उसके मुँह से निकल पड़े। "तुम्हें कैसे विश्वास दिलाऊँ कि साल दो साल बाद हम लोग अपने को पहचान भी नहीं सकेंगे। खैर, मैं तुम्हें दिखा दूँगी। मैं तुम्हें दिन-प्रतिदिन के अनुभव से दिखा दूँगी। ठहरो, मैं एक गाय चुने लेती हूँ। तुम देखना कि वैज्ञानिक उपायों से उसमें कितना परिवर्तन हो जाता है।"

अपनी इस असफल वार्ता के बाद अवदोत्या गायों के बाड़े में पहुँची। लाल और चितकबरी गायें—जिनसे वह इतनी अच्छी तरह परिचित थी—अपने-अपने बथानों पर खड़ी थीं।

अवदोत्या उन्हें ध्यान से ऐसे देख रही थी, जैसे पहली बार देखा हो। नहीं, ये महज़ गायें नहीं थीं। इनमें से हरेक गाय गुप्त खज़ाने की रहस्यमय पिटारी थी। इस खज़ाने की कुंजी कहाँ है? प्रदर्शन के लिए वह किस गाय को चुने? तारा को? नहीं, तारा बहुत बड़ी है, भारी-भरकम है, सिर भी बहुत बड़ा है। गाय अच्छी है, लेकिन उस पर जल्दी कोई प्रभाव नहीं पड़ेगा। ललिया को? ललिया कुछ-कुछ बुढ़ा गई है! तो फिर, चमेली को?

अवदोत्या ने चमेली को ध्यान से देखा। "कद कुछ छोटा है, लेकिन है मज़बूत। सिर छोटा है, दुबली है, पर काठी मजबूत है। पीछे के पैरों की गठन भी अच्छी है। चमड़ी कैसी चिकनी और चमकदार है, बदन से बिलकुल चिपकी हुई!" अवदोत्या को याद आया कि पिछले सालों में कई बार उसका दूध खूब बढ़ गया था, पर फिर उतर गया था।

अब उसके सामने दूसरा ज़रूरी काम था एक अच्छी ग्वालिन चुनना। अवदोत्या को याद आया कि क्सेन्या बोल्शाकोवा उसकी बातों को बहुत ध्यान से सुनती थी। शायद वही एक लड़की थी जो अवदोत्या के मस्तिष्क को आन्दोलित करने वाले विचारों को समझती थी। क्सेन्या ने मानो कहीं दूर से ही अवदोत्या के मन की आवाज सुन ली थी। दुन्या और कात्या को साथ लिए वह गोशाला के दरवाज़े पर आ खड़ी हुई।

"अम्मा, अम्मा! हम तुम्हें ढूँढ़ रही थीं।"

बच्चियाँ दौड़ कर माँ से लिपट गयीं। अवदोत्या ने उनकी ओर देखे बिना

ही उन्हें बाँहों में ले लिया और क्सेन्या से बोली :

"देख, मैंने चमेली को परीक्षण के लिए चुना है। अभी तो वह मामूली दूध दे रही है, लेकिन इसका बाह्य भाग अच्छा है।" 'बाह्य भाग' शब्दों को उसने दो-तीन बार ज़बान पर उलटा-पलटा–इन शब्दों का ज़ायका अभी तक उसके मुँह में ताज़ा था। "मैं इसे तेरे जिम्मे सौंपती हूं....। फिर सब लोग देख लेंगे। इसे मिसाल के बतौर सबके सामने पेश करना है। समझती है न, क्सेन्या? तू अभी छोटी है, फ़ार्म में सबसे छोटी लड़की है। फिर भी मैंने तुझे चुना है। मैं तुझ पर भरोसा कर सकती हूँ।"

क्सेन्या को ऐसा लग रहा था जैसे उसे किसी बहुत रोमांचकारी और खतरनाक मुहिम पर भेजा जा रहा हो।

"मौसी! तुम जैसा बताओगी, मैं बिलकुल वैसा ही करूँगी!"

ज़िले से फ़ार्म को उधार मिले चारे का उपयोग अवदोत्या बहुत बचा-बचाकर करती थी। सबसे अच्छे पशुओं के चारे पर वह विशेष ध्यान देती थी। क्सेन्या से बातें करने के बाद चमेली के लिए उसने वैज्ञानिक ढंग से चारे की व्यवस्था की।

क्सेन्या ने चमेली को नए ढंग से दुहना शुरू किया–मुट्ठी से! वह दिन में चार बार उसे बाहर घुमाने ले जाती। बेचारी का पूरा दिन गाय की टहल में ही बीत जाता था।

पहले दिन साँझ को जब सब गायों का दूध नापा गया तो चमेली का दूध रोज़ से तीन सौ ग्राम कम निकला।

वालेंतिना ने अवदोत्या और क्सेन्या को आश्वासन दिया : "कोई बात नहीं, शुरू में ऐसा ही होता है। गाय को अभी नई खुराक का अभ्यास नहीं है। क्सेन्या को भी अभी मुट्ठी से दुहना अच्छी तरह नहीं आया। तुम मन में परेशान मत हो! कल से गाय ज्यादा दूध देने लगेगी!"

दूसरे दिन चमेली का दूध एक सौ ग्राम और घट गया। क्सेन्या अवदोत्या के घर आई, तो बिना कुछ बोले बेंच पर धम्म से गिर पड़ी और फफक-फफक कर रोने लगी। वालेंतिना और अवदोत्या दौड़ी हुई आईं :

"क्या हुआ, क्सेन्या? क्या बात ही री?"

क्सेन्या ने काले शॉल के छोर से आँसू पोंछे और व्यथित नेत्रों से अवदोत्या की ओर देख कर बोली :

"लड़के मेरी हँसी उड़ाते हैं। कहते हैं, 'यह खजाना ढूँढ़ रही है'! कहते हैं, 'गोबर में से सोना निकाल रही है'!"

"कौन कहता है?"

"पेत्रो!...."

"तू क्यों सुनती है उसकी बातें?" अवदोत्या ने झुँझलाकर कहा।

"तुझ जैसी बेवकूफ लड़की को भारी काम सौंपने से यही तो होगा!"

क्सेन्या ने तुरन्त रोना बन्द कर दिया।

"लेकिन, मौसी! मुझे तो बहुत बुरा लगा! मैं पेत्रों के सामने नहीं रोयी, उसे मैंने डाँट दिया। मैं तब तक नहीं रोयी, जब तक यहाँ नहीं आ गयी।"

"कैसी रोनी लड़कियाँ भर रखी हैं तुमने कौमसोमोल में!" वालेंतिना ने अल्योशा को डाँटते हुए कहा। "इससे तुम्हारी बड़ाई नहीं होती!"

"आज खूब सुनवाया तूने!" अल्योशा ने मुस्कराकर क्सेन्या की ओर देखा। "तू तो ऐसी लड़की नहीं थी! खैर, छोड़! यहाँ मेज़ के पास बैठ। तेरी आँखों के पनाले बन्द हों तो ज़रा गम्भीर बातें करूँ।"

चमेली का ही नहीं, और गायों का भी दूध घट गया। पूरे फ़ार्म में सनसनी फैल गयी। रात को दादी वासिलिसा की रसोई में वालेंतिना, लुबावा, तातिआना, लेना और अवदोत्या का सहायक सर्गी सर्गीयेव–जिसे गाँव के दूसरे सर्गियों से अलग करने के लिए लोग सर्गी सार्जेंट के नाम से पुकारते थे–बैठे अवदोत्या और क्सेन्या को समझा रहे थे। सर्गी छल से क्सेन्या का हाथ पकड़े उसके कान में सांत्वना के शब्द बुदबुदा रहा था। वह कह रहा था कि पेत्रो को अपना थूका चाटने पर मजबूर कर देगा। क्सेन्या दुःख और पीड़ा से दबी, मुँह लटकाये, चुप बैठी थी।

"वाह! यह तो बड़े-बड़े अफसरों की मीटिंग हो गयी!" वालेंतिना ने मज़ाक में कहा।

अगले दिन सुबह अवदोत्या फ़ार्म के दफ्तर पहुँची तो वासिली से सामना हो गया। उससे अक्सर सामना हो जाता था। लेकिन हमेशा दूसरों के सामने–अकेले में नहीं! और हमेशा दोनों की बातचीत संक्षिप्त और उखड़ी-उखड़ी होती थी। जितनी ज़रूरी हो, उससे ज्यादा नहीं!

"यह सब क्या सुन रहा हूँ गोशाला के बारे में? गायों का दूध क्यों घट रहा है?" वासिली ने बड़ी रुखाई से पूछा।

"गायों को नए ढंग की आदत नहीं है। दूध दुहने वालियों ने भी नए तरीके से दूध दुहना अच्छी तरह नहीं सीखा है," अवदोत्या ने घबराहट में उत्तर दिया। वासिली ने कुछ और नहीं कहा। संदिग्ध दृष्टि से उसकी ओर देख कर होंठ दबा लिए।

'अच्छा है कि आजकल मैं इसके साथ नहीं, बल्कि वाल्या और अल्योशा के साथ रहती हूँ।' अवदोत्या ने मन ही मन सोचा।

उस दिन चमेली का दूध दो सौ ग्राम और घट गया। अगले दिन अवदोत्या फ़ार्म के काम से उग्रेन चल दी। वहाँ कई दिन लग गये। उग्रेन से वह मोटर में लौट रही थी। रास्ते में सड़क के किनारे खड़ी क्सेन्या की निगाह उस पर पड़ गयी। क्सेन्या कुछ चिल्लाती हुई लारी के साथ-साथ तेज़ी से दौड़ रही थी। हवा के झोंकों

से उसका शॉल सुर्ख चेहरे पर बार-बार लिपट जाता था।

"ड्योढ़ा! मौसी ड्योढ़ा!" मुँह पर लिपटते शॉल को हटाने की भरसक कोशिश करती हुई वह चीख रही थी।

"अरी क्या? क्या फिर कम देने लगी?" अवदोत्या ने भय से पूछा और बुरी से बुरी खबर सुनने को तैयार हो गयी। वह लारी की खिड़की से बाहर झुक आई थी। मालूम होता था कि चलती मोटर से कूद कर, दौड़ती हुई वह गोशाला पहुँच जाना चाहती है।

आखिर क्सेन्या ने शॉल से बाहर सिर निकाला और अवदोत्या को उसका प्रसन्नता से खिला हुआ चेहरा दिखाई दिया।

"बढ़ गया मौसी, बढ़ गया! ड्योढ़ा।"

अगले कुछ दिनों में चमेली का दूध आधे लिटर तक पहुँच गया और धीरे-धीरे बढ़ता ही रहा। वह धीरे-धीरे, लेकिन निश्चय ही, सबसे ज्यादा दूध देने वाली गाय बन रही थी।

चमेली के उदाहरण से पहली मई फ़ार्म वालों और पड़ोसी फ़ार्मों के पशु-पालकों को बड़ा विस्मय हो रहा था। लोग आ-आकर पूछते : "क्सेन्या ने चमेली पर क्या जादू कर दिया है!" कई बरस बाद पहली मई फ़ार्म वालों को गर्व करने का मौका मिला था—हम भी किसी बात में आगे हैं। गोशाला में काम करने वालों में भी परिवर्तन आया। लेकिन सबसे बड़ा परिवर्तन आया खुद क्सेन्या में। चमेली के दूध में बढ़ती ने क्सेन्या के जीवन की धारा ही बदल दी।

क्सेन्या की माँ कड़े मिजाज़ और सख्त तबीयत की औरत थी। क्सेन्या बचपन से ही बहुत शर्मीली और दब्बू मशहूर थी। वह हमेशा चुप-चुप रहती, उसके चेहरे पर शर्म भरी पीलाहट छायी रहती, आँखें नीचे को झुकी रहतीं, मालूम होता दबी-दबी किसी के पीछे छिपना चाहती है—इन सब बातों से उपरोक्त वर्णन को और बल मिलता था। उसकी एक ही सहेली थी—तातिआना। जब देखो तब वह तातिआना से ही चिपकी दिखाई देती थी। तातिआना थी लम्ब-तड़ंग! गोल-गोल चेहरा! एक नम्बर की बक्की! लड़कों जैसे लम्बे-लम्बे डग भरती वह सदा आगे-आगे चलती। तीखे नख-शिख वाली क्सेन्या छोटे-छोटे डग रखती उससे कई कदम पीछे चलती दिखाई देती थी।

प्योत्र उसे हमेशा छेड़ता रहता : "तू हमेशा तातिआना की दुम के पीछे क्यों छिपी रहती है?" क्सेन्या के पास कोई उत्तर नहीं था। वह चुप रह जाती।

गोशाला में अवदोत्या के साथ रह कर क्सेन्या का हौसला कुछ-कुछ बढ़ने लगा था। चमेली के दूध में बढ़ती ने तो मानो इस परिवर्तन की प्रक्रिया को पूरा ही कर दिया। अब वह गोशाला देखने आने वाले पड़ोसी सामूहिक किसानों तथा ज़िला केन्द्र के लोगों से खूब खुलकर और निडरता से बातें करती थी। वह उन्हें

'चारे की यूनिटों', 'सुपाच्य खुराक' और 'खिलाई में बढ़ती' आदि के बारे में बताती। वह कभी-कभी सभा में भाषण भी देने लगी और दीवार के अखबार पर आलोचनात्मक टिप्पणियाँ भी लिखने लगी।

उग्रेन से लौटने के कुछ ही दिन बाद अवदोत्या को सभी पशुओं की जिम्मेदारी सौंप दी गयी। इसलिए, उसने गोशाला का काम क्सेन्या को देने के लिए कहा।

"वह तो ज़रा-सी छोकरी है अभी!" सामूहिक किसानों ने विरोध किया। "बत्तकें तक तो उससे हुसकाई नहीं जातीं। अम्मा की लाड़ो है अभी तो! उससे क्या होगा?"

"काम तो उससे मुझे करवाना है। और कौन है उससे अच्छा?" अवदोत्या ने क्सेन्या की सिफारिश की। "फिर, उसे अकेले तो काम करना नहीं है। मैं उसकी मदद करूँगी।"

आखिर क्सेन्या गोशाला की मैनेजर बन ही गयी। बड़े उत्साह और बड़ी लगन से वह अपने नए कर्त्तव्य निबाहने लगी। बिना तौले वह भूसे का एक तिनका न जाने देती थी। हर जानवर की खुराक की कड़ी निगरानी रखती थी। जानवरों की सफ़ाई की दैनिक व्यवस्था का ध्यान रखती थी। दूध बँटाई और मक्खन निकालने के कमरों में मक्खियाँ न घुसने देने के लिए उसने दरवाज़ों और खिड़कियों पर माड़ीदार पर्दे लटका दिये थे। खुद भी वह बरफ़ सा सफ़ेद चोगा पहनती थी। सिर के बालों को सँभाले रखने के लिए साफे की तरह सफेद रूमाल बाँधे रहती थी। उसकी कमर से चाबियों का एक भारी गुच्छा झूलता रहता था। इसमें दूध के कमरे और मक्खन रखने की अलमारी की चाबियाँ, चारे के गोदाम की चाबी, आफिस की मेज़ की चाबी और न जाने कितनी दरारों और संदूकचियों—जिनके नाम सिर्फ़ उसे याद थे—की चाबियाँ थीं। कमर से लटकी चाबियों की छनन-छनन! सफेद चोगे की चमक! तिरछे बँधे रूमाल के नीचे काली चटकीली आँखें! भरपूर जवानी और काम में चुस्ती! अपने ही फ़ार्म के नहीं, आस-पास के फ़ार्मों से आने वाले लोग भी, क्सेन्या का रूप देखते रह जाते!

"यह तो चमेली का चमत्कार है!" बूढ़ा पहरेदार मेफोदी कहता। "कौन सोच सकता था कि क्सेन्या में ऐसा इल्म छिपा है?"

क्सेन्या के जीवन में दो-तीन सप्ताहों में ही जो परिवर्तन हुए उनसे फ़ार्म के नौजवानों में हलचल मच गयी। इससे तातिआना की ईर्ष्या भड़क उठी। उसे खयाल था कि गुणों और योग्यता में वह अपनी सहेली से कहीं बढ़-चढ़ कर है।

तातिआना को विश्वास था कि उसमें भी 'प्रतिभा' छिपी हुई है। बस, अभी वह 'प्रकट' नहीं हुई है। इस प्रतिभा का विकास किस दिशा में होगा, यह भी वह अभी नहीं कह सकती थी।

वह सोचती : 'क्सेन्या की प्रतिभा तो चमेली ने चमका दी! पता नहीं मेरी कैसे चमकेगी? यह बात तो पक्की है कि किसी न किसी दिन चमकेगी ज़रूर! हाँ, ज़रा जल्दी चमक जाती तो अच्छा था! कितनी वाहियात बात है कि कहीं भीतर छिपी बैठी है—लोग न जान पाते हैं, न देख पाते हैं!'

चमेली में आश्चर्यजनक परिवर्तन से अपनी शक्ति और अपनी बड़ी-बड़ी योजनाओं में अवदोत्या का विश्वास और भी बढ़ गया। अब उसे गोशाला में अपना पिछले दिनों का काम बहुत तुच्छ और नगण्य मालूम होता था। तब काम ही क्या था? गायों को वक्त पर चारा दे देना और उन्हें दुह लेना! अब पशुओं को संतुलित चारा देने की सख्त व्यवस्था कर दी गई थी, अलग-अलग पशुओं की क्षमता जाँच ली गई थी। अलग-अलग नस्लों की और अलग-अलग मात्रा में दूध देने वाली गायों को अलग कर लिया गया था, नस्लों को सुधारने के लिए सांडों और गायों को बड़ी होशियारी से चुना गया था। चारा बनाने के कमरे को नए यंत्रों से सुसज्जित कर लिया गया था और उसमें बिजली लग गई थी। विविध प्रकार के दैनिक कार्यों के साथ ही बसंत की तैयारी में भी तरह-तरह के काम करने थे—चरानों में अच्छी घास तथा खेतों में बढ़िया चारे की अदला-बदली वाली फसलों की व्यवस्था करनी थी, दलदल को चरान बनाना था, इमारती काम की तैयारी करनी थी, इत्यादि।

काम अब इतना बहुरंगी और जटिल हो गया था कि हर बात की खुद 'देखभाल करना' अवदोत्या के लिए असम्भव था, अपने ही उदाहरण से प्रेरित करना अब काफी न था। वह पहले जिस तरह पशुओं के बाड़े की व्यवस्था करती थी, अब वह भी काफी न थी।

अब ज़रूरत थी लोगों को शिक्षित करने की, उन्हें ट्रेनिंग देने की, उन्हें अच्छे संगठनकर्त्ता बनाने की, अपनी योजनाओं के लिए उनमें उत्साह पैदा करने की और उन्हें सच्चे सहायक बनाने की। अवदोत्या की आदत थी कि जिस काम को भी वह लेती उसे लगन से करती, उसमें तन-मन से जुट जाती। यही उसकी सफलता का रहस्य था। उसकी सबसे बड़ी विशेषता यह थी कि वह किसी काम को अधूरा नहीं छोड़ती थी। काम जो भी रहा हो—चाहे छोटी सी 'गिरगिट' के रूप में जंगलों में लुकने-छिपने का खेल हो, आलू के खेतों में दल की नेता के रूप में दूसरों से काम लेना हो, संध्या समय भाग कर अपने प्रेमी से मिलने जाना हो, या पढ़ाई करना हो—उसका हमेशा एक ही तरीका था : जो किया मन और शरीर की पूरी शक्ति लगाकर किया, पूरे उत्साह और तन्मयता से किया! उसे निज का, निजी सुविधा-असुविधा का, निजी हानि-लाभ का, कोई ध्यान नहीं रहता था। इस आत्म-विस्मृति के भाव से ही वह जानवरों के बाड़े में काम करती थी। उसके साथ काम करनेवाले लोग उससे प्रभावित हुए बिना नहीं रहते थे।

अपनी प्रतिष्ठा 'कायम करने' या दूसरों पर रौब डालने का खयाल अवदोत्या को कभी नहीं आया। उसे एक ही बात का खयाल रहता था और वह यह थी कि जो योजना या कार्यक्रम उसने बना लिया है, उसे अच्छी तरह और जल्दी पूरा किया जाए।

"यह तो करना ही होगा!" वह कहती और उसके कहने का ढंग कुछ ऐसा था कि लोगों को विश्वास हो जाता कि काम होना ही चाहिए, इसमें ऊपापोह के लिए गुजांइश नहीं है।

लोग काम पूरा करते। यह नहीं कि काम फुर्ती से होता या अवदोत्या को संतुष्ट करने वाली तत्परता से होता—पर होता जरूर था। यह भी सच है कि शुरू-शुरू में हर नई चीज़, भले ही वह बहुत साधारण हो, बड़े परिश्रम से ही आरम्भ हो पाती थी।

दुहते समय गायों की पूँछ बाँध देने जैसी साधारण सी बात को भी लोगों ने तुरन्त नहीं मान लिया। इसे मनवाने के लिए भी बड़े धैर्य और समझदारी से काम लेना पड़ा। परन्तु अवदोत्या को अपनी तरह ही सोचने-समझने वाले समर्थक और सहायक दिखाई पड़ने लगे थे। इसी से उसका उत्साह बहुत बढ़ गया था।

एक दिन दूध दुहने के समय अवदोत्या चुपचाप बूढ़ी तान्या और क्सेन्या के पास आ खड़ी हुई। वह देखना चाहती थी कि गोशाला में अभी हाल में भेजी गयी, उसके लिए मुसीबत की जड़, इस जिद्दी बुढ़िया से क्सेन्या कैसे निभा रही है।

"कल तुमने फिर गाय को मुट्ठी के बजाय उँगलियों से दुहा था!" क्सेन्या ने बुढ़िया को डाँटते हुए कहा।

"झूठ है, बकवास है! किसने चुगली की?" बुढ़िया ने कहा।

"गायों ने! तुम्हारी गायें कम दूध क्यों दे रही हैं? सबका दूध बढ़ रहा है, तुम्हारा घट रहा है! मुझसे बनो नहीं! दुहने के ढंग में अदला-बदली होगी, तभी आधे लिटर का फरक पड़ जाएगा।"

"देख नहीं रही है? मुट्ठी से दुह रही हूँ या किसी और चीज़ से?" बुढ़िया ने उलट कर जवाब दिया।

"तो ज़रा मज़बूती से हाथ चलाओ न! थनों को मलने में कोहनी का ज़ोर लगाओ! कितनी बार थनों को मलमल कर दुहने के लिए बताया गया है। लेकिन कहने का तो तुम पर असर पड़ता ही नहीं। हम लोग सोना रौंद रहे हैं, बस उसे बटोरने की ज़रूरत है!" क्सेन्या ने बात ऐसे कही जैसे अवदोत्या को कहते सुना था।

अवदोत्या को हँसी आ गयी। हँसी दबाकर वह दीवार के पीछे छिप गयी। क्सेन्या के शब्दों से उसे प्रसन्नता भी हुई और सिहरन भी।

'देखो, बात कैसी फैलाती जा रही है। ये शब्द मैंने पेत्रोविच से सुने थे, मुझसे क्सेन्या ने सुने! इससे किसी और ने। कोई ताज्जुब नहीं! नन्ही लाड़ली बेटी, तू खुद हमारा सोना है!' वह सोच रही थी।

क्सेन्या अब भी बुढ़िया तान्या से उलझी हुई थी।

"देखा! गैया फिर दूध के बर्तन पर पूँछ हिला रही है!" बुढ़िया का एक और नुक्स पकड़कर वह बोली : "पूँछ क्यों नहीं बाँधी इसकी?"

"क्यों बाँधूँ? यह भी किसी लड़की की चुटिया है? ऐसे ही दुहते-दुहते उम्र बीत गयी। कभी किसी ने नहीं टोका!"

"अरे, अपने घर में तुम चाहो तो दूध के बर्तन पर झाड़ू डुलाओ—मुझे क्या! लेकिन यहाँ तो तुम्हें सफ़ाई का पालन करना पड़ेगा। दूध एकदम साफ़ होना चाहिए!"

"तेरे कह देने से दूध गंदा हो गया?"

"अच्छा यह बात है? तुम्हें याद नहीं कि अवदोत्या मौसी ने तसवीरें दिखाई थीं और समझाया था कि तरह-तरह के जीवाणु बीमारी फैलाते हैं? गाय की पूँछ में हजारों जीवाणु चिपके रहते हैं वही तुम्हारे दूध के बर्तन पर चँवर डुला रही है।"

"अच्छा बाबा, अच्छा!...आगे से तुझे खुश रखूँगी!" क्सेनोफोन्तोवना ने चिढ़कर कहा।

अब अवदोत्या ने क्सेन्या की सहायता के लिए आगे बढ़ना जरूरी समझा! वह दीवार की आड़ से निकल आई।

"यहाँ आ क्सेन्या बेटी!"

क्सेन्या भाग कर अवदोत्या के पास जा पहुँची।

"मौसी, कैसे समझाऊँ इसे? दिन भर इसी की चौकीदारी तो नहीं कर सकती? ऐसी अड़ियल है कि मानती ही नहीं! जाने क्यों इसे यहाँ भेज दिया गया है?"

"तू घबरा नहीं बेटी! इसे भी रास्ते पर ले आएँगे!"

चारों दूध दुहने वाली औरतें अपने-अपने बर्तन हिसाब लिखने वाले की मेज़ पर लायीं तो अवदोत्या ने छन्ने रख कर चारों बर्तनों का दूध अलग-अलग छनवाना शुरू किया।

"यह क्या झंझट कर रही हो, अवदोत्या तिखोनोवना?" दुहनेवालियों ने चिंतित स्वर में पूछा।

"कूड़ा छान रही हूँ! देखूँ किसके दूध में सबसे ज्यादा निकलता है!"

बुढ़िया के ही दूध में कूड़ा निकला, बाकी सबका साफ था।

अवदोत्या के कहने पर, क्सेन्या ने चारों छन्ने गोशाला के बाहर कार्य सूची के तख्ते पर टाँग दिये और बड़े-बड़े अक्षरों में लिख दिया :

"सामूहिक फ़ार्म के साथियो! हमारी गायों को दुहनेवालियों के काम पर नज़र डालो! सबसे गन्दा काम तातिआना क्सेनोफोन्तोवना ब्लिनोवा का है! देखो, उसके दूध में कितना कचरा है!"

इसका बहुत बड़ा असर हुआ।

गोशाला का बड़ा फाटक ऐसा स्थान था जहाँ सवेरे और खाने के समय लोग खेतों पर जाने से पहले जमा हुआ करते थे। सामूहिक किसान वहीं दूध लेने आते थे। अक्सर वहाँ भीड़ लगी रहती थी। लोग कार्य-सूचक तख्ते को घेरे अवदोत्या द्वारा संयोजित 'नुमाइश' को देख रहे थे और क्सेनोफोन्तोवना पर हँस रहे थे। बुढ़िया चुपचाप कोने में बैठी इन्तजार कर रही थी कि दूध नापने वाला उसे बुलाये और उसका दूध ले ले। वह कोने से उठी तो उसकी आँखों में आँसू छलक रहे हैं।

"बड़ी दया की मुझ पर, अवदोत्या तिखोनोवना!" उसके एक-एक शब्द से पीड़ा भरा उलाहना फूटा पड़ रहा था। "ज़रा सी थी तू तब मेरी गोद में खेला करती थी। तेरी माँ तुझे मेरे पास छोड़कर काम पर निकल जाती थी। उन्नीस सौ पच्चीस में मैं मेले से तेरे लिए एक रबड़ की सीटी और दो रंगीन मुर्गे लायी थी। हम लोगों के जम़ाने में लोग थोड़ी सी नेकी का बदला चुकाते नहीं अघाते थे। पर इस ज़माने में तो तुम लोगों का रवैया ही दूसरा है। मेरी बदनामी करके तूने बड़ा भला किया, बेटी! तेरा एहसान ज़िन्दगी भर नहीं भूलूँगी!"

बुढ़िया ने ताने से अवदोत्या को झुककर सलाम किया और बाहर चली गयी। अवदोत्या की बुद्धि चकरा गयी। सहसा उसे बुढ़िया पर तरस आया, लेकिन दूसरी दूध दुहने वालियाँ ठहाका मारकर हँस पड़ीं।

"भई बुढ़िया को कुछ नहीं कहना चाहिए था। वह तो उन्नीस सौ पच्चीस में तुम्हारे लिए रबड़ की सीटी लायी थी!"

यों तो अवदोत्या भी सबकी हँसी में शामिल हो गई पर मन ही मन वह सोच रही थी : 'जरा सी बात है—गाय की पूँछ! पर देखो, कितना बावेला खड़ा कर दिया! हमें नुमाइश तक कर डालनी पड़ी! लोगों को समझाने का और कोई उपाय भी तो न था!'

जानवरों के बाड़े में सफलता ने अवदोत्या को पारिवारिक दुःखों को वहन करने में सहायता दी।

पर, एक घटना ऐसी घटी जिसने अवदोत्या को कई दिनों के लिए दुविधा में डाल दिया। अवदोत्या उग्रेन जा रही थी। लारी पड़ोस के उस गाँव के पास रुकी जिसमें स्तेपान की माँ रहती थी। तीन स्त्रियाँ लारी में बैठने के लिए दौड़ती चली आ रही थीं। इनमें स्तेपान की माँ अन्ना भी थी। अवदोत्या ने अपना मुँह झटपट एक बोरे के पीछे छिपा लिया ताकि वह उसे देख न सके। अन्ना को अवदोत्या

पहले भी अच्छी नहीं लगती थी। अन्ना सोचती थी, इस बाल-बच्चों वाली अधेड़ स्त्री ने बेचारे स्तेपान को 'फँसा' लिया है। इसलिए वह उसे कभी माफ़ नहीं करती थी। स्तेपान अभी जवान था। उम्र भी कम थी। किसी कुँआरी लड़की से ब्याह कर सकता था। तब उसके अपने बच्चे होते।

अन्ना ने अपने साथ आई दोनों स्त्रियों को लारी में चढ़ने में मदद दी। इनमें से एक काफी बुढ़िया थी और दूसरी जवान, गोरी और खूबसूरत लड़की।

"अरे बाबा, ये मर्तवान न टूट जाएँ!" लड़की ने कहा। "अम्मा, वह मर्तवान मुझे दे दो। मैं पकड़े रहूँगी। स्तेपान निकितिच को बेरी का मुरब्बा बहुत अच्छा लगता है।"

"क्या बताऊँ, उसके लिए ऊनी मोज़े नहीं बुन पायी! ऊन भेजे दे रही हूँ! तीन गोले हैं। किसी से बुनवा लेगा।" स्तेपान की माँ ने कहा।

"क्यों परेशान हो रही हो, अन्ना निकोलायेवना!" बुढ़िया ने आश्वासन दिया। "ओल्गा और मैं बुन दूँगी। मोज़ों की क्या फ़िक्र है।"

"उससे कहना गले में गुलूबन्द ज़रूर बाँधे रहा करे! उसका सीना कमज़ोर है!"

"हम लोग उनकी पूरी देख-रेख रखते हैं!" लड़की ने प्रसन्नता भरी सुरीली आवाज़ में कहा।

अब तक दोनों औरतें बैठ गई थीं। अन्ना का हृदय उमड़ आया। उसने लड़की को बाँहों में भर कर उसका मुँह चूम लिया। उसकी आँखें भर आई थीं। उनमें ममता का अधिकार झलक रहा था। लड़की ने भी उसके प्रेम की स्वीकृति में अपना सिर अन्ना की छाती पर रख दिया। उसका चेहरा संकोच से लाल हो रहा था। विस्मय भरी प्रसन्नता से उसने माँ की ओर देखा।

अवदोत्या को तो मानो काठ मार गया! यह मामला क्या है? मूक आशीर्वाद? किसी ऐसी बात का मौन समझौता जिसे शब्दों में व्यक्त करने का समय अभी नहीं आया?

लारी चल पड़ी। स्त्रियाँ बहुत मिलनसार और बातूनी थीं। बड़ी जल्दी वे लारी में बैठे मुसाफिरों से हिल-मिल गयीं।

"लोगों ने जबरदस्ती उसे हमारे यहाँ ला धरा। हम लोगों ने पहले बहुत शोर-गुल मचाया। मैं तो लकड़ी-चिराई के मुखिया तक के पास जा धमकी। उससे शिकायत की कि यह क्या तमाशा है!" बुढ़िया मुस्कराती हुई सुना रही थी। "और भई, कुछ दिन बाद उसे पहचाना। हीरा आदमी है। मेरे लिए तो अपने बेटे से बढ़कर है। सच मानो! हम उग्रेन आए थे—मेरी बड़ी लड़की वहाँ ब्याही है। हमने कहा, चलो उसकी माँ से मिल आएँ, शायद बेटे के लिए कुछ भेजना चाहती हो, मुलाकात भी हो जाएगी। बड़ा भला आदमी है! हज़ारों में एक!"

"लकड़ी-चिराई वालों ने उनके लिए एक मकान बना देने का वायदा किया है," लड़की ने सामने देखते हुए धीरे से कहा।

अवदोत्या ने पीड़ा और दुःखपूर्ण उत्सुकता से लड़की के तरुणाई भरे, कुछ-कुछ बच्चों जैसे, चेहरे की ओर देखा।

लड़की के चेहरे पर आशंका और उमंग, कातरता और प्रसन्नता का, अद्भुत मिश्रण था। अवदोत्या को खुद अपनी याद हो आई। वह भी प्रेम की पहली झोंक में ऐसे ही डाँवाडोल हो गई थी।

किन्तु, अवदोत्या की पहली उमंग तुरन्त ही कुचल गई थी। यह उसके प्रेम और यौवन की महती शक्ति थी कि वह सँभल गई और जब वासिली ने उसे पुकारा तो वह तुरन्त उसके पास जा पहुँची।

स्तेपान वासिली नहीं था। स्तेपान किसी का कोमल हृदय तोड़ नहीं सकता था, किसी की सहारा माँगती बाँहों को ठुकरा नहीं सकता था।

अवदोत्या बार-बार लड़की के चेहरे को देख रही थी।

अपने बेटे, अपने भाई, अपने निकटतम मित्र के लिए उसे बहू चुननी होती तो वह निश्चय ही ऐसी लड़की को चुनती—हँसमुख, कोमल, प्यार भरी और दिल की साफ़!

उग्रेन में अवदोत्या लारी से उतर पड़ी। वह कोई ऐसी जगह ढूँढ़ रही थी जहाँ लोगों की निगाह से बचकर खड़ी हो सके और आँसू बहाकर अपना दिल हलका कर सके। लेकिन ऐसी कोई जगह नहीं दिखाई दी। वह कार्यकारिणी कमिटी के दफ्तर चली गयी। वहाँ एक बड़े आईने के सामने खड़ी वह अपने प्रतिबिंब को देखती रही! छरहरे शरीर और आँखों के नीचे मामूली सी झुर्रियों वाली एक स्त्री आँखों में उदासी भरे, कोमल दृष्टि से, उसकी ओर देख रही थी!

कई दिन बाद उसे स्तेपान का एक पत्र मिला :

"प्यारी दुन्या,

अभी-अभी मैंने सुना है कि तुमने वासिली को छोड़ दिया है। यहाँ कटाई का मौसम है, काम बहुत ज्यादा है—इस समय मेरा निकल सकना सम्भव नहीं। तुम तुरन्त ही मुझे सारी बातें लिख भेजो। शायद तुम खुद ही यहाँ चली आओ। या मैं वहाँ आऊँ? इस वक्त इससे ज्यादा और क्या लिख सकता हूँ। पत्र की प्रतीक्षा में,

तुम्हारा स्तेपान"

अवदोत्या रात भर नहीं सोयी। वह सोचती रही कि पत्र का क्या उत्तर दे। सुबह उठकर उसने लिखा :

"प्यारे स्तेपा,

मुझमें और वासिली में कुछ गलतफहमी हो गई है। मैं कुछ दिनों के लिए वासिली से अलग रह रही हूँ। वासिली से मैं हमेशा के लिए जुदा नहीं हो सकती—बच्चों को बाप से नहीं छीना जा सकता। मेरे प्यारे, मैं तुमसे यही भीख माँगती हूँ कि तुम अपने जीवन को सुखी बनाओ और मुझे भूल जाओ! जीवन से खुशी को टकराकर मत निकल जाने दो! वास्या मेरे बच्चों का बाप है, इस बात को मैं कैसे भुला सकती हूँ? हम लोगों में जो गलतफहमी पैदा हो गई है, वह कुछ समय बाद दूर हो जाएगी।"

अवदोत्या ने जान-बूझकर 'कुछ दिनों की गलतफहमी' के बारे में लिखा था ताकि स्तेपान अपने आपको व्यर्थ की आशाओं में न घुलाये। पर सच्चाई यह थी कि वासिली से फिर मेल हो जाने की सम्भावना में उसे जरा भी विश्वास नहीं था। वह उससे और दूर खिंचती गयी।

एक शाम अवदोत्या का वासिली से फिर सामना हो गया। वासिली बुयानोव परिवार से आ रहा था। शायद वहाँ उसने खूब पी थी।

अवदोत्या को देखते ही उसने उसका हाथ पकड़ लिया।

"दुन्या! हम लोग क्यों एक-दूसरे की ज़िन्दगी बिगाड़ रहे हैं? बोलो दुन्या!"

अवदोत्या अचकचा गयी। उसने अपना हाथ छुड़ा लिया। मन की जिस स्थिरता को वह इतनी कठिनाई से प्राप्त कर सकी थी वह वासिली के इन चन्द शब्दों से न जाने कहाँ काफूर हो गयी। चिन्ता और दुविधा में डूबते-उतराते उसने आँखों में रात काटी।

यदि वासिली ने अपनी बात एक बार फिर दोहरा दी होती, यदि उसने यह बात चेतनता की अवस्था में कही होती—तो अवदोत्या ने उसकी बात मान ली होती और घर लौट गई होती। बिना किसी प्रसन्नता और उत्साह के वह घर लौट गई होती! सुखी जीवन की बिना किसी आशा के भी वह लौट गई होती! वह केवल इसलिए लौट गई होती कि फिर से घर बसाकर जीवन को नए सिरे से आरम्भ करे।

परन्तु वासिली ने अपनी बात दोहरायी नहीं। और इसके बाद, जब दफ्तर में या पशुशाला में फिर सामना हुआ तो वासिली ने और भी ज्यादा रुखाई बरती और केवल काम-काज की बातें कीं। क्या यह बात वासिली ने राह चलते-चलते, नशे में, यों ही कह डाली थी? क्या यह बात उसके मुँह में यों ही निकल गई थी? फिर वह उसे भूल गया था? या, अवदोत्या के सहम जाने और हाथ छुड़ाकर चली जाने का उसने यह मतलब लगाया कि उसके साथ न जाने का अवदोत्या ने सदा के लिए फैसला कर लिया है? अवदोत्या को इन प्रश्नों का उत्तर नहीं मालूम था। परन्तु उसे इस बात की खुशी थी कि वासिली ने वह बात फिर नहीं दोहरायी, उसे

फिर उस सबसे नहीं गुजरना पड़ेगा जिससे वह गुज़र चुकी थी, उसके अब तक हरे घाव फिर नहीं दुखाये जाएँगे! अतीत को भुलाकर जीवन को नए सिरे से आरम्भ करने के लिए किसी नई चीज की जरूरत थी—किसी ऐसी चीज़ की जो उन दोनों से अच्छी और विशाल हो, जिसमें वे स्वयं समा सकें! लेकिन अब तक कोई ऐसी विशाल चीज़ दिखाई नहीं दी थी, इसलिए अवदोत्या वासिली के पास जाने के लिए अपने को मजबूर नहीं कर पाती थी। घर लौटने के खयाल से ही उसके शरीर में कँपकँपी उठ आती थी।

अवदोत्या को पहले आशंका थी कि पिता के बिना नए घर में बच्चियाँ दुखी होंगी। लेकिन हुआ उलटा ही।

बच्चियाँ दादी वासिलिसा के हँसी-खुशी से भरे भीड़-भाड़ वाले घर में और भी खुश थीं। बाप के उदासी भरे घर में वे इतनी खुश नहीं रहती थीं।

वासिलिसा बच्चियों को परियों की कहानियाँ सुनाती। अल्योशा उन्हें तरह-तरह के खिलौने बनाकर देता और उनके साथ बरफ़ पर फिसलने का खेल खेलता। वालेंतिना उनके साथ 'भाग-चूहा-बिल्ली-आई' और 'छिपा-छिपौ-बल' का खेल खेलती। लेना उन्हें कहानियों की किताबें लाकर देती।

बच्चियों को कभी-कभी पिता की याद हो आती थी। परन्तु अवदोत्या को यह देखकर आश्चर्य था कि नए घर में उनका चिड़चिड़ापन दूर होता जा रहा था और स्वभाव अच्छा होता जा रहा था। रोज़ वे नये-नये शब्द और नयी-नयी बातें सीख रही थीं। नन्ही दुन्या सबसे तेज़ थी और उसकी बातें वासिलिसा के परिवर्धित परिवार के लिए विस्मय और विनोद का कारण बनी रहतीं। उग्रेन से वालेंतिना दुन्या के लिए रबड़ का एक मुर्गा लायी। दुन्या ने गर्दन टेढ़ी करके उसे चारों तरफ से देखा, फिर माँ के शब्दों को दोहराती हुई बोली :

"इसका बाह्य भाग बुरा नहीं है...."

दुन्या के अपने राजनीतिक विचार थे, अपना कार्यक्रम था। एक रात खाना खाती हुई बोली :

"चर्चिल बड़ा खराब आदमी है। मैं बड़ी हो जाऊँगी तो उसे भगा दूँगी।"

"कहाँ भगा देगी?" वालेंतिना ने पूछा।

"सहारा के रेगिस्तान में।" दुन्या ने तुरन्त उत्तर दिया।

"वहाँ क्या करेगा बेचारा?"

इस जटिल प्रश्न का उत्तर भी दुन्या के पास तैयार था। उसके मस्तिष्क में चर्चिल के भाग्य का निपटारा हो चुका था :

"वह हवाई मोटर बनाएगा जिससे समुद्र का पानी गोशाला में आएगा।"

"कहाँ-कहाँ की बातें मिला लेती है!" वालेंतिना को हँसी आ गयी।

"चर्चिल के बारे में इसने अल्योशा से सुना! सहारा रेगिस्तान के बारे में

लेना से! हवाई मोटर और फ़ार्म के लिए पानी के बारे में हमसे। यह हमारा—मेरा और अवदोत्या का—सरदर्द है ही!"

शहर से लौटने के कुछ ही दिन बाद, वालेंतिना के कहने पर, अवदोत्या ने अपनी शिक्षा के बारे में युवकों के सामने एक संक्षिप्त भाषण दिया।

लेना और अल्योशा की सहायता से उसने बहुत से चार्ट और रेखाचित्र तैयार किए। उसने इस बात पर ज़ोर दिया कि सभी तरुण लड़के-लड़कियों को स्कूल में बुलाया जाए।

"व्याख्यान के लिए मुझे एक श्याम-पट चाहिए। छोटी मेज़ और दवातें भी होनी चाहिए ताकि लोग ज़रूरी बातें नोट कर सकें।"

बुढ़िया प्रास्कोव्या भी व्याख्यान सुनने आई थी और उसे काफी डर भी लग रहा था। कात्या और नन्ही दुन्या भी प्रास्कोव्या के पास ही पीछे की बेंच पर बैठी थीं और बड़े गर्व से वहाँ एकत्रित लोगों को देख रही थीं। दुन्या तो हर नवागन्तुक को बता रही थी :

"आज हमारी अम्मा मास्टरनी बनेंगी।"

सब अपनी-अपनी जगह पर बैठ गए तो अवदोत्या बोर्ड के पास जाकर खड़ी हो गयी। वह साटिन का बुँदकियोंदार ब्लाउज़ पहने हुए थी। उत्तेजना से उसके गालों पर लालिमा छा गई थी। इकहरा बदन, बड़ी-बड़ी आँखें और गुलाबी चेहरा—वह बिलकुल जवान लग रही थी।

'पता नहीं कैसा बोलेगी?' वालेंतिना सोच रही थी। 'काम करने में तो हीरा है! लेकिन क्या मजाल कि कभी एक शब्द भी बोलवा सको! खैर, कोई बात नहीं। उम्मीद है, ठीक-ठाक ही बोलेगी। कोई बात रह जाएगी तो बाद में मैं थोड़ा सा बोल दूँगी।'

अवदोत्या के होंठ दो-एक बार हिले, मानो कुछ बोलना चाहती हो। पर बोल न सकी। उसे देख-देखकर श्रोता-मंडली निराश हो रही थी। सहसा उसकी शान्त और सन्तुलित आवाज़ सुनाई दी :

"आलू और अनाज, घोड़े और गायें—सभी चीजें जिन पर हम निर्भर हैं, जो हमें भोजन और जीवन प्रदान करती हैं—मनुष्य के श्रम और हाथों की करामात हैं। ये देखने में बहुत छोटे दिखाई देते हैं," अपने हाथ दिखाते हुए उसने कहा, "इनसे हो ही क्या सकता है? लेकिन इन हाथों की करामात और मनुष्य के सामर्थ्य की बातें सोचकर और विद्वानों की बातें सुनकर हैरानी होती है। इन्होंने क्या-क्या नहीं किया? कैसे हम मामूली गायों को इतना अधिक दूध देनेवाली और छोटे से आलू को सवा सेर का आलू बना लेते हैं? इसका सिर्फ़ एक रास्ता है। या यूँ कहिये, सिर्फ़ एक रास्ता है जिसकी दो शाखाएँ हैं—चुनाव और उचित ढंग से उगाने का रास्ता..."

'जियो मेरी प्यारी...!' वालेंतिना बड़े प्यार से सोच रही थी। 'इसने तो मिच्यूरिन के पूरे सिद्धान्त को ज़रा सी बात में कह दिया।'

अवदोत्या बोलती गई :

"उचित ढंग से उगाने पर हम किसी भी पौधे के गुणों को बदल सकते हैं। मिसाल ढूँढ़ने हमें दूर नहीं जाना है। आपको याद होगा, हमारे पड़ोसी सामूहिक खेत 'प्रभात' वालों ने गोभी की फसल वक्त से पहले तैयार कर ली थी। उन्होंने गोभी 'पीट' के गमलों में उगायी थी। जून महीने में ज़िले भर में किसी के पास गोभी नहीं थी। 'प्रभात' वालों ने गाड़ी भर-भर कर गोभियाँ बेंची। गोभियाँ हाथों-हाथ बिक गयीं और लोगों ने मुँह माँगे दाम दिए।"

अवदोत्या पूरे एक घंटे तक बोलती रही। एक क्षण के लिए भी लोगों का ध्यान उसके भाषण से नहीं हटा। उसकी बातें सभी को अच्छी लग रही थीं। किसी को नहीं अच्छी लग रही थीं तो तरकारी के बागवाली तातिआना को! अवदोत्या के भाषण का उस पर विचित्र असर हो रहा था। उसके हर शब्द से तातिआना के मुँह पर काली छायाएँ दौड़ रही थीं। गुस्से से घूर-घूर कर वह अवदोत्या को देख रही थी। कभी-कभी शिकायत भरी जलती निगाहों से वालेंतिना की ओर भी देख लेती थी। अवदोत्या अपना व्याख्यान समाप्त करके बैठी ही थी कि तातिआना खड़ी हो गयी। गुस्से से भर्रायी हुई आवाज़ में बोली :

"अवदोत्या का व्याख्यान सब लोगों ने सुन लिया! सबसे मुझे यही कहना है कि मुझको तरकारी के बाग से छुट्टी दी जाए। मुझे टीम लीडरी नहीं करनी है। मैंने साफ़ बता दिया।"

वह बैठ गई और सिर झुका कर शॉल से अपना मुँह ढक लिया।

किसी ने आशा नहीं की थी कि व्याख्यान से यह निष्कर्ष निकाला जाएगा। सभी हैरान थे।

"वाह, यह भी खूब रही!"

"क्या बात है तातिआना? क्या हो गया है तुझे?"

"यह इसने खूब कही। इस लड़की को हो क्या गया है?"

अवदोत्या तातिआना के पास जा खड़ी हुई।

"क्या बात है, तातिआना?"

तातिआना ने अपना सिर और झुका लिया।

"क्या बात है तातिआना? कुछ बता न?"

अवदोत्या ने तातिआना के कंधे पर हाथ रखा। तातिआना ने उसका हाथ झटक दिया और सिर ऊपर उठाया। उसके गोल-गोल गाल सुर्ख हो रहे थे। वे आँसुओं से भीगे थे। उसकी बड़ी-बड़ी नीली आँखें क्रोध और घृणा से जल रही थीं। तातिआना को लग रहा था कि मौसम से पहले गोभी तैयार कर लेना ही ऐसी

चीज़ थी जिससे उसकी छिपी 'प्रतिभा'—जिसका वह इतनी उत्सुकता से इंतजार कर रही थी—प्रकट हो सकती थी। वह इस कल्पना में डूबी हुई थी कि उसके काम से फ़ार्म के इस कठिन समय में, जब फसल से पहले पैसे की तंगी होती है, फ़ार्म के खजाने में हज़ारों की आमदनी होगी और इसका श्रेय उसको होगा। उसने 'पीट' के गमलों में बीज बोने की बातें पढ़ी थीं परन्तु उनके महत्त्व को नहीं समझा था। उसे अपने पर तथा अवदोत्या और वालेंतिना पर क्रोध आ रहा था।

''धन्य है, अवदोत्या मौसी, धन्य है! तुम्हारा भी बहुत-बहुत शुक्रिया, वालेंतिना अलेक्सेयेवना! मुझे टीम का लीडर चुना गया था। मैं समझती थी—मूर्ख जो ठहरी—कि मैं किसी का भरोसा कर सकती हूँ। कोई ऐसा है जो मुझे सिखाये-समझायेगा! ऐसी बातें बतायेगा जो मैं नहीं जानती हूँ! मैं समझती थी—ये लोग मुझे अपनी मिट्टी पलीत नहीं करने देंगी! मुझे भी दूसरों की तरह अच्छा बनना सिखाएँगी। और तुम दुन्या मौसी? तुमसे यह नहीं कहते बना कि तातिआना अब यह कर, अब वह कर! 'पीट' के गमले तैयार कर! गोभी पहले से लगा दे! गोशाला में अपनी चमेली के बारे में तो तुमने खूब लिखा! लिखा था न? खुराक के राशन के बारे में लिखा! रोज़-रोज़ हर तरह की सलाह दी! लेकिन तरकारीवाले बागीचे की टीम पर कौड़ी भर ध्यान नहीं दिया। और तुम, वालेंतिना अलेक्सेयेवना? तुम्हारी तरफ़ तो मैं देखना भी नहीं चाहती। नहीं, नहीं, मेरे पास आने की जरूरत नहीं! तुम कहती हो गोभी की जल्द फसल से 'प्रभात' फ़ार्मवालों ने हज़ारों की आमदनी पैदा की! क्या हम यह नहीं कर सकते थे? क्या उनसे गये-बीते हैं? मुझसे तुमने पन्द्रह दिन पहले बताया होता, तो मैंने सब तैयार कर लिया होता। लेकिन अब? हम अब उन्हें लगा रहे हैं। हजारों की आमदनी हमारे हाथों में थी! लेकिन हमने उसे बह जाने दिया। धन्यवाद! आप दोनों को बहुत-बहुत धन्यवाद!''

तातिआना बैठ गई और फफक-फफक कर रोने लगी। वह रो रही थी गुस्से में, पर बड़ी अच्छी लग रही थी! वह बार-बार अपने होंठ दाँतों के नीचे दबा रही थी और काली भौंहें मसल रही थी।

अवदोत्या और वालेंतिना अपनी गलती महसूस कर रही थीं! दोनों बहुत परेशान थीं। वालेंतिना अनाज की खेती की देखभाल में गले तक डूबी रही थी। उसका काम ही फसल की देख-रेख करना था। पर इसका मतलब यह नहीं था कि वह तरकारी की खेती की तरफ ध्यान न दे। इन खेतों की टीम के प्रति लापरवाही के लिए वह अपने को माफ़ नहीं कर सकती थी।

''तातिआना! सुन तो! मैं मानती हूँ, कसूर मेरा है। मैं अनाज की खेती के काम में इतनी डूबी हुई थी कि मुझे तरकारी के बाग का खयाल ही नहीं आया।'' दुख भरी आवाज़ में उसने स्वीकार किया। ''अच्छा, अब माफ़ कर दे। मैं अपना

अपराधी सिर तेरे आगे झुकाती हूँ।''

''सिर का क्या करूँ? इससे गोभी निकल आएगी?'' सिसकियाँ भरती हुई तातिआना झुँझलाकर बोली।

''अब भी देर नहीं हुई, तातिआना! तू गरम छप्परों में बीज लगा दे। बाद में उन्हें गमलों में बदल देंगे।''

''गमले आएँगे कहाँ से?''

''बना लेंगे।''

''कब बना लेंगे? अवदोत्या मौसी ने अभी तो कहा था कि 'प्रभात' वालों ने गमले जाड़ों में ही बना लिए थे।....''

''अरे! हम हफ्ते भर में बना लेंगे! दण्ड के बतौर मैं और अवदोत्या तुम्हें पाँच-पाँच सौ गमले बनाकर देंगी। भगवान के लिए अब मत रो....! अभी तो पाला पड़ रहा है। जाड़ा जल्दी खतम नहीं होगा। गोभी तैयार करने के लिए बहुत वक्त पड़ा है।''

तातिआना ने रोने से काम बनता देखा तो और ज़ोरों से रोने लगी।

''अच्छा, अल्योशा! हम लोग अभी कौमसोमोल की एक मीटिंग कर डालें! कौमसोमोल के लड़के-लड़कियाँ सब यहीं हैं। सुनने के लिए बाकी को बुला लेंगे। मीटिंग करके अभी झगड़े को निपटा डालें।''

मीटिंग शुरू होने की अल्योशा ने घोषणा कर दी।

''हमारा प्रस्ताव है,'' वालेंतिना बोली, ''कि कौमसोमोल का हर सदस्य और सभी सच्चे सामूहिक किसान, दो-तीन दिन के भीतर ही तरकारी-बाग के लिए कम से कम तीन सौ 'पीट' के गमले बनायें। वासिली कुज़मिच गमलों के लिए 'पीट' कल ले आएँगे। हमारे यहाँ काफ़ी खाद और खजिन-उर्वरक भी हैं। हम लोग तीन रात जम कर बैठ जाएँ तो काम पूरा हो जाएगा। अल्योशा काम के दूसरे औज़ार बना लेगा।''

वालेंतिना के प्रस्ताव पर देर तक और ज़ोरों की बहस जारी रही। तातिआना को छोड़ सभी बोल रहे थे। तातिआना भी बहस में भाग ले रही थी, पर कुछ अजीब ही ढंग से। लोग 'पक्ष' में बोलते, तो वह चुप रहती। लेकिन लोग 'विपक्ष' में बोलते तो ज़ोरों से सुबकने लगती।

वालेंतिना का प्रस्ताव पास हो जाने पर ही तातिआना ने रोना बन्द किया। वह बोली :

''बीज बोने के लिए छप्परों का क्या होगा? गमले बन जाएँगे तो बीजों के लिए क्यारियाँ भी तो चाहिए। हमारे यहाँ क्यारियाँ हैं, लेकिन उन्हें ढँकने को काँच की पटियाँ नहीं है।''

फिर ज़ोरों से बहस शुरू हो गयी।

"पेत्रो! ज़रा बाहर आ! एक बहुत ज़रूरी बात कहनी है!" फ्रोस्या ने आँख दबा कर पेत्रो को इशारा किया। दोनों बाहर चले गये।

क्सेनोफोन्तोवना बड़े आराम से घर में बैठी समोवर से चाय पी रही थी। आनेवाली आपत्ति का उसे कोई पता न था। मन में इस समय आनन्द ही आनन्द था। उस दिन फ्रोस्या सबेरे नरम पनीर, मक्खन और नमकीन खुम्बे बाजार ले गई थी। उसका दुकन्दारी का ढंग देखकर माँ बहुत खुश हुई थी। एक-एक कोपेक के लिए गाहकों से वह घंटों झगड़ती थी। वह गाहक को पहले चला जाने देती, फिर पुकार लेती! मर्द गाहकों पर आँखों का जादू चलाती। अपने माल की तारीफ़ों के ऐसे पुल बाँधती कि एक मील तक उसकी आवाज़ सुन लो। ऐसे-ऐसे नाटक रचती कि देखते रह जाओ। कभी गाहक की ज़िद देखकर परेशान हो उठती, फिर परेशानी क्रोध में बदल जाती, फिर सहसा क्रोध की ऊँचाई से उतर वह दमित आत्म-सम्मान की अवस्था में आ जाती, फिर पलक मारते ही आत्म-सम्मान का स्थान दृढ़-निश्चय ले लेता। क्सेनोफोन्तोवना अपने को बहुत चतुर व्यापारी समझती थी। परन्तु उस दिन वह अपने को भी भूल गई थी और मौन प्रशंसा के भाव से बेटी को ही देखती रह गई थी। प्याले से चाय को तश्तरी में डाल कर धीरे-धीरे सुड़कती हुई वह फ्रोस्या के गुणों के बारे में सोच रही थी। मन ही मन कह रही थी : 'लड़की हज़ारों में एक है! उस दिन मेरे हिसाब से पचास रूबल ज्यादा बना लिए उसने। लड़की क्या है, हीरा है!'

तभी धड़धड़ाती हुई फ्रोस्या झोंपड़ी में आई और सीधी ईंधन की कोठरी में जा घुसी। उसकी माँ अपना सब धन-दौलत वहीं छिपा कर रखती थी। बिना कुछ बोले फ्रोस्या काँच की बड़ी-बड़ी पटियाँ निकालने लगी और प्योत्र को देने लगी।

पिछले साल फ्रोस्या ने आलुओं पर अच्छा पैसा पैदा किया था। उसने सोचा था कि अपनी खिड़कियाँ बदलवाकर उनमें किवाड़ों के बराबर पूरे-पूरे काँच के टुकड़े लगवायेगी। पड़ोस के गाँव के एक सामूहिक फ़ार्म में, जहाँ फ्रोस्या की एक सहेली ब्याही थी, इस तरह की काँच की खिड़कियों का फ़ैशन चल गया था। फ्रोस्या इरादे की पक्की थी। सोच लिया कि काँच की खिड़कियाँ लगेंगी तो तुरन्त बाजार जाकर ऊँचे दामों पर काँच-फ़रोश से काँच खरीद लायी—पूरे एक हज़ार रूबल गिन आयी।

क्सेनोफोन्तोवना को यह हाल मालूम हुआ तो सिर पीट लिया। लेकिन फिर जल्दी ही शान्त भी हो गयी। लोग काँच खरीदने बाजार जाते थे, यहाँ उसके घर में रखा था। सोचा, मौका देखकर बेच डालूँगी। मनमाना दाम भी मिल सकता था।

उसने देखा कि फ्रोस्या घर की पूँजी लिए जा रही है तो चाय का घूँट गले में ही अटक गया और बोली :

"कहाँ लिए जा रही है यह?"

“फ़ार्म!”

“कितने में बेचा है?”

“हटाओ भी, अम्मा! हमेशा वही पुराना झगड़ा!” उपेक्षा से फ्रोस्या ने उत्तर दिया। “चल पेत्रो!”

फ्रोस्या जैसे आँधी की तरह आई थी वैसे ही चली भी गयी। क्सेनोफोन्तोवना को जैसे काठ मार गया। कुर्सी पर बैठी की बैठी रह गयी। फ्रोस्या के आँधी की तरह आने और फिर चले जाने से उसकी बुद्धि चकरा गयी। अपनी इस औलाद—इस भेंगी फ्रोस्या—की बातें उसकी समझ में ही न आती थीं। यह लड़की उसके लिए पहेली थी! मालूम होता था कि किसी दूसरे साँचे में ढली है!

“हे भगवान,” क्सेनोफोन्तोवना बड़बड़ाने लगी, “इस लड़की को हो क्या गया है? कुछ समझ में नहीं आता! बाज़ार में कौड़ी-कौड़ी के लिए पागलों की तरह लड़ेगी और फिर हज़ारों उठा कर ऐसे बहा देगी कि कुछ पूछो मत!”

फ्रोस्या और पेत्रो काँच की बड़ी-बड़ी पटियाँ लिए मीटिंग में पहुँचे तो लोग मुँह बाये देखते रह गये।

“मेरी प्रार्थना है कि कौमसोमोल की मीटिंग मेरी यह तुच्छ भेंट स्वीकार करे।” बड़ी शान से फ्रोस्या ने कहा।

“हाय, प्यारी फ्रोस्या!” तातिआना चीख उठी और दौड़कर फ्रोस्या से चिपट गयी फ्रोस्या ने बड़ी अदा से अपना गोल गाल और उसकी ओर घुमा दिया।

वालेंतिना अपनी भूल सुधारने के लिए जो कुछ कर सकती थी, करने लगी। अगले दिन उसने अपने पड़ोस के एक फ़ार्म से, जहाँ ‘पीट’ के गढ़े थे, ‘पीट’ खोद लाने की आवश्यक व्यवस्था कर ली और लारी ड्राइवरों तथा कौमसोमोल के लड़के-लड़कियों को लेकर ‘पीट’ लेने चल दी। उसने स्कूल के बच्चों को भी बटोर लिया। खाली पड़ी पुरानी झोंपड़ी में, जहाँ सन की कुटाई हुई थी, अगली शाम तिल रखने को जगह न बची। कौमसोमोल के सभी सदस्य, लेना की अगुवाई में स्कूल के बच्चों का एक दल, वालेंतिना, प्रास्कोव्या और वासिलिसा—सभी यहाँ थे। तख्तों पर सैकड़ों नन्हे-नन्हे ‘पीट’ के गमले कतारों में सूख रहे थे।

तातिआना गोभी के पीछे बावली हुई फिरती थी। उसने नहीं किया तो बस जादू-टोना। उसने गमलों में राख का छिड़काव किया ताकि गोभी खराब न होने पाये। जब देखो उसके हाथ में थर्मामीटर रहता था। कभी थर्मामीटर को गमलों की मिट्टी में खोंस रही है, तो कभी छप्पर के नीचे क्यारियों की मिट्टी में और कभी मेंड़ों में! किसान देख-देख कर हैरान थे कि यह क्या पागलपन है! गमलों में कल्ले फूट आये, तो तातिआना ने ऊपर का ढक्कन हटा दिया।

“होशियारी से, तातिआना! देखना कहीं बीज ठंड में सिकुड़ न जाएँ।” वालेंतिना ने चेतावनी दी।

"लेकिन खुद तुमने और दुन्या मौसी ने चुनने और लगाने को कहा था। मैंने जान-बूझ कर बीज घने बोये हैं, बीच में बहुत थोड़ी-थोड़ी जगह छोड़ी है। पाला खाये अंकुओं को निकाल फेंकूँगी और उनकी जगह नए बीज बो दूँगी। जो बचेंगे वे पाला झेल जाएँगे, मज़बूत होंगे, और चुने हुए होंगे।"

गमलों पर वह हरदम ऐसे छायी रहती जैसे मुर्गी अपने अंडे से रही हो। जब देखो तब ढक्कनों को खोला-मूँदा करती थी। वह कमजोर पौधों को निकाल फेंकती और नए बीज बो देती। कभी उनमें खाद डालती, कभी सींचती।

उसका इस काम का अपना निजी तरीक़ा था, जिसे देखकर नए आदमी की बुद्धि चकरा जाती थी। एक जगह खाद वाले बीज थे, तो एक जगह बिना खाद के, एक क्यारी में पाला झेल जाने वाले पौधे थे—इन्हें उसने औरों के मुक़ाबले ज्यादा खुला रखा था—तो दूसरी में गरमाहट में रखे गए पौधे।

उसे हर पौधे की अलग-अलग पहचान थी और उसने उनका नामकरण भी कर लिया था। एक छोटे से अंकुवे का नाम उसने 'शिशु-पायनियर' रखा था, क्योंकि वही सबसे पहला पत्तियों वाला अंकुवा था।

कई हफ्तों तो तातिआना के मुँह से गोभियों को छोड़ और कोई बात सुनाई ही न देती थी। तातिआना ने वासिली का सिर खा लिया। कभी उसे चटाइयों की ज़रूरत होती, तो कभी खाद की और कभी गोभियों के लिए मिला खेत उसके मन माकिफ न होता तो आँखों में आँसू भरकर ढलवान पर धूप वाला खेत माँगने लगती।

वासिली ने कुछ मज़ाक और कुछ गम्भीरता में कहा : "आँसू बहाने का तरीका तूने अच्छा निकाल लिया है! सब काम आँसुओं के ज़ोर से? आँसुओं से 'पीट' के गमले बनवा लिये, आँसुओं से काँच मिल गया। तेरे आँसू तो हमारे लिए मुसीबत बन गये।"

तातिआना ने मुस्कराते हुए, आँसुओं से डबडबाती तिरछी नज़रों से, उसे देखा। सच पूछो तो वह रोनी लड़की नहीं थी। पर आँसू उसे एक ऐसा गुरु मंत्र मिल गए थे जिनसे पहले भी कठिनाई की घड़ी में उसे सहायता मिली थी।

इस बीच गोभी के पौधे पनपते जा रहे थे। घुँघराली पत्तियोंवाले नन्हे-नन्हे मज़बूत पौधों को देखकर बागीचे वालों का मन खिल उठता था।

यों तो बसन्त के दिन आ गए थे पर एक दिन हल्की बरफ़ पड़ गयी। बूढ़ा मातवेयेविच बहुत बिगड़ता हुआ वासिली के पास पहुँचा।

"देख लो! उस पागल लड़की ने सब पौधों को चौपट कर दिया है। पूरी कतार की कतार ठिठुर कर रह गई है! अच्छी-भली गोभी हो रही थी। देखकर आँखें सिराती थीं!"

"तुमने कैसे सोच लिया कि उसी ने चौपट किया है?"

"अरे, मैं अभी क्यारियों के पास से आ रहा हूँ। कुछ मालूम है? एक पूरी

की पूरी कतार खुली पड़ी थी और पौधे बरफ़ से ढँके थे। मैंने तातिआना को ललकारा! लाकर थर्मामीटर मेरी नाक के सामने अड़ा दिया! सुनती थोड़े ही है किसी की!"

वासिली ने तातिआना को बुलवाया।

"पौधों के साथ क्या खिलवाड़ कर रही है तू? उन्हें पाले से क्यों नहीं बचाया? मैंने क्या इसलिए 'पीट' ढोयी थी, इसलिए क्यारियाँ तैयार की थीं कि तू पौधों को बरबाद कर दे?"

"मैं उन्हें घड़ी और थर्मामीटर के हिसाब से पाल रही हूँ!" तातिआना ने तड़ाक से उत्तर दिया।

"देखना कहीं ज्यादा न पल जाएँ!"

"मेरा काम, मैं जानूँ! आज सर्दी शून्य से भी दो डिगरी कम है। इससे उनका कुछ नहीं बिगड़ सकता।"

तातिआना लोगों के सामने बड़े गर्व से सिर उठाये घूमती थी। परन्तु घर पर, जब वह अकेली होती, तो तरह-तरह की भयानक आशंकाएँ उसे धर दबातीं।

अल्योशा बिस्तर पर लेटने को सोच ही रहा था कि किसी ने किवाड़े खटखटाये।

वह बाहर आया तो चाँदनी में तातिआना का चेहरा दिखाई दिया—बड़ी-बड़ी आँखों वाला और दयनीय।

"अल्योशा! ज़रा मेरे साथ चलकर गमलों को तो देख।"

"क्यों? क्या हुआ? यह कौन सा वक्त है गमले देखने का? आधी रात में?"

"मुझे डर लग रहा है, अल्योशा!...मुझे डर है कहीं पौधों को पाला न मार जाए!..."

"सब पौधों को?" अल्योशा ने भी घबराकर पूछा।

"नहीं, नहीं, सिर्फ़ पहली कतार को अल्योशा! एक कतार है जिस पर मैं नया प्रयोग कर रही हूँ। उसी की मुझे बहुत फिक्र है! जानता है न, जिसे मैंने पाले से लड़ने के लिए तैयार किया है? चल जरा देखें, अल्योशा। उन्हें कुछ हो गया तो मैं तो वहीं मर जाऊँगी! मैं घर नहीं लौटूँगी! पौधों पर लेट जाऊँगी और वहीं जान दे दूँगी!"

अल्योशा ने लालटेन ली और दोनों चल दिये। बरफ़ पिघलने से बना कीचड़ रात में फिर जम गया था और रास्ता ऊबड़-खाबड़ हो गया था। खूब तेज़ ठंडी हवा चल रही थी। अल्योशा के हाथ की लालटेन हवा में झूल रही थी।

दोनों चुपचाप तेज़ी से चले जा रहे थे।

बाग में क्यारियों पर घना अँधेरा था। लालटेन की धीमी रोशनी काँच के तख्तों पर ही रह जाती थी। तख्तों से ज्यादा कुछ नहीं दिखाई पड़ता था।

एक कोने में एक मज़बूत सा पेड़ अँधेरे में चमक उठा।

"ओहो! यह हमारा 'शिशु पायनियर' है!" तातिआना बुदबुदायी।

"क्या कहा?" अल्योशा ने विस्मय से पूछा।

"सबसे पहले जो कल्ला फूटा था उसी का यह नाम है। अब खड़ा होना सीख रहा है! ज़रा देख तो अल्योशा! यह ज़रा भी नहीं झुका!"

"मुझे यक़ीन नहीं कि इसी तरह खड़ा रहेगा।"

"अल्योशा, मेरा खयाल है, गमलों को चटाइयों से ढँक दें।"

"एक मिनट उन्हें सर्दी सहना सिखाती है, दूसरे मिनट उन्हें रजाई ओढ़ाकर सुलाने की बात सोचती है। तू भी अजीब मुसीबत है। चल, घर जाकर आराम से सो।"

तातिआना आयी थी तो कुछ तो करके जाती। अँधेरे में से चटाइयाँ ढूँढ़ कर उसने गमलों को ढँक दिया। रात भर चिन्ता के मारे उसे ठीक से नींद नहीं आई। सुबह आँखें खुलते ही पौधों के पास दौड़ी। वहाँ पहुँची तो उसे गमलों को देखने की हिम्मत नहीं हो रही थी। आँखें बन्द करके उसने अपना दिल कड़ा किया और फिर मन में कहा 'एक, दो, तीन'! फिर आँखें खोलीं।

सभी पेड़ खूब हरे-भरे और मज़बूत थे। सिर्फ़ दो या तीन मुर्झाये थे। तातिआना का मन पुलक उठा। उसने एक ठंडी साँस ली और गमलों के पास बैठकर पेड़ों के एक-एक पत्ते को ध्यान से देखने लगी।

खेतों में काम करने वाले लोग पास से गुजर रहे थे। वे पौधों का हाल-चाल पूछते जाते थे।

"कहो, अब क्या हाल है?" फ्रोस्या ने मालिकाना ढंग से पूछा। जब से उसने बाग़ वाले दल को काँच की पटियाँ भेंट की थीं, वह पौधों पर अपना अधिकार समझने लगी थी।

"अच्छे हैं।" तातिआना ने शान्ति से उत्तर दिया।

"अब ज़रा ध्यान रखना! कहीं पौधों को पाला न मार जाए! मातवेयेविच तक को फिक्र हो गई है!" फ्रोस्या ने आदेश दिया।

अब तक मातवेयेविच और अल्योशा भी वहाँ आ पहुँचे थे।

"अरे! ये पेड़ तो अब तक खड़े हैं!" मातवेयेविच ने आश्चर्य से कहा।

"हूँ!"

"कोई सोच सकता था? पाले में मुरझाये तक नहीं!"

"बड़े तगड़े पट्ठे हैं!" तातिआना ने काँच की पटियों पर गाल चिपकाते हुए कहा। "नन्हे-नन्हे कैसे प्यारे लग रहे हैं!"

"अरे इन्हें क्यों चूम रही है? मुझी को चूम ले न!...." पेत्रो ने दाँत निकाल कर कहा। "चलो, लड़को चलो!"

खेत जाने वालों के दल अभी गए ही थे कि अवदोत्या वहाँ आ पहुँची।

"क्यों तातिआना? मुरझाये तो नहीं?"

"बिल्कुल हरे हो रहे हैं!"

वसन्त ऋतु के सूर्य की किरणें गरम क्यारियों की काँच की पटियों पर छिटक रही थीं। आँखें चौंधिया जाती थीं। आँखें मिचमिचाती हुई अवदोत्या झुक कर क्यारियों को ध्यान से देखने लगी।

"सूरज सामने पड़ रहा है। मुझे तो दिखाई नहीं देता।" फिर सहसा प्रसन्नता से चिल्ला उठी : "अरे हाँ!...दिखाई पड़ रहे हैं!...कितने अच्छे लग रहे हैं! बिलकुल सीधे खड़े हैं! बड़े खुश नज़र आ रहे हैं! अब बढ़ भी तो गए हैं!"

नन्हे-नन्हे हरे पौधे अपनी कोपलें पसार कर सूर्य की किरणों को पकड़ने का प्रयास कर रहे थे। उनके इस प्रयास में इतनी उत्सुकता और जीवन की ऐसी चाह थी कि अवदोत्या उन पर से आँखें हटा ही नहीं सकी। उन्हें जी भर देख लेने के बाद ही वह वहाँ से हटी। लेकिन, दिन भर दूसरे अनेकों कामों में व्यस्त होने पर भी उसकी आँखों में भीगी ज़मीन, उस पर छितरे फेनिल बरफ़ के धब्बे, गरम क्यारियों में काँच की पटियों से छन-छन कर पहुँचती सूर्य की किरणें और तनी हुई नन्ही कोपलों की हरियाली समायी रही।

'ताज्जुब है कि बार-बार मुझे उन पेड़ों का ही खयाल क्यों आ रहा है? जाने क्यों वे भूलते ही नहीं!' अवदोत्या सोच रही थी। 'हमने बहुत देर से उन्हें बोया, फिर भी खूब अच्छे उग आए हैं। पाले से भी नुकसान नहीं हुआ। अब धरती चीर कर निकल आए हैं तो उन्हें कोई रोक भी नहीं सकता! लगता है जैसे कोई मंगल-सन्देश लेकर आए हैं। किसके लिए है यह सन्देश? शायद सामूहिक खेत के लिए! या मेरे लिए? नहीं-नहीं! अपनी बाबत सोचना ठीक नहीं!"

अपने बारे में विचार को उसने एक तरफ हटाया और उसे ठुकराकर दूर कर दिया।

"ये हमारे फ़ार्म के लिए शुभ-सन्देश लाये हैं! यह नए वर्ष का मंगल शुभारम्भ है।"

2. गति

फरवरी प्लेनम के निर्णयों पर विचार करने के लिए हुई सभा के बाद फ़ार्म के जीवन में सचमुच दूसरी लहर आ गई थी। लोगों की रस्सी बटने की बीमारी, जिस पर वासिली को इतनी खीझ आती थी, अपने-आप मिट गयी। अब सन-कुटाई

वाली झोंपड़ी में लगातार भीड़ बनी रहती थी। उस झोंपड़ी का नाम ही सन-कुटाई की झोंपड़ी पड़ गया था, गोकि सन का काम कभी का पूरा हो चुका था और सन शहर भेज दिया गया था। सन-कुटाई की झोंपड़ी में अब बीसों ऊपरी काम होते रहते थे। यहाँ चलनियाँ रखी रहती थीं और यहीं अक्सर शाम को कौमसोमोल के लड़के बैठकर बीजों के लिए बढ़िया दाने चुनते थीं। यहीं अल्योशा का कृषि-शिक्षा का काम चलता था और यहीं बैठकर दूध दुहने वाली औरतें गोशाला में पहनने के चोगे, तौलिये और परदे तैयार करती थीं! यहीं बैठकर बूढ़े लोग अस्तबल के टूटे साज़ों और काठियों की मरम्मत करते थे।

वासिली को लगता मानो कोई भारी, चरमराती गाड़ी जो दलदल में फँसी हुई थी और जिसे निकालने की अरसे से और कठिन मेहनत की जा रही थी, दल-दल से निकलकर कल्पनातीत गति से सड़क पर चल दी थी।

सबसे आश्चर्य की चीज़ थी उसकी अद्‌भुत गति। वासिली जानता था कि यह गति स्वाभाविक थी, कि चारों तरफ़ की हर चीज़ ने उसे उबारने में सहायता की थी, कि सामूहिक फ़ार्म की ताक़तें और अनुभव नई चीज़ नहीं थे! फ़ार्म मानो स्वप्नावस्था से जाग रहा था! फिर भी इस चमत्कार को देखकर वासिली चकित हुए बिना नहीं रह सका।

कुछ ही दिनों पहले तक बीज-गोदाम में छोटे दानों का, कूड़े करकट से भरा, बीज रहता था। गोशाला में भूखी गायें दर्द भरी आवाज़ में रँभाया करती थीं। औज़ार और मशीनें छप्परों के नीचे टूटी-फूटी दशा में एक-दूसरे पर सुची जंग खाया करती थीं। किसान बड़ी अनिच्छा से और सुस्ती से काम पर जाते थे। लेकिन अब? अब रंग ही दूसरा था। फ़ार्म को रद्दी गल्ले के बदले जो बीज मिले थे वे बड़े दाने के और खूब साफ़-सुथरे थे। गोशाला में कुछ भूसा खरीद लिया गया था और कुछ सहायता के रूप में सरकार से मिल गया था। गायों की हालत सुधर गई थी। मशीनों और औज़ारों की मरम्मत हो गई थी। किसान भी ठीक समय पर काम पर पहुँच जाते थे।

सामूहिक फ़ार्म में अभी तक सैकड़ों समस्याएँ सामने थीं, परन्तु सफलताएँ भी कम नहीं थीं। कुछ नई बातें ऐसी थीं जो फ़ार्म की समृद्धि के दिनों में भी नहीं थीं। बिजली के इंजन, आवश्यकता पर वर्षा करवाने के यन्त्र और खनिज उर्वरकों का ऐसा भंडार फ़ार्म के पास पहले कभी नहीं था।

नया वसन्त फ़ार्म के जीवन में मशीनों और खेती की उन्नत विधियों को प्रारम्भ करने वाला वसन्त था।

उग्रेन में पार्टी की कार्यकारिणी के लेक्चरर का सामयिक समस्याओं पर व्याख्यान

होने वाला था। वासिली इस व्याख्यान में जाने के लिए लारी की प्रतीक्षा कर रहा था। लारी गोदाम से तेल वगैरा ले रही थी। वह भी टहलता हुआ उसी ओर चला।

अप्रैल का महीना शुरू हो गया था। उस दिन जाड़े और वसन्त का संगम सा हो रहा था। बरफ़ पड़ रही थी। जाड़ा हो रहा था। पर हवा में कुछ गरमी और नमी थी। बादलों से घिरे आकाश से बरफ़ के गाले धीरे-धीरे गिर रहे थे। वासिली मशीनों के गोदाम के सामने आकर ठिठक गया और जेब में चाबियाँ ढूँढ़ने लगा। चाबियाँ मिल गयीं। वासिली ने भौंहों और पलकों पर से बरफ़ झाड़ी और लारी की ओर देखा। धुन्ध में लारी और लारी को घेरे खड़े लोग अस्पष्ट से दिखाई दे रहे थे। सधे कदमों से वासिली गोदाम की ओर चल दिया।

गोदाम में नयी-नयी मशीनें रखी थीं। यहाँ अनाज छानने की मशीन, लुनाई की मशीन, बिजली के दो इंजन और बनावटी वर्षा कराने वाले बिजली के यंत्र थे। ये यंत्र फ़ार्म को ज़िला पार्टी कमिटी की सहायता से उधार मिले थे। वासिली पिछले सप्ताह स्वयं इन चीज़ों को लाया था। यहाँ मौजूद चीज़ों का ध्यान उसे सदा ऐसे ही रहता, जैसे किसी निकट प्रियजन का। जब भी मन में आता वह गोदाम खोलकर मशीनों को देखने पहुँच जाता। इस गोदाम की चाबी वह कभी किसी को नहीं देता था। अकेला खड़ा वह इस बहुमूल्य निधि से अपनी आँखें तृप्त किया करता था। अब भी वह इस आकर्षण को हरा नहीं पाया। उसने भारी ताले को खोला और अन्दर चला गया। खुले दरवाज़े से आते धुँधले प्रकाश में धातु की बड़ी-बड़ी मशीनें रहस्यमय ढंग से चमक रही थीं। वे गतिहीन, भारी-भरकम और ऊँघती सी लगती थीं, फिर भी जीवन और गति के लिए किसी भी समय उठ खड़ी होने को तैयार थीं। उनकी गति-हीनता में एक प्रकार की प्रसुप्त शक्ति निहित थी और यही शक्ति वासिली को बरबस अपनी ओर खींच लेती थी।

मशीनों से वासिली को तभी से प्यार था जब उसने पहला ट्रैक्टर देखा था। उम्र बढ़ने के साथ-साथ मशीनों के प्रति प्रेम ने आवश्यकता का रूप ले लिया। बिना मशीनों का खेत उसे उतना ही सुनसान और वीरान लगता जैसे बिना बासिन्दों का मकान। मशीनों की ओर देखते हुए वह उस चिर-प्रतीक्षित घड़ी की कल्पना में डूब जाता था जब बिजली के इंजन लग जाएँगे और छनाई-फटकाई का काम बिजली से होने लगेगा। नए खलिहान और बिजली की मशीनों का उसका स्वप्न दिन-प्रति-दिन मूर्तरूप लेता जा रहा था। कुछ दिनों पहले इसका एकमात्र चिह्न कटाई की जगह रखे वे लट्ठे थे, जिन्हें जाड़ों की उस सुबह, वासिली ने लालटेन की रोशनी में देखा था। अब ये लट्ठे, छीले और सँवारे हुए, टीले के पास रखे थे और यहाँ गोदाम में बिजली के इंजन खड़े थे।

अब तक वासिली को इन मशीनों की हुंकार सुनने और उनके गतिमय

जीवन को देखने का अवसर नहीं मिला था, तो भी वह उनके ठंडे शरीर पर हाथ फेर सकता था और उनकी हर तरह से जाँच कर सकता था। धूल से बचाने के लिए उसने उन्हें नए बोरों से ढँक दिया।

वासिली गोदाम से बाहर निकला तो उसके चेहरे पर संतोष, रहस्य और प्रसन्नता का भाव था। उसका चेहरा बिलकुल नन्ही दुन्या की तरह लग रहा था जब अपनी मुट्ठी में मिठाई छिपाये, गर्दन टेढ़ी किये, वह बड़े रहस्यमय ढंग से पूछती थी :

''बताओ...मेली मुट्ठी में क्या है...?''

वासिली जिस समय लारी के पास आया उसी समय वालेंतिना और मशीन-ट्रैक्टर स्टेशन का मैनेजर प्रोखारचेन्को भी वहाँ पहुँच गये। प्रोखारचेन्को भारी-भरकम शरीर वाला आदमी था! चेहरे पर लम्बी-लम्बी मूँछें थीं।

तीन महीने पहले मशीन-ट्रैक्टर स्टेशन नई जगह बदल दिया गया था। कुछ साज-सामान और मशीनें बच रही थीं। उन्हीं को लेने प्रोखार आया था।

''चलो भाई चलो! लारी में बैठो!'' प्रोखारचेन्को बोला। ''तू भीतर बैठेगी न वाल्या?''

''नहीं चाचा। मैं बाहर बैठूँगी। मुझे भीतर बैठना अच्छा नहीं लगता।''

''तो मैं भीतर बैठ जाऊँगा।''

प्रोखारचेन्को ने वालेंतिना को उठाकर लारी पर ऐसे रख दिया जैसे वह हल्का फूल हो। वह वालेंतिना का दूर का रिश्तेदार था और अब भी वालेंतिना को वैसे ही मानता था जैसे बीस बरस पहले।

वासिली एक अपरिचित स्त्री की बगल में जा बैठा। लारी धीमी चाल से घूमकर सड़क पर आ गयी। अब वह खेतों के बीच से होकर चौड़ी सड़क पर भागती जा रही थी।

वासिली चुप था। गोदाम में रखी नई मशीनों और पिछले कुछ दिनों में फ़ार्म में काम की ठीक रफ्तार से उसके मन में मौन प्रसन्नता और आह्लाद छाया हुआ था। टोकरियों और बक्सों के बीच दबे चुप बैठे-बैठे कभी उसे ऊँघ आने लगती और कभी जाग कर आत्म-तृप्ति से, जो उसकी एक बहुत बड़ी कमज़ोरी थी, वह सोचने लगता :

''अब देखो फ़ार्म की हालत!...करने से पता लगता है। मुझे काम सँभाले सिर्फ़ छह महीने हुए हैं! देख लो क्या कायापलट कर दी है! चौरतरफ़ा प्रगति! सब तरफ़ कामयाबियाँ-ही-कामयाबियाँ! बोवाई की पूरी तैयारी हो चुकी है। बीज छाने-बिने तैयार हैं। औज़ारों की मरम्मत हो चुकी है। खाद खेतों में पहुँचायी जा चुकी है। खनिज उर्वरक तैयार हो गए हैं। बिजली घर में दूसरा जेनरेटर लग चुका है! मशीनें पहुँच गई हैं! इसी को कहते हैं ढंग से काम करना! यह हरेक के बस

का काम नहीं है। जो प्रधान फ़ार्म को दलदल से निकाल दे, समझो जरूर काबिल आदमी है। लोग क्या यों ही मुझे मानते हैं? तभी तो पेत्राविच फ़ार्म पर इतना ध्यान देता है।"

वासिली भूल गया था कि मशीनें और जेनरेटर आन्द्रेई ने ही उसके फ़ार्म को उधार दिलवाये थे और अनाज के निरीक्षक ज़ागोतज़ेर्नो ने उसके फ़ार्म का खराब गल्ला लेकर बदले में बढ़िया बीज दे दिया था। वासिली इन सब सफलताओं का श्रेय अपने को देता था और समझता था कि सब कुछ उसकी ही करनी है।

ज़िले के समाचार-पत्र में पहली मई फ़ार्म पर एक लेख छपा था जिसमें फ़ार्म के काम में सुधारों और उन्नति तथा वसन्त की फसलों के लिए तैयारियों की बहुत प्रशंसा की गई थी। इस लेख को पढ़कर वासिली का दिमाग और भी चढ़ गया था। वासिली कल्पना कर रहा था कि ज़िला कमिटी के दफ्तर में पहुँचते ही आन्द्रेई खड़ा हो कर प्रसन्नता से उसका स्वागत करेगा और दफ्तर में काम करने वाले लोग उसे बधाइयाँ देंगे। वासिली ने वालेंतिना की ओर देखा। उसकी इच्छा हो रही थी कि अपनी सफलताओं के सम्बन्ध में वालेंतिना से कुछ बातें करे। परन्तु वालेंतिना एक बक्स के सहारे गुड़ी-मुड़ी बनी ऊँघ रही थी।

'क्या मज़े से लेटी है! बिलकुल बिल्ली की तरह!' वासिली सोच रहा था।

कैसी भी असुविधा की जगह क्यों न हो, वालेंतिना में आराम का 'इंतजाम' कर लेने की अद्भुत क्षमता थी। आराम और ऊँघ से एक क्षण में ही उठकर फिर चुस्ती और तत्परता से काम में जुट जाने का भी उसमें अद्भुत गुण था।

"सो रही है?" वासिली ने धीरे से पूछा।

वालेंतिना ने उत्तर नहीं दिया, हालाँकि वह सो नहीं रही थी।

आज आकाश बादलों से घिरा था। ढलवान पर फैले बरफ़ से ढँके नंगे खेत और गालों पर पड़ते बरफ़ के नम फ़ाहे—सभी कुछ ऐसा उदासी भरा था कि वालेंतिना का मन उठने या बोलने को नहीं कर रहा था।

भूरा शॉल ओढ़े वासिली के पास बैठी अपरिचित स्त्री धीमे किन्तु उदास स्वर में गा रही थी :

> किन्तु घुँघरुओं की झनकारें
> दुख-सन्ताप भगा देंगी,
> मेरी थकित-व्यथित आत्मा को
> फिर झकझोर जगा देंगी!

गाने का स्वर और शब्द एक-दूसरे से घुल-मिल रहे थे। वालेंतिना को यही अच्छा लग रहा था। गाने की मद्धिम और कम्पायमान धुन उदासी भरे वातावरण

और खेतों पर छायी निस्तब्धता के अनुरूप ही थी।

आकाश से गिरती बरफ़ आँखों के सामने परदे की तरह छा रही थी। लारी वालेंतिना को हिलोरें दे रही थी और उस स्त्री का उदासी भरा गाना उसे लोरी जैसा लग रहा था।

सहसा बड़े जोरों से सीं-ई-ई की आवाज़ हुई! फिर धातु की चीज़ों के टकराने का खनाका सुनायी दिया! आदमियों की आवाज़ें भी सुनायी दे रही थीं। लारी रुक गयी। वालेंतिना उठ बैठी। ठीक उसके सामने आयताकार नई इमारतें खड़ी थीं। ऑटोवेल्डिंग का ज्वलंत प्रकाश आँखों को चकाचौंध कर रहा था और बरफ़ का परदा नीले कोन बन-बनकर पिघल रहा था। एक छोटी बाड़ के साथ-साथ एक लम्बी सी छत थी, जिसके नीचे मशीनें इस तरह कतार बाँधे खड़ी थीं, जैसे अभी परेड शुरू करने वाली हैं। तैयार खड़े ट्रैक्टर ऐसे जान पड़ते थे जैसे कूद कर बरफ़ के मैदानों में दौड़ जाने के लिए उतावले हो रहे हैं। परों जैसी अनियोंवाले कल्टीवेटर-हल ऐसे लग रहे थे जैसे उड़ते हुए पक्षियों को पकड़ लिया गया हो। उनकी अवरुद्ध गति का आभास हर रेखा से हो रहा था। खेती के सभी कामों को एक साथ और अपने आप करनेवाली एक बहुत बड़ी कम्बाइन मशीन—एकदम नई और चमकदार—छोटी-छोटी 'उत्तरी' कम्बाइनों से घिरी खड़ी थी।

"ओह!" वालेंतिना के मुँह से निकला।

नया मशीन-ट्रैक्टर स्टेशन उसने पहले नहीं देखा था। धातु के हाथ-पाँव के घमासान में, बीच-बीच में लोहे को पिघलाने वाली ज्वालाओं के प्रकाश में, फौजी ढंग से खड़ी मशीनों का जमघट बरफ़ छायी निस्तब्धता को चीरकर सहसा ऐसे प्रकट हो गया कि वालेंतिना विस्मय से देखती रह गयी।

प्रोखारचेन्को लारी से उतर कर वालेंतिना की ओर आया और हाथ बढ़ाकर बोला :

"आओ, तुम्हें उतार लूँ। तुम्हें भीतर बैठना था। सर्दी लग रही है क्या?...मैं पूछता हूँ, क्या सर्दी लग रही है?"

"चाचा! मैं भी मशीन-ट्रैक्टर स्टेशन में काम करूँगी!" वालेंतिना ने प्रोखारचेन्को की बात का उत्तर दिये बिना लाड़ भरे उनींदे स्वर में कहा। दूसरे ही क्षण उसने सिर झटक कर ऊँघाई दूर की और प्रोखारचेन्को की सहायता के बिना ही लारी से कूद कर मशीन-ट्रैक्टर स्टेशन की ओर भागी।

जब तक लारी से सामान उतारा जा रहा था और तेल भरा जा रहा था वालेंतिना मशीन-ट्रैक्टर स्टेशन को देखती रही। कारखाना खूब बड़ा, भरा-पूरा था जिसमें और भी नई मशीनें लग रही थीं। तैयार सामान बाहर भेजने का कमरा, मशीनों की परीक्षा करने की खास जगहें, पत्थर के चबूतरों पर लगे पेट्रोल के बड़े-बड़े पम्पोंवाला पेट्रोल स्टेशन—इतना बड़ा सरंजाम देखने का अवसर वालेंतिना

को पहले कभी नहीं मिला था। इसकी तुलना में सामूहिक फ़ार्म का काम उसे बहुत मामूली और पुराने ढंग का लग रहा था। एक विचित्र प्रकार की लालसामय अशान्ति ने उसे धर दबाया। प्रशंसा और ईर्ष्या दोनों से मिलती-जुलती भावना उसे कारखाने से पेट्रोल स्टेशन तक, वहाँ से गोदाम तक और फिर वापस कारखाने तक दौड़ा रही थी। वह इस समूची सम्पत्ति की अधिकारिणी बनना चाहती थी। उसे अपने ऊपर क्रोध आ रहा था कि उसने पहले इस चमत्कारी शक्ति की ओर ध्यान नहीं दिया और अपने हाथ से उसे निकल जाने दिया। जिस समय वालेंतिना पहली मई फ़ार्म में आई थी, मशीन-ट्रैक्टर स्टेशन वहीं था। गाँव के किनारे, खड्ड के पास कई छोटे-छोटे मकानों में कुछ पुरानी-धुरानी मशीनें रखी थीं और वालेंतिना ने उनकी ओर ध्यान नहीं दिया। यह भी वैसा ही मशीन-ट्रैक्टर स्टेशन था जैसे और। बोवाई का समय आने पर यहाँ वाले लोग फ़ार्म को एक ट्रैक्टर दे देते थे और फसल कटाई के दिनों में कुछ दिनों के लिए कम्बाइन मशीन उधार दे देते थे। मामूली सी जगह थी और उसमें कोई आश्चर्य की बात नहीं थी।

लेकिन यहाँ तो दूसरा ही चमत्कार दिखाई दे रहा था।

"अरे, क्यों यहाँ-वहाँ भागी फिर रही है? क्या चाहिए?" प्रोखारचेन्को ने पुकारा। "आ ज़रा बैठ ले! अभी फिर चलनेवाले हैं।"

प्रोखारचेन्को दफ्तर के बाहर एक बेंच पर बैठ गया और तेल के पीपों के लारी में लद जाने की प्रतीक्षा करने लगा। वालेंतिना आकर उसके पास बैठ गयी।

"भई, जल्दी करो न!" प्रोखारचेन्को ने हाँक मारी।

पीपों के आपस में टकराने, लोहा पिघलाने वाली लपटों की सुसकार और खराद की मशीनों की आवाज़ सुनाई दे रही थी।

"अरे, दूसरे ट्रैक्टर की मरम्मत का कागज़ कहाँ है?" भीतर कोई चिल्लाकर कह रहा था। "मरम्मत का कागज़ कहाँ फेंक दिया?"

"ओ वान्या! चल, बियरिंग लगाने का इन्तज़ाम कर।" किसी के भर्राये गले की आवाज़ सुनायी दी।

वालेंतिना प्रोखारचेन्को के पास बैठी हुई चुपचाप लोगों की आवाज़ें और मशीनों की खड़खड़ाहट सुन रही थी। उसके मन से अशान्ति दूर नहीं हो रही थी। लारी में बैठी अपरिचित स्त्री का उदासी भरा गीत उसे याद आ रहा था। वह उसी गीत को गुनगुनाने लगी :

किन्तु घुँघरुओं की झनकारें
दुख-सन्ताप भगा देंगी,
मेरी थकित-व्यथित आत्मा को....

जब उसे ध्यान आया कि वह गीत गा रही है, तो अपने पर झुँझला उठी :

''ऐसी-तैसी इस गीत की! दिमाग़ से निकलता ही नहीं। रखा क्या है इसमें! चाचा, जाने क्यों मुझे अब भी सिहरन हो रही है....!''

प्रोखारचेन्को ने मूँछों पर ताव दिया।

''क्यों क्या बात है?''

''चाचा, इस जंगल के पीछेवाली ज़मीन तुम्हें याद है न? वहाँ मैदानों में तीन सामूहिक फ़ार्मों के खेत हैं। अगर तीनों को मिला दिया जाय और ट्रैक्टर चलवा दिया जाय तो? ज़रा सोचो! मज़ा आ जाएगा!''

वह चुप हो गई और फिर वही 'घुँघरुओं की झनकारों' वाला गीत गुनगुनाने लगी। फिर सहसा प्रोखारचेन्को से बोली :

''चाचा, अगर कम्युनिस्ट समाज में भी लोगों को परेशानियाँ रहीं तो जानते हो कैसी होंगी?''

''कैसी होंगी?'' प्रोखारचेन्को ने विस्मय से भतीजी की ओर देखा। क्या यह वही घुटनों तक घाँघरी पहने बत्तखें चरानेवाली वाल्या थी जिसे वह भूल नहीं पाता था?

''जैसी मेरी हैं...चलते जाओ, चलते जाओ! काम करते जाओ और सोचते जाओ—काम अच्छा हो रहा है, ठीक हो रहा है। अचानक देखते क्या हो कि ज़िन्दगी आगे निकल गई है। तब समझ में आता है कि तुम ठीक काम नहीं कर रहे थे, कि तुम ज्यादा काम कर सकते थे और ज्यादा ठीक काम कर सकते थे! अब तुम्हीं सोचो, चाचा! ज़िले के भूमि-विभाग का कृषि-विशेषज्ञ है ही क्या चीज़! पुराने दर्ज़े का आदमी! और मशीन-ट्रैक्टर स्टेशन का कृषि-विशेषज्ञ? हाँ, वह ज़रूर हुब्बे का आदमी होता है। उसके हाथ में मशीनें होती हैं। ट्रैक्टर ड्राइवरों की पूरी फौज उसके मातहत होती है! काश तुम जानते होते, चाचा, कि अचानक यह एहसास होने पर कैसा लगता है कि अब तुम पुराने दर्ज़े के आदमी हो गए हो!''

प्रोखारचेन्को ज़ोर से हँस पड़ा।

''अरी चल 'पिछड़े दर्ज़ेवाली'! अभी तेरी उम्र ही क्या है? तेरे लिए काम करने के कितने मौक़े आएँगे! तू होशियार लड़की है! है न? लेकिन तेरा कहना ठीक है। आजकल मशीन-ट्रैक्टर स्टेशन में सबसे महत्त्वपूर्ण काम कृषि-विशेषज्ञ का ही है। यही बात पार्टी प्लेनम के फ़ैसलों में कही गई है। लेकिन देखें, कृषि-मंत्रालय की नींद कब टूटती है! तब तक तो इन्तजार करना ही होगा।''

दोनों ने कृषि-मंत्रालय की जी खोलकर आलोचना की। फिर प्रोखारचेन्को ने वालेंतिना को वचन दिया :

''हमारे यहाँ नए आदमी रखने की मंजूरी आने की देर है कि बस पहले तुझी को बुलाऊँगा!''

वालेंतिना की तरह ही वासिली ने भी मशीन-ट्रैक्टर स्टेशन का एक चक्कर लगाया। यहाँ बहुत-सी चीजें उसके लिए नई थीं! फिर भी बहुत-सी चीजों से

उसका जवानी के दिनों से ही लगाव और परिचय था। आज भी उसका मन उन्हीं के लिए ललक रहा था।

मरम्मत खातों में मशीनों की खड़खड़ाहट, ट्रैक्टर-ड्राइवरों का बड़ी चुस्ती से और नाप-जोखकर काम करने का खास तरीका, शेडों के नीचे खड़े बड़े-बड़े ट्रैक्टर—सभी चीज़ें वासिली को बहुत प्रिय लग रही थीं।

दुर्धर्ष और तेज़ गति से चलकर बंजर धरती का हृदय विदारने और उसे जोत डालनेवाले ट्रैक्टरों से वासिली को विशेष आत्मीयता थी। ट्रैक्टरों के भारीपन में, उनकी सीधी जबरदस्त चोट में, उसे अपने स्वभाव की अनुरूपता दिखाई देती थी। उसे उनके बिना अपना जीवन अधूरा मालूम होता था। परन्तु उसे सबसे ज्यादा आकर्षक फसल कटाई की स्वयं-चालित मशीनें लग रही थीं जो उस वर्ष पहली बार मशीन-ट्रैक्टर स्टेशन में आई थीं। उसने कभी इन मशीनों पर काम नहीं किया था और उसे अपनी पुरानी साथी नास्तासिया ओगोरोदनिकोवा को कम्बाइन के पास खड़े देखकर स्पर्धा हो रही थी। नास्त्या के पास जाकर उसने कहा :

"लाजवाब मशीन है।"

नास्त्या अपने ही खयाल में डूबी हुई थी। वासिली की बात सुनकर उसने उसकी तरफ देखा तक नहीं। अपने-आप बड़बड़ाने लगी :

"पट्टे से चलेगी?....ऐसी-तैसी! मैं तो चेन लगाऊँगी। पट्टे बिलकुल बेकार हैं! पहली नाली में ही टूट जाएँगे!"

वासिली इस असाधारण मशीन को बड़े कौतूहल और आदर के भाव से देख रहा था।

'मशीन-ट्रैक्टर स्टेशन से तो मेरा नाता ही टूट गया है!' वह सोच रहा था। 'यहाँ खड़ा आँखें फाड़-फाड़कर स्कूली बच्चे की तरह मशीन को देख रहा हूँ। मेरी तो अकल चकरा गई है। और नास्तासिया इसे ऐसे चलाती है जैसे ज़िन्दगी भर इसी को चलाती रही हो। नास्तासिया के लिए यह उतनी ही जटिल है जैसे बुढ़िया अगाफ्या के लिए चाय की पतीली—बस!'

नास्त्या में भी उसे मशीनों से उतना ही प्यार और शौक दिखाई दे रहा था जितना खुद उसे था। वह बड़ी उत्सुकता से उसके हाथों को चुस्त और मर्दाने ढंग से पुर्जों को हिलाते-डुलाते देख रहा था! नास्त्या की सुन्दर काली भौंहें सिकुड़ी हुई थीं। हल्के-हल्के चेचक के दागों से भरे उसके चौड़े माथे पर काले बालों की एक लट झूल आई थी। उसके चेहरे से झुँझलाहट प्रकट हो रही थी। कम्बाइन को वह वासिली की तरह कौतूहल और आदर से नहीं देख रही थी। वह उसे मालिकाना और आलोचनात्मक ढंग से हिला-डुला रही थी।

"पहली बार देखोगे तो समझोगे कि बहुत बढ़िया मशीन है। लेकिन ऐब ही ऐब भरे हैं।"

''अभी तो 'कारखाने में पहली बार बनायी गई है। सब बातें ठीक होने में कुछ देर तो लगेगी ही।'' वासिली ने मशीनों की ओर से वकालत की।

''मुझे इससे क्या मतलब? वसन्त में पहली नाली में ज़रा भी गड़बड़ हुई तो मुझे कोई नहीं माफ़ करता! मुझसे तो सब यही उम्मीद करते हैं कि जोताई करती जाऊँ। ज़रा देखो इन पट्टों को। इन्हें तो बदलना ही होगा।''

वासिली जानता था कि नास्त्या को चीज़ों में अपने ढंग से परिवर्तन करने की खब्त है। मशीनों में ही क्या, जहाँ भी वह काम करती, कोई न कोई नई चीज़ डाले-निकाले बिना नहीं मानती थी। जहाँ भी काम करती, हर चीज़ अपने ढंग से करती। इसीलिए मशीन-ट्रैक्टर स्टेशन तथा ज़िले और क्षेत्र में लोग उससे डरते थे और उसकी इज्जत करते थे।

''दिल चाहता है कि एक बार इन कम्बाइन बनाने वालों के कान खोल दूँ कि यह क्या तमाशा किया करते हो! उन्हें कम्बाइन चलानेवालों से कभी पाला नहीं पड़ा न!'' मशीन छोड़ सीधी खड़ी होकर एक कपड़े से हाथों में लगी कालिख और चिकनाई पोंछते हुए नास्त्या ने कहा! सर्दी के कारण सुर्ख हुए हाथों को साफ कर नास्त्या ने माथे पर की लट को ठीक किया और फिर आँखें सिकोड़कर कम्बाइन को ध्यान से देखने लगी। उसके चेहरे पर उत्साह और प्रसन्नता की मुस्कराहट नाच रही थी।

''फिर भी चीज़ बढ़िया है!....'' उसे कहना ही पड़ा।

''हाँ! और इसे चलानेवाली भी!'' सम्मोहित सा उसकी ओर देखता हुआ वासिली कह ही बैठा।

नास्तासिया से वासिली का परिचय वर्षों पुराना था। परिचय ज्यों-ज्यों पुराना होता जाता था वासिली को नास्त्या और अधिक अच्छी जान पड़ती थी। उसके मन में एक टीस सी उठती और वह सोचता—'यह थी मेरे लायक! अगर मेरी और नास्त्या की जोड़ी बन गई होती तो हम भी कुछ करके दिखा देते!' नास्त्या मानो वासिली की भावना ताड़ गई थी। उसने वासिली की ओर कुछ क्रोध भरी आँखों से देखा फिर उसे खयाल से उतार दिया। वह फुर्ती से लोहे की सीढ़ी पर चढ़ चली। ऊपर पहुँचकर वासिली की ओर घूमकर देखा और सदा की भाँति चपलता से मुस्कराकर बोली :

''अब तो कम्बाइन चलाने की तबीयत होती है। ट्रैक्टरों में क्या रखा है?''

''हम तो ट्रैक्टर के ही लायक हैं! तुम कम्बाइन चलाओ!'' वासिली ने प्रशंसापूर्ण उलाहने के भाव से कहा!

''क्यों?''

वासिली इस 'क्यों' का उत्तर नहीं दे पाया। पर उसे लग रहा था कि नास्त्या का स्थान कम्बाइन की ऊँची गद्दी पर है, न कि चपटे ट्रैक्टर पर।

"अरे ओ वासिली कुज़्मिच!" प्रोखारचेन्को ने आवाज़ दी। वासिली लारी की ओर लौट चला।

मशीन-ट्रैक्टर स्टेशन से भी कई औरतें और मर्द वालेंतिना और वासिली के साथ उसी लारी से व्याख्यान सुनने जा रहे थे। वासिली के साथ ही स्टेशन का मुख्य कारीगर सेम्योनोव बैठा था। सेम्योनोव दुबला-सा आदमी था। सिर के बाल काले थे। वह एक काला कोट पहने था जिसके कालर पर अस्तरखानी फर लगी हुई थी। सिर पर टोपी भी अस्तरखानी थी। गले में एक हरा गुलूबन्द यों ही लपेटा हुआ था जिसके दोनों छोर हवा में उड़ रहे थे।

वासिली इस भड़कीले गुलूबन्द और इंजीनियर को तिरछी नज़रों से देख रहा था। कारीगर से वासिली का पुराना परिचय था। परन्तु उसे इंजीनियर की अकड़ और शेखी नहीं सुहाती थी।

"इस साल मैं काम का संगठन दूसरे ढंग से कर रहा हूँ।" कारीगर वालेंतिना से कह रहा था। "सब मशीनें और औज़ार मेरी देख-रेख में रहेंगे। पिछले हफ्ते आन्द्रेई प्रान्तीय प्रतिनिधियों के साथ मेरे कारखाने में आए थे। 'तुम तो चमत्कार कर रहे हो, इवान पेत्रोविच!' उन्होंने कहा था, 'तुम्हारा कारखाना प्रान्त में सबसे अच्छा होना चाहिए।' "

इवान ने बात एकदम सच कही थी और वह वास्तव में ही बहुत अच्छा कारीगर था परन्तु वासिली को उसकी हर बात से चिढ़ थी। उसका बार-बार अपनी डींग मारना और भौंहें चढ़ाकर, आँखें मटकाकर बातें करना, उसके गले में लिपटा भड़कीला गुलूबन्द—वासिली को सभी कुछ असह्य हो रहा था।

'क्या कहने हैं तेरे 'मैं' के!' वासिली सोच रहा था। ' 'मुझे', 'मैं' 'मेरा कारखाना'—जैसे मशीन-ट्रैक्टर स्टेशन में इसके अलावा कोई है ही नहीं!

वासिली ने बातचीत में भाग न लिया। दूसरी ओर मुँह किये चुपचाप बैठा रहा।

उग्रेन पहुँच कर वालेंतिना रास्ते में अपने घर के पास उतर गयी। बाकी लोग ज़िला पार्टी कमिटी के दफ्तर चले गये।

ज़िला पार्टी कमिटी के दफ्तर के चबूतरे पर काफी भीड़ जमा थी। लम्बे-चौड़े, खुले बरामदों और गैलरियों में भी लोग जमा थे।

वासिली के पहुँचते ही सब उससे हाथ मिलाने के लिए आगे बढ़ आये।

"पहली मई फ़ार्म को बधाई है, भाई!"

"कैसे हो, वासिली कुज़्मिच?"

"आओ भई, आओ! अब तुम फिसड्डी नहीं रहे!"

वासिली सबसे हाथ मिलाता, हँसी-मज़ाक का उत्तर देता, व्याख्यान वाले हॉल के सामने के बरांडे में जा पहुँचा। यहाँ भी खूब भीड़ थी और शोर-गुल हो रहा था। मंच के पास खड़े तीन आदमियों की ओर सबकी आँखें उठ रही थीं। ये तीनों ज़िले के सबसे बड़े और आपस में होड़ करने वाले सामूहिक फ़ार्मों के प्रधान थे। तीनों व्यक्ति एक-दूसरे से भिन्न थे। लोबोव हट्टा-कट्टा, चतुर और हँसमुख था। उसका फ़ार्म दूसरों से छोटा था परन्तु था बहुत संगठित और सुव्यवस्थित। अपनी भूरी-भूरी आँखों को प्रसन्नता से सिकोड़े हुए वह अपने सहयोगियों को इस तरह देख रहा था जैसे कह रहा हो :

"तुम्हारे फ़ार्म बड़े सही! पर बड़े होने से ही सब नहीं हो जाता। नन्हे शरीरों में महान आत्मा रहती है!"

उगारोव, प्रान्त भर में प्रसिद्ध था। बीस वर्ष से वह खूब समृद्ध और विशाल 'कम्युनिज्म का प्रभात' नामक सामूहिक फ़ार्म का प्रधान था। उसके चेहरे से ही रोब बरसता था। खूब लम्बा क़द। बाज़ जैसा चेहरा। घनी दाढ़ी। किसी से बात करता तो लापरवाही से कहीं दूर देखता हुआ। हाँ, समीप खड़े मालीश्को से बातें करते समय जरूर वह उसकी ओर ध्यान दे रहा था और सावधान दृष्टि से उसकी ओर देख रहा था।

उगारोव कहीं आता-जाता तो सदा अपनी नीली सी 'पोबेदा' कार में। उसके फ़ार्म में उजले रंग की लोमड़ियाँ पली हुई थीं। हर दूसरे-तीसरे महीने वह शहर की नाट्यशाला में आधी सीटें रिज़र्व कराकर अपने किसानों को रेल से तमाशा देखने भेजता था।

ज़िले भर में उसका सम्मान था। वसन्त में जब बोवाई का समय नज़दीक आता और सामूहिक किसानों पर चारों तरफ से बमबारी होने लगती कि "बोवाई शुरू करो! बोवाई शुरू करो!" तो इन हिदायतों और हुक्मों के उत्तर में सामूहिक किसान अपने कृषि-विशेषज्ञों से एक ही प्रश्न पूछते :

"उगारोव के यहाँ बोवाई शुरू हो गयी?"

उगारोव के यहाँ बोवाई शुरू होती तो ज़िले भर में खबर फैल जाती—"उगारोव ने बोवाई शुरू कर दी!" और तभी दूसरे फ़ार्मों में भी बोवाई का काम शुरू होता। हालत यहाँ तक पहुँच गई थी कि ज़िला पार्टी कमिटी के ज़ोर देने पर ज़िला कान्फ्रेंस में उगारोव को खड़े होकर लोगों से अपील करनी पड़ी थी कि वे बोवाई के लिए उसकी प्रतीक्षा न करें।

"साथियो! मेरा रास्ता मत देखो, मेरे लिए मत रुको!" उसने बड़े प्रभावपूर्ण ढंग से कहा था। "हमारे खेत जंगलों के पीछे उत्तरी ढलवानों पर हैं। हमारे यहाँ बोवाई आपके यहाँ से दो-एक दिन पीछे शुरू होती है। फिर, हमारे यहाँ बोवाई की सब तैयारी हो चुकी है, पाँच दिन में बोवाई कर डालेंगे। हमारा साथ पकड़ने

की कोशिश करना बेकार है—कम से कम इस वसन्त में तो सरासर बेकार है।"

ज़िले में गार्ड्स कैप्टेन मालीश्को के आने से पहले बस उगारोव की ही धूम थी। मालीश्को ने आते ही विशाल मोलोतोव सामूहिक फ़ार्म का काम सँभाला और ऐसे ढंग से काम शुरू किया कि दो ही बरस में उसके फ़ार्म के किसान 'प्रभात' वालों की बराबरी करने लगे।

दुबला-पतला, साँवला और चेहरे पर उभरी रेखाएँ—मालीश्को कमर को ज़रा आगे झुका कर चलता था। वह अपनी चुप्पी के लिए मशहूर था। उसके पतले-पतले होंठ सदा ऐसे भिंचे रहते कि देखने पर लगता मानो उन्हें खोलने में उसे बड़ी मेहनत पड़ेगी। प्रायः भौंहों, आँखों या हाथों के संकेतों से ही किसानों से बातें कर लेता था। वे लोग भी उसकी बातें समझने और उसी तरह उससे बातें करने के आदी हो गए थे। लोबोव—जो हँसोड़ और बातूनी आदमी था—बड़ी कटुता से अपना अनुभव सुनाता था :

"इस होड़ के सिलसिले में कुछ बातें करने हम लोग इनके यहाँ पहुँचे। देखते क्या हैं कि हम बहरों और गूँगों में आ फँसे हैं। एक सभा बुलायी गयी। पौन घंटे में समाप्त कर दी गयी! मुझे बोलने के लिए पन्द्रह मिनट दिये गये! मालीश्को ने मुझे पन्द्रह मिनट से एक मिनट भी ज्यादा नहीं बोलने दिया। बस, घंटी बजा-बजाकर इशारों से कहे जाए—अब बन्द करो, अब बन्द करो।"

उगारोव और मालीश्को में होड़ चल रही थी। दोनों एक-दूसरे के काम और ढंग पर बड़ी सावधानी से नज़र रखते थे। मालीश्को ने नई वैज्ञानिक खाद मँगवायी। अगले दिन उगारोव का आदमी भी जाकर ठीक वही खाद ले आया। उगारोव ने अपने फ़ार्म में आलू का निशास्ता निकालने का कारखाना खोला। मालीश्को ने अपने यहाँ उससे भी अच्छा बनवा डाला। सभाओं या मीटिंगों में दोनों हमेशा एक साथ बैठते थे। बरबस लोगों की आँखें उनकी ओर उठ जाती थीं। इस समय उनको देखते ही उनकी बातचीत सुनने के लिए वासिली वहाँ जा खड़ा हुआ। लोबोव ने वासिली को पहचाना, उसकी ओर देखा और अभिवादन में सिर हिलाकर मुस्करा दिया। उगारोब या मालीश्को—किसी ने उसकी ओर ध्यान नहीं दिया।

"ज़िले में तुम नहीं आए थे तब बड़ा सूना-सूना लगता था, मालीश्को!..." उगारोव ने ज़रा मुस्कराकर मालीश्को से धीरे से कहा।

मालीश्को मुँह से नहीं बोला। चौड़ी घनी भौंहें उठाकर उसकी ओर एक बार देख भर लिया मानो कह रहा हो :

"बहुत समझते हो अपने आपको...कहीं सुस्तों से ही मात मत खा जाना...!"

उगारोव मतलब समझ गया। उसने भी उसकी ओर इस तरह देखा मानो कह रहा हो :

"तुम्हारे सिवा दूसरा कौन मात दे सकता है मुझे?"

उगारोव ने कमरे में इकठ्ठा हुए लोगों पर उड़ती-उड़ती नज़र डाली। उसकी निगाह वासिली पर आकर टिक गयी। आँखें सिकोड़ कर उसने क्षण भर वासिली को तौला मानो देख रहा हो कि उसमें कितना खम है, उसके बढ़ निकलने की कितनी सम्भावना है। कुछ जँच जाने पर वह मुस्कराया और फिर अपना गोरा-सा भारी हाथ उसकी ओर बढ़ा कर बोला :

"क्या हाल है, वासिली कुज़्मिच? सुना है अब तुम्हारे फ़ार्म में भी काम चल निकला है?"

वासिली खुशी से फूल उठा। फ़ार्म के मामलों में उगारोव पूरा उस्ताद था। हर विशेषज्ञ की तरह किसी काम में पैबन्द लगा कर पूरा करना उसे अच्छा नहीं लगता था। निकम्मे मैनेजरों से उसे नफ़रत थी।

"हाँ, चल ही निकला है!" वासिली ने उत्तर दिया, पर उगारोव मालीश्को की ओर घूम कर उससे फिर बातें करने लगा था।

"तो तुम कारखाना और बढ़ा रहे हो? सुना है सीरा भी निकालोगे?"

मालीश्को ने सिर हिलाकर हामी भरी।

'ये हैं मर्द!' वासिली ईर्ष्या से सोच रहा था। 'कारखाने बना रहे हैं! ढाई टन की फसल उतार रहे हैं! मोटरों में बैठ कर थियेटर जाते हैं....'

घण्टे भर पहले वासिली को अपनी सफलताओं का जो नशा चढ़ा हुआ था, वह अब उतर रहा था।

स्त्रेल्तसोव और लुक्यानोव के साथ नागरिकों जैसे कपड़े पहने एक नया आदमी भी हॉल में आया। यही सम्भवतः व्याख्यान देने वाला था।

आन्द्रेई ने पिछड़े हुए पहली मई सामूहिक फ़ार्म के लिए बहुत कुछ किया था। वासिली समझता था कि पार्टी सेक्रेटरी को सबसे अधिक उसके फ़ार्म की ही चिन्ता है।

ज़िला पार्टी कमिटी के दफ्तर आते समय वासिली सोच रहा था कि उसे देखते ही आन्द्रेई खुशी से फूल उठेगा, उसे अपने पास बुलायेगा और उससे बीसियों सवाल पूछेगा। परन्तु आन्द्रेई वासिली के पास से निकल गया और उसकी ओर नज़र उठा कर देखा तक नहीं।

वासिली ने सुना कि व्याख्यान देने के लिए आया व्यक्ति उगारोव मालीश्को और लोबोव की ओर संकेत कर आन्द्रेई से कह रहा है :

"ये हैं असली आदमी! जीवटदार....!"

"हाँ, ये कसौटी पर खरे उतरे हैं!" आन्द्रेई ने मुस्कराकर कहा।

"कसौटी पर? कौन सी कसौटी पर?" उसने पूछा।

"1947 की कसौटी पर! युद्ध के बाद की स्तालिन पंचवर्षीय योजना के

दूसरे वर्ष वाली कसौटी पर।"

'क्या मैं कसौटी पर खरा नहीं उतरा?' वासिली चिन्तित हो कर सोच रहा था। वह चाहता था कि ज़िला-पार्टी कमिटी में लोग उसके बारे में भी वैसी ही बातें कहें जैसी उगारोव और मालीश्को के बारे में कहते थे : "असली आदमी...! कसौटी पर खरे...!"

कुछ ही मिनट में आन्द्रेई भीड़ से घिर गया। उगारोव और चुप्पा मालीश्को उसी के पास आ खड़े हुए। आन्द्रेई कई आदमियों से एक साथ बातें कर रहा था। सजीवता और स्फूर्ति की मूर्ति वह गम्भीर बातों के बीच-बीच मज़ाक की फुलझड़ियाँ भी छोड़ता जा रहा था। कभी किसी बात के उत्तर में वह ज़ोरों से हामी भरता और कभी एक ही बात कह कर किसी को निरस्त्र कर देता।

अब वासिली की समझ में आया कि ज़िला पार्टी कमिटी के सेक्रेटरी के लिए सोचने को केवल पहली मई फ़ार्म की ही बातें नहीं बल्कि और भी बहुत सी बातें हैं। उसका फ़ार्म दर्जनों में से सिर्फ एक था। आन्द्रेई की नज़र दर्जनों दूसरे फ़ार्मों पर भी रहती थी। वह उन्हें भी उतना ही महत्त्व देता था जितना पहली मई फ़ार्म को। उन पर भी उतना ही ध्यान देता था जितना पहली मई फ़ार्म पर। उनमें भी उतनी ही दिलचस्पी लेता था जितनी पहली मई फ़ार्म में। उनके भी हर मामले को उतनी ही गहराई से जानता था जितनी गहराई से पहली मई फ़ार्म के मामलों को। वासिली मन ही मन आन्द्रेई की प्रशंसा कर उठा :

"सचमुच गज़ब का आदमी है। एक साथ पचास सामूहिक फ़ार्मों का ध्यान रखता है।" बातचीत सुनने के लिए वासिली और आगे बढ़ आया। वसन्त में बोवाई के सम्बन्ध में बातचीत हो रही थी।

"अरे नहीं, पेत्रोविच! कहने को तुम चाहे जो कहो, लेकिन इससे इनकार नहीं कर सकते कि हमारे ज़िले के पास सारे प्रान्त में दूसरे नम्बर पर खाद का भण्डार है।" वोलगिन बड़े उत्साह से कह रहा था। "प्रान्त में दूसरा स्थान! हमारे जैसे ज़िले के लिए यह भारी कामयाबी है!"

आन्द्रेई ने वोलगिन की ओर घूम कर उत्तर दिया :

"लेकिन तुमने कभी सोचा इसकी वजह क्या है?" उसने अपने छोटे से हाथ को उगारोव, मालीश्को और लोबोव की ओर घुमा कर इशारा किया। "इन लोगों को धन्यवाद दो! सारे ज़िले का बोझ अपने कन्धों पर सँभाले हैं! ये हैं हमारे 'अगुवा'। 'पीट' का ही मामला ले लो। दस फ़ार्मों ने इतनी 'पीट' ढोयी जितनी बाकी सारे फ़ार्मों ने मिल कर नहीं ढोयी। इसी को तुम ज़िले की कामयाबी कहते हो? बहुत दिन तक इन 'अगुवा' लोगों की पीठ के पीछे छिपे रहे हो! मिसाल के लिए हम तुम्ही को ले लें, अफानासी लुकिच।" आन्द्रेई ने एक फ़ार्म के प्रधान की ओर घूम कर कहा। "तुम्हारे यहाँ कितनी 'पीट' ढोयी गई है! बीस गाड़ी?

इतनी भी नहीं? और तुम्हारे यहाँ, इल्या त्रोफिमोविच? अभी शुरू नहीं हुई?" आन्द्रेई की निगाह वासिली पर पड़ी। उसकी ओर घूम कर बोला : "अहा, वासिली कुज़मिच? क्या हालचाल हैं? आखिर तुम्हारे यहाँ भी 'पीट' की ढोवाई शुरू हो गयी?....अभी नहीं? क्यों?"

"लोग दूसरे कामों में लगे हैं। जानवर भी खाली नहीं हैं...." वासिली ने घबराहट में कहना शुरू किया।

"और अगर मैं कल तुम्हारे फ़ार्म आऊँ और लोगों को लाकर तुम्हारे सामने खड़ा कर दूँ? तब? तब तुम क्या कहोगे? तुम्हें बिजली के इंजन मिल गये हैं। इनसे कितने आदमियों को फुर्सत मिली है?"

वासिली कोई उत्तर न दे सका।

"आखिर बिजली के इंजन कर क्या रहे हैं? अनाज बीन रहे हैं या गोशाला में काम कर रहे हैं? बोलो?"

"लेकिन इंजन...." वासिली बुदबुदाया।

"अभी गोदाम में ही खड़े हैं!"

वासिली के चेहरे के भाव से आन्द्रेई समझ गया कि उसका तीर निशाने पर बैठा है। सिर को ज़रा पीछे करके वह ठहाका मार कर हँस पड़ा।

"आप लोग ज़रा इन मैनेजर साहब को देखिए! इंजनों की कितनी जल्दी थी इन्हें! जब मिल गए तो गोदाम में खड़े हैं! क्या आपने उनको गोदाम सजाने के लिए लिया था?"

"पिछले हफ्ते ही तो मिले हैं।"

आन्द्रेई की हँसी गायब हो गयी। मालीश्को के लिए उसके हृदय में विशेष स्थान था। उसी की ओर संकेत कर कहा :

"इनके यहाँ तो इंजन एक घंटे भी बेकार नहीं खड़े रहे। पहुँचने के साथ ही लारी पर कारखाने ले गये। एक घण्टे बाद काम शुरू हो गया। इसी को मैं कहता हूँ रफ्तार! तुम्हारे यहाँ की तरह नहीं कि इंजन गोदाम में रखे हैं," वासिली कठोरता से किन्तु निश्छल मन से कहता गया, "तुम्हारे यहाँ इंजन खड़े हैं, लेकिन उनसे काम नहीं लिया जा रहा। तुम्हारे पड़ोस में ही 'पीट' से भरे दलदल हैं, लेकिन खेतों में 'पीट' नहीं पहुँची। अखबारों में तुम्हारी प्रशंसा के गीत गाये जा रहे हैं। लेकिन तुम ऐसी भूलें कर रहे हो!"

आन्द्रेई ने देखा, वासिली का चेहरा उतर गया है। वह निराश और दुखी हो गया था। परन्तु आन्द्रेई फिर हँस पड़ा। उसकी बातों का बुरा मान जाना असम्भव था। निराश वासिली को उत्साहित करने के लिए आन्द्रेई ने कहा :

"तारीफ तो तुम्हारी मैं भी करता हूँ क्योंकि मैं जानता हूँ कि तुम बहुत कुछ कर सकते हो, आज नहीं तो कल करोगे। अखबारों में तुम्हारी तारीफ यों ही नहीं

हाँक दी गयी। लेकिन मैं देखता हूँ कि तुम में कुछ-कुछ आत्म-सन्तोष की बू आ रही है। सही माने में आत्म-सन्तोष अभी नहीं आया क्योंकि उसके लिए कोई आधार नहीं है, लेकिन उस तरफ रुझान जरूर है। अभी इस प्रवृत्ति का अंकुआ ही फूटा है। यही उसे कुचल डालने का वक्त है। तुम इसे पाल-पोस कर बड़ा नहीं करोगे, ऐसी उम्मीद है। तुम्हें इंजन मिल गये, तुमने उन्हें गोदाम में सजा दिया और निश्चिंत हो गये—बस उनके घमण्ड में फूले घूमते हो!''

वासिली को यह याद करके लज्जा आ रही थी कि गोदाम में इंजन और मशीनों को देखकर वह सन्तोष और गर्व अनुभव कर रहा था। 'इसकी नज़र तो चक्की के पाट को भी बेध जाती है,' वासिली सोच रहा था। आन्द्रेई हँसता हुआ—जिसके कारण उसके शब्दों की कटुता कम हो जाती थी—कह रहा था :

''तुमने खेतों में खाद डलवा दी और सोचा कि सब काम हो गया। बगल में फैली दलदल से 'पीट' डलवाने का खयाल ही नहीं आया। जैसा मैंने कहा था, डर यह है कि तुम चीज़ों को अपने-आप लुढ़कने-पुढ़कने दो। तुमने रफ्तार तो पकड़ ली है। अब इसे जारी रखो!''

आन्द्रेई के आत्मीयतापूर्ण शब्दों के बावजूद वासिली चिढ़ ही गया।

''चाहे फ़ार्म की भलाई के लिए आदमी जान दे दे, लेकिन इन लोगों की डाँट-फटकार जारी रहेगी।''

वासिली बता देना चाहता था कि इंजन अभी गोदाम में क्यों पड़े हैं और खेतों में अब तक 'पीट' न डाले जा सकने का कारण क्या है! परन्तु आन्द्रेई ने उसकी ओर पीठ फेर ली थी। वह उसे भूल गया था और मशीन-ट्रैक्टर स्टेशन के कारीगर को बुला रहा था :

''कामरेड सेम्योनोव! मरम्मत का काम कैसा चल रहा है? नए कारखाने में बिजली के तार लग गये?''

वासिली का विश्वास था कि आन्द्रेई उसका बहुत खयाल रखता है। परन्तु इस समय सेक्रेटरी की रुखाई से उसे निराशा हुई और दिल को चोट सी लगी। मन ही मन कुढ़ता हुआ वह एक कोने में खिसक गया और आन्द्रेई को तथा उसे घेरे खड़े लोगों को जलती नज़रों से देखने लगा। सेक्रेटरी का हँस-हँस कर बातें करना उसे खास तौर से बुरा लग रहा था। शायद आन्द्रेई वासिली को पहुँचाई चोट और वासिली, दोनों को ही, भूल गया था।

''मेरी बात भी नहीं सुनता।'' वासिली कुढ़ रहा था। मज़ाक बना देना आसान है। कम से कम मेरी बात तो सुन ली होती! बिजली का इंजीनियर बुयानोव दो हफ्ते से बुखार में पड़ा है। बुयानोव के अलावा कौन बिजली के काम में हाथ फँसा दे? हमारे यहाँ जानवर हैं ही कितने? खाद ढोने में जैसी दिक्कत उठानी पड़ी है हम ही जानते हैं। 'पीट' लाने की हमें फुर्सत कब मिली? लेकिन

तुमको इससे कोई मतलब नहीं! तुम्हें तो बस कह देना भर आता है—यह कर दो, वह कर दो। कह देना आसान है। पता तो करने से लगता है। मेरी जगह होते तो देखता क्या कर लेते हो!''

''आखिर तुम सोचते क्या थे?'' वासिली के कान में फिर आन्द्रेई की आवाज़ आई। ''ज़िला पार्टी कमिटी ने तुम्हें पाँवों पर खड़ा कर दिया। अब क्या तुम्हें उँगली पकड़ कर चलाये? तुम्हें अपने-आप चलना चाहिए। तुम बड़े हो गए हो! अपने आप आगे बढ़ो! ज़िला कमिटी कब तक तुम्हारे लिए काम और काम करने वालों का संगठन करती रहे? हम लोग और कार्यकारिणी समिति क्या तुम्हारी दाई हैं?''

'अब किसे डाँट रहा है?' वासिली सोच रहा था। उसने सिर झुका कर देखा तो मालूम हुआ कि आन्द्रेई मशीन-ट्रैक्टर स्टेशन के कारीगर सेम्योनोव से बातें कर रहा था। इस फटकार से सेम्योनोव का चेहरा तमतमा उठा था।

''इसके लिए यही ठीक है,'' वासिली मन ही मन खुश हुआ, ''गाँव में ऐसे ऐंठ कर चलता है जैसे ज़िले भर में सेम्योनोव और उसके कारखाने के सिवा और कुछ हो ही नहीं। माना कि होशियार कारीगर है, पर है ज्यादा ऐंठू! शाबाश पेत्रोविच! ठीक किया! दो-एक और!''

सेम्योनोव पर फटकार से वासिली को बहुत आनन्द आ रहा था। सेम्योनोव मुँह लटकाये घबराहट में इधर-उधर देखे बिना भीड़ के पीछे आकर बेंच पर वासिली के पास ही बैठ गया। अब सहसा वासिली को उसकी और अपनी समानता पर ध्यान आया। वासिली ने घूर कर उसकी ओर देखा और परे को हट गया।

वासिली का क्रोध शान्त नहीं हुआ था। वह समझता था कि सेम्योनोव की अपेक्षा वह अधिक महत्त्वपूर्ण काम कर रहा है और सेक्रेटरी को यह समझकर कि वह एक पिछड़े हुए फ़ार्म की अवस्था को सुधार रहा है, उससे सोच-समझ कर और मित्रतापूर्ण ढंग से बात करनी चाहिए थी।

'तुम्हारी मित्रता क्षणिक होती है, पेत्रोविच!' वासिली मन ही मन उसे उलाहना दे रहा था। 'हमारे फ़ार्म में आते हो तो जैसे हमारे ही बन जाते हो। लेकिन यहाँ आने पर हम तुम्हारे लिए कुछ भी नहीं।'

व्याख्यान सुनकर ही वासिली का क्रोध कुछ कम हुआ। व्याख्यान देने वाले ने बताया कि बाहरी देशों में प्रतिगामी शक्तियाँ सिर उठा रही हैं, धोखे-धड़ी और तिकड़म का रास्ता अपना रही हैं और दिनोंदिन उनकी निर्लज्जता बढ़ती जा रही है। उसने बताया कि ये शक्तियाँ चेष्टा कर रही हैं कि फिर युद्ध शुरू हो जाय।

पूरा व्याख्यान आन्द्रेई की इस बात की पुष्टि करता था कि अपनी प्रगति और विकास की रफ्तार में किसी प्रकार की शिथिलता नहीं आने देनी चाहिए।

व्याख्यान देने वाले ने अपना भाषण इन शब्दों में समाप्त किया : ''साथियो,

संसार में शान्ति रक्षा का उत्तरदायित्व हमारे कंधों पर है। शान्ति की रक्षा हमारी उस शक्ति पर निर्भर है जो हम खेतों और कारखानों में अपने हाथों से तैयार कर रहे हैं!"

व्याख्यान के बाद जब वासिली बाकी लोगों के साथ हॉल से बाहर निकला तो वह बदल चुका था। तीन घंटों में ही यह परिवर्तन हो गया। उसे अपने फ़ार्म में बोवाई की अच्छी तैयारियाँ, बिजली घर में नया जेनरेटर और फ़ार्म की दूसरी सफलताएँ–जिन पर वह कुछ समय पहले घमंड से इतरा रहा था–अब उतनी महत्त्वपूर्ण नहीं लग रही थीं जितनी पहले। उसके काम की सभी खामियाँ और त्रुटियाँ विराट रूप धारण करके उसके सामने खड़ी हो गई थीं।

बिना किसी लाग-लपेट के इन न्यूनताओं की ओर साफ-साफ संकेत करने का आन्द्रेई का ढंग भी उसे अब उचित और न्यायपूर्ण लग रहा था। बाहर जाते समय उगारोव ने उसे बरांडे में पकड़ लिया।

"सुना है तुम अपनी पनचक्की को बिजली घर से जोड़ना चाहते हो?"

"हाँ, हमारा बिजली का इंजीनियर बुयानोव और मेरे पिता, जो चक्की की देख-रेख करते हैं, कुछ ऐसा तिड़कम कर रहे हैं। वे टरबाइन के शैफ्ट को लम्बा करके दीवाल से निकालना चाहते हैं और उसके ज़ोर से चक्की चलाना चाहते हैं।"

"खयाल बहुत उम्दा है!" उगारोव ने समर्थन करते हुए कहा। "मैं अपने कुछ आदमी भेजूँगा। वे तुमसे विस्तार में सब पूछेंगे।"

विदा होते समय उगारोव ने वासिली से हाथ मिलाया। वासिली उगारोव को चमचमाती 'पोबेदा' कार में बैठते देख रहा था और मन ही मन कह रहा था :

'यह है समझदार आदमी। इसे आत्म-सन्तोष का रोग नहीं है। जहाँ कोई नई चीज देखी कि झट उस पर झपट पड़ा!'

ज़िला पार्टी कमिटी की मीटिंग के भीड़-भड़क्के से लौटने के बाद वासिली को अपना खाली-खाली घर काटने को दौड़ रहा था। बुढ़िया अगाफ्या बड़े सन्दूक पर लेटी झपकी ले रही थी। बेंच पर बड़ी सी भूरी बिल्ली सो रही थी। घर खूब साफ़ था, गरमाहट भी थी। खूब शान्ति थी। पर यह शान्ति वासिली को असह्य हो रही थी। उसने कमरे का एक चक्कर लगाया, मेज़ के पास जाकर कुछ देर चुपचाप खड़ा रहा, फिर कपड़ों की अलमारी के पास जा पहुँचा। अलमारी के ऊपर रखी तसवीर से एक दुबली-पतली, लम्बी गर्दन वाली लड़की–गये ज़माने की अवदोत्या, नन्ही 'गिरगिट'–मुस्कराती हुई उसकी ओर देख रही थी। अलमारी के ऊपर एक बड़ा सा चौकोर आईना था। आईने में वासिली ने देखा–एक खूब हट्टा-कट्टा जवान सामने था। काली-काली भौंहें! बरफ़ से लाल हुए गालों पर जवानी का रंग!

वासिली के हृदय में सहसा टीस उठी। उदासी भरी मुस्कराहट से अपने प्रतिबिम्ब को देखता हुआ वह सोच रहा था :

'तू जवान है! हट्टा-कट्टा है! देखने में बुरा नहीं है! फ़ार्म को तू सफलता के रास्ते पर ला रहा है! उगारोव तुझसे हाथ मिलाता है! लेकिन तेरी औरत? वह तुझे छोड़ गई है...तुझे छोड़ कर चली गई है...!'

अकेलेपन और निष्क्रियता का बोझ असह्य होता जा रहा था। उसने कपड़े बदले और रेडियो प्रसार-केन्द्र की ओर चल पड़ा।

बुयानोव ने बिजली घर के एक कमरे में रेडियो प्रसार-केन्द्र बना लिया था। रेडियो में उसने खुद का बनाया एक लाउड-स्पीकर लगा दिया था, दीवारों पर नेताओं की तसवीरें टाँग दी थीं, एक पुराने सोफ़े की मरम्मत कराके उसे खिड़की के पास लगा दिया था और मेज़ पर तमाम पत्र-पत्रिकायें ला रखी थीं। बुयानोव ने उन किसानों के घरों पर भी, जो अपना खर्चा दे सकते थे, रेडियो लगा दिये थे। सबके घर में रेडियो नहीं लग सके थे क्योंकि सामूहिक खेत सब का खर्चा नहीं बरदाश्त कर सकता था।

बुयानोव इस कमरे को मज़ाक में 'जहाज़ के डेक का कमरा' कहता था। संध्या समय यहाँ 'समाज के प्रतिष्ठित व्यक्ति' आते थे। बुयानोव गम्भीर और सम्मानित व्यक्तियों को ही तथा उन्हें जो विज्ञान और मशीनों की बातें समझ सकें, यहाँ आने देता था। वासिली के पिता कुज़मा बोर्तनिकोव को इंजीनियर और बिजली घर के प्रति बहुत श्रद्धा थी। वह समय-समय पर बुयानोव की मदद भी किया करता था। इसलिए उसका आना किसी को अनुचित नहीं लगता था। पनचक्की को बिजली घर से जोड़ने की उनकी योजना ने बूढ़ा और इंजीनियर को और भी निकट ला दिया था। स्तेपनिदा को यह सब अच्छा नहीं लगता था। उसे अब अधिकतर समय अकेले ही बिताना पड़ता था। उसे लगता था कि बूढ़ा दिनों-दिन उससे दूर होता जा रहा है।

वासिली रेडियो-केन्द्र की ओर चला। बरफ़ नरम पड़ गई थी। पाँव धँसे जा रहे थे। रात का अँधेरा था। हवा में वसन्त की कुछ खुनकी और ताजगी थी। भीगे जंगलों और भीगी धरती की सौंधी सुगंध मिली हुई थी। वसन्त की छोटी-छोटी नदियों की कल-कल ध्वनि और एक-दूसरे से टकराकर खड़-खड़ करते हिम-खण्डों की याद हो आती थी। सड़क के किनारे मशीन-गोदाम की अँधेरी इमारत दिखाई दी। गोदाम के पास से जाते समय अब वासिली को वैसा गर्व और सन्तोष अनुभव नहीं हुआ जैसा उग्रेन जाते समय हुआ था! 'हूँ!' उसने मन ही मन कहा! 'अब तक यहीं खड़ी हैं? कब तक यहीं खड़ी रहेंगी? कब तक बुयानोव की तबीयत खराब रहेगी? उसके बिना इन्हें लगाना शुरू कर दें तो? सबेरा होता तो कैसा अच्छा रहता।'

उसे एक विचित्र प्रकार की बेचैनी हो रही थी। उसकी समझ में नहीं आ रहा था कि यह बेचैनी क्यों है। क्या यह किसी पुराने गीत की धुन उसके कानों में गूँज रही थी--जिसमें उदासी थी, फिर भी मस्ती? या यह वसन्त की मादक सुगन्ध थी जो उसे बेचैन किये थी? चाहे कुछ भी हो, उस बेचैनी से यह भिन्न थी जो अक्सर उसे सूनी झोंपड़ी से बाहर निकल जाने के लिए बेचैन कर देती थी।

बिजली घर की सीढ़ियाँ चढ़ कर उसने दरवाज़ा खोला। भीतर की गरम हवा और तीव्र प्रकाश ने उसके चेहरे का स्पर्श किया। मिखाइल बुयानोव के गले में पट्टी लिपटी थी और होंठ, तबीयत ठीक न होने के कारण, सूखे-सूखे थे। पास ही बैठा बूढ़ा कुज़मिच विचित्र ढंग से कागज़ के बड़े से ताव पर कुछ नक्शे बना रहा था। लाउड-स्पीकर से दबी आवाज़ आ रही थी :

"सोवियत मज़दूरों का प्यारा!"

कोई गैर-रूसी स्वर में रूसी गाना गा रहा था।

खुले दरवाज़े से दूसरे कमरे में भूरे संगमरमर का स्विच-बोर्ड दिखाई दे रहा था। धातु के बने स्विच-बटन बिजली की रोशनी में चमक रहे थे। यहाँ पहुँच कर वासिली को शान्ति का अनुभव हुआ। उसे लगा कि वह ठीक जगह पर आ गया है।

लोगों से हाथ मिलाकर वह भी मेज़ के पास बैठ गया और बोला :

"योजनाएँ बनाना अच्छा है। बेशक अच्छा है! पर इंजनों का खयाल भूल जाना अच्छा नहीं! हम लोगों ने उन्हें गोदाम में खड़ा कर दिया और समझा कि काम खतम। पेत्रोविच ने मुझे बहुत शर्मिन्दा किया। मालीश्को के यहाँ इंजन एक घंटे भी बेकार खड़े नहीं रहे—उसने उन्हें फौरन काम पर लगा दिया। इसी को मैं कहता हूँ रफ्तार, गति!"

वासिली ने मेज़ पर पड़ा एक अखबार हाथ में लिया और कहता गया :

"यहाँ बैठ कर आप लोग यही सोचेंगे कि हमने चन्द महीनों में कितना काम कर डाला। लेकिन दूसरे लोगों की बातें सुनो या चारों तरफ़ नज़र दौड़ाओ और," अखबार को दिखाकर उसने कहा, "इसमें लिखी बातों पर सोचो तो समझ में आएगा कि कितना कम काम हुआ है और कितना खराब हुआ है। ज़रा सुनो।" वासिली *प्रावदा* की मोटी-मोटी खबरों को टिप्पणी करता हुआ सुनाने लगा : " 'अमरीकी सीनेट में यूनान और तुर्किस्तान को 'सहायता' देने के मसले पर बहस।' क्या है इसका मतलब? सहायता के बहाने दार्दनलीज़ की तरफ़ पंजा बढ़ाना। 'यूनानी देश-भक्तों पर यूनानी सेना का हमला। सैनिक केन्द्र में लगभग पचास ब्रिटिश निरीक्षक! गाँवों में आगज़नी, औरतें और बच्चे भुखमरी के शिकार....' देखा, क्या हो रहा है? और देखो! लेख का शीर्षक है : 'जर्मन

इजारेदारियों का अब तक सफाया क्यों नहीं किया गया?' क्यों नहीं किया गया?—बिलकुल साफ़ है! अरे, दोनों एक ही थैली के चट्टे-बट्टे हैं। अमरीकी साम्राज्यवादी जर्मन पूँजी से अपना उल्लू सीधा कर रहे हैं। 'फिनलैंड में हथियारों के गुप्त अड्डे—षड्यन्त्रकारियों पर मुक़दमा...!' ''

''असली बात पर तो तुम्हारा ध्यान ही नहीं गया,'' बुयानोव ने वासिली को टोका, ''यह देखो!'' वासिली के हाथ से अखबार लेकर उसने दिखाया। '' 'मास्को में विदेशी मंत्रियों का सम्मेलन। पोट्सडम और याल्टा के निर्णयों की उपेक्षा'....''

बूढ़ा कुज़मा चुप था। वैसे वह अब राजनीति में गहरी दिलचस्पी लेता था पर अपने बेटे की मौजूदगी में बहुत कम बोलता था—मानो फरवरी में हुई फ़ार्म की मीटिंग के बाद से उसे उसके सामने शर्म सी लगने लगी थी। अपने बेटे के प्रति उदारतापूर्ण आत्म-सन्तोष का स्थान अब नौसिखियों जैसे दब्बूपन ने ले लिया था। पिता की आँखों में इस विचित्र भाव को देखकर वासिली का हृदय दुखता था। परन्तु उस दिन ध्यान दूसरी ओर होने के कारण वासिली का खयाल इस बात की ओर नहीं गया।

''हाँ...'' दूसरी ओर आँखें किये हुए ही वासिली ने समर्थन किया। ''देखा तुमने? और ये तो एक ही दिन की खबरें हैं। एक बार फिर बारूद के धुएँ जैसी गन्ध उठने लगी है। दूसरे लोग चाहे भूल जाएँ, लेकिन हम नहीं भूल सकते! युद्ध क्या चीज़ है, हम जानते हैं। हमें अपनी कामयाबियों से गाफिल नहीं हो जाना है! हमें रफ्तार धीमी नहीं करनी है! पेत्रोविच ने आज मुझे खूब लिथाड़ा। पहले तो मैं गुस्से में आ गया। पर जब व्याख्यान सुना और कुछ अपनी अकल इस्तेमाल की तो समझ में आया कि बुरा मानने की कोई बात नहीं थी। पूरे व्याख्यान का लुब्बे-लुबाव यह था : 'संसार में शान्ति की रक्षा की गारण्टी हम अपने हाथों से कर सकते हैं।' मैं तो चाहूँगा कि ये बातें सब मकानों पर लिख दी जाएँ...हाँ, सब मकानों पर।''

वासिली ध्यान में डूबा अखबार को पकड़े अपने बड़े-बड़े हाथों के पीले नाखूनों को देख रहा था। लगता था उसने इन्हें पहले कभी नहीं देखा था।

उग्रेन से लौटने के कई दिन बाद वालेंतिना ने एक दिन अवदोत्या से कहा :

''आज शाम को पार्टी की खुली मीटिंग है। बहुत महत्त्वपूर्ण मसले पर बहस होगी—'फ़ार्म के विकास की रफ्तार और उसका भविष्य!' तुम्हें ज़रूर आना चाहिए, दुन्या! पशुओं की संख्या बढ़ाने और चारे के प्रबन्ध आदि के बारे में अपने नोट तैयार कर लेना। समझीं? आना ज़रूर!''

अवदोत्या ने उस समय तो आने का वादा कर दिया, पर बाद में उसका विचार बदल गया। फ़ार्म के दफ्तर में और पशुशाला में तो वासिली से सामना हो जाता था, पर भरी सभा में उससे मिलने के विचार से ही उसे डर लगता था।

''सब लोग हमारी तरफ ही देखते रहेंगे। एक दिन तो इस हालत का सामना करना ही होगा, लेकिन बात ज़रा पुरानी पड़ जाए तो अच्छा है! मीटिंग की खास-खास बातें वाल्या मुझे बता देगी। पशुपालन और चारे के बारे में जो कुछ कहना है, वह मैं लिख कर वाल्या को और फ़ार्म-बोर्ड को दे दूँगी।''

अवदोत्या सिलेट-पेंसिल और पशुपालन तथा चारे सम्बन्धी आँकड़ों की सूची लेकर अल्योशा की मेज़ पर आ बैठी और चारे का हिसाब लगाने लगी। पशुओं की संख्या में बढ़ती से हिसाब के चारे की व्यवस्था कर सकना मुश्किल था। यह समस्या एक अरसे से उसे परेशान किये थी।

अवदोत्या दोपहर से बैठी हिसाब कर रही थी।

''अवदोत्या, चल! खाना खा ले!'' संध्या समय प्रास्कोव्या ने पुकारा।

''एक मिनट ठहरो अम्मा, नहीं तो हिसाब फिर गड़बड़ हो जाएगा!'' अवदोत्या बुदबुदाने लगी : ''अगर हम घास और दूसरे चारों की पैदावार दुगनी कर दें तो चारे की सप्लाई करीब...''

संध्या समय प्रास्कोव्या ने बच्चियों को सुला दिया। दूसरे सब लोग मीटिंग के लिए चल दिये थे। अवदोत्या अब भी बैठी हिसाब कर रही थी। आँकड़ों की साफ-साफ पंक्तियाँ उसे कतई तसल्ली नहीं दे रही थीं।

''यह मामला क्या है? चाहे जैसे हिसाब लगाओ, चारे की मात्रा पशुओं की बढ़ती संख्या के लिए कम बैठती है। 1950 तक तो जैसे-तैसे काम चल जाएगा, लेकिन आगे हम पशुओं की तादाद नहीं बढ़ा पाएँगे—चारा काफ़ी नहीं होगा। 1951 में हम क्या करेंगे? इसका मतलब है कि फ़ार्म की योजना बनाने में गड़बड़ी हुई है। क्या किया जाए? वाल्या से इस बारे में बातें करूँ? पर वह तो मीटिंग में गई है! उसके आने तक यहीं रुकूँ?''

अवदोत्या कागज़ और सिलेट-पेंसिल छोड़ कर सिलाई करने लगी। पर उसमें भी ध्यान न लगा। बार-बार टाँका गलत लग जाता था और सूई हाथ से उचट जाती थी। आखिर सिलाई को उसने उठा कर एक तरफ रख दिया।

''यहाँ बैठी-बैठी क्या कर रही हूँ? वहाँ पार्टी की मीटिंग हो रही है, फ़ार्म के आगे के काम पर बातें हो रही होंगी—और किसी को यह शक भी नहीं होगा कि फ़ार्म की योजना बनाने में गलती हुई है। मैं यहाँ जोड़-बाकी किये बेवकूफ सी बैठी हूँ। नहीं-नहीं! मुझे इस वक्त वहाँ होना चाहिए था। मैं न भी बोलूँ तो वाल्या को बीच में सब बता सकती हूँ।''

अवदोत्या फ़ार्म के दफ्तर चल दी। दफ्तर पहुँचकर ज्यों ही वह ड्योढ़ी पर

चढ़ी उसे वासिली की आवाज़ सुनाई दी। वह ठिठक गयी।

"मीटिंग तो शुरू हो गयी! वास्या बोल रहा है। सोचा था जाकर चुपचाप बैठ जाऊँगी। पर अब तो सब मुझे ही घूरेंगे! क्या किस्मत है! कुछ देर बाहर रुके रहना अच्छा होगा। कुछ देर को मीटिंग स्थगित होगी। उसी वक्त अन्दर चली जाऊँगी! मुझे पुराना शॉल ओढ़ कर नहीं आना था, नया ओढ़ आती। वापस लौटूँ? तब योजना वाली बात? सचमुच मैं बड़ी बेवकूफ हूँ! वास्या और हम अलग हो गए तो क्या? इससे दूसरों को क्या लेना-देना?"

लेकिन दूसरों को बहुत कुछ 'लेना-देना' था। ज्यों ही अवदोत्या भीतर घुसी, त्यों ही मानो किसी की कमान पर सब आँखें उसकी ओर घूम गयीं, एक बार वासिली की ओर और फिर उसकी ओर।

वासिली अचकचा गया। मुँह की बात मुँह में ही रह गयी। परेशानी सूचक एक 'उफ' निकली। 'बिना सबकी निगाहें अपनी तरफ उठाये चुपके से नहीं बैठ सकती थी?' वह सोच रहा था। 'नुमाइश की पुतली बनी अब भी खड़ी है।'

अवदोत्या मातवेयेविच की चौड़ी पीठ की आड़ में खड़ी हो गयी। वासिली ने होश सँभाला और फिर बोलने लगा। फ़ार्म की पंचवर्षीय योजना के बारे में बोलता हुआ वह फसलों की अदला-बदली, बिजली के प्रयोग, वसन्त की बोवाई और नई इमारतें बनाने की चर्चा कर रहा था। लेकिन उग्रेन से लौटने पर जो बात उसे सबसे ज्यादा परेशान किये थी उसे वह कह ही नहीं पा रहा था।

वासिली को न तो अपनी रिपोर्ट से सन्तोष हो रहा था और न उस पर वाद-विवाद से। बातें हो तो रही थीं मतलब की ही पर लोगों में उत्साह या जोश नहीं था।

"बहस में ज़रा भी गरमा-गरमी नहीं है," धीरे से उसने वालेंतिना से कहा।

"अभी लोगों को आम पार्टी मीटिंगों की आदत नहीं पड़ी है।" वालेंतिना ने उत्तर दिया। पर मीटिंग से सन्तोष उसे भी नहीं था।

यासनेव, लुबावा, अवदोत्या, अल्योशा—जितने भी लोगों को उस दिन वालेंतिना ने खास तौर से बुलाया था, सभी को भविष्य में कम्युनिस्ट पार्टी का मेम्बर बना सकने की उसे आशा थी। उन सबके प्रति वह खास जिम्मेदारी महसूस करती थी। उन लोगों की हर बात और शब्द को वह बहुत ध्यान से देख-सुन रही थी। उनकी हर गलती और भूल पर उसे दुःख होता था।

'बहस इतनी बेजान क्यों है?' वह सोच रही थी। 'यासनेव और लुबावा क्यों नहीं बोल रहे? इन्हें क्या कोई मतलब ही नहीं? अवदोत्या इतनी देर से क्यों आई? मुझे सबसे अधिक इसी पर भरोसा था। मीटिंग में कोई कमी है। जैसे चलनी चाहिए, नहीं चल रही।'

फिर उसने अपने-आप को समझाया :

"कोई काम एकदम से नहीं हो जाता! कुछ महीने पहले पहली पार्टी मीटिंग के वक्त इस कमरे में सिर्फ़ तीन आदमी थे। कुछ पता नहीं था क्या होगा, कौन हमारा साथ देगा और काम की हम कहाँ शुरुआत करेंगे? अब कितना फर्क है। देखो कितने आदमी हम लोगों के चारों ओर सिमट आए हैं। नास्त्या बोलना चाहती है। शायद वही मीटिंग में कुछ जान डाले।"

"हमारे ट्रैक्टर-दल का काम आपके फ़ार्म को सभी तरह का सहयोग देना है," नास्त्या बोली, "हमारी फसल आपकी फसल है। हम इस बात को समझते हैं। हमारे ट्रैक्टर और ट्रैक्टरों के साथ का सामान पूरी तैयारी की हालत में हैं। हमारी तरफ से आप लोगों को ज़रा भी चिन्ता करने या परेशान होने की जरूरत नहीं। लेकिन मैं जानना चाहती हूँ कि आप लोग क्यों हाथ पर हाथ रखे बैठे हैं?"

"हाथ पर हाथ रखे बैठे हैं? मतलब क्या है तुम्हारा?" बुयानोव ने विरोध किया। "बोवाई के लिए तैयार हम नहीं हैं तो और कौन है?"

"यही तैयारी कहलाती है? पाँचवें खेत में ईंधन पड़ा सड़ रहा है। पुराना घास का खेत देवदार की झाड़ियों से पटा है। हम ईंधन और झाड़ियों पर हल चला दें? आप लोगों को मैंने बार-बार समझाया कि हमारे साथ स्थायी ट्रेलर-मैन कर दो! पिछले साल तो मुसीबत ही मुसीबत गले पड़ी—हर दिन नया ट्रेलर-मैन! जोताई, बोवाई और निराई की मशीनों को चलाना हरेक का काम नहीं। रोज नए आदमी से क्या काम होगा? उसे ट्रेलर के बारे में क्या मालूम? मुझे ट्रैक्टर-चालकों से निबटना होता है। उनसे निबटना आसान काम नहीं है। आज आपको भली तरह समझा रही हूँ। लेकिन मैं ट्रैक्टर चलाने लगूँगी तो समझाने नहीं बैठूँगी। जब मैं काम करती होती हूँ तब खूँखार बन जाती हूँ। जिस-जिस चीज़ की मुझे जरूरत हो वह वक्त पर मिलनी चाहिए! मेरी बात याद रहे!"

"बड़ी खूँखार बन जाती हो, यह हम जानते हैं," बुयानोव ने बिगड़कर उत्तर दिया, "लेकिन सुना है पिछले जाड़ों में तुम्हारे ट्रैक्टर-ड्राइवर अपने 'सितार-तानपूरे' खेतों में छोड़ आए थे!"

"सितार-तानपूरे छूटे थे सिर्फ़ बकरी की टेकरी में! लेकिन यह भी तो पूछो क्यों छूटे थे? यह तुम्हारे यहाँ के बच्चों की मेहरबानी थी! मैंने जोताई के लिए जमीन टुकड़ों में बाँट दी थी और जगह-जगह मेखें गाड़ दी थीं। बच्चों ने सब मेखें उखाड़ फेंकीं। मेरे साथ जो दूसरा आदमी जोताई के काम पर था वह अभी कम उम्र का है और उससे जोत बाँटने में गड़बड़ हो गयी। इसीलिए जगह-जगह बिन जोती जमीन के पट्टे रह गये—जिन्हें तुम सितार-तानपूरे कह रहे हो!"

"बातें बीसों बनायी जा सकती हैं," बुयानोव ने कहा, "लेकिन हमें तो काम चाहिए।"

नास्त्या की बातों ने बहस में गरमी पैदा कर दी।

अवदोत्या सोच रही थी : 'लोग और सब बातें तो कह रहे हैं लेकिन यह कोई नहीं बता रहा है कि गलती योजना में ही है। कोई बताये भी कैसे? किसी का ध्यान ही उस ओर नहीं गया। मुझे भी तो तभी पता चला जब मैंने इतनी माथा-पच्ची की। उठकर मैं बताऊँ? लेकिन फिर सब लोग मेरी और वास्या की तरफ घूरने लगेंगे। खैर, कोई परवाह नहीं। यह इन बातों की परवाह करने का वक्त नहीं। कह देने से छाती का बोझ उतर जाएगा। गोशाला की ही नहीं, सभी बातें कहूँगी।'

अवदोत्या ने बोलने की इजाज़त माँगी तो वासिली को फिर बुरा लगा। 'यों ही लोग काफ़ी घूर चुके हैं! अभी बोलना बाकी था?' वह सोच रहा था। 'ऐसी क्या ज़रूरी बात आ पड़ी?'

आदत के मुताबिक अवदोत्या ने धीरे-धीरे और सोच-सोचकर बोलना शुरू किया :

''बिल में बैठा चूहा सोचता है कि दुनिया उतनी ही बड़ी है जितना बड़ा उसका बिल। बिल के बाहर जाकर ही उसकी आँखें खुलती हैं!'' अवदोत्या का ढंग दूसरे बोलने वालों की तरह लेक्चरबाजी का नहीं था। बोल रही थी वह बहुत धीरे-धीरे, फिर भी लोग उसकी बात को बड़े ध्यान से सुन रहे थे। ''यही हालत मेरी थी। जब तक मैं पशुशाला में थी मैं सोचती थी कि सब काम ठीक हो रहा है। लेकिन शहर जाकर जब मुझे दूसरों से मिलने का और उनकी बातें समझने का मौका मिला तब समझ में आया कि मैंने कुछ भी नहीं किया है!''

वासिली को अवदोत्या की बातों से विस्मय हुआ। उसका मन भर आया।

''यही तो मैं कहना चाहता था, पर कह नहीं पा रहा था! यह तो मेरे मन की बातें कर रही है!''

अवदोत्या ने अपनी नोट-बुक खोलकर समझाना शुरू किया :

''हमारी पंचवर्षीय योजना में पशुओं की संख्या बढ़ाने की बात है। इस योजना के हिसाब से चारे की मात्रा साढ़े तीन गुना बढ़ेगी। यह है हमारी योजना। लेकिन योजना बनाते वक्त हमने एक गलती की। हमने चारे की मात्रा कम कूती। चाहे जैसे देखो—घास, जई वग़ैरा मिलाकर 1950 तक तो हम किसी तरह निपटा ले जाएँगे, लेकिन 1951 के लिए हमारी योजना में कोई बन्दोबस्त नहीं है। चारे की कमी की वजह से हम पशुओं की संख्या नहीं बढ़ा पाएँगे!''

''पाँच बरस बहुत होते हैं जी,'' सर्गी सार्जेंट बोले, ''पाँच बरस में हम कोई न कोई रास्ता निकाल ही लेंगे!''

''नहीं! इस बाबत हमें अभी सोचना होगा। 1951 बहुत दूर नहीं है!'' अवदोत्या ने कहा। ''यह कोई ऐसा मसला नहीं जिसे तुम साल भर में तै कर सकते हो! इस मीटिंग में फ़ार्म के भविष्य के बारे में बहस हो रही है और उसी

के बारे में मैं भी कह रही हूँ। या तो हमें दलदल का पानी खींचकर उस जगह चरान बनानी पड़ेगी या कोई और उपाय करना होगा। चारे की व्यवस्था के लिए हमें तुरन्त एक अलग दल नियुक्त कर देना चाहिए जिसकी अपनी योजनाएँ और अपनी जिम्मेदारियाँ हों।''

''अवदोत्या ने जिस प्रश्न की ओर ध्यान दिलाया है, वह बहुत महत्त्वपूर्ण है।'' वालेंतिना ने खड़ी होकर समर्थन किया। ''चारे की समस्या तो आज भी हमारे सामने है। कोई उपाय नहीं किया गया तो यह तूल पकड़ती जाएगी। इसलिए अपनी पंचवर्षीय योजना में हमें चारे की व्यवस्था बढ़ानी होगी और इसके लिए एक दल नियुक्त करना होगा।''

''हाँ, हाँ, दूसरे टीले के पीछे कितना बड़ा दलदल पड़ा है,'' पिमेन ने भी समर्थन किया, ''वहाँ न घास होती है, न पेड़ हैं। यों ही जगह बरबाद हो रही है। वहाँ घास का इंतज़ाम क्यों न किया जाए?''

''पहाड़ी पर जंगल साफ़ किया गया है—पशुओं के लिए उससे अच्छी जगह और कौन सी हो सकती है।'' अल्योशा ने कहा। ''चरान की चरान और नदी का किनारा। ज़मीन सरकारी है। हम उसे किराये पर ले सकते हैं!''

''जगह अच्छी है, लेकिन दूर है। पशुओं को बीस किलोमीटर कौन हाँक कर ले जाएगा!'' लुबावा ने कहा।

उत्तेजना से अवदोत्या का चेहरा लाल हो रहा था। वह बहुत सुन्दर लग रही थी।

''हाँ अल्योशा, तू ठीक कहता है। गर्मियों में पशुओं को वहाँ ही रखा जाए! हम लोग भी वहीं रहें। बड़ा अच्छा विचार है। उतने दिन चारे की समस्या दूर हो जाएगी! अरे, वास्या''—अनायास उसके मुँह से 'वासिली' की जगह 'वास्या' निकल गया—''हम लोग वह जगह किराये पर क्यों न ले लें? दलदल को सुखाकर चरान बना लें और वह जगह मिल जाए—तो हम लोग पशुशाला में चमत्कार करके दिखा दें!''

अवदोत्या ने बिना किसी संकोच के वासिली की आँखों में देखा। वह भूल गई थी कि वह अपने पुराने पति से बातें कर रही है। इस समय वह सिर्फ ऐसे आदमी को देख रही थी जो कठिन परिस्थिति से बाहर निकलने का रास्ता खोज सकता था!

''इस पर सोचेंगे!'' वासिली ने उत्तर दिया।

कटे हुए जंगल वाली जगह सरकार से ले लेने की बात उसे भी जँची थी।

''तुमने वह चरान खुद देखी है?'' वासिली ने अवदोत्या से पूछा।

''हाँ, हाँ भई देखी है! पिछले साल हम लोग वहाँ रसभरियाँ तोड़ने गए थे। मैं तो उन चरानों को देखकर पागल हो उठी थी। मिल जाए, तो मज़ा आ जाए!''

"इस काम में ज़िला पार्टी कमिटी और प्रान्तीय पार्टी कमिटी हमारी मदद कर सकती है।" बुयानोव बोला। "हम लोग अपने पार्टी संगठन की तरफ़ से एक पत्र लिख देंगे और जरूरत हुई तो अखबारों में छपवा देंगे।"

"कहाँ है यह जगह?....किस तरफ़? मैं भी देखूँगी।" क्सेन्या ने उत्सुकता से पूछा।

अवदोत्या के भाषण से बहस में जान पड़ गई थी। पिमेन यासनेव बोलने के लिए खड़ा हुआ :

"हम लोग पाँच वर्ष आगे की बात सोच रहे हैं। इस समय हमें मिट्टी के बारे में भी सोचना चाहिए। दलदल वाली चरानों के पीछे जैसी मिट्टी है वैसी ज़िले भर में कहीं नहीं है। उस मिट्टी से हम लोग ईंटों और मिट्टी के बर्तनों का काम क्यों न शुरू कर दें—इससे फ़ार्म की आमदनी भी बढ़ेगी। काम भी मुश्किल नहीं है।"

आधी रात होने को थी। वालेंतिना ने मीटिंग समाप्त करते हुए कहा :

"साथियो! वासिली, बुयानोव और मेरा खयाल था कि हम लोगों ने जो कार्यक्रम बनाया था उसमें सभी बातें आ गई थीं। पर आप लोगों ने बहुत सी नई बातें सुझायी हैं। हम लोगों का काम अब और भी बढ़ गया है और उसे पूरा करने के लिए हमें और अधिक परिश्रम करना पड़ेगा।"

"अरे, करने वाले के लिए कुछ मुश्किल नहीं!" लुबावा ने बहस समाप्त की।

3. वसन्त

पहली मई फ़ार्म में अनाज, पशुओं और चारे की व्यवस्था खास अच्छी नहीं थी। युद्ध के पहले की अपेक्षा हालत काफी खराब थी। फिर भी उस वर्ष बोवाई के लिए जैसे उत्साह से किसानों ने तैयारी की वैसा पहले कभी नहीं देखा गया था।

इस उत्साह और तैयारी में बहुत कुछ हाथ था वालेंतिना का। वालेंतिना फर का कीमती कोट बहुत पहले ही उग्रेन में छोड़ आई थी। अब वह भेड़ की खाल का मोटा कोट और मोटे कपड़े की पतलून पहने, कमर पर कसी पेटी बाँधे, घूमती फिरती थी। ठीक देहाती काम-काजी लोगों जैसी पोशाक। इससे खेतों, झाड़-झंखाड़ और बर्फ़ीले खेतों में घूमने तथा टट्टू पर बैठ कर इधर-उधर जाने में सुविधा होती थी। दुबले-पतले शरीर, चंचल स्वभाव, 'उड़ती' भौंहों और तेज़ आवाज़—जो कभी

हल्की और कभी गम्भीर हो जाती थी—वाली इस महिला से आसपास के पाँचों सामूहिक फ़ार्मों के लोग अरसे से परिचित थे और हमेशा उसके स्वागत को तैयार रहते थे। वालेंतिना उन दिनों की याद आने पर मुस्करा उठती जब बरफ़ से ढँके, दृष्टि की सीमा तक फैले, खेतों को देखकर उसका मन आतंकित हो उठता था। उसे उस दिन की याद हो आती जब वह टीले पर बैठी बर्फ़ानी हवा में काँपती अकेली असहाय फुनगी को देख रही थी और स्लावका की बाँसुरी की दूर से आती उदासी भरी धुन सुन रही थी। उस दिन उस अन्धड़ में वह उतनी ही असहाय और एकाकी थी जितनी वह फुनगी; उसकी हालत उतनी ही दयनीय थी जितनी उस 'कूकी' की आवाज!

दूर-दूर तक फैले खेत अब उसके लिए 'अनपढ़ी, नई पुस्तक के पृष्ठ' नहीं थे। बरफ़ से ढँकी इस निस्सीम धरती में वह अपने को नन्ही सी और खोयी-खोयी अनुभव नहीं करती थी। अब वह एक-एक खेत से परिचित थी। उसे लगता जैसे उसकी मुट्ठी में कोई चीज़ आ गई है।

उसे खूब मालूम था कि साँपोंवाले दलदल की धरती में अम्ल ज्यादा है और सबसे अच्छे खेत टीले की तलहटी में हैं। टीले पर से आते-जाते समय कल्पना में उसे समीप के बंजर में बोये गेहूँ के अंकुर दिखायी देने लगते। उसे वे उर्वरक भी दिखायी देने लगते जो इन अंकुरों पर छिड़काव करने के लिए इकट्ठे किये गए थे।

टीले के नीचे अल्योशा और उसके दल ने बीजों के लिए खास बढ़िया खेत तैयार किये थे। वालेंतिना की आँखों के सामने इस धरती के लिए आवश्यक मनों चूने के ढेले और खनिज उर्वरक, जो दल के गोदाम में रखे थे, नाच जाते थे।

इस धरती का चप्पा-चप्पा मूक भाषा में उसे अपनी बात समझा देता! वह बता देता कि वह क्या चाहता है, उसकी क्या शिकायत है!

वालेंतिना ने सभी खेतों की धरती की वैज्ञानिक परीक्षा करके चार्ट बना दिये थे कि किस खेत में क्या अधिक है और क्या कम, किसमें कौन सा पदार्थ मिलाना होगा, किसमें कौन सा नहीं। पहले तो किसानों को यह सब मज़ाक सा लगा। परन्तु बाद में वे इन चार्टों की क़दर करने लगे और उनका महत्त्व समझने लगे। इन चार्टों से टीम-लीडर अपने-अपने खेतों से सम्बन्धित बातें नोट कर लेते। फ़ार्म में अब एक नया मुहावरा सुनाई पड़ता था, जिसका मतलब बाहर वालों के लिए तो अगम्य था, लेकिन वालेंतिना का मन इसे सुनकर खुशी से नाच उठता था। मुहावरा था : "आजकल हम चार्ट पूरा करने में जुटे हैं!"

चार्टों के अलावा पाँचों फ़ार्मों के दफ्तरों में खेतों के लिए उपयोगी फसलों की अदला-बदली की तालिकाएँ भी लटकी रहती थीं। हर काम की ताकीद इतने विस्तार से थी जितनी फौजी हुक्मनामों में होती है।

ये सब बातें आन्द्रेई ने कुबान में अपने अनुभव से शुरू की थीं। वालेंतिना ने इन्हें आन्द्रेई से सीख लिया था।

चार्टों और तालिकाओं के मुताबिक काम मुश्किल से ही पूरा होता था। पर वालेंतिना इससे निरुत्साहित नहीं हुई। उसके अनुभव ने सिखा दिया था कि हर नए काम में शुरू में रुकावटें आती हैं! राख जैसी मामूली चीज़ इकट्ठी करने और खाद की जगह डालने में भी शुरू-शुरू में बड़ी कठिनाइयाँ पैदा हुईं। उसने हुक्म लिखे। हिदायतें जारी कीं। राख इकट्ठी करने के नाम पर मीटिंगों में भाषण दिये। खुद घर-घर चक्कर लगाये। लेकिन कोई फ़ायदा न हुआ। निराश होकर उसने खेती की शिक्षा वाले चक्र में राख पर विशेष भाषण दिया।

उसके भाषण का विषय था—राख! विस्तार ने उसने राख के तत्त्वों के बारे में समझाया। उसने बताया कि सामूहिक खेतों की ज़मीन में उसकी ज़रूरत क्यों है। मिसालें देकर उसने बताया कि किस तरह राख की खाद से ज्यादा अच्छी फसलें पैदा होती हैं। अपनी बात समझाने के लिए वह पहले से ही चुनकर गेहूँ की बालें, आलू और गाजरें ले आई थी।

"यह देखो," दो गाजरें दिखाते हुए उसने कहा, "यह है औसत वजन की गाजर जो बिना राख वाले खेत में हुई है और यह है राख वाले खेत की गाजर!"

जो गाजरें उसने दिखायी थीं वे पहले से चुनी हुई थीं। लेकिन सीधे-सादे किसानों पर इसका गहरा असर पड़ा। किसानों के दिमाग में यह पैठ गया कि राख बेकार चीज़ नहीं, बल्कि बड़ी कीमती और काम की चीज़ है। अब लोग खुद राख इकट्ठा करने लगे और यह बोझ उसके सिर से उतरा।

छोटी-मोटी कठिनाइयाँ और असफलताएँ तो थीं पर फ़ार्म की योजनाओं का कार्यक्रम पूरा हो रहा था। वासिली की तरह वालेंतिना को भी लगता कि बहुत भारी गाड़ी, जो बोझ के कारण दलदल में फँसी खड़ी थी, अब फिर चल पड़ी है; उसे लगता कि काफी धक्का-मुक्की के बाद आखिरी झटके ने उसे सड़क पर ला दिया है और अब वह चलती ही जा रही है।

वालेंतिना के प्रति लोगों के व्यवहार में भी कुछ महीनों में परिवर्तन आ गया था।

पहले वालेंतिना किसी फ़ार्म में जाती थी तो फ़ार्म के प्रधान या दलों के नायकों को ढूँढ़ने में ही उसका बहुत वक्त बरबाद हो जाता था। वे लोग उसकी बातों का उत्तर जम्हाई लेते हुए देते थे मानो उस पर मेहरबानी कर रहे हों। लेकिन अब वालेंतिना किसी फ़ार्म में जाती तो लोग खुद आकर उसे घेर लेते, उसका हाल-चाल पूछते और उससे अपने घर चलने का अनुरोध करते। लोग अब हमेशा उससे सलाह-मशविरा करने, उससे मदद माँगने और उससे हिदायतें लेने के लिए उसे घेरे रहते थे। वालेंतिना काम में चुस्त, फुर्तीली और ज़बान की तेज़ थी। पहले

जब वह किसी को डाँटती थी तो लोग बड़े बेमन होकर उसकी बातें सुनते थे। लेकिन अब उसकी डाँट-फटकार से उन्हें तसल्ली होती थी। जिनको वह डाँटती वे भी कहे बिना नहीं मानते :

"क्या समझते हो हमारी वालेंतिना को....? उसे कोई बेतुकी बात बरदाश्त नहीं! वह तुम्हें मनमानी नहीं करने दे सकती!"

सैकड़ों लोग उस पर भरोसा करते थे और हज़ारों एकड़ जमीन की जिम्मेदारी उस पर थी। वालेंतिना का जीवन इन बातों से इतना भरा-पूरा था कि घर और पति की याद भी पहले जैसी नहीं रह गई थी। अब यह याद उनके मिलन की कभी-कभी ही आनेवाली घड़ियों का आनन्द और मधुरता बढ़ाने में सहायक होती। कभी-कभी अचानक रात में वालेंतिना की खिड़की मोटर की बत्तियों से जगमगा उठती और मोटर दरवाज़े पर आकर रुकती। नींद से अलसाती, बिस्तरों की गरमी से निकल, वालेंतिना जैसे-तैसे हड़बड़ा कर दरवाज़ा खोलती। अँधेरे में उसे पति का चेहरा न दीखता। पर बाहर सर्दी में से आने के कारण वासिली के ठंडे-ठंडे हाथों का स्पर्श, कोहरे की गंध और बरफ़ से अकड़ा हुआ उसका कोट वालेंतिना को खुशी से पागल बना देते। ऐसे मिलन की मिठास उसके सपनों में भी समायी रहती। सपने में उसे वही ताज़गी, कोहरे की गंध और अकड़े हुए कोट का स्पर्श दिखायी देता। उसके हृदय की धड़कन बढ़ जाती! उत्तेजना और खुशी से वह पागल हो उठती! उसकी आँखें खुल जातीं!

"तुम्हारी याद ने परेशान कर दिया।" वासिली कहता। "ड्राइवर भी नहीं था। खुद ही मोटर लाया हूँ। अंधाधुंध तेज़ी से गाड़ी चलायी है।"

कभी वह वालेंतिना से पूछता :

"कहो! यहाँ भेज देने की बात से अब तो नाराज़ नहीं हो!"

"दस हजार हेक्टर ज़मीन सँभाल रही हूँ," वालेंतिना उत्तर देती, "यह कोई मामूली बात है? मज़ा तो मशीन-ट्रैक्टर स्टेशन में है, आन्द्रेई! अगर हमारे पास पचास हज़ार हेक्टर जमीन होती, मशीन-ट्रैक्टर स्टेशन में अच्छी मशीनें होतीं और कुशल ट्रैक्टर-ड्राइवर होते तो हम लोग क्या न करके दिखा देते!"

"ज़रा सब्र करो! सब होगा! मशीन-ट्रैक्टर स्टेशन पर मशीनें ठीक से लग जाएँ तो हम तुम्हें तीस ट्रैक्टर और पाँच कम्बाइनें और भेज दें! बस तभी ज़िले के काम में गर्मी आएगी!"

आन्द्रेई के दिमाग़ में नए मशीन-ट्रैक्टर स्टेशन की बात समायी हुई थी। वालेंतिना यह जानती थी कि और इसका महत्त्व समझती थी।

एक दूसरे से वे बहुत कम मिल पाते थे। फिर भी दोनों के जीवन का ध्येय एक ही था और यह एकता विछोह के कारण कम होने के बजाय और भी दृढ़ होती जाती थी।

"हमारा ब्याह हुए इतने बरस हो गये," वालेंतिना कहती, "लेकिन हाल ऐसा है जैसे कल ही ब्याह हुआ हो।"

"शायद हम लोग हमेशा नव-विवाहित रहेंगे।" आन्द्रेई कहता।

सवेरा होते ही आन्द्रेई वापस चला जाता। पर, रात के अँधेरे और बरफ़ में उसके दौड़े चले आने का उन्माद वालेंतिना के मन में समाया रहता। विरह या एकाकीपन के लिए उसके मन में अब कोई स्थान नहीं था।

अप्रैल का महीना शुरू हो गया था। बोवाई का दिन आ पहुँचा।

वालेंतिना नींद में ही छत पर गिरती वर्षा की बौछारों की आवाज़ सुन रही थी। जंगल के वृक्षों का मरमर शब्द भी सुनाई पड़ रहा था।

"यह क्या!" आँखें खोलने के पहले वालेंतिना के दिमाग़ में खयाल आया। "सवेरे-सवेरे से पानी पड़ने लगा? आज तो खेतों की बोवाई शुरू होनी थी?" उसने आँखें खोल दीं। खिड़की के काँच पर पानी की तिरछी बौछारें पड़ रही थीं। खिड़की से बाहर पानी में भीगे मकान सिकुड़े खड़े थे। सभी चीज़ें सिकुड़ी-सिमटी जान पड़ती थीं। पास की तलैया में बूँदें पड़ने से वैसे ही नन्हे गढ़े बन रहे थे जैसे शिशुओं के गालों पर हँसते समय बन जाते हैं।

वालेंतिना की पिंडलियाँ पिछले दिन की थकान के कारण दुख रही थीं। बड़ी मुश्किल से बिस्तर से पैर निकालकर वह फर्श पर खड़ी हुई और पुकारा :

"अल्योशा! ओ दादी!"

कोई उत्तर न मिला। सब लोग पहले ही बाहर जा चुके थे। वालेंतिना को उन्होंने इसलिए नहीं जगाया था कि पिछली रात वह बहुत देर से लौटी थी। दिन भर घोड़े पर सवार घूमती रहने के कारण उसकी पीठ और पिंडलियाँ बुरी तरह दुख रही थीं।

पाँवों को नरम करने के लिए वालेंतिना ने दो तीन-बार घुटने मोड़े और सीधे किये। फिर, रात के कपड़े उतारे और पतलून चढ़ा ली। भीगकर सिकुड़े ऊँचे बूट भी पहने। यह देखकर उसे आश्चर्य हो रहा था कि अब वह आसानी से चल-फिर सकती थी।

अल्योशा एक कागज़ पर कुछ लिखकर मेज़ पर रख गया था। वालेंतिना ने उसे पढ़ा :

"वाल्या—मुझे डर है कि कहीं बीज खराब न हो जाएँ! आज बो देने चाहिए थे, लेकिन कैसे बो सकेंगे? तुम बीज-गोदाम चली आओ।"

वालेंतिना के चपरासी का काम करने वाला लड़का, जो बगल के ही मकान में रहता था, बाहर जाता दिखाई दिया।

वालेंतिना ने उसे पुकारा :

"अलेक! मेरा घोड़ा तो ले आ जल्दी से।"

वालेंतिना ने हवाई जहाज़ के सिपाही जैसी एक टोपी पहनी जिससे सिर कानों तक ढँक गया। ऊपर से उसने काले चमड़े का कोट पहन लिया।

अलेक एक बुढ़िया सी बादामी घोड़ी ले आया। घोड़ी अब गाड़ी खींचने लायक नहीं रही थी। हाँ, सवारी दे सकती थी। देखने में फैली-फैली और कमज़ोर हड्डी की थी लेकिन 'सवारी लायक' ज़रूर थी। वालेंतिना उछलकर जीन पर जा बैठी। मुँह पर तड़ातड़ पानी की बूँदें पड़ने लगीं और कोट पर से धारें बह निकलीं। वह चल दी। घोड़ी के पैरों से छप-छप कीचड़ उछल रहा था।

तीन सामूहिक फ़ार्मों का चक्कर लगाकर वालेंतिना को बोवाई की तैयारी की जाँच करनी थी। पहले वह अपने ही फ़ार्म के खेतों की ओर गयी। कौमसोमोल की टीम 'बीज और प्रयोगिक कामों के खेतों' पर काम कर रही थी। इसमें वियात्का का राई के दानों का, और जाड़ों में सबसे जल्दी पकनेवाली राई का अल्योशा का, छोटा-सा खेत था।

उग्रेन के लोगों के लिए शरत के आरम्भ की वर्षा मुसीबत की जड़ थी। अगस्त और सितम्बर में बरसात से फसल कटाई में अड़चन पैदा होती थी और कभी-कभी खड़ी फसल बरबाद हो जाती थी। इसलिए जल्दी पकने वाली राई का बीज तैयार कर लेना ज़िले भर के लिए बहुत आवश्यक था।

अल्योशा ने दो वर्ष पूर्व पत्रों में एक लेख पढ़ा था कि प्रान्तीय कृषि-विभाग इस सम्बन्ध में खोज कर रहा है। उसने एक पत्र प्रान्तीय कृषि-विभाग के कार्यालय को लिखा। उत्तर में उसे जल्दी पकने वाली राई के बीजों का एक छोटा-सा पार्सल मिला। इन बीजों को बोकर अल्योशा ने काफी अनाज पैदा कर लिया था और पिछले वर्ष एक पूरा खेत इन्हीं बीजों से बो दिया था। वालेंतिना को अल्योशा के खेत से खास दिलचस्पी थी। उसने कौमसोमोल की टीम वाले खेत जाने का फैसला किया।

वर्षा की धुन्ध में से खेतों में काम करनेवाले लोग संगीतमय गति से झुकते और सीधे खड़े होते दिखाई दे रहे थे। वालेंतिना ज्यों-ज्यों नज़दीक पहुँचती उनके काम की लगन और तत्परता और भी स्पष्ट दिखाई देती। खेत के किनारे पहुँचकर वालेंतिना ने घोड़ी की लगाम खींच ली। आँखों के सामने बिछे सौन्दर्य को देखकर वह अवाक् रह गयी।

पहाड़ी ढलवान के खेतों पर नालियों का जाल सा बिछ गया था। ऊपरी ढलवानों से पानी बह जाने के कारण राई के कल्लों से ढँकी काली मिट्टी स्पष्ट दिखाई दे रही थी। ढलवान का पानी अनेक धाराओं में बहता हुआ नीचे के खड्ड में इकट्ठा हो रहा था। पानी का वेग ढलवान और खड्ड के बीच की

जगह सबसे तेज़ था। कहीं-कहीं चट्टानों से टकराकर भँवरें पड़ रही थीं और इन जगहों से अनेक छोटी-छोटी धाराओं में बहता पानी आगे का मार्ग ढूँढ़ रहा था। काले मटियाले बादल धरती पर झुकते चले आ रहे थे। वर्षा की बौछारों से चमकती एक उजली सी दीवार पृथ्वी से आकाश तक फैली थी। यह दृश्य अपने में ही अत्यन्त मनोरम था! श्रम में लगे मनुष्यों की छायाओं ने इसकी चित्रमयता और सौन्दर्य को और भी बढ़ा दिया था। फावड़े चलाते लड़के-लड़कियाँ सिर्फ धरती को खोदते नहीं जान पड़ते थे—उनकी गति में ऐसी तेज़ी, एकरूपता और दृढ़ता थी मानो वे धरती को, गहरे कुहासे को, यहाँ तक कि स्वयं आकाश को चीरते चले जा रहे हों!

धुन्ध और वर्षा के पर्दे में से युवकों और युवतियों के चेहरे परिश्रम से लाल दिखाई दे रहे थे और उनकी आँखें चमक रही थीं। उनके चेहरों पर छाई मुस्कान में एक अद्भुत जादू था। या तो कोहसा के बीच फटती लाली का यह अनोखा सौन्दर्य था या ठंड ने ही उनके चेहरों और आँखों में चमक पैदा कर दी थी, या फिर यह उनके हृदयों में उबलते उत्साह की ज्योति थी—वालेंतिना को इस समय वे बहुत प्यारे लग रहे थे।

अल्योशा वालेंतिना की ओर बढ़ आया। उसके बूट कीचड़ में धँसे जा रहे थे। वह इतना भीग चुका था कि वर्षा का अब उस पर कोई असर नहीं हो रहा था।

"कोट के बटन तो बन्द कर ले!" वालेंतिना बोली।

"अब इससे ज्यादा क्या भीगूँगा!" उसकी नीली पुतलियों में अनोखी चमक थी। उसका चेहरा गुलाबी, भीगा हुआ और कुछ-कुछ परेशान था! "इधर देखो, वाल्या!" मेंड़ पर बैठकर अपनी अंजुलियों से उसने पानी उलीचा। राई के अंकुर दिखाई देने लगे। अंकुर कुछ झुके-झुके से और हल्के रंग के थे : "यह है हमारी जल्दी पकने वाली राई!"

अल्योशा की आँखों में चिन्ता और व्यग्रता थी। उसकी चिन्ता दूर करना वालेंतिना का फर्ज था। वह कहना चाह रही थी—"भैया मैं तो खुद परेशान हूँ।" पर वह थी कृषि-विशेषज्ञ और उसका चिन्ता प्रकट करना नवयुवकों के लिए निराशा का कारण बन जाता। अस्तु, वह बोली :

"अच्छा यह करो कि इस खेत से एक नाली निकाल दो। पानी बह जाएगा। बस सब ठीक हो जाएगा। बाद में पौधों पर खाद का छिड़काव कर दिया जाएगा। इसकी तैयारी रखना।"

घोड़ी पर सवार, काले चमड़ी का गीला कोट पहने वह अफसराना ढंग से बातें कर रही थी। अल्योशा ने सन्तोष की साँस ली!

"बीजों का क्या होगा, वाल्या?"

"गोदाम जाऊँगी, तब वहीं देखकर बताऊँगी।" वालेंतिना खुद ही नहीं जानती थी कि बीजों का क्या होगा। पर उसने अपनी परेशानी अल्योशा पर नहीं प्रकट होने दी।

अल्योशा उठ खड़ा हुआ। आँखें सिकोड़कर मुस्कराता हुआ खड्ड की ओर इशारा करके बोला : "अभी दो मिनट में खेत का सारा पानी बहाये देता हूँ। ज़रा रुककर देखती जाओ। देखना पानी कितनी तेज़ी से बहता है।"

फ्रोस्या की सहायता से अल्योशा टीले पर नाली खोदने लगा। ज़मीन कड़ी और झाड़ियों की जड़ों से पटी थी। खोदने के बजाय ज़मीन को काटना पड़ रहा था।

फ्रोस्या नीचे का होंठ दाँतों से दाबे, नीचे आँखें गड़ाये, जमीन खोदने में जुटी थी। कमर सीधी करने के लिए एक बार भी वह खड़ी नहीं हुई। बड़ी नपी-तुली चोट मारकर वह फावड़े को जमीन में घुसेड़ देती फिर एक झटका देकर मिट्टी का ढेर निकालती और एक ओर फेंक देती।

अल्योशा का फावड़ा फ्रोस्या के फावड़े से बड़ा था। वह निशाना बाँध-बाँध कर फावड़ा चला रहा था और बड़ी मुस्तैदी से ढेरों मिट्टी निकाल-निकाल कर एक ओर फेंकता जा रहा था।

काफी बड़ी नाली बन गई थी और अब खड्ड और टीले के बीच सिर्फ़ ज़रा सी जमीन बाकी थी। फ्रोस्या कमर सीधी करने को खड़ी हुई। वालेंतिना पर नज़र पड़ी (अभी तक उसने उसे देखा नहीं था) तो मुस्करा दी। फिर घूमकर लड़कियों को पुकारने लगी :

"अरी आओ री! देखो पानी कितनी तेज़ी से गिरता है!"

अल्योशा को छोड़ सभी अपना काम रोककर तमाशा देखने के लिए खड़े हो गये। पहाड़ी की दूसरी ओर से दूसरी टीम के लड़कों का दल भी आ पहुँचा।

"हटो, हटो! आखिरी मिट्टी मैं काटूँगी।"

अल्योशा की बाँह पकड़कर फ्रोस्या ने उसे एक ओर हटा दिया और अपने शरीर का पूरा बोझ डालकर फावड़ा मिट्टी में धँसा दिया। एक ही बार में उसने मिट्टी का भारी सा ढेर काट कर फेंक दिया।

पानी की धारा खड्ड की तरफ बह चली। बाकी मिट्टी को पानी के वेग ने काट गिराया। पूरे वेग से पानी खड्ड में गिरने लगा। ऊपर ज्यों-ज्यों पानी कम होता जाता था, नन्हे-नन्हे ढीहे और गढ़े, काली गीली मिट्टी और उस पर फैले राई के नन्हे-नन्हे पौधे दिखाई दे रहे थे। खड्ड में पानी गिरने की अर्राहट के साथ ही लड़के-लड़कियाँ हँसते, कूदते, किलकारियाँ भरते दौड़ते हुए आ पहुँचे।

उत्साह बढ़ता ही जा रहा था। इन लोगों के उत्साह का प्रभाव वालेंतिना की घोड़ी पर भी पड़ रहा था। वालेंतिना की उत्तेजना को भाँप कर वह भी बार-बार सुम पटक रही थी। फ्रोस्या कीचड़ में खड़ी थी। उसके मुँह से निकला—"हो-हो!"—और

एक गोल पत्थर पर चढ़कर वह फिरकी की तरह नाचने लगी। उसकी दुरंगी आँखें—एक पीली, एक नीली—बिल्लियों की आँखों की तरह चमक रही थीं। पानी मूसलाधार बरस रहा था। लेकिन इसका किसे ध्यान था?

वालेंतिना का मन वहाँ से जाने को नहीं हो रहा था। वह कौमसोमोल के इन लड़के-लड़कियों के पास ही खड़ी रहना चाहती थी। पर उसे दूसरे फ़ार्मों में भी जाना था। उसे देखना था कि दूसरे फ़ार्मों की टीमें कैसे पानी निकाल रही हैं।

घोड़ी ने दो-तीन बार सुम पटके, गर्दन ऊँची-नीची की और वालेंतिना को लेकर कीचड़ में छप-छप करती चल दी।

रास्ते में मातवेयेविच मिला। बोला :

"बारिश ज़ोर की हो रही है!"

"हाँ बहुत जोर की।"

आधे घंटे बाद दूसरे फ़ार्म के नज़दीक वालेंतिना को एक और किसान मिला। वालेंतिना इसे पहचान नहीं सकी। किसान उसकी ओर देखकर मुस्कराता हुआ हाथ हिला रहा था। चिल्लाकर उसने कुछ कहा भी। पर हवा के तेज़ झोंकों के साथ उसकी बात भी उड़ गयी।

'अजीब आदमी है। क्या चाहता है?' वह सोच रही थी। नज़दीक पहुँचने पर उसने देखा कि वह आकाश में पश्चिम की ओर इशारा कर रहा था और कह रहा था : "आसमान देखो आसमान!" वालेंतिना ने उस ओर आँखें उठाकर देखा तो चकित रह गयी। पश्चिम की ओर बादल फट चले थे। नीले आकाश की फाँक दिखाई दे रही थी।

तेज़ हवा बादलों को उड़ाये लिए जा रही थी। आकाश की नीली फाँक चौड़ी होती जा रही थी। वालेंतिना और अपरिचित किसान, दोनों ही मुँह पर पड़ती जल की धाराओं की चिन्ता किये बिना आकाश की ओर आँखें उठाये जल से भरे विस्तार में खड़े मुस्करा रहे थे।

कुछ ही देर में सूर्य निकल आया। बादलों के रहे-सहे टुकड़े नीले विस्तार में भागे चले जा रहे थे। धूप में चमकते खेतों पर उनकी छायाएँ भी दौड़ी चली जा रही थीं।

गीली धरती तेज़ हवा और तेज़ धूप से जल्दी ही अठर गयी। वालेंतिना की बुढ़िया घोड़ी भी अपनी तेज़ी दिखाने के लिए व्याकुल होने लगी।

वालेंतिना को पड़ोस के फ़ार्म का प्रधान दूर पर दिखाई दिया। वहीं से पुकारकर उसने उससे दुआ-सलाम की और बोली :

"अच्छे खेतों में आज दोपहर से ही जोताई करवा दो। पहले ढालू खेतों से शुरू करवाना।"

वालेंतिना का यह हुक्म एक के बाद दूसरी टीम में फैल गया। सभी

एक-दूसरे को सुनाकर कहने लगे :

"दोपहर बाद ढालू खेतों की जोताई शुरू कर दो।"

दोपहर बाद नास्त्या ओगोरोदूनिकोवा अपने सहायक विक्टर यासनेव को साथ लिए ट्रैक्टर पर खेत में आ पहुँची। पहली मई फ़ार्म के सभी लोग, जो काम पूरा करके खाली हो गए थे, ट्रैक्टर के पीछे हो लिये।

रास्ते में लेना और स्कूल के बच्चे भी इस भीड़ में आ मिले। बच्चे पाँत बाँधे फ़ौजी ढंग से चल रहे थे। उनके हाथों में लाल झंडियाँ और भेंट के लिए जिरेनियम के गुलदस्ते थे। नास्त्या ने बच्चों से फूलों की भेंट बहुत उत्साह से ली। अपने रूई के कोट में उसने फूलों का एक गुच्छा लगा लिया।

ट्रैक्टर के पीछे-पीछे झंडियाँ और फूलों के गुलदस्ते लिए चलने वाला अच्छा-खासा जलूस बन गया था। ट्रैक्टर की गरज सुनकर घरों में बैठे लोग भी खिड़कियों से झाँक-झाँक कर देखने लगे। "ओहो, यह तो नास्त्या है," कहते हुए वे बाहर निकल आते और जुलूस में शामिल हो जाते।

धूप की तेज़ी के कारण भीगी धरती से भाप उठ रही थी। वृक्षों की टहनियाँ खूब जल पीकर वसन्त में लौट आए जोबन से फटी जा रही थीं। हवा में मिट्टी और भीगी शाखाओं को सोंधी गंध भरी हुई थी—तेज़ और मादक! लेना सिर को ऊँचा कर ज़ोर से गा उठी :

हम सब नास्त्या के हमजोली,
चले हैं साथ बना कर टोली!

बहुत से लोग मनमाने ढंग से गाने लगे :

मुझे बिठालो इस गाड़ी पर,
इसी गाँव में हैं मेरा घर!

ढलवान के किनारे पहुँच कर नास्त्या ने जोताई के लिए खेतों में निशान देखे। चकित सी खड़ी वह मुस्कराती हुई सामने देख रही थी। फिर वासिली से बोली :

"शुरू करूँ, कुज़मिच?"

वासिली और मातवेयेविच ने खेत से एक-एक मुट्ठी मिट्टी उठाई, उसे उँगलियों में पीसा और फिर न जाने क्यों माथे से छुलाकर फेंक दिया।

"चलू?" नास्त्या ने फिर पूछा।

मातवेयेविच ने अपनी टोपी उतारकर कहा : "चलो!"

"बच्चो, चुप रहो," लेना बोली, "बोलना नहीं! पहला चक्कर पूरा हो लेने दो।" लेना को यह समारोह बहुत ही अनुपम, कवित्वमय और रोमांचकारी लग रहा था। बच्चे भोली-भोली आँखें फैलाये चुपचाप देख रहे थे।

गुर्राता-गरजता ट्रैक्टर एक ही झटके में सड़क पर से खेत में हो गया। नास्त्या का धूप से पका रंग, सफेद दाँत और कोट में लगे फूल आँखों के सामने तेज़ी से उड़ चले।

"बधाई नास्त्या!" वासिली ने हाथ उठाकर कहा।

"बधाई!"

"मुबारक!" और भी बहुत सी आवाज़ें सुनाई दीं।

सभी लोग नास्त्या की ओर आशा भरी आँखों से देख रहे थे। इस समय सामूहिक खेत का भविष्य, सामूहिक खेत की फसलों का भविष्य, सामूहिक किसानों की हँसी-खुशी उसी के हाथों में थी। लोगों को उस पर पूरा भरोसा भी था।

सभी जानते थे कि उस क्षण से नास्त्या के दिन और रातें उसी मशीन पर कटेंगी। उसी मशीन पर उसका खाना-पीना होगा! उसका शक्तिशाली ट्रैक्टर गाँव का आखिरी चिराग बुझ जाने पर घुप्प अँधेरी रात में धरती और पास के जंगलों को कँपाता रहेगा! काली रात में काली धरती को बेधती दैत्याकार मशीन की आँखें जल उठेंगी। और इस मशीन पर बैठी होगी काली धरती और काले अंधकार से जूझती एक लम्बी, साँवली सी औरत—लौह सदृश्य अडिग और स्थिर, मशीन की तरह शक्तिशाली और अपराजेय!

"बधाई नास्त्या!"

"मुबारक नास्त्या!"

मशीन के खेत में उतरते ही मुबाकरवादी की आवाज़ों से वातावरण गूँज उठा। ट्रैक्टर आगे बढ़ रहा था और अपने पीछे जमीन की खिली पट्टी छोड़ता जा रहा था—जैसे जहाज़ अपने पीछे फेन की धार छोड़ता जाता है।

ट्रैक्टर बढ़ता जा रहा था। सबकी आँखें उसी पर लगी थीं। बाँहें फैलाये धरती उसे बुला रही थी। आकाश पीछे हटता जा रहा था।

4. ढलवान पर फ्रोस्या के खेत

अप्रैल की वर्षा से भीगे खेत नास्त्या ने जोत डाले। इसके बाद बादलों ने आकाश में आने का नाम नहीं लिया। धरती एक-एक बूँद को तरस गयी। बड़े-बूढ़े भी कहते कि ऐसी गरमी उन्होंने अपनी उम्र में नहीं देखी। लू के अंधड़ों से जगह-जगह चटखकर धरती फट रही थी।

सुबह उठते ही लोग आँगन में निकल आते और आकाश की ओर आँखें उठाकर बादलों के नन्हे-नन्हे फीहों को गिनने लगते।

किसानों को आशा थी कि अप्रैल में हुई वर्षा की नमी बहुत दिन तक फसल को सँभाले रहेगी, तब तक वर्षा हो ही जाएगी। जो थोड़ा-बहुत नुकसान फसल को हुआ होगा वह वर्षा हो जाने पर पूरा हो जाएगा।

"पानी का छींटा पड़ते ही फसल उछल पड़ेगी। तभी हमारे किए का फल सामने आएगा!" वे एक-दूसरे को सांत्वना देते।

लेकिन दिनों-दिन यह आशा मुरझाती जा रही थी। आशा भरे सपनों का स्थान चिन्तापूर्ण आंशकाएँ लेती जा रही थीं :

"अब भी वर्षा हो जाए तो कुछ तो बच ही जाएगा!"

किसानों के चेहरे उतर गए थे। निराशा से उनके होंठ भिंचे रहते। एक ही बात सुनायी देती : "किया कराया सब खाक हो जाएगा....!"

गरमी की गेहूँ की फसल चौपट हो गई थी। पर यह फसल बोयी भी कम गई थी। जाड़ों में पकने वाले गेहूँ की निराई जल्दी करके मिट्टी चढ़ा दी गई थी, इसलिए अभी तक खड़ी थी। आलू और दूसरी चीज़ों का और भी बुरा हाल था। आलू के खेतों की ओर उदास नज़रों से देखते हुए पहली मई फ़ार्म के किसान कहते : "बिपत में ये ही कुछ सहारा दे जाते थे, सो ये भी गये।"

वालेंतिना का चेहरा भी पीला और खुश्क पड़ गया था।

वह बराबर यही कहे जाती : "खेतों की सिंचाई करो! ज़मीन को नम बनाये रखो!"

किसानों को इकट्ठा करके वह समझाती :

"मिट्टी चढ़ाने को सूखी सिंचाई समझो। बिन-उलटी मिट्टी में बारीक नलियों से, जो दिखाई नहीं देतीं, पानी ऊपरी सतह पर आ जाता है। इससे मिट्टी की निचली सतह सूख जाती है। इसीलिए गोड़ाई करके इन नलियों को तोड़ देना चाहिए।"

इन नसीहतों और सीखों से किसानों को विशेष सान्त्वना नहीं मिली।

वासिली किसानों पर बिगड़ता, उन्हें डाँटता-फटकारता। पर इसका कोई खास असर न होता। वालेंतिना आकर उससे बार-बार शिकायत करती :

"किसानों ने कल फिर निराई नहीं की। जाने क्यों, मानते ही नहीं?"

"मानें क्या," वासिली उत्तर देता, "उन्हें भरोसा हो तब न?" और मन ही मन कहता : "मुझे ही क्या आशा है?"

वह अपना सन्देह प्रकट न होने देता और जैसा वालेंतिना कहती किये जाता। पर, मन ही मन सोचता : 'ये नलियाँ क्या बला हैं? भला इस भयानक सूखे और लू में निराई और जड़ों पर मिट्टी चढ़ाने से क्या होगा?'

वासिली को नलियों वाली बात पर यकीन नहीं था, न ही वह यह मानता था कि मिट्टी चढ़ा देना सूखी सिंचाई होती है। लेकिन वह इसे सरासर झूठ भी नहीं मानता था। वह सोचता—शायद दूसरी जगह निराई और जड़ों पर मिट्टी चढ़ाने से सिंचाई की कमी पूरी हो जाती हो। पर यहाँ, उग्रेन ज़िले और पहली मई क्षेत्र में, यह सब नहीं होने का।

अपनी आँखों से देखे और हाथों से छुए बिना किसी बात पर विश्वास कर लेना वासिली के लिए संभव नहीं था।

वासिली बचपन में एक बार एक प्रदर्शनी देखने गया था। वहाँ उसने एक मकान देखा—नमक का बना हुआ। वासिली को विश्वास न हुआ कि यह नमक का बना है। उसने उसे ज़बान से चाट कर देखा। तब यकीन हुआ। प्रदर्शनी के निर्देशक ने उसे डाँटा, "सभी लोग तुम्हारी तरह चाट-चाट कर देखेंगे तो मकान बचेगा?"

वासिली ने चुपचाप फटकार सुन ली। पर मन ही मन संतोष हो गया कि उसने सचमुच नमक का बना मकान देखा है। चाट कर देख लिया तो गाँव वालों से जाकर दावे से कह तो सकेगा—मैंने सचमुच नमक का बना मकान देखा है। जब उसका स्वभाव ही ऐसा था तो वालेंतिना की वैज्ञानिक बातों का परिणाम अपनी आँखों से देखे बिना उन पर कैसे विश्वास कर लेता?

निराई और जड़ों पर मिट्टी चढ़ाई के चमत्कार में खुद का विश्वास न होते हुए भी किसानों से इस काम के लिए उसे बार-बार कहना पड़ता था। उसे बड़ी उलझन होती। काम से थक कर बैठे किसानों से जब उसे कोई ऐसी बात कहनी पड़ती जिस पर खुद उसे यकीन न होता तो उसकी जवान तालू से चिपक जाती और छाती पर भारी बोझ मालूम होने लगता। जिस भावना के लिए उसने एक बार वालेंतिना से डाँट कर कहा था—"तुम बैठ कर 'कूकी' बजाओ," और जिसके लिए उसने दादी वासिलिसा को डाँटा था, वही अब अधिकाधिक उसे दबा रही थी। वह इस भावना से दबा जा रहा था।

प्रायः ही, जहाँ उसे दृढ़ता से काम लेना चाहिए था, वह ढीला पड़ जाता और ऐसी बातों को तरह देता जिन्हें खत्म कर देना चाहिए था।

फ़ार्म की स्त्रियाँ अक्सर काम से कतरा कर सब्जी-तरकारी बेचने बाज़ार चली जातीं। वासिली जानता था कि ऐसे मामले उसे फ़ार्म की सभा में पेश करने चाहिए थे। पर उसे खयाल आ जाता—बेचारी कैसी मुसीबत के दिन काट रही हैं। वह ऐसे मामलों को टाले रहता या उन पर खास ज़ोर न देता—बस, कभी कोई बात कह दी तो कह दी। इससे दिन-दिन काम में लापरवाही और अनुशासन की उपेक्षा बढ़ने लगी। वासिली सोचता—यह सब ठीक नहीं है, यह रवैया बदलना चाहिए। लेकिन वह इस रवैये को बदल न पाता, क्योंकि तब्दीली पहले उसे अपने

में करनी थी।

इन उलझनों से रात में नींद न आती। वह कमरे में चहलकदमी करता रहता। बार-बार सिगरेट पीता और शराब पीकर ध्यान बँटाने की कोशिश करता। परन्तु मन से चिन्ता हटाये न हटती।

दया और सहानुभूति? लोगों के प्रति दया और सहानुभूति कैसे प्रकट की जाए? इस दया और सहानुभूति के दो रूप हो सकते थे। एक तो यह कि सब को अपने-अपने बागीचों को सींचने और जंगल से छाल लाकर रस्सी बटने आदि की छूट दे दी जाए। दूसरा यह था कि अपने सन्देह को निकाल फेंका जाए, वैज्ञानिकों की सलाह पर भरोसा किया जाए, किसानों को उसी के अनुसार चलने के लिए समझाया जाए, उनसे झगड़ा जाए, उन्हें मज़बूर किया जाए, उनकी दो-चार कड़वी बातें सुन ली जाएँ, और फिर एक-दो तीखे शब्द कह कर उन्हें अपनी राह पर ले आया जाए। वासिली की बुद्धि कहती, उचित तो दूसरा ही रास्ता है। पर वह उस पर चल नहीं पाता था।

दोपहर का समय था। सड़क धूल से भरी हुई थी। वासिली चला जा रहा था। पाँव धूल में धँस-धँस जाते थे। धूल खुश्की से इतनी महीन हो गई थी कि एक बार उड़ कर हवा में ही थम जाती थी। हवा भी बादलों की तरह धुँधली हो रही थी। सूर्य की किरणों में चमक कर धूल के कण हवा में प्रकाश के चक्कर बना रहे थे—जैसे हवा में अबरक फैल रहा हो। गरमी और धूल से हवा भारी हो रही थी। तमतमाती धूप का सफेद कफ़न ओढ़े सारा वातावरण डरावना लग रहा था, मानो कोई धातु तीव्र प्रकाश करती हुई जल रही हो।

सड़क के दोनों ओर गेहूँ के सूखे खेत खड़े थे। सूखे पौधों पर पतली-पतली सूखी बालें ऐंठी हुई थीं। गरमी में उग आने वाली झाड़ियाँ फूल रही थीं। झाड़ियों के फूल और पत्ते धूल से ढँके थे। फूलों की धूल मिली मीठी गरम गंध हवा में भरी हुई थी। खड्ड के किनारे की घनी झाड़ियों में कभी कोई पक्षी महीन सी आवाज़ में चिऊँ-चिऊँ पुकार उठता, मानो प्यास से व्याकुल पानी माँग रहा हो।

वासिली के सिर का पसीना गर्दन से होकर सीने और पीठ पर बह रहा था। उसने कमीज के बटन खोल लिये, पर इससे कुछ फर्क न पड़ा।

"बुरा हो इस कमबख्त गरमी का! कैसी-कैसी योजनाएँ बनायी थीं! कैसी बोवाई की थी! कितना परिश्रम किया था! कैसी-कैसी आशाएँ बाँधी थीं! सब इसी तरह बरबाद होने के लिए?"

सड़क से वासिली एक खेत में उतर गया। सूखी फसल में से रास्ता बनाकर खेत के बीचोंबीच जा पहुँचा। बालें और पौधे सूखकर ऐंठ गए थे, न मोड़ने से

मुड़ते थे, न झुकाने से झुकते थे।

'यह खेत तो हाथ से गया!' वासिली ने सोचा। 'राई का कुछ बच सकता है। पता नहीं आलुओं में भी कुछ बच पाएगा या नहीं। कुछ उनका ही भरोसा था।'

गेहूँ के खेतों के पास ही आलू का बड़ा खेत था। सड़के के किनारे-किनारे निराई करके पौधों पर मिट्‌टी चढ़ा दी गई थी। पर ज्यों-ज्यों वासिली खेत में आगे बढ़ता था, हालत बदतर दिखायी देती थी, निराई ठीक से नहीं हुई थी। खेत के बीच में और जंगल की तरफ जमीन कड़ी पड़ कर पक्की ईंट की तरह हो गई थी।

"लोगों ने निराई पूरी नहीं की! कोई करे तो क्या करे? इन लोगों को समझाया कैसे जाए? फ्रोस्या के दल की करतूत है। यह लड़की तो आफत है! परसों मुझसे कह रही थी कि सब काम पूरा हो गया है।"

कुछ खाली जमीन छोड़कर नवयुवक टीम के दूसरे दल के खेत थे। इस दल की लीडर थी वीरा। वीरा यासनेव की लड़की थी। उम्र में छोटी और अनुभव में कम होने के कारण वह फ्रोस्या की तरह लोगों पर हुक्म नहीं चला पाती थी। वह कभी अपने टीम-लीडर से लड़ती-झगड़ती नहीं थी, कभी मनमानी नहीं करती थी। अल्योशा को बताए बिना, उसकी राय लिए बिना, वह कभी कोई काम नहीं करती थी। वीरा नाम को ही लीडर थी। वास्तव में उसके दल को अल्योशा ही सँभालता था। इससे काम भी अच्छा होता था।

इन खेतों में आकर वासिली फसल को विशेष ध्यान से देखने लगा।

यहाँ निराई और मिट्टी चढ़ाई का काम बहुत अच्छी तरह किया गया था।

एक दो सप्ताह पहले तो वासिली को इन खेतों और पहले दल के खेतों में कोई फ़र्क नज़र नहीं आया था। इन खेतों की आलुओं और दूसरे खेतों की आलुओं में कोई खास अन्तर नहीं दिखाई दिया था। वासिली सोचने लगा था : 'चाहे जितनी निराई और मिट्टी चढ़ाई किए जाओ—ऐसे सूखे में कुछ होने-हवाने का नहीं।' पर ज्यों-ज्यों दिन बीत रहे थे दोनों खेतों का अन्तर साफ़ दिखाई देने लगा था।

वासिली करीब एक हफ्ते बाद यहाँ आया था। जब वह नजदीक पहुँचा तो खेत को देखकर चकित रह गया। दूसरी बार निराई करने और मिट्टी चढ़ाने से हालत काफी बदल गई थी। लगता था गरमी से पौधों का कुछ भी नहीं बिगड़ा है। पत्तों का रंग तक नहीं फीका पड़ा था। गहरे हरे हो रहे थे। वासिली को मानना पड़ा :

"किए का फल न हो, यह कैसे हो सकता है। आखिर वालेंतिना और उसके वैज्ञानिक पुस्तकों की बात ही ठीक निकली।"

अब वासिली को वालेंतिना की बात पर विश्वास न करने और निराई के सम्बन्ध में अनुशासन ढीला करने पर पश्चात्ताप हो रहा था। सूखे के प्रभाव को रोक सकने में अपनी लापरवाही पर उसे दुःख हो रहा था। "घंटे भर की लापरवाही में इतना ज्यादा नुकसान," मन-ही-मन खीझता हुआ वह कह रहा था, "सभी खेतों को ऐसे सँभलवा दिया होता तो क्या था? फ़ार्म के एक-एक आदमी को खदेड़कर भेजूँगा कि यह खेत देख कर आओ। फ्रोस्या की तो ऐसी खबर लूँगा कि याद रखे!"

वासिली सड़क पर आ गया। तमतमाती गरमी में पानी के लिए व्याकुल ऐंठे खड़े गेहूँ के ठूँठों के बीच से सड़क कभी दाहिने कभी बाएँ घूमती हुई आगे निकल गई थी। खेत वीरान था। सड़क के किनारे-किनारे झाड़ियाँ थीं जो कहीं-कहीं झुककर सड़क की धूल में फैल गई थीं।

गाँव के पास वासिली को एक और खेत दिखाई दिया। खेत में नमी देखकर वासिली की आँखें सिरा गईं। यह तातिआना का गोभी का खेत था। इससे अभी हाल में गोभियाँ उतारी गई थीं। गोभी को गमलों में लगाकर, बार-बार निराकर और पानी देकर तातिआना ने गोभी की फसल इतनी जल्दी और इतनी घनी तैयार कर ली थी जितनी पहले कभी नहीं हुई थी। गोभी को लॉरी में भर कर वह स्वयं बाजार ले गई थी। लॉरी में लदी गोभी के ढेर पर वह ऐसे बैठी थी जैसे कोई महारानी अपने सिंहासन पर बैठी हो। गोभियों को इतनी जल्दी बाजार में देखकर उग्रेन वाले अचम्भे में पड़ गए थे। लॉरी के आसपास लोगों की भीड़ जमा हो गई थी। हाथों-हाथ गोभी बिक गई। कई अस्पतालों, सैनेटोरियमों और तरुण पायनियर कैम्पों से गोभी की माँग आई। खनाखन पैसा हाथ आया। गोभी के इस खेत के पास से आते-जाते वासिली अपने साथियों से कहता :

"देख लो भाई! किए से क्या नहीं हो सकता! गोभी की हम लोगों ने कभी परवाह की थी? तातिआना ने इस गोभी से फ़ार्म के लिए हज़ारों कमा लिए।"

इस खेत के पास से जाते हुए वासिली का चेहरा एक बार फिर खिल उठा।

दूर पर गाँव के मकान दिखाई दे रहे थे।

फ़ार्म का दफ्तर इस समय सुनसान था। मोटी-मोटी मक्खियाँ खिड़कियों के पास भन्न-भन्न कर रही थीं। वासिली ने दफ्तर की चपरासिन से फ्रोस्या को बुला लाने के लिए कहा। उसका मकान पास ही था। हवा आने देने के लिए वासिली ने खिड़कियाँ खोल दीं।

खिड़की खोलते ही उसे क्सेनोफोन्तोवना की आवाज़ सुनाई दी--जैसे कान में कोई मक्खी भनभना रही हो। सामने के बाग में बच्चों को छाया में लिए बैठी वह कहानी सुना रही थी। क्सेनोफोन्तोवना की बुढ़ापे से काँपती आवाज़, मकानों की एक-सी कतार, धूल से ढँकी सुनसान सड़क की लम्बी पट्टी और गाँव पर

बरसती गरमी, सब एक-दूसरे से घुले-मिले मालूम होते थे। बुढ़िया उन भूतों की कहानी कह रही थी जो पृथ्वी को जला कर भस्म कर देते थे।

"तब सब फूल-पत्ते मुरझा जाएँगे, सूख जाएँगे। फिर डरावना भूत ज़मेई गोरिनिच अपने साथ वालों से पूछेगा : 'गीली धरती को साफ़ कर दिया?' भूत-पिशाच चिल्ला कर कहेंगे : 'साफ़, जैसी सोलह बरस की कुँआरी!' बस, आग की लपट जल उठेगी। ज़मेई गोरिनिच फिर पूछेगा : 'गीली धरती को साफ़ कर दिया?' भूत-पिशाच चिल्ला कर कहेंगे : 'ऐसी साफ़ जैसी रांड़।' बस सब चीज़ें जल जाएँगी। राख हो जाएँगी। धरती फट जाएगी, दो टुकड़े हो जाएँगे।"

वासिली को ऐसी कहानियाँ अच्छी नहीं लगती थीं। सोचा : 'बक्की बुढ़िया फिर बच्चों में ज़हर फैला रही है।'

चिढ़ कर उसने खिड़की से पुकारा :

"क्यों री बुढ़िया! क्यों ख़ामख़ा बच्चों को डरा रही है?"

"क्यों? क्या मैं परियों की कहानी भी नहीं सुना सकती?"

"यही है परियों की कहानी? बहुत हो गया! बस कर!"

भड़कीले कपड़े पहने भेंगी फ्रोस्या दरवाज़े पर आ खड़ी हुई। हरे रंग की कुर्ती! गले में नारंगी मनकों की माला। नीला लहँगा! दोनों आँखों का रंग भी अलग-अलग! एक पीली और दूसरी नीली! बड़ा स्वाभाविक लग रहा था, उसके स्वभाव और व्यवहार के अनुकूल ही।

"फ्रोस्या, तूने ढलवान वाले खेत को क्यों नहीं निराया?"

"क्या होता निराने से?"

"निराने से क्या होता है यह वालेंतिना ने सबको साफ़-साफ़ समझाया था। तूने क्या कान बन्द कर लिए थे? सुना नहीं था कि निराने और जड़ों पर मिट्टी चढ़ाने से पानी देने के बराबर असर होता है? यह बात तो कृषि-विज्ञान बताता है।"

"रहने दो! किसी और को ये बातें सुनाना!" फ्रोस्या ने तेहे से कहा।

"पर तूने मुझे और अल्योशा को बेवकूफ क्यों बनाया? तूने कहा था कि निराई पूरे खेत की कर दी है और की थी सिर्फ़ सड़क के किनारे-किनारे, दिखाने भर को! बीच का सब हिस्सा ज्यों का त्यों छोड़ दिया?"

"नीचे-नीचे निराई कर दी। ढलवान पर निराई करने से क्या फ़ायदा? कहीं छलनी में पानी रुकता है? ऊपर की फसल तो जल ही जाती। फरक क्या पड़ता?"

"फरक पड़ता है। हम लोग वैज्ञानिक उपाय करें तो सूखा कुछ नहीं बिगाड़ सकता। जा, लड़कियों को इकट्ठा कर। जाकर अपने खेत की निराई कर।"

"और कुछ!"

"बदज़बानी मत कर, फ्रोस्या! तुम लोग कोई नाचने वालियों की टोली नहीं हो, न मैं तुम्हारा यार हूँ। मैं कहता हूँ, लड़कियों को इकट्ठा कर और खेत जाकर निराई कर!"

"लेकिन निराई से होगा क्या? ऐसे खेत की निराई करना और मुर्दे के उबटन मलना—एक बराबर है। हमें क्या कुछ मालूम ही नहीं? तुम और वालेंतिना ज़िला अधिकारियों की वाहवाही लूटना चाहते हो! तुम तो चाहते हो कि ज़िला अफ़सरों को लिख भेजा जाए : 'सब काम पूरा हो गया!' जो तुम्हारे मन में आए लिख भेजो, लेकिन हमें बख्शो! लोगों को बेकार सताने से क्या फायदा? पास-पड़ोस के किसी फ़ार्म में निराई हो नहीं रही। अपनी और वालेंतिना की खुशी के लिए हमारे पीछे पड़े हो!"

"तेरा दिमाग़ ठिकाने है? दूसरे दल के खेत देखे हैं तूने? उन खेतों से उनका मिलान किया जिनमें निराई और मिट्टी चढ़ाई का काम नहीं हुआ?"

"मिलान किया तो क्या!"

"कौन से अच्छे हैं?"

"सब एक जैसे हैं!"

"सब एक जैसे नहीं हैं। जाकर ज़रा वीरा के आलू वाले खेत देख!"

"अरे, होगा उन्नीस-बीस फरक। क्या उतने के लिए गरमियों भर मरते-खपते रहें? हम नहीं जाने के। लड़कियाँ भी नहीं हैं। बेरी चुनने सब जंगल गई हैं।"

"किसने जाने दिया उन्हें?"

"मैंने!"

"तुझको दल की लीडरी से हटाना होगा।"

"और कुछ!"

गुस्से से वासिली का सिर भन्ना उठा। मन में तो आया कि चुन-चुन कर गालियाँ सुनाए। पर उसे आन्द्रेई की बात याद आ गई और उसने अपने आपको रोक लिया। आन्द्रेई ने कहा था कि वह—वासिली—काम करवा सकने के उत्साह में काम करवाने के ढंग का खयाल नहीं रखता। यह उसकी ख़ास कमज़ोरी थी। आदमी को समझाना चाहिए। उसकी चेतना को जगाना चाहिए।

वासिली ने क्रोध को बस में किया और समझाने का उपाय शुरू किया।

"पिछली मीटिंग में अल्योशा ने कहा था कि तुमसे दल-नायक का काम नहीं हो सकेगा। हम लोगों ने उसकी बात नहीं मानी। हम सबने तुम पर भरोसा किया। सोचा, समझदार लड़की है। तुम्हारी बात पर यकीन कर बैठे!"

"तो क्या मैंने वसंत भर काम नहीं किया? सबसे ज्यादा खाद किसने ढोई? मेरे दल ने! पहली निराई किसने की? मेरे दल ने! जब तक कुछ करने से फायदा

था, हमारे दल ने बराबर काम किया। अब करने से क्या फायदा? ज़रा उसे देखो,'' खिड़की के बाहर फैली धूप की ओर संकेत कर बोली, ''ऐसे तप रही है जैसे भट्ठी हो।''

बहुत समझाने-बुझाने के बाद फ्रोस्या राजी हुई कि अगले दिन लड़कियों को लेकर ढलवान वाले खेत में निराई करने जाएगी। फ्रोस्या जा ही रही थी कि अल्योशा दफ्तर में आ पहुँचा। अपनी टोपी उतार कर अल्योशा ने बेंच पर फेंकी और क्रोध से फ्रोस्या की ओर देखता हुआ बोला :

''अब तुम्हीं बताओ, वासिली कुज़्मिच, इससे हमें क्या फायदा?''

''क्यों, क्या किया इसने?''

''उस दिन इसे निराई के लिए भेजा, बस थोड़ी-सी मिट्टी खुरच कर चली आई। कल मुझे पूरी टीम की अगेती राई के खेत और बीजों के खेत की निराई-सिंचाई पर लगाना है, तो इसने यह पुर्जा लिखकर भेजा है।''

वासिली ने अल्योशा के हाथ से पुर्जा ले लिया और पढ़ा। इसमें लिखा था :

''बीजों वाले खेत की सिंचाई करनी है तो खुद करो! हमको समझ क्या रखा है—खैराती टट्टू? क्यों तुम्हारे लिए अपनी पीठ तोड़ें?''

फ्रोस्या अपने माथे की जुल्फें झटककर बोली :

''क्यों करें हम किसी के खेत का काम? और कुछ! ये लोग तो हमारा काम नहीं कर देते!''

''तू तो जानती है कि यह बीज के खेत का मामला है। आगे राई की फसल का दारोमदार इसी पर है।'' वासिली ने समझाया।

''खेत इनका है। पानी देना है, तो खुद दें।''

''तेरा मतलब है कि दस आदमी तो दिन-रात काम में पिले रहें और बाकी दस जंगलों में मौज करें? तुझसे कह रहा हूँ कि बीज के खेत की ज़िम्मेदारी सारे फ़ार्म पर है।''

''बड़े होशियार हो न!'' फ्रोस्या ने जवाब दिया। ''एक तरफ तो कहते हो, देखें किसके खेत अच्छे होते हैं। दूसरी तरफ, हमीं से काम कराकर उनका खेत अच्छा बनवाना चाहते हो? अपना भी काम करें, इनका भी? बाद में वाह-वाही लूटें ये लोग? ज्यादा काम की मज़दूरी मारें ये लोग? क्या कहने हैं! बड़े होशियार हो न? मुझे बुद्धू नहीं बना सकते। समझे?''

''सुन लीं इसकी बातें?'' वासिली के पास ही बेंच पर बैठता हुआ अल्योशा बोला। ''इसे समझाने से क्या फ़ायदा?''

''मैं जानता हूँ, भाई! मैं खुद मगज मार चुका हूँ!''

वासिली और अल्योशा फ्रोस्या पर आँखें जमाए बेंच पर बैठे थे। और उनके सामने दीवार से टिकी, कमर में बल दिए, फ्रोस्या ऐसी लापरवाही से खड़ी थी जैसे

कह रही हो : "लो, यह खड़ी हूँ। देख लो जी भर के! क्या बिगाड़ लोगे मेरा?"

"ऐसे दलों और दल-नायकों से फ़ायदा क्या है?" अल्योशा ने कहा। "वीरा यासनेवा मेरे काम में झंझट नहीं डालती। लेकिन, यह फ्रोस्या? यह तो मुसीबत है! जब तक अपने-अपने अलग-अलग खेतों पर काम होता है, जैसे-तैसे निभ जाती है—कुछ भी कहते रहो, कुछ भी बकते रहो। पर किसी बड़े काम के लिए ज्यादा आदमियों की ज़रूरत हुई, कि बस वहीं बखेड़ा शुरू हो जाता है। टीम का लीडर जहाँ कमज़ोर हो वहाँ तो दल वाला तरीक़ा ठीक है। लेकिन अपनी टीम मैं खुद सँभाल सकता हूँ।"

"फिर क्यों दलों में होड़ की चखचख मचा रखी है," बिगड़कर फ्रोस्या बोली, "क्यों इतना गुल-गपाड़ा मचा रखा है? साझे का काम करना हो, चलो साझे का काम करो। दलों में होड़ करवानी है, तो हो जाने दो होड़! अब तुम्हीं सच-सच बताओ—हम इनसे होड़ कर रहे हैं, ये हमें हरा रहे हैं। हम क्यों जाकर इनके खेत में कमर तोड़ें? इनके खेत में काम तो हम करें और ज्यादा पैदावार की मज़दूरी लें ये! कहाँ का न्याय है? हमारी लड़कियाँ दूसरों के खेत में जाकर क्यों काम करें?"

"तुम्हें कितनी बार समझाया कि बीज के खेत की ज़िम्मेदारी पूरे फ़ार्म पर है।"

"तो फिर खेत दलों को क्यों बाँटे गए? इनके खेत में हम नहीं जाने के! हमें जो खेत मिले हैं, हम उनका काम करेंगे।"

"ये तो अपने खेतों से चिपकी हैं," अल्योशा फिर बोला, "ये नहीं हिलने कीं। इस तरीके से फ़ायदा नहीं होने का, वासिली कुज़मिच! बहुत-सी ज़मीन हो और बहुत से काम करने वाले हों तब तो काम में जी लगता है! लेकिन यह कैसा काम है? मेरे तो हाथ बँध गए हैं!"

"तो तुमने दल बनाए ही क्यों? पहले तो जो धुन सवार हो गई, सो सवार हो गई। बाद में सारा कसूर फ्रोस्या का! सारा दोष मढ़ा जाता है मेरे असहाय सिर पर!"

"क्या कहने हैं तेरे 'असहाय' सिर के!"

"क्यों? क्या झूठ कहती हूँ? बेकार में ढेले तो फिंकते हैं मेरे सिर पर! मैंने साफ़ कह दिया कि मेरी लड़कियाँ किसी दूसरे का खेत सींचने नहीं जाएँगी। दल तोड़ दो, साझा कर दो, हम सबके साथ जाएँगे। यही मेरा फैसला है।"

फ्रोस्या दफ्तर से चली गई। जाते हुए किवाड़ों को खूब ज़ोर से बंद करती गई।

"आफत की पुड़िया है यह लड़की!" वासिली ने कहा।

"ठीक कहते हो," अल्योशा बोला, "लेकिन असल में बात सिर्फ फ्रोस्या

की नहीं है। तुम खुद सोचो, वास्या चाचा! खेती सम्बन्धी कोई भी बड़ा काम उठाने पर बहुत से आदमियों की ज़रूरत पड़ती है। लेकिन हमने उन्हें छोटे-छोटे दलों में बाँट दिया है, उन्हें अलग-अलग खेतों में कर दिया है। काम के हिसाब से मज़दूरी वाला तरीक़ा लागू कर दिया है। इस तरह काम नहीं होने का। और, मज़दूरी कैसे नापोगे?"

कुछ देर बाद वासिली की ओर देखकर अल्योशा ने फिर पूछा : "बोलो क्या कहते हो?"

"सोचने की ज़रूरत है....!"

उस रात वासिली ने अद्भुत स्वप्न देखा। उसे लगा जैसे झाड़ियाँ उसके कंधों पर उग आई हैं, गालों पर फैल गई हैं और पत्ते उसके कान में गुदगुदी पैदा कर रहे हैं।

"उठो वास्या! अब उठ जाओ न!" बुढ़िया अगाफ्या वासिली की चारपाई पर झुककर उसे जगा रही थी। बुढ़िया की सामने लटकी चोटी वासिली के गालों को छू रही थी।

"उठो भले आदमी! जरा खिड़की की तरफ तो देखो।"

रात ख़तम हो रही थी, लेकिन पूरी तरह सवेरा नहीं हुआ था। रात और प्रभात के बीच का यह वह समय था जब कहना कठिन होता है कि बाहर फैला प्रकाश चाँद का है या उषा का! दो तरह के प्रकाशों का अद्भुत संगम! तारे निस्तेज होकर अब भी क्षितिज पर टिमटिमा रहे थे। आकाश के एक छोर पर काली छाया-सी दिखाई दे रही थी। कहीं दूर बिजली कड़कने की आवाज़ सुनाई दी।

"बादल?" वासिली चारपाई से कूदकर खड़ा हो गया।

कपड़े पहनकर वह गली में निकल आया। यहाँ विचित्र ही दृश्य दिखाई दिया। सभी किसान घरों से निकल आए थे। गली आदमियों से भरी हुई थी। कोहरे भरे वातावरण में लोग चुपचाप इधर-उधर घूम रहे थे। लगता था आकाश से परछाइयाँ उतर आई हैं। सभी की आँखें क्षितिज पर उमड़ते बादल की ओर उठी थीं। ऊपर उठे चेहरों और पोपलार के वृक्षों की हिलती शाखाओं में उत्कट प्रतीक्षा का कम्पन था।

पौ फटने से पहले की इस स्तब्धता में एक गहराई थी, एक स्पन्दन था। लोग चुप्पी तोड़ने से डर रहे थे, मानो उनके बोलने से बादल लौट जाएगा। वे फुसफुसाकर बातें कर रहे थे। उनकी दबी उत्तेजना में, पूरब की ओर उठे उनके चेहरों की उत्सुकता में एक विचित्र प्रकार की श्रद्धा और उत्साह था। प्रभात की

इस मनोहर वेला में नींद की स्तब्धता से निकलकर लोग प्रतीक्षा की स्तब्धता में खो गए थे।

कभी किसी दरवाज़े के खुलने या बन्द होने की आहट सुनाई दे जाती।

"किसी के यहाँ रोटी है?" शायद यह क्सेनोफोन्तोवना की आवाज़ थी। "रोटी गोल और पूरी चाहिए।"

किसी दूसरी स्त्री की आशंका भरी बारीक़ आवाज़ सुनाई दी :

"बादल उड़कर कहीं पोचिन्कोवो की तरफ़ न चला जाए? बड़ा ज़ुल्म हो जाएगा। हम लोगों के मुकाबले उन्होंने आधी मेहनत भी नहीं की है?"

चुप्पी भरी गली में फ्रोस्या बिजली की तरह तड़पती हुई आई।

"अरे भाई, कोई मेरी मदद करो!" फ्रोस्या रुआँसे स्वर में चिल्ला रही थी। "हमारे ढलवान वाले खेत बिना निराए पड़े हैं। पानी ऐसे बह जाएगा, जैसे काँच पर से बह जाता है। धरती पानी पी नहीं पाएगी। भैया मदद करो। हमारी निराई करा दो। एवज में हम तुम्हारा काम कर देंगे।"

वासिली दफ्तर की ड्योढ़ी पर चढ़ गया। उसने अपना हाथ ऊपर उठाया। उसे इस अवेगमय प्रतीक्षा को शक्तिपूर्ण क्रियाशीलता में बदलना था।

"साथियो!" वासिली गरजकर बोला। "सब लोग खेतों को! टीम लीडरो! जहाँ भी बे-निराई धरती हो, फौरन निरा डालो! जो कोई फालतू हो, फौरन फ्रोस्या के खेत पहुँचे! एक बूँद भी बेकार न जाने पाए! एक भी बूँद बरबाद न होने पाए!"

वासिली को अपने शब्द दोहराने नहीं पड़े। स्त्री और पुरुष बेलचे और कुदालें ले-लेकर खेतों को दौड़ पड़े। अल्योशा, लेना और वालेंतिना दौड़ती हुई सामने से गुजरीं। अवदोत्या के सलोने चेहरे की झलक भी पल भर को दिखाई दी। ताड़ जैसा मातवेयेविच लम्बे डग भरता निकल गया। खटाखट किवाड़ें बन्द होने लगे। कोई घर में नहीं ठहरना चाहता था।

सबसे बाद में आने वाला तातिआना का दल था। खुरपे और कुदालें लेने उन्हें तरकारी के बाग़ीचे जाना पड़ा था। इसीलिए उन्हें कुछ देर हो गई थी।

"जल्दी लड़कियो! डग बढ़ा के! हम लोग पीछे न छूटने पाएँ!" तातिआना लड़कियों को ललकार रही थी। यकायक वह क्सेनोफोन्तोवना से टकरा गई। सुनसान गली के बीचोंबीच एक रोटी पर झुकी क्सेनोफोन्तोवना बैठी थी। लड़कियाँ ठिठक गईं।

"बाबा रे! गली के बीचोंबीच बैठी क्या कर रही हो? जी ठीक नहीं है क्या?" हड़बड़ाकर तातिआना ने पूछा।

"बादल को मना रही हूँ"—वह कहना चाहती थी पर ज़बान ने साथ न दिया। लड़कियाँ समझ गईं।

"अरी लड़कियो! रोटी से बादल को मना रही है।" किसी लड़की की तेज़ आवाज सुनाई दी। सारी गली हँसी से गूँज उठी।

"भूख लगेगी तो खेत में काम आएगी।"

तातिआने ने झपटकर रोटी उठाई और भाग चली। मुँह घुमाकर क्सेनोफोन्तोवना से कहती जा रही थी :

"एक रोटी उधार रही। डरना नहीं, वापस कर दूँगी।"

बादल अब तक आकाश के एक तिहाई भाग में फैल चुका था।

'कहीं दूसरी तरफ न निकल जाए!' मुँह ऊपर उठाए वासिली सोच रहा था।

वासिली की सीध में ही वालेंतिना खड़ी थी। दौड़ कर वह वासिली से पहले आ पहुँची थी। दौड़ते समय मुस्कराती हुई मुड़-मुड़ कर वह वासिली को देखती जाती थी।

'सभी तो आ गए हैं!' वह सोच रही थी। 'कोई नहीं छूटा! हम लोगों में कितना एका है! कितनी मित्रता है! अरे, लेना भी आई है! कुज़मा बोर्तनिकोव भी है! प्रास्कोव्या भी! फ्रोस्या सबसे आगे है, उसके पीछे अवदोत्या! दोनों कितनी तेज़ और मेहनती हैं। ओ हो, अवदोत्या मुझे देखकर हँस रही है! ठहर मैं अभी बताती हूँ!'

वालेंतिना फावड़े से ज़मीन खोदने में जुट गई। फावड़ा पहले तो सूखी ज़मीन से टकराकर उछल आया, पर ऊपरी परत टूट जाने के बाद मिट्टी आसानी से कट-कट कर गिरने लगी।

सवेरा होते-होते वर्षा शुरू हो गई।

हवा अपना जोर आजमाती हुई खेतों पर लहरें लेने लगी। फिर, खड्ड के किनारे खड़े एकाकी भूर्ज वृक्ष को दोहरा करके धूल के अम्बार उठाने लगी। फिर उसने भूर्ण वृक्ष को छोड़ दिया और फसल को रौंदने लगी। तभी पड़-पड़ करती हुई पानी की बड़ी-बड़ी बूँदें धूल में गिरने लगीं। लोगों के मुँह हाथ भीगने लगे।

बूँदों का वेग तेज होता गया, फिर पूरी अर्राहट से तूफान फट पड़ा।

खुदी हुई जमीन पानी पी-पीकर फूलती और काली पड़ती जा रही थी। मूसलाधार पानी बरस रहा था। लोग खूब भीग गए। पर, कोई पीछे नहीं लौटा। भीगकर भी उनके चेहरे प्रसन्नता से चमक रहे थे। वर्षा की एक बूँद भी वे व्यर्थ न जाने देना चाहते थे।

बारिश कुछ धीमी हुई ही थी कि बंजर की तरफ बड़े ज़ोर से बिजली कड़की।

"भागो खड्ड की तरफ!" वासिली चिल्लाया।

वासिली को डर था कि लोग टीले पर कहीं बिजली की चपेट में न आ जाएँ। बिजली बहुत ज़ोर से कड़की थी, जैसे सिर पर ही आ रही हो। सब तरफ

चकाचौंध हो गई। ऐसा लगा जैसे किसी ने टेढ़ी बरछी आकाश के कलेजे में भौंक दी हो।

सब लोग खड्ड में झाड़ियों के पास सिकुड़े-सिमटे खड़े थे। अकेली फ्रोस्या अभी खड्ड के बाहर खड़ी थी।

"अब देखना! खूब गछ कर आलू होंगे मेरे ढलवान पर।"

"हाँ, अब सब ठीक हो जाएगा।" अल्योशा ने सहमति प्रकट की। "आड़े वक्त निराई करके और मिट्टी चढ़ाकर हम लोगों ने खेतों को बचा लिया। अब पानी भी बरस गया। गरमी के गेहूँ की फसल तो पूरी नहीं बचेगी, पर जाड़ों की राई और आलू की फसल खूब गहगही होगी।"

बस लोग एक साथ बोल उठे :

"क्या मौके से बारिश हुई है—आलुओं की निराई पूरी की थी कि..."

"हाँ! इससे अच्छा दूसरा मौका नहीं हो सकता था। अब तो मज़ा आ गया! वासिली को मालूम था, तभी तो इतना तूफान मचाए था। क्यों, वासिली कुज़मिच?"

पल भर को वासिली की आँख अवदोत्या से चार हो गईं। अवदोत्या की आँखों में कुछ लज्जा, कुछ प्रशंसा और कृतज्ञता थी।

वासिली को विस्मय हुआ। पर, इस समय तो सभी किसानों की आँखों और उनके मुस्कराते चेहरों में प्रसन्नतामय कृतज्ञता का भाव था। उसके प्रति सभी में कोई चीज़ नई, स्नेहपूर्ण और कृतज्ञतापूर्ण दिखाई देती थी।

वासिली ने अनुभव किया कि शायद उस दिन पहली बार उन्होंने दिल से और पूरी तरह उसे अपना योग्य नेता स्वीकार किया है। वे उसके अडिग विश्वास और उसकी लगन के प्रति मौन प्रशंसा प्रकट कर रहे थे।

किसान मानो वासिली को धन्यवाद दे रहे थे कि उसने उनकी आशाएँ पूरी कीं, जिसे उन्होंने प्रधान चुना था वह कठिन घड़ियों में झुका नहीं, उसने आगे बढ़कर उनका नेतृत्व किया, उनसे अधिक दूरदर्शी और मज़बूत सिद्ध हुआ, ज़रूरत पड़ने पर उसने उनसे मोर्चा लिया और उनके पिछड़ेपन को खतम किया। किसानों पर यह वासिली की जीत थी जो उसने उनके सहयोग से ही प्राप्त की थी।

और अब फ्रोस्या के ढलवान पर वासिली ने एक और जीत हासिल की, अपने ऊपर जीत!

'कितनी बार मैं नाउम्मीद हो चुका था?' वह सोच रहा था। 'कितनी बार मैंने निराशा के सामने सिर झुका दिया था कि सब व्यर्थ है, फसल नहीं हो सकती!'

तातिआना ने क्सेनोफोन्तोवना से छीनी रोटी सब लोगों में बाँट दी।

"खाओ भाई, खाओ।" उसने कहा। "सब को भूख लगी होगी।"

"शक्कर वाला टुकड़ा वासिली को दो!" फ्रोस्या ने चापलूसी भरे स्वर में कहा। "मैं सच कहती हूँ, हमारा प्रधान बड़ा समझदार आदमी है! इसे खुश रखने को तो हम कुछ भी करने को तैयार हैं!"

सबको भूख लगी थी। सूखी रोटी भी मीठी लग रही थी। मिनट भर में रोटी खत्म हो गई। एक टुकड़ा भी नहीं बचा। वर्षा थम गई। बादल छँटने लगे। धुले नीले आकाश में सूरज चमक उठा। घास की पत्तियों में अटकी बूँदों में सूरज के करोड़ों प्रतिबिम्ब दमक रहे थे। किसान घरों की तरफ लौट चले।

बादल के इक्के-दुक्के टुकड़े अब भी आसमान में दौड़ लगा रहे थे।

"बारिश अभी कई दिन चलेगी!" मातवेयेविच ने अपनी अनुभवी आँखें ऊपर उठाकर कहा। "तुम्हें शाबाशी है, वासिली कुज़्मिच! तुमने पीछे पड़कर निराई और मिट्टी चढ़वाई करा ही ली। इस साल की फसल तो बस तुम्हारी बदौलत ही समझो। सच्ची बात है।"

"हाँ सच्ची बात है, चाचा।" किसी ने समर्थन किया। "फसल पकने का मौका भी आ ही गया समझो। बड़े मौके से बारिश हुई है। कई दिन चलेगी। देख न लो आसमान को!"

"तीन दिन में सब कसर पूरी हो जाएगी।"

"इसमें क्या शक है!"

"चलो जी मुसीबत टली।"

"अभी कहाँ!" वासिली ने कहा। "धरती फिर कड़ी पड़ जाएगी। इसे फिर निराना पड़ेगा।"

फ्रोस्या ने अपना सिर जरा ऊपर उठाया, भौंहें चढ़ाईं और अधिकारपूर्ण स्वर में बोली :

"कोई मुझसे शर्त बदता है? मैं कहती हूँ, निराई और सूखी सिंचाई—एक बराबर। यह बात कृषि-विज्ञान ने बरसों पहले बता दी थी।"

5. जीवन की राह

कुछ बरस पहले स्तेपनिदा के लिए वेतलुगा से कोई साइबेरियन बिल्ली का एक बच्चा ले आया था। बच्चा देखने में सुन्दर था, पर था बहुत सुस्त। हमेशा पड़ा सोता रहता था।

एक दिन कुछ बच्चे खेल के लिए उसे जंगल उठा ले गए। टोकरी से

निकाल कर बच्चों ने उसे जंगल की पगडंडी पर खड़ा किया तो बिलौटे ने भय से रोंगटे फुला लिए और पल भर को स्तम्भित खड़ा रह गया।

हवा से हिलती घास की साँय-साँय। पत्तों से छन-छनकर धरती पर नाचती धूप। आस-पास दौड़ते कीड़े-मकोड़े। टिड्डों और पक्षियों की चींची-चिऊँ-चिऊँ। बिलौटा घबरा गया।

पहले तो बिलौटा कुछ कदम धीरे-धीरे चला। फिर, सिकुड़कर बैठ गया। शरीर काँप रहा था। दुम हिल रही थी। सदा सोये से उसके सुस्त चेहरे पर भय की सतर्कता छा गई।

फिर बिलौटे ने अपनी पीठ को कमान की तरह ताना, पूँछ को उठाया और आठ-दस ऐसी छलाँगें भरीं जैसी उसने ज़िन्दगी में पहले कभी नहीं भरी थीं। इस तरह की कुछ छलाँगें भरने के बाद सहसा वह बड़ी तेजी से एक झाड़ी में कूद पड़ा।

बिल्ले के रक्त में समाई न जाने कौन-सी प्रवृत्तियाँ सहसा जाग उठी थीं? न जाने किस अदम्य शक्ति ने इस सुस्त जानवर को इतना साहसी और निडर बना दिया था।

बिलौटे को देखकर स्तेपनिदा ने कहा था :

"यह तो बिल्कुल प्योत्र जैसा है!"

प्योत्र को बचपन से ही जंगलों से प्रेम था। दो-दो, चार-चार दिन के लिए जंगलों में निकल जाना और वहीं घूमते रहना उसके लिए बड़ी बात न थी। दिन-भर के बाद वह घर लौटता तो बिल्कुल चुप्पा सा और आँखें खोई-खोई। लोग पूछते कि जंगल में क्या कर रहा था, तो उत्तर देता : "यों ही घूम रहा था।" इसके अलावा वह और कुछ न कह पाता। जो उसने देखा और अनुभव किया था उसे व्यक्त करने के लिए उसे शब्द न मिलते। बड़ा होकर प्योत्र शिकारी बन गया। लेकिन उसे शिकार के पीछे दौड़ने में उतना आनन्द नहीं आता था जितना एकान्त में निश्चिंत होकर घूमने में। उसे एक अजीब बेफिक्री और मस्ती महसूस होती।

जंगल की हरियाली में क़दम रखते ही वह दुनिया को भूल जाता। उसके आँख-कान जंगल के हो जाते। संसार की चिन्ताओं और व्यथाओं से उसे मुक्ति मिलती, तो वहीं जाकर।

प्योत्र अपनी बन्दूक भर रहा था।

"क्या मारेगा?" माँ ने पूछा।

"जो मिल जाए..." उसने उत्तर दिया।

वह कभी अपने साथ कुत्ता नहीं ले जाता था। उसे इस समय शिकार की चिन्ता भी नहीं थी। पिछले दिन कुछ ऐसी बात हो गई थी कि जंगल के एकांत

में जाकर वह अपने मन को शान्ति देना चाहता था।

इस महीने प्योत्र की पीने की आदत कुछ बढ़ गई थी।

अल्योशा ने एक दिन पूछा था : "ऐसा क्या जश्न मन रहा है आज-कल?"

"कुछ मन उदास रहता है। तुम मेरा मन बहलाते नहीं, सोचा खुद ही बहला लूँ।" हँसकर प्योत्र ने अल्योशा की बात टाल दी थी।

उस रात की बरसात के बाद सामूहिक फ़ार्म का जीवन फिर सधी-बधी गति से बढ़ चला था। लोग फिर गाँव की क्लब और दफ्तर के सामने वाली फुलवाड़ी में इकट्ठा होने लगे थे। प्योत्र भी वहाँ जाता। सबके साथ गाने का अभ्यास करता। नाटक की रिहर्सल में हिस्सा लेता। बाली-बॉल के खेल में शामिल होता। लेकिन पीने की लत ऐसी सवार हुई थी कि छुड़ाए न छूटती।

"प्योत्र, यह बहुत बुरी आदत है!" तातिआना ने एक दिन डाँटा।

"तुझे क्या मतलब?" प्योत्र ने जवाब दिया। "मेरी तबीयत। जो मन में आएगा करूँगा। बूढ़ा हो जाऊँगा तब तेरी राय ले लिया करूँगा।"

"नतीजा अच्छा नहीं होगा, प्योत्र!"

अल्योशा प्योत्र को क्लब के कामों में घसीटने की कोशिश करता, युवक दल के कामों में उसकी रुचि बढ़ाने की कोशिश करता। लेकिन प्योत्र हँसकर उसकी बातें टाल देता।

पिछली साँझ की बात है। प्योत्र खूब पिए था। फ्रोस्या बहकाकर उसे घर के पिछवाड़े की बगिया में ले गई थी। उसने बहाना किया कि गुसलखाने की खिड़की का काँच टूट गया है, उसे लगवाना है। गुसलखाने में अब भी गरम पानी और चूल्हे में ईंधन की गंध थी। कोई अभी-अभी गरम पानी से नहाया था।

"मैं अभी नहाई थी। बाल भी नहीं सूखे हैं। देख कैसे गीले और चिकने हो रहे हैं। रेशम जैसे!" प्योत्र से सटकर खड़ी होती फ्रोस्या बोली।

"देख फ्रोस्या, खतरनाक खेल खेल रही है तू!" प्योत्र ने चेतावनी के स्वर में कहा।

"हट! मैं क्या डरती हूँ?" अपनी रंग-बिरंगी आँखें अधमुँदी करके हँसती हुई वह बोली। "क्या मैं डरती हूँ?"

आधे घंटे बाद दोनों एक बेंच पर पास-पास बैठे हुए थे। प्योत्र कह रहा था :

"मुझे क्या मालूम था कि तू कुँआरी है। तूने क्यों छेड़ा था मुझे? मैं जानता कि तू कुँआरी है तो तेरे हाथ न लगाता। देखने में तो ऐसी है कि कोई समझे तू दुनिया के तजुर्बे किए बैठी है!"

फ्रोस्या हतबुद्धि बैठी थी। दोनों हाथ नीचे झूल रहे थे। भय से आँखें फैली हुई थीं। वह सामने देख रही थी।

पीले पड़े चेहरे पर बाल बिखरे हुए थे। उसने उन्हें ऐसे ही बिखरे रहने दिया। ऐसी दबी और हारी हुई वह कभी नहीं दिखाई दी थी। उसका यह रूप उसके नारीत्व को और भी आकर्षक बना रहा था।

प्योत्र को पछतावा हो रहा था। अपना हाथ फ्रोस्या के सिर पर रखकर बोला :

"दूर से देखने में तू इतनी चंचल लगती है! तेरी इसी चंचलता ने यह नौबत ला दी। मैं तो अच्छे-खासे झंझट में फँस गया।"

फ्रोस्या ने प्योत्र की बात का दूसरा ही अर्थ लगाया। तुनक कर बेंच से उठ खड़ी हुई और बोली :

"मैं तुझे दोष नहीं दे रही! तेरे माथे जिम्मेदारी नहीं मढ़ रही। और...और मैंने तुझसे यह नहीं कहा कि मुझसे ब्याह कर ले। क्यों डरता है तू?"

फ्रोस्या की आँखों से दो बड़े-बड़े आँसू टपक पड़े। उसने सिर झटका और दरवाजे की तरफ चल दी।

"फ्रोस्या! सुन तो! फ्रोस्या! मेरा यह मतलब नहीं था। कुछ अचानक ऐसा हो गया। आ, दोनों बैठकर सोचें कि क्या करना चाहिए!"

दोनों फिर बेंच पर बैठ गए। प्योत्र ने फ्रोस्या के गले में बाँह डाल ली। सिसकियाँ भरते हुए फ्रोस्या ने अपना सिर प्योत्र के कंधे पर टिका दिया।

आकाश से सूर्यास्त वेला की लाली छँट चुकी थी। साँझ का अँधेरा घिर आया था। दोनों मौन और भयभीत, अब भी वहीं बैठे थे।

इस घटना ने प्योत्र के जीवन को खलबला दिया था। वासिली के समान प्योत्र भी लोगों की नजरों में साफ़ और ईमानदार आदमी बना रहना चाहता था। वह चित्त को स्थिर करना चाहता था, इस समस्या पर विचार करना चाहता था और इस सबके लिए एकमात्र स्थान था—जंगल।

घास से ढँकी पगडंडी झाड़ियों और झुरमुटों से होती चली जा रही थी। प्योत्र घास की कोमलता का आनंद ले रहा था। हर कदम पर उसे नई और अनोखी चीज़ें दिखाई पड़ती थीं।

तालाब के किनारे फर का एक बहुत पुराना वृक्ष था। वृक्ष का तना और टहनियाँ, सब काई से ढँके थे। लम्बी-लम्बी शाखाएँ तालाब के काले पानी को चूम रही थीं।

झरबेरी की एक झाड़ी में दो खूब पकी बेरी दिखाई पड़ीं और फिर तुरंत किसी पत्ते की ओट में लोप हो गईं। जंगली गुलाब की घनी बेलें, नन्हे-नन्हे लाल पत्तों से लदी थीं, जैसे घनी पत्तियों के बीच अंगारे दमक रहे हों।

आँधी से गिरा एक पेड़ रास्ते में पड़ा था। हवा में बाँहें फैलाए उसकी जड़ें ऐसी लग रही थीं जैसे कोई भालू पिछले पाँवों पर खड़ा हो। जड़ों के साथ अभी

तक मिट्टी के ढेले चिपके हुए थे जिन पर उगी घास की पत्तियाँ हवा में लहरा रही थीं। ढेलों पर फैली चटकीले जामुनी रंग की जंगली फूलों की बेल रहस्यमय ढंग से दमक रही थी। साँस की तरह हल्का नीले फूलों का एक गुच्छा था। किसी कोमल अदृश्य टहनी से लटका जंगल के कोहासे में घुला-मिला वह हवा में सिर हिला रहा था।

प्योत्र एक पगडंडी पर आ गया।

देवदार के वृक्षों के झुरमुट अधिकाधिक घने और रहस्यमय होते जा रहे थे। सामने काले पानी का छोटा सा दरिया दिखाई दिया जिसके दलदली कगारों पर हवा से उखड़े पेड़ सड़ रहे थे। दरिया के किनारे पहुँचना या उसे पार करना असम्भव था। ऊपर हवा तेज़ थी, पर नीचे इतनी स्तब्धता थी कि पत्ता भी नहीं हिल रहा था।

गरमियों में दिखाई देनेवाली लाल रंग की गिलहरी ने एक वृक्ष की टहनी से खुम्बों का गुच्छा लटका रखा था।

'ओह! बड़ी होशियारी से गृहस्थी चला रही है!' प्योत्र ने मन ही मन कहा।

पगडंडी पहाड़ी पर चढ़ती जा रही थी। नीचे की अपेक्षा ऊपर की जगह सूखी थी। चीड़ की सूखी सीकें पाँवों के नीचे गद्दे की तरह दब-दब जाती थीं। चीड़ों से छन-छन कर आती धूप में बेरी की झाड़ियों के सुनहले पत्तों पर नन्ही किरणों के सहस्त्रों प्रतिबिम्ब नाच रहे थे। ऊपर जाकर झाड़ियाँ भी खत्म हो गई थीं। धरती पर सूखी काई रह गई थी।

रास्ता ऊपर चढ़ता गया था। यहाँ पहाड़ी के शिखर पर देवदार के वृक्ष इतने लम्बे, सुन्दर और स्वच्छ थे कि आदमी देखता ही रह जाए। तनों पर टहनियाँ नहीं थीं। सूर्य की किरणों से पीत-रक्त आभा वाले लम्बे वृक्षों की हरी चोटियाँ नीलम आकाश में झूम रही थीं। जहाज़ों में काम आने वाली लकड़ी का यही प्रसिद्ध जंगल था। क्या यह स्थिर खड़ा था? अथवा, अपने भविष्य की कल्पना में लीन आकाश की अथाह गहराइयों में धीरे-धीरे तैरता चला जा रहा था?

रास्ता दूसरी ओर नीचे उतर गया था। जंगल का रूप-रंग भी बदल गया था। प्योत्र को न समय का ध्यान था और न आँखों के सामने फैले दृश्य के अतिरिक्त किसी और चीज का।

प्योत्र घर में सबसे छोटा था। देखने में सुन्दर, दिमाग़ का तेज़—वह माँ का लाड़ला था। बचपन से ही मनमानी करने और दुलार पाने की आदत थी। किसी तरह का बंधन या अवरोध—अपने द्वारा लागू किया जाने वाला या किसी और किस्म का—उसे सह्य न था। भविष्य का विचार या कल की चिन्ता उसे समय की व्यर्थ बरबादी जान पड़ती थी। उम्र उसकी कम ही थी। उसके निरंकुश स्वभाव का कारण उसके यौवन की पशु-तुल्य उत्तेजना थी। पीने की आदत उसमें अपने

मानसिक विकारों के कारण पड़ी थी। और उद्दंडता उसे इसलिए प्रिय थी कि इससे माता-पिता तथा जान-पहचान की लड़कियों को संताप होता था।

अल्योशा के बार-बार समझाने-बुझाने, तातिआना के लानत-मलामत करने और वालेंतिना के क्रोध के कारण उसमें पहले से ही उत्पन्न आत्मग्लानि का अस्पष्ट सा भाव अब दिन-दिन बढ़ता और स्पष्ट होता जा रहा था।

जंगल पहुँचकर इन अनुभूतियों से मुक्ति मिल जाती थी। सब कुछ सरल और सीधा-सादा मालूम होने लगता था। अपने से क्रुद्ध लोगों के प्रति उपहासमय उपेक्षा जाग्रत हो जाती थी।

'इसी को ये लोग ज़िन्दगी कहते हैं?' वह सोचता। 'हुँ! यही है जिन्दगी? ऐसा हो, ऐसा न हो! ऐसे बनो, ऐसे न बनो! सौ साल पहले ही पोथा बनाकर रख लिया! जिन्दगी भी ऐसे चलाना चाहते हैं जैसे रेल की पटरी पर इंजन! छिः! बड़े काबिल बने फिरते हैं!...ज़िन्दगी? ज़िन्दगी है यह!' जंगल की शीतल और स्फूर्तिदायक हवा में लम्बी-लम्बी साँसें लेता हुआ वह सोचता! 'यहाँ मैं जो चाहे करूँ! सब कुछ मेरा है! इससे किसी का क्या बिगड़ता है!'

सब काम-धाम छोड़ प्योत्र जंगल की चढ़ाइयों और ढलवानों पर स्वच्छन्द घूमता फिरता। उसके आँख-कान पैने हो जाते। दीन-दुनिया की उसे खबर न रहती। कुंजों की झिलमिल, वृक्षों की मरमर और कहीं-कहीं से आनेवाली आवाज़ों में वह खो जाता। पूरी तरह स्वच्छन्द, अपने तन-मन को नियंत्रण-विहीन कर वह कब तक घूमता रहता उसे खुद याद न रहता। जो कुछ वह देखता उसकी छाया मात्र उसके मानस पटल पर रह जाती। उसके मन में बहुत से विचार उठते, क्षण भर को ठहरते और फिर बह जाते—जंगल की किसी छोटी नदी के जल पर पड़ती छायाओं की तरह।

"कोई कठफोड़ा खुट-खुट कर रहा है। शायद किसी पुरानी टहनी पर! छिप तो नहीं जाएगा? शायद नहीं! चिरौंजी पक चली हैं। मीठी हो गई होंगी! यह रास्ता 'बारहसिंगों वाले जंगल' को जाता है। बारहसिंगा दिख भर जाए! लेकिन ऐसी किस्मत कहाँ! शिकार पर रोक लगने से बहुत से बारहसिंगे हो गए हैं। जगह-जगह उनकी लीद मिलती है। लेकिन बारहसिंगा एक भी दिखाई नहीं देता। कुछ लोग किस्मत वाले होते हैं। उन्हें दीख जाता है। वह क्या है? सामने क्या चमक रहा था उस ठूँठ के पास? कोई जानवर? बड़ी तेज़ी से निकल गया! ऊदबिलाव था? नहीं, ऊदबिलाव तो बड़ा होता है। आँधी सी आ रही है! कब शुरू हुई? जंगल में कुछ पता नहीं चलता!"

टीले पर हवा बहुत तेज़ थी।

आँधी से वृक्षों के तने चरचरा कर टूट रहे थे। जंगली फलों की वर्षा हो रही थी।

प्योत्र एक दूसरी घाटी में उतर गया। हरी-हरी तरंगों में जंगल चारों तरफ लहरे मार रहा था। मालूम होता था कि हवा में मचलती और उफनती हरियाली घाटी के किनारों को छाप लेगी और थोड़ी देर में रास्ते और घाटी को डुबा देगी।

काला बादल वृक्षों के तनों से अटका मालूम हो रहा था। वायु के प्रचंड वेग की डरावनी और खौफनाक हुंकार रह-रहकर सुनाई पड़ती थी। प्योत्र जितना ही आगे बढ़ता वायु की प्रचंडता भी बढ़ती जाती। जैसे ही वह खुली जगह में आया, आँधी ने उसे समेट लिया।

कुछ दूर आगे दलदली ज़मीन पर जंगली झाड़ियों की कतार थी। हवा के बगूले क्रोध से पागल होकर इन झाड़ियों से टकरा रहे थे। ज़रा और आगे चीड़ के वृक्षों का झुरमुट था। चीड़ के वृक्ष क्षण भर को खड़े रहते फिर हवा का वेग न सँभाल पाने पर सिर पटकने लगते। लाल-लाल बेरियों के गुच्छे रह-रहकर ऐसे दिखाई दे जाते जैसे लपटें दहक उठी हों। वृक्षों की पत्तियाँ थर-थर काँपती हुई सीत्कार कर रही थीं।

हवा के बवंडर उठते और वृक्षों तथा झाड़ियों को निर्दयता से झकझोर देते। वृक्षों को काटकर जहाँ जंगल साफ किया गया था वहाँ से कुछ ही आगे सूखा दलदल था जिस पर काली-काली काई जम गई थी। सारी जगह आँधी से गिरे वृक्षों और सड़ती लकड़ियों से पटी थी। काले उमड़ते बादलों के नीचे यह दलदल डरावना लग रहा था। प्योत्र यहाँ पहुँचा ही था कि ठगा सा जहाँ का तहाँ खड़ा रह गया।

सामने ही कुछ दूर पर बारहसिंगा खड़ा था।

भूरा सा रंग, खूब घना रोंया! लम्बा-चौड़ा, भारी शरीर! शक्ति का पुंज!

सामने खड़े जीव को देखकर प्योत्र पर सबसे पहले उसकी विशालता और शक्ति की छाप पड़ी। अच्छी तरह देखने पर ही उसने पहचाना कि यह बारहसिंगा है।

घोड़े की अपेक्षा कहीं अधिक सुडौल, गोल-मटोल शरीर, टाँगें खूब लम्बी और पतली। चौड़े सीने पर मोटी-सी गर्दन। छोटा-सा सिर, भारी सींगों की शाखाओं-प्रशाखाओं के बोझ से पीछे को झुका हुआ।

बारहसिंगा अचल खड़ा था। छोटा-सा सिर ही कभी थोड़ा सा हिल जाता था। उसके खड़े होने के ढंग से आतंक और चौकसी बरस रही थी।

बेचारा बूढ़ा बारहसिंगा अकेला भटक गया था। वह दौड़ता या चुपचाप खड़ा हो जाता तो उसके भाई-बन्द आकर उसकी गर्दन अपने सिर से न सहलाते। कई दिन से अकेला घूम-घूमकर अपने साथ वालों को ढूँढ़ रहा था। उसकी दौड़-धूप सफल नहीं हुई थी। पिछली रात भटक कर वह घोड़ों के एक झुंड में जा पहुँचा था। घोड़े एक घाटी में चुपचाप घास चर रहे थे। दूर से वे भी उसी जैसे लगते

थे। उनकी गंध भी बारहसिंगे को अच्छी लगी। घोड़े उसे देखकर डरे नहीं, उन्होंने उसे अपनी जमात में शामिल कर लिया। रात भर वह उनके साथ रहा। वह अपने एकाकीपन को भूला रहा। दिन चढ़े कुछ आदमी आ गए। घोड़े चुपचाप उनके पीछे चल दिए। घोड़ों की यह दीनता देखकर वह आश्चर्य में पड़ गया था। पर करता भी क्या। निदान वह भी एक ओर को चल दिया और फिर अकेला भटकने लगा।

शाम को आँधी आ गई। आँधी से बारहसिंगों को बहुत भय लगता है। बारहसिंगे की नज़र दूर तक नहीं देख पाती। पर उनके नाक और कान मीलों तक की खबर रखते हैं।

भले ही कोई आदमी कहीं दूर पेड़ों के पीछे छिप-छिपकर जा रहा हो या कोई लोमड़ी झाड़ियों में चक्कर काट रही हो, बारहसिंगे को मानुस या लोमड़ी की गंध तुरत पहुँच जाएगी। उसके कान आदमी के पैरों की चाप या लोमड़ी के पंजों की खरखराहट फौरन सुन लेंगे।

बारहसिंगे की सुन और सूँघ सकने की शक्ति ही वन की असंख्य विपदाओं से उसकी रक्षा करती है। पर जहाँ अंधड़ शुरू हुआ कि बारहसिंगा असहाय हो जाता है। भिन्न-भिन्न परिचित शब्द और गंधें इतने अधिक परिमाण में एक साथ आने लगती हैं कि बेचारा कुछ समझ नहीं पाता। उसके कोमल स्नायु थक जाते हैं, घायल हो जाते हैं और शिथिल पड़ जाते हैं। चारों तरफ़ से शब्द और गंधें उसे घेर लेती हैं। वह कुछ नहीं समझ पाता कि वे कहाँ से आ रही हैं और कहाँ जा रही हैं।

अपरिचित, भिन्न और प्रतिकूल वातावरण में वह घबराया हुआ असहाय खड़ा रह जाता है।

प्योत्र के सामने का बारहसिंघा चौकस और अडिग खड़ा था। बस, अपना छोटा-सा सिर घुमाकर इधर-उधर देख लेता था। सहसा वायु के झोंके से उसे मनुष्य की गंध मिली। उसके नथुने फड़क उठे।

प्योत्र ने देखा कि क्षण भर को बारहसिंगे का शरीर काँपा। पलक झपकते उसने सिर ऊँचा उठाया, सींग पीठ से छुलाए, कुलाँच भरी और सड़ी लकड़ियों को लाँघता, लम्बी कुलाँचें भरता भाग चला। वह ऐसे भाग रहा था जैसे उसके पर निकल आए हों और वह ऊबड़-खाबड़ दलदल पर से उड़ा जा रहा हो। इतने भारी पशु की ऐसी उड़ान देखकर विश्वास नहीं होता था कि यह वही पशु है जो अभी सामने खड़ा था।

बारहसिंगा निकला जा रहा था...! प्योत्र सुध-बुध खो बैठा। बिना सोचे-विचारे कि क्या कर रहा है उसने गोली दाग दी। जानवर की सामने की दोनों टाँगें मुड़ीं। घुटनों के बल वह जमीन पर आ गिरा। उसने फिर उछलने का यत्न

किया, पर बन नहीं पड़ा। वह करवट के बल गिर पड़ा। टाँगें हवा में छटपटाने लगीं। सींग धरती पर फैल गए।

प्योत्र दौड़कर उसके पास जा पहुँचा। उसे मालूम था कि जख्मी बारहसिंगा बड़ा खतरनाक होता है, उसकी एक दुलत्ती से रीछ भी गुलांट खा जाता है। लेकिन उसने इसकी चिन्ता नहीं की।

उसका दिल दया से भर आया। उसका इरादा बारहसिंगे को मारने का नहीं था।

जिस समय बारहसिंगा दलदल पर कुलाँचें भर रहा था, प्योत्र के मन में एक ही विचार था—इसे रोका जाए, किसी भी तरह रोका जाए और इसके सौन्दर्य से आँखों की भूख मिटाई जाए!

प्योत्र की इच्छा तो यह थी कि वह छिपकर इस दलदल आया करे और बारहसिंगे से उसकी मित्रता हो जाए। अपने हाथ से वह उसके मुँह में रोटी खिलाया करे। इतना हो पाता तो प्योत्र के सुख की सीमा न रहती। उसके मन की सबसे बड़ी मुराद पूरी हो जाती।

बारहसिंगे से वह मित्रता करना चाहता था, उसकी रक्षा करना चाहता था, उसकी देख-भाल करना चाहता था। पर वाह रे प्योत्र! अपनी इस इच्छा की पूर्ति में उसकी जान तक ले बैठा। अब यदि वह मरे बारहसिंगे के पास पाया जाता, यदि यह पता लग पाता कि उसने पशु को मारा है तो उसे जेल की हवा खानी पड़ती। परन्तु इस समय प्योत्र को जेल की चिन्ता नहीं थी।

इस समय तो उसका हृदय फटा जा रहा था।...इतने सुन्दर पशु की हत्या!

रीछ को पछाड़ सकने की दैत्य सदृश शक्ति वाला यह बारहसिंगा कितना निरीह था! उसने कभी किसी का नुकसान नहीं किया था। अपने असाधारण बल से कभी किसी को हानि नहीं पहुँचाई थी। भूरे-भूरे कोमल होठों से वृक्षों की कोपलों और घास के तिनकों को छोड़ उसने और कुछ नहीं तोड़ा था। मनोविनोद के लिए वह कभी धूप में, कभी बादलों की घनी छाँव में स्वच्छन्द कुलाँचें भर लिया करता था। ऐसा निरीह जीव बिना किसी कारण के, बिना किसी प्रयोजन मार डाला गया।

मन में खिन्नता और परिताप भरे प्योत्र बारहसिंगे के निस्पन्द शरीर, पतली टाँगों और खुरदरे सींगों को थपथपा रहा था।

वह किसी से बता भी नहीं सकता था कि उसने बारहसिंगा देखा था और उसकी हत्या कर डाली थी। वह बताता तो इसका परिणाम होता, गिरफ्तारी और जेल। यदि वह इतना ही कह देता कि उसने बारहसिंगा देखा था? यदि वह केवल आधी बात कहता? पर ऐसा झूठ वह बोल नहीं सकता था। यह सोचकर प्योत्र का मन और भी अधीर हो रहा था कि दूसरे हिंसक जीव इस सुन्दर शरीर को

चीर-फाड़ डालेंगे। उसने आसपास से घास और लकड़ियाँ इकट्ठी कीं और बारहसिंगे का शरीर ढँक दिया। फिर वह घर लौट चला।

वह बहुत उदास और खिन्न था।

'यह ज़िन्दगी भी क्या है?' प्योत्र चलता-चलता सोच रहा था। 'ऐसी बातें क्यों हो जाती हैं? सीधा निरापद रास्ता देखकर आदमी चलता जाता है कि अचानक गढ़े में गिर जाता है। यह क्यों होता है कि करना चाहते कुछ, और हो जाता है कुछ और। आखिर आदमी करे क्या कि उसे शर्मिन्दा न होना पड़े, उसकी आँख किसी के सामने झुके नहीं? अल्योशा ऐसा ही है। तीर की तरह सीधा और साफ़! न कोई दिशा-भ्रम, न रास्ते में रुकावट। सीधा अपने लक्ष पर!'

अभी कुछ दिन पहले अल्योशा से हुई बातचीत उसे याद आ गई :

"प्योत्र भैया," अल्योशा ने कहा था, "तुम आदमी तो अच्छे हो। पर जब तक तुम्हें अपनी राह ही नहीं मालूम, उस पर चलोगे कैसे?"

" 'राह'? यह 'राह' क्या बला है? मुझे राह-वाह की कोई परवाह नहीं। ज़िन्दगी ऐसे ही कटेगी!"

"लेकिन, लोग ऐसे ही तो ज़िन्दगी नहीं काटते...! हर आदमी अपनी राह बना लेता है।"

"तो और भी अच्छा है। फिक्र क्या है राह ढूँढ़ने की? अपने आप बन जाएगी। उसे ढूँढ़ने में क्यों सिर खपाऊँ?"

"अपने आप नहीं बनेगी। बनेगी भी तो सीधी नहीं बनेगी। कहीं का कहीं ले जाएगी। तुम उसे नहीं बनाओगे, तो वह ग़लत बन जाएगी।"

"अपनी किस्मत का भरोसा है, यार! सीधी ही बनेगी!"

"इतना भरोसा है?"

"हाँ जितना इस बात पर कि अभी दिन है!"

'यहाँ लाकर पटका है इस राह ने मुझे!' प्योत्र खिन्नता से सोच रहा था। "अल्योशा की बात ठीक थी। राह तो मेरी ज़िन्दगी की भी बनती जा रही है, लेकिन इस राह को मैं नहीं चाहता! सब तरफ़ यही हो रहा है। बिना सोचे चलने से और होगा क्या? सामूहिक खेत की बात ले लो। वालकिन ने सामूहिक खेत के मामले में लापरवाही की। नतीजा क्या हुआ? सामूहिक खेत चौपट हो गया। अब भी वक्त है रास्ता सीधा करने का...। समझ में नहीं आता, यह सब हो कैसे गया! सब ठीक-ठाक था कि बस फ्रोस्या के साथ झंझट में फँस गया। आज चोरी का अपराध लगा। सीधा गढ़े की तरफ़ जा रहा हूँ।...राह? लेकिन मुझे क्या मालूम था कि यह यहाँ ले आएगी?'

प्योत्र जंगल के रास्ते लम्बा चक्कर देकर घर की ओर चला। दो घण्टे वह लगातार वे ही सब बातें सोचता रहा जो उसने पहले कभी नहीं सोची थीं।

प्योत्र सीधा घर न जाकर अल्योशा के यहाँ पहुँचा। उसने उसकी खिड़की खटखटाई।

''अल्योशा! तू कह रहा था कि कौमसोमोल के लिए अलमारियाँ बनानी हैं?''

अल्योशा यह देख-देखकर परेशान हो रहा था कि आज इतनी लगन से और इतनी रात गए प्योत्र चुपचाप अलमारियाँ बनाने में क्यों जुटा है!

6. जल्दी पकनेवाली राई

लेना बैठी सोच रही थी कि यह बात कब शुरू हुई, कैसे शुरू हुई? कभी-कभी उसे खयाल आता कि शायद यह बहुत पहले शुरू हो गई थी—शायद उस पहली साँझ को जब अल्योशा मेज़ पर बैठा कापी के पृष्ठों पर नज़र गड़ाये धीमे-धीमे पढ़ रहा था ''...यदि किसी त्रिकोण का एक कोण...!'' फिर सोचती, नहीं, ऐसी बात नहीं है। अभी कुछ दिन पहले तक कोई बात नहीं थी। हाँ, उस दिन साँझ को ज़रूर वह अल्योशा के साथ बैठी बहुत देर तक बातें करती रही थी। लेकिन, उस साँझ को भी कोई ऐसी बात नहीं हुई थी।

वह उस साँझ की मिनट-दर-मिनट बातें और घटनाएँ याद करती रही। लेकिन उसे एक भी शब्द ऐसा याद न आया, एक भी घटना ऐसी याद न आई जिसका कोई खास महत्त्व हो। वह साँझ भी और साँझों जैसी थी। सैकड़ों दूसरी साँझों जैसी ही।

स्कूल की छुट्टी के बाद कात्या वासिली को स्कूल घसीट ले गई थी।

''भई मैं तुम्हारा 'इमारती काम' देखने आया हूँ,'' वासिली ने लेना से कहा था। ''इन बच्चों ने तो जान खा ली, 'देखने चलो', 'देखने चलो'!''

लेना ने दिखाया, बच्चों ने पहली मई फ़ार्म का एक नमूना मिट्टी, काँच और रंगीन कागजों से बनाया था।

इस नमूने का प्रमुख आकर्षण यह था कि इसमें हर रोज़ नये परिवर्तन होते थे। जब फ़ार्म में खलिहान, मशीन-गोदाम, चौकीदार की कोठरी आदि इमारतें बननी शुरू हुईं तो इस नमूने में भी इनका निर्माण शुरू हो गया। जितने इमारती लट्ठे असली खलिहान के बाहर पड़े होते, उतने ही नमूने में खलिहान के पास मिलते। जितनी खिड़कियाँ असली खलिहान और गोदाम में बनाई जातीं, उतनी ही स्कूल के 'कारीगर लोग' नमूने में बना देते।

एक दिन लेना किसी काम से बाहर गई थी। लौटकर देखा तो दुन्या की अगुवाई में छोटे-छोटे बच्चे नमूने को घेरे किसी काम में व्यस्त थे। उनके हाथ और फ्राकें लेई में सने थे। लेना ने शहर से लाकर सफेद चमकनी पन्नी रखी थी। सोचा था कि बड़े दिन के मौके पर बच्चों के लिए 'बड़े दिन का वृक्ष' सजाएगी, लेकिन बच्चे इसी पन्नी के टुकड़े काट-काटकर नमूने के खलिहान और लट्ठों पर चिपका रहे थे।

"तुम लोगों ने खलिहान को चाँदी का क्यों बना दिया?" लेना ने पूछा।

"अच्छा लगता है..."

लेना मुस्कराकर रह गई। उसने बात आगे नहीं बढ़ाई। इसके बाद से फ़ार्म में जब भी कोई नई इमारत बनती, उसके जोड़ की, चाँदी से मढ़ी नमूने में बन जाती।

नमूने को सजाने के लिए यह भी सोचा गया कि इसमें शरद का दृश्य दिखाया जाए। अस्तु, सब ओर रुई बिछाकर कुछ घास वगैरा छिड़क दी गई थी ताकि बरफ़ का आभास हो। अल्योशा ने बिजली का तार लगाकर मकानों और कमरों में नन्हे-नन्हे बल्ब लगा दिए थे। शाम को अँधेरा हो जाने पर बिजली जला दी जाती। नन्हा सामूहिक फ़ार्म जगमगा उठता। बच्चों को ही नहीं, जवानों और बूढ़ों को भी यह नमूना बहुत अच्छा लगता था। पास-पड़ोस के सामूहिक खेतों के लड़के-लड़कियाँ इसे देखने आते।

वासिली की बेटियाँ भी अरसे से उसके पीछे पड़ी थीं कि वह इसे देखने चले। पर वासिली को फुर्सत नहीं मिलती थी। आखिर उस दिन कात्या पीछे पड़कर उसे खींच ही लाई।

"लेना मौसी! बापू को जरा बिजली जलाकर दिखा दो न।" कात्या ने अनुरोध किया।

लेना ने बिजली जला दी। खिलौना जगमगा उठा। जगह-जगह रंगीन बत्तियाँ जल उठीं। वासिली मंत्र-मुग्ध सा खड़ा देखता रहा। वह खिलौने की सजावट से इतना प्रभावित नहीं था जितना इस बात से कि नन्हे-नन्हे हाथों ने सफेद पन्नी मढ़े लट्ठों को जोड़-जोड़कर ऐसा खलिहान बना दिया था जैसा वासिली ने सपनों में देखा था। अब तक वासिली यही समझता था कि बच्चों के खेल-खिलौने सिर्फ उनके मनबहलाव का साधन होते हैं। पर यहाँ उसने देखा कि दूसरों के हृदय में भी वैसा ही स्पन्दन है जैसा उसके हृदय में, उसके सुख-दुख के भागी दूसरे लोग भी हैं।

चाँदी का खलिहान देखकर वासिली का मन उमड़ आया! पहली बार उसने ध्यान से स्कूल की अध्यापिका की ओर देखा।

वासिली के सामने एक लम्बी सी लड़की खड़ी हुई थी। छोटे-छोटे कंधे! ठोड़ी

ज़रा ऊपर उठी हुई! गोरी-गोरी गर्दन पर नसों की महीन धारियाँ साफ़ दिखाई दे रही थीं। भूरे-भूरे, मुलायम, फूले-फूले बाल—चौड़े चेहरे को घेरे हुए। ऊँचा माथा। नाक जरा छोटी, पर सीधी और उभरी हुई! ऊपर चढ़कर माथे के उभार में समा गई थी। आँखों की बरौनियाँ इतनी लम्बी और घनी थीं कि बड़ी-बड़ी नीली आँखें उनके बोझ से आधी ढँकी रहतीं।

आँखों को प्रायः ही 'मन का दर्पण' कहा जाता है। परन्तु वासिली के सामने खड़ी लड़की के छोटे और पतले होंठ भी 'मन के दर्पण' का काम करते थे। होंठों की धनुषाकार रेखा बहुत ही भाव-व्यंजक थी। कभी उत्सुकता, कभी हर्षातिरेक और कभी आश्चर्य की छाया उस पर नाच जाती। होंठों के एक कोने में तुरंत उड़ चलने को तैयार पक्षी की तरह मुस्कराहट छिपी रहती। उत्सुकता, विश्वास और तत्परता का भाव चेहरे से टपका पड़ता। मानो वह कह रही हो : "बोलो, तुम्हें क्या चाहिए? जो तुम कहोगे मैं खुशी से करूँगी क्योंकि तुम बुरी बात नहीं कहोगे?"

'इस लड़की की ओर मैंने पहले ध्यान क्यों नहीं दिया?' वासिली सोच रहा था। 'ऐसी अध्यापिका पहले हमारे गाँव में कभी आई नहीं। पहले के अध्यापक तो स्कूल का समय पूरा होते ही घर की राह लेते थे। यह सुबह से रात तक स्कूल में बनी रहती है। स्कूल के चारों तरफ़ फुलवाड़ी लगा ली है। बच्चों के लिए एक छोटा-सा चिड़ियाघर बना लिया है। इसमें मेढक और सेई, न जाने क्या-क्या रख रखे हैं। बच्चे गलियों में मारे-मारे फिरने के बजाय कुछ सीखते तो हैं। सामूहिक खेत का कोई भी काम हो, बच्चों को साथ लिए हुए यह जरूर वहाँ पहुँच जाती है। लगता है बच्चे धरती फाड़कर निकल आए हों।'

वासिली को याद आ रहा था कि फ़ार्म का जब भी कोई काम होता इस लड़की का उत्सुकतापूर्ण चेहरा सदा उसे दिखाई देता था।

एक-दो बार लेना वासिली के दफ्तर भी गई थी—स्कूल के चारों तरफ बाड़ लगवाने के सिलसिले में। वासिली ने कह दिया था कि यह अभी असम्भव है और वह लौट गई थी। पहले के अध्यापक ऐसे मौकों पर प्रधान के खिलाफ तूफान खड़ा कर देते थे। वे जिला अधिकारियों तक पहुँचते थे और जब तक उनका काम न हो जाए, चैन न लेते थे। 'यह लड़की क्या कर सकती है!' वासिली ने लेना के प्रति उपेक्षा से सोचा था। 'इससे तो बत्तख भी नहीं हुसकाई जाएगी...!'

अब उसकी समझ में आया कि लेना इसलिए नहीं लौट गई थी कि उसे बात करते डर लगता था बल्कि इसलिए कि लेना ने वासिली की बात सच मानकर उसका विश्वास कर लिया था। उसे भरोसा था कि अभी कठिनाई है तो आगे चलकर काम पूरा हो जाएगा।

असल में वासिली ने सोचा था : 'ऐसी क्या जरूरत पड़ी है बाड़ की। बिना बाड़ के ही काम चल जाएगा।'

अब उसे अपने व्यवहार पर लज्जा आ रही थी।

लेना पर से आँखें हटाकर वासिली फिर नमूने को देखने लगा। नमूने में स्कूल के चारों ओर बाड़ भी थी। बाड़ के फाटक पर लाल झंडा लहरा रहा था।

''तुमने तो मुझे पीछे छोड़ दिया।'' वासिली ने कहा। ''यह तो ठीक नहीं है। जैसा है, नमूना भी वैसा ही होना चाहिए।...अच्छा जाने दो। अगले हफ्ते आदमी भेजकर स्कूल के चारों तरफ बाड़ बनवा दूँगा।''

वासिली चुपचाप शर्मिंदा वापस लौट आया। थोड़ी देर बाद, जब लेना घर जाने की तैयारी कर रही थी, अल्योशा वहाँ आ पहुँचा।

''वास्या चाचा पर क्या जादू कर दिया तुमने, एलेना स्नेपनोवना? स्कूल की बाड़ बनवाने को कह रहे थे। बोले : 'दरवाज़ा नक्काशीदार होना चाहिए, और फाटक पर झंडा भी।' स्कूल की खिड़कियों पर रोगन कराने का हुक्म दे गए हैं। कौमसोमोल के लड़के-लड़कियाँ पिछले वसंत से उनके पीछे पड़े थे कि खेल के मैदान को ठीक करवा दो। हाँ-हूँ करके टालते रहे। आज खुद बोले, 'भई खेल का मैदान ठीक करा लो न। उसी जगह बनाओ जहाँ नमूने में स्टेडियम बनाया गया है। और मैदान के चारों तरफ़ बेंचें भी होनी चाहिए—जैसी नमूने में हैं!' तुम्हारी बड़ी तारीफ़ कर रहे थे : 'बड़ी अच्छी लड़की है....!' बोले : 'उससे कहना जिस चीज़ की जरूरत हो, आकर मुझसे निस्संकोच कह दे।' तुमने क्या जादू कर दिया है?''

''जादू मैंने नहीं, नमूने ने किया है।'' लेना ने मुस्कराकर उत्तर दिया। ''मेरा खयाल है नमूने में हमने जो खलिहान बनाया है, वह उन्हें बहुत पसन्द आया है।''

अल्योशा और लेना नमूने के सामने पास-पास बेंच पर बैठ गए।

खिड़की से चाँदनी भीतर आ रही थी। रुपहले कागज़ से मढ़ा नमूना जुगुनुओं के झुंड की तरह चमक रहा था।

कुछ देर दोनों इधर-उधर की बातें करते रहे। फिर चुप हो गए।

लेना की आँखें उठीं तो देखा कि अल्योशा उसकी ओर बड़े ध्यान से और बड़ी कोमल दृष्टि से देख रहा है। वह कुछ हकबका गई।

प्रश्नसूचक दृष्टि से उसने अल्योशा की ओर देखा, मानो पूछ रही हो—क्यों? क्या है?

अल्योशा चुप था। लेना की नज़र उसके घुँघराले बालों और कनपटी पर गई। उसका कान कुछ-कुछ सुर्ख हो रहा था।

''यह चुप क्यों है? बोलता क्यों नहीं?'' लेना की पलकें खुद लाज से झुकी जा रही थीं।

''आज स्लावका ने मिट्टी से बड़ा सुन्दर बारहसिंगा बनाया है....'' जल्दी

से लेना बोली। अब तो उसकी गर्दन और गाल भी सुर्ख हो गए थे। "मैं उसे बच्चों की कला प्रदर्शनी में भेजूँगी।"

लेना बातचीत से अपनी लाज छिपाना चाहती थी। पर बातचीत चल नहीं पा रही थी। लेना उठकर घर चली गई, अल्योशा फ़ार्म के दफ्तर।

'इसका मतलब क्या है?' लेना सोचती रही। 'मुझे हो क्या रहा है?'

उस साँझ लेना का मन किसी काम में नहीं लगा। पढ़ाई-लिखाई या सिलाई का भी कोई काम न करते बना। रात का खाना खाने भी वह नहीं गई, अल्योशा की बगल में बैठते संकोच होता था।

'यह शुरू कब हुआ?' लेना सोच रही थी। 'कई दिन पहले? या सिर्फ़ आज? शायद मुझे यों ही लग रहा है। शायद वह मेरी बाबत सोचता भी न हो? या मैं कल्पना में ही उसका यह रूप बनाए हूँ?'

लेना जानती थी कि उसमें लोगों का 'काल्पनिक रूप' खड़ा कर लेने की आदत है, जैसे वे हैं उससे अच्छा समझ बैठने की आदत है। "लेकिन नहीं। सचमुच वह ऐसा ही है जैसा मैं सोचती हूँ! फ़ार्म के सभी लोग उस पर जान देते हैं।"

लेना में लोगों का काल्पनिक रूप बनाने की आदत तो जरूर थी। परन्तु उसकी समझदारी में संतुलन भी था और स्वभावगत विनोद-प्रियता भी। उसमें भाँप भी गहरी थी। कभी किसी को गलत समझ बैठती तो पहचान लेने में बहुत देर न लगती। पहचान लेने पर वह अपनी भूल पर खुद हँसकर बात उड़ा देती थी। अपनी पहचान में धोखा खा जाने पर वह चिढ़ती नहीं थी। बस, ऐसे लोगों की ओर से उसका ध्यान हट जाता। वह उन्हें अपने खयाल से उतार देती, जैसे कोई मामूली सी पुस्तक पढ़कर उसे भूल जाता है। लेकिन अल्योशा को पहचानने में भूल-चूक की गुंजाइश कहाँ थी? महीनों से रात-दिन का साथ था। दिन-दिन उसे अल्योशा में नए गुणों के दर्शन होते थे। दिन-दिन उसका यह विश्वास दृढ़ होता जा रहा था कि वह बहुत ही योग्य और सुशील व्यक्ति है।

अल्योशा से एक तरह का साथ और आत्मीयता हो गई थी। कुछ दिन के लिए अल्योशा जिला-केन्द्र चला गया तो लेना को लगता जैसे उसकी चैन और मस्ती कहीं चली गई है। वह दिन गिनती रहती थी, उसकी राह पर आँखें बिछाए रही थी।

वह अपने अन्य साथियों और परिचितों की अल्योशा से तुलना करती तो कोई उसके बराबर न बैठता। रात को सोने के लिए बिस्तर पर जाती तो और सुबह सोकर उठती तो अल्योशा का नाम उसके लबों पर होता। पर इस साँझ से पहले वह यह कभी न सोच पाई थी कि इसकी वजह क्या है।

उस रात लेना को ठीक से नींद नहीं आई। 'हट, ऐसा भी क्या है?' मन

ही मन वह कहती रही, 'शायद उसे तेरा खयाल भी न हो! क्या करूँ? खैर, सुबह तक रुकूँ! सुबह उसे देखूँगी, बात समझ में आ जाएगी!'

अगले दिन तड़के ही अल्योशा खेतों पर चला गया। लेना से सुबह उसकी मुलाकात न हो सकी। दोपहर तक लेना खोई-खोई सी उसकी राह देखती रही। अल्योशा दोपहर में भी नहीं आया। अब लेना के लिए छिन-छिन पहाड़ हो चला। प्रतीक्षा से थक कर साँझ को वह अपने बिस्तर पर जा लेटी। आँखें लग गईं। दादी वासिलिसा की आवाज़ सुनकर ही, लगभग आधे घंटे बाद, उसकी नींद खुली। दादी कह रही थी :

''हाय, आज इतनी बढ़िया कमीज क्यों पहन ली? इसे भी खराब कर डालेगा?''

लेना उठ बैठी। ''हाँ, अभी जाऊँगी। उसे देखूँगी। सब समझ में आ जाएगा।'' उसका कलेजा मुँह को आ रहा था। बड़ी कोशिश से उठकर खड़ी हुई। दरवाज़ा खोला। दूसरे कमरे में पैर रखे। सामने अल्योशा था। मेज़ पर बैठा वह आलू खा रहा था। बाल अच्छी तरह सँवारे हुए, बदन पर खूबसूरत नीली रेशमी कमीज।

लेना को देखते ही उसका चेहरा लाल हो गया।

लेना फ़ौरन भाँप गई। ये सँवारे बाल, यह भड़कीली कमीज़, खुशी का यह आलम—सब उसी के लिए था।

उसका रोम-रोम सिहर उठा। पलकें उठाए न उठती थीं। झटपट बाहर आ गई। धम्म से ड्योढ़ी की सीढ़ियों पर बैठ गई। सामने हरी घास पर सुहावने फूल खिले थे। दाने की तलाश में मुर्गियाँ इधर-उधर फुदक रही थीं। पर लेना को यह सब नहीं दिखाई दे रहा था। सुबह-सुबह खिड़कियाँ खोलने पर जिस तरह कमरा धूप से भर उठता है उसी तरह लेना का मन इस समय एक ही विचार से भरा था : ''अल्योशा मुझे प्यार करता है....!''

नदी किनारे की चरानों में बाढ़ का पानी भर जाता था और खूब अच्छी घास होती थी। गरमियों में पानी सूख जाता। घास भी पक जाती। वहीं घास की कटाई हो रही थी। खूब गरमी होती। बीच-बीच में बादल पानी का छींटा भी दे जाते। धूप और हवा से घास जल्दी ही सूख जाती। घास और भी फरफरी हो जाती। सोंधी-सोंधी गंध आने लगती। घास काटने वाले रात को खुले आकाश के नीचे यों ही, या कुछ ओढ़कर, सो जाते—या, नदी किनारे की पुरानी झोंपड़ी में चले जाते। दिन-भर की थकान के बावजूद साँझ को अलाव जलाया जाता। उसके चारों तरफ बैठकर गाना-बजाना होता। सभी के मन उत्साह से भर उठते। अनाज और आलू की फसल खूब अच्छी हो रही थी। जंगलों और चरानों में घास भी खूब अच्छी हुई थी।

'सन् 1941 के बाद से ऐसे दिन कहाँ देखने को मिले हैं?' अल्योशा सोचता।

कुछ तो काम की बढ़ती से और कुछ खुशी की खुमारी से अल्योशा दुबला हो गया था। कभी-कभी घास ढोने वाली गाड़ियों पर बैठकर लेना भी यहाँ चली आती थी। अल्योशा उसे घास काटना सिखाता। लेना के नरम-नरम, गोरे-गोरे हाथों में हँसिया बड़ा अजीब सा लगता था।

हँसी-खुशी के इन रुपहले दिनों में एक ही बात परेशानी की हुई थी। शनिवार के दिन कुछ लड़के-लड़कियाँ बेरी चुनने जंगल गए थे। वहाँ उन्होंने कटे जंगल में बारहसिंगे को मरा पड़ा देखा। बारहसिंगे के पास ही दो दिन पहले के अखबार का एक टुकड़ा पड़ा था जिस पर पहली मई फ़ार्म का पता था और वहाँ की मोहर लगी थी। इससे पता चलता था कि पहली मई फ़ार्म के ही किसी आदमी ने बारहसिंगे को गोली मारी है। ताज्जुब की बात यह थी कि शिकार करने वाले ने न तो बारहसिंगे के सींग, न कीमती खाल और न उसका बढ़िया मांस लेने की कोशिश की थी।

सामूहिक किसान इस घटना से बहुत चिन्तित थे। पहले तो सन्देह पावका कोनोपातोव और उसके पिता तथा शराबी तोशा पर ही गया। परन्तु उन लोगों ने जंगल न जाने का अकाट्य प्रमाण दे दिया।

ऐसे वक्त में जब फ़ार्म के लोगों में एकता और मित्रता बढ़ रही थी, जब फ़ार्म की प्रतिष्ठा बूँद-बूँद करके फिर लौट रही थी, किसी आदमी का ऐसा अपराध कर बैठना सभी को खल रहा था।

"अरे, अभी कुछ आगे बढ़ना शुरू किया था कि यह लो," वासिली कहता, "फिर हमारे नाम पर धब्बा लगेगा! एक मछली सारे तालाब को गंदा कर रही है। मुझे मालूम हो जाए कि यह करतूत किसकी है तो बच्चू की अकल ठिकाने कर दूँ।" वासिली को बहुत गुस्सा आ रहा था। वह कहता, "हम लोग किसी तरह अपना कलंक धोने की कोशिश कर रहे थे कि जाने किसने यह करतूत कर दी? मेरे हाथ लग जाए तो बताऊँ।"

"यही तो सवाल है—किसने की थी?" वालेंतिना कहती, "हममें से ही कोई झूठ बोल रहा है। पता तो चले। इस वक्त भी साथ बैठा एक बर्तन में खा रहा होगा। सभी पर शक होने लगता है। सभी पर शक की नज़र उठती है। यह और भी बुरा है।"

सब लोग एक झाड़ की छाया में बैठकर दोपहर का खाना खाते थे। अल्योशा दोनों हाथों का तकिया बनाए वालेंतिना के पास ही, आकाश की ओर मुँह किए, लेटा था। धूप के कारण उसका चेहरा ताँबे जैसा हो रहा था। गाल तप रहे थे। चेहरे पर से लड़कपन की गोलाइयाँ दूर हो गई थीं, मर्दानगी की कड़ाई आ गई

थी। लेकिन आँखों में अब भी पहले जैसी मुस्कान भरी हुई थी। उसके चेहरे और मजबूत बाँहों पर हिलती पत्तियों की परछाइयाँ नाच रही थीं।

वालेंतिना की नज़र अल्योशा पर पड़ी तो बिगड़ उठी : "इसे तो बस मुस्कराना आता है। इसके लिए जैसे कुछ हुआ ही नहीं! क्यों हँस रहा है रे? बता क्यों मुस्करा रहा है? क्या खुशी हो रही है तुझे?"

"बताता हूँ न!" अल्योशा ने मुस्कराकर भर्राई हुई आवाज़ में उत्तर दिया। "सोचो, एक साल पहले फ़ार्म की क्या हालत थी। लोग जंगल से चुराकर छाल लाते थे। और रस्सियाँ बटा करते थे। प्रधान था सो वोदका पीकर पड़ा रहता था। किसी को कोई फिक्र नहीं थी।...और अब? अब जंगल में किसी ने एक बारहसिंगा मार गिराया तो सारे फ़ार्म में सनसनी फैल गई है। अब समझीं क्यों मुस्करा रहा हूँ?"

"कहता तो तू ठीक है, अल्योशा।" वालेंतिना बोली। "हम लोगों में समझदारी बढ़ी है, लेकिन हम जान नहीं पाए।"

"तो फिर अगेती राई के बारे में क्या फैसला है?" बातचीत को आगे बढ़ाते हुए अल्योशा ने कहा। "उसे काटने का वक्त आ गया है। फसल तैयार है। दूसरों को खाली होने में तो बहुत वक्त लगेगा। मैं तो चाहता हूँ कि गरसों से कुछ लोगों को उस पर लगा दिया जाए।"

"मैं भी यही सोचता हूँ!" वासिली ने समर्थन किया। "किसे भेजोगे?"

"अपने दल की लड़कियों को भेज दूँगा!"

"यह तूने खूब कही!" स्तेपनिदा बोल उठी। बुढ़िया पास ही घास पर लेटी हुई थी। "हम बूढ़ी लोग तो गाँव से इतनी दूर यहाँ हड्डियाँ घिसें, घास बिछाकर सोएँ और जवान छोकरियाँ घर के दरवाज़े काम करें!"

"छह दिन हो गए अपनी गैया को देखे बिना। जाने क्या हाल हो बेचारी का?" पोल्यूखा ने कहा।

"इसे गाय की पड़ी है। यहाँ कई दिन से अपने बच्चों को नहीं देखा।" घास में जाने कहाँ से प्रकट होती हुई मलानिया बुज़िकिना बोली।

"अरे, यहाँ तो सभी बुढ़िया इकट्ठी हैं!" वासिली ने मज़ाक में बात टालने की कोशिश की।

"इकट्ठी हैं तो क्या हुआ?" स्तेपनिदा ने चुनौती के स्वर में कहा। "पूरा हफ्ता हो गया यहाँ हड्डियाँ रगड़ते। दो दिन खाट पर आराम की नींद ले लेने दे तो क्या हो जाए!"

"कल मेरी लड़की दौड़ती हुई आई थी," कोई दूसरी बोल उठी, "कह रही थी मेरे छोटे बच्चे के पाँव में फोड़ा उठ आया है।"

"देखा? अब तो सभी के यहाँ कोई न कोई बात निकल आएगी।" वासिली

ने चिढ़कर कहा। "तीन दिन सब लोग यहीं काम करेंगे। सब लोग साथ लौटेंगे। बवंडर खड़ा करने की कोई ज़रूरत नहीं।"

"लड़के के पाँव का फोड़ा बिगड़ गया तो? अपना पाँव दे दोगे उसे?"

"हाँ, हाँ, ऐसी कोई मुसीबत नहीं आ गई। बच्चों का डॉक्टर मौजूद है उनकी फिक्र करने के लिए।"

"डॉक्टर टीके लगाता घूम रहा है। बच्चों के लिए फुर्सत कहाँ है।"

"इन्हें उसी तरफ भेज दिया जाए तो क्या हरज है?" वालेंतिना ने दुविधा से कहा। "घर के पास भी रहेंगी। कटाई भी अच्छी कर सकती हैं। तेरा क्या खयाल है, अल्योशा?"

"काम पूरा करेंगी ये लोग?"

"क्या कहना! जैसे पहली मर्तबा हम लोग फसल काट रही हैं!"

"एक दाना भी नहीं छूटने पाएगा।"

"अच्छा वास्या चाचा," अल्योशा ने भर्राए गले से कहा, "ठीक है! घास का काम तो इनसे ज्यादा हो नहीं पाता। वहाँ काम कर लेंगी। खुद ही जाना भी चाहती हैं। चलो, जाने दो इन्हें। मैं जाकर देख आया करूँगा। ठेले पर चला जाऊँगा या लारी पर। देख आऊँगा ज़रूर।"

"अच्छी बात! तुम्हारी ऐसी इच्छा है तो ऐसा ही सही।" अनिच्छा से वासिली ने कहा। "तुम परसों जाकर देख आना।"

"तेरे गले को क्या हुआ है, अल्योशा?" वालेंतिना ने पूछा।

"ज़रा दर्द है। रात में राई के खेत देखने गया था। सोचा, सुबह काम के वक्त लौट आऊँगा। रात को बूँदा-बाँदी हो गई। सर्दी लग गई।"

अल्योशा का गला कई दिन से खराब था। पहले उसने ज्यादा ध्यान नहीं दिया। सोचा, एक-दो दिन में ठीक हो जाएगा। लेकिन गला बिगड़ता ही जा रहा था। अल्योशा को दर्द की उतनी परवाह नहीं थी जितनी शरीर में भारीपन की। लेट जाता तो मालूम होता कि शरीर निढाल हो गया है, ज़मीन से चिपक गया है। बड़ी मुश्किल से ही वह हाथ, पैर या सिर हिला पाता। अल्योशा कभी बीमार नहीं हुआ था। वह सोचता, शरीर का यह भारीपन सुस्ती की वजह से है। उसे बड़ी शर्म मालूम होती।

"यह बुरी बात है," अल्योशा ने निश्चय किया। "ज़रा अपने को काबू में करना होगा, कुछ कसरत भी करनी होगी...!"

लिहाज़ा अल्योशा ने 'अपने को काबू में किया' और 'कुछ कसरत की।' शरीर सचमुच कुछ हल्का मालूम होने लगा। दूसरे लोगों की तरह वह दिन भर काम भी करता रहा। लेकिन बाद में शरीर और भी गिरने लगा। अब उसकी समझ में आया कि तबीयत खराब है। लेकिन घास की कटाई छोड़कर घर जाने की बात

उसके मन में न पैठती।

"सभी को कुछ न कुछ तकलीफ़ है! किसी का गला खराब है, किसी का दाँत, किसी की उँगली, किसी को और कोई तकलीफ़ है...। काम छोड़कर जाया कैसे जाए?"

दोपहर के खाने के बाद वालेंतिना और वासिली दूसरे काम से चले गए। अल्योशा फिर घास काटने के लिए जा पहुँचा। हाथ में हँसिया बहुत भारी लग रहा था। कई बार देखा, किसी से बदल तो नहीं गया, मिट्टी तो नहीं चिपकी? यों तो वह और दिनों के मुकाबले ज्यादा ज़ोर लगाकर और ज्यादा फुर्ती से कटाई कर रहा था, पर बार-बार दूसरों से पिछड़ जाता था।

"अरे ओ अल्योशा! तेरी तबीयत ठीक नहीं लग रही!" फ्रोस्या ने आवाज़ दी। "चेहरा लाल हो रहा है, आँखें गढ़े में धँस रही हैं।"

"हाँ, हाँ, अल्योशा! मुझे भी ऐसा ही लग रहा है।" लुबावा बोली। "तेरी तबीयत ठीक नहीं मालूम होती। तू घर जाकर डॉक्टर को दिखा।"

"अरे हो जाएगी, तबीयत ठीक..." वह काम करता रहा।

रात को अल्योशा की नींद खुली तो समझ में नहीं आया कि कहाँ पड़ा है। लग रहा था कि आकांश के तारे नीचे उतर आए हैं और उसके शरीर में बर्फ की बर्छियाँ कोंच रहे हैं। वह थोड़ा सा हिला। लगा जैसे रीढ़ में किसी ने बर्छियाँ भोंक दी हों। अल्योशा ने सिर उठाया तो उस पर झुके तारे पीछे हट गए। उसने देखा, चारों ओर चाँदनी खिली है। वह हरी घास पर लेटा था। उसने पास लेटे यासनेव और प्योत्र को पहचाना। उसने फिर सिर नीचा कर लिया। तारे फिर उस पर टूट पड़े और उसके शरीर में बर्फ की बर्छियाँ कोंचने लगे।

सुबह गाड़ी में डालकर मातवेयेविच उसे गाँव ले आया।

घर में कोई नहीं था। स्कूल में छुट्टियाँ थीं इसलिए लेना शहर चली गई थी। वालेंतिना खेत पर थी। दादी वासिलिसा भेड़ों को लेकर चरान पर चली गई थी।

अल्योशा लेना के कमरे में चला गया। दीवार के पास छोटा-सा बिस्तर, बिस्तर के पास छोटी-सी मेज़, मेज़ पर ढंग से रखी पुस्तकें, खिड़की पर लगा मलमल का परदा—लेना की, मधुर स्मृति से अल्योशा का हृदय भर आया।

कुछ देर वह लेना के कमरे में बैठा रहा, फिर डाक्टर के यहाँ चला गया। डाक्टर फ़ार्म के मरीजों को सुबह ही देख चुका था और अब दूसरे फ़ार्म में टीके लगाने चला गया था। अल्योशा स्तेपनिदा के घर गया। सोचा, राई की कटाई की खबर लग जाएगी। लेकिन बुढ़िया अभी खेतों से लौटी ही नहीं थी।

'शायद रात तक कटाई खत्म कर डालना चाहती हैं।' अल्योशा ने सोचा। 'और हम लोग इन पर सन्देह कर रहे थे...!' वह घर लौट आया।

कई घंटे बाद मातवेयेविच उसकी खबर लेने आया। अल्योशा अपने दोनों हाथ पीठ पीछे टिकाए बैठा था। साँस भारी चल रही थी।

"डाक्टर से मिले, अल्योशा?"

"नहीं! डाक्टर चला गया है। टीके लगाने।"

"चल तुझे अस्पताल ले चलूँ। तेरी हालत बिगड़ती जा रही है..."

"राई के खेत से औरतें नहीं लौटतीं...तब तक नहीं जाऊँगा।"

"मालूम पड़ता है, काम खतम करके लौटेंगी। जंगल के पीछे बादल भी उठ रहा है। अभी नहीं आएँगी। उनके लिए इन्तज़ार करना बेकार है। तू तो चल, अल्योशा। बारिश शुरू हो गई तो हम लोग भीग जाएँगे।"

"तो चलो, राई के खेत की तरफ से चलें। मैं देख भी लूँगा।"

"अच्छी बात है। चलो। राई का खेत कौन दूर है।"

दोनों गाड़ी पर बैठे और चल दिए।

सूर्यास्त के प्रकाश में गुलाबी बादल आकाश में तैर रहे थे। जंगल के पीछे से काली घटा उठ रही थी जिसका सिर रीछ जैसा लग रहा था। घटा जंगल पर अटकी मालूम हो रही थी। उसकी मौजूदगी हवा की ठंडक और तेज़ी से स्पष्ट हो रही थी।

"बारिश से पहले औरतें खेत खत्म कर पाएँगी?" अल्योशा भर्राये गले से बुदबुदाया। "अगेती राई बड़ी मेहनत से तैयार की गई है। पड़ोस के किसान कई दिन से बीज माँगने आ रहे हैं।"

"खत्म कर लेंगी भई! काम ही कितना है!"

मातवेयेविच ने घोड़े के चाबुक लगाई। अभी वे झाड़ियों का एक बड़ा झुरमुट लाँघे ही थे कि पकी राई के खेत दिखाई देने लगे। राई कट तो चुकी थी, पर खेतों में ही पड़ी थी। आधे खेतों में तो पूले तक नहीं बँधे थे। हवा राई को इधर-उधर बिखेर रही थी। खेत में कोई नहीं था—न आदमी, न आदमजाद!

"यह क्या तमाशा है?" अल्योशा उठ बैठा। "ये औरतें कहाँ चली गईं?"

"मेरा खयाल है यहीं कहीं होंगी....झाड़ियों में। आराम कर रही होंगी।"

मातवेयेविच ने ज़ोर से हाँक लगाई :

"अरी ओ-ओ-ओ स्तेशा आ-आ....! मलानिया हो-ओ-ओ...!"

"...ओ-ओ-ओ!" उसी की प्रतिध्वनि सुनाई दी। फिर मौन।

न खेत में कोई था, न झाड़ियों में।

"अरे भई कहाँ चली गईं ये लोग?" गर्दन उठाकर चारों तरफ देखते हुए व्यथित और खिन्न स्वर में अल्योशा ने पूछा।

"और कहाँ जाएँगी? कल बाज़ार का दिन है," मातवेयेविच ने कहा, "बेरी बीनने जंगल चली गई होंगी।"

मातवेयेविच का अनुमान ठीक ही था।

दो घण्टे पहले फिनोगेन की औरत अनफीसा खेतों के पास से गुजरी थी। अनफीसा और उसका पति, दोनों ही, सामूहिक खेत में शामिल नहीं थे। अनफीसा जंगलों में जाकर दिन भर बेरी बीना करती थीं।

वह जंगल से लौटी तो एक बेंहगी में दो भारी-भारी टोकरियाँ जंगली फलों की लादे थी।

''बकरी की टेकरी पर खूब फल पक रहे हैं। झाड़ी के नीचे टोकरी रख कर हिला दो तो टोकरी भर जाए।'' स्तेपनिदा से उसने कहा था। ''दूसरी जगह अभी कच्चे हैं, पर टेकरी पर तो पक-पक कर चू रहे हैं। मैं रात की गाड़ी से बाज़ार जा रही हूँ। इस वक्त अच्छे दाम मिल जाएँगे। बाज़ार में अभी नए फल आए कहाँ हैं?''

पोल्यूखा के लिए यों आते पैसों की उपेक्षा करना सम्भव नहीं था। सोचा, चन्द घंटों का काम है, मुफ्त पैसा आ जाएगा। वक्त बरबाद करना बेकार है। कल-परसों तक बच्चों को पता लग जाएगा तो एक फल नहीं बचेगा। आगे फल सस्ते हो जाने का डर भी था।

पोल्यूखा को फैसला करते देर न लगी। लेकिन अकेली खेत छोड़ कर कैसे चल देती?

''अरी चलो न,'' साथ वालियों से उसने कहा, ''घंटे भर बेरी बीन लें! कल अनफीसा के साथ बाज़ार भेज देंगी। मदद के लिए साथ में बुज़िकिन की लड़कियाँ भी चली जाएँगी। राई का क्या बिगड़ा जाता है? सुबह खतम कर लेंगी। तड़के मैं सबको जगा दूँगी। क्या हरज़ है? किसी को पता भी नहीं चलने का। रात भर में राई उड़ थोड़े ही जाएगी।''

औरतों ने राई के खेतों की कटाई के लिए खुद ही कहा था। पर उनके मन से यह खयाल नहीं उतरता था कि ये खेत 'किसी दूसरी' टीम के हैं। कल के लिए मामला टाल देने में किसी का क्या नुकसान था? अस्तु, पोल्यूखा की बात का किसी ने विरोध नहीं किया।

सब की सब खेत छोड़कर जंगल चल दीं। खेत सुनसान पड़ा रह गया।

मातवेयेविच ने दो-तीन हाँकें और लगाईं, फिर दो-चार गालियाँ बककर आगे बढ़ चला।

अल्योशा मातवेयेविच के कंधे पर हाथ रखकर बोला :

''मातवेयेविच चाचा....! बड़ी क़ीमती राई है! प्रयोग के लिए नई चीज़ पैदा की गई है। इसका दाना-दाना क़ीमती है। इसे तो सँभालकर अभी खलिहान में रखना होगा।''

मातवेयेविच ने घूमकर अल्योशा की ओर देखा। राई की उपेक्षा कर सकना

मातवेयेविच के लिए भी संभव न था।

"चलो गाँव लौट चलें। कुछ औरतों को घेर-घार लाएँ।"

"गाँव में इस वक्त मिलेगा कौन? कुछ लोग घास काटने गए हैं, कुछ गाय-भेड़ों को चराने गए हैं। जब तक हम लौटकर आएँगे, तब तक बारिश शुरू हो जाएगी!"

"अल्योशा! तू कुछ कर पाएगा इस हालत में?"

"क्यों नहीं चाचा? मैं तो बिल्कुल ठीक हूँ! बस गले में ज़रा दर्द है।"

मातवेयेविच खुद तगड़ा-तन्दुरुस्त आदमी था। उसकी तबीयत कभी खराब होती तो तीन इलाज थे—गरम पानी से स्नान किया, वोद्का चढ़ा ली और काम में जुट गए।

"आ जाओ तो फिर!" वह तैयार हो गया। "बस, घंटे भर का काम है।"

दोनों राई के पूले बाँध-बाँधकर गाड़ी पर लादने और खलिहान पहुँचाने लगे।

खलिहान का बूढ़ा चौकीदार मेफोदी खलिहान के पास ही झोंपड़ी में रहता था। वह भी मदद के लिए आ पहुँचा। फिर भी काम एक घंटे में खत्म नहीं हुआ। अल्योशा ज्यादा मदद नहीं कर पा रहा था। बार-बार उसके पाँव लड़खड़ा जाते, हँफनी चढ़ आती और खाँसी आने लगती। दर्द के मारे उसका चेहरा नीला पड़ गया था। दो-चार फेरे तो उसने बूँदा-बाँदी में ही किए। मातवेयेविच ने अल्योशा से छप्पर के नीचे बैठ जाने के लिए कहा। पर अल्योशा माना नहीं, काम जल्दी खत्म करना था। बुखार से भारी सिर भीग जाने पर कुछ हल्का मालूम हो रहा था। होंठ भी नरम पड़ गए थे। उसे कुछ शान्ति भी महसूस हो रही थी। जब पानी मूसलाधार बरसने लगा तभी उसने मातवेयेविच की बात मानी। वह छप्पर के नीचे चला गया। आखिरी बोझ अकेला मातवेयेविच ही गाड़ी में लादकर लाया।

अल्योशा को साँस लेने में कष्ट हो रहा था, फिर भी वह झोंपड़ी के भीतर नहीं गया। छप्पर के नीचे भीगी राई के ढेर का सहारा लेकर बैठ गया। उसे बेहद थकावट महसूस हो रही थी। राई के भीग जाने का उसे इतना दुःख हो रहा था कि रोने को जी चाहता था। लोगों ने कितनी मेहनत की थी! कितनी आशाएँ बाँधी थीं! खेतों में इसका सौन्दर्य देखते उनकी आँखें नहीं थकती थीं! आखिर वही भीगकर छप्पर के नीचे इस बुरी तरह सुच दी गई थी। उसका मन हो रहा था कि फूट-फूटकर रोए। वह भूल गया कि अब वह जवान मर्द था। उसे लग रहा था जैसे वह अब भी नन्हा बच्चा है और घर की बगिया में बैठा बिसूर-बिसूर कर रो रहा है।

"लो, काम तो हो गया!" मातवेयेविच की आवाज़ कानों में पड़ी। उसे कुछ होश आया।

उसके गाल आँसुओं से भीग गए थे। उसे बड़ी शर्म मालूम हुई।

"मुझे हो क्या गया है? औरतों की तरह रो रहा हूँ? गनीमत है कि अँधेरा है, कोई देख नहीं रहा। अस्पताल पहुँच गया होता तो अच्छा था। इस वक्त लेना यहाँ होती तो कितना अच्छा होता!"

मेफोदी ने कुछ सूखे कपड़े दिए। अल्योशा अपने भीगे कपड़े बदलकर गाड़ी में बैठ गया। मातवेयेविच ने उसे बोरियों से ढककर एक मोमजामा ओढ़ा दिया और अस्पताल ले चला।

साँझ को लेना शहर से लौटी। वह अपने छोटे भाई को भी साथ ले गई थी। सोचा था कि छुट्टियों भर वहीं रहेगी। लेकिन मन न लगा। उसे अल्योशा की, स्कूल के बच्चों की और सामूहिक फ़ार्म की याद आती। इसीलिए वह जल्दी लौट आई थी।

लेना ने बाड़ का छोटा फाटक खोला और भीतर आई। सहन में खूब घास उगी हुई थी। घास में सुन्दर फूल खिले थे। साफ करके चमकाए हुए खिड़कियों के शीशे अस्त होते सूर्य की किरणों में गुलाबी चकाचौंध पैदा कर रहे थे। लेना को यहाँ बहुत शांति मालूम हुई। यह घर उसका अपना घर बन चुका था।

'यहाँ तो माँ के घर से भी ज्यादा अच्छा लगने लगा है,' लेना ड्योढ़ी की सीढ़ियाँ चढ़ती सोचती जा रही थी। 'शायद मुझे ऐसा अल्योशा की वजह से लगता है। यहाँ वाल्या है, दादी वासिलिसा हैं और स्कूल के नन्हे बच्चे हैं। बिना इस हरी-हरी घास और इन फूलों को देखे, बिना इस जंगली पवन की महक के कोई कैसे जिन्दा रह सकता है।'

लेना को चाबी रखने की जगह मालूम थी। उठाकर दरवाजा खोला और भीतर चली गई।

घर में इधर-उधर सामान बिखरा देखकर उसे ताज्जुब हुआ। मेज़ पर दूध से आधा भरा कटोरा रखा था जिसमें मक्खियाँ तैर रही थीं। पास ही दो गंदे गिलास रखे थे। एक कुर्सी पर वालेंतिना का सिलेटी रंग का ब्लाउज पड़ा था। लेना की खुशी गायब हो गई। वह घबरा गई। ज़रूर कुछ गड़बड़ है। लेकिन हुआ क्या? वह भागकर पड़ोसियों के यहाँ गई। प्रास्कोव्या ने बताया कि अल्योशा बीमार हो गया है। कई दिन से उसके गले में दर्द था। वह अस्पताल के वार्ड नं 5 में भरती कर लिया गया है। सुबह वालेंतिना और वासिलिसा उसे देखने गई थीं। अभी लौटती ही होंगी।

लेना दौड़ती हुई फ़ार्म के दफ्तर पहुँची। सोचा, अस्पताल को फोन करके पता लगाए। पर टेलीफोन बिगड़ा हुआ था।

निदान, लेना घर लौट आई और वासिलिसा तथा वालेंतिना का इंतजार

करने लगी।

कई घंटे बीत गए। अस्पताल से कोई न लौटा। रात की गाड़ी के मुसाफिरों को लेकर एक मोटर गाँव के पास से गुजरती थी। लेना सोच रही थी, वालेंतिना और वासिलिसा दोनों उसी मोटर से आएँगी। खिड़की खोलकर वह सड़क पर नजर जमाए बैठी रही। धीरे-धीरे सुनसान सड़क अँधेरे में छिप गई। आया कोई नहीं।

आखिर सड़क पर मोटर की रोशनी दिखाई दी। दौड़कर लेना ड्योढ़ी के बाहर जा पहुँची। मोटर बिना रुके निकल गई।

कोई न आया। अँधेरी गली में राह पर आँखें गड़ाए लेना अकेली खड़ी थी।

वालेंतिना और दादी वासिलिसा अस्पताल में ही रुक गई थीं। वे लौट आना चाहती थीं, पर लौट न सकीं। फ़ार्म में इस समय काम का बहुत ज़ोर था, एक-एक मिनट कीमती था। फिर भी वे लौट न सकी थीं।

लेना का दिल बैठा जा रहा था। दूर पर एक कुत्ता सड़क पर जाती मोटर को देखकर भौंक उठा। फिर सब तरफ सन्नाटा। दूर टीले के पास मोटर की रोशनी एक बार फिर दिखाई दी और गायब हो गई।

''मैं यहाँ क्यों खड़ी हूँ? मुझे अल्योशा के पास जाना चाहिए। मैं अस्पताल जाऊँगी। शहर में माँ को फोन करके बड़े डॉक्टर को बुलवाती हूँ। वालेंतिना और दादी से क्या होगा? यह काम मेरा है। मैं ही अल्योशा को ठीक पर पाऊँगी। मुझे देर नहीं करनी चाहिए।''

लेना भीतर गई। दादी का बड़ा वाला भूरा शॉल कंधों पर लपेटा। बिजली बुझाई। बाहर आकर ताला लगा दिया। लेना सब काम निश्चय से और बिना उतावली के कर रही थी। उसमें एक बार फिर साहस का ज्वार आ गया था। इतनी मानसिक और शारीरिक शक्ति उसमें आ गई थी कि क्षण भर में ही यह भावुक लड़की एक दृढ़ निश्चय प्रौढ़ा बन गई थी।

''अस्तबल में जाकर गाड़ी लेती हूँ। दो घंटे में अल्योशा के पास पहुँची जाती हूँ।''

आकाश की कोरों पर पौ फटने के चिह्न दिखाई दे रहे थे। प्रभात की शीतल वायु से वृक्षों की चोटियाँ हिल रही थीं। हवा सर्द और नम थी।

अस्तबल में कोई न था। फाटक पर बड़ा सा ताला लटका था। सब घोड़े दस किलोमीटर दूर चरानों पर थे।

''जाकर वासिली कुज़मिच से कहूँ? लेकिन घोड़े हैं ही नहीं तो वह करेगा क्या? वक्त बरबाद करना बेवकूफी है। पैदल ही क्यों न चलूँ?''

अस्त होते चाँद की चाँदनी में सड़क झाड़ियों में विलीन हो गई थी।

लेना ने शॉल को कंधों पर कसकर लपेटा। मन पक्का करके सड़क से खेतों पर आ गई। खेत और झाड़ियाँ लेना की परिचित थीं। पत्तों और घास का मरमर

शब्द भी उसे परिचित लग रहा था।

खेतों में कहीं-कहीं कोहासे के बादल से मँडरा रहे थे। बादलों का कोई-कोई टुकड़ा बाँहें ऊपर उठाए सड़क पर भी मिल जाता। लेना इन बादलों को चीरती चली जा रही थी। उसकी नंगी पिंडलियों में ठंडक मकरजाले की तरह लिपटती जा रही थी।

लेना सोचती जा रही थी : 'धूप चढ़ते तक अस्पताल पहुँच जाऊँगी। उसकी हालत ज्यादा खराब हुई तो सीधी डॉक्टर के पास जाऊँगी। पर वह ठीक ही होगा। बस आँखें खोलते ही मुझे देखेगा। जाकर उसके पलंग के पैताने बैठ जाऊँगी। अस्पताल का सफेद चोगा मेरे बदन पर होगा। पहले तो चकित रह जाएगा। फिर कितना खुश होगा। तब बताऊँगी कि अँधेरे में इतनी दूर पैदल चलकर आई हूँ। कहेगा, 'पागल है तू! पैदल क्यों आई?' मुझे देखकर बहुत खुश होगा। हम दोनों बहुत खुश होंगे!'

पहली मई फ़ार्म के परिचित खेत पीछे छूट गए थे। लेना नए खेतों और झाड़ियों को मुश्किल से ही पहचान पा रही थी। कोहरे में वे बदले-बदले से लग रहे थे। कोहरा घना होता जा रहा था। अब वह हवा में उड़ नहीं रहा था बल्कि भारी परतों में धरती पर बैठता जा रहा था। आकाश में एक हल्के बादल ने चाँद को ढँक लिया था।

'देखें मैं तेज चलती हूँ कि बादल?' लेना ने सोचा। 'मुझे और तेज़ चलना चाहिए। नहीं, अपने को धोखा देना ठीक नहीं। तबीयत ज्यादा खराब न होती तो उसे अस्पताल ले ही क्यों जाते? दादी और वाल्या वहाँ इतनी देर ठहरतीं ही क्यों?'

सड़क के दोनों ओर जंगल था। लेना दौड़ती चली जा रही थी। जंगल घना और अँधेरा था। लगता था अँधेरे में से सैकड़ों आँखें उसकी ओर देख रही हैं। पत्ते-पत्ते और डाल-डाल के पीछे खतरा छिपा मालूम होता था। किन्तु स्वभाव से भीरु लेना को इस समय कोई भय न था।

''तेज़! और तेज़...! कहीं उसे कुछ हो न जाए!''

जंगल से निकलता कोहरा सड़क पर छा गया था। वह उसमें घुटनों तक धँसती जा रही थी। सड़क दीख नहीं रही थी। अन्दाज़ से ही वह बढ़ रही थी।

''अभी पहुँचती हूँ...हाँ, अभी!...''

सड़क नीचे उतर गई थी और एक घाटी में से गुजर रही थी। कोहरे में लेना कंधों तक डूब गई। कोहरे से ऊपर कभी-कभी झाड़ियों की चोटियाँ दिखाई दे जाती थीं। सड़क कहीं खो गई थी। कोहरे के ऊपर स्वच्छ, निर्मल, तारों मढ़ा आकाश था।

लेना के पैरों के नीचे क्या है? उसे नहीं मालूम था। वह नहीं जानती थी कि उसके पैर धरती पर पड़ रहे हैं या बादलों पर। धुनी हुई रुई की तरह घना

कोहरा उसे चारों तरफ से घेरे था। ऊपर नीला आकाश था और दिल में एक आग—"तेज! और तेज़!"

घाटी के बाद एक पहाड़ी आ गई। लेना की साँस फूल गई थी। पर वह चढ़ाई पर भी दौड़ी जा रही थी। मालूम होता था चोटी पर पहुँचते ही उसे सब कुछ दीख जाएगा। लेना ने कोहरे से पीछा छुड़ाया। अब उसे सामने सड़क दिखाई दे रही थी।

"तेज़! और तेज़! इस चोटी पर पहुँची कि आधा रास्ता पार हो जाएगा। आगे उतराई है। चलने में और भी आसानी होगी।"

चोटी पर पहुँचते-पहुँचते लेना बुरी तरह हाँफ गई थी। दम लेने के लिए वह एक पेड़ के नीचे खड़ी हो गई। सामने खूब लम्बा-चौड़ा मैदान दिखाई दे रहा था। मैदान में कोहरा नहीं था। हवा थमी हुई थी। पत्ता भी नहीं हिल रहा था। झाड़ियों को चूमता बड़ा-सा पीला चाँद डूब रहा था। लेना जिस पेड़ के नीचे खड़ी थी उसकी पत्तियाँ धूमिल प्रकाश में टिमटिमा रही थीं। सामने फैला लम्बा-चौड़ा मैदान कफ़न जैसी फीकी चाँदनी से ढँका था। आसमान की नीली गहराइयों से भी चारों तरफ़ ऐसी ही फीकी सफेदी फैल रही थी।

"नहीं, नहीं...!" लेना काँप उठी।

सहारे के लिए उसने पेड़ के तने को थाम लिया। उसके पैर लड़खड़ा रहे थे।

लेना अस्पताल में पहुँची तो धूप फैल चुकी थी। हाते में ओस से भीगे बहुत पुराने और बड़े-बड़े वृक्ष खड़े थे। प्रातःकालीन समीर उन्हें धीरे-धीरे सहला रहा था। वृक्षों से छन-छनकर आती सूर्य की किरणें घास पर अठखेलियाँ कर रही थीं।

दो नर्सें सफेद चोगे पहने लेना के आगे-आगे जा रही थीं।

"कितना अच्छा लड़का था। उम्र ही क्या थी अभी!" एक कह रही थी।

"डॉक्टर कहते हैं एक दिन पहले ले आते तो बच जाता...!" दूसरी बोली।

"नहीं, नहीं...!" लेना के होंठ फड़क उठे। वह सिर से पैर तक काँप गई। फिर उसने मन को समझाया, "यह कैसे मालूम कि अस्पताल में जिनसे पहले मुलाकात हुई वे अल्योशा की ही बातें कर रही हैं? अस्पताल में सैकड़ों मरीज होते हैं। अल्योशा की बाबत ऐसा क्यों सोचा? नहीं, नहीं!"

लेना अस्पताल के रास्तों से परिचित थी। स्कूल के बच्चों को देखने कई बार वह यहाँ आ चुकी थी।

धक्का देकर उसने अस्पताल का दरवाजा खोला और बरांडे से होती हुई वार्ड नं. 5 में पहुँची। उसे किसी ने रोका-टोका नहीं। वार्ड खाली था। तीन खाली सफेद

बिस्तर लगे हुए थे।

'इसमें नहीं, अल्योशा दूसरे वार्ड में होगा,' लेना ने सोचा। अचानक उसकी आँख एक बिस्तर के साथ की छोटी मेज़ पर गई। मेज़ पर अल्योशा की छोटी लाल नोट-बुक पड़ी थी जिसमें अल्योशा खादों के नुस्खे लिखा करता था और जिसमें लेना के शहर के मकान का पता लिखा था।

लेना पथराई आँखों से नोट-बुक को देखती रह गई। अल्योशा की नोट-बुक खाली बिस्तर के पास! लेना की आँखों के सामने कमरा गोल चक्करों में घूमने लगा। कमरे का पलंग और अलमारियाँ घूमती-घूमती छोटी होकर अदृश्य हो गईं। सिर्फ वही लाल नोट-बुक उसे घूर रही थी और अदृश्य होने का नाम नहीं लेती थी।

"उसे वहाँ पहुँचा दिया गया है...आओ, तुम्हें रास्ता बता दूँ..." लेना को पीछे से परिचित आवाज़ सुनाई दी। पीछे वही नर्स खड़ी थी जो उसे बाहर हाते में मिली थी। लेना उसके पीछे हो ली। अपने नए सफ़ेद रूमाल से नर्स आँखें पोंछ रही थी।

"मैंने कई मौतें देखी हैं...पर यह मौत तो...क्या लड़का था...फोड़ा अन्दर ही फट गया और मवाद अंतड़ियों में फैल गया...अगर एक घंटे पहले आ गया होता तो...!"

लेना चुपचाप नर्स के पीछे चली जा रही थी।

बड़ा सुहावना प्रभात था। सुन्दर वृक्ष सुनहरे प्रकाश में धीरे-धीरे झूम रहे थे। कोई विश्वास नहीं कर सकता था कि ऐसे प्रभात में कोई मर सकता है, कि अब वह इन वृक्षों को कभी नहीं देखेगा।

नर्स लेना को मुर्दाघर में ले गई।

अँधेरी सी गली में कुछ बाल्टियाँ रखी थीं। एक बेंच पर वासिलिसा अपने खुरदरे, झुर्रियों पड़े, भूरे-भूरे हाथों पर नजर गड़ाए बैठी थी।

नर्स ने दरवाजा खोल दिया।

लेना ने देखा—बड़ी-बड़ी खुली खिड़कियाँ! बाहर उज्ज्वल नीला आकाश! हरे-भरे वृक्ष! पक्षियों के चहचहाने की आवाजें। फिर उसकी नजर वालेंतिना और आन्द्रेई पर पड़ी। दोनों की पीठ दरवाजे की ओर थी। उन्होंने लेना को आते नहीं देखा, न आहट सुनी। वह एक कदम और बढ़ी। सहसा लेना की दृष्टि अल्योशा पर पड़ी।

वह एक मेज़ पर लेटा था, शरीर सफेद चादर से ढँका हुआ। एक हाथ की मुट्ठी बंद, दूसरा यों ही ढीला पड़ा हुआ। लगता था थक कर आराम कर रहा है। खिड़की से आती सूर्य की किरणें और पत्तियों की छाया उसकी बाँहों पर खेल रही थीं।

अल्योशा का मुँह खिड़की की तरफ था। हवा से उसके घुँघराले बाल धीरे-धीरे थिरक रहे थे। लेना को दिखाई देता गर्दन और गाल का हिस्सा सूजा हुआ था। भौंहें अब भी पहले जैसी—कोमल और हल्की, धनुषाकार उसके माथे पर मढ़ी थीं।

सहसा मुर्दाघर की सफ़ेद दीवारें घूम गईं। विशाल वृक्ष चरचराते हुए गिरने लगे। काले पक्षियों सहित सुन्दर नीला आकाश फट पड़ा। एक धमाका हुआ। आन्द्रेई ने घूमकर पीछे देखा। रक्तहीन सफ़ेद चेहरे और पथराई आँखोंवाली एक मासूम लड़की उसके पैरों के पास पड़ी थी।

7. फसल

फसल कटाई का वक्त आ गया।

अगस्त माह के स्वच्छ आकाश और स्थिर वातावरण में पकी हुई फसल के खेत चुपचाप खड़े थे। मीठी धूप में मुस्कराते समृद्ध, शांत खेतों को देखकर कल्पना करना कठिन था कि पहले इन खेतों पर से पाले, कोहरे, आँधियों, वर्षा और कड़ी गरमी का समय बीत चुका है।

फसल बहुत अच्छी हुई थी। दाने से बोझिल बालों को देखने और हाथ में लेने से संतोष होता था। दानों को चाब कर देखा जा सकता था कि फसल पक गई है।

सुबह तड़के ओस से भीगी अनाज की फसल की दीवारों के बीच से काम पर जाते बड़ा अच्छा लगता था। गोधूलि के समय जब खेतों पर कोहरा उतर आता था, इन खेतों में से होकर घर लौटते बड़ा संतोष होता था।

फ़ार्म के सभी काम ढंग से चल रहे थे। सब ओर संतोष और आशा थी। केवल अल्योशा की अप्रत्याशित—इसलिए भयंकर—मृत्यु का दुख था।

यदि अल्योशा की मृत्यु एक वर्ष पहले हो गई होती तो लोग शोक तो मना लेते परन्तु वे यह महसूस न करते कि उसकी मृत्यु ने उनके जीवन में कोई कमी पैदा कर दी है। किन्तु अब फ़ार्म के सभी लोग इस युवक नेता की मृत्यु के लिए अपने को ज़िम्मेदार समझते थे। फ़ार्म का कोई भी व्यक्ति ऐसा न था जो यह न सोचता हो कि फ़ार्म में उसका और उसके काम का महत्त्व क्या है?

"ऊपर चढ़ने में सावधानी की आवश्यकता होती है..." एक बार आन्द्रेई ने वालेंतिना से कहा था। "आदमी जितना ही ऊपर चढ़े, उतना ही सतर्क होकर

उसे अगला क़दम रखना चाहिए। जो जितना ही सभ्य, सहृदय और निःस्वार्थ हो उसकी ओर उतना ही अधिक ध्यान देना चाहिए। जो समाज अल्योशा जैसे युवकों को पैदा कर सकता है उसमें व्यक्ति और सामूहिक समुदाय के बीच नए सम्बन्ध पैदा होने चाहिए। अल्योशा समूचे सामूहिक फ़ार्म के हित की चिन्ता करता था। परन्तु वह अपना ध्यान भूल गया। इसका मतलब यह है कि तुम सबको उसकी चिन्ता करनी चाहिए थी। तुम लोगों ने बीमारी के शुरू में ही उसकी खबरदारी क्यों नहीं की? उसे ठीक वक्त पर खेत से छुट्टी क्यों नहीं दी गई? ठीक वक्त पर अस्पताल क्यों नहीं भेजा गया? उसके प्रति जितनी सावधानी और चिन्ता की जरूरत थी, तुम लोगों ने नहीं बरती। तुम लोग समझ ही नहीं पाए कि पहली मई फ़ार्म की सबसे अनमोल, वस्तु वह युवक था...।''

आन्द्रेई की तरह वासिली अपने भाव व्यक्त करने में समर्थ नहीं था। परन्तु वह भी ठीक यही सोचता था।

किसी ने वासिली पर दोषारोपण नहीं किया था। परन्तु वह खुद अनुभव कर रहा था कि फ़ार्म के सबसे अच्छे दल-नायक के जीवन के प्रति उसने 'लापरवाही' बरती है। इस घटना के बाद से वह किसानों के स्वास्थ्य और उनकी भावनाओं के प्रति अधिक सतर्क रहने लगा। नवयुवकों और बूढ़ों के प्रति उससे जो बन पड़ता, वह करता। अधिक सन्तानों वाले परिवारों की अवस्था की उसे और भी चिन्ता रहती।

मालूम होता था जैसे अल्योशा की मृत्यु के लिए अप्रत्यक्ष रूप से ज़िम्मेदार लोगों और बाक़ी सामूहिक किसानों के बीच दरार पड़ गई है। उस दिन जंगली फल तोड़ने के लिए जो औरतें चली गई थीं उन्हें खास तौर से अपराधी ठहराया गया। अल्योशा की मृत्यु पर शोक प्रकट करने के लिए हुई सभा में स्तेपनिदा, पोल्यूखा और मलानिया की कठोर निन्दा हुई। इससे भी बड़ी बात यह कि सभी लोगों के पूर्ण समर्थन से वासिली ने आज्ञा दे दी कि ये तीनों स्त्रियाँ अल्योशा को दफन करने के लिए ले जाते समय उसकी अर्थी के साथ न जा सकेंगी।

अल्योशा की मृत्यु से प्योत्र को बहुत धक्का पहुँचा। अल्योशा प्योत्र की चेतना, उसका शिक्षक और मित्र—सभी कुछ था। अस्पताल जाते समय अल्योशा कुछ समय के लिए दल का नायक भी उसी को बनाया गया था।

अल्योशा को समाधि देने के तीसरे रोज फ़ार्म बोर्ड में दल के लिए नेता चुनने के प्रश्न पर बहस हुई।

''देखा जाए प्योत्र कैसे चलाता है,'' वासिली ने प्रस्ताव रखा, ''लोगों से काम लेने में होशियार भी है।''

''भई, प्योत्र तो मनमौजी आदमी है!'' यासनेव ने विरोध किया।

''शराब-वराब तो बहुत दिन से छोड़ दी है उसने...''

"उसे बुलाते हैं और पूछे लेते हैं," वासिली ने सुझाव रखा। "मैं उसे जानता हूँ। ज़बरदस्ती तो उससे कुछ कराया नहीं जा सकता। हाँ, अगर उसकी अपनी समझ में आ जाए तो निभा भी देगा।"

प्योत्र को बुलाया गया। अभी परसों इसी कमरे में अल्योशा की अर्थी रखी हुई थी। नीचे बिछे लाल कपड़े पर अर्थी के पायों के दबाव से बने चिह्न अब तक दिखाई दे रहे थे। दीवार पर काले चौखटे में मढ़ी अल्योशा की तसवीर लटकी थी। तसवीर पर फर और चीड़ की पत्तियों की सूखती मालाओं से तीव्र सुगंध आ रही थी।

"देखो प्योत्र" वासिली बोला, "न तो हम तुमसे मिन्नत करने जा रहे हैं और न ज़ोर-ज़बरदस्ती! तुम यह बताओ कि अल्योशा के काम की जिम्मेदारी सँभालने को तैयार हो?"

"मैं तैयार हूँ...!" प्योत्र ने रुँधे गले से संक्षिप्त-सा उत्तर दिया। अपने मन में वह पहले ही फैसला कर चुका था।

खुद दल का नेता बनने पर भी प्योत्र सभी बातों में अल्योशा के कायदों पर चल रहा था, जैसे असली नेता अब भी अल्योशा ही हो और प्योत्र उसका सहायक मात्र। अल्योशा की तरह साँझ को दिन-भर के काम की नाप-जोख करना और टूटी-फूटी चीज़ों या औज़ारों की मरम्मत भी उसी समय करवा लेना प्योत्र के काम का दैनिक नियम बन गया!

लोग एक साथ बोलने लगते तो शांत रहने का इशारा करता हुआ वह कहता, "भैया, इतनी जल्दी-जल्दी बोलने की ज़रूरत क्या है। जैसे पहले बारी-बारी से बोलते थे वैसे ही बोलो न...!" बिना जाने ही बोलचाल में भी उसने अल्योशा का ही ढंग अपना लिया था—उसका ही जैसा आवाज का उतार-चढ़ाव, उसकी ही जैसी भाव-भंगिमा। दूसरों से व्यवहार में भी वह उसी की तरह गम्भीरता बरतने की कोशिश करता।

दल का काम बिल्कुल ठीक चल रहा था। यहाँ तक कि यासनेव को भी—जिसे पहले प्योत्र पर भरोसा नहीं था—वासिली से कहना पड़ा :

"तुम्हारा अन्दाज़ ठीक था, वासिली कुज़्मिच। प्योत्र अल्योशा के काम को ठीक निभा रहा है।"

प्योत्र के जीवन क़ा यह अत्यन्त महत्त्वपूर्ण काल था।

एक समय था कि प्योत्र को फ़ार्म में सबसे उद्धत और मनमौजी कहलाने पर फ़ख्र था। अब उसे शान्त और सहृदय समझे जाने में ही संतोष होता था। फ्रोस्या अब भी फ़ार्म के सबसे शरारती लड़के-लड़कियों की नेता थी। प्योत्र उन लोगों में जाकर भी शान्त बना रहता। लड़कियों की बोली-ठोली और छेड़खानी के जवाब में वह चुप रहता। कभी-कभी एक आध बात कह देता और जो काम

करवाना होता करवा लेता।

प्योत्र को अब एक नया चस्का लगा था—खेतों पर अपने दल को सबसे पहले ले जाने का। गाँव में जब सब सोए होते, वह अपने दलवालों को उठाकर गाने गाता हुआ गलियों में से निकलता। किसान खिड़कियों से झाँककर कहते, "अरे, कौमसोमोलवाले चल दिए!" प्योत्र खुद कभी-कभी सोचता, 'क्या अल्योशा की मृत्यु का मुझ पर यह असर है? या इस साल के पतझड़ में ही कोई खास बात है?'

उस वर्ष के पतझड़ में दूसरे किसानों को भी 'कोई खास बात' महसूस हो रही थी। हवा में जैसे नए परिवर्तनों की सुगंध हो।

कभी-कभी साँझ को फ्रोस्या वालेंतिना के कंधे से चिपक कर कहती : "ओरी वाल्या! क्या बताऊँ, बड़ा अजीब सा लग रहा है..."

"क्या बात है री? शरीर ठीक नहीं है क्या?"

"शरीर? देख, ब्लाउज़ सीवनों पर से उधड़ा जा रहा है।"

"तो फिर क्या बात है?"

"फ़ार्म के दफ्तर में काम का सूचक जो तख्ता लटका है न, उसमें मिशा बुयानोव ने सबसे अच्छी कार्यकर्ता के रूप में मेरा चित्र हवाई जहाज़ पर बनाया है। मेरा तो मन करता है कि हवाई जहाज़ पर उड़ूँ।"

"यह कौन बड़ी बात है!" वालेंतिना कहती। "कितनी ही लड़कियाँ हवाई जहाज़ चला रही हैं। लेकिन पहले तो तुझे यह साबित करना है कि जो काम तू कर रही है उसे तुझसे अच्छा और कोई नहीं कर सकता।"

कुछ दिन बाद तख्ते पर बने हवाई जहाज पर फ्रोस्या की जगह लुबावा और उसके दल का नाम आ गया।

"हम क्या करें?" फ्रोस्या ने जाकर वालेंतिना से शिकायत की। "लुबावा के दल में फ़ार्म के सबसे अच्छे हँसिया चलाने वाले हैं। अगले हफ्ते तक हमारे यहाँ कम्बाइन मशीनें आने की नहीं। तब तक लुबावा का दल बाज़ी मारे रहेगा।"

"ज़रा अपने दिमाग से और हाथों से भी काम ले।" वालेंतिना ने समझाया।

"कैसे?"

"जब अखबार पढ़ा जाता है तो क्या कानों में रुई भरे रहती है? तेरे पास कटाई की मशीनों के पीछे कितनी लड़कियाँ रहती हैं? छह न? तीन से काम नहीं चल सकता?"

"पर कैसे?"

"कैसे क्या? मैं बताती हूँ। जब अखबार पढ़ा जाए तो ध्यान से सुनाकर।" वालेंतिना ने चिढ़ाते हुए कहा। "कटाई की मशीन से लड़कियों को हटाकर पूले बँधाई के काम पर लगा दे। फिर देख कि तू लुबावा से आगे

निकल जाती है या नहीं।"

अगले दिन मिखाइल ने फसल की पूले बँधाई करनेवालों को एक लेख पढ़कर सुनाया जिसमें काम को तीन हिस्सों में बाँटने को बताया गया था।

फ्रोस्या ने अखबार मिखाइल के हाथ से छीन लिया और पूरे लेख को दुबारा पढ़ा। उसकी भेंगी आँखें प्रसन्नता से चमक उठीं।

"ओ रा लड़कियो!" फ्रोस्या ने चिल्लाकर अपने दल की लड़कियों से कहा। "अगर लुबावा को मात न दी तो मेरा नाम फ्रोस्या नहीं। हम पूले बाँधने की रस्सी पहले ही तैयार कर लेंगी। लिपा, तेरा नम्बर पहला है! तू रस्सी बटती जाना। कात्या, तेरा नम्बर दूसरा है! तू टुकड़े जमीन पर फैलाती जाना। मेरा नम्बर तीसरा है! मैं बाँध-बाँध कर फेंकती जाऊँगी। छह लड़कियाँ फिजूल में लगी रहती हैं। हम तीन मिलकर काम पूरा कर लेंगी। काम जल्दी कैसे होता है, यह मैं दिखाऊँगी। क्या हम उन लोगों से कुछ कम हैं जिनके बारे में अख़बारों में लिखा जाता है।"

"अभी से क्यों बता रही है। हम लोग कर लें तब बताना।" लड़कियों ने कहा।

"मैं तो अभी ऐलान कर दूँगी!" फ्रोस्या ने उत्तर दिया, हालाँकि मन में अब वह भी कुछ ढीली पड़ गई थी।

"अगर हमसे न बन पड़ा तो?"

"बन क्यों नहीं पड़ेगा? हम लोग दो-तीन दिन चुपचाप प्रैक्टिस कर लेंगी। फिर बताएँगी सबको झमाके से!" उसने कहा। फ्रोस्या के सभी काम झमाके से होते थे। "पेत्रो! हो जा तू भी तैयार! अब हमारा काम तेजी से होगा!"

"और कुछ!" प्योत्र ने उत्तर दिया।

किसी दूसरे ने ऐसी बात कही होती तो प्योत्र को बड़ी खुशी होती और वह सोचता कि उसे क्या करना चाहिए। पर फोस्या तो उसे काँटे की तरह चुभती थी। अल्योशा के समय भी वह कोई न कोई बखेड़ा खड़ा किए रहती थी। प्योत्र की तो हर बात की वह काट करती थी।

फ्रोस्या ने अपनी बात दोहराई नहीं। जाते-जाते घूम कर कहती गई :

"तेरी मदद की ऐसी मोहताज नहीं हूँ।"

लड़कियाँ दो दिन चुपचाप पूले बाँधने की प्रैक्टिस करती रहीं।

तीसरे दिन फ्रोस्या ने खुली घोषणा कर दी :

"आज से हमारा काम तेज़ी से होगा।"

बुयानोव ने सुना तो पूरे फ़ार्म में खबर फैला दी।

दोपहर को वासिली और वालेंतिना भी फ्रोस्या का काम देखने खेतों की ओर चल दिए।

अगस्त की शान्त और उजली धूप में अँखफोड़े और टिड्डियाँ बड़ी सधी और धीमी गति से फसल पर उड़ रही थीं। कहीं-कहीं आक की रुई के गाले धूप में तारों की तरह चमक कर छाया में जाकर सफ़ेद दिखाई देने लगते। कहीं शहद की मक्खियाँ जंगली फूलों पर चमकीले पर फैलाए नाच रही थीं। देर से तैयार होने वाली आलू के पत्तों के बीच पीले डंठलों वाले फूले खिले थे।

"ज़रा आलुओं को तो देखो! कैसे अच्छे लगते हैं! निराई और खाद का ऐसा असर होता है।" वासिली गर्व से वालेंतिना से कह रहा था, हालाँकि ये ही शब्द गर्मियों से पहले वालेंतिना उसे सुनाती थी। "लोग तो सूखे से डरकर ऐसे निराश हो गए थे...!"

एक बड़े झाड़ के बाद पगडंडी के दोनों ओर पकी फसल के खेत शुरू हो गए थे। खड़ी फसल मोटे दानों से भरी बालों के बोझ से झुकी जा रही थी।

वासिली ने प्रसन्न होकर अपनी मूँछ और दाढ़ी पर हाथ फेरा। दाढ़ी तो वह नहीं रखता था, परन्तु पिता की यह आदत उसमें भी थी कि प्रसन्न होने पर ठोड़ी खुजाने लगता।

"देखो तो फसल को!" वासिली का चेहरा चमक रहा था।

"अल्योशा के खेत हैं!" वालेंतिना ने धीरे से कहा।

सड़क किनारे एक वल्ली गाड़कर एक तख्ता लटकाया हुआ था। तख़्ते पर अल्योशा ने साफ़-साफ़ अक्षरों में लिखा था :

"कौमसोमोल का प्रयोगिक खेत। कृपया खेतों में से होकर न जाइए। किनारे के रास्ते से चलिए।"

नीचे प्योत्र की लिखी एक पंक्ति थी : "हमारे दल का नाम अल्योशा के नाम पर रहेगा। साथियो, अल्योशा की तैयार की हुई फसल का एक भी दाना बरबाद न होने पाए!"

वालेंतिना का हृदय उमड़ आया। उसका गला रुँध गया। वह अपने मन को यह समझा ही न पाती थी कि अल्योशा की मृत्यु हो गई है और इस सत्य को मानना पड़ेगा। उसके अन्तर की पीड़ा, दुःख और विरोध अभी तक कम न हुए थे। उसकी आँखों के सामने वसंत के आरम्भ का वह दिन फिर सजीव हो उठा जब भारी वर्षा हुई थी। वह खेत के किनारे घोड़े की पीठ पर बैठी थी। सामने अल्योशा खड़ा था। उसका वर्षा से भीगा गुलाबी चेहरा और बड़ी-बड़ी नीली आँखें उत्साह और दृढ़ निश्चय से चमक रही थीं।

उसके सामने उसका गुलाबी चेहरा और आँखें इतनी सजीव हो उठी थीं, उनमें इतनी जीवनी शक्ति थी कि वालेंतिना को और सब कुछ धुँधला, अस्पष्ट, असत्य और झूठा मालूम हो रहा था। हवा का एक झोंका आया। फसल में लहरें उठने लगीं, खेत जैसे जाग उठे हों।

"मालूम होता है, अल्योशा बोल रहा है। कहता है : देखो आदमी क्या नहीं कर सकता है?" वासिली ने कहा।

हवा शांत हुई। खेतों पर फिर शान्ति छा गई।

वालेंतिना और वासिली दोनों ओर खड़ी राई की दीवारों के बीच से चुपचाप आगे बढ़ चले।

लड़कियों के सिरों पर बँधे रंगीन रूमाल दूर से ही दिखाई दे रहे थे।

फ्रोस्या के खेतों में काम ज़ोरों से चल रहा था। फसल कटाई की मशीन पर बैठे प्योत्र का चेहरा किसी फोटो के निगेटिव की तरह लग रहा था—काला-काला, सिर के बाल और भौंहें भूरी। कमीज़ के बटन खुले हुए थे। आस्तीनें ऊपर चढ़ी थीं।

छोटी-सी सशक्त मशीन राई की ऊँची दीवार पर भरपूर हमला कर रही थी और फसल की दीवार लहरों की तरह गिरकर बिछती जा रही थी। कटी हुई राई की दरी सी बिछती जा रही थी। मशीन के पीछे-पीछे पूले बाँधने वाली लड़कियाँ थीं। इस धूप में लड़कियों की बाँहें ही फसल में उठती झुकती दिखाई देती थीं। बीच-बीच में फ्रोस्या की पुकार सुनाई दे जाती :

"अरी, दो नम्बर! जल्दी रस्सी फेंक!"

"अच्छा! इनके तो नम्बर बँध गए हैं।" हँसता हुआ वासिली बोला। "खेत में काम करने वाला नहीं, यह तो मशीनगन चलानेवाला दल हो गया!"

मशीन खींचने वाला छोटा-सा टट्टू पसीने से भीग गया था। फसल पर मशीन का हमला तेज होता जा रहा था। वासिली और वालेंतिना खड़े देख रहे थे। पूले बाँधने वालियों की फुर्ती देखते उनकी आँखें नहीं अघाती थीं।

"अरे ओ प्योत्र!" फ्रोस्या चीखी। "जल्दी कर, नहीं तो लड़कियाँ तुझी को बाँध डालेंगी!"

प्योत्र ने माथे से बहता पसीना पोंछते हुए मुस्कराकर पीछे देखा।

"ये लड़कियाँ तो घोड़े की जान ले लेंगी।" वासिली को सम्बोधित करके उसने कहा। "मैं आधा खेत काट चुका था तब आकर इन्होंने शुरू किया। फिर भी मुझे आ पकड़ा!"

"बातें कम, काम ज्यादा!" फ्रोस्या फिर चिल्लाई। "जरा तेज़ी से मशीन चला!"

फ्रोस्या के माथे पर से बहकर पसीने की नन्ही-नन्ही बूँदें भेंगी आँखों की भौंहों पर आ रही थीं। नीला ब्लाउज़ पसीने से भीग कर, पीठ से चिपक कर, काला पड़ गया था। वह न कुछ देख रही थी, न सुन रही थी। वालेंतिना और वासिली

की ओर तो उसने नजर उठाकर देखा भी नहीं। उसके हाथ मशीन की तरह चल रहे थे, जैसे कोई कलाकार बड़ी तत्परता से अभिनय कर रहा हो, या कोई सिपाही दुश्मन से जूझ रहा हो। आज पहली बार उसने समूचे फ़ार्म और समूचे ज़िले को भी, दिखा दिया कि फ्रोस्या किस धातु की बनी है।

फ्रोस्या प्योत्र को बार-बार कोंच रही थी : "आगे बढ़, आगे!" और पीछे घूमकर लड़कियों को ललकारती जाती थी : "अरी जल्दी करो न! क्या घिसिर-घिसिर कर रही हो!"

उसे देखकर वासिली अपनी हँसी न रोक सका। वह कह ही बैठा :

"क्या बला है यह लड़की भी!"

पूले बाँधने वालियों के पीछे-पीछे गट्ठर इकट्ठे होते जा रहे थे। ऐसा लगता था जैसे कोई जादू हो रहा हो।

वासिली और वालेंतिना न जाने कितनी देर तक खड़े-खड़े कटाई की मशीन और पूले बाँधने वालियों की होड़ देखते रहे।

आखिर प्योत्र की आवाज़ सुनाई दी :

"खाने का वक्त हो गया भाई!"

दोपहर के खाने का इंतज़ाम खेतों में ही था। प्योत्र अपनी मशीन को ठोक-बजा कर देख रहा था। लड़कियों ने अँगड़ाइयाँ लेकर अपनी पीठें सीधी कीं और खेत के किनारे की झाड़ियों की छाँव में बैठ गईं। वालेंतिना और वासिली भी उनके पास ही जा बैठे।

"शाबाश लड़कियो!" वालेंतिना ने प्रशंसा करते हुए कहा। "इसे कहते हैं काम! असली होड़ तो आज शुरू हुई है।"

"हाँ, सचमुच!" वासिली ने सन्तोष से कहा। "अब हमारे फ़ार्म में भी ऊँची रफ्तार वाले हो गए हैं!" फिर ज़रा गर्व से बोला : "ऐसी तेज़ी से पूले बाँधने वाले ज़िले में कभी नहीं हुए। अख़बार वालों को टेलीफोन कर दूँ कि अखबार में छापने के लिए आकर फ्रोस्या की फोटो ले लें?"

"तुम जरूरी समझते हो, तो मुझे कोई एतराज नहीं है।" फ्रोस्या ने स्वीकृति दी।

"अरी बहुत मिजाज़ न दिखा!" प्योत्र ने उसे चिढ़ाते हुए कहा। "तेरे ये हौसले तभी तक हैं जब तक कम्बाइन मशीन नहीं आती। दो दिन की देर है—फिर देखेंगे जरा तेरी रफ्तार!"

"कम्बाइन तो दस आना भर खेतों में काम करेगी। बाकी छह आना तो हमारे दम पर रहेगा!"

लुबावा खेतों के पार से भागती चली आ रही थी। फ्रोस्या के काम की भनक उसके कान में भी पड़ी थी। उससे रहा नहीं गया। दोपहर के खाने के वक्त वह

यह देखने चली आई कि फ्रोस्या ने क्या और कितना काम कर डाला है।

"देख लो लुबावा, और ज़रा अपने यहाँ की लड़कियों को बुलाकर भी दिखा दो कि यहाँ कैसा काम हो रहा है!" वालेंतिना ने कहा।

"अब तुम्हारी बारी है कि हमसे सीखो!" फ्रोस्या कहकहा लगाकर हँस पड़ी।

"कोई बात नहीं, अभी क्या है? आगे चलकर जीत हमारी ही होगी। अभी से मन के लड्डू खाने से क्या फ़ायदा?" लुबावा ने भी हँसकर उत्तर दिया। पर मन में वह चिन्तित थी।

"आओ! आज हमारे यहाँ का दलिया चखो।"

"ना भई! हमारे यहाँ ज्यादा अच्छा है।" लुबावा ने उत्तर दिया।

"जरा चख के तो देखो...तुम्हारे दल वालों ने ऐसा दलिया जनम भर में भी नहीं खाया होगा।"

लुबावा चली गई और लड़कियाँ खाना खाने में जुट गईं।

कई छोटी-छोटी लड़कियाँ खेतों में भागी हुई चली आ रही थीं। वासिली ने दूर से ही पहचाना—इनमें कात्या भी थी।

"बापू, बापू!" वह चिल्ला रही थी। "हम लोग बालें बीन रही हैं। मैंने सबसे ज्यादा बीनी हैं बापू!"

कात्या की छोटी-छोटी बाँहों और पिंडलियों पर कई जगह खरोंचें लगी हुई थीं। उसके गुलाबी गालों पर धूप से लाल-लाल चट्टे से पड़ गए थे। कात्या को देखते ही वासिली को नन्ही गिरगिट की—उस अवदोत्या की जिसे उसने पहले पहल देखा था—याद हो आई। कात्या बाप को देखकर बहुत प्रसन्न थी। बाप के गले से लिपटी अबाध गति से वह कुछ कहे जा रही थी। अपने इकट्ठे किए तिनके, पत्तियाँ और अनाज की बालें धरती पर रखकर वह बाप के पास बैठ गई।

"बापू, हमारे साथ खेलो!"

बहुत गम्भीर चेहरा बनाकर अवदोत्या के से महीन स्वर में वह गाने लगी :

"भरी भरी बालें,
कान में बोलें,
मन में मिसरी घोलें!"

वासिली ने एक बड़ी सी बाल उठाकर कात्या की गर्दन के पीछे छुलाकर गुदगुदी कर दी। कात्या हँसी से लोट-पोट हो गई।

"राई है! राई!" कात्या प्रसन्नता से चिल्लाती हुई बोली। "अच्छा बापू, अब तुम आँखें बन्द करो!" वह ज़िद करने लगी।

वासिली को कुछ हँसी आ गई। फिर बुलन्द आवाज़ में गाने लगा :

“भरी भरी बालें,
कान में बोलें,
मन में मिसरी घोलें!”

कान के पास उसे पत्तियों की कुरकुराहट सुनाई दी।

“पत्तियाँ!” उसने बूझ लिया।

कई दिन बाद जिले के समाचार पत्र में फ्रोस्या के काम पर एक लेख और उसकी तसवीर छपी। उस दिन शाम को प्योत्र फ्रोस्या से मिलने उसके घर पहुँचा।

प्योत्र को अपने दरवाज़े आया देख फ्रोस्या ने नाक सिकोड़ कर पूछा : “क्यों रे, क्या है?”

उस शाम की गुसलखाने वाली अविस्मरणीय घटना के बाद से प्योत्र और फ्रोस्या के सम्बन्धों में कुछ विचित्रता सी आ गई थी। दूसरी सुबह फ्रोस्या सो कर उठी थी तो मन में पिछली साँझ की घटना के लिए पश्चात्ताप और प्योत्र से विरक्ति सी जान पड़ी। प्योत्र के प्रति फ्रोस्या के मन में कोई अनुरक्ति तो थी नहीं। फ्रोस्या स्वभाव से ही शैतान, चंचल और चुहलबाज थी। अपने इस स्वभाव के कारण ही वह प्योत्र से छेड़छाड़ किया करती थी। दरअसल अपने लिए वह एक दूसरी ही तरह के आदमी के सपने देखती थी। उसके सपनों का आदमी यह बुद्धू प्योत्र नहीं, बल्कि कड़े स्वभाव वाला कोई नौजवान पट्ठा था। जिसे उसने अभी तक देखा भी नहीं था। उसकी आँखें तीर की तरह पैनी होंगी, आवाज़ बुलन्द होगी और सीना फ़ौजी तमगों से सजा हुआ होगा। फ्रोस्या ऐसे ही आदमी की बाट जोहे बैठी थी। और, यह देखकर फ्रोस्या और भी चिढ़ती थी कि ऐसे आदमी के पद पर प्योत्र बैठना चाहता है। न तो प्योत्र का लड़कों जैसा चेहरा और न एक आँख दबाकर ऐंठकर बातें करने का उसका ढंग उसे अच्छा लगता। प्योत्र की जैसी शोहरत थी, उससे भी उसे नफरत थी। उससे उसे इस कारण और भी घृणा हो गई थी कि उसने उसकी क्षणिक कमजोरी का फ़ायदा उठाकर उसके शरीर को छूने का साहस किया था—जबकि वह उस आदमी के पासंग बराबर भी नहीं था जिसके फ्रोस्या सपने देखती थी। प्योत्र का दम टूटते देख शायद फ्रोस्या को ही सबसे ज्यादा खुशी होती।

फ्रोस्या के दिमाग को प्योत्र नहीं समझ पाया।

‘कैसी चालाक और चालबाज़ है! बिल्कुल चुड़ैल जैसी!’ वह सोचता।

फ्रोस्या को प्योत्र के साथ काम न करना पड़ता तो वह उससे दूर ही दूर रहती—ठीक वैसे ही जैसे वह उस दिन की स्मृति से दूर रहना चाहती थी जिस दिन दोनों को पागलपन ने धर दबोचा था। लेकिन दोनों को साथ काम करना

पड़ता था और दोनों में बातचीत भी होती थी। प्योत्र जब से दल-नायक बन गया था तब से दोनों के सम्बन्धों में एक नयापन आ गया था—दोनों को सहयोगियों की तरह काम करना पड़ता था।

फ्रोस्या चाहे जितना झुँझलाती और हाथ-पैर पटकती, उसे सब कामों का बन्दोबस्त प्योत्र से मिलकर ही करना पड़ता। और हर बार यह जानकर उसे ताज्जुब और परेशानी होती कि वह कुछ ऐसा बुरा भी नहीं था। दरअसल, वह काफ़ी अच्छा टीम-लीडर था।

प्योत्र को खुद भी मालूम होता कि फ्रोस्या के प्रति उसके रुख में कोई नयापन आ गया है।

वह उसे अब केवल एक शरारती लड़की भर नहीं, बल्कि अपना सहायक समझता था—ऐसी सहायक जो मनमौजी और सिरफिरी तो जरूर थी, पर जो मन में आने पर 'पहाड़ तक हिला सकती थी।'

काम-काज में कठिनाई आने पर प्योत्र को सदा फ्रोस्या याद हो आती। ''फ्रोस्या ही इस काम को पार लगवा सकती थी। इस काम को कोई पूरा कर सकता है तो फ्रोस्या और उसके दल की लड़कियाँ!''

झगड़ा दोनों में चाहे जितना होता रहता हो, प्योत्र इससे इनकार नहीं कर सकता था कि काम के मामले में वह फ्रोस्या पर पूरा भरोसा कर सकता है। और फ्रोस्या भी जानती थी कि किसी काम का अच्छी तरह संगठन और उसकी योग्यता और सामर्थ्य का पूरा-पूरा उपयोग कोई कर सकता था तो प्योत्र।

काम के नाते दोनों में अच्छे साथियों की भावना घर कर गई थी। अन्य दूसरी बातों के बावजूद यह भावना बढ़ती जाती थी।

फ्रोस्या अब भी प्योत्र से तू-तड़ाक किया करती, उसे चिढ़ाती रहती और जब देखो तब उसकी नाक में दम किए रहती। प्योत्र भी एक के बदले दो सुनाता। लेकिन अब इन बातों ने सीधी-सादी नोंक-झोंक का रूप धारण कर लिया था। इन पर उन्हें गुस्सा न आता था। उल्टे, थोड़ा मनोरंजन हो जाता था।

'झगड़ा करती है सो बात अलग, उससे जी तो नहीं ऊबता!' प्योत्र सोचता। 'फिर, उससे बढ़िया सलाह भी कौन लड़की दे सकती है? दूसरी कोई उसके मुकाबले की है नहीं! अपने ढंग की एक ही अनोखी लड़की है। बिल्कुल मेरे माफिक...!'

दूसरी लड़कियाँ उसे नीरस और बोदी लगतीं।

'बिना नमक की चटनी जैसी...!' वह मन ही मन कहता।

फ्रोस्या को भी प्रायः प्योत्र का ध्यान आ जाता था और वह उसके विषय में सोचने लगती थी। अपने कल्पना के प्रेमी से तुलना करने पर उसे प्योत्र में कई अच्छे गुण दिखाई पड़ते। एक विशेष लाभ की बात तो थी ही। प्योत्र उसकी

ज़िद, मनमौजीपन और तौर-तरीकों को जानता था। वह उसके स्वभाव और काम, दोनों में, उसकी 'दिलेरी' को जानता था। इतनी अच्छी तरह उसे दूसरा कोई नहीं समझता था। कौन जाने उसकी कल्पना का अपरिचित प्रेमी उसकी शैतानियों और खुराफातों का क्या मतलब लगाए? शायद उसके रंग-ढंग से चिढ़कर बौखला जाए! शायद उसे सुधारने और काबू में लाने के लिए उसे उपदेश देना शुरू करे! वह बौखला उठा तो निभेगी कैसे? उपदेश देने शुरू किए तो फ्रोस्या ऊब कर भाग खड़ी होगी। प्योत्र न तो उसे उपदेश देने की कोशिश करता था और न बौखलाता था। फ्रोस्या तू-तड़ाक शुरू करती तो प्योत्र चुप बैठा रहता, या हँसकर टाल देता, नहीं तो दो के बदले चार सुना देता। और सच पूछो तो प्योत्र की यही बात फ्रोस्या को सबसे ज्यादा पसन्द भी थी। पर वह अपना यह भाव जरा भी प्रकट न होने देती थी और पहले से भी ज्यादा जोरों से बड़बड़ाने लगती थी। लेकिन प्योत्र अब उसके मन में और भी घर करता जाता था और दूसरे लड़कों की संगत उसे बेमज़ा लगती थी।

फ्रोस्या की माँ क्सेनोफोन्तोवना अपनी पागल लड़की की बात समझ ही न पाती।

पहले फ्रोस्या गाँव भर के लड़कों के साथ घूमती-फिरती थी। पर, किसी के प्रति उसमें गम्भीरता न थी। माँ पूछती तो कह देती :

"मुझे इनमें से किसी की फिकर नहीं! यों ही ज़रा दिल बहला लेती हूँ। दिल बहलता है तो ठीक, नहीं तो मेरे बुत्ते से!"

कभी शैतानी भरी आँखें चमकाती हुई वह बेशर्मी से कह ही बैठती :

"मुझे कगार पर चलने में मज़ा आता है, माँ! रोएँ खड़े हो जाते हैं! मैं जानना चाहती हूँ कि मेरा मन कितना मज़बूत है, वह कितना पागल हो सकता है?"

"हे भगवान!" क्सेनोफोन्तोवना घबरा कर कहती। "लड़की तो पागल हो गई है। ज़रा सँभाल कर! कहीं अपने पर न जला बैठना!"

"कौन मैं? आग मेरा कुछ नहीं बिगाड़ सकती, अम्मा! जलती भट्ठी में झोंक दो तब भी नहीं झुलसने की! ऐसी लड़कियाँ मुझे फूटी आँखों नहीं सोहातीं जो ज़रा सी आँच लगते मोमबत्ती की तरह पिघलने लगती हैं।"

अब कुछ दिनों से फ्रोस्या के व्यवहार में परिवर्तन आ गया था। ज्यादा समय वह घर में ही रहती। लड़कों के साथ इधर-उधर अधिक घूमना उसने बन्द कर दिया था। कभी कोई लड़का उससे मिलने आता तो ड्योढ़ी में ही बातें कर उसे टाल देती। पहले की तरह लड़कों के साथ खेल-खिलवाड़ न करती फिरती। बातें करते समय अब उसके कहकहे और चटखारे न सुनाई देते। अब बड़ी गम्भीर बनी बैठी रहती थी।

कभी माँ पूछती : "अरी शाम को इतनी देर तक क्या बातें करती रही थी?"

''जिन्दगी के बारे में अम्मा...।'' विचारों में लीन फ्रोस्या उत्तर देती।

क्सेनोफोन्तोवना अपनी इस भेंगी लड़की को न समझ पाती। वह उससे कुछ डरी-सहमी सी रहती थी। क्सेनोफोन्तोवना का ब्याह बहुत छोटी उम्र में हो गया था। अपनी जिन्दगी में उसने दो ही बातें सीखी थीं—एक तो यह कि स्त्री को पतिव्रता होना चाहिए, दूसरी यह कि जितना पैसा बचाकर जोड़ा जा सके, जोड़ना चाहिए। जिन्दगी में उसने ये ही दो महामंत्र सीखे थे और इन्हें ही वह फ्रोस्ता के दिमाग में पैठाना चाहती थी।

बेटी का व्यवहार उसे विचित्र लगता था। दो-चार लड़के हमेशा उसके इर्द-गिर्द मँडराया करते, वह उन्हें चिढ़ाया करती, अपने प्रेमियों की हँसी उड़ाया करती और ब्याह के बारे में कभी न सोचती।

कई महीने बाद प्योत्र जब फ्रोस्या की ड्योढ़ी पर पहुँचा तो आदत के मुताबिक फ्रोस्या तुरन्त सतर्क हो गई।

''क्यों रे, क्या चाहिए!'' तेजी से उसने पूछा।

''चाहिए क्या? कुछ नहीं!'' प्योत्र ने मुस्कराकर कहा और फ्रोस्या की बिल्लियों जैसी गुर्राहट और जलती आँखों की फिकर किए बिना कमरे में घुस गया, जैसे खुद वहाँ का मालिक हो।

उसके मुँह से कुछ-कुछ शराब की बू आ रही थी। हाथ में कागज में लिपटा मिठाई का छोटा-सा बंडल था। उसका व्यवहार ऐसा लग रहा था जैसे अपने घर में सगी ब्याही के यहाँ आया हो। फ्रोस्या ने मिठाई का बंडल देखा, कुछ समझी, फिर फुफकारती हुई बोली :

''आहा! अखबार पढ़कर मुझे बधाई देने आया है!''

''शायद!'' प्योत्र ने मुस्कराते हुए उत्तर दिया।

''बड़ा आया बधाई देने वाला! जब मैंने मदद माँगी थी तब मदद दी थी? जब अखबार में मेरा नाम छप गया है तो चला मुझे बधाई देने!''

प्योत्र मुँह बाए देखता रह गया।

''तूने मदद माँगी कब?''

''तब मैं तेजी से पूले बँधाई का काम कर रही थी और कब!''

''मदद माँगने का यही तरीका होता है? नाक चढ़ाकर हुक्म दे दिया—एक दो, ऐसा करो! ढंग से माँगी होती तो क्या मैं मदद देता नहीं?''

''क्या कहने हैं तेरे! मैं तुझसे भीख माँगूँ?'' आपे से बाहर होती हुई फ्रोस्या बोली। ''क्या गर्ज पड़ी थी मुझे तेरी! बिना तेरी मदद के मैंने सब कर लिया!''

गुस्से में भरी फ्रोस्या कमरे में चहलकदमी करने लगी। फिर अलमारी में रखे बर्तनों को इधर-उधर पटकने लगी। फिर नए जोश से प्योत्र पर झपटी।

''क्यों आया है यहाँ? मैं पूछती हूँ क्यों आया है? गाँव की और छोकरियाँ

तेरे लिए काफ़ी नहीं हैं? क्या मतलब है तेरे यहाँ आने का? बुलाने गई थी मैं तुझे?''

''दूसरी छोकरियों से मुझे क्या मतलब? उनसे तो जी ऊब जाता है।'' प्योत्र ने कुर्सी पर झूलते हुए उत्तर दिया। ''वे बड़ी दब्बू हैं--न लड़ाई-झगड़ा, न शोर-गुल...! कुछ मज़ा नहीं आता।''

''तो तू झगड़ने आया है? तेरे मुँह से फिर शराब की बू आ रही है। पीकर आया है न धूर्त! आज हमारे दल को गल्ला ढोने के लिए पूरी बोरियाँ नहीं मिलीं। कोंछ में भर-भर कर गल्ला ढोया है--और तू नशा किए बैठा है! बेशरम कहीं का!''

प्योत्र हँस दिया।

''वाह, वाह! शाबाश, फ्रोस्या! यही सुनने तो मैं आया था। दिन भर इधर-उधर घूमता रहा। मन उचाट हो रहा था। तब समझ में आया--कोई कमी महसूस हो रही है। क्या हो सकती है? यकायक याद आया--हफ्ता भर हो गया फ्रोस्या से लड़ाई नहीं हुई। बस, मैंने सोचा, चलो फ्रोस्या के यहाँ थोड़ा मज़ा ले आएँ! अब चालू हो जा! शुरू कर दे! मैं इसी के लिए तो आया हूँ!''

''क्या कहने हैं तेरे! इसी में मज़ा आता है तुझे--झगड़ा करने में...'' फ्रोस्या की फुफकार में अब पहले जैसा ज़ोर नहीं था। फिर वह मुस्करा दी और मिठाई खाने के लिए पास ही बैठ गई।

कनखियों से प्योत्र की ओर देखते हुए उसने दो मिठाइयाँ उड़ा लीं। उसे प्योत्र के चेहरे पर छाया निर्भयता और हँसी का भाव बहुत प्यारा लग रहा था। उसकी ओर घूमकर उसने पूछा :

''खुम्ब के पकौड़े खाएगा?''

क्सेनोफोन्तोवना शाम को घर लौटी तो देखा कि दोनों बड़े शान्तिपूर्ण वातावरण में चाय पी रहे हैं।

सितम्बर का महीना था। फसल कटाई के दिन थे। शाम को वासिली फ़ार्म के दफ्तर लौटा। उसका दिल उत्साह और उमंगों से भरा था। फसल बहुत भर कर हुई थी। खलिहानों में काम ज़ोरों से चल रहा था। सरकार को भेजे जाने वाले अनाज की गाड़ियों का एक ताँता बड़ी धूमधाम और समारोह से जिले को भेज दिया जा चुका था। मौसम बड़ा सुहावना था। किसानों के हौसले ऊँचे थे। सब काम नियमित रूप से चल रहा था--या, बकौल वासिली के, 'तैर' रहा था।

दफ्तर में आते ही, आदत के मुताबिक, वासिली की नज़र बैरोमीटर पर पड़ी। वासिली का उत्साह लोप हो गया। चेहरे पर चिन्ता की छाया दौड़ गई। बैरोमीटर की सूई 'तूफान' के चिह्न पर थी।

वासिली का शान्त वातावरण वाला छोटा-सा दफ्तर, जिसमें लाल कपड़ा बिछी मेज के चारों ओर कुर्सियाँ और बेंचें पड़ी थीं, दीवारों पर क्षेत्र के काम की सूचियाँ, नक्शे और रिपोर्टें लटकी हुई थीं, सहसा युद्ध के मोर्चे के केन्द्र में परिणत हो गया।

वासिली की भौंहें सिकुड़ी हुई थीं और आँखें बैरोमीटर पर थीं। वह परिस्थिति को तौल रहा था। अंधड़ का मुकाबला करने के लिए, सबको फौरन संगठित करना था। पुरानी कार्य-सूची को रद्द करना था और फ़ौरन नई कार्य-सूची बनानी थी। उसे तुर्त-फुर्त फैसला कर डालना था कि काम की नई व्यवस्था क्या और कैसे बनाई जाए। बैरोमीटर की सूई ने सहसा पूरे फ़ार्म के जीवन को झकझोर दिया था। लेकिन वासिली घबराया नहीं।

ऐसे मौकों पर वासिली दिमाग़ काबू में रखता था। उसमें न जाने कहाँ की शक्ति और क्षमता आ जाती थी। उसके चेहरे की रंगत भी बदल जाती थी। लम्बी भौंहों और काली सिकुड़ी आँखों के कारण उसके चेहरे पर परेशानी का भाव झलकता था, लेकिन कठिनाई की घड़ियों में उसका चेहरा नौजवानों जैसा हो जाता था और उसमें नई आभा आ जाती थी। आन्द्रेई के शब्दों में उसका चेहरा 'अतामान' जैसा लगने लगता था।

परिस्थिति को जाँचने पर वासिली को याद आया कि सबसे ज्यादा खतरा अल्योशा के खेतों को है। उन खेतों में अनाज की बालें भारी होने के कारण यों भी झुकी हुई थीं। अनाज खूब पक गया था, झड़ने वाला था।

वासिली ने खिड़की से बाहर देखा। कुछ दूरी पर लुबावा दिखाई दी। उसने लुबावा को बुलाया।

"देखो लुबावा, सूई बता रही है कि जोर का आँधी-पानी आने वाला है। सबको दो नम्बर सेक्शन—अल्योशा के खेत पर—भेजो। वहाँ फसल खूब अच्छी हुई है और पक भी गई है। मुझे डर है कि पानी में कहीं सत्यानाश न हो जाए। खलिहानों और गोशाला के सब लोगों को और गाँव से बच्चों को भी बुलाकर उस खेत पर तुरन्त भेज दो! रात भर में, आँधी-पानी आने से पहले, दो नम्बर और पाँच नम्बर के खेत समेट लेना जरूरी है। पहले अल्योशा के खेत पर काम शुरू कर दो।"

लुबावा के रूखे चेहरे पर चमक आ गई। हालाँकि उसके दल को उसकी प्रतिद्वन्द्वी फ्रोस्या की मदद के लिए भेजा जा रहा था, पर उसने कोई आपत्ति नहीं की। सिर्फ़ इतना बोली :

"अँधेरे में काम कैसे होगा, वासिली कुज़मिच?"

"लालटेनें हैं हमारे पास। जला लेंगे। तुम चलो। बख़्त बरबाद मत करो। दस मिनट में मैं भी पहुँचता हूँ।"

लुबावा चली गई।

सर्गी-सार्जेंट सामने से जा रहा था।

"सर्गी!" वासिली ने खिड़की से पुकारा।

दफ्तर में आ, फौजी ढंग से एड़ियाँ खटकाकर मुस्कराते हुए सर्गी ने कहा : "हुकुम कप्तान?"

"देखो, दोस्त! ज़ोर का आँधी-पानी आनेवाला है। बैरोमीटर की सूई यही बता रही है। मालूम होता है, फिर जोर का पानी पड़ेगा। भयानक गर्मी है! है न? दिन में फसल की कटाई और पूले बँधाई होगी, रात में ढो-ढोकर खलिहान पहुँचानी होगी। तुम अपना दल लेकर फौरन पहुँच जाओ।"

"मुझे कोई उजर नहीं," सर्गी बोला, "लेकिन अवदोत्या तिखोनोवना क्या कहेंगी?"

थोड़ी देर तो वासिली की समझ में ही न आया कि सर्गी किसका ज़िक्र कर रहा है।

फिर यकायक उसे याद आया कि यह 'अवदोत्या तिखोनोवना' और कोई नहीं, उसकी पत्नी—अवदोत्या—ही थी। अवदोत्या के प्रति इस तरह की अनुभूति उसके लिए कोई नई चीज़ न थी। लेकिन उसकी आवृत्ति से उसका विचार बदलता न था। अवदोत्या के प्रति अपने पुराने विचार उखाड़ फेंकने में वह सफल न हुआ था।

सर्गी के विचार में अवदोत्या, जो किसी ज़माने में वासिली की पत्नी थी और जो अब पशुशाला की मैनेजर थी, वासिली से अधिक योग्य और कार्यकुशल थी।

वासिली को सर्गी की बात अच्छी नहीं लगी। भौंहें चढ़ाकर उसने पूछा : "मैं तुम्हारा प्रधान हूँ कि नहीं?"

"अरे मैं इससे इनकार थोड़े ही कर रहा हूँ, वासिली कुज़मिच। बात सिर्फ यह है कि अवदोत्या की तदबीज कुछ और है। हमारे दल को उन्होंने घास के खेत पर लगाया है।"

अवदोत्या ने पशुशाला को मिली ज़मीन पर घास का खेत भी तैयार कर लिया था।

"भाड़ में जाए तुम्हारा घास का खेत।" वासिली झल्ला उठा।

सर्गी-सार्जेंट वासिली की झल्लाहट पर मुस्करा दिया, पर अपनी जगह से डिगा नहीं।

"अवदोत्या ही बता सकती है कि हमें क्या करना चाहिए!"

"वह होगी घास के खेतों में। मैं उसके आने का इन्तजार नहीं करने का। तुमसे मैं जो कह रहा हूँ, सो करना है। तुम अल्योशा के खेत पर जाओ! समझे? एक-दो-तीन! चल दो!"

सर्गी तो चला गया पर वासिली के मन में उलझन पैदा हो गई। अवदोत्या को वह सदा अपना ही एक हिस्सा समझता था, जैसे वह उसी के शरीर का कोई अंग हो। इस विचार ने उसके मन में ऐसा घर कर लिया था कि अब, जब वे दोनों अलग-अलग रहने लगे थे, तब भी वह इस विचार से पूरी तरह छुटकारा न पा सका था। किसी आदमी की कोई बाँह 'खराब हो जाए', काम न दे, या काटकर बिल्कुल अलग कर दी जाए तो दुख तो होता है पर बात समझ में आती है। पर यह बाँह शरीर से कटकर अपना अलग, स्वतंत्र, अस्तित्व जताने लगे—यह बात अस्वाभाविक और समझ से परे लगती थी।

समझ से परे वासिली को उन लोगों का अंधापन भी लगता था जो समझते ही न थे कि अवदोत्या खुद उसकी ही थी, उसकी पत्नी थी—अलबत्ता अब अलग हो गई थी, लेकिन थी तो उसी का एक तरह से दूषित अंग। वासिली को ताज्जुब था कि लोग इस सच्चाई को नहीं समझते, वे उसकी पत्नी को अवदोत्या तिखोनोवना कहकर पुकारते हैं, और उसे अलग—वासिली से अलग—महत्त्व देते हैं।

सबसे ज्यादा ताज्जुब की बात तो यह थी कि गोशाला में काम करने वाले अवदोत्या का वासिली से ज्यादा अनुशासन मानते थे और वासिली से ज्यादा उसकी इज्जत करते थे।

अवदोत्या के अलग हो जाने के बाद से वासिली को कई अनोखी बातें मालूम हुई थीं। मिसाल के लिए, उसे पहली बार मालूम हुआ कि अवदोत्या बहुत कुशल मैनेजर है और फ़ार्म की गोशाला के सभी पशुओं की देखभाल बड़ी अच्छी तरह करती है। वासिली यह तो पहले भी जानता था कि अवदोत्या काम-काज में चुस्त है। पर उसमें कोई विशेष योग्यता है, यह वासिली ने कभी सोचा भी नहीं था। अवदोत्या अच्छा काम करती थी तो—वासिली के अनुसार—इसका कारण यह था कि वह वासिली की पत्नी थी और इसलिए उसे काम बिगाड़ने का कोई अधिकार नहीं था। इसे वह एक स्वयंसिद्ध बात मानता था।

"मैं दूसरे प्रधानों जैसा नहीं हूँ कि मेरी बीवी मौज मारे," बड़े घमंड से वह कहता था, "मेरी अवदोत्या सबसे पहले काम पर जाती है और कभी मशक्कत से जी नहीं चुराती।"

अवदोत्या के परिश्रम और सुघड़ता का श्रेय वासिली अपने को देता था, न कि उसको। और इसके लिए उत्तरदायी वह अपने अद्भुत गुणों को समझता था, न अवदोत्या के। इसलिए अवदोत्या के काम की ओर न तो कभी उसका ध्यान जाता था और न उसने कभी उसकी प्रशंसा की थी।

वासिली से अलग हो जाने के बाद अवदोत्या का काम बिगड़ा नहीं। दरअसल, पहले की अपेक्षा वह और अच्छी तरह काम करने लगी। वासिली से यह

बात छिपी न रही। हाँ, अब वह यह नहीं कह सकता था कि अवदोत्या की योग्यता का कारण यह है कि वह वासिली की पत्नी है। उसकी समझ ही में न आता था कि यह बात क्या है। परेशानी की इस भावना के साथ ही अब वासिली को उसके काम की ओर ध्यान देना पड़ता और इच्छा न होने पर भी उसकी सराहना करनी पड़ती।

'लोगों से जाने कैसे काम कराती है?' वह सोचता। 'इसे न तो कभी किसी पर चिल्लाते देखा है, न बिगड़ते। फिर भी इसके यहाँ काम सबसे ज्यादा चुस्ती और सुघराई से होता है। सारे फ़ार्म में इसके जैसा अच्छा काम करने वाला शायद ही कोई हो!'

फ़ार्म के लोगों को अवदोत्या का आदर करते देख, जो उसने बिना लोगों को डाँटे-धमकाए, बहुत चुपके-चुपके और मज़बूती से हासिल कर लिया था, वासिली को मन ही मन एक विचित्र प्रकार की ईर्ष्या का अनुभव होता।

वासिली चुपचाप अवदोत्या का अध्ययन किया करता। वह खोज निकालना चाहता था कि अवदोत्या की सफलता का रहस्य क्या है, ताकि वह खुद सफलता प्राप्त कर सके।

अक्सर वह अवदोत्या के बारे में सोचता रहता। अपने को इस दशा में पाकर उसे कुछ परेशानी और उलझन भी होती।

सर्गी-सार्जेंट की बातों से ये ही विचार उसके मन में फिर उभर आए थे। पर इस समय बैठकर किसी बात पर सोचने का उसके पास समय नहीं था—उसे तुरंत ही काम का संगठन करना था और अलग-अलग खेतों के लिए अलग-अलग टीमें भेजनी थीं।

वासिली खलिहान के मंड़ाई विभाग से फोन मिलाने की कोशिश कर रहा था। तभी अवदोत्या दफ्तर में आई और मेज़ के पास चुपचाप खड़ी हो गई। वासिली के बातें समाप्त कर लेने तक वह चुपचाप खड़ी रही। फिर सीने पर दोनों हाथ बाँधकर बोली :

"यह क्या तरीका है, वासिली कुज़मिच? मैं गोशाला की मैनेजर हूँ या नहीं?"

"कौन कहता है, तुम मैनेजर नहीं हो?"

"तुम और कौन! अपने आदमियों को मैं एक जगह भेजती हूँ, तुम उन्हें दूसरी जगह भेज देते हो—बिना मुझसे पूछे! यह कैसा तरीका है?"

"पर मैं तुम्हें कहाँ ढूँढ़ने जाता? मुझे बताया गया कि तुम घास के खेत पर हो। तुम्हारे आने तक बैठे रहने का मेरे पास वक्त नहीं था। देखो न, बड़े जोर का आँधी-पानी आने वाला है! पल भर की देर से हजारों पर पानी फिर जाएगा। अपने हरे चारे वाले और घास खेतों के आदमी हटाकर फ़ौरन दूसरे

खेतों पर भेज दो।''

''हरे चारे वालों को तो मैं भेज सकती हूँ, लेकिन घास के खेतों से मैं आदमियों को हटाने के लिए तैयार नहीं हूँ।'' अवदोत्या के खड़े होने के ढंग से और उसके भोले-भाले धूप से तपे चेहरे से दृढ़ता का भाव झलक रहा था।

वासिली अवदोत्या के चेहरे की ओर देखता रह गया, कुछ उत्तर नहीं दे पाया। कुछ दिन पहले तक, जब कभी कोई कहता कि अवदोत्या के चेहरे पर रौनक आ रही है या यह कि अवदोत्या का चेहरा उतरा हुआ है, तो वासिली की कुछ समझ में न आता। उसके लिए वह न तो सुन्दर थी, न बदसूरत। वह तो बस उसकी दुन्या थी, जिसके शरीर के प्रत्येक तिल-मस्से से उसका परिचय और प्यार था।

अब भी वासिली यह नहीं सोच पाया था कि अवदोत्या सुन्दर है या नहीं—वह सिर्फ़ यह जानता था कि उसका चेहरा बहुत प्यारा है। अब अवदोत्या के चेहरे से, पिछले कई महीनों तक बना रहने वाला, भय और कातरता का भाव मिट चुका था।

अब उसका चेहरा निर्भीक और निश्चिन्त दिखाई देता था। सहसा अवदोत्या के शान्त चेहरे पर दुख की मलिनता छा गई। लगता था कि गोशाला के बारे में वह सब कुछ भूल गई है। उसकी आँखें वासिली के सीने पर थीं और इन आँखों में आर्द्रता थी।

''क्या देख रही है?'' वासिली ने गले के पास हाथ फेरा। तब समझ में आया कि एक टूटा हुआ बटन धागे से लटक रहा है। हालाँकि अवदोत्या के मन में वासिली से अलग हो जाने का कोई दुख नहीं था और वह अपने निर्णय को उचित मानती थी, फिर भी वासिली की 'अस्तव्यस्तता' देखकर उसके दिल को चोट लगी।

दोनों की आँखें चार हुईं। एक लमहे में वे एक-दूसरे के मन की बात भी भाँप गए। एक-दूसरे के प्रति दोनों के हृदय क्षण भर को उमग उठे। लेकिन, यह केवल क्षण भर को ही हुआ।

वासिली ने बटन को तोड़कर जेब में रख लिया। अवदोत्या ने बच्चों की तरह हकबका कर बातें करने के लिए मुँह खोला। क्षण-भर के लिए रुक गई। बातचीत फिर शुरू हो गई।

''नहीं, यह नहीं होगा। तुम हरे चारे और घास के खेतों के आदमियों को तुरंत भेज दो। इसमें बहस की जरूरत नहीं। हफ्ते भर बारिश हो गई तो फसल चौपट हो जाएगी। यह बात तुम्हारी समझ में नहीं आती?''

''वास्या...'' अवदोत्या के मुँह से निकल गया, पर तुरन्त अपने आपको सँभालकर बोली, ''वासिली कुज़मिच, इससे तो घास का खेत बरबाद हो जाएगा।

उसका भी तो दाना पक चुका है। खेत काला पड़ रहा है। तुम चाहे जो कहो, मैं घास के खेतों से आदमी नहीं हटाऊँगी। ये खेत मेरे लिए सोने से भी ज्यादा कीमती हैं।''

''अभी कहाँ पके हैं तुम्हारे खेत? बारिश से उनका कुछ नहीं बिगड़ने का। यहाँ तो अनाज बरबाद हो जाएगा, और तुम...।''

''कौन कहता है नहीं पके हैं? मैं कहती हूँ पक कर दाना काला पड़ रहा है।''

वालेंतिना भी आ पहुँची। उसने भी अवदोत्या का समर्थन किया।

''फिर वही!'' वालेंतिना ने परेशानी से हाथ फैलाते हुए कहा। ''मैं तो जानती थी। सब जगह वही। बातें, बातें, बातें! समय की व्यर्थ बरबादी। फरवरी की प्लेनम का फैसला पढ़ा था तुमने?''

''हाँ पढ़ा था।''

वासिली को अब सूझा कि उससे जल्दबाजी हो गई थी। घास के खेतों को नजरअन्दाज कर जाने और तुर्त-फुर्त हिदायतें जारी कर देने पर उसे अपने ऊपर खीझ आ रही थी। अल्योशा के खेत उसके दिमाग में इतने छा गए थे कि वह और सब कुछ भूल गया था।

चारे का महत्त्व वह जानता तो था, पर इसके लिए उतनी चिन्ता और दर्द उसके दिल में नहीं था जितना अनाज की फसल के लिए।

राई से वासिली को खास प्यार था। बचपन से ही वह राई के अनाज की मीठी गंध और उसके खेतों की मधुर सरसराहट से परिचित था। यह अनाज ही उसके प्रान्त की मुख्य खुराक, उसके प्रान्त की समृद्धि की रीढ़ था। इसके मुकाबले चारा नई चीज थी। चारे के महत्त्व के बारे में उसने पढ़ा तो जरूर था पर इसके महत्त्व की बात उसके मन में समाई नहीं थी। यह वह चीज़ नहीं थी जिसे उसने स्पर्श के द्वारा अपनाया हो, देखकर अपनाया हो।

'चारे की नजरअन्दाजी करके फिर मैंने मुसीबत में पैर फँसा लिया।' वह सोच रहा था। 'जो भी हो, चारे के महत्त्व की बात मेरे मन में पैठती नहीं है। कब गया था चारे के खेत देखने? कई दिन हुए। तब तक तो पका नहीं था।'

खैर, भूल तो उससे हुई थी पर इसे सबके सामने मानना—और खासकर अवदोत्या के सामने मानना—उसे बहुत नागवार लग रहा था।

'वालेंतिना भला मेरी गर्दन दबाने का मौका क्यों छोड़ने लगी?' वह सोच रहा था।

सचमुच ही वालेंतिना ने मौक़ा छोड़ा नहीं।

''प्लेनम के फैसलों में घास-चारे के बारे में क्या कहा गया है? उसमें कहा गया है कि खेती-बारी के लिए चारे का बहुत बड़ा महत्त्व है—हर तरह से बहुत

बड़ा महत्त्व है। ढेलुवा ज़मीन के लिए यही सब कुछ है। हमारी फसलों की यह जान है। राई हमारा वर्तमान है, तो चारा हमारा भविष्य।''

वह वासिली के पीछे ही पड़ गई थी, मानो उससे निपटने का फैसला कर लिया हो। गुस्सा आने पर वह बेमुरौवत हो जाती थी। और भी भन्ना कर बोली :

''मालूम है, राई की अपेक्षा चारे का महत्त्व पंचगुना अधिक है? लेकिन तुम चाहते हो कि पहले राई काटी जाए, चारा भाड़-चूल्हे में जाए। राई तो रोटी है, चारा—कूड़ा-करकट! यही बात है न? यह है तुम्हारी समझ, वासिली कुज़्मिच! और अपने को तुम फ़ार्म का प्रधान कहते हो! बुद्योनी फ़ार्म में भी हालत यही है। खैर, वहाँ का प्रधान बेचारा कम्युनिस्ट तो नहीं है। तुम तो जेब में पार्टी कार्ड डाले फिरते हो!''

''फिर वही पार्टी कार्ड वाली बात?'' वासिली आपे से बाहर हो गया। ''जब देखो तो पार्टी कार्ड, पार्टी कार्ड! खूब आदत बना ली है तुमने! लकड़ी कटाई की बात हो, तो पार्टी कार्ड! चारे का सवाल हो, तो पार्टी कार्ड! सरकारी गल्ला भेजने की बात हो, तो पार्टी कार्ड! पार्टी कार्ड, पार्टी कार्ड—रटना छोड़ो। मेरे पार्टी कार्ड से तुम्हें कोई वास्ता नहीं। मेरा पार्टी कार्ड, मैं जानूँ!''

''फिर मेरा वास्ता काहे से है, जरा सुनूँ तो?'' वालेंतिना ने सचमुच ही विस्मय से आँखें फैलाकर पूछा। ''सच पूछो तो तुम्हें रास्ते पर लाने का और कोई तरीका है भी नहीं! कोई तरीका है तो यही पार्टी कार्ड वाला। मैं इसे छोड़ने की नहीं। चारे की बात हो, अनाज पहुँचाने की बात हो, या खाद की बात हो—कोई भी काम हो, उसके प्रति तुम्हारा पहला उत्तरदायित्व पार्टी मेम्बर के तौर पर है। मैं तुमसे चौगुनी कृषि-विद्या की उम्मीद करती हूँ—एक गुनी प्रधान की हैसियत से, और तीन गुनी कम्युनिस्ट की हैसियत से!''

वासिली क्रोध में बडबड़ाता हुआ मेज का खाना खींचकर उसमें पड़ी पेंसिल, रबड़, कैंची, पैमाने खड़खड़ाने लगा। फिर उसने अपने ऊपर काबू किया और झटककर सिर ऊपर उठाया।

''घास के खेत की कितनी कटाई बाकी है?''

अवदोत्या की जीत हुई थी। वासिली की बौखलाहट और भी बढ़ गई थी। पर अवदोत्या ने अपनी जीत पर गर्व नहीं प्रकट किया। धीरे से, कोमल स्वर में बोली :

''थोड़ी ही बाकी है, वासिली कुज़्मिच! मुश्किल से दो घंटे का काम होगा।''

गाँव के सभी लोग खेतों पर जा पहुँचे। फसल पर काम करने वाले दल, गोशाला के आदमी, तरकारी के खेतों को सँभालने वाले, सभी पहुँच गए। स्कूल के बच्चों को लिए लेना भी खेतों पर जा पहुँची।

''मेफोदी! देख गाँव को तेरे भरोसे छोड़ जा रहा हूँ।'' वासिली ने बूढ़े

चौकीदार मेफोदी को बुलाकर कहा। "गाँव में और कोई नहीं है। तू अकेला आदमी है। तू दूरबीन लेकर बुर्जी पर चढ़ जा और वहाँ से सब ओर नजर रखना, मौसम का भी खयाल रखना।"

मेफोदी ने वासिली का हुक्म पूरा किया। तोशा से दूरबीन लेकर वह आग से चौकसी करने के लिए बनाई गई बुर्जी पर चढ़ गया। बुर्जी की ऊँची चोटी से नीचे सुनसान गाँव फैला दिखाई देता था—जो गर्मी की धूल से ढँका हुआ था। दूर-दूर काम करती स्त्रियों की रंगीन कुर्तियाँ और सिरों पर बँधे रंगीन रूमाल झलक रहे थे। सूर्य डूबने को था। पर, अब भी गर्मी कम न थी। धूल भरी हवा ऐसे सन्नाटा खींचे थी कि कहीं पत्ता तक नहीं हिल रहा था। श्वास में भी धूल की गंध जान पड़ती थी। पसीना चिपचिपा रहा था। बड़ी उमस हो रही थी। वृक्षों की नीचे झुकी डालें धूल से काली हो रही थीं। आस्पन के पेड़ों के महीन-महीन पत्ते भी हवा की स्थिरता में ऐसे चुप थे मानो सो गए हों।

धीरे-धीरे एक पारदर्शी सफ़ेद पर्दे ने पूरे आकाश को ढँक लिया। अस्त होते सूर्य की ललाई और भी गहरी हो गई।

जंगल में अँधेरा हो गया। खलिहान में बिजली की बत्तियाँ जल गईं और धुँधले तारों की तरह चमकने लगीं। जंगल की ओर से आती लारियों ने भी अपनी रोशनियाँ जला लीं। आस्पन और चीड़ के झुरमुट अँधेरे में बदन सिकोड़े खड़े थे। केवल फर की नुकीली पत्तियाँ घनीभूत हवा को भालों और बर्छियों की तरह छेद रही थीं। पूर्व की ओर आकाश में एक काली पट्टी दिखाई दे रही थी। बादल चढ़ा आ रहा था। सब लोगों को खेतों में भेज कर, उनका काम अलग-अलग मुकर्रर करके, वासिली फ़ार्म के दफ्तर लौट आया था।

दफ्तर के कमरे में वासिली दोनों टाँगें फैलाए और गर्दन एक ओर झुकाए खड़ा था। वह सोच रहा था कि क्या-क्या कर लिया है और क्या-क्या रह गया है। एक-एक चीज़ को याद कर वह अपनी धूप से तपी उँगलियाँ एक के बाद एक मोड़ता जा रहा था और कह रहा था :

"अल्योशा के खेतों में घोड़े वाली दो मशीनें कटाई पर हैं—एक बात।" उसने अपना अँगूठा मोड़ दिया। "तरकारी के खेतों वाले दल और पशुशाला के आदमियों को भी भेज दिया। अवदोत्या के साथ वे हाथों से लुनाई कर रहे हैं।" उसने अपनी दूसरी उँगली मोड़ ली। "मातवेयेविच मँड़ाई करवा रहा है। वहाँ वह सँभाल लेगा। यासनेव पूलों की ढेरी लगवा रहा है। बहुत खूब। चार फालतू गाड़ियाँ कटी फसल ढोने के लिए भेज दी हैं। अब तो काम पूरा कर ले जाएँगे।" उसकी पाँचों उँगलियाँ मुड़ गईं। उसने मुक्का ऊपर उठाया। कुछ देर तक उसे देखता रहा। फिर बादल को मुक्का दिखाकर बोला : "आजा, देखूँ क्या बिगाड़ लेता है।"

लेकिन अब भी उसका मस्तिष्क शांत न हुआ था। कमरे का एक चक्कर लगाकर उसने टेलीफोन उठाकर पुकारा :

"हलो! केन्द्रीय! केन्द्रीय! हद हो गई। अरे सो रहे हो क्या? हलो केन्द्रीय? ...मशीन ट्रैक्टर स्टेशन! मुझे मशीन ट्रैक्टर स्टेशन से मिलाओ भई!..."

रिसीवर में प्रोखारचेंको की आवाज सुनाई दी।

"कामरेड प्रोखारचेंको? तुम बोल रहे हो? यहाँ मैं वासिली बोर्तनिकोव बोल रहा हूँ...पहली मई फ़ार्म से। मेरी आवाज ठीक सुनाई पड़ रही है? हलो! हाँ! हमारी तरफ बहुत ज़ोर का बादल उठ रहा है, कामरेड! बैरोमीटर की सूई 'तूफान' पर पहुँच गई है। हलो! कामरेड प्रोखारचेंको! मैंने सब आदमियों को खेत पर भेज दिया है। मैं चाहता हूँ कि तुम कुछ भारी मशीनें भेज दो! हलो! हलो! मुझे सुनाई नहीं देता! हाँ...मुझे मालूम है! योजना में इसका नम्बर पहला है...मुझे मालूम है, तीन दिन में आ रहे हो। लेकिन हमारी तो मुसीबत हो जाएगी। अड़ोस-पड़ोस में अल्योशा के खेतों जैसी फसल कहीं नहीं है। तुम्हें वह खेत देखना चाहिए...! हाँ....। एक कम्बाइन मशीन फालतू खड़ी है? रात में कटाई के लिए 3 बस तो काम बन गया। क्या कहा? मरम्मत होनी है? नहीं हो सकती? कम्बाइन चलाने वाले ट्रैक्टर ड्राइवर हैं वहाँ? सिर्फ एक? क्या? तीन रात से नहीं सोया? कोई बात नहीं? एक रात और नहीं सोएगा! क्या कहा? मेहमान है तुम्हारा? तो क्या हुआ? अरे मेहमानी गई भाड़ में? मैं खुद बात कर लूँ? ठीक है। उसे टेलीफोन दो। मैं उससे बात करता हूँ। कौन है वह? क्या नाम है?" दूसरे सिरे पर बात करने वाला चुप हो गया। फिर अस्पष्ट स्वर में कुछ बुदबुदाया। "क्या नाम है उसका? मैं नाम पूछता हूँ।" वासिली चीखा। "स्तेपान मोखोव....! अच्छा...! हाँ..." वासिली की ज़बान लड़खड़ा गई। "क्या और कोई नहीं है? अच्छा खैर! उसी को भेज दो।"

वासिली ने टेलीफोन रख दिया। फिर उठते बादल पर नज़र गड़ाए सोचने लगा :

'क्या मुसीबत है! फसल बोकर हम पानी के लिए आँखें बिछाये रहे तो एक बूँद पानी नहीं गिरा। अब फसल पककर तैयार खड़ी है तो न जाने कहाँ से यह बादल उमड़ आया। इधर आँधी-पानी आने को है, फसल जहाँ की तहाँ है, उधर मशीन-ट्रैक्टर स्टेशन में बस एक आदमी रह गया है स्तेपान, वह भी मेहमान बना बैठा है! बड़ा अच्छा मौका मिला मेहमानी करने का! उससे कैसे बातें करूँगा? वह नहीं आएगा...! खेतों पर नहीं जाएगा। लेकिन इनकार भी तो नहीं कर सकता! उसे सब हालत समझा दूँगा। जाएगा क्यों नहीं? ज़रूर जाएगा!'

टेलीफोन की घंटी बजी। वासिली ने उठाकर सुना। परिचित आवाज़ सुनाई दी : "हलो!"

वासिली एक बार खाँसा और परिस्थिति का सामना करने के लिए तैयार होकर बोला :

"हलो! स्तेपान निकितिच....?"

"हलो! वासिली कुज़मिच! क्या हाल है....?"

वासिली चुप रह गया। समझ में नहीं आ रहा था कि क्या कहे।

"कैसे बातें शुरू करूँ? उसके ऊपर बरस पड़ूँ? मदद के लिए गिड़गिड़ाऊँ? यह सब क्यों? सीधी बात कहूँगा!"

"सुनो, स्तेपान निकितिच! बात यह है कि हमारे इधर बड़े ज़ोरों का बादल उठ रहा है। बैरोमीटर की सूई बता रही है कि तूफ़ान आने वाला है। हमारे यहाँ फसल की कटाई पूरे ज़ोरों पर है। अल्योशा के खेत की कटाई आधो-आध पर है। राई बिल्कुल झड़ने को है। हम जल्दी न करते, लेकिन डर है कि कहीं झड़ी लग गई तो सब चौपट हो जाएगा। खासतौर से अल्योशा के खेतों की चिन्ता है। क्या आज रात आकर कुछ मदद कर सकते हो?"

कुछ देर तक चुप्पी रही। वासिली रिसीवर को मुट्ठी में जकड़े खड़ा था। आखिर स्तेपान की आवाज़ सुनाई दी :

"कम्बाइन मशीन बिगड़ी हुई है। कोई बड़ा नुक्श नहीं है! मैं अभी देखता हूँ। ठीक करने में घंटे भर के करीब लग जाएगा। रास्ता भी एक घंटे से कम का नहीं है। दो घंटे बाद ही पहुँच सकूँगा।"

"खैर, ठीक है। मैं तुम्हारा इन्तज़ार करूँगा, स्तेपान निकितिच!"

दो घंटे बाद वासिली दफ्तर से उठकर खेतों की ओर चल दिया। वह पास के टीले की चोटी पर चढ़ गया और वहाँ से चारों तरफ़ नज़र दौड़ाई। काले बादल से ढँके आकाश के नीचे जगह-जगह रोशनी दिखाई दे रही थी। पहली मई फ़ार्म के खलिहान में और पड़ोस के एक दूसरे फ़ार्म के खलिहान में काफ़ी तेज़ रोशनी थी। लालटेनों के प्रकाश में पूलों के ऊँचे-ऊँचे तिकोने ढेर दिखाई दे रहे थे। कटाई की मशीनों में लटकी और पूले बाँधने वालों के हाथों में हिलती-डुलती लालटेनें इस अँधेरे में इधर-उधर उड़ते जुगनुओं जैसी लग रही थीं। तेज़ रोशनियों वाली लारियाँ दौड़ती हुई निकल जाती थीं।

खेतों में बत्तियाँ इधर-उधर चमक रही थीं। ऐसा लगता था जैसे कोई उत्सव मनाया जा रहा हो। पूरब से गर्दभरी, तेज़ हवा के झोंके आने लगे। आस-पास के जंगल सरसराहट से गूँज उठे। वासिली को दूर से आती एक कम्बाइन मशीन की रोशनी दिखाई दी। वह सँभल गया। कम्बाइन तो अभी दिखाई नहीं दे रही थी, पर उसकी तेज़ बत्तियों और बल्बों का प्रकाश अँधेरे को बेधता, लहलहाती फसल और सड़क की सफेद पट्टी को उजाले से नहलाता, आगे बढ़ रहा था।

'मशीन आ रही है!' गहरी साँस खींचकर वासिली ने सोचा।

सहसा आगे बढ़ती बत्तियाँ रुक गईं। वासिली तेज़ कदमों से उन्हीं की ओर चल पड़ा। कम्बाइन के पास पहुँचा तो उसने देखा कि स्तेपान सड़क के किनारे की झाड़ियों की तरफ से उसके पास आ रहा है।

अँधेरे में भी वासिली उसे तुरन्त पहचान गया। स्तेपान के झुके कंधों और गढ़े में धँसे गालों को देखकर नहीं, बल्कि अपने हृदय की तेज़ धड़कन सुनकर!

"कौन है?" स्तेपान ने पूछा।

"ओहो! स्तेपान निकितिच?"

"कौन? वासिली कुज़मिच?"

उस पुरानी घटना के बाद आज पहली बार वे फिर एक-दूसरे से अँधेरे में मिले थे। स्तेपान ही पहले बोला :

"मैंने सोचा कि रास्ते से तुम्हारे आदमियों को भी लेता चलूँ। मेरे साथ तो कोई आदमी आया नहीं। मैं अकेला ही चला आया हूँ!"

"हमारे आदमी भी काम दे जाएँगे। यहीं उस टीले के पीछे कहीं हैं!"

"मैं उनसे आने को कह आया हूँ। सुन रहे हो न? शायद वे ही लोग आ रहे हैं।"

अँधेरे में से लोगों के समीप आने की आवाज़ें आ रही थीं। स्तेपान फिर कम्बाइन पर जाकर बैठ गया। उसने स्टियरिंग चक्का सँभाल लिया। लालटेन के उजाले में उसका शांत और गम्भीर चेहरा स्पष्ट दिखाई दे रहा था।

स्तेपान की ओर देखता वासिली सोच रहा था : 'फिर मुलाकात हो गई!' परेशानी के उन दिनों में जब वासिली अकेलेपन से घबराकर शराब पी-पीकर सो जाने की कोशिश किया करता था। तब स्तेपान के प्रति घृणा उसे रह-रहकर कुरेदती थी और वह क्रोध से पागल हो उठता था :

"उस धूर्त, अपाहिज आदमी ने तो हमारा जीवन बरबाद कर दिया है। कौन-सा गुण दिखाई पड़ता है अवदोत्या को उसमें? एक ही घूँसा पड़ जाए तो काम तमाम हो जाए। कोई आदमी में आदमी है! कहीं सूने में ले जाकर कह दूँ : दो के लिए इस दुनिया में जगह नहीं है। या तो तू रहेगा या मैं!"

धीरे-धीरे गुस्सा शांत हो जाने पर उसके मन के ये गुबार भी बैठ गए थे। फिर भी स्तेपान से दुबारा मुलाकात का खयाल आने पर वासिली के मुँह से उसके लिए जली-कटी निकलने लगती थीं।

अब दोनों फिर आमने-सामने खड़े थे! अँधेरे में! इस सुनसान खेत में! जो मन में आए वासिली कह सकता था। कोई सुननेवाला नहीं था। यही मौका था कि वह मन की पूरी कर ले। दिल के गुबार निकाल ले! स्तेपान ने उसकी ज़िन्दगी में जो आग लगाई थी उसकी उसे उचित सजा दे दी जाए! कोई देखने वाला नहीं था!

"मेरा खयाल है, बारिश शुरू होने से पहले फसल काट लेंगे।" स्तेपान बोला।

"हाँ कट जाएगी!" हवा के झोंके से टोपी के नीचे दबे वासिली के बाल लहरा उठे। "तुम चले आए, बड़ा अच्छा हुआ। शुक्रिया!"

"शुक्रिया की क्या जरूरत! ऐसी अच्छी राई की तरफ लापरवाही थोड़े ही की जा सकती है!"

"हाँ, बड़ी अच्छी फसल हुई है!"

फ़ार्म के किसान आ पहुँचे। स्तेपान ने उन्हें कम्बाइन मशीन पर बैठा लिया। मशीन धीरे-धीरे चल पड़ी। वासिली पैदल ही साथ चल दिया। मशीन की बत्तियों के प्रकाश के इधर-उधर छाया अँधेरा और भी घना मालूम हो रहा था।

"पानी की जरूरत पड़ेगी!" वासिली को स्तेपान की आवाज सुनाई दी।

"अभी कुछ पानी पहुँचाए देता हूँ। तेल तो कम नहीं पड़ेगा?"

"तेल काफ़ी है।"

"क्या कोयला गिराते जाओगे?"

"घोड़े बिदकेंगे तो नहीं?"

"कुछ तो नहीं बिदकेंगे। ज़रा दियासलाई दोगे?"

स्तेपान बैठने की गद्दी से उतर आया और नीचे झुककर जेब से माचिस निकाल कर वासिली को दे दी। पल भर के लिए दोनों की आँखें चार हो गईं। दोनों में थोड़ी-सी ही दूरी थी।

"अच्छा तो मैं पानी का इन्तज़ाम करता हूँ, स्तेपान निकितिच! कुछ घोड़े भी ऐसे ले आऊँगा तो बिदकें नहीं। कुछ और चाहिए?"

"नहीं! और कुछ नहीं चाहिए!"

"अच्छा! तो मैं जाता हूँ, स्तेपान निकितिच!"

"अच्छा, वासिली कुज़मिच!"

वासिली ने चाहा कि चलते समय स्तेपान से हाथ मिलाए। लेकिन स्तेपान उचक कर अपनी जगह पर जा बैठा था और उसके दोनों हाथ स्टियरिंग चक्के पर थे।

मशीन अपनी जलती आँखों से अंधकार को बेधती हुई धीरे-धीरे आगे बढ़ चली।

खेतों में रात भी काम होता रहा। बादल ने एक छींटा दिया। फिर हवा के जोर से उड़ गया। बादलों के कुछ हल्के टुकड़े आकाश में इधर-उधर छाए रहे। लेकिन किसान बिना उनकी चिन्ता किए काम पर जुटे रहे।

वासिली अँधेरे में मुस्कुराता हुआ सड़क पर चला जा रहा था।

तीन दिन का काम एक दिन में पूरा हो गया था। पकी राई और जौ की

फसल काटकर खलिहान में लगा दी गई थी। अब वर्षा होती भी तो कोई डर नहीं था। झूठे शोर-गुल ने नुकसान की जगह फ़ायदा ही किया। किसानों ने सब काम तुरन्त पूरा कर डाला। मैनेजर अच्छा हो तो फसल की मड़ाई के वक्त वह उमड़ते बादलों का भी फ़ायदा उठा सकता है। वासिली को लग रहा था मानो उसने आकाश से आती विपत्ति को भी पराजित कर दिया है।

सिर उठाकर वासिली ने खलिहान की ओर देखा। तेज़ कदमों से वह उस ओर चल पड़ा। खलिहान ही वासिली के सुख और गौरव का स्रोत था। उसे इस पर इतना गर्व था कि लोगों के सामने इसकी प्रशंसा में वह कुछ कह न पाता। इसका प्रसंग आते ही उसका स्वर गद्गद हो जाता था। फ़ार्म में कोई भी मेहमान आता तो वासिली उसे सबसे पहले यह खलिहान ही दिखाता। यों तो फ़ार्म में गर्व करने लायक बहुत सी बातें थीं–खेतों में पैदावार की बढ़ती, गोशाला के खूब स्वस्थ पशु, अधिक काम कर सकने की प्रतियोगिता, 'काम के नए रेकार्ड'। लेकिन उनके बारे में शायद कहीं कुछ सन्देह हो। हाँ, नया खलिहान ज़रूर एक चमत्कार था। वह एक ऐसी चीज़ था जिसके बारे में शंका और सन्देह की गुंजाइश नहीं थी। काले घटाटोप आकाश के नीचे बिजलियों के प्रकाश में जगमगाता, मशीनों की गूँज में डूबा, मन को सहसा मोह लेने वाला खलिहान मानो वासिली से कह रहा था : "यह देखो! यह हूँ मैं!" वासिली के कदम और भी तेज हो गए।

वासिली खलिहान के भीतर आया तो देखा कि सब काम ठीक और पूरी रफ्तार से चल रहा है। मड़ाई की मशीनें, गल्ले को छानकर मोटा और महीन गल्ला छाँट देने वाली मशीनें, तेज़ी से चल रही थीं और साफ-सुथरे गल्ले के दाने प्रकाश में चमकते हुए गिर रहे थे। बिजली की रोशनी में मशीनों के पुर्जे और दीवार पर संगमरमर का स्विच-बोर्ड खूब चमक रहे थे। खूब तेज़ घूमते पहियों पर पट्टे झूल-झूलकर चल रहे थे और मशीनों के नीचे लगी बोरियों में गल्ला पानी के झरने की तरह गिर रहा था।

वासिली को याद आया–अभी कुछ दिन पहले पुराने ढंग के खलिहान में ज़रा से गल्ले की मड़ाई कितनी कठिनाई से हो पाती थी, गल्ले की छोटी-छोटी ढेरियाँ लगा-लगाकर उसे समेटा जाता था और उस गल्ले में भी जैसे जान नहीं थी। उपेक्षा की मुस्कान से उसके होंठ फैल गए। उसे यह याद करके ही ऊब लगती थी कि अनाज कितने धीरे-धीरे, कितनी सुस्ती से गिरता था। लेकिन, अब तो यहाँ बिजली से काम होता था। अनाज में सहसा जैसे जान आ गई हो, उसमें अपूर्व गति और उल्लास आ गया हो। मड़ाई की मशीन–जो बिजली से चलती थी–बड़ी अच्छी लगती थी। उसकी गूँज इतनी गहरी थी कि पास खड़े होकर बात नहीं सुनी जा सकती थी। ऐसा लगता था जैसे पानी में पत्थर गिराए जा रहे हों। उस पर काम करनेवाले लोग केवल मुस्कान और आँखों के संकेतों

से ही बातें कर रहे थे। बीच-बीच में उनके होंठ भी हिलते थे। पर उनकी बातें नहीं सुनाई देती थीं।

बुयानोव बारी-बारी से सब मशीनों पर सरसरी नज़र डालता हुआ इस तरह घूम रहा था जैसे कोई कमांडर अपनी सेना की शक्ति को देखकर संतोष प्रकट करता है। बुयानोव का चेहरा और कपड़े गर्द और भूसी से ढँके थे, पर कमीज़ खूब अच्छी तरह लोहा की हुई थी और नकटाई की गाँठ भी चुस्त थी। उसकी ओर देख वासिली ने सोचा : 'इस आदमी को अपने महत्त्व का ज्ञान है!' दोनों एक-दूसरे के पास आकर रुक गए। किसी ने एक शब्द नहीं कहा। दोनों प्रसन्न थे। दोनों एक-दूसरे को समझते थे।

अनाज की मोटी धार झरने की तरह गिर रही थी। गल्ले के गुलाबी-सुनहरे दाने बिजली के प्रकाश में खिलखिलाते जान पड़ते थे। भूसे के छिलकों की कैद से छूटकर खुशी से हँसते हुए वे मशीन पर काम करनेवालों के हाथों और बेल्चों से निकलकर तेजी से भागे जा रहे थे। वासिली खड़ा इन सजीव दानों की ढेरी को देखता रहा। फिर खुशी से उतावले होकर उसने पुट्ठे तक अपना हाथ ढेरी में धँसा दिया। फिर वह मशीन के मुँह की तरफ गया। बड़े ज़ोर की भभकी लगी और चुभती भूसी उसके मुँह पर आ गिरी, साथ ही राई की रोटी का थोड़ा जायका भी आ गया। सभी लोग बड़ी लगन और उत्साह से काम कर रहे थे। मशीन के ऊपर मातवेयेविच खड़ा था। उसके सामने पूले आते जा रहे थे और वह पूलों को दोनों हाथों से उठाकर मशीन के मुँह में डालता जा रहा था। गरजती-चीखती मशीन के होंठ सब कुछ समेटते जा रहे थे। मातवेयेविच बड़ी सधी गति से काम कर रहा था। पहले दाईं ओर बाँहें पसारकर वह पूले लेता, फिर बाईं ओर घूमकर उन्हें मशीन के मुँह में डालता। दाएँ से बाएँ, बाएँ से दाएँ—उसकी मज़बूत, कसी हुई, चुस्त बाँहें अथक गति से काम कर रही थीं। दाहिनी ओर से लगातार अनाज के पूले उड़-उड़कर ऊपर आते, फिर बाएँ, मशीन के मुँह में, चले जाते।

मातवेयेविच के पास ही मशीन के निचले हिस्से पर वालेंतिना खड़ी थी। उसकी बड़ी-बड़ी आँखें चमक रही थीं। बालों में राई की बालें उलझी हुई थीं। मुस्कान को दबाए रखने के लिए उसके होंठ भिंचे हुए थे। वासिली को देखकर वालेंतिना अपने घुटनों को झूल देकर नीचे कूद आई। फिर अपने हाथ और भौंहें हिलाते हुए छोटा-सा मुँह खोलकर उसने खूब ऊँचे स्वर में वासिली से कुछ कहा। वासिली समझ नहीं पाया। अपनी बात मशीन की गड़गड़ाहट में डूब जाने पर उसे बड़ी खीझ हुई। उलझन से हाथ हिलाकर, सिर झटक कर रह गई। खीझ में सिकुड़ती हुई भौंहें मुस्कान से फिर फैल गईं। राई की एक बाल उसके कान के पास ऐसे झूल रही थी जैसे कान की बाली हो। वासिली उसे दरवाज़े की ओर ले गया। यहाँ दोनों एक-दूसरे की बात समझ सकते थे।

"ढाई टन!...ढाई टन!" वालेंतिना ने गल्ले की धूल से सना हुआ हाथ वासिली की आँखों के सामने उठाकर बताया। "ढाई टन! अल्योशा के खेत की सारी फसल की कटाई हो गई है। ढाई टन गल्ला निकला है। भला सोच सकते थे? अब लगता है कि सब कुछ हो सकता है। जरा अल्योशा की राई के दाने तो देखो–कैसे मोटे-मोटे हैं, जैसे सेम के बीज! देख लिया न? सूखा भी पड़ा। अंधड़ और बेमौसम की वर्षा भी आई। पर हमारा क्या बिगाड़ सके? ढंग मालूम हो तो आदमी का क्या बिगड़ सकता है!"

दूसरे लोग भी आ गए और वासिली और वालेंतिना को घेरकर खड़े हो गए। सब एक साथ बोल रहे थे, एक साथ चिल्ला रहे थे! गल्ले के दाने हाथ में लेकर पुलक से वे एक-दूसरे को दिखा रहे थे और दानों को दाँतों से दाब कर कुटक रहे थे।

लेना भी एक ओर खड़ी थी। लड़कियों जैसे कपड़े न पहने होने के कारण वह दुबली लग रही थी। इस समय उसके होंठों पर मुस्कान थी। अनाज के इन अम्बारों के बीच, जहाँ लोगों के लबों पर अल्योशा का नाम था और जहाँ लोग अल्योशा की फसल की बड़ाई करते नहीं अघाते थे–लेना के हृदय में आह्लाद भी था और पीड़ा भी। लोगों को लगता जैसे अल्योशा की मुस्कराती आँखें, सफ़ेद कोयों में भूरी चमकदार पुतलियाँ और लाल होंठ–इन्हीं मशीनों और अनाज के ढेरों के पीछे चमकने वाले हैं।

यह खुशी भरा शोर-गुल! अनाज के दानों की यह धारा जिसे अल्योशा ने अपने हाथों बोया था!–लेना के दिल में एक अजीब गुदगुदी पैदा हो गई। उसे लगा जैसे अल्योशा ही उसे मिल गया है। यह मिलन कोई और नहीं देख पा रहा था।

लेना के उदास चेहरे और मुस्कराते होठों की उपेक्षा नहीं की जा सकती थी। सभी उससे कोई न कोई बात कहकर, मुस्कराकर, उसका दिल बहलाने की कोशिश कर रहे थे। वालेंतिना उसके पास आकर बोली :

"लेनोच्का! लारी में गल्ला लद गया है। गाड़ी गाँव जा रही है। तू जाएगी उसमें?"

"नहीं, अभी नहीं। अभी कुछ देर और यहाँ रुकूँगी।"

"यह मेरे साथ मशीन में पूले डालेगी।"

मातवेयेविच ने झुककर लेना का हाथ पकड़ा और उसे ऐसे ऊपर खींच लिया मानो उसमें कुछ बोझ ही न हो।

फ्रोस्या अँधेरे से दौड़ी हुई वासिली के पास आई और हाँफती हुई बोली :

"वासिली कुज़्मिच...ओ वासिली कुज़्मिच! अल्योशा का दूसरा खेत भी आधा हो गया। स्तेपा चाचा वीरा के खेत में जाने को तैयार हैं। तुम कहीं और

भेजना चाहो तो दूसरी बात है।"

"वीरा वाले खेत चलो। मैं अभी आ रहा हूँ।"

फ्रोस्या एक ही छलाँग में खलिहान के दरवाजे से बाहर होकर अँधेरे में विलीन हो गई। वासिली और बुयानोव अब भी अनाज की धारा को देख रहे थे—यही उनका श्रम और उसका पुरस्कार था, उनका भूत और भविष्य था, उनकी शक्ति और उनका संगीत था। इसे देखते उनकी आँखें नहीं अघाती थीं।

तीसरा भाग

1. 'पुरानी बातें नए सिरे से'

अक्टूबर में सब ओर दूसरा ही रंग था। कभी सूर्य की गरमी से नंगे खेत तप उठते। कभी उत्तरी हवा के झोंकों से नीले आकाश में बादल भागते फिरते। रात में खूब ओस और पाला पड़ता। पेड़ों से झड़े सूखे पत्ते पाले से ढँक कर ऐंठ जाते। तेज़ धूप हो या बादलों की छाँह, धरती आराम करती रहती। नास्त्या ने शरद की फसल के लिए ज़मीन जोत डाली थी। जुते हुए खेत काली मखमल से लगते थे। उन पर शरत की फसल के अँकुवे ऐसे लगते थे जैसे मखमल पर रेशम का काम किया गया हो। इस हरियाली में वसन्त की ताज़गी थी। जंगलों और चरानों में घास पीली पड़कर मुरझा गई थी। सूरज की गरमी में झुलस कर घास इतनी लाल पड़ गई थी जितनी पहले कभी नहीं हुई थी। धूप और बरसात में, समय की मार से मुरझा कर, वह काली पड़ गई थी। और अब धरती पर इस तरह झुकी जा रही थी मानो उसी में मिल जाना चाहती हो, उसी में समा जाना चाहती हो, उसे ही समृद्ध बनाना चाहती हो।

पतझड़ और पाले से झाड़-झंखाड़ जल जाने के कारण जंगल अब विरल हो गए थे। बादल न होने पर पत्ते-झड़ी शाखाओं के बीच से नीला आकाश दिखाई देता था। शाखाओं से लटके पीले पत्तों की कोरें सूख कर ऐंठ गई थीं। पत्तों का रंग सुनहला हो गया था। डंठलों से लटके वे नन्ही-नन्ही नावों जैसे लगते थे। अपने स्थान से टूट कर हवा में लहराते हुए वे धरती पर आ टिकते। फिर हवा का एक झोंका उन्हें जंगलों और खेतों की ओर उड़ा ले जाता। सूखे पत्तों का मरमर ऐसा लगता मानो मातम मना रहे हों। कभी कोई सूखा पत्ता हरे अंकुरों से भरे खेतों में पहुँच जाता। हरियाली के बीच उसका सुनहरा रंग और भी निखर उठता। मृत्यु के गौरव से अधिक नए जीवन की अजेयता मुखर हो उठती।

अक्टूबर के शुरू में ही किसानों को गल्ला बाँट दिया गया। बरसों से किसानों को इतना गल्ला नहीं मिला था। वासिली ने बड़ी धूम-धाम से यह समारोह मनाने की व्यवस्था की थी। वित्तीय वर्ष समाप्त होने से पहले ही अलग-अलग सब हिसाब कर लिया गया था। सरकारी हिसाब चुकता करने के बाद सामूहिक किसानों को उनका हिस्सा मिलना शुरू हुआ। गल्ले और दूसरे माल

से लदी गाड़ियों का ताँता लग गया। खलिहान से घर की बखारों तक गाड़ियाँ ही गाड़ियाँ! रसोइयों से दिन भर धुआँ उठा करता। गाँव से गुजरने पर किसी घर से परौंठों की, तो कहीं से भुने मांस की और कहीं से ताज़े शहद की महक आती। यही गाँव में सगाइयों और ब्याहों का मौसम था। सर्गी और क्सेन्या का अरसे से साथ हो गया था। लेकिन लोगों के सामने मिलने-जुलने में उन्हें शर्म आती। दूसरों के सामने वे एक-दूसरे से बोलते तक नहीं, एक-दूसरे को नज़र उठाकर देखते तक नहीं। अब, जब उनकी सगाई की घोषणा कर दी गई थी, तो दोनों और भी शरमाने लगे थे।

मज़दूरी के हिसाब से जिसका जितना बनता था, उतना दे दिया जाने के बाद अधिक परिश्रम करने वाले दलों को विशेष मज़दूरी देने का दिन निश्चित किया गया। किसानों को युद्ध से पहले तो बढ़िया मज़दूरी मिली थी, लेकिन योजना से अधिक पैदावार के कारण बढ़ती मज़दूरी पाने का यही पहला मौक़ा था। वासिली ने इतवार के दिन जलसे का आयोजन किया।

उस दिन सुबह से ही खलिहान और गोशाला के मैदान में फ़ार्म की गाड़ियों की पाँत लग गई थी। गाड़ियाँ जंगल से लाए पत्तों और फूलों से सजी थीं। नए कपड़ों से लैस गाड़ीवान अपनी-अपनी गाड़ियों में अकड़े बैठे थे। नए जूते और रेशमी मोज़े पहने लड़कियाँ कड़ी धरती पर खटखट करती नाच रही थीं। बूढ़े आस-पास टहलते तम्बाकू पी रहे थे। बाल-बच्चों वाली औरतें बेंचों पर बैठी भुनी मूँगफली और सूरजमुखी के बीज छील रही थीं। पास-पड़ोस के फ़ार्मों से मेहमान भी आए थे। वासिली भी काफी उत्तेजित और कुछ-कुछ घबराया हुआ सा था। 'अभी बहुत सी मुश्किलें बाकी हैं; बड़ी मशक्कत करनी होगी; व्यावसायिक साल अभी पूरा नहीं हुआ है।'—वह मन ही मन कह रहा था। फिर भी उसके मन से यह भावना दूर न होती थी कि जिस लक्ष्य की ओर वह बढ़ रहा था, उसे उसने जल्द ही प्राप्त कर लिया है। उसे कुछ क्षणों के लिए परेशानी भी हुई। "अब आगे?"

वासिली ने एक छोटा-सा भाषण दिया। फ़ार्म के अगुवा किसानों को धन्यवाद दिया। फिर, अकार्डियन बज उठे और गाड़ियों पर गल्ले और तरकारियों की लदाई शुरू हो गई। लुबावा, क्सेन्या और लुबावा का बड़ा लड़का एक साथ काम करते थे। उन्हें पाँच गाड़ी बढ़ती सामान मिला। बुयानोव सामान तुलवाकर गाड़ियों में लदवा रहा था। सर्गी सार्जेंट का नम्बर आया तो क्सेन्या की गाड़ी की तरफ इशारा करके बुयानोव ने कहा :

"तुम्हारा सामान भी उसी में लदवा दें न?"

क्सेन्या का चेहरा शरम से लाल हो गया। दूसरी लड़कियाँ ताली बजा-बजा कर चिल्लाने लगीं :

"हाँ, हाँ! उसी गाड़ी में लाद दो! अब तो दोनों का हिस्सा एक है!"

दोनों का सामान एक ही गाड़ी में लाद दिया गया। दोनों को एक ही गाड़ी में बैठाया गया। सर्गी की शर्म दूर हो गई। उसने झेंपती-शरमाती क्सेन्या के पास जाकर उसकी कमर में बाँह डाल दी।

अन्त में दादी वासिलिसा का हिस्सा गाड़ी में लादा गया।

"वासिलिसा मिखाइलोवना! एक बरस का मेमना भी तुम्हारे हिस्से में है। कोई चुन लो!" बुयानोव बोला।

वासिलिसा हक्की-बक्की रह गई।

"चुन लूँ? वे तो सभी मेरे हैं। चाहे कहीं रहें।"

अवदोत्या आगे बढ़कर दादी के लिए मेमना चुनने लगी। सर्गी और क्सेन्या भी सहायता देने के लिए गाड़ी से कूद आए। अपनी-अपनी गोद में रुई के गालों जैसे मेमने लेकर वे आए तो चारों तरफ से मज़ाक की बौछारें होने लगीं। सभी हँस रहे थे। दादी वासिलिसा के लिए मेमना चुनने सारा फ़ार्म सिमट आया था। सब उसे घेरे खड़े थे। सभी की ज़बान पर दादी की प्रशंसा थी। दादी नया काला शॉल और भूरा लहँगा पहन कर आई थी। वह चुपचाप गाड़ी के पास दबी-सिकुड़ी खड़ी थी। सहसा उसकी आँखों से आँसू बह चले।

"क्यों? क्या बात है, वासिलिसा मिखाइलोवना?" वासिली ने विस्मय से पूछा! "क्या तुम्हें खुशी नहीं है?"

दादी को अल्योशा की याद आ गई थी। वह रो पड़ी थी। पर इस जलसे-मेले में दुख की बातें करके वह दूसरों को दुखी नहीं करना चाहती थी। अपने ऊपर खीझती हुई बोली :

"अरे कुछ नहीं...! मेरी तो आदत है बिसूरने की...! सोचती हूँ पचास बरस देर से जनम होता तो कितना अच्छा होता! अब मेरे लिए क्या है? पिछड़ी खुशी, पिछड़ी बरसात की तरह होती है; उससे कहीं खेत लहलहाते हैं?"

"तुम्हारी ज़िन्दगी क्या ऐसी गई-गुजरी है, वासिलिसा मिखाइलोवना? हम तो मनाते हैं कि सबको तुम्हारा जैसा बुढ़ापा मिले!"

दादी मुस्कराने का प्रयत्न करने लगी, मानो वासिली की बात से सहमति प्रकट करना चाहती हो। पर उसके चेहरे की झुर्रियों से आँसू बहे आ रहे थे। दादी शॉल के छोर से आँसू पोंछती हुई खिन्न स्वर में बोली :

"मुझ बुढ़िया का क्या है...! बुढ़िया जो ठहरी...!"

सहसा वासिलिसा ने देखा कि अवदोत्या एक खूब मोटे मेमने के गले में रस्सी बाँधे खींचे लिए आ रही है। दादी का रोना-धोना गायब हो गया। उसके चेहरे पर परेशानी और व्यग्रता छा गई।

"यह क्या कर रही है? इसे कहाँ ले जा रही है? यह तो 'सफेदा' है री।

तू तो कहती थी यह हमारे यहाँ के सबसे बढ़िया मेमनों में से है!"

"इसलिए तो तेरे लिए लाई हूँ दादी।" अवदोत्या ने मुस्करा कर कहा। "तुमने काम अच्छा किया है! क्या हम लोग तुम्हें ऐसा-वैसा मेमना देंगे!...सफेदा! सफेदा! उधर क्यों भाग रहा है?"

बुढ़िया को खुश करने के लिए अवदोत्या सबसे बढ़िया मेमना निकाल लाई थी। लेकिन खुश होने के बजाय वासिलिसा बिगड़ उठी :

"खबरदार! मैं मेमने को हाथ नहीं लगाने दूँगी।" मानो मेमना किसी और को दिया जा रहा हो। "सफेदा को अपने से जुदा नहीं होने दूँगी! मेरी लेहड़ी बिगाड़ने चली है। किसी ने ऐसा सुना था?"

दादी ने दुश्मन की तरह घूरकर अवदोत्या को देखा। उसने मेमने की रस्सी उसके हाथ से छीन ली और मेमने को बाड़े की तरफ धकेल कर ललकारा :

"छूः! भाग जा अपने घर! खबरदार जो इधर आया!"

शोर-गुल और भीड़-भम्भड़ से डरकर मेमना मिमियाता और रस्सी घसीटता हुआ बाड़े की ओर भाग चला।

"यह खूब रही! सबसे अच्छे मेमने बाँटे दे रही है!" वासिलिसा बड़-बड़ाती रही। "जैसे मैं मान जाऊँगी! समझ क्या रखा है मुझे?"

अवदोत्या हक्की-बक्की रह गई।

"लेकिन, दादी वासिलिसा, हम मेमना किसी ऐरे-गैरे को नहीं दिए दे रहे हैं, तुम्हारे बाड़े ही तो ले जा रहे थे।"

"यह रहा मेरा बाड़ा!" वासिलिसा ने और भी क्रुद्ध होकर गोशाला की ओर हाथ उठाकर दिखाया।

सब लोगों ने बड़ी मुश्किल से दादी को मनाकर शान्त किया।

गाड़ियों का ताँता गाँव की ओर चल दिया। लड़कियाँ गोल बाँधे गीत गाती पीछे-पीछे चल रही थीं। उनके पीछे आपस में बातचीत करती औरतें थीं। सबसे पीछे मर्द लोग खरामा-खरामा चले जा रहे थे।

"ज़रा वासिलिसा को देखो!" कोई कह रहा था। "इस उम्र में भी बरस भर में पाँच सौ दिन की मज़दूरी मार ली और मेमनों की तादाद योजना ड्योढ़ी बढ़ा ली। बड़ी वाजिब कमाई मिली है इसे!"

"लुबावा और यासनेव ने भी डटकर मेहनत की है। सबसे पहले खेतों में पहुँचते थे और सबसे बाद में लौटते थे।"

"कौमसोमोल के लड़कों में सिरमौर तो अल्योशा ही था। लेकिन भई, यह तो मानना पड़ेगा कि लड़कों ने भी मेहनत की है। चाहे काम का दिन हो, चाहे छुट्टी का, सब एक साथ खेत पर दिखाई देते थे। कभी-कभी तो हाँके-हाँके भी घर नहीं जाते थे।"

फ़ार्म के आगे बढ़े किसानों की सफलता से किसी को ईर्ष्या नहीं थी। दरअसल, टनों अनाज और तरकारियों को देखकर हरेक की छाती फूल रही थी--मानो इतना माल उसी को मिला हो।

वासिलिसा के मेमनों के साथ आखिरी गाड़ी आँखों से ओझल हो गई। लड़कियों का गाता-नाचता झुण्ड मोड़ के उस ओर गायब हो गया। बुजुर्ग किसानों ने अपने-अपने घरों का रास्ता लिया। सबसे पीछे बुढ़ौ मेफ़ोदी, अपनी ही जैसी धीमी चाल वालों के साथ, कदम तौलते चले आ रहे थे!

अकेला वासिली खड़ा रह गया। उसे अपने चारों ओर की चीज़ें विशेष स्पष्टता से दिखाई दे रही थीं। तिपाइयों के नीचे भूसी पड़ी थी। खलिहान के इधर-उधर आटे की सफेदी फैली हुई थी। भेड़ों के बाड़े की खिड़की में पत्तियों की झालर टँगी थी। गाड़ियों को सजाने के लिए लाई गई नारंगी रंग की पत्तियों का एक ढेर दरवाज़े के पास पड़ा था। हवा के झोंके उससे खिलवाड़ कर रहे थे और दूर फैले जुते खेतों तक पत्तियों को उड़ा ले जाते—जहाँ वे नारंगी-लाल बत्तियों जैसी लगती थीं। सड़क के सुदूर छोर पर आखिरी गाड़ी की धूमिल छाया गत वर्ष की समाप्ति रेखा सी लग रही थी।

वासिली ने खलिहान के दरवाज़ों के तालों को झटक कर देखा। फिर सुनसान अस्तबल का एक चक्कर लगाकर इधर-उधर नज़र डाली और घर की ओर चल दिया।

ऐसे सुखद अवसर के लिए वह कितने दिनों से प्रतीक्षा किए बैठा था, कितने उत्साह से इसके लिए लालायित था, कितनी लगन से इसके लिए प्रयत्न किया था—मानो किसी सुदूर लक्ष्य की ओर बढ़ रहा हो। वह सोचता था :

"काश मैं यह रफ्तार जारी रख सकूँ, अगले साल फसल कटाई तक इन ज़िम्मेदारियों का बोझ सँभाल सकूँ—तो हालत सुधर जाएगी, आराम की साँस लेने का मौक़ा मिलेगा!" अब फसल की कटाई हो चुकी थी, आगे के लिए खेत जोत डाले गए थे, फ़ार्म का काम ढंग से चल रहा था—बोझा ढोया जा चुका था। लेकिन इससे वासिली को आराम के बजाय खालीपन ज्यादा महसूस हो रहा था। उसने अभी बोझा उतार कर फेंका ही था कि फिर उसके लिए ललकने लगा। वह सोच रहा था कि अब कौन सा नया बोझा उठाए जिससे कि उसके पुट्ठे ढीले न पड़ें और सुस्ती की थकावट न आने पाए।

"एक साल पूरा हुआ; एक साल शुरू हुआ!"

उसे बीते साल के आरम्भ की याद हो आई। पिछले साल की शुरुआत हुई थी पहली पार्टी मीटिंग से, उस ठिठुरन और कोहरे भरे भोर से जब वह चौराहे के बीचोंबीच खड़ा था। अब इस नए साल की शुरुआत कैसे की जाए? इस समय उसे अन्त और आरम्भ के बीच की पतली खाई की बड़ी तीव्रता से अनुभूति हो

रही थी। उसे एक विचित्र प्रकार का हल्कापन, जो कुछ-कुछ खोखलापन जैसा था, लग रहा था। क्षण भर के लिए वह सोच में पड़ गया कि अब क्या करे। कठिनाइयों भरे बीते दिनों के विछोह का विचित्र प्रकार का संताप मन पर छा गया था।

यकायक वासिली की नज़र एक ओर लगे तख्ते पर चिपके एक पीले कागज़ पर पड़ी जो फाड़ डाला गया था। थोड़ा-सा हिस्सा, जो अब भी चिपका था, उस पर दस्तखत थे : 'वा. बोर्तनिकोब!'

वासिली ने उसे गौर से पढ़ा :

"...व, ब्लिनोव और कोनोप्लेव खाद ढोयेंगे। काम सुबह ठीक सात बजे शुरू हो जाना चाहिए। गैर-हाज़िर होने या देर से आने पर मामला फ़ार्म की सभा के सामने पेश किया जाएगा।"

वासिली को हँसी आ गई। उसने जेब से चाकू निकाला। मुस्कराता हुआ वह उस कागज को खुरचने लगा।

बहुत अरसे पहले वासिली को इसी तरह नामों की सूची लगानी पड़ती थी और देर से आने वालों को सभा में पेश करने की धमकी देनी पड़ती थी। अब आपस में काम बाँटने का काम दलों के नायक खुद कर लेते थे और पिछले कई महीनों से बिना किसी खास कारण के कोई देर से नहीं आया था। नोटिस को खुरच डालने के बाद वासिली अस्तबल में गया। उसने एक मेज़ का खाना खींच कर देखा। इसमें बहुत से मुड़े हुए कागज़ पड़े थे जिनमें नामों की फेहरिस्त थी और काम की उपेक्षा करने वालों को डाँट-फटकार लिखी हुई थी। आठ-नौ महीने पहले यह रवैया था कि काम पर जाने से पहले विभिन्न दलों को हुक्मनामे पढ़कर सुना दिए जाते थे।

वासिली ने कागज़ निकाले और खिड़की से बाहर फेंक दिए। हवा का झोंका सूखे पत्तों के साथ इन कागज़ों को भी उड़ा ले गया और खेतों पर, जहाँ शरत के गेहुँओं के हरे-हरे अँकुवे फूट रहे थे, बखेर दिया।

अक्टूबर माह के अन्तिम दिन थे। वासिली पर एक नई आफत का पहाड़ टूटा। उसके पिता ने खाट पकड़ ली थी। गले में कैंसर हो गया था। हालत काफ़ी दिन पहले से खराब थी, लेकिन डाक्टर ने कैंसर अभी हाल में बताया था। कैंसर बड़ी तेज़ी से बढ़ा था और पिता की हालत बहुत चिन्ताजनक हो गई थी।

पिछले दो ही महीनों में उनकी काली भौंहें सफेद हो गई थीं और चेहरे का रंग मटमैला हो गया था।

"भई इस पाले ने तो मुझे भी जकड़ लिया। मेरे भी ठंडे होने के दिन आ

गए।" पहले दिन के ही जाड़े को देखकर उन्होंने कहा था। "वास्या, आज कौन-सी तारीख है?"

"बीस नवम्बर।"

"अभी तो कुछ जल्दी है," बुढ़ौ ने कहा। यह समझना मुश्किल था कि यह जल्दी वह अपने लिए बता रहे हैं, या जाड़े के लिए।

बुढ़ौ तकिए का सहारा लिए बिस्तर पर अध-लेटे रहते। उनका शरीर सिकुड़ता जा रहा था, त्वचा पतली और विरूप होती जा रही थी। सिर, भौंहों, और दाढ़ी-मूँछ के सफेद बालों से जान पड़ता था कि कपास की छोटी-सी गठरी पड़ी है।

"क्या भरोसा कब इनका दम टूट जाए?" वासिली सोचता और उसका दिल कचोट उठता।

इन दिनों पिता का स्वभाव बदल सा गया था। वह बोलते बहुत कम थे और बोलते थे तो बड़ी नरमाई से। स्तेपनिदा की ओर से उनका मन विरक्त सा हो गया था और वह बड़ी तेज़ी से वासिली की ओर खिंच आए थे। पढ़ने का भी उन्हें अब बहुत शौक हो गया था। जो अखबार या पत्रिका हाथ लग जाती, बिस्तर पर लेटे-लेटे पढ़ते रहते। अपने देश के सामूहिक खेतों के अगुवा लोगों के बारे में तो वह बड़े चाव से पढ़ते थे। एक दिन उन्होंने पत्र में सुप्रसिद्ध ट्रैक्टर ड्राइवर और सोवियत संघ की सर्वोच्च सोवियत की सदस्या पाशा अंजेलिना की जीवनी पढ़ी, तो घंटों चुपचाप न जाने किस ध्यान में डूबे रहे। स्तेपनिदा और फिनोगेन के कई बार पुकारने-बुलाने पर भी कुछ नहीं बोले। पीड़ा और उत्साह के विचित्र सम्मिश्रण की छाया उनके चेहरे पर थी।

साँझ के समय जब तक वासिली नहीं आया, बुढ़ऊ गुमसुम पड़े रहे। वासिली आया तो उसका चेहरा नवम्बर की बर्फ़ानी हवा से सुर्ख हो रहा था; भौंहें गीली थीं, आँखों में चिन्ता और परेशानी थी। इस छोटी-सी कोठरी में उसे अपना बड़ा फ़ौजी कोट और घुटनों तक भारी-भारी बूट बड़े बेतुके लग रहे थे।

वासिली ने अपने कपड़े ठीक किए और पंजों के बल खाट के पास पहुँचा। लगता था बुढ़ौ सो गए हैं। आँखें बन्द थीं। सफेद सा चेहरा एक ओर को टिका था, उस पर दुःख की छाया थी—किसी बीमार बच्चे का सा चेहरा।

आहट न होने देने के लिए वासिली पंजों के बल वापस लौटना ही चाहता था कि बुढ़ौ ने आँखें खोल दीं। उनके होठों पर मुस्कान छा गई, जो कमज़ोरी की वजह से बड़ी दयनीय लग रही थी। रजाई से हाथ निकाल कर कुर्सी की ओर संकेत करते हुए वह बोले :

"बैठो न!"

वासिली बैठ गया। बुढ़ौ ने अपना सूखा हल्का हाथ उसकी बड़ी सी गदोली

में रख दिया। हाथ गरम और बहुत हल्का था। वासिली के मन में टीस उठी :

"हाथ नहीं लगता : मालूम होता है भट्ठी में से आँच आ रही है। ओफ़, कितना काम किया है इन्हीं हाथों ने!"

वासिली ने पिता का हाथ अपने हाथों में दबा लिया। दोनों चुप रहे। वासिली ने सोचा, पिता सो गए हैं। वासिली के हाथ में हाथ दिए झपकी लेने में बुढ़ौ को सन्तोष होता था।

सहसा बुढ़ौ ने आँखें खोलीं। सफेदी छाए उनके चेहरे पर आँखें बत्तियों की तरह जल रही थीं।

"इन सब की क्या ज़रूरत थी?..." बुढ़ौ बुदबुदाए, मानो कोई अधूरी बात पूरी कर रहे हों। "ये अलमारियाँ!...ये सन्दूकें!...क्या मैं इन्हीं के लिए ज़िन्दा था!"

"क्या कह रहे हो बापू?" वासिली कुछ समझ नहीं पाया था।

बुढ़ौ फिर चुप हो गए। अपनी गर्म उँगलियों से वासिली का हाथ उन्होंने कस कर जकड़ लिया। वासिली ने सोचा, बुढ़ौ सन्निपात में बड़बड़ा रहे हैं। लेकिन बात ऐसी नहीं थी। पास ही पड़ी पुस्तिका के मुखपृष्ठ पर बने पाशा अंजेलिना के चित्र की ओर बुढ़ौ ने आँखों से संकेत किया।

"इसे देखो..." बुढ़ौ ने फिर बुदबुदाना शुरू किया, "क्या मैंने इससे कम मेहनत की है? मुझे क्या मेहनत का इससे कम शौक था? लेकिन मेरी मेहनत बेप्रयोजन हुई...!" उन्होंने वासिली का हाथ और भी कसकर जकड़ लिया और बड़ी कटुता से जल्दी-जल्दी बड़बड़ाने लगे : "ज़रा देखो इनको... इन हाथों को...!" क्या इन्होंने इन्हीं सबके लिए काम किया था—इन आईनों, सोफों, अलमारियों के लिए? क्या मुझे इन्हीं सबकी जरूरत थी? अरे, मुझे तो ज़रूरत थी मसरफ के काम की जिससे लोगों में मेरी इज्ज़त बढ़ती... ज़िन्दगी सुकारथ होती... मौत आसानी से आ जाती... इतना घुट-घुट कर मरना न होता...। बेटा वास्या! औरतों की बातों में कभी न आना। हमेशा अपने दिल की बात मानना।"

बुढ़ौ चुप हो गए। वासिली हिला तक नहीं। उसे डर था, कहीं पिता के विचारों का प्रवाह न टूट जाए। लेकिन बुढ़ौ को झपकी आ गई थी।

वासिली आहट किए बिना रसोई में चला गया।

"माँ! आज बापू की हालत ज्यादा खराब है।" उसने स्तेपनिदा से कहा। "आज रात मैं यहीं सोऊँगा।" स्तेपनिदा ने रात के लिए पिता के पलंग के ही पास वासिली की खाट भी डाल दी।

स्तेपनिदा ने काले कपड़े पहन रखे थे। रो-रो कर उसने अपना हाल बुरा कर लिया था। रात भर वह पास की कोठरी में बैठी भगवान से प्रार्थना करती रही। वासिली भी सो नहीं सका। ईसा के चित्र के समीप टिमटिमाते लैम्प का प्रकाश जिरेनियम की बत्तियों पर, बुढ़ौ के माथे पर और रंग-बिरंगी रजाई पर पड़ रहा था।

बुढ़ौ रात भर निर्वाक और निश्चल लेटे रहे। पौ फटने के वक्त उन्होंने आँखें खोलीं और अचानक पूछ बैठे :

"वास्या, तू यहीं है न?"

वासिली झपाटे से उठ कर खड़ा हो गया।

"हाँ बापू! कहो, क्या है?"

"सुनो! तुम्हारी माँ... वह तो औरत ठहरी..." बुढ़ौ ने कहा, मानो पिछली साँझ की बाकी बात पूरी कर रहे हों, "फिनोगेन अपनी माँ के इशारे पर चलता है...बिलकुल उसी पर गया है। प्योत्र अभी बच्चा है। मेरा कोई है, तो तू है वास्या...तू ठीक काम कर रहा है...ऐसे ही किए जा बेटा। मेरी ज़िन्दगी में जो कमी रह गई है, वह तुझे अपनी ज़िन्दगी में पूरी करनी है। और सुन बेटा!...अवदोत्या को तू घर लौटा ला...उसका क्या दोष था वेचारी का...! भगवान की मरज़ी थी...।"

बात करते-करते बुढ़ौ हाँफने लगे थे। थककर चुप हो गए। वासिली ने पिता के चेहरे को देखा। चेहरा सिकुड़कर छोटा हो गया था। उस पर सफेदी छा गई थी। गालों की खाल पर्तों में सिकुड़ गई थी। चेहरे की निश्चलता में मृत्यु की स्थिरता का आभास हो रहा था। कभी कोई अंग फड़क उठता, तभी जीवन का आभास होता—मानो तालाब के स्थिर जल में किसी ने कंकड़ी फेंक दी हो। कभी होंठ, कभी पीले नथुने, और कभी भौंहें फड़क उठतीं। जीवन का ऐसा प्रत्येक आभास वासिली को इस समय बहुत मूल्यवान लग रहा था। वह जानता था कि बुढ़ौ की पलकों की यह झपकन आखिरी है और चन्द घण्टों बाद ये सूखे होंठ और ये भौंहें फिर नहीं हिलेंगी।

बुढ़ौ की ठोढ़ी काँपी। माथे पर बल पड़ गए। लगता था वह कुछ कहना चाहते हैं। वासिली ने अपना सिर और पास झुका लिया।

"मौत से मुझे घबराहट नहीं बेटा...मेरी ज़िन्दगी सिमट कर छाती पर आ गई है...मैं बच-बच कर किनारे-किनारे चला...बीच रास्ते से दूर...लेकिन पाशा अंजेलिना...वह मर्द नहीं, लड़की है बेटा...खूब रास्ता बनाया उसने ज़िन्दगी का...मेरी तरह बुढ़ापे में उसे कलख तो नहीं होगी..."

वह चुप हो गए और एक लम्बी साँस ली। वासिली बिना एक शब्द बोले चुपचाप पास बैठा रहा। बुढ़ौ की तन्द्रा टूटी। आँखें खोलीं और बोले :

"सोचता हूँ, ज़रा झपकी ले लूँ। लेकिन हाँ...ध्यान रखना बेटा...कहीं ऐसे ही न चला जाऊँ।...पादरी अभी तक नहीं आया। जाने कहाँ चला गया।"

वासिली बिलकुल पिता की खाट से लगा बैठा रहा। उसके कान पिता की साँसों पर लगे थे। पिता के जीवन की इन आखिरी घड़ियों में पल भर को भी वह अपनी आँखें उनके मुँह पर से नहीं हटाना चाहता था। सुबह बुढ़ौ की नींद टूटी।

आँखें खिड़की की तरफ गईं। खिड़की से बाहर बादल का छोटा-सा सफेद टुकड़ा दिखाई दे रहा था। खिड़की की छोटी छत से काँच की तरह उजली बरफ की छड़ियाँ लटक रही थीं। स्वच्छ और निर्मल—खिड़की के नीले प्रकाश में बादल का यह टुकड़ा ज्योति का पुंज लग रहा था। बुढ़ौ के चेहरे पर अबोध बच्चों जैसी भोली मुस्कान दौड़ गई।

"बादल...!"

बड़ी देर तक वह उसी तरफ देखते रहे और मुस्कराते रहे! फिर पूछा :

"स्तेशा! पादरी अभी तक नहीं आया?"

"पादरी उग्रेन गया है। कह गया था कि सुबह ज़रूर आ जाऊँगा।" स्तेपनिदा ने उत्तर दिया।

"...देर न हो जाए...।"

कुछ पल के लिए बुढ़ौ ने फिर आँखें मूँद लीं। फिर धीरे से बोले :

"वास्या। मुझे ज़रा करवट लिवा दे...।"

आगे बढ़कर वासिली पिता को करवट बदलवाने लगा। बुढ़ौ ने बेटे का हाथ थाम लिया और उसकी आँखों में बड़ी मर्मान्तक दृष्टि से देखा। तभी एक झटके के साथ उनका सिर लुढ़क गया।

"बापू! बापू!"

वासिली ने अपने सीने से पिता को ढँक लिया, पिता के चेहरे से अपना चेहरा चिपका दिया। वह अपने शरीर का समूचा जीवन और पौरुष उनमें भर देना चाहता था। बुढ़ौ की साँस बन्द हो चुकी थी। वासिली सिसक-सिसककर रोने लगा। जीवन में वह पहले कभी नहीं रोया था।

वासिली बाहर आ गया। स्तेपनिदा के करुण विलाप की चीखें उसके कानों को फाड़े दे रही थीं। सुन्दर प्रभात बकाइन के फूल जैसा खिला था। खेतों पर बरफ की चकाचौंध थी। गाँव के घरों की चिमनियों से उठते धुएँ की सीढ़ियाँ बर्फानी हवा में लाल-लाल दीख पड़ रही थीं। स्वच्छ नीले आकाश में बादल का वही टुकड़ा उड़ रहा था! हल्का-हल्का! ज्योति के शीतल पुंज के समान! सबसे दूर और तटस्थ वह धीरे-धीरे अपने रास्ते पर बढ़ा चला जा रहा था।

"आखिरी बार बापू ने इसी बादल को देखा था।" वासिली के मन में चोट सी लगी। "यह बापू का बादल है...!"

वासिली को प्रकृति की यह उपेक्षा, मनुष्य के प्रति यह अवहेलना, बहुत क्रूर लगी। बादल का टुकड़ा खिलवाड़ करता हुआ अब भी बढ़ता जा रहा था। आकाश की ओर बढ़ती धुएँ की रंगीन सीढ़ियाँ अब भी ऊपर की ओर बढ़ रही थीं। बरफ़ अब भी पहले की तरह चमक रही थी। केवल एक चीज़, जीवन की सबसे बहुमूल्य चीज़—एक मनुष्य का धड़कता हुआ हृदय—स्थिर हो गया था। उस मनुष्य

के कितने ही काम अधूरे रह गए थे, कितनी ही बातें वह नहीं कह पाया था, उसकी कितनी ही उमंगें अपूर्ण रह गई थीं! सब कुछ हमेशा, हमेशा के लिए खत्म हो गया था!

"हमेशा के लिए...!" वासिली को पहली बार इन शब्दों की शक्ति का आभास हुआ। पृथ्वी करोड़ों वर्ष तक बनी रहेगी, अरबों मनुष्य इस पर जन्म लेंगे और मरेंगे—परन्तु बापू अब नहीं लौटेंगे! कोई पुकार, कोई गुहार, कोई प्रार्थना उन्हें एक पल के लिए भी वहाँ से वापस नहीं बुला सकेगी जहाँ वह चले गए हैं।

वासिली चला जा रहा था! बिना सोचे-समझे! बस, उसके पाँव उठते जा रहे थे। अचेतन मन से वह अवदोत्या को ढूँढ़ रहा था। वह गोशाला पहुँचा तभी उसे याद आया कि अवदोत्या फ़ार्म में नहीं है। वह पशु-विशेषज्ञों की एक कान्फ्रेंस में भाग लेने के लिए उग्रेन गई थी।

बुढ़ौ की मृत्यु की बात गोशाला में किसी को नहीं मालूम थी। लोगों ने वासिली को घेर लिया और गोशाला से सम्बन्धित बीसियों बातें और शिकायतें होने लगीं।

वासिली का मन उचाट था। फिर भी वह यथा-सम्भव प्रश्नों और शिकायतों के उत्तर दे रहा था। फ़ार्म के प्रधान के नाते अपने कर्तव्य को वह एक क्षण के लिए भी नहीं भूल सकता था—भूल सकने का साहस भी नहीं कर सकता था।

पिछले कुछ दिनों में, जब अवदोत्या गोशाला में नहीं थी, तभी वासिली को उसके काम के महत्त्व का पता चला था। पशु-विभाग और गोशाला में अवदोत्या के रहने पर वासिली को कोई परेशान नहीं करता था। लगता था सब कुछ अपने-आप बड़े अच्छे ढंग से हो रहा है। लेकिन अवदोत्या के शहर जाते ही वह गोशाला से सम्बन्धित तरह-तरह के प्रश्नों में उलझ गया। पशुशाला के काम की पूरी ज़िम्मेदारी उसके कन्धों पर आ पड़ी। तभी उसकी समझ में आया कि गोशाला के काम में निश्चिन्तता का कारण क्या था और इसका कितना बड़ा श्रेय अवदोत्या को था।

सर्गी-सार्जेंट ने शिकायत की : "वासिली कुज़मिच! मालूम होता है नयी सूअरिया बीमार हो रही है। कबरी और दूसरी सुअरियों को भी बीमारी होने लगी है। समझ में नहीं आता क्या करें? तम्बाकू के पानी से नहला दें? या अवदोत्या तिखोनोवना के लौट आने का इन्तज़ार करें? या सलोत्री के आने तक कुछ न करें?"

"सलोत्री को बुला लो।"

"सलोत्री के बारे में पता चला है कि वह किसी काम से शहर गया है।"

"तो एक दिन और ठहर जाओ। न आए तब कुछ करना। यह तो देखा नहीं जा सकता कि फ़ार्म के सभी पशुओं को बीमारी लग जाए। दवा का गहरा

घोल तैयार कर लो, जगह अच्छी तरह गरम रखो और सभी जानवरों को नहलवा दो।" वासिली ने किसी तरह सोच-साचकर उत्तर दिया।

क्सेनोफोन्तोवना भी चेहरे पर चालाकी भरी मुस्कराहट लिए आ धमकी।

"मैं भी तुम्हें कुछ तकलीफ दूँगी, वासिली कुज़्मिच।" बुदबुदाते हुए उसने कहा।

"क्या?"

"मेरे लिए दूध की पर्ची लिख दोगे? मेरे पेट में दर्द रहता है। दूध के सिवा और कुछ खा-पी नहीं सकती।"

"तुम्हारे घर तो खुद दुधारू गैया है।"

"वाह भैया, वाह! किसने तुमसे कह दिया कि दुधारू है? वह तो बकरी से भी गई-बीती है। कौन कहेगा उसे गाय! और जब तक ब्याती नहीं, दूध कहाँ से देगी?"

"गोशाला में दूध नहीं है!"

"नहीं है? गोशाला के लोग तो यह कहते नहीं अघाते हैं कि दूध खूब बढ़ रहा है! दूध जाता कहाँ है? कहीं बह जाता है क्या?"

"तुम कहना क्या चाहती हो? साफ़-साफ कहो।"

यह पहला मौक़ा नहीं था जब उसने क्सेनोफोन्तोवना से सब कुछ साफ-साफ कह डालने के लिए कहा था। लेकिन उसने उसकी बात से कतराकर शक भरे शिगूफे छोड़ने के अलावा और कुछ न किया।

"मैं थोड़े ही कुछ कह रही हूँ। तुम खुद सब कुछ जानते हो। मुझे तो बस थोड़ा दूध चाहिए सो उसके लिए क्या जवाब है, वासिली कुज़्मिच?"

"कह तो दिया कि दूध नहीं है।"

"तो जाता कहाँ है? दूध इतना होता है पर किसी किसान के पल्ले नहीं पड़ता।"

"क्या मतलब? किसान गरमियों में खेतों पर काम कर रहे थे, तब उन्हें रोज दूध, मक्खन और मलाई नहीं मिल रही थी? अब लकड़ी कटाई वालों के लिए दूध जाता है।"

"क्या सारा का सारा चला जाता है? गोशाला में बूँद भर नहीं बचता?"

"सारा का सारा चला जाए तो बछड़े कैसे पलें! बछड़े भी दूध पीते हैं। पीते हैं न? क्या मैं सब इधर-उधर बाँट दूँ और बछड़ों को भूखा मारूँ? यही चाहती हो तुम?"

बुढ़िया की मीठी मुस्कराहट में स्पष्ट घृणा घुली-मिली थी। उसकी आँखें वासिली को बेधे डाल रही थीं। बुढ़िया अपने मन में कोई मंसूबा बाँध लेती तो आसानी से उससे हटती नहीं थी।

"तो मैं क्या समझूँ, वासिली कुज़्मिच? मुझ अपढ़ औरत से नासमझी हो

जाए तो माफ करना! क्या मैं यह समझूँ कि तुम्हें बछड़ों पर तो दया आती है, लेकिन किसानों की फिकर नहीं है? क्या मैं किसी बछड़े से भी गई बीती हूँ।"

"और तुम समझती क्या थीं? तुम्हें मुर्गीखाने का काम सौंपा गया तो तुमने सालाना फ़ी मुर्गी तेरह अंडे जमा किए। तुम्हें गोशाला में गायें दुहने के काम पर रखा गया, लेकिन वहाँ से भी हटाना पड़ा। खेतों में तुम्हारा ही काम सबसे गया-बीता होता है। तुम्हें दूध नहीं मिलने का। तुम्हारे घर खुद की गैया है—दूध दुहो और पियो।"

"तुम्हारा मतलब क्या है भलेमानुस? क्या तुम यह कहना चाहते हो कि हम सामूहिक किसान बछियों-बछड़ों से भी गये-बीते हैं? क्या हमारी तरफदारी करनेवाला कोई नहीं है?" क्सेनोफोन्तोवना की चीख उसके कानों के पर्दों को फाड़े दे रही थी।

'क्या मुसीबत है यह औरत भी! दूध दे दूँ और पिंड छुड़ाऊँ!' वासिली ने सोचा।

वासिली उससे जान छुड़ाना चाहता था। वह एकान्त में अपने पिता के बारे में—जिस शोक ने उसे धर दबाया था उसके बारे में—सोचना चाहता था।

'लिख ही दूँ इसे दूध की पर्ची। इसकी चखचख तो बन्द हो। पर इसे दूध दिया तो दूसरों को भी देना पड़ेगा; इसका मतलब है कि सभी को देना पड़ेगा।'

"हम लोग क्या बेज़बान जानवरों से भी गये-बीते हैं?" क्सेनोफोन्तोवना रोने लगी।

"डरो नहीं, माँ! तुम्हारे ऊपर कोई जुल्म नहीं होने पाएगा।" पीछे से मर्दानी आवाज़ सुनाई दी। चमड़ा लगी बिर्चिस पहने त्रावनित्सकी आ खड़ा हुआ।

त्रावनित्सकी के साथ गाँव-सोवियत का प्रधान वोल्कोव भी था। त्रावनित्सकी ने वासिली की ओर आँख उठाकर देखा भी नहीं। चुस्त कदमों से दरवाजे की ओर बढ़ता हुआ वोल्कोव से बोला :

"कामरेड वोल्कोव! मैं कहता हूँ कि तुम फ़ार्म के इस प्रधान को किसी तरह काबू में लाओ। ज़िले के अधिकारी ऐसे भारी अन्याय की उपेक्षा नहीं कर सकते। और माता जी! तुम ग्राम सोवियत के दफ्तर में आकर मुझसे मिलीं। मैं वहाँ सब कुछ साफ-साफ मालूम करूँगा!"

वासिली कुछ न बोला। उसकी आँखों के सामने उसके पिता का पीला चेहरा, उसके सूखे-सूखे हाथ, उसके चेहरे पर दयनीयता और याचना की भावना—नाच रहे थे। इस समय उसे और कुछ नहीं दिखाई दे रहा था। वासिली कन्धे झुकाये मौन खड़ा था—उदास और एकाकी।

वासिली के मौन ने त्रावनित्सकी को आश्चर्य में डाल दिया। उसे उससे दूसरी ही आशा थी। उसने वासिली की ओर तिरछी नज़रों से देखा। वासिली के

मौन और उसके खड़े होने के ढंग से उसने सोचा कि वासिली दब गया है और डर गया है।

"सुनो बोर्तनिकोव! फ़ार्म के सदस्यों से तुम्हारा व्यवहार बहुत लज्जाजनक है। पार्टी नियमों के मुताबिक तुम्हें इसकी जवाबदेही करनी होगी! मैं खुद गवाही दूँगा। इस तरह का अनाचार फौरन बन्द किया जाना चाहिए।"

वासिली हिला तक नहीं। वह अब भी अपने ही दुःख में डूबा हुआ था। त्रावनित्सकी की धमकियों का मानो उस पर कोई असर ही न हुआ था।

कुज़मा की अन्त्येष्टिक्रिया के तीसरे दिन शाम को जब फ़ार्म की कुछ बूढ़ी औरतें काले कपड़े पहने स्तेपनिदा की कोठरी में बैठी विलाप कर रही थीं, सर्गी-सार्जेंट कमरे में दाखिल हुआ।

"माफ़ करना, वासिली कुज़मिच! मैं इस वक्त न आता! मगर बात कुछ ज़रूरी है। सूअरों वाले बाड़े में आफत मची है। एक सूअर दम तोड़ रहा है। कबरी का पेट गिर गया है। दो और सूअर छटपटा रहे हैं...!"

दूसरे दिन सुबह अवदोत्या उग्रेन से लौट आई। ज़िला कार्यकारिणी के किसी काम से उसे उग्रेन में रुक जाना पड़ा था।

शहर में कुछ समय बिताने और नए लोगों से मिलने-जुलने के बाद उसे नई स्फूर्ति मालूम होती थी। एक से एक नई योजनाएँ उसके दिमाग में उठ रही थीं।

अवदोत्या की निश्छलता, नम्रता, लगन और परिश्रमी स्वभाव के कारण उससे मिलने वालों और उसके सहयोगियों को उससे अपनापन मालूम होने लगता था। पास के इलाक़ों के पशुपालकों में, प्रान्तीय कृषि विभाग में और वैज्ञानिक अनुसंधान विभाग में बीसियों उसके नए मित्र और परिचित थे।

अवदोत्या को शहर की पिछली यात्रा से बहुत कुछ हासिल हुआ था। ज़िला कार्यकारिणी के दफ्तर के अँधेरे बराण्डे में वह सिर उठाकर निर्भीकता और प्रसन्नता से जा सकी थी। वह सफेद नमदे के ऊँचे देहाती बूट पहने थी। बर्फ़ानी हवाओं से लाल उसके गालों में ऊनी शॉल का स्पर्श गुदगुदी पैदा कर रहा था। ज़िला कमिटी के दफ्तर में दोनों ओर के कमरों के बीच के बराण्डे में वह मुस्कराती और आँखें मिचमिचाती हुई चली जा रही थी—धूप की चकाचौंध से आने के बाद उसे यह बराण्डा अँधेरा लग रहा था।

एक कमरे के आधे खुले दरवाजे से उसे ऊँचे स्वर में सुनाई दिया: "बोर्तनिकोव"। वह ठिठककर रुक गयी। उसके कान खड़े हो गये। कोई टेलीफोन

पर बातें कर रहा था।

"हाँ हाँ! सूअरों के बाड़े में बहुत ज़ोर की बीमरी फूट निकली है। वजह साफ़ है। फ़ार्म के प्रधान बोर्तनिकोव ने या तो गज़ब की लापरवाही की है या उसके इरादे नापाक हैं। ज़िले का सरकारी वकील मामले की जाँच के लिए मौके पर पहुँच गया है। हाँ, हाँ! मैं तो खुद कह रहा हूँ। बोर्तनिकोव को फौरन मुकामी गिरफ्तारी में ले लिया जाय। हाँ हाँ! अरे और तो और, उसने मेरी मौजूदगी में किसानों की तौहीन की।"

अवदोत्या ने दरवाज़ा खोला और भीतर चली गयी। त्रावनित्सकी मेज़ के पास खड़ा टेलीफोन पर बातें कर रहा था।

"क्या हो क्या गया है हमारे फ़ार्म में?" बिना दुआ-सलाम के अवदोत्या ने सीधे-सीधे पूछ ही डाला।

"श्रीमती जी, इस समय मैं किसी से नहीं मिल सकता!"

"पहले आप बताइये कि मेरे फ़ार्म में हो क्या गया है?"

"हो तो बहुत कुछ गया है लेकिन और बातों के अलावा खास बात यह है कि आपके फ़ार्म के सूअर एक-एक करके मर रहे हैं। आप बाहर जाइए श्रीमती जी और दरवाज़ा बन्द कर दीजिए।"

क्रोध और असमर्थता से जलती अवदोत्या दरवाज़े पर आ खड़ी हुई। इस आदमी से कुछ जान सकने की कोशिश करना बेकार था। उसने ज़ोर से दरवाज़ा बन्द किया और सड़क पर आ गयी। दफ्तर की ड्योढ़ी से उसने देखा कि सामने एक गाड़ी चली जा रही है। मातवेयेविच गाड़ी हाँक रहा था। अवदोत्या सामने के मैदान को पार करती हुई उसकी ओर दौड़ी। उसके पाँव बरफ में धँसे जा रहे थे। गिरती-पड़ती, बाँहें ऊपर उठाए, चीखती-चिल्लाती वह मातवेयेविच की ओर बढ़ी जा रही थी।

अवदोत्या को देख कर मातवेयेविच ने गाड़ी रोक दी। पाँच मिनट की बातचीत से ही अवदोत्या को मालूम हो गया कि सूअर क्यों मर रहे थे और वासिली की हालत क्या थी। बुढ़ौ की मृत्यु की खबर से अवदोत्या के दिल को गहरी चोट पहुँची। वह कुज़मा का बहुत आदर करती थी। पति पर क्या बीत रही होगी—यह सोच कर उसका मन उमड़ा आ रहा था। मन ही मन वह कल्पना कर रही थी— कैसे वह भारी कदमों से टहल रहा होगा, उसकी आँखों में कैसी परेशानी होगी! उसके एकाकीपन को सोचकर उसका मन दुखी हो उठा।

एक मिनट की भी देर किये बिना अवदोत्या सीधी ज़िला पार्टी कमिटी के दफ्तर पहुँची।

उसने सोचा—'आन्द्रेई पेत्रोविच मुझे जानता है। वह वास्या को भी जानता है। मेरी बातों पर उसे सन्देह नहीं होगा।'

ज़िला पार्टी कमिटी के दफ्तर की एक-मंजिली इमारत के शान्त और स्वच्छ वातावरण तथा कमरों में छायी खामोशी से अवदोत्या के मन को सान्त्वना मिली।

"इस वक्त आन्द्रेई पेत्रोविच किसी से नहीं मिलेंगे।" आन्द्रेई की सेक्रेटरी ने कहा। "वह बस पाँच मिनिट में बाहर जा रहे हैं।"

अवदोत्या एक क्षण तो चुपचाप कुछ सोचती रही, फिर सेक्रेटरी की ओर देखे बिना मेहमानों के कमरे से निकलकर आगे बढ़ी और आन्द्रेई के निजी दफ्तर का दरवाज़ा खोल दिया।

"मुझे अपने को काबू में रखना है। कुछ भी हो, मुझे रोना-गिड़गिड़ाना नहीं है!" दाँतों में होंठ दबाए उसने सोचा। पर आन्द्रेई के दयालु चेहरे पर नज़र पड़ते ही उसके आँसू छलक आए।

"कामरेड, कामरेड! आप क्या कर रही हैं?" सेक्रेटरी पीछे-पीछे भागी आई। "मैंने इन्हें मना कर दिया था, आन्द्रेई पेत्रोविच! लेकिन यह बिना इजाज़त घुसती चली आईं।"

"मुझे परेशान न कीजिए, देवी जी! मामला बहुत नाजुक है।" अवदोत्या ने कहा और सेक्रेटरी को धकेल कर एक तरफ कर दिया। फिर लड़की की बड़बड़ाहट के बावजूद अपने होश सँभालती हुई वह खड़ी हो गयी।

आन्द्रेई दोनों हाथ बढ़ाए उसकी ओर आया।

"अवदोत्या तिखोनोवना!....तुम? ...क्यों? बात क्या हुई?"

आन्द्रेई के आत्मीयता भरे शब्द सुनते ही अवदोत्या के आँसू फिर बह निकले। आन्द्रेई ने उसे आराम कुर्सी पर बैठाया और एक गिलास पानी लाकर दिया। अवदोत्या अपनी आस्तीनों से आँसू पोंछ रही थी पर आँसू थम ही नहीं रहे थे। वह अपने को काबू में लाने का निरर्थक प्रयत्न कर रही थी।

वियोग और एकाकी जीवन का भार वह बहुत दिनों तक वहन कर चुकी थी! और अब—वर्ष भर से संचित आँसू उसके हृदय की कगारों को तोड़ कर अजस्र धारा में बह निकले थे!

वह उन्हें अपने होंठों में सोखने, उन्हें नन्हे सफेद दस्तानों से पोंछने, अपने शॉल और छोटे-छोटे हाथों से उनके प्रवाह को रोकने का असफल प्रयन्न कर रही थी।

"अच्छा, अब शान्त हो जाओ न! आखिर ऐसी क्या बात हो गई है?"

अवदोत्या हिचकियाँ लेती हुई बोली :

"बापू...मेरे ससुर....वासिली के पिता का देहान्त हो गया है...और अब ये सूअर...हम और खरीद लेंगे...! बछड़े देंगे...सूअर खरीद लेंगे...और भी अच्छे... उसने ऐसा कर क्या डाला है कि ज़िले का वकील तहकीकात के लिए पहुँचे?...और वह क्सेनाफोन्तोवना?...वह बड़ी मक्कार औरत है। खुद तो चलती

बनी मगर चमेली गैया को बरबाद करती गयी। आखिर उनकी हिम्मत कैसे हुई! और बापू...जरा सोचो तो...बापू की मौत न हुई होती...तो फ़ार्म के काम में ढील आती क्यों...वकील को उनके पीछे लगा देने से पहले उनसे पूछ तो लेना था कि ऐसा क्यों हुआ! यह अच्छा नहीं हो रहा... इसे रोक देना चाहिए...!"

आन्द्रेई उसके विचारों के तारतम्य को समझने का प्रयत्न कर रहा था।

"क्या कह रही हो तुम? मेरी कुछ समझ में नहीं आया। कुज़मा बोर्तनिकोव की मौत की बात तो मैंने सुनी थी। पर इससे वकील का क्या ताल्लुक? फ़ार्म में क्या हो गया है? तुम मन को काबू में करो और सब कुछ सिलसिलेवार बताओ!"

अवदोत्या ने अपने को कुछ सम्भाला और बोली :

"यह सब उस त्रावनित्सकी की शरारत है। उसने एक कराकुली मेमना माँगा था। वास्या ने देने से इनकार कर दिया। तभी से उस पर खार खाए है।"

आन्द्रेई को अवदोत्या पर पूरा विश्वास था। वह जानता था कि अवदोत्या किसी पर झूठा आरोप नहीं लगा सकती। फिर भी, उसने सोचा, शायद अवदोत्या ग़लती पर हो।

"वास्या ने उसे धकेल कर ड्योढ़ी से नीचे कर दिया था," अवदोत्या कहती गयी, "उसे बाहर भगाकर उसका फर का कोट बरफ में फेंक दिया था।"

इस घटना से मसले पर एक नया प्रकाश पड़ा। कोई निर्दोष व्यक्ति चुपचाप ऐसा अपमान बर्दाश्त नहीं कर सकता था। त्रावनित्सकी ने यों तो वासिली की बहुत सी शिकायतें की थीं लेकिन इस घटना का कभी ज़िक्र नहीं किया था।

"त्रावनित्सकी से झगड़े वाली इस घटना की रिपोर्ट तुमने पहले क्यों नहीं दी?"

"हम क्या शिकायत करते? दूसरे बीसों काम थे हमें। फ़ार्म के दर्जनों झंझट अलग। तुमको भी तब हम लोग इतनी अच्छी तरह नहीं जानते थे, आन्द्रेई पेत्रोविच! और जब तुम्हें जाना तब मामला पुराना पड़ गया था। हमने सोचा, बात आई-गई।"

"अच्छा, ठीक है। त्रावनित्सकी वाली बात तो साफ हो गई। लेकिन यह बताओ, अवदोत्या तिखोनोवना, कि सूअर क्यों मर रहे हैं?"

"बात यह है, आन्द्रेई पेत्रोविच, कि गोशाला की लड़कियाँ अपने खयाल से तो सूअरों की खाज का इलाज कर रही थीं। उन्होंने खूब गाढ़े तम्बाकू का गरम-गरम घोल बनाया और उससे सूअरों को नहला दिया। उन्हें जितना कुछ करना चाहिए था उससे ज्यादा कर बैठीं। उन्होंने घोल बहुत गाढ़ा कर दिया। शरीर-विज्ञान बताता है कि सूअरों की खाल खास तरह की होती है—स्पन्ज की तरह—जो सब कुछ सोख लेती है। बस, सूअरों को ज़हर चढ़ गया—तम्बाकू का ज़हर! वास्या का इसमें बहुत ज्यादा कसूर नहीं है। यह पहला मौक़ा नहीं था जब

सूअरों की खाज का इलाज किया गया हो। कौन जानता था कि लड़कियाँ ऐसी बेवकूफी कर बैठेंगी। उन्होंने सोचा, पानी में तम्बाकू खूब डाल दो, सूअर जल्दी ठीक हो जाएँगे। जो नुकसान हुआ है उसे भरने से हम लोग इनकार थोड़े ही कर रहे हैं। एक ही छोटा सा सूअर तो मरा है और कबरी का पेट गिरा है। हम अपने पास से और सूअर खरीद लेंगे। एक नई सूअरिया और कुछ बच्चे खरीद लेंगे। वास्या और मैं नए सूअर खरीदने से इनकार तो नहीं कर रहे। या कर रहे हैं? इसमें मुकदमे की क्या बात है? ऊपर से यह परेशानी! उसी दिन बापू की मृत्यु हुई थी। वास्या को खुद होश नहीं होगा कि वह क्या कह रहा है! बापू की गमी का सदमा न होता तो ऐसी लापरवाही नहीं होती। लेकिन नुकसान हम भर देंगे, आन्द्रेई पेत्रोविच! हम पूरा-पूरा हर्जाना देंगे!"

"अच्छा अब तुम मन को शान्त करो, अवदोत्या तिखोनोवना! तुम तसल्ली रखो और घर जाओ। मुझे पूरा यकीन है कि तुम जो कुछ करोगी ठीक करोगी और फ़ार्म के नुकसान को पूरा कर दोगी। वासिली कुज़मिच का कुछ नहीं बिगड़ेगा, इस बात का विश्वास रखो। तुम घर जाओ और अपने पति को तसल्ली दो। समझी? तुम किसी बात की फिकर न करो।...तो अब तुम लोग इकट्ठे रह रहे हो?"

"नहीं तो!..." अवदोत्या ने हड़बड़ाकर उत्तर दिया।

"नहीं? तो फिर क्यों वासिली के लिए इतना घबरा रही हो?—'हम और वास्या, हम और वास्या' की रट लगाए हो?"

"वह कोई दूसरा या पराया आदमी तो है नहीं!..." अवदोत्या ने सिर झुका लिया।

"दूसरा या पराया नहीं है तो तुम उसके साथ रहतीं क्यों नहीं? वह अकेला रहता है—तुम अकेली रहती हो! तुम दोनों से एक साथ क्यों नहीं रहा जाता? क्या वासिली बहुत खराब आदमी है?"

"कौन? वास्या? नहीं तो। वह बहुत अच्छा आदमी है! हज़ारों में एक है वह, आन्द्रेई पेत्रोविच! उस जैसा कोई बिरला ही होगा!"

"फिर तुम उसके साथ क्यों नहीं रहतीं? तुम कहती हो, वह बहुत अच्छा आदमी है। तुम उसे बहुत चाहती हो, यह मैं खुद देख रहा हूँ!" अवदोत्या सिर झुकाए चुप रह गई। आन्द्रेई ने कमरे का एक चक्कर लगाया। फिर बोला : "यह दुनिया भी बड़ी अजीब है। इन दीवालों ने एक से एक अचम्भे देखे हैं। सच कह रहा हूँ। अभी एक घण्टे पहले सामूहिक फ़ार्म की एक औरत आई थी। बोली : 'मेरे मर्द को समझाओ कि वह मेरे साथ रहे।' कह रही थी : 'आदमी बहुत खराब है, शराबी है, बड़ा कंजूस है। मुझे अकेला छोड़ कर चलता बना है। उसे मेरे पास लौटा दो।' पर रहेगी उसी के साथ। मैंने पूछा : 'तेरा आदमी इतना खराब है, शराबी है, कंजूस है तो फिर तू उसके साथ क्यों रहना चाहती है?' कहने लगी :

'नहीं, नहीं। तुम उसे ज़रूर लौटा दो! मैं रहूँगी उसी के साथ–उसी कंजूस के साथ!' तुम उससे ठीक उलटी हो! तुम कहती हो तुम्हारा पति अच्छा आदमी है। हज़ारों में एक बताती हो उसे! फिर भी उसके साथ रहने के लिए तैयार नहीं हो! बाबा तुम औरतों को समझना बड़ा मुश्किल है।" आन्द्रेई ने हँसते हुए कहा।

अवदोत्या की आँखों में आँसू भरे थे, फिर भी चेहरे पर हल्की सी मुस्कान दौड़ गई।

आन्द्रेई फिर गम्भीर हो गया।

"तुम कहोगी मैं खामखा तुम्हारे मामले में दखल दे रहा हूँ, अवदोत्या तिखोनोवना। लेकिन मैं बेकार टोह नहीं ले रहा हूँ। मैं तुम दोनों के मित्र के नाते कहता हूँ! जब मैंने सुना कि तुम दोनों अलग हो गए हो तो मैंने वासिली को दोषी ठहराया, तुम्हें नहीं। मैं सोचता था–इस औरत से उम्मीद ही क्या की जा सकती है। कोने में दबी भीगी बिल्ली सी रहती है–ख़ामोश और सहमी हुई। और तुम? पति पर बिपत आई तो धड़धड़ाती हुई दरवाज़ा खोलकर चली आई। तुमने फ़ार्म के पशु-विभाग का काम सम्हाल लिया है और अब जल्दी ही ज़िले के अग्रणी कार्यकर्ताओं में तुम्हारी गिनती होनेवाली है। तुम काम में चतुर हो, तुममें चरित्र का बल है–और चूंकि बात ऐसी है इसलिए तुम्हारा भी दोष उतना ही है जितना वासिली का। तुम लोग अपना मामला निपटा क्यों नहीं सके? वासिली सही राह पर नहीं था तो तुमने उसकी ग़लती बताने के लिए क्या किया? मैं यह मानने को तैयार नहीं कि तुम लोगों जैसे दो समझदार, भले, मज़बूत इनसान अपना मामला नहीं निपटा सकते। पारिवारिक जीवन का सुख, अवदोत्या तिखोनोवना, किसी कार्य में सफलता की तरह अपने-आप नहीं प्राप्त होता! उसके लिए मेहनत करनी होती है!"

अवदोत्या गाँव पहुँची तो दोपहर हो गई थी। वह सीधी वासिली के घर की ओर चल दी। वासिली की परेशानी दूर करने के लिए वह उसे आन्द्रेई का संदेश दे देना चाहती थी।

अवदोत्या का कलेजा मुँह को आ रहा था। वासिली के मकान की ड्योढ़ी की सीढ़ियाँ पार कर–जिन्हें कितनी ही बार उसने अपने हाथों से धोया था और जिनकी हर खुरचन और दाग से वह परिचित थी–उसने किवाड़ की मूठ पर हाथ रखा और धक्का दिया।

जिन कमरों में किसी समय बच्चों की किलकारियों की गूँज समाई रहती थी वे इस समय मौन और उजाड़ लग रहे थे। खिड़की में रखे गमलों में जिरेनियम के फूल कुम्हला गए थे। किसी ने मुरझाई पत्तियों को तोड़ कर अलग भी नहीं किया था। पलंग पर एक कम्बल लापरवाही से फैलाया गया था लेकिन उससे

फटी चादर छिपती नहीं थी। वासिली कुर्सी पर बैठा सामने की मेज़ पर पड़े कुछ कागज़ों को देख रहा था। घने काले बालों वाला उसका सिर नीचे को झुका था। उसके पतलून की पेटी गायब थी। कोट के बटन खुले थे। चेहरा उतरा हुआ था। दो दिन से हज़ामत नहीं बनी थी।

उसने आँखें उठाकर देखा। यक़ीन न आने पर वह फटी-फटी आँखों से देखता रह गया।

अवदोत्या तेज़ कदमों से उसके पास पहुँची। उसने उसके गले में बाँहें डाल दीं और अपने निकट समेट लिया।

"वास्या, मेरे...! हाय तुम कितने दुबले हो गए हो! और ऐसे में मैं यहाँ नहीं थी? बापू को अन्तिम समय देख भी न पाई। यह है हालत—हम ज़िन्दा रहते हैं लेकिन ज़िन्दगी की क़ीमत नहीं समझ पाते! और तभी यकायक कोई चल बसता है!"

अवदोत्या वासिली के काले रूखे बालों को थपथपाने लगी। वासिली सिहर उठा। उसने अपना माथा अवदोत्या के कन्धे में गाड़ दिया। अपनी रुलाई छिपाने के लिए वह अपना मुँह उसके शरीर में छिपा रहा था।

नारी के हृदय में प्रेम और दया के भाव प्रायः साथ-साथ ही उठते हैं। यह अकस्मात ही नहीं थीं कि अवदोत्या बहुधा एक शब्द के स्थान पर दूसरे शब्द का प्रयोग कर बैठती था और जहाँ 'प्रेम' की बात कहनी चाहिए थी, वहाँ 'दया' की बात कहती थी। वासिली के प्रति उसकी पुरानी प्रेम भावना को कोई भी दूसरी चीज़ इतनी तेज़ी से और पूरी तरह नहीं जगा सकती थी जितनी उसकी यह निस्सहाय दयनीय दशा! अवदोत्या ने उसे बाँहों में भर लिया। फिर उसके चेहरे को, बालों को और कन्धे को थपथपाने लगी।

"वासेन्का! मेरे प्यारे! अब बैठे रहने का काम नहीं। तुम अभी घोड़ा लेकर ज़िला कमिटी के दफ्तर जाओ। आन्द्रेई ने तुम्हें आज शाम को आठ बजे बुलाया है। टीम-लीडर सर्गी को भी अपने साथ लेते जाओ। मैंने तुम्हारे मामले के बारे में सुना तो मैं सीधी आन्द्रेई पेत्रोविच के पास पहुँची। बड़ा भला आदमी है। तुम्हें खूब अच्छी तरह जानता है। मेरी भी उससे यह पहली मुलाकात नहीं थी," अवदोत्या ने अभिमान से कहा, "मैं जानती थी कि वह मेरी बात पर अविश्वास नहीं करेगा। मैंने उसे सब कुछ बता दिया है। तुम्हारा और त्रावनित्सकी का झगड़ा भी। उसने कहा : 'वासिली का कुछ नहीं बिगड़ेगा।' सूअर का क्या है, हम दूसरा खरीद लेंगे। बछड़े को बेच देंगे, सूअर खरीद लेंगे। तुम उसे समझा देना। समझे? फ़ार्म के लोगों के सामने हमें आईने की तरह साफ और बेदाग होना चाहिए। अगर तुमसे लापरवाही हुई है तो तुम्हें उसका अच्छी तरह भुगतान भी करना होगा। तुम पेत्रोविच को सब अच्छी तरह समझा देना! सुना तुमने?" अवदोत्या ने उसे आदेश दिया।

"अब उठ खड़े हो। जल्दी तैयार हो जाओ!"

ढूँढ़ कर अवदोत्या ने वासिली को टोपी दी, अपने हाथ से उसके गले में गुलूबंद बाँधा और दरवाज़े तक उसे छोड़ने आई।

"मैं खुद तुम्हारे साथ चलती! लेकिन इस वक्त मैं जल्दी ही पशु-विभाग पहुँचना चाहती हूँ। वैसे, अब तुम्हारे साथ वहाँ जाने की ज़रूरत नहीं--मैं आन्द्रेई से सब कुछ कह आई हूँ...। बस, अब तुम चले जाओ जल्दी!"

दूसरे दिन वासिली शहर से लौटा तो अपना मकान उसकी पहचान में नहीं आ रहा था। मकान को माँजकर चमका दिया गया था। अलमारियों के खानों में झालरदार कटाव वाले सफेद कागज़ बिछे थे। बिस्तरों पर बरफ़ जैसे सफेद गिलाफों से ढँके तकिए रखे थे।

"बापू! अब हम तुम्हारे साथ रहेंगी! अब हम यहाँ से नहीं जाएँगी!" नन्ही दुन्या ने ऐलान किया।

कात्या एक कोने में अपना 'पायनियर कक्ष' सजाने में व्यस्त थी। वह दीवार पर नेताओं की तसवीरें और स्कूल से मिले सर्टिफिकेट लटका रही थी तथा अपनी नन्ही मेज़ पर पुस्तकें सजा रही थी।

प्रस्कोव्या की आँखों में खुशी के आँसू छलक रहे थे।

वासिली की ओर देखकर अवदोत्या मुस्करा दी।

"परौंठे अभी तैयार होते हैं बेटी, तू जल्दी से लाकर साबुन और तौलिया दे बापू को।"

परौंठे लाने के बाद अवदोत्या ने फौरन खाना परसा नहीं। वह आकर अपने पति के पास बैठ गई और उसके गले में बाँह डाल कर कहा :

"पहले सब शुरू से बताओ। वहाँ पहुँचकर तुम सीधे पेत्रोविच के पास गए?"

"हाँ, हाँ! सीधे! और उसके कमरे के सामने मुठभेड़ हो गई, मालूम है किससे? त्रावनित्सकी से!"

"नहीं?...सच ?...फिर क्या हुआ ?"

"कुछ नहीं! चुपचाप खिसक गया! चुप्पा और सींकिया है। मालूम होता है, पेट उसके है ही नहीं।"

"पेत्रोविच ने क्या कहा?"

"पेत्रोविच ने? वाह! उसकी न पूछो! सच अवदोत्या, बड़ा भला आदमी है। उससे बातें करो तो मालूम होता है ताज़ी हवा में आ गए हो।"

"तुमने कहा नहीं कि हम लोग हर्जाना भर देंगे?"

"ज़रूर! वह तो मैंने जाते ही कह दिया था—ठीक जैसे तुमने बताया था।"

अवदोत्या को वासिली से अलग हुए सिर्फ नौ महीने हुए थे! किन्तु इस अल्प-काल में ही दोनों के सम्बन्धों में बुनियादी परिवर्तन आ गया था।

उनके बीच की यह दरार पटना कब शुरू हुई?

क्या उस रात फ्रोस्या के ढलवान पर? या उस शाम जब पार्टी मीटिंग में अवदोत्या ने अपना पहला भाषण दिया था और वासिली के विचारों को उससे भी अच्छी तरह व्यक्त किया था? या उस दिन जब घास के खेतों के बारे में दोनों में बहस हो गई थी? या शायद इन नौ महीनों में कोई ऐसे विशेष क्षण आए ही नहीं और जैसे-जैसे उनमें समझदारी बढ़ी वैसे-वैसे ही उनकी भावनाएँ भी परिपक्व हुईं।

रात को सोते-सोते दुन्या ज़ोर से रो पड़ी। अवदोत्या उठकर उसके पास जाने लगी तो वासिली ने उसे अपनी बाँहों में जकड़ कर रोक लिया :

"तुम्हें छोड़ने में डर लगता है...क्या भरोसा, आँख खुले तो देखूँ तुम्हारा पता ही नहीं है।"

"मैं क्या अब कभी तुम्हें छोड़कर जा सकती हूँ, वास्या? इतने दिनों से हम लोग एक-दूसरे के लिए तड़प रहे थे...घुल रहे थे...! वास्या...अबकी तो लड़का जान पड़ता है।...इस बार बेटा होना चाहिए...हम उसका नाम कुज़्मा रखेंगे—उसके बाबा के नाम पर।"

वासिली ने अवदोत्या की भौंहों पर से उसके बाल हटाए और फिर लापरवाही से उसका माथा और कनपटी थपथपाने लगा!

"मेरी जान! क्या है आदमी की ज़िन्दगी भी?...तेरह बरस पत्नी के साथ गुज़ार दो तब कहीं जाकर चौदहवें बरस में पता चलता है कि असली प्यार क्या होता है!.."

जीवन में पहली बार अवदोत्या ने वासिली के मुँह से प्यार की चर्चा सुनी थी। वासिली के शब्द उसके हृदय में उसी तरह समाये जा रहे थे जैसे धूप से तपी प्यासी धरती में बरसात की पहली बूँदें समा जाती हैं।

2. परिवर्तन

मार्च की उस सुबह वासिली और अवदोत्या में हँसी-मज़ाक का वैसा ही एक झगड़ा उठ खड़ा हुआ था जैसे इन दिनों उनमें बढ़ गए थे।

सुबह कलेवा करने के वक्त अवदोत्या को चक्कर आ गया था। तबीयत खराब होने के कारण वह जाकर पलंग पर लेट गयी। वासिली आकर पलंग की पटिया पर बैठ गया।

"कोई खास बात नहीं है, वास्या!" अवदोत्या ने कहा। "अब ठीक हो गई हूँ। अब कोई तकलीफ नहीं!" उसके चेहरे पर छाया पीलापन दूर हो चला था।

"शहद खाने से तुझे चक्कर आया। मैंने पहले भी देखा है। जब तू शहद खाती है, तभी तेरी तबीयत खराब हो जाती है।"

"ओहो! तब तो बड़ा मिजाज़ी होगा तुम्हारा बेटा," अवदोत्या ने मुस्कराकर कहा। "फलां चीज़ उसे खाने को नहीं दी जायगी, फलां चीज़ उसे नहीं पचेगी! लड़का हुआ तब तो कुज़मा नाम रखेंगे। लेकिन लड़की हुई तो? किसी फूल पर नाम रखेंगे—जैसे मार्गरीटा, या किसी पौधे पर—जैसे विक्टोरिया।"

''वाह, सबसे बड़ा फूल तो होता है गोभी का फूल...'' वासिली ने मुस्करा कर बुलन्द आवाज़ में कहा! शिशु की कल्पना से उसके मन में जो उमंगें उठ रही थीं उन्हें वह ऊपरी रुखाई से छिपाने का प्रयत्न कर रहा था।

''हट्ट!...मेरा बेटा गोभी का फूल होगा? नन्ही-मुन्नी सी चीज़! अभी जनम भी नहीं लिया! तुम लगे उसका मज़ाक बनाने! चलो हटो! मैं तुमसे नहीं बोलती।'' अवादोत्या ने उसकी ओर पीठ फेर ली।

''प्यारी!''

''मैंने कह दिया न—मैं नहीं बोलती।''

''तुम भी कैसी बीवी हो!'' वासिली ने ठण्डी साँस ली। ''समझ में नहीं आता तुम्हें कैसे मनाऊँ।''

''मेरे चारों तरफ चक्कर लगाओ। ब्याह से पहले तुमने बीवी के चक्कर नहीं लगाए थे, सो अब लगाओ।''

दरवाज़े पर खट-खट सुनाई दी। नाटा-सा गठीले शरीर का आदमी दाखिल हुआ। वैसे ही आन्द्रेई की आवाज़ सुनाई दी :

''अरे बाबा! मैं कैसे ग़लत मौके में आ गया!''

शरम की मारी अवदोत्या झट पलंग से कूद कर खड़ी हो गई। वासिली भी झेंप रहा था—इस समय फ़ार्म के दफ्तर में होने के बजाय वह घर पर बैठा बातें कर रहा था।

''आओ आन्द्रेई! तुम्हारा घर है। तुम्हारा तो हमेशा यहाँ स्वागत है!'' उसने कहा। फिर सफाई देने लगा : ''हम लोग अभी कलेवा करने के लिए आए हैं। तुम्हें तो हमारा नियम मालूम ही है—तड़के पाँच बजे उठते हैं और काम पर निकल जाते हैं, फिर नाश्ता करने के लिए दस बजे आते हैं। कोट-टोपी उतारो और आकर तुम भी थोड़ा नाश्ता कर लो।''

आन्द्रेई वासिली की बात नहीं सुन रहा था। उत्सुकता और उत्साह से चारों तरफ नज़र दौड़ा कर मकान को देख रहा था! अब भी वह बात नहीं थी जो उसने बरस भर पहले देखी थी। फिर भी अब इतना तो लगता था कि यह घर है और यहाँ आदमी रह सकते हैं। उसने वासिली और अवदोत्या से कुछ कहा नहीं, केवल उनकी ओर देखा भर। उसकी आँखों में ऐसी सहृदयता, ऐसा परिहास और ऐसा विवेक था कि दोनों के चेहरे सुर्ख हो गए।

"मैं नाश्ता नहीं करूँगा। तुम लोग जल्दी खत्म कर लो। फिर एक चक्कर फ़ार्म का लगाएँगे। आज मैं दिन भर के लिए आया हूँ। अगले हफ्ते ज़िला कमिटी के सामने तुम्हारे पार्टी संगठन पर बालेंतिना रिपोर्ट पेश करेगी। मैंने सोचा ज़रा खुद देख-भाल लूँ, तुम लोगों से दो एक मसलों पर बातें कर लूँ। वालेंतिना कहाँ है, कुछ मालूम है?"

"वह बुद्योनी सामूहिक फ़ार्म गई हैं। दो-तीन घण्टे में लौट आएँगी।"

"उससे मुलाकात नहीं हुई–यह बुरा हुआ। खैर, कोई बात नहीं! चलो!"

वासिली को मालूम था कि आन्द्रेई सामूहिक फ़ार्म जीवन की मामूली से मामूली बात को भी बहुत ध्यान और गहराई से देखने की चेष्टा करता है। किन्तु उसने इतना सचेत उसे पहले कभी नहीं देखा था जितना आज। सिलेटी गरम कोट पहने–जिसमें वह ज्यादा स्वस्थ और भारी-भरकम लगता था–आन्द्रेई फ़ार्म में एक जगह से दूसरी जगह ऐसी तेज़ी से पहुँचता था कि लम्बी टाँगों वाले वासिली को भी उसका साथ पकड़ना मुश्किल हो रहा था।

आन्द्रेई ने पशुशाला, गोदामों, बिजली घर और लकड़ी कटाई की जगहों का चक्कर लगाया। सभी जगह काम व्यवस्थित ढंग से चल रहा था। वासिली प्रतिक्षण प्रोत्साहन और प्रशंसा के शब्द सुनने की प्रतीक्षा कर रहा था। किन्तु सेक्रेटरी अधिकाधिक मौन तथा चिन्तित होता जाता था।

'अब क्या गड़बड़ है?' वासिली ने मन ही मन सोचा। 'जब फ़ार्म में सब तरफ गड़बड़ी थी तब तो पट्ठा खूब खुश नज़र आता था। बातें करते नहीं थकता था। अब ऐसे चल रहा है जैसे कोई इसके साथ है ही नहीं। अब खाइयों को देख रहा है? वहाँ क्या रखा है? क्या दिखाई दे रहा है इसे? ऐसे हाथ हिला रहा है जैसे अपने से ही बातें कर रहा हो! लो, फिर भागा! उफ़, कैसा पागलों जैसा दौड़ रहा है! मुझसे साथ नहीं चला जाता। चुप्पी भी कैसी साधे है! कभी-कभी तो यह आदमी मेरी समझ में नहीं आता!'

फ़ार्म का चक्कर पूरा कर चुका तो आन्द्रेई फ़ार्म के दफ्तर लौटा। देखा, वालेंतिना आ गई है। उससे दुआ-सलाम की। पड़ोस के फ़ार्म से वह अभी लौटी थी। आन्द्रेई ने वासिली और वालेंतिना से 1948 के उत्पादन की वह योजना माँगी, जो इन लोगों ने कुछ दिनों पहले तैयार की थी। साथ के कमरे में काफ़ी शोर और

गुल-गपाड़ा हो रहा था। पर आन्द्रेई योजना के कागज़ों पर ध्यान गड़ाए बैठा था। कभी-कभी अपने छोटे से हाथ से वह सिर खुजा लेता था, कभी अपनी नोट-बुक में कुछ लिख लेता था।

पार्टी की खुली सभा शुरू होने से पहले ही आन्द्रेई ने सब कागज़ों को देख लिया और एक तरफ रख दिया। फ़ार्म के दफ्तर में एक-एक कर कम्युनिस्ट इकट्ठा होने लगे थे।

"क्या राय है हमारी योजना के बारे में?" वासिली पूछ ही बैठा। नए वर्ष की यह योजना उसने बहुत दिनों के परिश्रम के बाद तैयार की थी और इस योजना पर उसे गर्व था।

"पार्टी संगठन में इस पर बहस हो चुकी है?"

"नहीं, अभी नहीं," वालेंतिना ने उत्तर दिया।

"सो तो दीख रहा है।"

आन्द्रेई चुप हो गया और अपनी जेब में सिगरेट और माचिस ढूँढ़ने लगा।

माचिस की डिबिया दब गई थी। तीलियाँ टूट गई थीं। सिगरेट सुलगाने में दिक्कत हो रही थी। अपने पास खड़े लोगों की उत्सुकता भरी निगाहों पर ध्यान दिए बिना वह सिगरेट सुलगाने में लगा रहा।

"मतलब क्या है तुम्हारा?" वालेंतिना ने उतावली से पूछा।

मुँह से धुएँ के कई लच्छे निकालने के बाद उसने नपा-तुला उत्तर दिया :

"तुम्हारी योजना पार्टी-योजना नहीं है।"

"पार्टी-योजना नहीं है?"

"हाँ! यह योजना किस उद्देश्य पर पहुँचाती है? तुमने क्या लक्ष्य निश्चित किया है? किन बुनियादी समस्याओं को सामने रखा है?"

आन्द्रेई ने न तो वालेंतिना की ओर देखा, न वासिली की ओर! दूर सामने दीवार पर ही उसकी दृष्टि थी। अपने पास खड़े उलझन में पड़े लोगों की उसे कोई परवाह नहीं थी। उसके माथे की रेखाएँ उभर आई थीं। वासिली मन ही मन कुढ़ उठा। कभी-कभी उसे लगता कि आन्द्रेई में 'जुझारू मेढ़े' जैसी शक्ति आ जाती है और वह डिगाए नहीं डिगता।

"यह चाहता क्या है? लोगों ने इतने परिश्रम से इतना कुछ किया है, इतनी अच्छी फसल तैयार की है! क्या इनकी प्रशंसा कर देना पाप होगा?"

आन्द्रेई वासिली की निराशा और व्यग्रता की ओर ज़रा भी ध्यान दिए बिना उसकी ओर घूम कर बोला :

"वासिली कुज़मिच! तुम्हें याद है हम लोगों में पहली बातचीत क्या हुई थी? तुमने कहा था : 'हमें जुताई में और बीजों में आपकी सहायता मिल जाए तो हम पहली फसल के समय ही यह झंझट की हालत खत्म कर देंगे, दूसरी

फसल तक हम दूसरे औसत फ़ार्मों जैसे हो जाएँगे और तीसरी फसल के बाद अगर किसी से पीछे रह जाएँ तो नाम बदल देना।' हमने तुम्हें बीजों की, मशीनों की, विशेषज्ञों की, कर्जे की—सभी तरह की मदद दी। तुमने भी वादा पूरा किया—फ़ार्म की हालत अब पहले जैसी नहीं है। लेकिन अब तो फ़ार्म को पहली श्रेणी के फ़ार्मों में होना चाहिए!''

''पहली श्रेणी के फ़ार्मों में!...'' वासिली ने निराशापूर्ण मुस्कराहट से उत्तर दिया। ''कहना तो आसान होता है, करना मुश्किल। कोशिश तो कर ही रहे हैं, लेकिन पिछड़े फ़ार्म से अच्छे फ़ार्म और अच्छे फ़ार्म से पहली श्रेणी के फ़ार्म तक पहुँचने का काम एक ही छलाँग में तो नहीं किया जा सकता। यह काम रेल पर बैठ कर उग्रेन से शहर और शहर से मास्को पहुँच जाने जैसा आसान तो नहीं है। यह तो रेल से एकदम हवाई जहाज पर उड़ने जैसी बात हो गई। हमें पहले रेल का जंकशन बदलना होगा!''

''बिलकुल ठीक!" आन्द्रेई बोला। "लेकिन तुम्हारी योजना में मुझे ये जंकशन दिखाई तो नहीं देते। इसे तुम क्या कहोगे," आन्द्रेई ने योजना के कागज़ों को घृणा से दिखाते हुए पूछा, "इतने टन खाद फलानी तारीख तक इकट्ठा की जाए! इतने टन गल्ला साफ किया जाए! ठीक है! लेकिन यही सब तो पिछले साल की तुम्हारी योजना में था।"

"क्या तुमने पिछले साल की योजना की तारीफ़ नहीं की थी, आन्द्रेई पेत्रोविच?" बुयानोव बोला। "क्या तुमने उसे ठीक करवाने में मदद नहीं की थी?"

"की थी, लेकिन वह पिछले साल की बात थी मेरे दोस्त! पिछले साल तुम्हारे सामने तीन बुनियादी काम थे : फ़ार्म के किसानों को बाँट कर दलों में संगठित करना, फसलों की पारी बाँधना और बिजली घर की ताकत बढ़ाना। ये काम तो तुमने कर लिए। लेकिन अब? कोल्हू के बैल की तरह उसी जगह चक्कर लगाते रहोगे? फिर से वही सब तो शुरू नहीं कर सकते? कहाँ", उसने कागज़ों को दिखाते हुए कहा, "कहाँ है इस योजना में आगे कदम उठाने की बात? आगे विकास की गारण्टी कहाँ है? तुम्हारे शब्दों को इस्तेमाल किया जाए, वासिली कुज़्मिच, तो इसमें नए जंकशन कहाँ हैं? वे बुनियादी कर्तव्य कौन से हैं जिनको देखकर हम कह सकते हैं—हाँ, इन्हें पूरा कर लिया तो हमारा फ़ार्म उन्नति के मार्ग पर बढ़ चलेगा! तुम्हारी इस योजना में कोई उदेश्य ही नहीं है, इसमें पार्टी भावना नहीं है!"

"यह तो सिर्फ मोटी-मोटी रूपरेखा है योजना की।" वालेंतिना ने झुँझलाते हुए उत्तर दिया। "अभी इस पर न तो पार्टी मीटिंग में बहस हुई है, न किसानों की आम सभा में।"

"लेकिन ऐसी बेजान चीज़ तुमने बनाई ही क्यों?"

वालेंतिना को अपने पति पर गुस्सा आ रहा था। लगभग पन्द्रह दिनों से दोनों की मुलाकात नहीं हुई थी। दोनों अपने-अपने काम में व्यस्त थे। अब दोनों में मुलाकात हुई भी तो आन्द्रेई सबके सामने उसकी बनाई योजना को भला-बुरा कह रहा था। कोई भूल दिखाई दी थी तो क्या चुपचाप अलग सुधार की सलाह नहीं दे सकता था?

'यही हालत रही तो पार्टी संगठन की मंत्री की हैसियत से मेरी मट्टी-पलीत होते देर न लगेगी?' उसने सोचा। 'क्या इस बाबत बाद में मुझसे घर पर बातें नहीं कर सकता था?'

वालेंतिना के सम्मान को 'पारिवारिक' ढंग से सुरक्षित रखना आन्द्रेई को कतई मंजूर नहीं था! और भी उग्र स्वर में वह बोला :

"जैसे बिना गूदी का आम, जैसे बिना फलीते की बारूद—ऐसी है तुम्हारी योजना!"

पहली मई फ़ार्म पार्टी संगठन के लोग पहले काफ़ी संतुष्ट और उत्साहित थे। इस नाटे कद, किन्तु बड़ी-बड़ी योजनाओं वाले, आदमी ने आते ही उन्हें झकझोर दिया। इसके आने से पहले सभी कुछ सन्तोषप्रद और शान्त दिखाई देता था। लेकिन यह आया नहीं कि इसके साथ ही असन्तोष और क्षोभ भी फैल गया। आन्द्रेई की नज़र न तो वालेंतिना के क्रोध भरे चेहरे पर गई और न दूसरे लोगों के माथों पर पड़ी त्योरियों पर। वालेंतिना उसकी इस आदत से परिचित थी—आन्द्रेई जब एक बार लक्ष्य निर्धारित कर लेता था तो और सब कुछ भूलकर उसी की ओर बढ़ता था। आन्द्रेई उठकर खड़ा हुआ और कमरे में चहल-कदमी करने लगा! नाटा, क्रुद्ध—वह उड़ने को उद्विग्न गौरैया जैसा लग रहा था।

'दूसरों को रास्ता दिखाना आसान है। यह तो कोई भी कर सकता है।' बुयानोव झुँझलाकर सोच रहा था। 'मैं तो यह जानना चाहता हूँ कि ज़िला पार्टी कमिटी में तुम क्या करते हो?' उसने सोचा, ज़रा पार्टी सेक्रेटरी से एक 'पेचीदा' सवाल पूछा जाए।

"आन्द्रेई पेत्रोविच! तुम बुनियादी समस्याओं, नई मंजिलों, नए जंकशनों वग़ैरा-वग़ैरा की बातें तो करते रहते हो। अब ज़रा यह बताओ : हमारे सामने अपने पिछड़े फ़ार्म की अवस्था सुधारने का सवाल था और तुम्हारे सामने पिछड़े हुए ज़िले की अवस्था सुधारने का। तुम्हारे इस ज़िले में आखिर वे कौन-सी बुनियादी बातें और नए जंकशन हैं जिनकी तुम हमसे इतनी माँग कर रहे हो। या इन बुनियादी बातों और जंकशनों की दरकार सिर्फ़ हमें है; पूरे ज़िले को इनकी कोई ज़रूरत नहीं?"

आन्द्रेई खड़ा हो गया। उसने बुयानोव के विनम्र चेहरे पर नज़र डाली, फिर उसके प्रश्न में छिपी शरारत को भाँपते ही खुश होकर बोला :

"क्यों नहीं? इनकी ज़रूरत है मेरे लिए, मिखाइल ओसिपोविच!"

"तो फिर ज़िले की योजना में ये कौन-सी बुनियादी बातें हैं?"

"है बुनियाद बात। ज़रूर है।"

सेक्रेटरी के चेहरे पर एक साथ ही चिंता और दृढ़ता का भाव छा गया। चुपचाप वह खिड़की के पास जा खड़ा हुआ। उसके पिछले शब्दों और इस खामोशी ने कमरे में छाए उत्सुकतापूर्ण मौन को और भी गहरा बना दिया।

''यह बुनियादी बात है–हमारा नया मशीन ट्रैक्टर स्टेशन!'' आन्द्रेई ने शान्त स्वर में कहा।

उसके शब्दों ने पहली मई फ़ार्म के किसानों को निराश ही किया।

''नया मशीन ट्रैक्टर स्टेशन! तो फिर?'' बुयानोव मन ही मन कह रहा था। ''मान लिया कि नया मशीन ट्रैक्टर स्टेशन बन गया है। प्रोखारचेंको ने बड़ा काम किया है। ज़िले की कार्यकारिणी कमिटी ने बड़ा काम किया है! बेशक पेत्रोविच ने भी मदद की है। लेकिन उसके बारे में ऐसे बातें क्यों कर रहा है जैसे ज़िले को सोने का खज़ाना मिल गया हो?"

आन्द्रेई अपनी बातों से पैदा हुई आम निराशा को भाँप तो गया, पर घबराया नहीं।

"मशीन ट्रैक्टर स्टेशन से क्या होगा, इस सम्बन्ध में हम जल्दी ही सक्रिय पार्टी कार्यकर्ताओं की सभा में बात करेंगे। जल्दी ही आप सबको मालूम हो जाएगा कि मैं नए मशीन ट्रैक्टर स्टेशन को पूरे ज़िले के लिए एक नई ऊँची मंज़िल क्यों कहता हूँ। लेकिन यहाँ तो पहले इस फ़ार्म की समस्याओं पर विचार होना चाहिए। सबसे पहला और मुख्य प्रश्न फ़ार्म में पार्टी के संगठन के विकास का है!"

"हमारे दो नए मेम्बर बने हैं,–यासनेव और सर्गी।" वालेंतिना ने कहा।

"ये तो बहुत ज्यादा नहीं हुए! लेकिन खैर, इसकी वजह भी है। पिछले साल तुमने लोगों का अध्ययन किया। लेकिन अब वक्त आ गया है कि फ़ार्म के प्रभावशाली और अग्रणी किसानों को पार्टी की ओर लाने के लिए जुट कर काम किया जाए।" आन्द्रेई उँगलियाँ उठा-उठा कर गिनाने लगा : "कौमसोमोल की लड़कियाँ तातिआना ग्रिबोवा, क्सेन्या वोल्शाकोवा, टीम-लीडर लुबावा वोल्शाकोवा और अवदोत्या बोर्तनिकोवा–पार्टी मेम्बर बनने लायक हैं।"

आन्द्रेई ने अवदोत्या का नाम लिया ही था कि अवदोत्या ने दफ्तर के दरवाजे में कदम रखा। सब लोग हँस पड़े। अवदोत्या घबरा गई। "क्या मेरी ही बात हो रही थी? मेरी बुराई तो नहीं की जा रही थी?" उसके मन में प्रश्न उठे।

"तुम्हारी उम्र बहुत लम्बी है, अवदोत्या तिखोनोवना!" आन्द्रेई ने हँसकर कहा। "अब वहाँ दरवाज़े पर मेहमान बनी क्यों खड़ी हो। मालकिन की तरह भीतर आओ न!"

अवदोत्या को विश्वास हो गया कि उसकी निन्दा या आलोचना नहीं हो रही थी। वह चुपचाप एक कोने में जा बैठी, हाथ आँचल पर मोड़ लिए और बैठे हुए लोगों की ओर मुस्कराकर देखा। अवदोत्या पहली बार खुली पार्टी मीटिंग में नहीं आई थी। फ़ार्म के समझदार और ज़िम्मेदार लोगों और उसके बीच जो नए, अनभ्यस्त, किन्तु आवश्यक सम्बन्ध स्थापित हो गए थे, उन्हें वह बहुत महत्त्वपूर्ण समझती थी। शुरू में इन सम्बन्धों का महत्त्व पूरी तरह उसकी समझ में नहीं आया था। उसकी सहज बुद्धि को यही लगा कि यह सब स्वाभाविक है। किन्तु जब उसने देखा कि जिन लोगों को वह सबसे ज्यादा चाहती है वे उसे अपने दायरे में खींचने की कोशिश कर रहे हैं तब, हर भली चीज़ के लिए लालायित, उसने भी उनके आह्वान का स्वागत किया। धीरे-धीरे उसके मन में यह इच्छा जड़ें पकड़ने लगी कि वह भी पार्टी मेम्बर बन जाए। उग्रेन में या शहर में, जब कभी किसी कान्फ्रेंस में व्यवहार-कुशल और अनुभवी स्त्रियों से उसकी मुलाकात होती तो वह सोचती : ''अवश्य ये पार्टी मेम्बर हैं!'' और उसका अनुमान प्रायः ठीक ही निकलता। मिलनेवाले भी प्रायः उसे कम्युनिस्ट ही समझते। जब उसे यह स्वीकार करना पड़ता कि वह पार्टी मेम्बर नहीं है, तो उसे बड़ी लज्जा मालूम होती। उसे लगता, वह दूसरों के दिल को ठेस पहुँचा रही है।

वालेंतिना ने जब एक बार उसे सुझाया कि वह पार्टी मेम्बर बन जाए तो अवदोत्या को यह बात अप्रत्याशित नहीं लगी। कुछ सोचते हुए उसने कहा :

"चाहती तो मैं भी हूँ। लेकिन मैं सोचती हूँ कि अभी मुझमें राजनीतिक समझ नहीं आई है।"

"हम लोग अपना एक दल बना लेंगे और अध्ययन शुरू कर देंगे। अकेली तुम्हीं तो नहीं हो। लुबावा है, यासनेव है, सर्गी-सार्जेंट है, तातिआना है, क्सेन्या है। हम सब मिलकर अध्ययन किया करेंगे।"

"हाँ," आन्द्रेई ने फिर अपनी बात शुरू की, "हम लोग बात कर रहे थे उन्नीस सौ अड़तालिस की आर्थिक योजना के बारे में। पिछले साल हमारे सामने मुख्य कर्तव्य था—पार्टी संगठन स्थापित करना। फिर दलों के संगठन का प्रश्न था और फसल में सुधार वग़ैरा की कुछ आम बातें थीं। लेकिन अब वक्त का तकाज़ा है कि फ़ार्म की अलग-अलग शाखाओं पर अलग-अलग ध्यान दिया जाए। फ़ार्म की हर शाखा के लिए एक-एक धुरी-केन्द्र की आवश्यकता होगी। फसलों को और अधिक सुधार सकने के लिए ज़रूरी है कि एक ऐसा केन्द्र बने जिसके चारों ओर कृषि-विज्ञान का विकास हो सके। आपके पास एक सुसज्जित प्रयोगशाला होनी चाहिए। पशुओं के लिए नई पशुशाला और काफी मात्रा में पानी की ज़रूरत होगी। आप लोगों की योजना में पशुओं को चराने के लिए बाहर ले जाने और चारे के प्रबंध के लिए एक दल बनाने का भी सुझाव है। यह ठीक

ही है। तरकारी के बाग की जगह बदलकर उसे अब ऐसी जगह देनी चाहिए जहाँ काफी सिंचाई हो सके। आज सुबह मैं खड्ड की तरफ से आया हूँ। जून महीने तक उसमें पानी ही पानी रहता है, पोलियांका नदी की एक पतली शाखा भी उधर है। वहाँ तालाब बाँधा जा सकता है।"

आन्द्रेई की बातों से शुरू में जो निराशा और चिन्ता पैदा हुई थी वह उत्सुकता में बदल गई। कमरे में और लोग भी आ रहे थे। आन्द्रेई बीच में बोल उठा :

"ओ हो! आपके यहाँ तो अच्छी-खासी फ़ौज मौजूद है, साथियो! सभी पुराने परखे पहचाने लोग हैं!"

नए आने वाले प्रत्येक व्यक्ति से हाथ मिलाता हुआ आन्द्रेई हरेक से कोई न कोई हँसी-मज़ाक या तसल्ली की बात कह रहा था।

"कहो, क्सेन्या? अबकी जाड़ों में आगे अध्ययन के लिए शहर जाओगी न?"

क्सेन्या शरमा गई।

"तुम वह बात भूले नहीं, आन्द्रेई पेत्रोविच?"

"कौन? मैं? अरे नहीं! ज़िला पार्टी सेक्रेटरी को भूलने का कोई हक नहीं! जाड़ों में तुम आगे पढ़ाई के लिए जाओगी।"

क्सेन्या ने कुछ परेशानी से सर्गी की ओर देखा। क्सेन्या का उद्‌देश्य आन्द्रेई से छिपा न रहा। मुस्कराकर बोला :

"हाँ, हाँ! इनका भी इन्तज़ाम हो गया है। दोनों साथ जाओगे। और तुम पिमेन इवानोविच! तुम ज़िले के स्वास्थ्य विभाग के दफ्तर चले जाओ। सैनेटोरियम तक मुफ्त पहुँचाने के लिए एक टिकट तुम्हारा इन्तज़ार कर रहा है। बोवाई के वक्त तक तुम्हें तगड़ा तन्दुरुस्त हो जाना है।"

नाटे से जिला सेक्रेटरी का जादू जैसे-जैसे असर कर रहा था, वैसे-वैसे ही वासिली का क्रोध भी काफूर होता जा रहा था।

"कभी-कभी तो ऐसा लगता है जैसे इसे अपने आस-पास के लोगों का ध्यान ही नहीं है, जैसे यह टैंक है और अपने लक्ष्य तक पहुँचने के लिए सब-कुछ रौंदता-कुचलता चला जा रहा है, लेकिन गहराई से देखो तब मालूम होता है कि इसे हरेक का ध्यान है। मुसीबत में फँसे हर आदमी की मदद करने को तैयार है—जैसे मेरी। रही योजना की बात, सो बात तो इसने बड़ी कड़ी कही है, लेकिन कही है बड़ी मौजू बात!"

कमरा भर चुका था। हँसी-मजाक के फौव्वारों के बीच गम्भीर बातचीत भी चल रही थी।

"आज से नया साल शुरू होता है।" वासिली ने वालेंतिना की ओर झुककर

धीरे से कहा। "पिछले साल का काम हम लोगों ने पहली पार्टी मीटिंग से शुरू किया था। सिर्फ तीन आदमी थे हम! याद है? तुमने मेरे हँसकर बातें न करने की शिकायत की थी?"

वालेंतिना को भी पुरानी बातें याद हो आईं। उसने सिर हिलाकर कहा :

"जी हाँ! और आपने मुझसे कहा था—तू जाकर बांसरी बजा!...लगता है उस बात को हुए पूरा युग बीत गया है!"

"अरे, अब हम लोग बड़े हो गए हैं।" वासिली ने मुस्कराकर कहा। फिर अपनी घुटी दाढ़ी सूतते हुए ऊँची आवाज में बोला : "अच्छा साथियो! अब सभा की कार्रवाई शुरू होती है।"

ज़िला पार्टी कमिटी में वालेंतिना की रिपोर्ट पर विचार हो जाने के बाद पहली मई सामूहिक फ़ार्म के लिए नए वर्ष के काम की योजना निश्चित हो गई। फ़ार्म के जीवन में उत्साह की एक नई लहर दौड़ गई।

सभा के अगले दिन बुयानोव ने वासिली से पूछा : "इतनी बड़ी-बड़ी इमारतों की योजना तो तुमने बना डाली है, लेकिन यह काम करेगा कौन?"

"तुम मिखाइल ओसिपोविच, और कौन!" वासिली ने दृढ़ता से उत्तर दिया।

बुयानोव कुर्सी से उछल पड़ा।

"दिमाग़ तो ठीक है तुम्हारा, वासिली कुज़मिच?"

"दिमाग़ मेरा बिलकुल ठीक है, मिखाइल ओसिपोविच!" वासिली ने गम्भीरता से उत्तर दिया। "इंजीनियर किराए पर तो लाए नहीं जा सकते, न उन्हें इस तरह लाने की ज़रूरत है! काम हमी लोगों को सँभालना होगा—ज़िले की मदद से। तुमने इंजीनियर का कुछ काम सीखा भी है, तुम हो भी योग्य आदमी! इमारती काम की जिम्मेदारी तुम्हारी होगी।"

"तुम बात गम्भीरता से कर रहे हो, या सिर्फ मेरा मज़ाक बना रहे हो?"

"मैं पूरी गम्भीरता से बात कर रहा हूँ। बिजली घर तुमने ठीक से चालू कर ही दिया है। छह महीने के लिए हम लोग तुम्हें सब कामों से छुट्टी दे देंगे। तुम किरोव ज़िले के 'लाल अक्तूबर' फ़ार्म चले जाना। वहाँ इमारती काम जोरों से चल रहा है—वह भी बिना किसी बाहरी मदद के। तुम्हें मालूम हो जाएगा कि वे लोग कैसे काम करते हैं। हम जिला इंजीनियर से कहेंगे कि तुम्हें अपनी मातहती में ले ले। किताबें? किताबों का बन्दोबस्त हम लोग करेंगे। नक्शे बनाने का सामान? हम लोग खरीद देंगे। नक्शों का कागज़? हम ला देंगे। नक्शे बनाने की मेज़? हम लोग बना देंगे।"

"क्या मुझे फालतू आदमी समझ रखा है? जो नया काम देखा जोत दिया।

तुम्हारे कह देने भर से मैं इमारती इंजीनियर नहीं बनने का।" बुयानोव ने विरोध किया।

"तुम बनोगे।" गम्भीरता से वासिली ने बातचीत समाप्त की।

कई सप्ताह बाद पहली मई फ़ार्म का अपना 'इमारती विभाग' भी खुल गया। एक अलग कमरे में नक्शे बनाने की मेज़ पर ड्राइंग का सामान, परकालें, पैमाने, सेट-स्क्वेयर और टी-स्क्वेयर, कितने ही नक्शे—जैसे पशु-विभाग, पानी की टंकी, गाँव की क्लब, अस्पताल, शिशुशालाओं आदि के—लदे थे। और इस मेज़ के पीछे कुर्सी पर बैठे थे—मिखाइल बुयानोव।

बुयानोव रोज़ कोई न कोई नई माँग वासिली के सामने पेश करता रहता—कभी सामान की, कभी आदमियों की, कभी गाड़ियों की। हर माँग के साथ भूमिका रूप में यह प्रश्न जुड़ा रहता :

"तुम्हीं ने मुझे इमारती विभाग का मुखिया बनाया था न? अब क्या मैं बैठे-बैठे अँगूठा चूसूँ? ईंटें और टीन कब मिलेंगी? ज़रा हाथ-पाँव हिलाओ, वासिली कुज़मिच! इमारती काम का मौसम आ ही गया समझो!"

और वासिली ने हाथ-पैर हिलाने शुरू भी कर दिए थे। कटे हुए जंगलवाली जगह लेने में उसे कम दिक्कत नहीं उठानी पड़ी। लड़-झगड़कर उसने लिखा-पढ़ी करा ली और गैर-मुस्तकिल तौर पर दस साल के लिए यह जगह फ़ार्म को मिल गई। शर्त यह थी कि ज़मीन को खेती लायक बनाने और पास के दलदलों को सुखाने की ज़िम्मेदारी फ़ार्म की होगी। कटे जंगल लेकर खेत बनाने का सुझाव सबसे पहले अल्योशा ने दिया था इसलिए उसकी स्मृति में फ़ार्म वालों ने इस जगह का नाम 'अल्योशा का टीला' रख लिया। ज़मीन की नाप करनेवाले सरकारी आदमियों ने भी अपने नक्शों में इस जगह का नाम 'अल्योशा का टीला' रखा था। इस तरह यह नाम कानूनी हो गया। यहाँ भी बारी-बारी से फसल उगाने और इमारती काम शुरू करने की व्यवस्था करनी थीं। अस्तु, यहाँ काम करने के लिए एक खास दल भेजा गया। इतवार को फ़ार्म भर के लोग, स्कूल के बच्चे, बूढ़े और बूढ़ियाँ काम के लिए टीले पर पहुँच जाते। यहाँ वे बड़ा मन लगाकर काम करते। पिछले साल नियत काम से अधिक मेहनत के लिए अतिरिक्त मज़दूरी भी मिली थी। इसलिए अब पोल्यूखा, मलानिया और क्सेनोफोन्तोवना जैसी कामचोर भी बिना बुलाए टीले पर जा पहुँचतीं।

जो लोग सामूहिक फ़ार्म से बरसों से अलग थे वे भी अब फ़ार्म के दफ्तर पहुँचकर वासिली से 'कुछ काम' देने की माँग करते। काम की भला क्या कमी थी?

साँझ को फ़ार्म के दफ्तर और गाँव की क्लब में भीड़ सी जमा रहती। कृषि शिक्षा केन्द्र, राजनीतिक शिक्षा केन्द्र और शौकिया कला केन्द्र—सभी में आदमियों की भरमार थी। कभी-कभी तो जगह के लिए लोगों में कहा-सुनी तक हो जाती थी।

लेना ने भी—जो अल्योशा की मृत्यु के बाद सभी चीज़ों से विरक्त सी हो गई थी—अपने को इस भँवर में खिंचते पाया।

लेना का मन बहलाने के लिए वालेंतिना एक अरसे से उसे किसी न किसी काम में घसीटने का असफल प्रयत्न करती रही थी।

"रहने भी दो मुझे!" लेना यही उत्तर देती। "मेरे लिए स्कूल का काम और बच्चे बहुत हैं! मैं उन्हीं में खुश हूँ। जवानों के भीड़-भड़क्के में मुझे अच्छा नहीं लगता।"

"तुम तो सिमट कर बिलकुल अपने अन्दर जा बैठी हो। यह ठीक नहीं। जवानों के भीड़-भड़क्के में अच्छा नहीं लगता तो हम बड़ों के बीच आओ। हम कम्युनिस्ट और पार्टी सदस्यता के उम्मीदवार शाम को एक साथ बैठकर लेनिन, स्तालिन और मार्क्स की पुस्तकों का अध्ययन करते हैं। इस काम को हम लोग, बहुत ज़रूरी समझते हैं। वहाँ तो एक बार आओ न। ज़रूर तुम्हारा मन लगेगा!"

"मुझे ऐसे ही रहने दे, वाल्या!"

वालेंतिना ने लुबावा से उसके यहाँ जाने को कहा।

"तुम ज़रा उसके यहाँ हो आओ न, लुबावा। तुम तो खुद सब दुख झेले पड़ी हो। तुमसे ज्यादा उसे और कौन समझा सकेगा! तुम्हारी बात वह मानेगी भी।"

"हाँ। मैं तो खुद सोच रही थी उसके यहाँ जाने को।"

एक साँझ की बात है। दादी वासिलिसा के सूने घर में बैठी लेना कुछ पुराने कागज पलट रही थी। अल्योशा की कापियाँ उसके हाथ पड़ गईं। लेना किताबों की अलमारी के पास ज़मीन पर ही बैठ गई। अल्योशा के हाथों की लिखाई देखते-देखते उसकी आँखों से आँसू बह चले। पुरानी बातें उसे फिर याद हो आईं। पहले दिन दोनों का एक मेज़ पर आमने-सामने पढ़ने बैठना। अल्योशा की लम्बी-लम्बी पलकें! अल्योशा का बोल-बोलकर अपना पाठ याद करना—"...यदि किसी त्रिकोण का एक कोण सम हो...!" क्या मालूम था कि ऐसा हो जाएगा? बरस भर से कुछ ही ऊपर के काल में सब कुछ सामने आ गया—प्रेम भी, सुख की उमंगें भी और मौत भी।

लुबावा बिना किवाड़ खटखटाए भीतर चली आई। लेना न उठकर खड़ी हुई, न आँसू ही पोंछे। लुबावा से उसने अपना दुख नहीं छिपाया। एक कुर्सी खींचकर लुबावा चुपचाप लेना के पास बैठ गई और उसके बालों पर अपना खुरदुरा हाथ फेरने लगी।

"दुख भी तभी दुख जान पड़ता है जब आदमी ने सुख देखा हो।"

"क्या?" लेना ने पूछा। लुबावा की बात पूरी तरह उसकी समझ में नहीं आई थी।

"जिसने असली सुख जाना नहीं वह थोड़े सुख से संतुष्ट हो जाएगा। लेकिन जिसने असली सुख जाना है और उसे खो दिया है, उसी को गहरी पीर होती है। तेरी हालत बुरी है, लेनोच्का! मैं जानती हूँ। पर मेरी हालत तो और भी बुरी थी।"

"क्यों?"

"बहुत सी वजहें हैं, लेनू! तू तो अभी जवान है, खूबसूरत है, पढ़ी-लिखी है। किताबों से भी मन बहला सकती है। तेरी पूरी ज़िन्दगी सामने पड़ी है। तेरी ज़िन्दगी में अभी फिर सुख के अंकुवे फूटेंगे।"

"मुझे नहीं चाहिए...मुझे और कोई सुख नहीं चाहिए..."

"सुख के लिए अभी से दरवाजे-खिड़कियाँ बन्द करने मत भाग। ज़िन्दगी को गारत मत कर। सुख अभी भी लौटेगा। मैं उम्र में तुझसे बड़ी, बेपढ़ी-लिखी, बाल-बच्चों वाली औरत थी। खूबसूरती में तेरा पासंग भी नहीं थी। फिर भी दो बार सुख ने मेरे दरवाज़े खटखटाए।"

"कैसे? मुझे बताओ न!" लेना ने पूछा नहीं, आग्रह किया।

दोनों की समान पीड़ा और दोनों के समान दुख ने ही लेना से यह प्रश्न करवाया था। विस्मय से फैली उसकी आँखें लुबावा के विषादपूर्ण चेहरे पर गड़ी थीं। फ़ार्म में कभी किसी ने नहीं सुना था कि सुख ने दुबारा लुबावा का दरवाज़ा खटखटाया था। सभी उसे दुखी और एकाकी विधवा मानते थे। 'मैं नहीं जानती थी कि इनकी ज़िन्दगी में भी कोई राज़ है!' लेना ने मन ही मन कहा। उसने फिर आग्रह किया।

"बताओ न लुबावा!"

"अच्छा तो सुन! यह बात मैंने पहले कभी किसी से नहीं बताई, पर तुझे बताती हूँ।" इतना कह कर लुबावा चुप हो गई और अपनी कड़ी-कड़ी उँगलियों पर शॉल का छोर लपेटने लगी। उसकी काली आँखें एक जगह जमी थीं मानो अपने अन्दर वह कुछ ऐसा देख रही हो जिसे और किसी ने न देखा था। "मेरा पति मरा तो मुझे बहुत भारी सदमा पहुँचा। लेना तू तो अभी कली है, खिल ही रही है। मेरी तो तब चढ़ी नदी सी जवानी थी। मैं दूसरी औरतों के साथ नहाने जाती तो उनकी आँखें फटी की फटी रह जातीं। मेरे सामने दूसरी ऐसी लगतीं जैसे मरीज़ हों, हड्डियों का ढाँचा हों। मेरा बदन ऐसा था जैसे किसी बड़े पेड़ को तराश कर बनाया गया हो! मांस-पेशियाँ जैसे धरती से उगी हों। रेशा-रेशा सुख की मौज-बहार के लिए तड़प रहा था! साधारण स्त्री के सुख के लिए छातियों से लगा

नन्हा-मुन्ना हो, कन्धे पर किसी भले आदमी की बाँह हो! पाशा के मरने की खबर आई तो शुरू-शुरू में तो मैं जैसे सुन्न हो गई। लेकिन साल भर बीता तब बेचैनी लगने लगी। लोग भी मेरे आस-पास चक्कर लगाने लगे। बच्चे तो थे, पर क्या हुआ! एक साथ तीन आदमी पीछे पड़े थे। मैं सोचने लगी—इनमें से किसे चुनूँ। फिर सोचा, अब पहले जैसा आलम तो होगा नहीं; कतई नहीं। इनमें से किसी के लिए दिल में खास जगह नहीं थी। फिर क्या फिकर कि चाहने वाला एक है, दो हैं या तीन...। मैं ऐसी नहीं हूँ कि पाप की तरफ से आँखें बन्द कर लूँ। कुछ ऐसी होती हैं जो अपने को बेदाग कहती हैं। लेकिन वे पाप करती हैं छिप-छिप कर। मैं जो कुछ करती हूँ खुले आम करती हूँ, पूरे मन से करती हूँ! फ़ार्म पर काम की बात लो—मैंने कभी अपने पर मुरौवत नहीं की। पति के लिए प्यार की बात लो—मैं अपने खून का आखिरी कतरा तक देने को तैयार थी। पाप करने की बात होती तो पाप की तरफ बढ़ने में मेरे पैर लड़खड़ाते नहीं। यह बात दिमाग में बिलकुल साफ थी। सो मैंने अपने सभी चाहने वालों से इनकार कर दिया। मन भी बस में होने लगा। तभी सौभाग्य समझो या दुर्भाग्य—उससे मुलाकात हो गई।'' लेना ने देखा कि लुबावा की आवाज़ और उसका चेहरा तो शान्त था, पर उँगलियाँ थर-थर काँप रही थीं। ''पाशा के बाद दुनिया में मैं किसी से प्यार कर सकती थी तो उसी एक आदमी से! और उसी से मुलाकात हो गई। जानती हो कौन था वह? पाशा का भाई। मैं उन दिनों अपनी सास से मिलने उग्रेन गई थी। वह अल्ताई से आया था। मैंने उसे पहले कभी नहीं देखा था। मैं मकान में घुसी तो हक्की-बक्की रह गई—सामने मेज़ के पास हू-ब-हू पाशा बैठा था। मेरे मुँह से बोल तक न फूटा। मैं तन्दूर का सहारा लेकर खड़ी हो गई और उसे देखती रह गई। उसने भी मुझे देखा। उसका भी वही हाल! आँखें चार हुईं। प्यार हो गया। हाँ, पहली झलक में ही! जल्दी ही मुझे उसके बारे में सब कुछ मालूम हो गया। उसकी घरवाली निरी अपाहिज थी, किसी काम की नहीं। न तो उससे बाहर का काम होता था, न घर का। आटा तक तो माड़ा नहीं जाता था—इससे आसान काम और क्या होगा। मशीन-ट्रैक्टर स्टेशन से लौटता तो सबसे पहले वह दोनों के लिए रोटी सेंकने बैठता। बच्चे—मैले-कुचैले। फटे-पुराने कपड़े पहने। बेचारा बच्चों की खातिर ही अलताई से यहाँ आया था, जिससे घर के नज़दीक रहे। माँ को भी इसीलिए यहाँ लाया था। पास-पड़ोस के लोगों को उस पर बड़ी दया आती थी। वे मुझसे कहते, 'तेरे ही लायक है यह आदमी। तुम दोनों मिलकर घर बसा लो। उसके बच्चों की भी ज़िन्दगी सुधर जाएगी।' उसने भी मुझसे कहा, 'घरवाली के खाने-खर्चे का इन्तज़ाम हो जाएगा। बच्चों के लिए उसे कोई रंज नहीं होगा। बच्चे उससे सँभलते नहीं हैं; वह परेशान हो उठती है।' सो मैंने हामी भर दी। लेकिन आगे कदम बढ़ाने से पहले सोचा—एक बार उस औरत से भी तो मिल लूँ जिसका

सुख छीनने जा रही हूँ!...काश मैं उसके यहाँ गई ही न होती, उसे देखा न होता। लेकिन मैं अपने को रोक न सकी। सब कुछ साफ़-साफ़ देखना-समझना मुझे पसन्द है। देवर से तो मैंने कुछ नहीं कहा पर पड़ोस के गाँव पहुँची जहाँ उन्होंने अपने लिए घर खरीदा था। मैं घर में घुसी। घर क्या था; मेरे यहाँ सूअरों का बाड़ा भी वैसा गन्दा नहीं। बच्चे एक कोने में खेल रहे थे। एक मेज़ के पास बैठी एक औरत पानी में भिगोए मटर खा रही थी। पानी में डूबे मटर उँगलियों से निकाल-निकाल कर मुँह में भरती जा रही थी। मैंने उससे यह नहीं बताया कि मैं कौन हूँ और क्यों आई हूँ। सिर्फ इतना कहा कि मैं उसके पति के रिश्ते की हूँ। उससे बातें हुई तो मैंने देखा कि औरत दिल की बुरी नहीं है, उसे किसी से जलन-कुढ़न भी नहीं है, बस वह कमज़ोर औरत है। शरीर से भी कमजोर, दिमाग से भी कमज़ोर। अपने पति से उसे प्यार था। बच्चों पर वह जान देती थी। बच्चों के बारे में बातें करती-करती बेचारी रोने लगती थी। 'मेरी ज़िन्दगी में सुख कहाँ?' वह कहती। 'मेरा आदमी न जाने क्यों मुझे चाहता ही नहीं। वही मेरे लिए सब कुछ है। काश, वह मेरा खयाल करता। मैं तो पहाड़ तक सरका देती।' वह कहती। 'लेकिन क्या करूँ। मैं तो देखती हूँ कि हमारी ज़िन्दगी अकारथ हो गई है।' कैसे उन लोगों ने अपनी हालत ऐसी कर ली—मैं नहीं कह सकती। शायद उसके आदमी ने दुत्कार दिया, दिल ही टूट गया उसका या कोई दूसरी ऐसी बात हो गई, कह सकना मुश्किल है। बहरहाल, उन्होंने अपनी ज़िन्दगी सत्यानाश कर ली थी। तभी मैंने देखा कि वह औरत बुरी नहीं है, केवल तिरस्कृत है। वह भी—बच्चों की माँ! नन्ही बच्चियाँ उसे बहुत प्यार करती थीं। और, इससे बड़ा दूसरा पाप नहीं कि बच्चों को उनके माँ-बाप से जुदा कर दिया जाए।''

लुबावा चुप हो गई।

''फिर?'' लेना ने लुबावा का हाथ झटकते हुए आग्रह किया।

''फिर?...मैंने चूने से उसका घर पोता। उसके और बच्चों के कपड़े धोए। लड़कियों के लिए कुछ फ्राकें सी दीं। मित्या के (उसका नाम मित्या था) फटे-पुराने कपड़ों को टाँक-टूँक कर ठीक किया। उसकी औरत से बातें कीं और उसे समझाया कि घर को सँभाल कर रखे...फिर चली आई।...काश, मैं उससे मिली ही न होती—कभी वहाँ गई ही न होती...।''

''उस आदमी का क्या हुआ, लुबावा?''

''मैं फिर उसके यहाँ गई ही नहीं। सास को मैंने चिट्ठी लिखवा दी कि बच्चों का बुरा हाल है, तुम वहाँ जाकर रहो। पाशा के भाई से फिर मिलने की हिम्मत न पड़ी...! मैंने सोचा, कहीं उसने मेरा हाथ पकड़ लिया, मुझे छूने-पकड़ने लगा, तो बस! प्यार न हो तो कोई बात नहीं—मन में आया मिल लिए, मन नहीं किया तो दुतकार दिया। प्यार में थोड़े ही ऐसे चल सकता है? कुछ दिन बाद

वह खुद ही मेरे पास आया। लेकिन तब तक मैं अपने ऊपर काबू पा चुकी थी। मैंने अपनी भावनाओं पर अंकुश लगा लिया था। तब से तो मन ही मर गया। देखो न,'' लुबावा अपनी हथेली में आँखें गड़ाए रही फिर धीरे से बोली, ''हाथ नीबू जैसे पीले हो गए हैं। कितने गोरे और नरम थे...! लेकिन अब तो उमंगें ठण्डी पड़ गई हैं। अब क्या है, लेनोच्का! सब कुछ भुगत लिया! सुख-दुख आते हैं और चले जाते हैं, लेकिन ज़िन्दगी की धारा बहती रहती है। ईश्वर जानता है लेना, मैंने बहुत बुरे दिन देखे हैं—फिर भी ज़िन्दगी से अलग होने को तैयार नहीं हूँ। तू क्यों ज़िन्दगी से कतरा रही है?'' लुबावा के चेहरे पर मुस्कराहट छा गई। ''मेरी उमर तुझसे दुगुनी है, फिर भी मैं पार्टी मेम्बर बनने की तैयारी कर रही हूँ। कृषि विज्ञान सीखना शुरू किया है, दूसरी किताबें पढ़ रही हूँ...''

साँवले चेहरे वाली इस अधेड़ औरत की कहानी सुनकर लेना हैरान थी। इस औरत ने क्या नहीं सहा? अपने प्यारे पति की मौत! पाँच बच्चों का बोझ सँभाल कर वैधव्य का जीवन! जीवन में दुबारा आए प्रबल प्रणय के अवसर का परित्याग! लेकिन अब भी उसमें कितनी जीवट, कितना साहस था, जिन्दगी से कितना प्यार था? उसमें अब भी इतनी शक्ति और सहृदयता थी कि लेना को सांत्वना देने, अपनी मुस्कान से उसके हृदय को शान्त करने चली आई! अपनी पतली-पतली, सूखी, गरम उँगलियों से उसके बालों पर हाथ फेरा!

लेना को जीवन की ऐसी रोमांचकारी गहराई और शक्ति का परिचय मिला कि वह लुबावा से प्रश्न पूछना भूल गई। उससे कुछ बता सकना भी उसके लिए सम्भव न हुआ। वह केवल यही कहती रही :

''अभी मत जाओ, लुबावा! ज़रा तो और ठहरो!''

''तू बुढ़ियों की तरह काले कपड़े क्यों पहने रहती है!'' लुबावा ने प्यार से डाँटा। ''पहले जो सफेद ब्लाउज़ पहनती थी, वही पहना कर।''

लेना उस दिन राजनीतिक शिक्षा की कक्षा के लिए चली तो उसने कई महीने बाद फिर वही रेशमी ब्लाउज़ पहना जो अल्योशा को बहुत पसन्द था। वह जाकर आईने के सामने खड़ी हुई। चुस्त सफेद ब्लाउज़ में लेना को उसी दुबली-पतली लड़की का रूप दिखाई दिया जो अल्योशा को इतनी प्यारी थी! यही थी 'अल्योशा की लेना'। सहसा उसके सामने अपने आगामी जीवन की झाँकी नाच गई—एक अनुभवी, दृढ़ और साहसी महिला, लुबावा की ही तरह! अभी भी कितना सीखने को था, कितना देखने को था! लेकिन, यह लेना कितनी ही क्यों न बदल जाए, वह दुबली-पतली 'अल्योशा की लेना' सदा उसके अन्दर बनी रहेगी; अल्योशा की स्मृति भी उसके जीवन की सबसे बहुमूल्य और अभिन्न वस्तु के रूप में उसके साथ रहेगी।

वालेंतिना पार्टी सदस्यों और उम्मीदवारों की राजनीतिक शिक्षा की जो कक्षा चलाती थी लेना और लुबावा भी उसी में पहुँचीं। लेना का खयाल था कि वालेंतिना कोई पुस्तक पढ़कर या पत्रों में से कोई लेख पढ़कर लोगों को समझाया करती होगी। पर वहाँ बात दूसरी ही थी। सब लोग एक साथ बैठे घुलमिल कर बातचीत कर रहे थे, जैसे उनमें विशेष अपनत्व हों! उसे यह समझते देर न लगी कि ये लोग यहाँ पहली बार एकत्रित नहीं हुए, कि उनके बीच घनिष्ठ सम्बन्ध स्थापित हो चुके हैं—ऐसे सम्बन्ध जो यकायक किसी नवागन्तुक की समझ में नहीं आ सकते। इस घनिष्ठता की विशेषता यह थी कि ये लोग एक-दूसरे की आलोचना करने से चूकते नहीं थे, फिर भी उनके अपनत्व में शिथिलता नहीं आने पाती थी।

लेना को आया देख सभी बहुत खुश हुए। सबसे अधिक प्रसन्नता वालेंतिना को हुई। वालेंतिना की आँखों से लेना की पोशाक में परिवर्तन और उसके होंठों पर छाई हल्की—किन्तु पीड़ा-रहित—मुस्कान भी छिपी न रही। उसने आँखों ही आँखों में लुबावा से कह दिया : "अब यह धीरे-धीरे सँभल रही है।"

"आओ बैठो, लेनोच्का! बड़ा अच्छा किया तुम आ गईं। अच्छी तरह बैठो। आज से हम लोग *कम्युनिस्ट घोषणापत्र* पढ़ना शुरू कर रहे हैं।"

अध्ययन का विषय सुनकर लेना को अधिक उत्साह नहीं हुआ। *कम्युनिस्ट घोषणापत्र* को वह स्कूल में पढ़ चुकी थी और उसके दिमाग में उसकी प्रारम्भिक बचकानी स्मृति मौजूद थी।

वालेंतिना ने पुस्तक के बारे में दो-चार शब्द कह कर पुस्तक अवदोत्या की ओर बढ़ा दी।

"अवदोत्या, आज तुम्हारी बारी है पढ़ने की।"

"आज योरोप को एक हौआ आतंकित कर रहा है—कम्युनिज्म का हौआ"—अवदोत्या ने पढ़ा। फिर इन शब्दों में निहित सौन्दर्य और शक्ति से स्तम्भित होकर चुप हो गई। उसने वाक्य को फिर दोहराया।

लेना को लगा कि इस वाक्य का आविर्भाव अभी हुआ है। ये शब्द सुने तो उसने पहले भी थे किन्तु उनमें जीवन का आभास उसे अभी पहली बार हुआ। लुबावा की गम्भीर मुख-मुद्रा ने, पिमेन इवानोविच के चेहरे पर छाई उत्सुकता ने, अवदोत्या की आँखों में उत्साह और प्रसन्नता की ज्योति ने इन शब्दों में नया जीवन डाल दिया था। अब उसकी समझ आया कि क्यों लुबावा यहाँ पहुँचने के लिए इतनी उतावली हो रही थी, क्यों यासनेव, अवदोत्या, बुयानोव, वासिली तथा नवयुवक संघ के लड़के-लड़कियाँ इस अवसर की इतनी उत्सुकता से प्रतीक्षा करते थे।

मानसिक भूख सोवियत लोगों की विशेष प्रवृत्ति है। उसी से खिंचकर ये

लोग ऐसे अध्ययन और विचारों के आदान-प्रदान के लिए यहाँ आ जमा होते थे। मानवता के विशद, उदार और भव्य ज्ञान की धारा—समय और स्थान के प्रतिबन्धों को तोड़कर—इस छोटे से कमरे में भर जाती थी और अध्ययन के ये क्षण असीम पवित्रता और साहचर्य के क्षण बन जाते थे।

" 'इस हौए को भगाने के लिए बूढ़े योरोप के सत्ताधारी एक हो गए हैं' "—अवदोत्या पढ़ रही थी। लेना का हृदय इन शब्दों को सुन कर आन्दोलित हो रहा था। वह सोच रही थी : 'एक सौ वर्ष पहले लिखे इन शब्दों में आखिर कौन सी शक्ति है जो अवदोत्या, लुबावा, क्सेन्या और तातिआना को द्रवित कर रही है। यह न तो कविता है, न गीत, न परियों की मोहक कहानी...! सीधे-सादे कठोर सत्य को व्यक्त करने वाले सीधे-सादे कठोर शब्द! फिर क्यों इनमें गीत का माधुर्य भी है और लौह अनुशासन की दृढ़ता भी?'

पहला पैराग्राफ पढ़ा जाने के बाद वालेंतिना ने पूछा :

"अच्छा साथियो, इसे सुनकर आपको कौन सी बात याद आती है? 'इस हौवे को भगाने के लिए...सारे सत्ताधारी एक हो गए हैं' शब्दों से इन पिछले दिनों में पढ़ा कौन सा वक्तव्य आपको याद आता है?"

"हमें याद आता है पिछले सितम्बर में कम्युनिस्ट पार्टी के प्रतिनिधियों की कॉन्फ्रेंस का वक्तव्य," यासनेव बोल उठा। "*कम्युनिस्ट घोषणापत्र* में बूढ़े योरोप की शक्तियों के कम्युनिज्म-विरोधी जेहाद में एक हो जाने की बात कही गई है और कम्युनिस्ट-प्रतिनिधियों के वक्तव्य में अमरीका और इंगलैण्ड के साम्राज्यवादियों द्वारा सोवियत संघ और जनवादी जनतन्त्रों के विरुद्ध धर्मयुद्ध की, यानी एक नया युद्ध छेड़ने की धमकी की, बात कही गई है।"

यासनेव फ़ार्म सम्बन्धी बातचीत में बहुत कम—और वह भी बहुत मुश्किल से—बोलता था। परन्तु इस समय जिस उत्साह से वह बोल रहा था उससे मालूम होता था मानो फ़ार्म के मामलों में उसके लिए परेशान होने लायक कोई बात न थी और अब अन्त में उसे अवसर मिला था कि वह अपने छिपे गुणों और योग्यता का प्रदर्शन कर सके।

लेना बहस सुनती हुई अपने पुराने साथी बूढ़े कुज़मा की याद कर रही थी। वह सोच रही थी, 'इस समय बुढ़ऊ होते तो असली मज़ा उन्हें आता। बुढ़ौ को राजनीतिक बातों से बड़ा चाव था।' अल्योशा तो उसके ध्यान से कभी उतरता ही नहीं था, किन्तु इस समय यहाँ उसकी उपस्थिति की कल्पना करना बहुत पीड़ाजनक था।

उस शाम के बाद से लेना राजनीतिक शिक्षा की बैठकों में नियमित रूप से आने लगी।

राजनीतिक शिक्षा चक्र को भी सहसा एक नया सदस्य मिल गया।

प्योत्र एक बार गाँव की क्लब में बैठा दीवाल-पत्र के लिए मुख्य शीर्षक बना रहा था।

"यहाँ पर मेरे बैठने से तुम्हें कोई अड़चन तो नहीं?" उसने वालेंतिना से पूछा।

"नहीं, कतई नहीं!"

वह ज़रा एक ओर को सरक कर बैठ गया और फिर अपने विचारों में डूबा हुआ पत्र का शीर्षक बनाने लगा। सहसा अवदोत्या के मुख से एक वाक्य सुनकर वह चौंक पड़ा।

" 'मज़दूरों के पास खोने के लिए अपनी बेड़ियों के सिवा और क्या है? जीतने के लिए उनके सामने पूरी दुनिया पड़ी है!' "

सदा गायों, दूध, भूसे और सूअरों का हिसाब रखने वाली इस परिचित अधेड़ स्त्री के मुँह से ये शब्द उसे इतने अजीब–बल्कि इतने असंगत–लगे कि उसने पेंसिल रख दी और चुपचाप अवदोत्या की ओर देखने लगा। अवदोत्या के चेहरे पर छाई गम्भीरता और तेज ने उसे और भी विस्मित कर दिया।

'क्या सचमुच यह अवदोत्या बोल रही है,' प्योत्र सोच रहा था, 'या मैं सिनेमा देख रहा हूँ...'

प्योत्र और ध्यान से सुनने लगा। वह इस वार्ता को यों ही, धोखे से सुन रहा था–इस भावना ने प्योत्र में और भी उत्साह जाग्रत कर दिया। प्योत्र शिक्षा की ऐसी बैठकों या मण्डलियों आदि में पहले भी गया था पर वहाँ उसे अच्छा न लगता था। लगातार दो-तीन घण्टे बैठे रहने के लिए 'मजबूर हो जाना' प्योत्र जैसी उद्धत प्रकृति के व्यक्ति के लिए असह्य था। जहाँ ज़रा भी मजबूरी वाली बात होती, प्योत्र का उत्साह ठण्डा हो जाता।

लेकिन इस सभा में उसे बैठने की मजबूरी नहीं थी। यहाँ जब भी उसका मन चाहे वह आ सकता था और जब जी चाहे–शिष्टाचार को भंग करने का खतरा मोल लिए बिना–जा सकता था। सम्भवतः यही कारण था कि उस दिन प्योत्र अन्त तक बैठा रहा।

बैठक समाप्त होने के बाद घर लौटते हुए, वह खिन्न मन से सोच रहा था : 'हूँ। ये लोग खुद तो बैठ कर ऐसी-ऐसी बातें करते हैं और मुझे बताते भी नहीं; सब कुछ गुप्त रखते हैं!' उसे इस बात पर क्रोध आ रहा था कि इन लोगों के कौन से ऐसे सुरखाब के पर लगे हैं कि ये बातें सुनने का अधिकार फ़ार्म मेम्बरों के थोड़े से लोगों को ही है!

अगले हफ्ते राजनीतिक शिक्षा की बैठक का दिन आया तो प्योत्र ने भी वहाँ कोई भी दूसरा काम निकाल लिया और वहीं आकर बैठ गया। बाद में तो उसका यह नियम हो गया कि जब भी गाँव-क्लब में ऐसी बैठकें होतीं वह कोई

न कोई बहाना निकाल कर वहाँ आ धमकता।

बैठक में इस 'स्वतन्त्र सदस्य' को उपस्थित देखकर वालेंतिना उसे भी बहस में खींचने लगी। पर प्योत्र अपनी भौंहें सिकोड़ कर कुछ ऐसा मुँह बना लेता जैसे उसे इन सब बातों से कोई दिलचस्पी न हो, वह चुप रह जाता। वालेंतिना उसकी तो उपेक्षा कर गई, पर एक बार मौका पाकर वासिली से बोली :

"तुम खुद तो कम्युनिस्ट हो, लेकिन तुम्हारा भाई कौमसोमोल का सदस्य भी नहीं है। यह क्यों?"

वासिली ने प्योत्र से बातचीत करने की कोशिश की। परन्तु प्योत्र ने कुछ ऐसा रहस्यमय मौन धारण किया कि वासिली ने झुँझलाकर कोशिश छोड़ दी।

"तू मेरी समझ में नहीं आता!" कहकर वासिली रह गया।

प्योत्र के इस रहस्यमय मौन का कारण भी था। कौमसोमोल में शामिल होने के लिए वह स्वयं बहुत पहले सोच चुका था और जानता था कि जो रास्ता उसने पकड़ा है वह उसे वहीं पहुँचाएगा। पर कौमसोमोल में वह शामिल होना चाहता था–निष्कपट मन से। और उसका मन निष्कपट था नहीं।

वह कौमसोमोल में भरती होने की सोचता नहीं कि उसे बारहसिंगे की बात याद हो आती।

वह सोचता : 'अच्छा लड़का समझकर वे लोग मुझे भरती तो कर लेंगे, लेकिन मैं खड़ा बारहसिंगे के बारे में सोचता रह जाऊँगा। उनसे झूठ बोलना पड़ेगा, अपनी आँखें नीची रखनी पड़ेंगी। न! छोड़ो कौमसोमोल को! मैं जैसा हूँ, भला हूँ।'

दूसरे लोग तो बारहसिंगे के रहस्यमय ढंग से जंगल में मिलने की बात भूल चुके थे, पर प्योत्र को बारहसिंगे की निर्मम हत्या की याद से रातों नींद न आती। बिस्तर पर लेटा वह करवटें बदलता और अपने ऊपर दाँत पीसता रह जाता।

'एक बार सब कुछ साफ-साफ कह दूँ और मन का बोझ उतार दूँ। फिर भले आदमी की तरह मैं भी रह सकूँगा।' वह कभी-कभी सोचता।

अल्योशा जीवित होता तो प्योत्र ने उससे कभी का अपना पाप कबूल दिया होता। लेकिन अल्योशा अब नहीं था और कौमसोमोल की नायक तातिआना थी। प्योत्र सोचता–भला लड़की से जाकर ऐसी बात कैसे कही जा सकती है। कोई लड़की कैसे समझ सकती है कि गोली उससे यों ही चल गई थी!

एक दिन प्योत्र साँझ को फ्रोस्या के घर पहुँचा। अँगीठी जल रही थी। फ्रोस्या बेंच पर बैठी कुछ कात रही थी। क्सेनोफोन्तोवना रोज़ की तरह आज भी इस वक्त बाहर गई थी। ऐसा अवसर देखकर फ्रोस्या और प्योत्र कुछ देर एक-दूसरे के पास बैठ लिया करते थे।

"मैंने तो सोच लिया है कि मैं कम्बाइन-चालक बनूँगी।" फ्रोस्या बोली।

"दल में तुम मुझे मशीन का काम समझने का मौका देते नहीं। जब देखो तब टाँग अड़ा देते हो! खाद ढोते-ढोते और निराई करते-करते मैं तंग आ गई। यह भी कोई काम है? मुझे इसमें अब कोई दिलचस्पी नहीं। तुम लोग तो फिसड्डी हो। भला मशीन-ट्रैक्टर स्टेशन से तुम लोगों का क्या मुकाबला? अगले हफ्ते मैं कौमसोमोल की सदस्य भी बन जाऊँगी। तू अभी जानता नहीं मुझे पेत्रो–जब तक आगे नहीं बढ़ती, नहीं बढ़ती! लेकिन जब बढ़ने का फैसला कर लेती हूँ तो ऐसी बढ़ती हूँ कि आँखें फाड़े देखता रह जाए। अब बड़ी भी तो इतनी हो गई हूँ। अपने जीवन के भविष्य के बारे में सोचना चाहिए। तान्या, क्सेन्या तो पार्टी मेम्बर बनने जा रही हैं। मुझसे उनकी उमर बहुत ज्यादा थोड़े ही है। और तू पेत्रो! तू तो मेरी समझ में ही नहीं आता। पीना तू ने छोड़ दिया है! दल में काम भी तू अच्छा कर रहा है। अब कौमसोमोल का मेम्बर क्यों नहीं बन जाता?.....कौमसोमोल से कोई नाराजगी है क्या? या माँ मना करती है?"

"नाराज़गी कोई नहीं है! न माँ से पूछने की जरूरत है!"

"फिर क्या बात है?" फ्रोस्या को यह समझते देर न लगी कि ज़रूर प्योत्र के मन में कोई खटका है। हाथ में थमा तकुआ गोद में रखकर प्योत्र से आँखें मिलाकर फ्रोस्या ने आग्रह किया : "फिर क्या बात है, पेत्रुन्का? बोल न!"

फ्रोस्या जब चाहती तो बहुत स्नेहमयी और सहिष्णु बन जाती थी। उसकी मीठी वाणी सुनकर प्योत्र पिघल गया।

"सुन फ्रोस्या!" प्योत्र ने कहना शुरू किया! "तुझसे एक बात बताना चाहता हूँ! वह बारहसिंगा...तुझे याद है न...वह जो जंगल में मरा मिला था...! हाँ...तो उसे मैंने ही मारा था!"

"हाय राम! सच?" फ्रोस्या ने खुले होंठों पर हाथ रखकर विस्मय से पूछा। "तूने यह किया कैसे, पेत्रुन्का?" फ्रोस्या की गोद से तकुआ गिर गया, पर उसे उठाने के लिए वह नीचे झुकी नहीं।

"क्या बताऊँ...मैं खुद नहीं समझ पाया...मारना तो नहीं चाहता था... लेकिन वह भागने लगा तो हाथ से गोली चल गई...बस!...मैं चाहता था ...वह खड़ा रहे...मुझे बहुत अफ़सोस हुआ, बहुत ज्यादा अफ़सोस हुआ।"

"अफसोस?" फ्रोस्या के माथे पर चिन्ता की रेखाएँ बन गईं। वह प्योत्र की मानसिक स्थिति समझने की कोशिश कर रही थी। प्योत्र की उस समय की स्थिति की कल्पना में वह डूब गई।

"हूँ! मेरा मन कर रहा था कि धाड़ मारकर रो पड़ूँ। क्या बताऊँ कितना सुन्दर था बारहसिंगा! खूब भरा हुआ गोल शरीर! पतली-पतली टाँगें! जरा पीछे को झुका सिर! पीठ को छूते सींग! उफ़!..." बारहसिंगे के सौन्दर्य की स्मृति ने उस मूर्खताभरे हिंसक निशाने की याद को और भी पीड़ाजनक बना दिया था। "अब

मैं कौमसोमोल में क्या मुँह लेकर जाऊँ?" उसने कहा। "कई बार सोचा जाकर सबके सामने कह दूँ; जो सजा देनी हो दे लें; जो जुर्माना करना हो, कर लें... मन से यह बोझ तो दूर हो...अब तू ही बता क्या करूँ?"

फ्रोस्या की आँखें प्योत्र के चेहरे पर गड़ी थीं। वह सोच रही थी कि प्योत्र के लिए क्या करना अच्छा होगा, वह उसकी जगह होती तो क्या करती। अस्तु, मन में फ़ैसला कर लेने के बाद, बड़े दृढ़ निश्चय के साथ—जो उसकी अपनी विशेषता थी—वह बोली :

"हाँ, बेशक! जाकर कह दे! मैं समझती हूँ तू अपना कसूर मान लेगा और सब कुछ साफ-साफ समझा देगा तो तुझ पर मुकदमा नहीं चलाया जाएगा! बस, जुर्माना कर देंगे! लेकिन जुर्माने का क्या डर? हम लोग भर देंगे। मानसिक बोझ से तो छुटकारा मिलेगा। बोझ भी कैसा, ओफ़! जुर्माने की मुझे फिकर नहीं! तेरे मन को चैन तो मिलेगा। खुद जाकर सच्ची बात कह देगा तो लोगों में तेरी इज्जत घटेगी नहीं! उल्टे, तुझमें उनका विश्वास बढ़ेगा। जुर्माने की तू फिकर मत कर। ज़रूरत आ पड़ी तो मैं अपनी अलमारी बेच डालूँगी! न होगा, सिलाई की मशीन बेच दूँगी। तेरी मदद मैं करूँगी—तू जुर्माने की फिकर मत कर!"

प्योत्र के दुख में फ्रोस्या पिघली जा रही थी। उसे खुद पता न था कि प्योत्र उसके मन में कितना गहरा पैठ चुका है। प्योत्र कुछ दिन न आता तो फ्रोस्या को उसका अभाव खटकने लगता। अपनी सभी बातें वह उससे बता देती थी। पर प्योत्र के प्रति अपनी वास्तविक भावना का पता उसे तभी लगा जब उसने प्योत्र पर विपत्ति आती देखी। इस भावना से परिचित होते ही वह सजग हो गई।

प्योत्र के वह और भी समीप आ गई।

"तू परेशान न हो, पेत्रुन्का! सब ठीक हो जाएगा।"

प्योत्र को यह देख बड़ी प्रसन्नता हुई कि फ्रोस्या ने उसकी बात ठीक समझ ली और उसे वही बात सुझाई जो प्योत्र खुद सोच रहा था लेकिन जिसे करने का उसे साहस न हो रहा था। अपने-आप यह काम करना उसे बहुत कठिन मालूम हो रहा था। अब फ्रोस्या का समर्थन पाकर उसका साहस बढ़ गया था। यह काम उसे अब बहुत आसान मालूम होने लगा था। फ्रोस्या के चरित्र में एक विशेष गुण था। संसार की बड़ी से बड़ी समस्याएँ भी उसे हल्की मालूम होती थीं। कोई चाहे कितनी ही मुसीबत में हो, वह चाहे स्वयं आपत्ति में फँसी हो, फ्रोस्या हँसे-हँसाए बिना नहीं रह सकती थी। इसीलिए संकट के समय फ्रोस्या का साथ पाकर लोगों को सांत्वना मिलती थी।

फ्रोस्या ने प्योत्र पर आती आपत्ति को अपने पर आती आपत्ति समझा। अपना सामान बेचने के लिए वह ऐसे तैयार हो गई जैसे इसमें कुछ सोचने-विचारने की बात ही न हो। यही देखकर प्योत्र का हृदय उसके प्रति

कृतज्ञता से भर उठा था, उसके हृदय में फिर आशा की ज्योति जागी। "क्या सचमुच यह मुझसे प्यार करती है? या यूँ ही बन रही है? ब्याह कर लेगी मुझसे? नहीं, मुझसे प्यार नहीं करती! यह तो बस आँख-मिचौनी खेल रही है! बड़ी मनमौजी लड़की है। इसको समझ पाना बड़ा मुश्किल काम है!"

दोनों बड़ी देर तक बैठे तालमेल बैठाते रहे कि प्योत्र अपना अपराध कैसे कबूल करेगा।

घर जाने से पहले प्योत्र ने फिर 'उसी सवाल' को उठाने का साहस किया।

"तो फ्रोस्या! कब करेंगे हम लोग ब्याह? करना ही है, तो टालते रहने से फ़ायदा?"

फ्रोस्या गम्भीर हो गई। कई क्षणों तक वह निश्चल बैठी निहारती रही। फिर एक समझदार और सम्भ्रान्त महिला की तरह बोली :

"अच्छी बात है...नए वर्ष के शुरू में सही!"

उस शाम गुसलखाने वाली घटना के बाद प्योत्र ने पहली बार फ्रोस्या के गुदगुदे गले में अपनी बाँह डाली।

3. 'उड़ने को तैयार!'

फ़ार्म में जब खबर आई कि मशीन-ट्रैक्टर स्टेशन वालों ने चरानों को ठीक करने के लिए एक विभाग खोल दिया है तो अवदोत्या ने ठण्डी साँस ली :

"अब आया है असली मौका काम करने का।"

अवदोत्या को अब तक ऐसा जान पड़ता था कि उसे हाथ-पाँव बाँधकर काम करना पड़ता है। नई योजना के मुताबिक काम के लिए बहुत अधिक आदमियों की आवश्यकता थी। और आदमियों की थी कमी। कभी-कभी अवदोत्या का भी सब्र छूट जाता था और वह कह उठती :

"वसन्त में काम कैसे होगा यह सोचकर रोना आ जाता है। यह करो, वह करो! सौ काम हैं। बदल-बदलकर चारे की फसलें तैयार करनी हैं। भूसे के खेत सुधारने हैं। दलदली ज़मीन साफ करनी है। हरे चारे और गर्मियों की चरानों का इन्तज़ाम करना है! सौ काम हैं। और, आदमी? आदमी कहाँ हैं? आदमी ढूँढ़े नहीं मिलते–जैसे आकाशबेल के फूल हो गए हों।"

अवदोत्या एक दिन मशीन-ट्रैक्टर स्टेशन जाने को तैयार हुई। सोचा नई

मशीनें देख आएगी और आगे काम की योजना ठीक कर आएगी।

''कहाँ भागती-फिरती हो यहाँ से वहाँ? तुम्हें जैसे अपनी फिकर ही नहीं।'' वासिली ने चिन्तित स्वर में कहा। ''कुछ गड़बड़ हो गई तो?''

वासिली ने बात पेट के बच्चे के लिए कही थी, पर असली चिन्ता उसे यह थी कि मशीन-ट्रैक्टर स्टेशन पर अवदोत्या की स्तेपान से मुलाकात हो गई तो क्या होगा। उन दिनों स्तेपान वहीं काम करता था।

अवदोत्या को वासिली के मन के भाव भाँपते देर न लगी। कोमल दृष्टि से एकटक उसकी ओर देखती हुई बोली :

''आज या कल जाना तो है ही। दोनों साथ ही क्यों न चलें?''

''नहीं, तुम अकेली ही चली जाओ! तुम तो बिलकुल तैयार खड़ी हो!''

वासिली को तो अवदोत्या ने शान्त मन से उत्तर दे दिया था, पर स्तेपान से मुलाकात का भय उसे भी था।

''न जाने मुलाकात कैसी हो, क्या भावना लिए हुए हम लोग अलग हों! अब कैसा होगा स्तेपा? नहीं! मुलाकात नहीं होगी! क्यों हो मुलाकात? मुझे कारखाने में जाकर लेना क्या है। सीधे दफ्तर जाऊँगी और काम की बातें करके लौट आऊँगी। जाना भी ज़रूरी है। बिना जाए काम बनेगा नहीं!''

अवदोत्या ने एक बड़े शॉल से शरीर को अच्छी तरह ढाँका—जिससे उसके आकार का किसी को आभास न हो—और मशीन-ट्रैक्टर स्टेशन जाने वाली एक लारी पर बैठकर चल दी।

मशीन-ट्रैक्टर स्टेशन पहुँचते ही अवदोत्या ने प्रोखारचेंको और मुख्य कृषि विशारद निसोत्स्की से मुलाकात का इन्तजाम कर लिया और जल्दी ही उनसे बातचीत खतम करके फारिग हो गई।

स्तेपान न कहीं दिखाई दिया, न किसी ने उसकी चर्चा की। अवदोत्या की हिम्मत बढ़ी। बाहर मैदान में आकर उसने पूछा :

"चरानों के लिए कौन सी मशीनें हैं भई?"

स्टेशन का राजनीतिक सहायक रुबानोव—एक दुबला-पतला सा आदमी, जिसकी एक बाँह चमड़े की थी—अवदोत्या को चरानों की मशीनें, दलदल में चलनेवाले हल, नालियाँ खोदने वाली और घास छाँटने वाली मशीनें दिखाने लगा। अवदोत्या मशीनों को वैसे ही थपथपा रही थी जैसे वह गायों और भेड़ों को थपथपाती थी। उसने पूछा :

"भैया, इन मशीनों के लिए किसकी बलैयाँ लें?"

"बलैयाँ लो। पाँच-साला योजना की!" मुस्कराकर रुबानोव ने उत्तर दिया।

अवदोत्या का काम हो चुका था। अब घर लौटने का वक्त था।

'चलो सब काम ठीक-ठीक हो गया। स्तेपान से भी सामना नहीं हुआ।' वह

सोच रही थी। सहसा मन में उसे एक विचित्र शून्यता और विरक्ति का आभास हुआ।

मन मारे हुए वह चुपचाप फाटक की ओर लौट रही थी। तभी सामने से एक दुबला-पतला, रोगी सा आदमी आता दिखाई दिया। अवदोत्या को उसे जानने–उसके चुस्त कदमों और दुबले-पतले चेहरे को पहचानने में देर नहीं लगी। उसको देखते ही अवदोत्या का चेहरा पीला पड़ गया। रुबानोव, जो पास-पड़ोस के दूसरे आदमियों की तरह अवदोत्या और स्तेपान की कहानी जानता था, चुपचाप रफूचक्कर हो गया। अवदोत्या देख भी न पाई कि वह कब और कहाँ लोप हो गया है।

अवदोत्या की आँखें सामने आते स्तेपान पर थीं। क्या वह भाग जाए और मशीनों के पीछे छिप जाए? आगे बढ़कर मिले? या जहाँ की तहाँ खड़ी रहे? आखिर पास की एक कम्बाइन मशीन का सहरा लेकर अवदोत्या खड़ी हो गई। मार्च महीने की इस गरमी में बरफ पिघल रही थी। बरामदों और खिड़कियों के पटावों से बरफ की छड़ियाँ सी लटक रही थीं। कहीं-कहीं धूप में चमकती बूँदें गिर रही थीं। बरफ के अलग-अलग कण क्षण भर को चमक कर बिखर जाते थे। किन्तु सबको मिलाकर देखने पर मालूम होता था जैसे समूचे मशीन-ट्रैक्टर स्टेशन पर नन्ही-नन्ही घण्टियाँ टाँग दी गई हैं। फाटक के पटाव से बर्फ की एक नोकीली छड़ी लटकी थी। उससे टपकती बूँदें तुषार और पिघलती बरफ पर गिर रही थीं। पानी के बहाव से कहीं नन्ही नालियाँ बनती थीं, कहीं दीवारें और दरवाजे बनते थे, और टूट जाते थे।

स्तेपान और नज़दीक आ गया था। अवदोत्या उसके पैरों के नीचे दबती पिघलती बरफ देख रही थी। बर्फीले रास्ते पर उसके बूटों के काले चिह्न बन रहे थे।

इस दिन के बाद अनेकों दिन आए और चले गए, लेकिन मार्च महीने की पिघलती बरफ के पहले बूँद अवदोत्या के हृदय में अंकित वसंत सुषमा के बीच स्तेपान की छवि को, स्मृति की रहस्यमय प्रक्रिया द्वारा, फिर-फिर जीवित करते रहे। बातें करती-करती अवदोत्या सहसा रुक जाती थी और अपने आस-पास के वातावरण को भूल स्तेपान के ध्यान में डूब जाती थी।

स्तेपान की नज़र बहुत कमज़ोर थी। दूर से वह अवदोत्या को पहचान न सका था। पास आकर उसने ध्यान से उसके चेहरे पर नज़र डाली। दोनों की आँखें चार हुईं। अवदोत्या ने देखा–स्तेपान अचकचा गया था, उसका चेहरा पीला पड़ गया था। और स्तेपान? वह बिना पलक झपकाए, अवदोत्या की आँखों में आँखें गड़ाए, उसकी ओर बढ़ रहा था–जैसे किसी ने उस पर जादू कर दिया हो!

अवदोत्या घबरा गई। उसे डर लगा कि कहीं स्तेपान उसकी ओर झपटे

नहीं। कहीं कुछ कर न बैठे! कहीं कोई अनहोनी न हो जाए! उसने कम्बाइन का सहारा लिया और कातर नेत्रों से स्तेपान की ओर देखती खड़ी हो गई।

स्तेपान ने अब तक अपने आप को सँभाल लिया था। दो कदम अवदोत्या की ओर बढ़कर बहुत शान्त स्वर में बोला :

"कैसी हो, दुन्या?"

"कैसे हो, स्तेपान?"

स्तेपान ने अपना हाथ अवदोत्या की ओर बढ़ा दिया। उसकी हथेली पर बर्फीले पानी की एक बूँद टपक पड़ी। अवदोत्या ने अपना हाथ उसके हाथ में दे दिया। स्तेपान की हथेली की उष्णता और वसन्त की बर्फीली बूँद की शीतलता—दोनों के स्पर्श से अवदोत्या का शरीर सिहर उठा।

"चरानों की मशीनें देखने आई हो?"

"हाँ, स्तेपान!"

"मशीनें अच्छी हैं।"

"हाँ, इनसे बहुत मदद मिलेगी!"

दोनों चुप हो गए। फिर स्तेपान ने भर्राए स्वर में पूछा :

"और सब तो ठीक है न?"

"सब ठीक है, स्तेपा! कोई शिकायत करना पाप होगा। तुम्हारा क्या हाल है?"

"ठीक ही है।"

दोनों की आँखें एक दूसरे के चेहरे पर गड़ी थीं। वे आँखें हटाते ही न थे। पलकों का भी झपकाना बन्द कर दिया था—मानो दोनों को डर था कि इन अनमोल क्षणों की कोई बात अनदेखी न रह जाए।

'बिलकुल वैसा ही है। जरा भी नहीं बदला।' अवदोत्या सोच रही थी।

'कुछ दुबली हो गई है! कुछ-कुछ अधेड़ भी। लेकिन है बिलकुल वही।' स्तेपान सोच रहा था।

"अरे कहाँ हो अवदोत्या तिखोनोवना? आओ न! देर हो रही है।" फाटक के बाहर लारी पर बैठे लोगों ने पुकारा।

स्तेपान के चेहरे पर आँखें गड़ाए अवदोत्या ने अपना हाथ उसकी ओर बढ़ा दिया।

"अच्छा! चलूँ स्तेपा...! लोग पुकार रहे हैं...! अच्छा...!"

स्तेपान अवदोत्या का हाथ थामे रहा। उसकी आँखें पूछ रही थीं :

"तुम मुझे भूली तो नहीं हो? भूलोगी तो नहीं?"

और स्तेपान की आँखों में गड़ी अवदोत्या की आँखें दृढ़ता और स्पष्टता से कह रही थीं : "नहीं!...कभी नहीं!...आखिर तुम्हें भुलाया भी कैसे जा सकता है?"

अवदोत्या की आँखों के भाव को पढ़कर वासिली ने उसका हाथ दबाया और मुस्करा दिया।

स्तेपान ने अपने मन में न तो कोई आशा सँजोकर रखी थी, न उसे किसी वांछित वस्तु की प्रतीक्षा थी। उसके बचपन के अनुभव बड़े कटु थे। माता-पिता में प्रायः ही झगड़ा हो जाता था। वे कभी अलग हो जाते, कभी साथ रहते, कभी फिर अलग हो जाते। स्तेपान कभी पिता के साथ रहता, कभी माता के साथ। कभी वह माता के लिए ललकता रहता तो कभी पिता के लिए। न यहाँ सन्तोष मिलता, न वहाँ। घर के झगड़े देखता तो था ही, कभी-कभी उनमें भाग लेने के लिए भी वह विवश हो जाता था। उसे अपना परिवार ऐसा लगता जैसे कोई लज्जाजनक बीमारी हो—जिसे दूसरों की आँखों से छिपाने की ज़रूरत थी। उसके भावुक हृदय पर अपने कटु बाल्यकाल के अमिट चिह्न बन गए थे। बचपन का दुर्भाग्य उसकी स्मृति में सदा बना रहता। इसीलिए बच्चों के भविष्य की चिन्ता किए बिना लड़-झगड़ कर अलग हो जाने वाले स्त्री-पुरुषों से उसे बचपन से ही घृणा हो गई थी। वह उन दृढ़-निश्चय एवं कर्मठ व्यक्तियों में से था जो अपने सिद्धान्तों से विचलित होने पर कभी अपने को क्षमा नहीं करते। यही कारण था कि अवदोत्या की बेटियों के पिता, वासिली, के आ जाने पर उसने अवदोत्या पर अपना अधिकार जताने की कोई कोशिश नहीं की। वह अवदोत्या को कम प्यार नहीं करता था। वासिली से डरने का भी कोई कारण नहीं था। किन्तु वह समझ गया था कि अवदोत्या और उसके बीच सुख के सम्बन्धों का काल अब समाप्त हो गया है।

और अब—अवदोत्या से दुबारा भेंट होने पर—उसमें फिर अपने पुराने सम्बन्धों को जगाने की इच्छा पैदा नहीं हुई। वह केवल इतना देखना और जानना चाहता था कि अवदोत्या उसे भूली तो नहीं है। इस बात से उसे इनकार नहीं था कि अवदोत्या वासिली की पत्नी है। पर वह उसकी भी तो कुछ थी! अवदोत्या के चेहरे और आँखों से वह यही जानना चाहता था कि जीवन की उन कुछ घड़ियों को जो उन दोनों ने साथ बिताई थीं, अवदोत्या भूली तो नहीं है, उन्हें भूलेगी तो नहीं। और यह उसने जान लिया था।

अवदोत्या चली गई। स्तेपान वहीं खड़ा बहुत देर तक दूर जाती गाड़ी को देखता रहा।

रास्ते भर अवदोत्या खयालों में डूबी रही। बिना पहियों की बरफ पर फिसलनेवाली गाड़ी में छोटा-सा टट्टू जुता था। बरफ नरम पड़ चुकी थी। इसलिए गाड़ी को टट्टू धीरे-धीरे ही खींच पा रहा था। गाड़ी की धीमी चाल के साथ ही अवदोत्या की स्मृति में बीते जीवन की घटनाएँ भी एक-एक कर आ रही थीं।

स्तेपान एकाकी था और उसकी आर्थिक दशा अच्छी नहीं थी। वासिली खूब स्वस्थ था और उसकी आर्थिक स्थिति अच्छी थी। किन्तु इस समय अवदोत्या के मन में स्तेपान की उदारता के लिए कृतज्ञता थी और वासिली के प्रति दया का भाव। स्तेपान ने मुक्त हृदय से उसे जीवन के बहुत सुखद क्षण दिए थे, इस मुलाकात में भी उसने बड़े संयम से काम लिया था, कितनी ही देर तक वह वहीं खड़ा उसे देखता रहा था; —इसी सबके लिए उसका मन कृतज्ञता से भर उठा था। स्तेपान ने कभी कोई अनुचित बात नहीं की थी। उदारता और समझ-बूझ की दृष्टि से स्तेपान अवदोत्या के लिए आदर्श था। उसके दुबले-पतले शरीर और झुके हुए कंधों में कितना बल और कितनी गरिमा थी।

वासिली से जब अवदोत्या का परिचय हुआ था तब वह निरी लड़की थी। प्रेम और अनुभूति की मादकता से पूर्ण उसके सच्चे यौवन को जगाया था स्तेपान ने—न कि वासिली ने, और वही उसका भागीदार भी बना था। 'वह बात स्वप्न की तरह आई और चली गई। लेकिन थी कितनी यथार्थ!' वह सोचती, और इसी में उसे सुख मिलता।

स्तेपान के साथ बिताए क्षण उसकी स्मृति में नाच रहे थे। जाड़ों में अँगीठी के सामने घंटों बैठे रहना! नदी किनारे वह डरी हुई तीतरी! प्रकाश की क्षणिक रेख खींचते हुए उस तारे का टूटना। पतझड़ के लम्बे शान्त दिवस!

"कितनी यथार्थ! भाग्य में यही लिखा था—मिलना और बिछुड़ जाना! क्या है ज़िन्दगी भी! पर इसकी याद कर हमें—स्तेपान को और मुझे—दुखी नहीं होना चाहिए! हमें तो इस बात की खुशी होनी चाहिए कि हम लोग कभी मिले। शायद उसी समय की स्फूर्ति जीवन में शक्ति का स्रोत बन गई है। स्तेपा को भी कोई अच्छी संगिनी मिल जाएगी! उसका जीवन भी सुखी होगा! पर वह मुझे भूल नहीं सकेगा।"

अवदोत्या की आँखों के सामने एक-एक कर जंगलों और घाटियों के दृश्य आते जा रहे थे—वैसे ही एक विचार का स्थान दूसरा विचार ले रहा था। उसे वासिली की याद आई—काले बालों से भरा सिर, कद्दावर शरीर! अवदोत्या के मन में एक टीस उठी :

"इतना तगड़ा-तन्दुरुस्त आदमी! लेकिन है निरा बच्चा। शायद इसीलिए वह मुझे इतना प्यारा है! मेरे लिए वह बड़ा-सा आदमी भी है, नन्हा-सा बच्चा भी! ज़िन्दगी में उसका कोई था या है, तो मैं! स्तेपा ज्यादा मज़बूत है। स्तेपा मेरे बिना आसानी से ज़िन्दगी बसर कर सकता है—वास्या नहीं। वास्या घर में बैठा मेरे लिए छटपटा रहा होगा, जितनी देर मैं बाहर रही हूँ उसे चैन न मिला होगा। छिः! क्या मैं उसे कभी छोड़ सकती हूँ। होना था सो हो गया। वे सब अब गुजरे ज़माने की बातें हो गईं। उन दिनों की याद मैं दिल में सँजोकर रखूँगी, दिल से दूर नहीं

करूँगी। लेकिन वे दिन अब फिर नहीं लौट सकते।"

अवदोत्या घर आई तो उसने वासिली को सचमुच बहुत परेशान देखा। अवदोत्या के चेहरे पर आँखें गड़ाए वह मानो भाँपने की कोशिश कर रहा था कि स्तेपान से इसकी मुलाकात हुई है या नहीं! हुई है तो उसका क्या असर हुआ है! क्या उसके पारिवारिक जीवन पर कोई खतरा आ रहा है, यह कौन-सा खतरा है? अवदोत्या आज उसे और दिनों से ज्यादा सहृदय, उल्लसित तथा उदार लग रही थी। वह उसका पति, उसकी सन्तानों का पिता, उसका एकमात्र अपना था! और अवदोत्या भी उसका चैन उसे फिर लौटाने के लिए, अपनी आत्मा की समूची दौलत का भंडार उसके सामने खोल देने के लिए, बेचैन हो उठी थी।

अवदोत्या के व्यवहार से सांत्वना पाकर वासिली ने पूछ ही लिया :

"क्या उससे....स्तेपान....से मुलाकात हुई थी?"

"हाँ, हुई थी!" शान्त स्वर में अवदोत्या ने उत्तर दिया। "चरानों की मशीनें उसी ने दिखाई थीं मुझे। तुम इतने परेशान क्यों दीख रहे हो, वास्या?" वह वासिली का सिर थपथपाने लगी। "परेशान मत हो, वास्या।" यह देखकर कि वासिली के चेहरे से चिन्ता की छाया अब भी दूर नहीं हुई उसने वे एकमात्र शब्द खोज ही निकाले जिनसे वासिली को सांत्वना मिल सकती थी : "लारी में जा रही थी तब पेट में नन्हे ने ऐसी उछल-कूद मचाई कि बस! सफर तो उसे जरा भी पसन्द नहीं! अबकी ज़रूर लड़का होगा, वास्या। है बड़ा जिद्दी! लच्छन तो सब यहीं हैं कि लड़का है।"

अवदोत्या की बातें सुनते-सुनते वासिली की आँखें अवदोत्या की स्वच्छ निर्मल आँखों में खो गईं। धीरे-धीरे उसके चेहरे पर छाई चिन्ता की मलिन छाया भी दूर हो गई।

वालेंतिना घर आई थी। बड़े चाव से आज उसने खाना बनाया था। आग पर रखा शोरबा गाढ़ा हो चला था, कबाब काला पड़ने लगा था—लेकिन आन्द्रेई का अब तक पता न था। वालेंतिना चिढ़ उठी थी। समय नहीं कट रहा था। बराबर घड़ी देखती हुई कभी एक कमरे से दूसरे कमरे में और कभी दूसरे कमरे से तीसरे कमरे में टहल रही थी।

पहले दोनों का स्वप्न यह था कि इस साल वे लोग प्रायः एक-दूसरे से मिलते रहेंगे। लेकिन दोनों ही साल भर इतने व्यस्त रहे थे कि मिलने के कम ही अवसर आए थे। कभी-कभी तो ऐसा होता है कि वालेंतिना की याद से व्याकुल होकर आन्द्रेई रात में मोटर दौड़ाता हुआ पहली मई फ़ार्म पहुँचता लेकिन वहाँ जाकर देखता कि वालेंतिना किसी दूसरे फ़ार्म में गई हुई है। रात में मोटर भगाता

हुआ वह गाँव-गाँव उसे ढूँढ़ता फिरता—तब कहीं जाकर वह मिलती। आन्द्रेई किसी टीम-लीडर के घर में रात बिता देता। कभी-कभी यह भी होता कि वालेंतिना ही समय निकालकर शाम को पति के पास आती किन्तु घर के पास पहुँचकर देखती कि आन्द्रेई उसी वक्त किसी बहुत जरूरी काम से बाहर जा रहा है। दोनों ही अपनी बंजारों जैसी ज़िन्दगी को कोसते और उन पलों और घड़ियों को गिनते रह जाते जिनमें उन्हें साथ रहने का सौभाग्य प्राप्त हुआ था।

'क्या आन्द्रेई नहीं आएगा और मुझे यों ही लौट जाना पड़ेगा?'—वालेंतिना कमरों का चक्कर लगाती हुई मन ही मन सोच रही थी। 'पिछली बार भी ऐसा ही हुआ था। हमारे लिए तो साथ बैठकर खाना खाना भी दूर का सपना हो गया है।'

वालेंतिना के वापस जाने को जब सिर्फ आधा घंटा रह गया तब आन्द्रेई आया। वह बहुत प्रसन्न दिखाई दे रहा था, चेहरा और आँखें चमक रही थीं।

''वाल्या! मेरी प्यारी,'' कमरे में धुसने से पहले ही वह बोला, ''सुना तूने? तीन कृषि विशारद और आ गए हैं। एक तो तेरे पड़ोस के गाँव का है। अच्छा समझदार नौजवान है। तेरी जगह सँभाल लेगा। और सुना तूने? ज़िले का कृषि विशारद पावलीचेंको दो महीने में जा रहा है। उग्रेन में कृषि विशारद की जगह खाली होगी। बस, अब हम लोग साथ रहेंगे!''

वालेंतिना को प्रसन्नता भी हुई और आश्चर्य भी।

''अहा! यह हो जाए तो क्या कहना! लेकिन पार्टी संगठन का क्या होगा? अल्योशा की अगेती राई पर मैं कुछ खोज कर रही हूँ, उसका क्या होगा? राजनीतिक शिक्षा का काम भी जारी है। उसका क्या होगा?''

''पार्टी संगठन की ज़िम्मेदारी बुयानोव सँभाल सकता है। राजनीतिक शिक्षा के दिन तू चली जाया करना। रही अगेती राई की बात, सो नया कृषि विशारद उसकी देखभाल कर लेगा। मालूम होता है मेरे प्रस्ताव से तुझे कोई खुशी नहीं हुई।''

''अरे खुशी! खुशी तो मुझे ऐसी है कि...खैर! लेकिन...यह सब इतनी जल्दी और यकायक...''

''वाल्या, अब हम लोगों का अलग-अलग रहना ज़रूरी नहीं! फ़ार्म राह-रस्ते पर आ गया है। पार्टी संगठन बढ़ा और मजबूत हुआ है! नया कृषि-विशारद भी आ गया है। तुम्हें और चाहिए क्या? बहुत दिन बिता ली बंजारों जैसी ज़िन्दगी!''

''हाँ, ठीक है! मेरी तो जान पर बनी रहती है। पर मेरा खयाल है कि इस फसल की बोवाई हो जाने दो। सोचती हूँ....।''

आन्द्रेई वालेंतिना की परेशानी भाँप गया। हँसकर मज़ाकिया ढंग से बोला :

''तू तो जानती ही है वाल्या कि अब मैं बूढ़ा हो चला हूँ। देख ज़रा...''

आन्द्रेई ने अपना सिर झुका कर दो-चार सफ़ेद बाल दिखाए, "बिल्कुल बूढ़ा हो चला। अब तो कुछ दिन अपनी घरवाली के पास बैठकर बातें करने का मौका मिलना चाहिए। वह दिन अब दूर भी नहीं है। हम लोग अच्छे-खासे गृहस्थों की तरह साथ बैठकर जाड़ों में ताश खेला करेंगे और गरमियों में गमलों में पानी दिया करेंगे।"

जब तक वालेंतिना वहाँ रही आन्द्रेई हँसी और मजाक करता रहा। लेकिन उसके जाते ही उसकी सारी प्रसन्नता लोप हो गई।

आन्द्रेई ने खाली कमरों का एक चक्कर लगाया। वालेंतिना घर को खूब झाड़-बुहार कर चमका गई थी। घर साफ़ तो खूब था लेकिन खाली-खाली सा। रहने वालों की प्रतीक्षा करता लग रहा था। किसी सोफे पर लापरवाही से फेंकी कोई अध-खुली पुस्तक, किसी कुर्सी की पीठ से लटकता नरम शॉल, हँसी के फव्वारे, बातों का शोर-गुल—कितनी कमी थी घरेलू जीवन के इन आवश्यक चिह्नों की!

"अभी तो वाल्या थी यहाँ।" आन्द्रेई ने अपने मन को सांत्वना देने का प्रयत्न किया। किन्तु मन को सांत्वना मिली नहीं। "हम लोग अच्छी तरह बातें भी नहीं कर सके। जल्दी! हमेशा जल्दी! बातें करनी थीं इतनी—लेकिन जरा सी देर में कैसे हो सकती थीं। कब वह दिन आएगा कि वाल्या साथ रहेगी।"

आन्द्रेई चहलकदमी करता हुआ अपने सिर के पीछे खुजाता जा रहा था। पिछले कुछ दिनों से उसके सिर के पिछले भाग में दर्द रहने लगा था। इस दर्द के कारण कभी-कभी उसे नींद भी नहीं आती थी और काम में भी परेशानी होती थी। डॉक्टरों ने बताया था कि यह अधिक काम की थकावट के कारण है।

"फिर शुरू हो गया कम्बख्त।" दुखते सिर को कोसता हुआ वह बोला। फिर मन ही मन सोचा : 'नहीं। यह बीमार पड़ने का वक्त नहीं है। छुट्टी के लिए भी मौक़ा नहीं है। फसल की बोवाई और कटाई हो जाए फिर चाहे बीस अस्पतालों में चक्कर लगाओ।'

यह साल उसके जीवन का सबसे कठिन साल था।

पिछले साल प्रान्तीय पार्टी कमेटी में कही गई बातें उसे फिर याद हो आईं।

उग्रेन के बड़े मशीन-ट्रैक्टर स्टेशन की इमारत के लिए रकम देने से प्रान्तीय अधिकारियों ने जब साफ-साफ इनकार कर दिया तो आन्द्रेई सीधा प्रान्तीय पार्टी कमिटी के मंत्री के पास पहुँचा। प्रान्तीय कमिटी के मंत्री ने प्रान्तीय कृषि-विभाग के अध्यक्ष और आन्द्रेई को साथ-साथ ही अपने दफ्तर में बुलाया था। आन्द्रेई झुँझलाया हुआ, क्रुद्ध, मशीन-ट्रैक्टर स्टेशन की इमारत के लिए रकम लेने पर तुला

हुआ। प्रान्तीय कृषि-विभाग का अध्यक्ष अलेक्सेयेव बहुत शान्त और गम्भीर! दोनों प्रान्तीय सेक्रेटरी के निजी दफ्तर में जमे हुए थे।

"तुम्हारी दलीलें क्या हैं?" मंत्री की शान्त और गम्भीर दृष्टि आन्द्रेई की ओर घूमी।

"मेरी दलीलें?"

आन्द्रेई जानता था कि रकम मिलने-न-मिलने का फैसला इस बात पर निर्भर है कि वह अपनी बातें अच्छी तरह समझा पाता है या नहीं? अपने आपको वश में कर, बड़ी दृढ़ता और गम्भीरता से—जो उसके सुर्ख चेहरे और जलती आँखों के ठीक विपरीत थी—आन्द्रेई बोला :

"मेरा विश्वास है कि इस समय उग्रेन में ही एक नए ढंग के बड़े मशीन-ट्रैक्टर स्टेशन की आवश्यकता है और उसके निर्माण की पूरी सम्भावनाएँ भी हैं। पिछले कई वर्षों से उग्रेन जिला प्रान्त में सबसे पिछड़ा गिना जाता रहा है। कमज़ोर हिस्से पर ही सबसे अधिक ध्यान दिया जाना चाहिए। इन सब बातों को ध्यान में रखकर ही मैं उग्रेन में एक आदर्श मशीन ट्रैक्टर स्टेशन खड़ा करने के लिए दूसरों से ज्यादा सहायता माँग रहा हूँ। मैंने माना कि हमारा ज़िला कई सालों से पिछड़ा रहने के कारण बदनाम रहा है। लेकिन अब उग्रेन में प्रगति के काफ़ी चिह्न दिखाई दे रहे हैं। कुछ मामलों में तो वह आगे बढ़े ज़िलों से होड़ लेने लगा है। इन्हीं बातों के आधार पर मैं कहता हूँ कि हमारे यहाँ मशीन-ट्रैक्टर स्टेशन का बनना सम्भव है और हम उसका पूरा लाभ उठाते हुए ज़िले की माली हालत को उन्नत बना सकेंगे।"

"और आपकी दलीलें क्या हैं?" मंत्री ने उतनी ही गम्भीरता से अलेक्सेयेव की ओर घूमते हुए पूछा।

"निर्माण के लिए जितना धन निर्धारित किया गया था उसे हमने योजना के अनुसार सभी ज़िलों में समान रूप से बाँट दिया है।" अलेक्सेयेव ने कहा। "सभी ज़िलों की अपनी खास ज़रूरतें और विशेषताएँ होती हैं। कामरेड स्त्रेल्त्सोव तथ्यों को राज्य के दृष्टिकोण से पेश करने में असमर्थ रहे हैं। उनकी दृष्टि समूचे प्रान्त पर नहीं है। उनकी दृष्टि केवल उग्रेन ज़िले पर ही है।"

"पार्टी की ओर से मुझे उग्रेन ज़िले का उत्तरदायित्व दिया गया था और मैं उसी उत्तरदायित्व को पूरा कर रहा हूँ।" उत्तेजित होकर आन्द्रेई ने कहा। "मेरी समझ में नहीं आता कि पिछड़े हुए ज़िले को ज्यादा सहायता देकर—उसकी कमज़ोरी दूर करने से—राज्य का अहित कैसे होगा।"

आधे घंटे तक दोनों ओर से तर्क-वितर्क होते रहे। अन्त में प्रान्तीय मंत्री ने कहा :

"मामला मैंने समझ लिया है। उत्तर कल दूँगा।"

दूसरे दिन आन्द्रेई प्रान्तीय मंत्री के कमरे में खड़ा था! मंत्री शान्त स्वर में कह रहा था :

"हाँ, तुम आदर्श मशीन-ट्रैक्टर स्टेशन बना लोगे। एक आदर्श मशीन-ट्रैक्टर स्टेशन बना सकने की तुम्हारी योग्यता में हमें विश्वास भी है। लेकिन क्या तुम जानते हो कि यह उत्तरदायित्व कितना बड़ा है? तुम्हारा स्टेशन इस इलाके का सबसे अच्छा और सबसे बड़ा मशीन-ट्रैक्टर स्टेशन होगा। आगे आने वाले कई सालों तक—जब तक दूसरे ज़िलों में ऐसे बड़े और नए ढंग के स्टेशन नहीं बन जाते तब तक—बड़े पैमाने पर फ़ार्म-मशीन केन्द्र के सुव्यवस्थित संचालन के तुम्हारे अनुभवों से ही यह इलाका लाभ उठाएगा। तुम्हें जो काम सौंपा जा रहा है उसका महत्त्व सिर्फ़ ज़िले तक सीमित नहीं है। अगर तुम इतना बड़ा बोझ उठा सकते हो तो आगे बढ़ो। अगर तुम समझते हो कि इतना बड़ा बोझ उठा सकने की शक्ति तुम्हारे ज़िले में नहीं है तो साफ-साफ़ इनकार कर दो।"

आन्द्रेई क्षण-भर सोचता रहा। फिर बोला : "हम इस बोझ को उठा लेंगे।"

प्रान्तीय मंत्री से हुई बातें ज्यों-ज्यों आन्द्रेई को याद आतीं कमरे में उसकी चहलकदमी तेज़ होती जाती। सहसा खड़े होकर उसने अपने-आपसे तर्क किया : "इस तरह यहाँ चक्कर काटने से फायदा? मुश्किल है? ऊँ! हाँ! किया जा सकता है? हाँ तो फिर दिमाग लगा। साफ-साफ, स्पष्ट ढंग से, ठोस तरीके से सोच। दिमाग की सारी ताकत को बटोर कर लगा!"

कठिनाइयाँ और उलझनें इतनी थीं कि कभी-कभी आन्द्रेई को लगता वे उसके पैर उखाड़ देंगी। भविष्य को वह और साफ-साफ देखना चाहता था, किन्तु समस्याओं और उलझनों के बादल सब कुछ धुँधला कर देते थे। उसके दिमाग में उथल-पुथल मच जाती थी।

"कम से कम आधे ट्रैक्टरों की दुबारा पूरी तरह मरम्मत की ज़रूरत है। विसोत्सकी ने तीन साल में ट्रैक्टरों के खराब होने और दूसरे कारणों से काम न कर सकने का हिसाब लगाया था। उस संख्या को देखकर घबराहट होती है। मशीनें चलाने वालों का भी सवाल उठता है...! ट्रैक्टर चालकों की जो जगहें खाली हुई थीं उनमें सिर्फ सत्तर फीसदी भरी हैं। जो लोग मिले हैं उनमें से ज्यादातर नौजवान हैं और उन्हें काम का अनुभव नहीं है। हमारे मशीन-ट्रैक्टर स्टेशन को दूसरों के लिए नमूना और आदर्श बनना है, जिसमें टूट-फूट और नुकसान कम से कम हो और काम की मात्रा अधिक से अधिक निकाली जा सके, साथ ही तेल-ईंधन भी सबसे कम खर्च हो...। अरे! फिर वही। फिर कमरे का चक्कर लगाना शुरू कर दिया। मैं तो जैसे बदहवास हो गया हूँ! काश, वालेंतिना इस

वक्त यहाँ होती!...कोल्हू के बैल की तरह कमरे का चक्कर काटने से क्या फायदा। दफ्तर चलूँ। वहाँ ज्यादा अच्छी तरह काम कर सकूँगा।''

उसने कमरे के किवाड़ बन्द किए और दफ्तर के लिए चल पड़ा।

एक पखवाड़े बाद!

वालेंतिना ने नए कृषि-विशारद को अपना काम समझाया, पहली मई फ़ार्म के किसानों से विदा ली और अपना सामान गाड़ी में लादकर शहर की ओर चल दी।

''अब जा रही हूँ अपने घर!'' वालेंतिना का हृदय उमँग रहा था। ''आखिर यह दिन भी आ ही गया।''

पहली मई फ़ार्म के काम और वहाँ के लोगों से वालेंतिना को गहरा अनुराग हो गया था। उन्हें छोड़ते उसे पीड़ा हो रही थी। किन्तु यह सोचकर उसे प्रसन्नता भी थी कि पति से वियोग और बिछोह के दिन अब समाप्त हुए और साधारण पारिवारिक जीवन बिना सकने का उसका स्वप्न साकार होने जा रहा है।

''दो महीने तो मैं घर से निकलूँगी भी नहीं। उसके लिए खाना बनाऊँगी, उसकी देख-रेख करूँगी, दिन-रात उसके साथ रहूँगी।''

''अब तो तुम हमेशा के लिए आन्द्रेई पेत्रोविच के यहाँ चल रही हो!'' गाड़ी के ड्राइवर ने वालेंतिना से कहा। ''ज़िले भर के लोग आन्द्रेई को चाहते हैं। मशीन की तरह काम करता है बेचारा। घर लौटता है तो बिलकुल अकेला! जैसे खँडहर में दुबका उल्लू हो। कितनी शर्म की बात है! मैं तो सिर्फ ड्राइवर हूँ, सेक्रेटरी नहीं, लेकिन ऐसी ज़िन्दगी मुझसे भी नहीं निभ सकती। थका हुआ घर लौटता हूँ तो घरवाली, खिलाती-पिलाती है, दाएँ-बाएँ फुदकती फिरती है! 'वान्या प्यारे, यह बात! वान्या प्यारे, वह बात'—यही सुन लो। तुम लोगों की ज़िन्दगी भी कोई ज़िन्दगी है? एक उठा, मोटर में बैठकर पूरब को चल दिया, दूसरा उठा घोड़े पर चढ़कर पश्चिम चल दिया।''

''हम लोग खुद उसी घड़ी के इन्तज़ार में थे जब साथ रह सकें, वान्या! शादी के पहले दिन से ही ज़िन्दगी ऐसी बीती है—मैं कहीं और वह कहीं। और....! खैर, अब तो घर जा ही रही हूँ। ज़रा मशीन-ट्रैक्टर स्टेशन होते चलो। प्रोखारचेंको को मुझसे कुछ काम था।''

मशीन-ट्रैक्टर स्टेशन की इमारत हमेशा की तरह आज भी सहसा सुनसान खेतों में से दृष्टि के सामने उठ खड़ी हुई। लोगों की आवाजों और चहल-पहल से इमारत गूँज रही है।

प्रोखारचेंको फाटक के सामने ही मिल गया।

"आओ! आओ, वाल्या!" प्रोखारचेंको ने रहस्यमय ढंग से कहा। "आओ, ज़रा देखो तो!"

"क्या है, चाचा! कहाँ लिये जा रहे हो मुझे!"

प्रोखारचेंको बिना कोई उत्तर दिए चलता रहा। वालेंतिना को साथ लिए वह कारखाने के पीछे पहुँचा। टीन के एक बड़े शेड के नीचे पन्द्रह नए ट्रैक्टर खड़े थे। ट्रैक्टर बराबर की दूरी पर ऐसे खड़े थे, जैसे परेड के लिए तैयार हों। नज़र पड़ते ही पता चल जाता था कि बहुत सजा कर खड़े किए गए हैं। ट्रैक्टरों के मुँह खेत की तरफ थे। लगता था हुक्म देने की देर है, बस वे चल पड़ेंगे।

"अब तो मामला कुछ जँचता है न? प्रोखारचेंको ने पूछा।

"बहुत सुन्दर!" वालेंतिना ने उत्तर दिया। "कितने अच्छे लग रहे हैं!"

"आओ!"

"ज़रा अच्छी तरह देख लेने दो, चाचा!"

"आओ भी!"

प्रोखारचेंको वालेंतिना को फिटिंग-शॉप में ले गया।

यहाँ के चौड़े बरामदे में दोनों ओर लोहे में छेद करने और काटने-पीटने की कुछ बड़ी-बड़ी मशीनें रखी हुई थीं।

"ऐसा मालूम होता है जैसे यह कारखाना नहीं, चमेली का फूल है!" प्रोखारचेंको ने कहा। "वाल्या तू ही बता—प्रोखारचेंको है क्या बला? मशीन-ट्रैक्टर स्टेशन का मैनेजर? या औद्योगिक कारखाने का मालिक? मुझसे पूछो तो मैं खुद नहीं जानता।" मशीनों की तरफ हाथ फैलाकर उसने कहा : "धातु उद्योग।"

प्रोखारचेंको वालेंतिना को अब मशीनें ठीक करनेवाले हॉल में ले गया। एक जगह कुछ ट्रैक्टर-चालक या मिस्त्री एक बड़ी मशीन को घेरे खड़े थे।

"शाबाश, मेरे बहादुरो!" प्रोखारचेंको ने कहा। "कहो, क्या बात है?"

"इस मशीन की पंखे की गरारी कुछ बिगड़ी हुई है। इसका हिसाब समझ में नहीं आ रहा।" मिस्त्री ने उत्तर दिया।

वालेंतिना के हाथ खुजलाने लगे। मिस्त्री का काम वालेंतिना ने नहीं सीखा था पर थोड़ा-बहुत प्राविधिक ज्ञान उसे था और उस पर उसे गर्व भी था। स्कूल में औद्योगिक शिक्षा की पढ़ाई के अन्तर्गत उसने कई बार चकरियों और गरारियों को ठीक किए जाते देखा था। सहसा उसके मन में इच्छा जागी कि आगे बढ़कर अपने ज्ञान का चमत्कार दिखाए। ये 'मिस्त्री' उसे फिर 'अपने में से ही एक' समझेंगे।

"लुबलिनो के मशीन-ट्रैक्टर स्टेशन में मैंने देखा था कि इन गरारियों की मरम्मत कैसे की जाती है।" वह बड़े आत्म-विश्सास से बोली और कुछ समझाने लगी।

''क्या कहा, क्या कहा?'' मिस्त्री ने वालेंतिना की ओर घूमकर पूछा।

वालेंतिना ने फिर समझाया।

''यह खूब बताया....!'' एक दूसरे मिस्त्री ने कहा। ''ऐसे ही करके क्यों न देखें?''

वालेंतिना कुछ देर वहीं रुककर अपने सुझाव का परिणाम देख लेना चाहती थी, पर प्रोखारचेंको उसे खींच ले गया।

''अब आओ भी!'' रास्ते में ट्रैक्टरों की एक दूसरी कतार दिखाते हुए उसने कहा, 'कितने अच्छे लग रहे हैं।''

''बिल्कुल चिड़ियों जैसे लगते हैं।'' वालेंतिना बोली। ''लोग कहते हैं बड़े भारी-भरकम होते हैं। मुझे तो ऐसे लगते हैं जैसे इशारा पाते ही उड़ चलेंगे।''

प्रोखारचेंको ने एक आँख झपकाकर मुस्कराते हुए कहा :

''यही तो! लो मैं हुक्म देता हूँ : 'अब उड़ने के लिए तैयार हो जाओ!' ''

वालेंतिना उसके शब्दों के गूढ़ अर्थ को नहीं समझ सकी।

प्रोखारचेंको वालेंतिना को स्टेशन के मुख्य कृषि-विशारद के कमरे में ले गया, उसे एक आराम कुर्सी पर बैठाया और फिर इस लहज़े में बोला जैसे उसे कोई उपहार भेंट कर रहा हो :

''लो! यह है तुम्हारी कुर्सी, वाल्या!''

''क्या मतलब?'' वालेंतिना ने चौंक कर पूछा।

''मतलब यह कि स्टेशन में हमें एक बीज विशेषज्ञ रखने की इजाजत मिल गई। हम लोगों ने आपस में बातचीत की और तै पाया कि इस जगह के लिए सबसे अच्छी तू ही है। तेरी उम्र कम है, और तू मेरी भतीजी है—फिर भी मैं कहता हूँ कि तू ही यह काम ठीक से कर सकेगी। हम लोगों को तुझ पर भरोसा है। उम्र का क्या है। साल भर हम लोगों ने तेरा काम देखा है। हमें तुझ पर पूरा यकीन है।''

वालेंतिना भौचक सी हँस पड़ी।

''अरे चाचा, इतनी जल्दी? कुछ सोचने तो...''

प्रोखारचेंको ने उसे बात पूरी नहीं करने दी :

''तूने देखा कितनी ताकत है हमारे पीछे? यहाँ काम करने वालों को तू पहले से जानती है। तू और हम मिलकर इस मशीन-ट्रैक्टर स्टेशन को अव्वल नम्बर का स्टेशन बना देंगे! ऐसी फसलें पैदा करेंगे जैसी किसी ने देखी-सुनी न हों।''

वालेंतिना उसे रोकना चाहती थी—''ठहरो चाचा! मुझे दुविधा में मत डालो। मैं जहाँ जा रही हूँ, जाने दो! मैं फैसला कर चुकी हूँ!''—पर प्रोखारचेंको ने उसे बोलने का मौका नहीं दिया। प्रोखारचेंको समझता था कि अपनी भतीजी को

मशीन-ट्रैक्टर स्टेशन में बुलाकर वह उसकी उन्नति का मार्ग खोल रहा था। उसे विश्वास था कि इसमें वालेंतिना को कोई आपत्ति नहीं होगी। वालेंतिना के गद्‌गद हो जाने और कृतज्ञता प्रकट करने की आशा में प्रोखार उसकी ओर स्नेह से देख रहा था। लेकिन, वालेंतिना सकपका गई थी। दर्जनों ट्रैक्टरों, सैकड़ों काम करनेवालों और हज़ारों एकड़ जमीन की देख-भाल का भार! प्रोखारचेंको को वह जानती थी। वह जानती थी कि उसके नेतृत्व में स्टेशन उन्नति और सफलता प्राप्त किए बिना नहीं रह सकता। प्रोखारचेंको ने वालेंतिना को सहसा उन्नति के इतने ऊँचे मीनार पर ला खड़ा किया था कि उसका सिर चकरा जाना स्वाभाविक था। वालेंतिना से न 'हाँ' करते बना था, न 'ना' करते।

''चाचा....'' किसी तरह उसने कहना शुरू किया, ''मैं उग्रेन में ही काम करूँगी....''

''वहाँ तू क्या काम करेगी?''

इस प्रश्न ने वालेंतिना को निरुत्तर कर दिया।

''सचमुच मैं वहाँ क्या करूँगी? यहाँ तो सैकड़ों ट्रैक्टर और कम्बाइनों हैं। इतनी बड़ी ताकत है! लेकिन मैं जवाब क्या दूँ? समझ में नहीं आता क्या कहूँ!''

''बता न, तू वहाँ क्या करेगी?'' प्रोखारचेंको ने प्रश्न को फिर दोहराया।

''वहाँ जो ज़िले का भूमि-विभाग है...'' उसने किसी तरह जवाब दिया।

''ज़िले का भूमि-विभाग! निरीक्षण का काम! क्या तूने ही 'पुराने दर्ज़े' वाली बात नहीं कही थी? अब बता?''

वालेंतिना खिड़की से बाहर देख रही थी। ट्रैक्टरों की चमचमाती पाँत पर आँखें ठहर नहीं रही थीं।

'यहाँ से जल्दी खिसकूँ,' उसने हड़बड़ाकर सोचा, 'नहीं तो मामला गोल है। ज्यादा देर बैठी नहीं कि बुद्धू की तरह हाँ कह बैठूँगी—यह तै है। आन्द्रेई क्या कहेगा? हमारा घर? फिर वही वियोग और आवारागर्दी! अच्छा-भला सब कुछ तय हो गया था! आखिर मैं यहाँ आई क्यों? अपने राम को अब फौरन चलते बनना चाहिए! कैसी सीधी-सादी बुद्धूँ हूँ मैं! मुँह से 'हाँ' निकले इससे पहले ही भाग जाने में भलाई है!'

वालेंतिना उठने को ही थी कि बड़े मिस्त्री साहब दफ्तर में आकर बोले :

''वालेंतिना अलेक्सेयेवना! तुम्हारी बात ठीक निकली। गरारी चल रही है। अभी जाओ मत। चलकर जरा देख लो।''

वालेंतिना मिस्त्री से बातों में लग गई। प्रोखारचेंको इसी बीच बाहर खिसक गया और पड़ोस के सामूहिक फ़ार्म का प्रधान, विसोत्सकी तथा कुछ ट्रैक्टर ड्राइवर कमरे में आ गए।

''वाह! यह खूब है! बेलाविन नया ट्रैक्टर ले और मुझे पुराना दिया जाए?''

एक दुबला-पतला नाटा सा ट्रैक्टर ड्राइवर उलाहना दे रहा था। "हम दोनों को एक साथ, एक मॉडल के ट्रैक्टर मिले थे। उसने अपना ट्रैक्टर तोड़-फोड़कर बराबर किया। मैंने सँभालकर रखा। उसे इनाम में नया ट्रैक्टर मिल रहा है और मुझे पुराना? इसीलिए न कि वह ज्यादा चिल्ला लेता है?"

"तू अपने आपको बड़ा भारी तीसमार खाँ समझने लगा है! अखबार में नाम क्या निकल गया, मिज़ाज आसमान पर चढ़ गया है।" बेलाविन और भी क्रोध से बोला। वालेंतिना उसे जानती थी। बेलाविन फिर गरजा : "बहुत ऐंठो-अकड़ो नहीं। सब नए ट्रैक्टर तुम्हारे लिए नहीं बने हैं।"

"क्या? बेलाविन को नया ट्रैक्टर?" वाल्या बिगड़ उठी। अपने ऊपर झुँझलाहट और क्रोध इस रूप में फूट निकला। वह बेलाविन के सामने जा खड़ी हुई। "नया ट्रैक्टर इसे? इसे तो ट्रैक्टर में तेल देने तक की तमीज़ नहीं। थोड़ी दूर ट्रैक्टर चलाया नहीं कि बियरिंग खतम। बियरिंग भी छोड़ो। पेट्रोल डालता है तो छानता तक नहीं। तुमने कभी इसके ट्रैक्टर के इंजन की हालत देखी है?" वालेंतिना ने कृषि-विशेषज्ञ से पूछा। "नहीं देखी न! मैंने देखी है। इसके इंजन के नीचे तालाब बन जाए–तो भी इसे होश नहीं आता। पिछली गरमियों में मैंने इसे समझाने की कोशिश की तो जवाब देता है : 'कोई ऐसी बात बताओ जो मुझे मालूम न हो।' अड़ोस-पड़ोस तक इसकी बदनामी फैली है। ऐसे आदमी को नया ट्रैक्टर दे रहे हो?"

"जरा ज़बान सँभाल कर बात करो देवी जी!" बेलाविन ने धमकी दी।

लेकिन वालेंतिना उसकी धमकी में कब आने वाली थी। बेलाविन की अकल ठिकाने करने का उसने फैसला जो कर लिया था! उत्तेजना में बालों की एक लट आँखों के सामने लटक आई थी, लेकिन उसे सँभालने की चिन्ता किए बिना वह सिर झटककर बोली :

"मैं कहती हूँ–जो लोग बेलाविन की तरह ट्रैक्टर खराब करते हैं उन्हें नया ट्रैक्टर देने के बजाय उन पर मुकदमा चलाना जाना चाहिए! उन्हें सजा देनी चाहिए।"

"ठीक! बिल्कुल ठीक!" फ़ार्म का प्रधान बोल उठा। "देखो तो अन्धेर! इसी बेलाविन को लोग हमारे खेत जोतने भेज रहे हैं। मैं सौ बार कह चुका : 'हमारे यहाँ नास्त्या ओगोरोद्निकोवा या किसेलेव को भेजो।' ये लोग जवाब देते हैं : 'भई वे तुम्हारे यहाँ जाना नहीं चाहते।' 'जाना नहीं चाहते' का क्या मतलब साहब? यही होता है अनुशासन?"

"तुम तो बड़े भले हो न!" वालेंतिना ने प्रधान को भी नहीं बख्शा! "तुम्हारे यहाँ जाने से ट्रैक्टर-ड्राइवर इनकार करते हैं तो क्या बेजा करते हैं? पिछले साल मैं तुम्हारे फ़ार्म होती हुई निकली। मैं एक झोंपड़ी में पहुँची। देखती क्या हूँ कि

एक आदमी मेज के नीचे टाँगें पसारे पड़ा सो रहा है। 'ये किसकी टाँगें हैं भई?' मैंने पूछा। जवाब मिलता है—'ट्रैक्टर ड्राइवर की। रात की पाली वाला है। मेज़ के नीचे जरा झपकी ले रहा है।' ऐसे दिया जाता है तुम्हारे यहाँ आराम! ज़रा सी झोंपड़ी में ट्रैक्टर ड्राइवरों को ठूँस दिया—वहाँ बिल्ली के दुबकने को भी जगह नहीं। बेचारे ट्रैक्टर ड्राइवरों के न खाने का इन्तज़ाम, न सोने का! तब मैं पहुँची तुम्हारे घर—तुम से बातें करने। देखती क्या हूँ कि जनाब पीकर बेहोश पड़े हैं। पाँव खटिया पर, सिर ज़मीन पर। याद है, या भूल गए? मन में तो आया तुम्हारे पैर घसीटती हुई ले जाऊँ और मेज़ के नीचे डाल दूँ और बेचारे ट्रैक्टर ड्राइवर को खाट पर सुला दूँ। लेकिन मुझे जल्दी थी।"

"फिर जंग शुरू कर दी, वालेंतिना अलेक्सेयेवना?" प्रोखारचेंको की आवाज़ सुनाई दी। "सब पर बरस रही हो! चल कर जरा देखो तो कि गरारी कैसे चल रही है।"

"मैं क्यों चीख रही हूँ? बिल्कुल झक्की बुढ़िया की तरह!" वालेंतिना को ध्यान आया। "मुझे क्या लेना 'देना इस सबसे? यही तरीक़ा होता है कहीं काम शुरू करने का, चीखना-चिल्लाना? कौन कहता है मैं यहाँ काम करूँगी? मेरा तो कतई इरादा नहीं! लेकिन क्या करूँ? मैं तो पागल हो गई हूँ!" वालेंतिना को और अधिक सोचने का मौक़ा नहीं मिला।

फ़ार्म के मुख्य कृषि-विशेषज्ञ ने वालेंतिना को सम्बोधित किया : "तुम खड़ी क्यों हो? बैठो न अपनी कुर्सी पर।"

विशेषज्ञ की आज्ञा पाकर वालेंतिना उसके सामने की कुर्सी पर चुपचाप ऐसे बैठ गई जैसे उसकी आज्ञा मानने का अभ्यास हो, जैसे कोई बालिका अपने अध्यापक की आज्ञा पूरी करती हो। और सचमुच वालेंतिना तब निरी बालिका ही थी जब बेंजामिन इवानोविच विसोत्सकी कृषि-विशेषज्ञ हुआ था और ज़िले भर में उसकी ख्याति थी। उग्रेन में एक सुन्दर बगीचे से घिरा उसका मकान था। बाग में खूब फल और फूल थे। अलूचे तो इतने बड़े होते थे जितने बड़े किसी ने उग्रेन में देखे-सुने नहीं थे। इनके अलावा तरह-तरह के फूल थे। अंगूरों जैसे छोटे-छोटे टमाटर। वालेंतिना स्कूल के दूसरे लड़के-लड़कियों के साथ विसोत्सकी के बाग की चारदीवारी फाँद पर फूलों-फलों के इस सुन्दर खजाने को देखने जा पहुँचती थी। कभी-कभी विसोत्सकी उन्हें घर में बुलाकर खूब अलूचे और टमाटर खिलाता। तब भी विसोत्सकी के सिर के बाल इतने ही सफेद थे। आँखों में ऐसी ही थकावट और गम्भीरता थी। मिलनसार भी वह तब इतना ही था। बचपन में वालेंतिना उसे दार्शनिक और जादूगर समझती थी। अब भी उसमें बच्चों वाला डर समाया था।

'तब से बीस बरस बीत गए,' वालेंतिना सोच रही थी, 'लेकिन यह नहीं बदले। अब भी इनका सिर वैसा ही है। वही महीन छटे हुए बाल, वैसी ही नीली

धारीदार नेकटाई। इनके बंगले की चारदीवारी फाँदते वक्त क्या मैं कभी सोच सकती थी कि एक दिन इनके साथ काम करना होगा? बाबा रे! ...फिर वही! नहीं, मैं यहाँ काम नहीं करूँगी!'

"आपको याद है कि हम स्कूल के लड़के-लड़कियाँ आपके बंगले की दीवार फाँदकर बाग में घुस आते थे और आप हमें अलूचे खिलाते थे?" वालेंतिना ने पूछा।

"हाँ हाँ! मुझे खूब याद है। तू बड़ी शैतान थी। काँटों और झाड़ियों से तेरी टाँगों पर खरोंचें बन जाती थीं।"

"मुझे आपकी पत्नी से बड़ा डर लगता था। वह पकड़कर मेरी टाँगों में टिंचर लगा देती थीं। बड़ा दर्द होता था। लेकिन आप मुझे अच्छे लगते थे।"

"चलो यह सुनकर खुशी हुई।" विसोत्सकी बोला। "काम की शुरुआत अच्छी हो रही है। ठीक है न?"

वालेंतिना को लगा जैसे कोई ताक़त उसे अपनी ओर खींच रही है। उसने हाथ-पैर पटकने शुरू कर दिए :

"नहीं-नहीं! मैं मशीन ट्रैक्टर स्टेशन में काम नहीं करूँगी। मैं यहाँ काम नहीं कर सकती..." वालेंतिना ने कहना शुरू किया। पर फ़ार्म के प्रधान ने बीच ही में टोक दिया :

"हमारे यहाँ की निराई और जुताई के लिए क्या हो रहा है, बेंजामिन इवानोविच?"

"वालेंतिना अलेक्सेयेवना, तुम भी देखो यह सब व्यवस्था कैसे होगी। नए ट्रैक्टर आ जाने से परिस्थिति को दुबारा समझने की ज़रूरत है।"

वालेंतिना को विरोध में सिर हिलाते देख विसोत्सकी ने जोर देते हुए कहा :

"खैर, काम तुम्हें जहाँ भी करना हो वहाँ करना। यहाँ इस वक्त हम दो कृषि-विशारद हैं। आओ दोनों मिलकर इस पर नज़र डालें।"

विसोत्सकी ने कागज उठाकर वालेंतिना के सामने रख दिए।

"यह देखो! हमारे ज़िले के दक्खिनी भागों में उत्तरी भागों के मुकाबले जमीन जल्दी तैयार हो जाती है। बड़ी-बड़ी ट्रैक्टर यूनिटों के हमले की—शायद इस तरह बात कहना ग़लत न होगा—मैंने एक नई योजना बनाई है।" इन शब्दों के साथ ही उसके चेहरे पर हल्की मुस्कान दौड़ गई। "वसन्त के शुरू में ट्रैक्टर फ़ौज का मुख्य भाग दक्षिणी भाग में हमला करे और फिर धीरे-धीरे उत्तर की ओर बढ़े। जब तक ट्रैक्टर उत्तरी भाग में पहुँचेंगे, वहाँ भी जमीन तैयार मिलेगी। इससे ट्रैक्टरों की आगे-पीछे की दौड़-भाग बच जाएगी, रास्ते में उनकी मरम्मत हो जाएगी। यह है इनके हमले का रास्ता।"

उन्होंने कागज़ वालेंतिना को दे दिए। वालेंतिना अपने सामने बने नक्शे

पर ट्रैक्टरों के लिए निश्चित मार्ग देख रही थी। विसोत्सकी को स्पष्ट ही अपनी योजना पर गर्व हो रहा था। वालेंतिना ट्रैक्टरों की पूरी पाँत के दक्षिण से उत्तर की ओर प्रयाण की कल्पना करके विसोत्सकी की भावनाओं को समझ रही थी।

"बिल्कुल ऐसा लगेगा जैसे टैंकों की सेना बढ़ रही हो, बेंजामिन इवानोविच!"

विसोत्सकी को यह देखकर खुशी हुई कि वालेंतिना को योजना पसन्द आई है। वह मुस्कराया। उसके गढ़े में धँसे गालों पर दो भारी पर्तें पड़ गईं।

योजना वाली बात खत्म कर चुकने के बाद उसने कहा :

"देखो एक और चीज़ दिखाऊँ तुम्हें।" विसोत्सकी यूँ कभी जल्दबाजी नहीं करता था। पर इस समय उसने झटपट दो नीली फाइलें मेज़ से निकालीं जिन पर फीता बँधा था। "देखो, इसमें स्टेशन के पिछले तीन वर्षों के काम का लेखा-जोखा है। बिना अतिशयोक्ति के मैं कह सकता हूँ कि ऐसा लेखा-जोखा तुम्हें किसी मशीन-ट्रैक्टर स्टेशन में नहीं मिलेगा।"

वालेंतिना देख रही थी। आँकड़ों के कालम के कालम चमकदार कागजों पर नाच रहे थे। इन आँकड़ों को देखकर, इन्हें तैयार करने में लगी मेहनत को सोचकर, उनकी एकसूत्रता को समझकर वालेंतिना चकित रह गई।

"कामबन्दी के आँकड़े और वजहें!" विसोत्सकी बोला। "मशीन-ट्रैक्टर स्टेशनों और सामूहिक फ़ार्मों की वजह से कामबन्दी! कामबन्दी के आधार पर अलग-अलग मॉडेल के ट्रैक्टरों की जाँच! ट्रैक्टरों में टूट-फूट और वियरिंग खराब होने की वजह से कामबन्दी!"

विसोत्सकी बहुत उत्साहित था। वह मुस्कुरा रहा था और बार-बार भौंहें सिकोड़ रहा था। उत्तेजना से उसके सिर के सफेद बाल ब्रुश के रेशों की तरह खड़े से होने लगे थे। वालेंतिना बचपन से जानती थी कि विसोत्सकी जब बहुत उत्तेजित होता है तो बार-बार भौंहें सिकोड़ने लगता है। उसकी यह आदत इस समय उसे विशेष आकर्षक लग रही थी। उसे उसकी मुस्कराहट भी अच्छी लग रही थी—उस आदमी की संकोच भरी मुस्कराहट जो बहुत कम मुस्कराता था। ये कागज़ निस्संदेह उसी के परिश्रम का परिणाम थे, और उन्हें दिखाते हुए उसे गर्व हो रहा था।

"देखो वालेंतिना! ट्रैक्टरों के काम की इस तालिका से स्पष्ट हो जाता है कि अमुक-अमुक ट्रैक्टरों में क्या कमजोरियाँ और क्या अच्छाइयाँ हैं। ट्रैक्टर बनाते समय किन बातों का ध्यान रखना चाहिए और उनकी मरम्मत के लिए कैसे इन्तजाम की आवश्यकता है—यह भी इससे साफ़ हो जाता है।"

"है बड़ी दिलचस्प चीज़। लेकिन कामबन्दी ट्रैक्टर-ड्राइवरों के किसी खास दल की लापरवाही से हुई है या सब जगह एक ही हाल है।"

"इसके लिए गणित की मदद की ज़रूरत नहीं।" विसोत्सकी बोला। "कोई भी बता देगा कि ट्रैक्टर ड्राइवर अच्छे भी होते हैं, बुरे भी।"

वालेंतिना काफी देर तक विसोत्सकी के आँकड़ों को ध्यान से देखती रही। फिर बड़े मिस्त्री के साथ जाकर उसने देखा कि गरारियाँ ठीक हो गईं या अभी कुछ ऐब है। ट्रैक्टर ड्राइवरों से भी बातचीत करती रही। सब लोग उससे ऐसे बातें कर रहे थे जैसे वह स्टेशन पर काम करने वाली सहयोगी हो।

वालेंतिना को खयाल भी नहीं था कि कितनी देर हो गई है। मोटर ड्राइवर ने ही आकर शिकायत की :

"वालेंतिना अलेक्सेयेवना! मुझे तीन बजे वापस पहुँच जाना था। कार्यकारिणी कमिटी के दफ्तरवालों को मोटर की ज़रूरत थी। तुमने यहीं पाँच बजा दिए।"

"हाँ हाँ वाल्या! अब जाओ। लेकिन, दो दिन में आकर अपना काम सँभाल लेना।" प्रोखारचेंको बोला, मानो सब कुछ अन्तिम रूप से तै हो गया हो।

"ये लोग तो मान बैठे हैं कि सब तै हो गया। आन्द्रेई से मैं क्या कहूँगी?" वालेंतिना मन ही मन सोचती आ रही थी, लेकिन उसकी आँखें शेड के नीचे रखे ट्रैक्टरों की सुन्दर पाँत पर गड़ी थीं।

वालेंतिना गाड़ी में बैठी। गाड़ी चल पड़ी।

"पाँच बजा दिए आपने तो।" ड्राइवर वालेंतिना पर बड़बड़ा रहा था। "आन्द्रेई पेत्रोविच भी मुझसे बिगड़ेंगे। उन्होंने कहा था, तुम्हें जल्दी पहुँचा दूँ जिससे दोपहर का खाना तुम दोनों साथ-साथ खा सको।"

'अब जा रही हूँ घर! इस तरह जाती है स्त्री अपने पति के पास....' वालेंतिना निराशा से सोच रही थी, 'घर जाना भी क्या है, दो दिन के लिए? आन्द्रेई क्या कहेगा? मैं मशीन-ट्रैक्टर स्टेशन गई ही क्यों? वैसे बेंजामिन इवानोविच ने जो हिसाब तैयार किया है वह है बहुत दिलचस्प। जरूर उस पर सोच-विचार करना चाहिए...दूसरी गरारी अब तक चल निकली होगी? पहली तो ठीक चली नहीं....लेकिन मुझे इससे क्या!'

आन्द्रेई घर पर उसकी प्रतीक्षा कर रहा था। उसने आकर वालेंतिना का असबाव गाड़ी से उतारा। फिर तुरंत मेज़ पर खाना लगाया।

"आओ वाल्या! बैठो! अब तो हम लोग रोज सामने बैठकर खाना खाया करेंगे।"

वालेंतिना की समझ में नहीं आ रहा था कि वह बातचीत कैसे शुरू करे।

"इसे कैसे बताऊँ? खाना कौन खाए? गले में कौर अटकता है। सीधे मशीन-ट्रैक्टर स्टेशन के बारे में बात शुरू करूँ।"

"मालूम है मुझे रास्ते में कहाँ देर हुई?" वालेंतिना ने बहुत चलते ढंग से

बात शुरू की। "मशीन ट्रैक्टर स्टेशन पर! ओफ, कितनी बड़ी चीज़ है वह भी! कितनी अच्छी!...है न अच्छी?"

"बेशक!" आन्द्रेई ने गर्व से स्वीकार किया।

"हाँ...मेरा मतलब...असल में जिस कृषि विशारद ने ऐसे मशीन-ट्रैक्टर स्टेशन पर काम न किया हो वह ठीक ढंग से समझ ही नहीं सकता। उसे तो फिसड्डी समझो ...बिल्कुल पुराने दर्जे का आदमी...!"

"नहीं, खैर ऐसी बात तो नहीं!"

"तुम देखना, साल दो साल में प्रोखारचेंको इस स्टेशन को पहली श्रेणी का मशीन-ट्रैक्टर स्टेशन बना देगा।"

"इसमें क्या शक है। प्रोखारचेंको तो साल दो साल में पुरस्कार भी हासिल कर लेगा। वह 'सामाजिक श्रम का वीर' बन जाएगा।"

"ज़रूर! अगर उसे योग्य सहायक मिल गए।"

"उसने अपने स्टाफ के लिए जो सूची दी थी वह तो मंजूर हो गई है। अब वह अपने सहायक खुद चुन लेगा।"

"आन्द्रेई मैं भी वहीं काम करूँगी।"

"तुम?"

"हाँ! लेकिन तुम इतने चौंक क्यों रहे हो?"

आन्द्रेई ने चम्मच तश्तरी में रख दिया। गम्भीर होकर बोला :

"लेकिन वाल्या, इसका मतलब तो है वही पुरानी ज़िन्दगी–कभी न खत्म होनेवाली बंजारों जैसी ज़िन्दगी।"

"लेकिन मशीन-ट्रैक्टर स्टेशन तो फ़ार्म के मुकाबले काफी नज़दीक है।"

"सिर्फ़ पाँच किलोमीटर ही तो कम है।"

"पाँच किलोमीटर तो बहुत होता है।"

दोनों खाना खाना भूल गए। वालेंतिना उठकर आन्द्रेई के पास आ गई। आन्द्रेई का सिर बाँह में लेकर उसकी कुर्सी की बाँह पर बैठ गई। आन्द्रेई ने इस ओर ध्यान तक न दिया। जीवन में पहली बार वालेंतिना ने उसे नाराज़ देखा था।

"सुन वाल्या! मैं बेवकूफ नहीं हूँ। काम की उपेक्षा मैं नहीं करता। जब ज़रूरी था, मैंने खुद तुझे फ़ार्म के काम पर भेज दिया था। न मैंने अपनी परवाह की थी, न तेरी। लेकिन अब किसका काम अटका है तेरे बिना? मशीन ट्रैक्टर का? वहाँ हम दूसरे योग्य कृषि विशेषज्ञ भेज देंगे। अब तो आदमियों की कमी नहीं है। अब क्या ज़रूरत है ऐसी कुर्बानी की?"

"यह तो कुर्बानी नहीं हुई। मैं तो खुद जाना चाहती हूँ।"

"खुद?"

"हाँ।"

"क्यों?"

"इसलिए कि इस तरह का काम मुझे पसन्द है। प्रान्त का सबसे बड़ा स्टेशन है! सैकड़ों मशीनें! प्रोखारचेंको जैसा योग्य मैनेजर! विसोत्सकी जैसा मुख्य कृषि विशेषज्ञ! मुझ जैसी नई कृषि विशेषज्ञ को बुलाकर तो वे मेरी इज्जत बढ़ा रहे हैं। अहा हा! कितना अच्छा कारखाना है! कितनी अच्छी मशीनें हैं।"

"मशीनों का तुम्हें बड़ा खयाल है, लेकिन मेरे बारे में सोचना भी नहीं चाहतीं। आखिर मैं भी तो इनसान..."

"इससे कौन इनकार करता है?"

आन्द्रेई ने वालेंतिना की बाँह अपने कन्धे से हटा दी, उठकर कमरे के दूसरे छोर पर गया और कोट के बटन बन्द करने लगा। वालेंतिना समझ गई कि आन्द्रेई चिढ़ गया है। आन्द्रेई जब भी नाराज़ होता वह ऐसे ही मौन धारण कर लेता और कोट के बटन बन्द कर सिर पर कंघी करने लगता था।

'बस, अब जेब से कंघी निकालने ही वाला है।' वालेंतिना प्यार और दुलार से मन ही मन सोच रही थी। आन्द्रेई ने सचमुच ही जेब से अपना छोटा-सा हरे रंग का कंघा निकाला और बालों को सँवारने लगा।

"वाल्या," कंघा कर चुकने के बाद उसने कहना शुरू किया, "कभी-कभी मुझे ऐसा लगता है कि तुम मुझे प्यार नहीं करतीं?...नहीं...मेरा मतलब यह नहीं कि तुम प्यार करती ही नहीं। ऐसा कहना बेहूदा होगा। हाँ, तुम मुझे काफी प्यार नहीं करतीं। अलग रहना मेरी समझ में आता है, लेकिन जब ज़रूरी हो। और जब ज़रूरी न हो तब? खैर मारो गोली इन बातों को! यह बताओ, क्या ब्याह के दस साल बाद भी मुझे यह हक नहीं कि काम पर से घर लौटूँ तो मेरी बीवी—जिसको मैं प्यार करता हूँ, जिसके लिए तरसता हूँ—मुझे घर पर मिले? हो सकता है मैं ग़लत समझ रहा हूँ लेकिन मुझे लगता यह है कि अब तुम स्वार्थी होती जा रही हो! तुम्हें मेरा खयाल नहीं रहता। हाँ, सचमुच स्वार्थी! तुम सचमुच स्वार्थी हो! इस साल मेरे सामने काफी कठिनाइयाँ हैं! शायद यह साल मेरे लिए बहुत फैसलाकुन है....इस साल या तो मुझे ज़िले को सबसे आगे ले जाने की प्रतिज्ञा पूरी करनी होगी या...या कम्युनिस्ट के नाते मेरी प्रतिज्ञा झूठी साबित होगी। क्या ऐसे कठिन समय में भी मुझे तुमसे सहायता पाने, तुम्हारे साथ साधारण पारिवारिक जीवन बिता सकने का अधिकार नहीं है?"

"आन्द्रेई तुम बिलकुल बेवकूफों जैसी बातें कर रहे हो।"

"ठीक है। शुक्रिया!" आन्द्रेई ने दुखित स्वर में कहा। "यह तो मालूम हुआ कि तुम मुझे बेवकूफ समझती हो।"

वालेंतिना एकटक उसकी ओर देखती रह गई। आन्द्रेई की भौंहों और होठों के कोनों पर अदृश्य सी स्फुरन दौड़ गई। आन्द्रेई का चेहरा ठस हो गया था। वह

दूसरे कमरे में चला गया। क्षण भर बाद वालेंतिना भी उसी कमरे में जा पहुँची। आन्द्रेई वालेंतिना की ओर पीठ किए मेज के पास खड़ा कुछ कागज उलट-पलट रहा था। आन्द्रेई के चेहरे और मुद्रा से निराशा और कातरता बरस रही थी। वालेंतिना के भीतर नारी की मातृत्व भावना जाग उठी।

"निरे बच्चे हैं ये लोग! इनमें सबसे चतुर भी बच्चों की तरह हैं..."

वालेंतिना ने आगे बढ़कर आन्द्रेई के गले में बाँहें डाल दीं।

"आन्द्रेई प्यारे....मशीन-ट्रैक्टर स्टेशन तो बहुत पास है। हम लोग हमेशा साथ रहेंगे। मैं रोज घर चली आया करूँगी। हम लोग बराबर एक-दूसरे से मिलते रहेंगे।"

"साल भर देख तो लिया कैसे बराबर मिलते रहते हैं।"

"साल भर यह भी तो देख लिया कि हम लोग कैसे खुश रहे हैं।" वालेंतिना के शब्दों ने आन्द्रेई को पिघला दिया। कुछ रूठते हुए उसने भी वालेंतिना के प्रेमपूर्ण व्यवहार का प्रत्युत्तर उसकी उँगलियाँ दबाकर दिया।

"आन्द्रेई! जरा सोचो तो! वहाँ का काम तो इतने बड़े पैमाने पर है जितना मैं सपने में भी नहीं सोचती थी। मेरे लिए काम समझने का ऐसा मौका फिर कब मिलेगा?" वालेंतिना याद कर रही थी कि एक साल पहले उसे उग्रेन भेजते समय आन्द्रेई ने स्वयं क्या बातें कही थीं। मुस्कराती हुई उन्हीं को दोहराने लगी। "आन्द्रेई ...तुम समझने की कोशिश क्यों नहीं करते? स्टेशन यहाँ से सिर्फ पन्द्रह किलोमीटर ही तो है। गाड़ी हम लोगों के पास है ही। इतने दुखी और परेशान होने की क्या जरूरत है?"

आन्द्रेई को अपने शब्द याद आ गए। उसने वालेंतिना की आँखों में देखा। भूरी-भूरी आँखें मुस्कान से चमक रही थीं। आन्द्रेई भी मुस्कराहट रोक न सका।

उसने बड़ी नम्रता किन्तु दृढ़ता से अपने कन्धे से वालेंतिना की बाँहें हटा दीं और सोने के कमरे की ओर चल दिया। वालेंतिना की आँखें उसका पीछा कर रही थीं। आन्द्रेई की चाल में थकान और आलस की लड़खड़ाहट थी। वालेंतिना को ज़िन्दगी में पहली बार यह लगा कि बिल्कुल ऐसी ही चाल उसके ससुर की भी थी। उसके मस्तिष्क में पहली बार यह विचार कौंध गया कि आन्द्रेई का यौवन—जैसा वह अब तक समझती थी—अक्षय नहीं है। आन्द्रेई के चेहरे पर बनी रहने वाली लड़कों जैसी ताजगी देखकर सभी हैरान रह जाते थे। वालेंतिना ने सोचा—यह ताज़गी सदा नहीं बनी रहेगी। मन में एक कचोट सी लगी। आन्द्रेई के पीछे-पीछे वह भी सोने के कमरे में जा पहुँची। आन्द्रेई एक सोफे पर अधमुँदी आँखें किए लेटा था। उसके दिल को जो चोट लगी थी उसका दर्द अब तक कम न हुआ था। पलकें झपकाए वह वालेंतिना को देख रहा था।

"देवी जी अभी चक्कर लगा रही हैं! ओ हो! किताबों की अलमारी के पास

गई हैं। अब बैठकर पढ़ेंगी। इसे ध्यान भी नहीं कि इसने मेरा दिल दुखाया है। इसे फ़िक्र है तो सिर्फ अपने काम की...मशीन-ट्रैक्टर स्टेशन की...मेरी नहीं। इसकी अपनी अलग ज़िन्दगी है...''

वालेंतिना का जीवन घर की सीमाओं में कभी बँधा नहीं रहा था। उसके अपने कार्य-कलाप, उत्तरदायित्व और व्यस्तता का जीवन था। आन्द्रेई यह सब जानता और देखता था। वालेंतिना के जीवन की चहल-पहल और उल्लास से उसे भी सन्तोष और उत्साह मिलता था। पर अब उसे इससे खिन्नता हो रही थी।

''ऐसी स्त्रियाँ भी होती हैं जो अपने जीवन को अपने प्रेमी के अस्तित्व में घोल देती हैं, उसी में खो जाती हैं। वाल्या का तो 'अपना जीवन' है। लेकिन मैं उसे प्यार करता हूँ तो इसमें मेरा क्या कसूर? शायद मैं उसके स्वतंत्र व्यक्तित्व के कारण ही उसे इतना प्यार करता हूँ। तो यह है हाल मेरे दोस्त। मैं उसे प्यार करता हूँ। लेकिन मैं उससे दया की भीख दुबारा नहीं माँगूँगा। आज इतनी बात हो गई, यही बहुत है।''

आन्द्रेई की माँ पास-पड़ोस वालों से कहा करती थी कि लड़के ने बोलना शुरू किया तो पहले-पहल उसने यही कहा था—''यह काम मैं अपने-आप कर लूँगा।''

इस एक वाक्य में समाहित दृढ़ता आन्द्रेई के साथ ज़िन्दगी भर रही।

वालेंतिना के व्यवहार से खिन्न होकर सोफ़ा पर लेटे-लेटे उसने मन ही मन फिर उसी वाक्य को दोहराया।

''ओह! यह कमबख्त सिर के पीछे का दर्द फिर शुरू हो गया। क्या वाल्या से कहूँ कि अलमारी से सिर के दर्द की गोली निकाल दे? नहीं। उससे जल्दी तो मैं खुद ही ढूँढ़ लूँगा। अपने सिर के दर्द की बाबत बताकर उसके दिल में दया उपजाने की जरूरत नहीं। यह तो यही समझेगी कि दर्द की बात बताकर उससे दया की भीख माँग रहा हूँ।''

आन्द्रेई उठा। अलमारी से निकालकर एक गोली खाई और जरा कड़े स्वर में वालेंतिना से बोला :

''ये वालेंतिना! तुम अपनी किताबें लो और यहाँ से खिसको। मैं घंटे भर सोऊँगा।''

4. लौह पुरुष!

वालेंतिना को सर्दी लगकर जुकाम हो गया था। सप्ताह भर घर पर ही रही। आन्द्रेई काम के कारण प्रायः बाहर ही रहता था। दोनों के साथ रह सकने का अवसर कम ही आया। मिलने पर वे पहले ही जैसे ढंग से बातचीत करते थे पर उनके विचारों और अनुभूतियों में वह एकरूपता नहीं थी जिसने उन्हें एक बना दिया था। वालेंतिना सोचती : 'देखने में तो सब ठीक ही है। हँसी-मजाक और प्यार पहले की ही तरह चल रहा है, लेकिन कोई कमी नजर आती है।'

एक बार वालेंतिना की आँख आधी रात में खुल गई। आन्द्रेई अपने पलंग पर नहीं था। रसोई घर में उजाला दिखाई दिया। वहाँ से कुछ खड़बड़ आवाज़ भी आ रही थी। वालेंतिना ने अपने ड्रेसिंग गाउन के लिए इधर-उधर हाथ बढ़ाया। अँधेरे में ड्रेसिंग गाउन मिला नहीं तो चादर ही शरीर पर लपेट ली और नंगे पाँव रसोई घर की तरफ भागी। आन्द्रेई सोने के वक्त की कमीज और बिर्चिस पहने, घुटने तक रबड़ के जूते चढ़ाए, झुँझला-झुँझला कर स्टोव में हवा भरने में जुटा था।

''क्या बात है, आन्द्रेई? तबीयत खराब है क्या?''

आन्द्रेई स्टोव की ओर ही आँखें झुकाए हवा भरता रहा।

''नींद नहीं आ रही थी। मैंने सोचा कुछ काम कर लूँ। चाय बना रहा हूँ। बिजली का स्टोव बिगड़ा पड़ा है।''

ठंडे फर्श पर वालेंतिना के नंगे पाँव ठिठुर रहे थे। कभी इस पैर पर कभी उस पैर पर खड़ी वालेंतिना विस्मय से आन्द्रेई की ओर देख रही थी।

आन्द्रेई की स्वस्थ गर्दन पर नसें उभर आई थीं और उनके बीच नीले चिह्न बन गए थे। उसका चेहरा, जो हमेशा सुर्ख और खुश नजर आता था, काला-काला और रूखा लग रहा था। गाल कुछ धँस गए थे।

''मुझे क्यों नहीं जगा दिया?'' वालेंतिना रुँधे गले से बोली। ''लाओ मैं बनाऊँ चाय। मैं जल्दी बना दूँगी। हटो, मुझे मदद करने दो।''

''तुम जाओ सोओ।''

आन्द्रेई वालेंतिना की आँखों से जान-बूझकर अपनी आँखें बचा रहा था। वालेंतिना के दिल को ठेस लगी।

''मुझे क्यों नहीं मदद करने देते?''

''तुमसे जो मदद माँगी थी वह तो तुमने दी नहीं, वाल्या! चाय तो मैं अपने आप भी बना सकता हूँ....।''

आन्द्रेई गुस्से में फिर जोर-जोर से स्टोव में हवा भरने लगा। स्टोव के हिलने से ऊपर रखे बर्तन से पानी छलक कर बर्नर पर आ गिरा। आग बुझ गई। धुआँ

छत की ओर बढ़ चला। स्टोव की टोंटी से मिट्टी के तेल की बारीक फुहार निकलने लगी। आन्द्रेई गम्भीर मौन धारण किए माचिस पर माचिस रगड़कर स्टोव जलाने की कोशिश कर रहा था।

'बड़ाबड़ाता भी नहीं!' वालेंतिना सोच रही थी। 'आखिर बात क्या है? क्या सचमुच भारी झगड़ा हो गया है?' वह पाँव मोड़कर एक छोटे से स्टूल पर बैठ गई। 'मुझे नहीं मालूम था इतना गुस्सेबाज है? कैसा ऐंठा हुआ है। मेरी तरफ देखता भी नहीं...गर्दन कितनी दुबली हो गई है! पैर भी लड़खड़ाते हैं। बस, अब तो इसकी गर्दन के बाल ही पुरानी निशानी रह गए हैं। बात क्या है? लेकिन मैं इससे लड़ना नहीं चाहती, किसी सूरत में भी लड़ना नहीं चाहती।'

"भाड़ में जाय मशीन-ट्रैक्टर स्टेशन का काम!" वालेंतिना दृढ़ता से बोली। "तुम कितने दुबले और साँवले हो गए हो। हड्डियाँ निकल आई हैं...। आन्द्रेई मैं उग्रेन में ही कोई छोटा-मोटा काम ले लूँगी और तुम्हारी देख-रेख करूँगी। मैं पहली मई फ़ार्म में थी—तब मुझे नहीं मालूम था कि तुम्हारी ऐसी हालत होगी, तुम्हारी तन्दुरुस्ती इतनी गिर गई होगी।"

आन्द्रेई ने घूमकर देखा। वालेंतिना की आँखों में झलकती पीड़ा के सामने वह न अड़ सका। स्टोव को छोड़ वह वालेंतिना की बगल में आ बैठा। उसका हाथ अपने हाथ में लेकर धीमे से बोला :

"वाल्या! बस एक साल की ही तो बात है। तुझे याद है इस ज़िले का चार्ज लेने के बाद मैंने प्रान्तीय कमिटी में क्या कहा था? मैंने कहा था : 'जिले में एक बड़ा मशीन-ट्रैक्टर स्टेशन बनवा दो फिर देखना मैं जिले को कहाँ पहुँचा देता हूँ।' उन लोगों ने मेरी मदद की। स्टेशन बन गया। अब सवाल है इस स्टेशन से ज़िले की आर्थिक स्थिति को आगे बढ़ाने का। क्या हम ऐसा कर सकेंगे? ऐसा करने के लिए हमें क्या करना होगा? कठिनाइयाँ हजारों हैं! नींद क्या होती है यह मैं भूल गया हूँ—सोने के लिए लेटता हूँ तो ये ही सवाल दिमाग को घेर लेते हैं।"

आन्द्रेई बहुत उत्तेजित होकर जल्दी-जल्दी बोल रहा था। ऐसा मालूम होता था जैसे ये बातें उसके दिमाग में बहुत पहले से इकट्ठी थीं और अब, रास्ता पाकर, बह निकली हैं। वालेंतिना उसके सूखे चेहरे और विचित्र पोशाक को देख रही थी और उसकी बातें सुन रही थी। सुनने के साथ ही वह इन शब्दों के पीछे निहित तथ्य को भी समझने की कोशिश कर रही थी।

"हमारे पास तीस मशीनें थीं—वसंत तक सौ से ज्यादा हो जाएँगी। इस मात्रा को हमें गुण में बदलना होगा। इस परिवर्तन को पूरी तरह समझना होगा! मुझे तो युद्ध के मोर्चे पर या पार्टिज़न दस्ते में भी ऐसी चिन्ता और घबराहट नहीं हुई थी जैसी इस ज़िम्मेदारी से हो रही है। ढंग के आदमियों की कमी है, ज्यादातर मशीनें बिगड़ी हुई हैं। यह ज़िला तो बीसियों बरस से पिछड़ा रहा है। इसे एकदम

सबसे आगे कैसे पहुँचाया जा सकता है?''

आधी रात के समय मामूली से कपड़े लपेटे दोनों ठिठुरते रसोई घर में बैठे बातें कर रहे थे। कुछ देर बाद ही उन्हें यह खुशनसीब खयाल आया कि बातें बिस्तर में लेट कर भी की जा सकती हैं।

आन्द्रेई कुछ देर बातें कर लेने के बाद सो गया। उस हफ्ते पहली बार वह वालेंतिना के कन्धे से मुँह सटाकर सोया था। वालेंतिना उसकी बातों और व्यग्रता को ही बिसूरती रही। उसे नींद नहीं आई!

वालेंतिना बिल्कुल निश्चल पड़ी रही। उसे डर था कि उसके हिलने से कहीं उसके कन्धे पर टिका आन्द्रेई का सिर हिल न जाए और आन्द्रेई की नींद टूट न जाए। उसका जी कर रहा था कि वह आन्द्रेई से माफी माँग ले।

दूसरे दिन वालेंतिना ने मिसरानी के साथ हाथ बँटाकर बड़े ध्यान से खाना बनवाया। आन्द्रेई के शौक की खीर बनवाई–जैसी अस्पताल में कमजोर लोगों को खिलाई जाती है। 'शहद, दूध, फलों का रस...और हाँ, अंडे भी। इनमें काफ़ी विटामिन और ग्लूकोज़ होगा।....' वालेंतिना सोच रही थी। 'अस्पताल जाकर सिर दर्द की कोई अच्छी सी दवा भी ले आऊँ। काम के ऐसे झमेले के वक्त आन्द्रेई बिस्तर पर लेट गया तो बस्! कल रात कितना कमज़ोर और पीला लग रहा था। इतना कमजोर मैंने उसे कभी नहीं देखा।'

आन्द्रेई के स्वास्थ्य की चिन्ता में वालेंतिना इतनी खोई-खोई हो रही थी कि दरवाज़ा खोलकर आन्द्रेई भीतर आया तो वालेंतिना अचकचा गई। रात आन्द्रेई की जो अवस्था थी उससे इस समय इतना अन्तर था कि पहचान पाना मुश्किल था। आन्द्रेई के चेहरे पर वही पुरानी लाली और ताज़गी, चाल में भी वही पुरानी चुस्ती थी। उसने खीर की तरफ़ ध्यान से देखा भी नहीं। कुर्सी पर बैठते हुए हाथ फैलाकर ऐसे बातचीत शुरू की कि सिर दर्द की दवा की पुड़ियाँ नीचे फर्श पर गिरकर बिखर गईं।

''वाल्या! आज मेरे दफ्तर में बड़ा ज़ोरदार युद्ध हुआ। बस देखने लायक था। विसोत्सकी ने अपनी रिपोर्ट पेश की है कि प्रोखारचेंको और रुबानोव ने मशीन-ट्रैक्टर स्टेशन के लिए जो योजना तैयार की है वह निरी काल्पनिक है और कभी पूरी नहीं हो सकती। दोनों तरफ़ से खूब गरमा-गरमी हुई।''

''क्या इसीलिए इतने खुश नज़र आ रहे हो?''

''खुश? नहीं! सिर्फ़ खुश नहीं! खैर तू तो जानती है...कैसे बताऊँ? कभी-कभी खुद विश्वास नहीं होता था कि ऐसा योजना पूरी हो सकेगी। जब तक दूसरों ने इस योजना का विरोध नहीं किया यह विश्वास जमा रहा। लेकिन जब विसोत्सकी ने अपनी दलीलें देनी शुरू कीं तो मेरा दिमाग साफ़ हो गया। योजना कैसे पूरी की जाएगी यह स्पष्ट हो गया।...मैं तो कहता हूँ कि विसोत्सकी अपने

मन में चाहे तो समझता हो, मेरी उसने बड़ी मदद की। कैसे मदद की यह मैं नहीं कह सकता। मैं खुद नहीं जानता। लेकिन उसने मदद की है जरूर।''

आन्द्रेई जितनी अच्छी तरह अपने को समझता था, उससे भी अच्छी तरह वालेंतिना उसे समझती थी। आन्द्रेई में वास्तव में जुझारू आत्मा थी—विरोध के सामने आते ही वह थकावट, बीमारी, परेशानी सब कुछ भूल जाता था। वह खूब स्वस्थ, प्रसन्न, उत्साहित और उल्लसित दिखाई देने लगता था। आन्द्रेई बड़े उत्साह से बता रहा था कि विसोत्सकी ने यह आपत्ति की और प्रोखारचेंको ने वह जवाब दिया। वालेंतिना उसमें इस परिवर्तन को देखकर ऐसी महसूस कर रही थी कि मेज़ से उठकर उसके गले में बाँहें डाल दे और अपनी भावनाएँ उस पर प्रकट कर दे—वे भावनाएँ जिनका आन्द्रेई को रंचमात्र आभास नहीं था।

''काँटे को ऐसे मत घुमाओ आन्द्रेई! खीर फैल जाएगी।'' वालेंतिना ने धीरे से कहा। ''अच्छा बताओ, अब आगे क्या करोगे?''

उसकी आँखें सिमट गईं। चेहरे पर प्रसन्नता और कठोरता का मिश्रित भाव छा गया।

''क्यों? पार्टी की मीटिंग में रखूँगा पूरे मामले को। वह अपनी बात पार्टी की सभा में कह ले। फिर मैं उत्तर दूँगा।''

''लेकिन इससे फायदा क्या होगा?'' वालेंतिना ने सन्देह प्रकट किया। ''तुम जानते हो कि लोगों में उसका सम्मान है और वह बोलता बहुत अच्छा है। ग़लत दृष्टिकोण लोगों के सामने रखने का मौका देने से फायदा क्या? बेकार है, बेज़रूरत है।''

''अच्छा?'' उसने पलकें उठाकर पत्नी की ओर प्रश्न भरी दृष्टि से देखा।

'' 'अच्छा' क्या? उसे बोलने का मौक़ा देने से फायदा क्या होगा? मुझे बताते क्यों नहीं?''

आन्द्रेई ने सहसा वालेंतिना को अपनी ओर घसीट लिया और उसकी आँखों में देखता हुआ हँसने लगा।

''क्यों बताऊँ तुझे? तू तो बड़ी चतुर है न, मुझसे भी जल्दी सब कुछ समझ लेती है!''

वालेंतिना ने लाख कोशिश की लेकिन आन्द्रेई ने उसे बताया नहीं। वह बहुत देर तक हँसता और उसे तंग करता रहा। दफ्तर लौटने के लिए जब वह उठा तो थकावट, परेशानी या सिरदर्द का नाम भी न था। उसकी चाल में वही चुस्ती और चेहरे पर वही मुस्कराहट थी जो वालेंतिना को इतनी प्रिय थी।

दो दिन बाद पार्टी के कार्यकर्त्ताओं की सभा हुई। आन्द्रेई ने यह सभा पार्टी-दफ्तर

में न बुलाकर मशीन-ट्रैक्टर स्टेशन में ही की।

वालेंतिना सभा के समय से कई घंटे पहले ही पहुँच गई। वह चाहती थी कि योजना को एक बार खुद देख ले और उसके बारे में लोगों से बातचीत कर ले। हाँ, इस संबंध में विसोत्सकी से बात करने के विचार से ही उसे संकोच हो रहा था। विसोत्सकी के प्रति वालेंतिना के मन में बचपन से श्रद्धा थी। श्रद्धा बढ़ती ही गई थी। किन्तु अब विसोत्सकी आन्द्रेई, प्रोखारचेंको और रुबानोव का विरोध कर रहा था। वालेंतिना को यकीन था कि ये लोग गलती नहीं कर सकते। पर विसोत्सकी पर भी उसे भरोसा था। वह डरती थी कि विसोत्सकी से उसकी मुलाकात पीड़ाजनक होगी। लेकिन मामला सुविधा से हल हो गया। विसोत्सकी उसे देखकर बहुत प्रसन्न हुआ और उसे बुलाकर अपने निजी दफ्तर में ले गया। चमड़े की गद्दी वाली आराम कुर्सी पर उसे बैठाकर बोला :

''बड़ा अच्छा हुआ तुम मीटिंग शुरू होने से पहले आ गईं। मैं चाहता हूँ, अपनी रिपोर्ट तुम्हें अच्छी तरह समझा दूँ। आन्द्रेई का मैं खुद बहुत आदर करता हूँ। उसे प्यार भी करता हूँ। पर उसमें दाँव पर खेल जाने की जो आदत है वह मुझे पसन्द नहीं। उसने दूसरी जगहों पर काम किया है। इस ज़िले की हालत उसे अच्छी तरह मालूम नहीं। उग्रेन कुबान नहीं है। यह जंगलों का इलाका है, स्तपीय प्रदेश नहीं है।''

विसोत्सकी का चेहरा इतना रूखा और काला लग रहा था मानो धूप ने उसके चेहरे को हमेशा के लिए खराब कर दिया हो। उसकी भौंहों के कुछ-कुछ सफेद घने बालों के नीचे उसकी अधमुँदी आँखें विशेष आकर्षक लगती थीं।

बीस वर्ष पहले जिस स्कूल में वालेंतिना पढ़ती थी उसमें विसोत्सकी प्रकृति-विज्ञान पढ़ाया करता था। वालेंतिना को याद था कि विसोत्सकी जब बच्चों से नाराज होता था तो उसकी भौंहें सिकुड़ जाती थीं—हालाँकि उसकी आँखों में हँसी समाई रहती थी। वालेंतिना को अपने पुराने अध्यापक से प्रेम था, पर उसे आन्द्रेई और प्रोखारचेंको से भी प्रेम था।

''कुबान की धरती दूसरी तरह की है, हमारी उग्रेन की दूसरी तरह की। वहाँ की मिट्टी काली और चिकनी है, यहाँ की ढेलुवा।'' विसोत्सकी के चेहरे से व्यग्रता टपक रही थी। ''कुबान में गरमी का मौसम लम्बा होता है, हमारे यहाँ मौसम का कोई ठिकाना नहीं। कुबान के तरीके उग्रेन में आँखें बन्द करके कैसे लागू किए जा सकते हैं? मैं इस इलाके के हर ढूहे और टीले को जानता हूँ। मुझे याद है कि पिछले तीस वर्षों में उग्रेन में कब-कब तूफान फटा है। मैं कहता हूँ--हम लोग गलत रास्ते पर जा रहे हैं। हमारी ग़लतियों से सारे ज़िले की अर्थव्यवस्था चौपट हो सकती है, हजारों इनसानों की ज़िन्दगी खतरे में पड़ सकती है...। अगर यह सब खतरा न होता तो क्या मैं इतना झगड़ा-टंटा करता? क्यों

लिखकर अपनी रिपोर्ट देता? तू इन कागज़ों को पढ़कर देख! इन्हें मैं यहीं छोड़े जाता हूँ। तू कृषि-विशारद है और ज़िले की धरती तेरी देखी हुई है। मेरी बात तेरी समझ में आ जाएगी।''

वालेंतिना पढ़ने लगी। इन कागजों में पिछले तीन सालों में मशीन-ट्रैक्टर स्टेशन की बातों का बड़ा विशद और विस्तृत वर्णन था। बड़ी मेहनत से आँकड़े तैयार किए गए थे—महीने में कितनी योजना पूरी हुई, कितना पेट्रोल खर्च हुआ, इत्यादि। अलग-अलग ट्रैक्टरों के टूटने और उनकी मरम्मत में जाया हुए वक्त का घंटेवार अलग-अलग हिसाब था। तीन सालों में कब कैसा मौसम रहा, इसका भी ब्योरा था। जिस व्यक्ति को अपने काम से सचमुच प्यार हो वही इतनी मेहनत कर सकता था।

इस रिपोर्ट में लगे परिश्रम और उसके विस्तार को देखकर रिपोर्ट तैयार करने वाले के प्रति बरबस आदर उमड़ आता था। वालेंतिना आँकड़ों की लम्बी कतारों पर नज़र गड़ाए बड़ी सावधानी से कागजों को पलट रही थी। कृषि-विशारद के एकान्त दफ्तर में लगभग दो घंटे तक बैठी वह इसी रिपोर्ट को पढ़ती रही। ज्यों-ज्यों रिपोर्ट का अन्त निकट आ रहा था, वालेंतिना की चिन्ता बढ़ती जा रही थी।

रिपोर्ट की तालिकाओं, रेखाचित्रों और अंकों को देखकर चिन्ता बढ़ जाना स्वाभाविक ही था। टूटी-फूटी मशीनें, इने-गिने ट्रैक्टर ड्राइवर, वसन्त में सर्दी और बारिश, पतझड़ का जल्दी शुरू हो जाना, पतझड़ में भी बारिश खेतों में जल्दी से जल्दी काम खतम करने की आवश्यकता—रिपोर्ट के चमकीले पन्नों में यही सब कुछ ठूँस-ठूँस कर भरा गया था।

काम के दौरान में उठ खड़ी होनेवाली साधारण सी आकस्मिक कठिनाइयाँ भी इस रिपोर्ट के आँकड़ों के जरिए अवश्यंभावी और अपराजेय दिखाई दे रही थीं।

'इन तथ्यों से आँखें बन्द नहीं की जा सकतीं। इन्हें कोरी बकवास कह कर नहीं टाला जा सकता,' रिपोर्ट के पन्नों को फिर से पलटती हुई वालेंतिना सोच रही थी। 'और आन्द्रेई? क्या उसने गम्भीरता से समस्या को समझा है? क्या वह जानता है कि वह क्या करने जा रहा है?'

आँकड़ों ने उस पर भी जादू कर दिया था। वह उठकर खड़ी हुई, मेज़ के पास से हटी और खिड़की के दरवाज़े पर जाकर बैठ गई।

''समस्या इतनी गम्भीर है, यह मैंने भी नहीं सोचा था।''

खिड़की से बाहर वालेंतिना को मशीन-ट्रैक्टर स्टेशन का बड़ा-सा मैदान दिखाई दे रहा था। टीन की छत के नीचे मशीनों की पाँत खड़ी थी। लोग-बाग बातें करते इधर से उधर आ जा रहे थे। इस दृश्य ने वालेंतिना के मन को और भी म्लान कर दिया। तभी नास्त्या ओगोरोद्निकोवा कारखाने की ओर

जाती दिखाई दी।

"अरे, नास्त्या ओगोरोदूनिकोवा भी तो है, मशीन-ट्रैक्टर स्टेशन में।" वालेंतिना की आँखें चमक उठीं। "इसका ज़िक्र क्यों नहीं है इन आँकड़ों में? ऐसी तो कितनी ही टीमें हैं जो समय से पहले अपना काम पूरा कर लेती हैं। कितनी ही नई कम्बाइन और ट्रैक्टर मशीनें हैं जिन्होंने पूरी गर्मियों में बिना एक भी टूट-फूट के काम किया है। मशीन-ट्रैक्टर स्टेशन में ये भी तो हैं। फिर रिपोर्ट में इनका ज़िक्र क्यों नहीं है? क्यों इन सबको औसत आँकड़ों के नीचे दबा दिया गया है। अगर इनको दबा दिया गया और इनकी तरफ से आँखें बन्द कर ली गईं तो सचमुच भविष्य निराशामय दिखाई देगा। लेकिन हम इन्हें आँखों के सामने रखें और नए विचारों और नए कामों का सूत्रपात इन्हें ध्यान में रखकर करें तो..."

सुन्दर चमकीले कागज़ों पर बड़े परिश्रम तथा धैर्य से लिखी और बड़ी नफासत से मोड़कर फाइल के अन्दर सजाई रिपोर्ट सहसा वालेंतिना को बड़ी ही संकीर्ण और नीरस जान पड़ी। इस रिपोर्ट में ऐसी भूलें थीं, जिन पर यकायक नज़र नहीं पड़ती थी, किन्तु जिन्होंने सारे परिश्रम पर पानी फेर दिया था। विसोत्सकी की याद कर वालेंतिना को इस समय दुःख हो रहा था।

स्टेशन में सबसे बड़े कारखाने के हॉल में, जिसमें पचास मशीनें रखने की जगह थी, मशीनें हटाकर सभा के लिए प्रबंध कर दिया गया था

इमारत बिलकुल नई थी। दीवारें—ताज़ी पुती हुई सफेद। फ़र्श चमक रहा था। दीवारों के साथ-साथ बेंचें लगा कर बैठने का प्रबन्ध कर दिया गया था। बाहर उजली धूप खिलखिला रही थी। दिन का तेज प्रकाश बड़ी-बड़ी खिड़कियों से भीतर आ रहा था। विस्तृत हाल में लोगों के कदमों की आहट और आवाज़ ऐसी लगती थी जैसे किसी पहाड़ी घाटी में लोग चल और बोल रहे हों। ताज़ी लकड़ी और हाल में घिसी जाने वाली धातुओं की गन्ध दीवारों से फूट रही थी। सुनहरे पुते तख्तों वाली अलमारियों में सजाए मशीनों के हिस्से निकल की पालिश से चमक रहे थे।

हाल के बीचों-बीच बेंचें लगी थीं। बेंचों के दोनों ओर ट्रैक्टरों की कतारें थीं—मानो सलामी के लिए खड़ी हों। छोटे से मंच के दोनों और नई लाल रोगन की हुई खूब ऊँची कम्बाइन मशीनें थीं। सच पूछो तो इन मशीनों की जगह बाहर मैदान में थी। हॉल की छत के नीचे, मेजों और कुर्सियों के बीच, ये और भी दैत्याकार लग रही थीं।

"ओह! यह तो पूरा महल बन गया।" हॉल में नज़र दौड़ाते हुए उगारोव ने कहा। फिर कम्बाइन मशीनों की ओर संकेत कर पूछा : "ये दोनों क्या प्रिसीडियम की सदस्याएँ हैं?"

"नहीं। ये तो हमारी ओर से मुख्य वक्ता हैं।" स्टेशन के राजनीतिक शिक्षक रुबानोव ने मुस्कराकर उत्तर दिया।

दुबला-पतला दक्षिणवासियों जैसे साँवले चेहरे वाला रुबानोव सभी जगह पहुँच रहा था। पल में इस ओर खड़े लोगों से बातें करता दिखाई देता तो पल में उस ओर खड़े लोगों में जा शामिल होता।

रुबानोव पहले दोनबास में फौलाद ढालने का काम करता था। उसे भारी चोट आ गई थी। अस्पताल से लौट कर वह अपने लोगों के बीच दिल बहलाने के लिए उग्रेन चला आया था। कुछ दिन बैठे रहने के बाद उसका जी ऊब गया। तभी–जैसा कि वह दूसरों को बताया करता था–मशीन-ट्रैक्टर स्टेशन उसके 'मन पर चढ़ गया।' धीरे-धीरे वह सहायक राजनीतिक शिक्षक बन गया। रुबानोव ने ही मशीन-ट्रैक्टर स्टेशन में काम करने वालों का नाम 'लौह-पुरुष' रखा था। यही नाम ज़िले भर में चल पड़ा था।

"कहो कोस्त्या?" आन्द्रेई ने रुबानोव से पूछा। वह जानना चाहता था कि नए मशीन-ट्रैक्टर स्टेशन की बाबत किसान क्या सोचते हैं।

रुबानोव आन्द्रेई का आशय समझ गया।

"लोगों को बहुत दिलचस्पी है।"

नवागन्तुकों को यहाँ की हर चीज़ बहुत आकर्षक लग रही थी। कारखाने, ट्रैक्टर, कम्बाइन मशीनें, मशीनों के हिस्से, पेट्रोल स्टेशन, सफेदी पुती टंकियाँ–सभी बहुत दिलचस्प चीज़ें थीं।

हॉल के वातावरण और सभा में पेश होने वाले विवादास्पद मसले–दोनों ने लोगों को काफ़ी उत्तेजित कर रखा था। विसोत्सकी और प्रोखारचेंको के बीच मतभेद को वे जानते थे। दोनों के अलग-अलग अपने समर्थक थे। इस समय भी जगह-जगह टोलियाँ बाँध कर बहस चल रही थी।

एक टोली के बीचों-बीच वासिली खड़ा था। उसके तगड़े शरीर और गूँजती आवाज़ की ओर लामुहाला ध्यान आकर्षित हो जाता था। पहली मई फ़ार्म की आश्चर्यजनक उन्नति और सफलता की बातें सब ओर फैल चुकी थीं। इसलिए लोग पहली मई फ़ार्म के प्रधान को कौतूहल और आदर से घेरे खड़े थे। वासिली अपनी स्थिति का महत्त्व खूब समझता था। इसीलिए वह बहुत सोच-सोच कर और अधिकार पूर्ण ढंग से बातें कर रहा था :

"प्रोखारचेन्को चाहता है कि पुरानी टीमों को तोड़कर नए और पुराने ट्रैक्टर ड्राइवरों को एक में मिला दिया जाए। हो सकता है इसका नतीजा अच्छा हो। लेकिन बुरा भी हो सकता है। मैंने एक टीम में आठ साल तक काम किया है। कोई हमारा दल तोड़ने की बात कहता तो हम लोग तो आसमान सिर पर उठा लेते; मन्त्री तक का आसन हिला देते। इस वक्त मशीन-ट्रैक्टर स्टेशन में छह

मज़बूत टीमें हैं। छह टीमें होना कोई बड़ी बात नहीं। लेकिन इनको तोड़ दिया और फिर कुछ न बना तो? यह काम बहुत सोच-समझ कर करना है। पुराने तरीकों को तोड़ना और रद्द कर देना कोई मुश्किल काम नहीं है। सारा सवाल है, हम नया क्या बनाएँगे?"

कुछ दूर ट्रैक्टर-ड्राइवरों की टोली में स्तेपान खड़ा था। स्तेपान और भी दुबला और पीला-पीला लग रहा था। वासिली की नज़र उस पर पड़ी। अपने सुख और समृद्धि की तुलना में स्तेपान की दयनीय अवस्था देख कर वासिली को अपने पराजित प्रतिद्वन्द्वी के प्रति दया भी आई और गर्व भी अनुभव हुआ।

"क्यों भई स्तेपान निकितिच, तुम्हारी क्या राय है?" कुछ उदारता और बड़प्पन के स्वर में वासिली ने पूछा। "मैं कह रहा था—अभी छह दल हैं। अगर इन्हें तोड़ दिया तो शायद एक भी न बचे। क्यों?"

स्तेपान ने कुछ लापरवाही और अनिच्छा से उत्तर दिया :

"छह टीमों की ही बात नहीं है। सभी पुराना ढंग बदलना जरूरी है।"

"तुम चाहे जो कर लो—बेलाविन नास्त्या तो बन नहीं जाएगा।"

वासिली ने गम्भीर स्वर में कहना शुरू किया। "मैं खुद ट्रैक्टर-ड्राइवर रह चुका हूँ। मैं जानता हूँ कि सवाया काम निकालने का क्या मतलब होता है। अपने वक्त में मैं भी नम्बर एक था। फिर भी हर महीने में सवाया काम थोड़े ही निकल सकता था। वादा करके उसे पूरा न कर सकने का मतलब होता है फ़ार्म को नीचे गिराना। हमें मालूम है कि दूसरों पर भरोसा करने से क्या होता है। किसान खुद कुछ करेंगे नहीं। बस मशीन-ट्रैक्टर स्टेशन पर आँखें लगाए रहेंगे।"

स्तेपान ने कुछ कहा नहीं। उपेक्षा से चुप रह गया। वह वासिली के बातें करने के ढंग और उसके हाव-भाव को बड़े गौर से देख रहा था। वासिली का इस तरह बढ़-चढ़कर बातें करना स्तेपान को अच्छा नहीं लगा था। इससे भी अधिक क्षोभ उसके मन में इस बात का था कि अवदोत्या को ऐसे पति के साथ निबाह करना पड़ रहा है जो उसके योग्य नहीं है।

स्वस्थ-शरीर वासिली स्तेपान को बहुत सुखी दिखाई दिया। वह उस भाग्यशाली कुत्ते की तरह था जिसे अपने भाग्य का पता न था। वासिली की बुलन्द आवाज़ स्तेपान को कर्कश लग रही थी। "यहाँ खड़ा दहाड़ रहा है। अवदोत्या बेचारी इसकी प्रतीक्षा में बैठी होगी। यह घर पहुँचेगा तो इसके स्वागत के लिए दरवाज़े पर आ खड़ी होगी और यह मूर्ख..." यह विचार स्तेपान के लिए इतना असह्य हो गया कि वहाँ खड़े रहना सम्भव न रहा। मुँह फेर कर वह दूसरी ओर चल दिया।

स्तेपान के मुख पर वेदना का भाव और उसका यों चले जाना, मानो पीछे हट कर भाग रहा हो, वासिली से छिपा न रहा। पर उसने इस ओर ज्यादा ध्यान

न दिया और अपनी बात कहता गया :

"बेंजामिन इवानोविच से मेरा कई बार झगड़ा हो चुका है। हमारा काम में ऐसा हो जाना स्वाभाविक है। लेकिन यह मैं बता दूँ—वह आदमी बहुत ठोस है, बेमतलब बात करने वाला नहीं है।"

वासिली के मन में विसोत्सकी की अच्छी सूझ-बूझ और समझदारी के लिए पहले भी बहुत आदर था। अब जब उसने देखा कि विसोत्सकी अपने विचार के अनुसार ठीक बात के लिए ज़िले भर के नेताओं के विरोध की परवाह न कर निर्भय और निस्संकोच डटा है तो उसके प्रति वासिली की श्रद्धा और भी बढ़ गई।

दूसरे बहुत से लोग भी वासिली की ही तरह सोचते-समझते थे। चारों ओर बहस चल रही थी और सभी लोग मीटिंग में होने वाले घनघोर युद्ध की प्रतीक्षा कर रहे थे।

विसोत्सकी हॉल में दाखिल हुआ। वह लम्बे-लम्बे भारी क़दम मज़बूती से फर्श पर जमाता हुआ चल रहा था—मानो उसे चलने की बहुत आदत हो। सभी लोगों की आँखें उसकी ओर उठ गईं। सब ओर से उसके स्वागत में पुकारें उठने लगीं। वह मुस्करा-मुस्करा कर कृतज्ञता से उत्तर दे रहा था। मन ही मन सोच भी रहा था : 'अगर मैं अपनी बात के लिए उचित दलीलें न भी दे पाया तो भी इन लोगों की सहानुभूति से इनका विश्वास तो पा ही लूँगा।'

वालेंतिना मीटिंग शुरू होने से पहले विसोत्सकी से दिल खोलकर साफ़-साफ़ बातें करना चाहती थी। पर लोगों ने विसोत्सकी को ऐसे घेर रखा था कि उससे बातें करना सम्भव न था। अस्तु, वालेंतिना चुपचाप अपनी जगह बैठी रही। हाँ, अन्य आवाज़ों के बीच अपने पति की आवाज़ उसके कानों में पहुँच रही थी।

जैसा कि जटिल अवसर आने पर बहुधा होता था—आन्द्रेई आज भी खूब उत्साहित और प्रसन्न था। किसी से हाल-चाल पूछा, किसी से मज़ाक किया और किसी की बात पर ज़ोर से कहकहा लगाकर हँस दिया। परन्तु आस-पास खड़े लोगों की बातें सुनने के लिए वह कान खड़े किए था और यह भाँपने की कोशिश कर रहा था कि लोग क्या सोचते हैं। मन ही मन वह यह भी सोच रहा था कि मीटिंग में उसे क्या कहना है और कैसे कहना है। दूसरों की बातें सुनकर उसका मस्तिष्क और भी साफ होता जा रहा था।

"विसोत्सकी अपनी बात पर अड़ा है, उत्तेजित भी है। लोग उसे घेरे खड़े हैं। अपने भ्रम का शिकार वह अकेला ही नहीं है। ऐसा न होता तो यह मीटिंग बुलाने की ज़रूरत ही क्या थी? जब कभी परिवर्तन की बात सोची जाती है तभी विरोध सामने आता है। यही तो द्वन्द्ववाद है।"

आन्द्रेई की नज़र दूसरों से लम्ब-तड़ंग वासिली पर पड़ी। वह उसे बहुत

ध्यान से देख रहा था और उसकी बातें सुनने की कोशिश कर रहा था। सभा से पहले वासिली से बातें करने का उसे मौक़ा नहीं मिला था। आन्द्रेई जानता था कि वासिली ने जिस बात को अनुभव से परख और समझ नहीं लिया उस पर हमेशा सन्देह करेगा। वह उसकी योग्यता से भी अच्छी तरह परिचित था।

सन्देह दूर हो जाने पर फिर किसी नए काम को करने में आन्द्रेई के उत्साह और लगन का अन्त नहीं होता था।

"बात इसकी समझ में आ जाए और यह उसे पकड़ ले तो फिर यह हर नए काम में हमारा सबसे बड़ा सहायक बन जाए।"

आन्द्रेई भीड़ में नज़रें दौड़ाकर ज़िला पार्टी के साथियों को खोज रहा था। लुक्यानोव का मटियाला, पीला सा चेहरा और गहरी-गहरी आँखें दिखाई दीं। बोलगिन की ज़रा भेंगापन लिए फैली-फैली कातर आँखें दिखाई दीं। बोलगिन समझदार आदमी था। वह आन्द्रेई को औरों से ज्यादा अच्छी तरह जानता था। आन्द्रेई जिस व्यग्रता को स्वयं अपने से छिपाने की कोशिश कर रहा था उसे भाँपते बोलगिन को देर न लगी। वह आन्द्रेई के पास पहुँचा और धीरे से बोला :

"घबराओ नहीं पेत्रोविच! सब ठीक हो जाएगा। हमारे साथियों ने किसानों को अच्छी तरह समझा दिया है। तुम चिन्ता मत करो।"

"मुझे चिन्ता किस बात की?" आन्द्रेई ने हँसकर उत्तर दिया। पर मन ही मन उसने आदर से सोचा : 'यह है पार्टी का पुराना आदमी। दिल तक की बात समझ लेता है।'

अब तक सब लोग आ गए थे। हॉल ठसाठस भर गया था। जिन्हें बेंचों पर जगह न मिली वे मशीनों के ऊपर, यहाँ-वहाँ, जहाँ भी जगह मिली, बैठ गए।

मशीन-ट्रैक्टर स्टेशन में काम करने वालों का झुण्ड अलग ही स्पष्ट दिखाई दे रहा था। वे अभी-अभी काम बन्द करके आए थे और कारखाने में काम करते समय कपड़ों के ऊपर पहनने के तेल और कालिख लगे चोगे पहने थे। ये लोग सबसे ज्यादा आराम से जमे दिखाई देते थे—खूब खुशमिज़ाज, एक-दूसरे से मज़ाक करते हुए। उनकी हँसी सबसे ज्यादा उन्मुक्त थी।

रुबानोव ने सभा आरम्भ होने की सूचना दी और आन्द्रेई से अनुरोध किया कि भूमिका रूप में वह समस्या के बारे में कुछ कहे।

"साथियो!" आन्द्रेई ने कहना शुरू किया। "इससे पहले कई मौकों पर हम लोग अलग-अलग जगहों पर सभाएँ कर चुके हैं। कभी हमारी सभाएँ ज़िला पार्टी के दफ्तर में हुईं, कभी फ़ार्मों के दफ्तरों में, कभी पशुशालाओं और गोशालाओं में और कभी खेतों में। ज़िले के इतिहास में पहली बार हमारे किसान और कार्यकर्ता अपनी सभा ज़िला पार्टी दफ्तर में नहीं, किसी फ़ार्म के दफ्तर या खेत में नहीं बल्कि एक बड़े कारखाने में, जो कृषि के यन्त्रों को बनाने के साधनों से सम्पन्न

है और जिसकी तुलना किसी भी बड़े से बड़े कारखाने से की जा सकती है, कर रहे हैं। अपनी यह सभा इस जगह करने का एक खास प्रयोजन और महत्त्व है। यहाँ आने पर आप लोगों में से हरेक अपनी आँखों से देख सकता है और यह महसूस कर सकता है कि हमने कितनी बड़ी शक्ति हासिल कर ली है। मेरी यही कामना है कि आज का दिन हमारे ज़िले के बड़े-बड़े सामूहिक खेतों में काम करने वालों और मशीन ट्रैक्टर वालों के बीच सच्ची और दृढ़ मैत्री का दिन बन जाए और हमारे ज़िले के इतिहास में नया अध्याय जोड़े।''

आन्द्रेई ने ठसाठस भरे हॉल में नज़र दौड़ाई। लम्बे-चौड़े सुडौल सशक्त व्यक्ति उत्सुक आँखें फैलाए, मेहनती हाथ ढीले छोड़े, हॉल में यहाँ-वहाँ बैठे बड़े ध्यान से उसकी बातें सुन रहे थे।

''ज़िले के लोग,'' वासिली ने आगे कहना शुरू किया, ''मशीन-ट्रैक्टर स्टेशन में काम करने वालों को 'लौह-पुरुष' कहते हैं। यह नाम मजाक में ही दिया गया है। फिर भी इससे काफ़ी ज़िम्मेदारी बढ़ जाती है। खुले मुँह की भट्ठियों में पिघलने वाली इस्पात का हिसाब घण्टे-घण्टे और मिनट-मिनट रखा जाता है। बड़े-बड़े औद्योगिक कारखानों में 'कन्वेयर' की गति का हिसाब मिनटों और सेकण्डों में रखा जाता है। मशीन-ट्रैक्टर स्टेशन खेतों के बीच स्थित एक कारखाना है। हमारा काम यहाँ के मशीनों को ठीक से संचालित करना ही नहीं है। हमारा काम है खेती की समूचे काम के संगठन में नई प्रणाली का श्रीगणेश करना। मशीन-ट्रैक्टर स्टेशन के काम के संगठन के बारे में प्रोखारचेंको एक रिपोर्ट आपके सामने पेश करेंगे। विसोत्सकी को इस रिपोर्ट से मतभेद है। उन्होंने दूसरी योजना बनाई है। विसोत्सकी बहस में भाग लेंगे और आपके सामने अपने विचार प्रकट करेंगे। दोनों पक्ष आपके सामने पेश होंगे। बिना किसी जल्दबाज़ी के खूब बहस होगी और फिर मसले पर बेहिचक फैसला लिया जाएगा।''

आन्द्रेई के शब्दों ने जनता को आगामी कार्यक्रम के लिए तैयार कर दिया। हॉल में उत्सुकता पूर्ण सन्नाटा छा गया। उस सन्नाटे में मंच की ओर जाते प्रोखारचेंको के कदमों की आहट हॉल के लकड़ी के फ़र्श पर हथौड़े की चोटों की तरह गूँज रही थी।

प्रोखारचेंको पाँच-सात लोगों के बीच आपसी बातचीत में अपनी बात बहुत सरलता और आत्मविश्वास से कहने की क्षमता रखता था। बीच-बीच में हँसी की फुलझड़ियाँ उसकी बातों को और भी रोचक बना देती थीं। लेकिन बड़ी सभाओं में व्याख्यान देने का उसे अभ्यास नहीं था। मंच पर आते ही वह कुछ घबरा गया और बहुत गम्भीरता से दफ्तरी या सरकारी भाषा में बातें करने लगा। आन्द्रेई उसकी आदत से परिचित था। लेकिन उसे यह नहीं मालूम था कि प्रोखारचेंको इतने शुष्क ढंग से बोलेगा।

आन्द्रेई मन ही मन कह रहा था : 'कुछ जोश की बात कर भाई! सब मामला चौपट किए दे रहा है। योजना इतनी अच्छी है। दफ्तर में तो ऐसे बातें कर रहा था जैसे वृहस्पति का अवतार हो।... यहाँ सबसे पहले इसे खड़ा करके बड़ी गलती की।' प्रोखारचेंको की बातें शुष्क थीं फिर भी लोग सुन ध्यान से रहे थे। एक तो, बातें सारगर्भित थीं। दूसरे, लोग प्रोखारचेंको को जानते थे। लोग जानते थे कि उसी ने दो बरस में इतना बड़ा स्टेशन खड़ा कर दिया है। उसके शब्द रूखे थे पर उनके पीछे बड़ी-बड़ी कामयाबियाँ छिपी थीं।

योजना की सब बातें एक-एक करके श्रोताओं के सामने पेश कर दी गईं। ट्रैक्टर चलाने वाले दलों को फसल तैयार करने वाले दलों के साथ मिलाकर ज़मीन की जुताई से लेकर फसल की मड़ाई तक की पूरी ज़िम्मेदारी देने के सुझाव; फसल की पैदावार को काम के अनुपात से मज़दूरी में बाँटने का सुझाव; काम का घण्टे-दर-घण्टे हिसाब रखने का सुझाव; ट्रैक्टर चलाने वालों और किसानों में काम की प्रतियोगिता तथा सम्पर्क का सुझाव; ट्रैक्टर दलों के पुनःसंगठन और अनुभवी ट्रैक्टर ड्राइवरों को दूसरे दलों में बाँट कर नौसिखियों की योग्यता बढ़ा सकने का सुझाव—सभी सुझाव पेश कर दिए गए।

प्रोखारचेंको द्वारा प्रस्तुत वार्षिक उत्पादन योजना के आँकड़ों का कम्युनिस्टों पर गहरा असर पड़ा। प्रोखारचेंको ने कहा था :

"प्रान्तीय कमिटी की योजना के मसौदे में खेती के सत्तर प्रतिशत काम को मशीनों से कराने का प्रस्ताव है। हमने दूसरी योजना प्रस्तुत की है। हमारी योजना के अनुसार खेतों का नब्बे प्रतिशत काम मशीनों से होगा। इसके लिए हर ट्रैक्टर ड्राइवर को अपने काम को एक सौ बीस प्रतिशत बढ़ाना होगा।"

उपस्थित जन-समुदाय में सिहरन सी दौड़ गई। लोग उत्तेजित होकर बातें करने लगे :

"पिछले बरस तो कई-कई दिन ट्रैक्टर बेकार खड़े रहते थे। अब एकदम एक सौ बीस प्रतिशत बढ़ती?"

"पिछले साल मशीन-ट्रैक्टर स्टेशन की हालत भी तो ऐसी नहीं थी।"

"अब भी तो आधे ट्रैक्टर वही पुराने हैं। ट्रैक्टर क्या हैं—लोहे-कबाड़े के ढेर हैं।"

"लेकिन बाकी आधे तो बिलकुल नए हैं।"

"हाँ, कागज पर तो सभी कुछ आसान दिखता है।"

विसोत्सकी बिलकुल आगे ही बीचोंबीच एक बेंच पर बैठा प्रोखारचेंको को अपनी तीव्र दृष्टि से छेदे डाल रहा था। उसके पीछे बैठे किसी आदमी ने झुककर उसके कान में कुछ कहा। विसोत्सकी के पास बैठे लोगों ने भी बात सुन ली। कुछ के चेहरों से जान पड़ रहा था कि वे उस बात से बहुत खुश हुए हैं, और

कुछ के चेहरों से यह कि उन्हें सन्देह है।

विसोत्सकी ने पहले तो सिर हिलाया फिर एक कन्धा उचका दिया मानो कह रहा हो : "मैं क्या कर सकता हूँ? मैंने पहले ही कह दिया था!" सभी लोग उत्तेजित थे। केवल आन्द्रेई अपने स्थान पर शान्त और निश्चल बैठा था!

मालूम होता था कि आन्द्रेई को न तो उत्तेजना है, न व्यग्रता; न ही उसके चेहरे पर विसोत्सकी के प्रति क्रोध के चिह्न थे। इस प्रौढ़ कृषि-विशेषज्ञ की अपने विचारों के प्रति दृढ़ निष्ठा और स्पष्टवादिता के लिए आन्द्रेई को सहानुभूति थी। वह उसकी ओर बड़ी उत्साहपूर्ण दृष्टि से देख रहा था। विसोत्सक़ी ने भी आन्द्रेई की ओर देखा। दोनों की आँखें चार हुईं। विसोत्सकी ने सोचा : 'क्या उसने मान लिया है कि मैं सही कह रहा हूँ? या...या उसे मुझ पर तरस आ रहा है?'

वालेंतिना लोगों की उत्तेजना को देख रही थी और स्वयं भी उत्तेजित हो रही थी। मन ही मन वह कह रही थी : 'असली ज़रूरत तो है लोगों में योजना के लिए उत्साह पैदा करना। सो तो प्रोखारचेंको ने किया नहीं। उसकी बातें सुनकर ऐसा लग रहा है जैसे उसने लोगों के मुँह पर गीली झाड़ू फेर दी हो।'

प्रोखारचेंको अपना भाषण समाप्त कर प्रिसीडियम में अपनी कुर्सी पर चुपचाप बैठ गया। उसे देखने से जान पड़ता था कि अपने भाषण से खुद उसे सन्तोष नहीं है।

"भाई किसी के मातम में भाषण दे रहे थे क्या...?" आन्द्रेई ने झुक कर उसके कान में कहा।

रूमाल से अपने गंजे सिर का पसीना पोंछते हुए प्रोखारचेंको कुछ बुदबुदाया मानो कह रहा हो : "मुझे खुद अपने ऊपर खीझ उठ रही है भाई! समझ में नहीं आता क्या हो गया था मुझे?" बोलगिन पास ही बैठा था। धीरे से बोला :

"भाषणों से क्या होता है? योजना अच्छी है और लोगों को पसन्द है। यही बहुत है। दोपहर में खाने की छुट्टी के वक्त कारखाने में जब प्रोखारचेंको लोगों को योजना की बातें समझा रहा था तब इसे देखते...!"

बहस शुरू हुई। बोलने के लिए सबसे पहले विसोत्सकी खड़ा हुआ।

विसोत्सकी के मंच पर पहुँचते ही हॉल में सन्नाटा छा गया। उसके गालों की हड्डियाँ और भी उभरी हुई तथा माथे पर पड़े बल और गालों की झुर्रियाँ और भी गहरी दिखाई दे रही थीं। भौंहें तो मानो आँखों पर झुक आई थीं। आवाज़ भी बहुत गम्भीर थी।

"इस ज़िले में काम करते मुझे तीस वर्ष हो गए हैं। मशीन-ट्रैक्टर स्टेशन में भी मैं पिछले एक वर्ष से काम कर रहा हूँ। उग्रेन में पहले ट्रैक्टर से उलटी धरती की गहराई मेरी नापी हुई है। ट्रैक्टर के पीछे लगी पहली बीज बिखेरने की 'ड्रिलों' की जाँच मैंने की थी। ये सब बातें मैं अपनी तारीफ़ बघारने के लिए नहीं

कह रहा हूँ। मैं सिर्फ यह बताना चाहता हूँ कि मैं कभी मशीनों के उपयोग का विरोधी नहीं रहा हूँ; नई टेकनीकों के उपयोग से मैं कभी दूर नहीं रहा हूँ। फिर क्यों प्रोखारचेंको और ज़िला पार्टी के नेताओं की बनाई योजना का विरोध करना पड़ रहा है?"

विसोत्सकी कुछ रुका, मानो असली बात आने पर वक्तृता-क्षमता खत्म हो गई हो। हॉल में छाया सन्नाटा और भी गहरा हो गया। विसोत्सकी ने अपने को सँभाला और बोलना शुरू किया :

"अगर मैं कहूँ कि इस ज़िले और इस मशीन-ट्रैक्टर स्टेशन को मेरी अपेक्षा अधिक जानने वाले लोग कम ही होंगे—तो कोई इसे कोरी आत्म-प्रशंसा न समझे। मैं इस ज़िले की धरती, जलवायु, मशीनों, ज़िले के इतिहास और इस स्टेशन के इतिहास को अच्छी तरह जानता हूँ। इस जिले के हर सामूहिक फ़ार्म के प्रधान और हर ट्रैक्टर-ड्राइवर को मैं जानता हूँ। आप कुबान की ढेलुवा ज़मीन का उग्रेन की काली ज़मीन से मुकाबला नहीं कर सकते। आप कुबान की कार्य-प्रणाली को उग्रेन में यांत्रिक रूप से लागू नहीं कर सकते। मैं दावे के साथ कहता हूँ कि आज मशीन-ट्रैक्टर स्टेशन में जितनी मशीनें और आदमी हैं उनके बूते खेती के नब्बे फ़ीसदी काम को मशीनों से पूरा कर सकना एकदम असम्भव है। नब्बे प्रतिशत काम का वादा करना और उसे पूरा न करना सामूहिक फ़ार्मों को धोखा देना और बोवाई का काम खतरे में डालना होगा। मशीन-ट्रैक्टर स्टेशन जो योजना बनाएगा किसान उसी के मुताबिक अपना काम आरम्भ करेंगे। स्टेशन अपने वायदे पूरे नहीं कर पाएगा तो बेचारे किसान आफत में फँस जाएँगे। मतलब यह कि बोवाई में देरी होगी। सैकड़ों मन फसल बरबाद हो जाएगी। ज़रा आप लोग सोचिए तो—आप में से हरेक सोचे—कि निश्चित समय पर ट्रैक्टर नहीं पहुँचता तो क्या होगा। दुविधा! दुश्चिन्ता! परेशानी! कृषि की व्यवस्था तहस-नहस हो जाएगी! फसलें बरबाद हो जाएँगी! प्रोखारचेंको द्वारा पेश की गई योजना की गलती के अमली नतीजों को समझने वाले को यह मानते देर न लगेगी कि मैं जो कुछ कह रहा हूँ वह सही कह रहा हूँ।"

विसोत्सकी के बोलने का ढंग इतना विश्वासोत्पादक था कि वालेंतिना घबरा कर सोचने लगी, 'इसकी बातों में तो जादू है। मुझ तक पर असर हो रहा है। लोग बहके बिना नहीं रह सकते। आन्द्रेई को सूझी क्या यह मीटिंग करने की? क्या ज़रूरत थी इस आदमी को ग़लत विचार पेश करने और उनका प्रचार करने का मौका देने की? जिला पार्टी कमिटी में ही बात कर ली होती, यही बहुत था।'

आन्द्रेई को घूरती हुई वालेंतिना मन ही मन कहने लगी : 'कहा न था मैंने तुमसे पहले! तुम्हें चेतावनी दी थी! लेकिन तुम किसी की सुनो तब न! हमेशा स्कूली बच्चों की तरह झगड़े में मज़ा आता है तुम्हें तो!' आन्द्रेई सभापति मण्डल

में चुपचाप सिर झुकाए बैठा था।

बड़ी मुश्तैदी और बेमुरौवती से विसोत्सकी प्रोखारचेंको की दलीलों की धज्जियाँ उड़ाए जा रहा था। वालेंतिना ज्यों-ज्यों उसकी बातों को सुनती उसकी बौखलाहट बढ़ती जाती।

"इस वक्त हमारे पास ट्रैक्टर ड्राइवरों के सिर्फ़ छह अच्छे दल हैं," विसोत्सकी कर रहा था। "ये दल ही हमारी मुख्य शक्ति हैं। इन दलों को मज़बूत ढंग से संगठित करने में पूरे डेढ़ बरस का समय लगा है। इन दलों को तोड़ना, कुशल ड्राइवरों को नौसिखिया ड्राइवरों में बिखेर देना, अपने हाथों अपने पैरों पर कुल्हाड़ी मारना होगा। ऐसे सुझावों का समर्थन मैं नहीं कर सकता। ऐसे सुझावों के समर्थन की मुझसे आशा करना यह आशा करना होगा कि अपने हाथों पाल-पोस कर बड़े किए पेड़ की जड़ पर मैं कुल्हाड़ी चला दूँ।"

'क्या बकवास कर रहा है यह आदमी?' वालेंतिना ने मन ही मन कहा। 'क्या इसे नहीं मालूम कि जो कुछ यह कह रहा है वह कितना गलत और नुकसानदेह है?'

विसोत्सकी के प्रति आदर और श्रद्धा का पुराना भाव मिट चला था और अब वालेंतिना के हृदय में क्रोध उमड़ रहा था। "आन्द्रेई क्यों इतना चुप है? पहले तो यह सब गड़बड़ किया और अब ओंठ सिए बैठा है।"

"जंगलों और पहाड़ियों से भरे हमारे ज़िले में," विसोत्सकी और भी दृढ़ता तथा आत्मविश्वास से बोला, "धरती और फसलें अलग-अलग समय पर तैयार होती हैं। वसन्त देर से शुरू होता है और काफ़ी सर्दी रहती है। पतझड़ जल्दी शुरू होता है और बरसात भी होती है। इनकी वजह से हमें मजबूर होना पड़ता है कि हम कम से कम वक्त में फसलें बोएँ और उन्हें काट भी लें। यह कुबान नहीं कि फसल आज नहीं कटी तो दो दिन बाद कट जाएगी। हमारे यहाँ तो फसल आज नहीं कटी तो समझो कल पानी ज़रूर बरसेगा और कितनी ही फसल बरबाद हो जाएगी। यही वजह है कि अलग-अलग ट्रैक्टर टीमों को कुबान की तरह ज़मीन के अलग-अलग टुकड़ों में बाँध देने का मतलब हमारे लिए सत्यानाश होगा। हमें इस बात का पूरा बन्दोबस्त करना होगा कि हम जब जहाँ चाहें वहाँ अपने ट्रैक्टर दल भेज सकें; जहाँ सबसे ज्यादा ज़रूरत हो, जहाँ फसल पक चुकी हो, वहाँ अपने सबसे अच्छे और सबसे बड़े दस्ते रवाना कर सकें। यही ज़रूरी भी है। मेरा अब तक का तजुर्बा कहता है कि यही सही भी है।"

"ट्रैक्टर दलों को कोई खूँटे से थोड़े ही बाँध देगा?" वालेंतिना चिल्ला उठी। "कोई यह तो कह नहीं देगा कि ट्रैक्टर-दलों को उन जगहों पर मत भेजो जहाँ ज़मीन तैयार है।"

"हाँ! सिद्धान्त रूप में तो कोई उन्हें खूँटे से नहीं बाँधेगा! लेकिन

मशीन-ट्रैक्टर स्टेशन के प्रबन्धकों को 'घरेलू' हिस्सों से 'बाहरी' हिस्सों में ट्रैक्टर भेजने में बड़ी परेशानी होगी और बड़ा परिश्रम लगेगा!"

"तो आपको परेशानी और परिश्रम से डर लगता है?" वालेंतिना ने फिर टोका।

आन्द्रेई ने आँखें उठा कर ग़ौर से वालेंतिना की ओर देखा मानो सोच रहा हो कि वालेंतिना मंच पर आकर बोलेगी तो श्रोताओं पर क्या असर पड़ेगा।

विसोत्सकी के माथे पर बल पड़ गए। उसने बड़े शान्त स्वर में कहा :

"परेशानियों से मैं कभी नहीं डरा और न किसी ने मुझे परिश्रम से भागते देखा है।"

"ठीक है! ठीक है!" हॉल में से किसी की आवाज़ आई।

विसोत्सकी का स्वर और भी ऊँचा हो गया।

"हमारी मशीनों में से करीब आधी टूटी-फूटी और बिगड़ी पड़ी हैं," विसोत्सकी अपनी बात पर डटा रहा। "हमारे ट्रैक्टर ड्राइवरों में से आधे अभी स्कूलों से निकल कर आए हैं। लेकिन वे भी काफी नहीं हैं। पिछले साल मशीनों में खराबियों के कारण काम में अट्ठाईस फ़ी सदी नुक़सान हुआ था। ट्रैक्टरों के इंजन बिगड़ते रहने के कारण काम के पूरे मौसम में तीन हज़ार घण्टे काम बन्द रहा। क्या ऐसी स्थिति से मैं आँखें बन्द कर लूँ? इसीलिए मैं कहता हूँ कि मशीन-ट्रैक्टर स्टेशन की योजना बढ़ा-चढ़ा कर बनाई गई है और काल्पनिक है—और अगर इस योजना के आधार पर सामूहिक फ़ार्म वालों का कार्यक्रम बना तो इतनी बड़ी गलती होगी कि समूचे ज़िले पर तबाही आ जाएगी।"

सुनने में विसोत्सकी के तर्क अलग-अलग और स्पष्ट मालूम होते थे। ऊपर से देखने में वे अकाट्य लगते थे। इसी से वालेंतिना को झुँझलाहट भी आ रही थी :

"कह क्या रहा है यह? क्या कह रहा है?" वालेंतिना चिन्तित और क्रुद्ध थी। "इतना होशियार आदमी है। इतना अच्छा आदमी है। फिर भी इसने अच्छा काम करने वालों, नई मशीनों या पिछली सफलताओं के बारे में एक शब्द भी नहीं कहा। भविष्य की ओर कोई भी आशापूर्ण संकेत नहीं किया। क्या इसकी आँखें सिर के पीछे हैं? सिर्फ़ पुरानी बातें देखता है। नहीं। मैं गलती पर थी। आन्द्रेई ने अच्छा किया जो इसे बोलने और अपनी बातें कहने का मौका दिया! यह झगड़ा सिर्फ़ झगड़े का मज़ा लेने के लिए नहीं है! जो विचार यहाँ प्रकट किए जा रहे हैं वे इतने खतरनाक और इतनी तेज़ी से फैलने वाले हैं कि इन्हें किसी अँधेरे कोने में फलने-फूलने का मौका देना गलत होगा! इन्हें तो उजाले में खींच लाकर खत्म करना ही ज़रूरी है। विचारों की जिस इमारत को विसोत्सकी ने इतनी चालाकी से खड़ा किया है उसकी अगर एक ईंट भी साबुत छोड़ दी गई तो लोग ठोकर

खाकर गिर पड़ेंगे।''

वासिली की मुद्रा से वालेंतिना को जान पड़ा कि वह विसोत्सकी से सहमत है और उसकी बातों के समर्थन में सिर हिला रहा है।

''यह आदमी भला है या बुरा, यह मैं ठीक-ठीक नहीं कह सकती। पर एक बात मैं जानती हूँ—यह है बहुत खतरनाक। मैं इसकी भलाई को लेकर क्या करूँ? इस वक्त तो दुश्मन का काम कर रहा है। रह-रह कर मुझे क्रोध आ रहा है। लोगों को इसके असर से बचाना ज़रूरी है।''

विसोत्सकी ने जैसे ही भाषण समाप्त किया वालेंतिना तुरन्त उठकर मंच की ओर बढ़ी और भाषण देने की जगह जा खड़ी हुई। उसके छोटे कद और उत्तेजना से लाल चेहरे पर जरा तिरछी अस्तरखानी टोपी बड़ी भली लग रही थी। उसके होंठ क्रोध से फड़फड़ा रहे थे।

आन्द्रेई को अपनी आँखों पर यकीन नहीं आ रहा था। इससे पहले भी उसने वालेंतिना को क्रुद्ध देखा था, पर इतना कभी नहीं।

क्षण भर को तो वालेंतिना की आँखों के आगे अँधेरा छा गया। उसे कुछ दिखाई नहीं दे रहा था। कुछ दिखाई दे रहा था तो केवल विसोत्सकी का साँवला चेहरा। उसे यह ध्यान भी न था कि वह सभा के मंच पर है। सीधे विसोत्सकी को ही सम्बोधित कर तीखे स्वर में उसने बात कहनी शुरू की। सैकड़ों लोगों के सामने मुँह-दर-मुँह बातचीत शुरू हो गई।

''आप मेरे गुरु थे। आपने मुझे कृषि-विशारद बनने की प्रेरणा दी। कितनी ही बार विद्यालय में मैंने मन ही मन दोहराया होगा : 'काश मैं विसोत्सकी जैसी कृषि-विशेषज्ञ बन सकूँ।' इसीलिए मैं आज धीरज से नहीं बोल सकती। आपने जो कुछ यहाँ कहा है, उसका सिर्फ़ बाहरी रूप सच है; भीतर उसके सब झूठ है। सच्चाई के नाम पर आपने लोगों में झूठ और भ्रम फैलाने की कोशिश की है! प्रगति के नाम पर आपने लोगों में प्रतिक्रिया का प्रचार किया है!''

विसोत्सकी की आँखें मिचमिचा गईं—जैसे किसी ने उसके मुँह पर कोई चीज़ दे मारी हो। हॉल में प्रशंसा और विरोध की एक गूँज सी उठने लगी।

''यह मैं क्या कर रही हूँ?'' क्षण भर को वालेंतिना को खयाल आया। ''विसोत्सकी जैसा वृद्ध, भला आदमी...! लेकिन मैं कर ही क्या सकती हूँ?''

''आदरणीय बेंजामिन इवानोविच,'' उसके स्वर में करुणा भी थी, दया भी, ''मैं आपका बहुत आदर करती रही हूँ। मैंने जीवन भर आपका सम्मान किया है। लेकिन सच्ची बात मुझे कहनी ही पड़ेगी। टीमों के पुनःसंगठन का आप विरोध करते हैं। आपको ट्रैक्टर-ड्राइवरों के पुराने दलों पर बहुत भरोसा है। लेकिन क्या आप यह नहीं जानते कि नास्त्या ओगोरोद्निकोवा जैसी ट्रैक्टर ड्राइवर अभी तक बिलकुल साधारण ट्रैक्टर ड्राइवरों की स्थिति में है। क्या वजह है कि नए ड्राइवरों

को उसके अनुभव से सीखने का मौका न दिया जाए? क्या नास्त्या एक दल की नायक बन कर लोगों को काम सिखाने में सहायता नहीं कर सकती? ट्रैक्टर-ड्राइवर दलों की रक्षा की बात ऊपर से तो बहुत समझदारी की जान पड़ती है पर सच पूछो तो इसका अर्थ है नए योग्य दलों की बढ़ती में रुकावट डालना, मशीन-ट्रैक्टर स्टेशन के विकास और विस्तार में रुकावट डालना। कितनी नुकसानदेह और प्रतिक्रियावादी नीति है यह! न जाने आप यह बात क्यों नहीं समझ पाते!"

वालेंतिना ने हॉल में बैठे लोगों पर नज़र डाली। अब उसकी आँखों के सामने अँधेरा नहीं था। सामने बैठे लोगों के चेहरे उसे स्पष्ट दिखाई दे रहे थे। उसे वासिली का चेहरा दिखाई दिया। वह किसी सोच में डूबा हुआ था।

"साथियो! मैं पूछती हूँ क्या मैं ग़लत कह रही हूँ?" वालेंतिना ने सम्मुख बैठे लोगों से प्रश्न किया।

"नहीं, नहीं! बिलकुल ठीक है! बिलकुल ठीक है!" बहुत-सी आवाज़ें सुनाई दीं।

वासिली चुपचाप बैठा रहा। हिला तक नहीं।

"बेंजामिन इवानोविच को ट्रैक्टर दलों को खेत पर काम करने वाले दलों के साथ बाँध रखने पर एतराज़ है। उनका कहना है कि इससे दलों को 'इच्छानुसार काम पर लगाने' में बाधा होगी। माना कि जिले के दक्षिणी स्तपी स्थित सामूहिक खेतों से मशीन की एक पूरी कतार को उत्तर के जंगली हिस्सों की तरफ बढ़ते देख कर बड़ा रौब पड़ता है। लेकिन सम्बद्धता पद्धति को खत्म किए बिना भी इस तरह का स्थानान्तरण किया जा सकता है। अगर उत्तर की ज़मीन अभी काम लायक न हुई हो तो उधर के दल कुछ समय के लिए दक्षिणी दल की सहायता के लिए—जिनके खेत बोवाई के लिए बिलकुल तैयार हैं—आ सकते हैं। अगर हम अपने प्रयत्नों में कमी न रखें, समस्या से जूझने में सकुचाएँ नहीं, अगर हमें जनता की बुद्धि में भरोसा है और एक-दूसरे की सहायता कर सकने की उसकी योग्यता में हमारा विश्वास अडिग है तो ऐसा संगठन कर सकना असम्भव नहीं है। ज़रूरत है सिर्फ़ दो सिद्धान्तों के बीच सन्तुलन की। एक सिद्धान्त है—अपने काम की पूरी ज़िम्मेदारी सँभालना। दूसरा सिद्धान्त है—एक-दूसरे की सहायता करना। मानी हुई बात है कि ट्रैक्टर दलों को बड़े इलाकों के साथ जोड़ना ही ठीक होगा—जहाँ उनके खुल कर काम कर सकने की पूरी गुंजाइश है।"

वालेंतिना साँस लेने के लिए रुकी। क्रोध का पहला उफान, अंधड़ का पहला झोंका, आ चुका था। उसे इस बात का बोध भी हो चुका था कि लोग उसकी ओर देख रहे हैं और उनकी दृष्टि में समर्थन है।

पास रखे गिलास से उसने दो घूँट पानी पिया। उसकी आँखें आन्द्रेई से

मिलीं। आन्द्रेई की आँखों में प्रसन्नता और चमक थी—मानो कह रहा हो : "शाबाश, वाल्या! बहुत खूब! ऐसे ही! मैं जानता था तू चूकेगी नहीं!"

वाल्या ने फिर विसोत्सकी को सम्बोधित किया :

"आपने लगातार कम काम करने वाले लोगों—बेलाविन, लापिन और ग्रोमोव वग़ैरा—का ज़िक्र करके यह साबित करने की कोशिश की है कि योजना पूरी नहीं हो सकती। लेकिन मेरी समझ में यह नहीं आता कि आप नास्त्या, सिंतसोव, याब्लोनेव वग़ैरा उन 'हज़ार-वालों' का ज़िक्र क्यों नहीं करते जिन्होंने हज़ार-हज़ार हेक्टर से ज्यादा ज़मीन जोती है और तिगुना और चौगुना काम करके दूसरों के सामने अधिक काम के उदाहरण और तरीक़े पेश किए हैं। मेरी समझ में नहीं आता कि यह तर्क-पद्धति कैसी है जिसमें प्रारम्भिक बिन्दु बेलाविन को बनाया जाता है, और ओगोरोद्निकोवा को ऐसे छोड़ दिया जाता है जैसे वह कुछ है ही नहीं। तीन साल के काम की रिपोर्ट आज मैंने पढ़ी। आपकी इस विस्तृत रिपोर्ट में बीसियों छोटी-छोटी बातों का ज़िक्र है। लेकिन सबसे अच्छी टीमों के तरीकों की सफलता से लाभ उठाने का कोई ज़िक्र नहीं है; एक शब्द भी नहीं है। यह भूल क्यों हुई? इस भूल के लिए आपके पास क्या जवाब है?"

अब तो बात ही बदल गई। जान पड़ता था कि वालेंतिना अध्यापिका है और अपने विद्यार्थी विसोत्सकी की भूलों के लिए उसे इतने आदमियों के बीच फटकार रही है। विसोत्सकी के लिए चुप रहना सम्भव नहीं रहा। अपनी बेंच पर से ही बोला :

"मैंने न तो बेलाविन को ज्यादा महत्त्व दिया है और न नास्त्या जैसों की उपेक्षा की है। मैंने तो कई साल के काम का औसत निकाला है।"

वालेंतिना ने तुरन्त वार बचाया :

"इसका मतलब तो यह है कि औसत बताकर और अच्छा काम करने वालों को बुरा काम करने वालों के साथ मिलाकर आप उनकी कामयाबियों पर पर्दा डालना चाहते हैं!"

"कब तक हम लोग काम बिगाड़ने वालों के साथ गालियाँ खाते रहेंगे?" नास्त्या की बुलन्द आवाज़ गूँज उठी।

वालेंतिना ने बहुत शान्त स्वर में फिर विसोत्सकी को सम्बोधित किया :

"कभी-कभी ऐसा होता है कि पुराना ढाँचा नए तत्त्व के विकास में बाधक बन जाता है। कभी-कभी पुराने अनुभव नए अनुभवों के विकास का रास्ता रोक कर खड़े हो जाते हैं। ठीक ऐसा ही आपके साथ हुआ है, बेंजामिन इवानोविच! मैं जानती हूँ कि आपके लिए उन दलों को तोड़ सकना और उन पुराने तरीकों को छोड़ सकना कितना दुखदाई है जिन्हें आपने बड़े प्रेम से पाला-पोसा और विकसित किया है। आपके लिए यह और भी दुखदाई इसलिए है कि आपने यह

काम बड़ी लगन और बड़े प्रेम से किया है। अब आपको अपने को ही लाँघना पड़ रहा है। लेकिन मजबूरी है! दूसरा कोई चारा भी नहीं। हमारे पुराने और सबसे अच्छे ट्रैक्टर-ड्राइवर मंच पर आएँगे और खुद बताएँगे कि आया वे नये दलों की जिम्मेदारी सँभालने को तैयार हैं या नहीं। हमारे नए ट्रैक्टर-ड्राइवर भी मंच पर आएँगे और बताएँगे कि वे प्रथम श्रेणी के ड्राइवर बनना चाहते हैं या नहीं। हरेक को अपने बारे में फैसला करना होगा कि वह आगे बढ़ना चाहता है या नहीं, अपने मशीन-ट्रैक्टर स्टेशन और ज़िले को उन्नति के मार्ग पर देखना चाहता है या नहीं!"

अपना भाषण समाप्त कर वालेंतिना अपनी जगह की ओर चली तो हॉल तालियों की गड़गड़ाहट और समर्थन की पुकारों से गूँज उठा। अब नास्त्या ओगोरोदनिकोवा उठी और मंच की ओर बढ़ी। लगातार धूप में काम करने के कारण नास्त्या का रंग साँवला हो गया था। हाँ, शरीर लम्बा और मज़बूत था। उसने मंच पर चढ़ने की आवश्यकता नहीं समझी और आगे की बेंच के पास ही एक कम्बाइन से सट कर बोलने लगी :

"मुझे टीम-लीडरी की तमन्ना नहीं है...मुझे तो अपने 'स्टियरिंग' चक्के से तसल्ली है। यही काम मुझे पसन्द है। लेकिन जब सवाल उठता है ज़िले की भलाई-बुराई का तब मेरी पसन्द-नापसन्द कोई माने नहीं रखती। मैं नए साथियों को वह सब कुछ सिखाने के लिए तैयार हूँ जो मैंने सीखा है। सब लोग कम से कम एक सौ पचास प्रतिशत ज्यादा काम करके न दिखाएँ तो मेरा नाम बदल देना।"

आन्द्रेई ने नास्त्या की प्रशंसा में उत्साह से ताली बजाई तो सारा हॉल तालियों से गूँज उठा।

तालियों का शोर थमा तो नास्त्या बहुत गम्भीर होकर कम्बाइन पर हाथ रखकर—मानो उसे अपना साक्षी बना रही हो—बोली :

"मैं जो बात कहती हूँ पक्की...लोहे की तरह पक्की और मज़बूत! और मैं सबके सामने कहती हूँ कि अपने नवयुवक दल से डेढ़ गुना ज्यादा काम कराके दिखाऊँगी। बस, मेरी प्रार्थना इतनी है कि मेरे दल को पहली मई फ़ार्म के साथ जोड़ दीजिए। मैंने वहाँ बहुत दिन काम किया है। फ़ार्म के प्रधान वासिली को भी मैं चेताए देती हूँ—हम लोग चौबीसों घण्टे काम करेंगे और फ़ार्म के दूसरे लोगों को भी अपने साथ रगड़ेंगे। सभी सक्रिय पार्टी कार्यकर्त्ताओं के सामने मैं तुम्हें पहले से चेतावनी दे रही हूँ : होशियार हो जाओ, वासिली कुज़मिच! बीज, खाद और ढुलाई की जाँच मैं खुद किया करूँगी।"

"और मैं भी तुम्हारे ट्रैक्टर के हर पेंच की जाँच किया करूँगा।" वासिली ने प्रसन्नता से जवाब दिया।

वालेंतिना और नास्त्या की बातें सुनकर वासिली भी उत्तेजित हो उठा था। जीवन भर हर काम में वह सबसे आगे रहा था। किसी भी बात में 'दूसरों से पीछे रहना' वह कब सह सकता था। दलों के पुनःसंगठन और नई योजना के अनुसार मशीन-ट्रैक्टर स्टेशन के काम को बढ़ा सकने के बारे में उसका सन्देह काफ़ूर हो गया था। यह नहीं कि वह कठिनाइयों को जानता न हो, पर अब कठिनाइयों से जूझने की उमंग ही ज़ोर मार रही थी। किसी भी कीमत पर तमाम कठिनाइयों को पराजित कर एक बार स्वयं अपने तथा दूसरों से यह सिद्ध कर देने की भावना उबाल खा रही थी कि वासिली बोर्तनिकोव किस धातु का बना हुआ है! नास्त्या की चुनौती से उसका ट्रैक्टर-ड्राइवर का जोश भड़क उठा।

"मैंने भी ट्रैक्टर चलाए हैं!" उसकी बुलन्द आवाज़ गूँज उठी। "तुम हमें बेवकूफ नहीं बना सकतीं। तुम्हारे एक-एक काम की हम पड़ताल करेंगे।"

'आहा! अतामान का खून फिर खौल उठा!' आन्द्रेई मुस्कराता हुआ सोच रहा था।

"हाँ, हाँ! जितनी चाहो पड़ताल कर लेना।" नास्त्या ने जवाब दिया। "कौन डरता है? हमारे लिए तो और भी अच्छा!"

"यही तो चाहिए!" अपने ख़याल में डूबे स्तेपान के मुँह से निकल गया।

आन्द्रेई ने उसकी बात सुन ली और खड़े होकर बोला :

"अब हम अपने पुराने और श्रेष्ठ ट्रैक्टर ड्राइवर, नए मिस्त्री,–साथी स्तेपान निकितिच–से मंच पर आने की प्रार्थना करते हैं। स्टेशन का यह सौभाग्य है कि स्तेपान निकितिच फिर यहाँ लौट आए हैं।"

आन्द्रेई ने स्तेपान के स्वागत में तालियाँ बजानी शुरू कीं। सभी की तालियों से हॉल गूँज उठा। स्तेपान मंच पर आकर खड़ा हुआ तो उसका चेहरा संकोच से लाल हो रहा था। लगभग एक सप्ताह पहले–साल भर की गैरहाज़िरी के बाद–वह अपने ज़िले लौटा था। ज़िले के लोगों द्वारा अपना स्वागत देखकर उसका हृदय भर आया था। अवदोत्या से बिछोह की पीड़ा ने उसे बहुत भावुक बना दिया था। जीवन के एकाकीपन ने उसे मित्रता तथा सहृदयता की भावनाओं की अभिव्यक्ति के प्रति बहुत भावुक बना दिया था।

अपने आदर में लोगों को तालियाँ बजाते देख हृदय में उमड़ते भावातिरेक को रोक कर उसने कहा :

"साथियो! आप जानते हैं, मैंने ट्रैक्टर पर दो सौ प्रतिशत अधिक काम किया है। लेकिन मुझे अपने में कोई खास बात नज़र नहीं आती। मैं समझता हूँ कि जो मैं कर सकता हूँ, वह सभी कर सकते हैं। हाँ, ज़रा तरीका समझाने की ज़रूरत होगी। दलों का पुनःसंगठन ज़रूरी है ही। नास्त्या ने ठीक बात कही है। मैं बेंजामिन इवानोमिच को बताना चाहूँगा कि किस तरह एक जगह के ट्रैक्टर

दूसरी जगहों के काम में सहायक हो सकते हैं।"

विसोत्सकी को जान पड़ा मानो उसकी दबी हुई पीठ पर और बोझ आ पड़ा है। एक लम्बी साँस लेकर उसने पीठ कुछ सीधी की। फिर घुटनों पर हाथ टिका कर स्तेपान की ओर देखने लगा।

वालेंतिना से तो विसोत्सकी को यह आशा थी ही कि वह उसका विरोध करेगी; हाँ, इतने कड़े शब्दों की आशा नहीं थी। उनसे उसके हृदय को सचमुच चोट लगी थी। नास्त्या जैसी भली लड़की—मशीन-ट्रैक्टर स्टेशन की सबसे अच्छी ट्रैक्टर चालक—की बातों से भी उसे दुख हुआ। पर जब स्तेपान जैसा सहृदय और शान्त आदमी—स्वयं कृषि विशेषज्ञ का मित्र—उसके विरुद्ध बोलने लगा तो विसोत्सकी के पाँव तले से मानो धरती खिसकने लगी।

"मिसाल के लिए हम 'उज्ज्वल पथ' सामूहिक खेत को ले लें!" स्तेपान बोला। "इस साल वहाँ जोताई का काम एक दल ने किया, बोवाई का दूसरे दल ने और खेती का बाकी काम एक तीसरे दल ने। लेकिन खेत देखिए तो आप यही समझेंगे कि वहाँ किसी ने झाड़-झंखाड़ उगाए हैं। ऐसे झाड़-झंखाड़ जो बिना मशीन के, बिना गहरी खोदाई किए, उखड़ नहीं सकते। इसके लिए आप किस ट्रैक्टर-ड्राइवर को ज़िम्मेदार ठहराएँगे? उन लोगों ने ज़िले भर के लिए झाड़-झंखाड़ों का बागीचा खड़ा कर दिया था, मानो सामूहिक खेतों के लिए वह झाड़-झंखाड़ों की थोक बिक्री का केन्द्र हो! ऐसी मनहूस लापरवाही के लिए आप किसी का गला तो नहीं पकड़ सकते! यही होता है टीमों को एक जगह बाँध न रखने का मज़ा! समझे आप? नतीजा होता है लापरवाही। मतलब यह कि सामूहिक किसानों और ट्रैक्टर-ड्राइवरों के बीच सच्ची एकता नहीं है। उसी सामूहिक खेत में वसन्त के लिए जोताई हुई। इस जोताई को देखते। मैं फ़ार्म के प्रधान के पास पहुँचा और उससे दरयाफ्त किया कि ट्रैक्टरों की हालत कैसी है। बोला : 'कोई शिकायत की बात नहीं है।' मैं ताज्जुब में पड़ गया। सोचने लगा : 'यह इतनी मुलायमियत क्यों बरतता है?' दूसरे दिन ट्रैक्टर ड्राइवरों से मुलाकात हुई। तब पता चला कि प्रधान महोदय क्यों इतने रहमदिल हैं। उन्होंने अभी तक बीज ही नहीं मँगवाए थे। जो थे भी, वे किसी काम के नहीं। ट्रैक्टरों के लिए ज़रूरी तेल-पानी भी दो घण्टे देरी से पहुँचा था। ट्रेलर पर काम करने वाले ने अलग ढील बरती थी। उससे भी कुछ नहीं कहा गया था। प्रधान महोदय खराब जोताई की शिकायत करते भी तो किस मुँह से? रहे ट्रैक्टर-ड्राइवर, सो वे चुप थे। उनको इन सब बातों से क्या लेना-देना? वे तो आज यहाँ हैं तो कल कहीं और। वे लोग भी इसी सिद्धान्त पर अमल कर रहे थे कि तू मेरे पाप ढँक, मैं तेरे, और दोनों चुप रहें! यह राज था खेतों में झाड़-झंखाड़ उगने का। लेकिन जैसी बातें अभी-अभी हमने बोर्तनिकोव और ओगोरोद्निकोवा के मुँह से सुनी हैं उनसे खेतों में अनाज पैदा होने की उम्मीद

है न कि झाड़-झंखाड़!"

स्तेपान और वासिली के आपसी झगड़े की बात सभी लोगों को मालूम थी। वासिली को आश्चर्य था कि स्तेपान ने व्यक्तिगत भावनाओं को ताक पर रखकर, सभी लोगों के सामने उसका प्रशंसात्मक शब्दों में ज़िक्र किया है।

आन्द्रेई ने वासिली की ओर देखा। उसकी भौंहें सिकुड़ी हुई थीं और माथे पर बल पड़े थे। उसने मन ही मन कहा : 'वाल्या और नास्त्या ने बहस को सही ढर्रे पर ला दिया है। स्तेपान अब इसे अन्तिम सीमा तक पहुँचा देगा। अभी क्या कह रहा है? खर्चे के बारे में? यह महत्त्वपूर्ण सवाल है। इस पर नए नज़रिए से रोशनी डाल रहा है। सुनें क्या कह रहा है! मोखोव हमेशा कुछ-न-कुछ अच्छी बात सिखा सकता है।' आन्द्रेई कुर्सी की पीठ से टिक कर बैठ गया और ध्यान से स्तेपान की शान्त और गम्भीर आवाज़ सुनने लगा।

"डॉक्टरों की राय है कि बीमारी का इलाज करने से अच्छा है, बीमारी होने न देना। यही बात ट्रैक्टर दलों पर लागू होती है। हमारे पास ट्रैक्टरों की बीमारी की रोक-थाम के साधन हैं : प्रतिदिन ट्रैक्टरों की देखभाल और झाड़ पोंछ! पर, लोग इस बात को भूल जाते हैं। वे इसके पूरे महत्त्व को समझे नहीं हैं। मेरा काम है खेतों में काम करती मशीनों की मरम्मत करना। मेरे पास इन दिनों एक गाड़ी है और मरम्मत का सामान है। मैं खुद फ़ार्मों में चक्कर लगा कर ड्राइवरों को समझाऊँगा कि किन बातों का ध्यान रखने से ट्रैक्टर के बिगड़ने का मौका नहीं आएगा और यह भी देखूँगा कि ड्राइवर ट्रैक्टरों को चलाने से पहले देख लिया करें कि उनमें कोई ऐसा ऐब तो नहीं जो बाद में चलते ट्रैक्टर को रोक दे। हम लोग काम पर सिर्फ एकतरफा ध्यान देते हैं—ट्रैक्टर के बिगड़ जाने पर ड्राइवर पर भारी जुर्माना पड़ जाता है। लेकिन हम इस बात पर कोई ध्यान नहीं देते कि ड्राइवर ट्रैक्टर की देख-भाल और झाड़-पोंछ नियम से करता है या नहीं। मैं चाहता हूँ कि देख-भाल में लापरवाही एक भारी जुर्म, मशीन-ट्रैक्टर स्टेशन के लिए सबसे खतरनाक और घातक अपराध, घोषित कर दिया जाए। मैं चाहता हूँ कि मैनेजमेंट इस काम में कोई दखल न दे। मुझे विश्वास है कि ट्रैक्टर-ड्राइवर इस बात का ग़लत मतलब नहीं लगाएँगे, वे बुरा नहीं मानेंगे।"

स्तेपान के बाद और भी कई कम्युनिस्ट बोले। अब तक लोगों की भावना एकदम बदल चुकी थी।

बुयानोव ने वासिली की ओर झुककर पूछा :

"पहली मई फ़ार्म की तरफ से कौन बोलेगा?"

"इसमें क्या है! तुम भी बोल लो, मैं भी कुछ बोल दूँगा।" वासिली ने धीरे से उत्तर दिया।

"नहीं नहीं! सभी फ़ार्मों से दो-दो आदमी बोलने लगे तो मीटिंग सुबह तक

खत्म नहीं होगी।"

"एक ही आदमी को बोलना है तो मैं ही बोल लूँगा। मैं पहले बात ठीक से समझा नहीं था। मेरा ख़याल है कि ईमानदारी के नाते थोड़ी आत्मालोचना भी ज़रूरी है, वर्ना अच्छा नहीं लगेगा..."

"तो ठीक है, तुम्हीं बोलो..."

बोलने का अवसर न मिलने से बुयानोव को निराशा हुई। इन दिनों फ़ार्म के पार्टी संगठन का सेक्रेटरी वही था। पार्टी सदस्यों की संख्या तो अब भी अधिक नहीं थी, पर संगठन दृढ़ था और अगुवा किसानों से उसका घनिष्ठ सम्बन्ध था।

बुयानोव फ़ार्म में पार्टी के बढ़ते हुए प्रभाव के विषय में ज़िले के लोगों को बताना चाहता था। वह बताना चाहता था कि एक समय लोग जिसे 'घर-घुस्सू' कह कर पुकारते थे वही अब पार्टी सेक्रेटरी था। जो पहले ज़िले भर में बदनाम था वही पहली मई फ़ार्म अब प्रशंसा का पात्र बना हुआ था और अपनी प्रगति से पूरे प्रान्त का ध्यान अपनी ओर आकर्षित कर रहा था।

'वासिली सब बातें नहीं बता पाएगा।' मन ही मन बुयानोव ने कहा। 'ये राजनीतिक मामले हैं। इन्हें तो पार्टी के नेता ही समझा सकते हैं।'

बुयानोव ने निश्चय कर लिया कि वह भी भाषण देगा।

वासिली की बारी आने पर उसे मंच पर पुकारा गया। वासिली ने कहना शुरू किया :

"साथियो! ईमानदारी की बात तो यह है कि मैंने पहले इस योजना के दृष्टिकोण को ठीक से समझा नहीं था। कामरेड प्रोखारचेंको की योजना मुझे बहुत बड़ी और काल्पनिक मालूम होती थी। ऐसा क्यों हुआ? ऐसा इसलिए हुआ कि मशीन-ट्रैक्टर स्टेशन की योजना को मैंने केवल ऊपर से देखा था और वह मुझे हवाई चीज़ लगी। लेकिन ध्यान देकर समझने पर मुझे अपनी भूल दिखाई दी। मुझे बहुत शर्म आई। साथियो, अगर हम नई मशीनों की और इस स्टेशन की सहायता से भी अपनी योजना पूरी नहीं कर सकते तो यह डूब मरने की बात होगी। मैं आपको बताऊँ कि मैं खुद ट्रैक्टर ड्राइवर रह चुका हूँ। इसी दावे से मैंने यह बात कही भी है। अब सवाल है कि फ़ार्म के प्रधान के नाते मेरा कर्त्तव्य क्या है? मैं समझता हूँ कि मैं बहुत कुछ कर सकता हूँ।"

'यही तो!' आन्द्रेई ने सोचा। 'इसीलिए तो मैंने मीटिंग बुलाई थी। अगर हममें से हरेक कठिनाइयों को जाँचे और फिर अपने से पूछे : 'मैं क्या कर सकता हूँ?' और फिर उत्तर दे : 'मैं बहुत कुछ कर सकता हूँ,' तो हमारा उद्देश्य पूरा हुआ समझो।'

एक के बाद एक सामूहिक किसान और मशीन-ट्रैक्टर स्टेशन के लोग मंच पर आए।

वालेंतिना ने स्पष्टवादिता और उत्साह का जो ढंग आरम्भ कर दिया था वह अंत तक चलता रहा। आन्द्रेई भी इस ओर ध्यान दिए था कि लोग विषयान्तर की बातें न करें। समय-समय पर वह कभी किसी को रोकता तो कभी किसी को उत्साहित करता रहता।

"कामरेड रुबानोब! ज़िले के सबसे अगुआ ट्रैक्टर ड्राइवर इवान इवानोविच सिंतसोव को तुम मंच पर क्यों नहीं बुलाते?" आन्द्रेई बोला। सिंतसोव के बोलने की घोषणा की गई और हॉल उसके आदर में बजी तालियों से गूँज उठा।

कई लोगों के भाषणों के बाद आन्द्रेई ने टेबिल पर झुककर मुस्कराते हुए, पर चुनौती के स्वर में कहा :

"अच्छा काम करने वालों की घोषणाएँ और विचार तो हमने सुन लिए। अब हमें उन साथियों के विचार भी मालूम होने चाहिए जो काम में पिछड़ते रहे हैं। आखिर उनकी क्या राय है?"

"साथी लुबोमुद्रोव...! इंजन दल के नायक...!" रुबानोव ने पुकारा।

"पिछले साल ट्रैक्टरों के काम में जितनी हानि हुई है उसकी ज़िम्मेदारी इंजन दल वालों की बताई जाती है। साथी लुबोमुद्रोव...! यहाँ आकर बताइए कि इसकी क्या वजह थी और आइन्दा क्या किया जाएगा!"

"हाँ, हाँ! बड़े मिस्त्री साहब को बुलाओ। जरा सुनें तो क्या मामला था।" आन्द्रेई की आवाज़ हॉल में गूँज उठी।

लुबोमुद्रोव का चेहरा संकोच और लज्जा से पीला पड़ रहा था। आँखें उठ नहीं रही थीं। पर उसे मंच पर आना ही पड़ा।

"अच्छा? तो अब हमें बड़े मिस्त्री कहकर चिढ़ाया जाता है? लेकिन क्या किसी ने पता लगाने की कोशिश की कि मरम्मत का काम ठीक क्यों नहीं हो पाता? बड़े इंजीनियर सेम्योनोव ने हमें क्या मदद दी? हमारे कारीगर क्या करते रहे? सेम्योनोव ने जितने अच्छे कारीगर थे सब हमसे ले लिए और नौसीखिए हमें दे दिए।"

"सभी लोग पहले नौसिखिए होते हैं। हम लोग भी तो कभी नौसिखिए थे।" सेम्योनोव ने उत्तर दिया। "नौसिखिए को काम सिखाया जाना चाहिए कि नहीं?"

"आप बीच में क्यों बोल रहे हैं?" लुबोमुद्रोव ने एतराज़ किया। "मुझे तो बात कह लेने दीजिए। मैं कहता हूँ कि बड़े इंजीनियर ने हमारे दल से सब अच्छे कारीगर छीन लिए।"

"कारीगरों पर कीचड़ मत उछालो।" एक कारीगर बीच में बोल उठा। "बड़े इंजीनियर पर झूठ-मूठ का दोष लगाया जा रहा है। पुराने अच्छे कारीगर तो सभी दलों से निकाल लिए गए हैं। स्टेशन में काम बढ़ रहा है, अच्छा काम करने वाले

पुराने कारीगर फोरमैन बन रहे हैं। जरा ज़्हेन्या को बुलाकर पूछिए तो कि इंजन-विभाग में नौसिखियों को काम कैसे सिखाया जा रहा है! वह बताएगा। बगल के खाते में काम करता है। हम उसे बुला दे सकते हैं।''

ज़्हेन्या को उसी समय बुलाया गया। भूरा-भूरा सिर, लड़का सा लगता था।

''हाँ भई, येवजेनी पेत्रोविच मित्रोफनोव! जरा मंच पर चले आओ।'' रुबानोव ने उसे सम्बोधित करके कहा। ''हमें कुछ बताओ कि तुम्हें काम कैसा सिखाया जा रहा है?''

ज़्हेन्या आकर लुबोमुद्रोव की बगल में खड़ा हो गया। मेज़ के पीछे खड़े होने पर उसकी गोल टोपी और उस पर लगा गोल बटन ही दिखाई दे रहा था। लेकिन वह बड़े गर्व और आत्म-सम्मान के साथ खड़ा था। उसने कहा :

''मैं इंजन-दल में काम नहीं करूँगा। तोस्या वेसेलोवा हमारे साथ ही कारखाने में आई थी। पीतल खरादने के विभाग में काम करती है। कहती है, उसने बियरिंग खरादने सीख लिए हैं। उसका टीम लीडर उसे सब कुछ समझा देता है। लेकिन हम पर तो दिन भर हुक्म चलाया जाता है। लुबोमुद्रोव कहते हैं : 'ज़्हेन्या, ले यह पकड़! वह ला दे! वहाँ खड़ा रह!' जब खूब पी लेते हैं, तो गालियाँ देने लगते हैं।''

लुबोमुद्रोव के हाथों के तोते उड़ गए। फिर भी चुनौती के स्वर में बोला :

''मैं इससे कब इनकार करता हूँ?''

हॉल कहकहों से गूँज उठा। आवाज़ें सुनाई दीं :

''शाबाश ज़्हेन्या! शाबाश!''

''हाँ! और क्या होता है, बताओ तो!''

''गालियों के सिवा हमें और कुछ सीखने को नहीं मिलता। माँ ने मुझे गालियाँ खाने के लिए थोड़े ही मशीन-ट्रैक्टर स्टेशन भेजा था। चलते वक्त माँ ने कहा था : 'वहाँ तू बहुत जल्दी काम सीख जाएगा!' लेकिन यहाँ मुझे कुछ नहीं सिखाया जाता।''

''गाली नहीं देंगे तो क्या करेंगे?'' लुबोमुद्रोव भी बिगड़ उठा। ''ट्रैक्टर के इंजन बिल्कुल कूड़ा करके हमारे पास भेजे जाते हैं, ऊपर से उम्मीद की जाती है कि हम उन्हें ठीक कर देंगे। बातें होती हैं बड़ी-बड़ी—काम बढ़ाओ, निश्चित योजना से ज्यादा काम करो! सब कहने की बातें हैं। कामरेड विसोत्सकी ने सच्ची-सच्ची बात कह दी है।''

विसोत्सकी लज्जा के मारे गड़ गया। उसका समर्थन करनेवाला कोई निकला भी तो गालियाँ बकने वाला निकम्मा शराबी लुबोमुद्रोव। उसने आँखें नीची कर लीं।

''शाबाश ज़्हेन्या! अब तुम जा सकते हो!'' रुबानोव ने कहा।

ज़्हेन्या गर्व से सिर उठाए अपने खाते की ओर लौट चला।

"अगर आप असली बात समझना चाहते हैं," लुबोमुद्रोव ने कहना शुरू किया, "तो आपको इस दल के काम की औसत देखनी होगी।"

"यह औसत-वौसत तुम रहने दो," आन्द्रेई ने कड़े स्वर में डाँटा। "हम पूछते हैं—जो के. टी. जेड. नम्बर 17 मशीन आज सुबह तुम्हारे कारखाने से गई है, वह रास्ते में चलते-चलते क्यों टूट गई?"

लुबोमुद्रोव ने ज़रा हकलाकर उत्तर दिया : "अगर सबका औसत लिया जाए..."

आन्द्रेई ने और भी कड़े स्वर में बीच ही में डाँटा :

"पार्टी के कार्यकर्ता तुमसे औसत नहीं पूछ रहे हैं। वे तुमसे इस सवाल का जवाब माँग रहे हैं, 17 नम्बर मशीन रास्ते में क्यों टूटी?"

"मुझे बोलने का मौक़ा तो दीजिए"—लुबोमुद्रोव कहना चाहता था, पर आन्द्रेई की आँखों और चेहरे का भाव देखकर सकपका गया। आन्द्रेई की आँखों में उसके लिए ज़रा भी समर्थन नहीं था, उल्टे सख़्ती और क्रोध था। आँखें देखकर डर लगता था। कुछ डरते-डरते उसने कहा :

"उसमें कुछ ऐब रह गया था...।"

"ऐब क्यों रह गया था यही तो हम पूछ रहे हैं।"

लुबोमुद्रोव निरुत्तर हो कभी दायाँ पैर इधर, कभी बायाँ पैर उधर, खिसकाने लगा।

आन्द्रेई बोला : "तुम्हारे पास कोई जवाब नहीं है? लेकिन हमारे पास जवाब है।" उसकी दोनों मुट्ठियाँ मेज़ पर थीं। "मुख्य इंजीनियर बीमार था। कोई तुम्हारा काम देखनेवाला नहीं था। तुमने इसका फायदा उठाया। बेचारा नौसिखिया ट्रैक्टर ड्राइवर ऐब नहीं देख सकता था। तुमने मरम्मत किए बिना मशीन उसके हाथ में थमा दी। न उसे जाँचा, न परखा। फिर चल दिए पीने! ठीक है न?"

लुबोमुद्रोव का चौड़ा-चकला चेहरा सफेद पड़ गया। आन्द्रेई ने उसकी ओर देखा, पर उसका क्रोध शान्त नहीं हुआ।

"तुम हो किस मुगालते में? तुम बढ़ किस तरफ रहे हो?" उसने कड़क कर पूछा। "बोलो? तुम्हारे पास इस नुकसान का क्या जवाब है?"

विसोत्सकी शरम के मारे गड़ा जा रहा था। आन्द्रेई के तीखे शब्द उसे सिर पर पड़ते घूँसों जैसे लग रहे थे। यह अकस्मात ही नहीं था कि एकमात्र लुबोमुद्रोव ने उसका समर्थन किया था।

"हमें यह मालूम है कि ठीक उस वक्त जब कारखाने में काम का जोर होता है, तुम बोतल चढ़ाने चल देते हो। पार्टी कार्ड तुम्हारी जेब में और काम की तरफ यह रवैया!"

प्रत्येक वाक्य के बाद आन्द्रेई के पतले होंठ भिंच जाते थे। प्रत्येक पुराने और नए वाक्य के बीच की यह चुप्पी शब्दों से भी अधिक भयावनी थी।

"नुकसान पहुँचाने वालों पर हम मुकदमे चलाएँगे! ऐसे लोगों को कोई मुरौवत की उम्मीद न बँधाए। जनता के हित पहले, मुरौवत बाद में।"

आन्द्रेई बोल चुका तो प्रोखारचेंको उठ खड़ा हुआ। आन्द्रेई की कटु बातों से उसमें भी जोश उबल आया था। बोला :

"तुम्हारी कल की लापरवाही की उपेक्षा नहीं की जा सकती, लुबोमुद्रोव! तुम्हारा इलाज करना ही पड़ेगा। अब तुम्हारी चीं-चपड़ कोई नहीं सुनने का।"

"ऐसी हरकतें करने का लुबोमुद्रोव को अब तक मौका ही क्यों दिया गया?" एक आवाज़ सुनाई दी।

प्रोखारचेंको ने क्रोध से सामने देखा। उसका चेहरा तमतमा उठा। सवाल करने वाले को वह मुँहतोड़ जवाब देना ही चाहता था कि कुछ सोचकर रुका और गम्भीर हो गया। फिर बोला :

"यह दोष मेरा है? मैं नई इमारतें बनवाने और नई मशीनें बैठाने में लगा रहा। रोजाना के मरम्मत के काम की तरफ ध्यान नहीं दे पाया। लेकिन मैं कहता हूँ....ऐसी भयंकर लापरवाही मशीन-ट्रैक्टर स्टेशन में कभी नहीं हुई।"

"पिछले दो बरसों में साथी प्रोखारचेंको ने बहुत काम किया है यह सभी जानते हैं।" वही आवाज़ फिर सुनाई दी। "उनका सब लोग आदर भी करते हैं। लेकिन उनके और पूरे स्टेशन के काम में गड़बड़ियाँ हैं। इनकी जाँच-पड़ताल और आलोचना क्यों नहीं की जाती?"

"आओ यहाँ और करो आलोचना! डरने की क्या बात है?" रुबानोव ने कहा।

"मैं डरता नहीं!" खराद की मशीन पर काम करने वाला लोबोव आगे बढ़ आया। "घंटों के हिसाब से काम का निरख बाँधने और काम को नए सिरे से संगठित करने से पहले प्रबंधकों को चारों तरफ नजर दौड़ानी चाहिए। न तो पुराने विशेषज्ञों से पूरा फायदा उठाया जाता है, न नयों को बढ़ावा दिया जा रहा है?"

लोबोव की बातों से हॉल में खलबली मच गई। केवल बीच में खड़ी भीमकाय मशीनें चुप थीं—मानो लोगों की उत्तेजना देखकर विस्मय से चुप रह गई थीं।

वालेंतिना की टोपी सिर के पीछे सरक गई और बालों की लट माथे पर लटक आई। ब्लाउज का कालर भी कोट के बाहर निकल आया। लेकिन उसका ध्यान इस सब पर नहीं था। बरफ़ से ढँका मशीन-ट्रैक्टर स्टेशन, जो अभी तक उसके सामने रहस्यमय स्वप्न के समान उठ खड़ा होता था, सहसा उसे यथार्थ सत्य—अपने जीवन का अभिन्न अंग—जान पड़ने लगा। वालेंतिना को लगा कि

यह अनुभूति आसानी से उसका साथ नहीं छोड़ेगी। वह चाहे यहाँ काम करे या नहीं, पर स्टेशन की हर बात उसमें वैसा ही उतावलापन पैदा कर देगी जैसे अपने गाँव, घर या निकट संबंधी के बारे में कोई नई बात सुनकर होता है।"

विसोत्सकी अब भी सिर झुकाए, सबसे आँखें चुराए, चुप बैठा था। लोग जान-बूझकर उसकी ओर नहीं देख रहे थे।

उसके दोनों सूखे हाथ घुटनों पर मुड़े थे। चेहरा इतना निस्तेज हो गया था मानो एक शाम में ही बुढ़ापे ने उसे धर दबाया हो।

पल भर को उसने आँखें ऊपर उठाईं। उनमें किसी रोगी की आँखों जैसी चमक थी। वहाँ उपस्थित लोगों में यद्यपि बहुत से उससे ज्यादा उम्र के थे, लेकिन दूसरों को–और खुद उसे भी–ऐसा मालूम हो रहा था जैसे इतने लोगों में वही सबसे बूढ़ा और निर्बल आदमी है।

विसोत्सकी को सदा इस बात का गर्व रहता था कि आयु अधिक होने पर भी उसका स्वास्थ्य और काम करने की शक्ति नवयुवकों से कम नहीं है। अभी कुछ ही घंटे पहले, सभा में आते समय, वह और भी अधिक उत्साह और स्फूर्ति अनुभव कर रहा था। उसे विश्वास था कि वह जो कुछ करने जा रहा है वह जनता के हित में है और उसके शब्द और भाषण बहुत महत्त्वपूर्ण होंगे। और अब वह सहसा मानो बूढ़ा हो गया था। 'मैं आया तो जवान था, लेकिन जा रहा हूँ बूढ़ा होकर,' मन ही मन वह सोच रहा था। अब तक वह यह नहीं समझ पाया था कि जीवन में वह पिछड़ा इसलिए नहीं था कि बूढ़ा हो गया है, बल्कि बूढ़ा इसलिए था कि जीवन में पिछड़ गया है। यह बात सभा में साफ-साफ जाहिर हो गई थी। जिस अदूरदर्शिता और शक्कीपन को वह बुढ़ापे के नाम पर मढ़ रहा था, वास्तव में वह प्रकट हुआ था उसके कार्यों में–उसकी बहुत बारीक और विस्तृत, लेकिन एकदम बेकार, रिपोर्ट में, उन कामों में जिन्हें कल तक उसने सर्वाधिक महत्त्वपूर्ण सोचा था, लेकिन जो आज एकदम अनावश्यक साबित हुए थे। छः बेहतरीन ट्रैक्टर टीमें! ट्रैक्टरों की पाँत का दक्षिण की ओर प्रयाण! लगातार दो बरसों से वह इसी समस्या से सिर मार रहा था और समझता था कि बड़ा महत्त्वपूर्ण काम कर रहा है लेकिन यह सब कितना व्यर्थ साबित हुआ था। और अब अस्तरखानी टोपी पहने गुलाबी चेहरे वाली एक नौजवान लड़की ने–जो उसी की शिष्या थी और कुछ दिन पहले छोटी-सी घंघरिया पहने, पैरों में खरोंचें मारे, उसके सामने आ खड़ी होती थी–सहसा आगे बढ़कर सब कुछ बिखेर दिया और तोड़-फोड़ डाला था, उस सबको जिसे उसने बड़े प्यार और बड़ी मेहनत से बनाया और सँवारा था! इतना ही नहीं, उस लड़की ने जो कुछ किया था, ठीक भी किया था। उसने खुद उससे भी ज्यादा कारगर तरीके पेश किए थे और दूसरों को अपने पीछे चलने के लिए आन्दोलित कर ऐसे चली गई थी जैसे विसोत्सकी नामक व्यक्ति की दुनिया में

कोई हस्ती ही न हो...

और वही क्यों! दूसरे सब भी तो उसके अस्तित्व को भूल चले थे, उसमें दिलचस्पी खो रहे थे–जैसे खेल की किसी प्रतिद्वन्द्विता में उत्तेजनापूर्ण स्थिति आने पर दर्शक पिछड़े खिलाड़ी में दिलचस्पी खो बैठते हैं।

सभा में बहस चल रही थी परन्तु विसोत्सकी के व्याख्यान की कोई चर्चा नहीं कर रहा था। योजना के सम्भव हो सकने के विषय में भी कोई संदेह नहीं प्रकट कर रहा था। चर्चा अब केवल यह थी कि योजना को कम से कम समय में कैसे सफल बनाया जा सकता है।

सभा में संगत और असंगत सभी तरह की बातें हो रही थीं। मज़ाक भी हो रहा था। अपने-अपने विश्वास के मुताबिक क्रोध और झगड़े की बातें भी हो रही थीं। लेकिन सभी में आशा और उत्साह था। मौन और निराश बैठा था तो केवल विसोत्सकी।

साँझ हो आई थी। सूर्यास्त वेला के धुंधले प्रकाश में कमरा बड़ा और गहरा लग रहा था। लोगों के चेहरे स्पष्ट नहीं दिखाई देते थे। मशीनों के पालिश किए चमकीले भाग और आदमियों की आँखें ही अँधेरे में चमक रही थीं।

सभा के अन्त में आन्द्रेई बोलने के लिए खड़ा हुआ था। हॉल के आखिरी कोने तक उसके शब्द पहुँच रहे थे और, मानो प्रत्युत्तर में, हॉल भी गूँज रहा था।

"कामरेड विसोत्सकी का कहना है कि प्रोखारचेंको की योजना कुबान के लिए उपयोगी हो सकती है लेकिन उग्रेन के लिए नहीं, और मैं इसका समर्थन इसलिए करता हूँ कि मैं उग्रेन की धरती और परिस्थितियों से परिचित नहीं हूँ। हाँ! मैं उग्रेन से पूरी तरह परिचित नहीं हूँ। मुझे यहाँ की हालतों और सम्भावनाओं का पूरा ज्ञान नहीं है। पर यह ज्ञान मुझे प्राप्त कहाँ से होगा? मुझे यह ज्ञान आप नहीं दे सकते, कामरेड विसोत्सकी! मुझे यह ज्ञान दे सकते हैं उग्रेन के सामूहिक किसान, उग्रेन के कृषि विशारद, ट्रैक्टर ड्राइवर, कम्बाइन चालक और मज़दूर। मुझे भरोसा है तो इन्हीं लोगों का!"

"खूब! खूब! वाह! वाह!" की पुकारों से हॉल गूँज उठा।

"आपने आज कहा कि हमारी योजना व्यावहारिक नहीं है। लेकिन इसी योजना को पूरा करने की उग्रेन के ट्रैक्टर ड्राइवरों, कम्बाइन चालकों और मज़दूरों ने प्रतिज्ञा की है। उन्होंने योजना से भी अधिक काम कर दिखाने की प्रतिज्ञा की है। क्षमा कीजिए, प्रोफेसर विसोत्सकी! आपकी अपेक्षा मैं इन्हीं लोगों का ज्यादा विश्वास करता हूँ।"

"ठीक है! ठीक है!" की पुकारों से हॉल फिर गूँज उठा।

"हम मशीन-ट्रैक्टर स्टेशन में काम की मज़दूरी घंटों के हिसाब से देने का क्रम शुरू कर रहे हैं। हम स्टेशन में रेडियो की शक्ति का उपयोग आरम्भ कर

रहे हैं और दूसरे सुधार कर रहे हैं। हम किसानों और ट्रैक्टर ड्राइवरों में प्रतियोगिता का आयोजन करेंगे और योजना से ऊपर काम पूरा करके दिखाएँगे। हम जानते हैं कि यह ज़िला उग्रेन है, कुबान नहीं। लेकिन हमें विश्वास है कि दो-तीन सालों में हम कुबान के अच्छे से अच्छे ज़िले को चुनौती दे सकेंगे। क्या आपको इसमें यक़ीन नहीं है, साथियो?"

हॉल तीसरी बार उत्साह भरे नारों और पुकारों से गूँज उठा।

सभा समाप्त हुई। लेकिन लोग जाने के लिए उतावले नहीं थे।

वालेंतिना ने देखा, विसोत्सकी चुपचाप सिर झुकाए भीड़ में से रास्ता निकाल कर बाहर जा रहा था। उसके कंधे और गर्दन थकान से झुके हुए और नसें उभरी हुई थीं जो उसकी मानसिक व्यग्रता का परिचय दे रही थीं। लोग उसकी ओर देखते भी नहीं थे—मानो वह दया का पात्र उनके बीच लज्जा की वस्तु हो। उसे उस पर तरस आ रहा था। अब, जब बहस की गरमा-गरमी खत्म हो गई थी और जीत हासिल हो चुकी थी, वालेंतिना की इच्छा हो रही थी कि वह विसोत्सकी के पास जाए, उससे दो-चार मीठी और मैत्रीपूर्ण बातें करे, उसके उत्साह को जगाए और अपनी ग़लती समझने में उसकी सहायता करे।

शायद उस दिन अपने आँकड़ों और योजनाओं सहित विसोत्सकी ने बहुत महत्त्वपूर्ण भूमिका अदा की थी। किसी नदी के बीच पड़ी कोई चट्टान जिस प्रकार उबलती-उफनती धारा की गति और उद्वेग को स्पष्ट कर देती है उसी प्रकार विसोत्सकी ने जनता के उत्साह को स्पष्ट कर दिया था।

सम्भवतः यह आन्द्रेई के नेतृत्व की चतुरता थी कि उसने विसोत्सकी को अपनी भूमिका—विशाल जल-धारा के बीच छोटी-सी चट्टान की भूमिका—अदा करने का मौका दिया था और इस तरह जन-धारा के अदम्य प्रवाह को स्पष्ट कर दिया था।

आन्द्रेई का रवैया केवल अब वालेंतिना की समझ में आया। सभा समाप्त होने तक लोगों का नज़रिया एकदम बदल चुका था। वासिली में यह परिवर्तन विशेष रूप से उल्लेखनीय था। वह सन्देह से हटकर धीरे-धीरे आत्म-विश्वास की मंजिल पर पहुँचा था और अब मशीन-ट्रैक्टर स्टेशन के काम में पूरी तरह जुट जाने को तैयार था।

'चाचा वास्या को समझने में देर लगती है,' वालेंतिना सोच रही थी, 'लेकिन काम शुरू कर दें तो फिर खतम समझो। यह और नास्त्या ओगोरोद्निकोवा—दोनों मिलकर काम की धूम बाँध देंगे।'

वासिली और बुयानोव आपस में बातें करते हुए उधर से गुजरे।

"आन्द्रेई जनता की नब्ज खूब पहचानता है..." बुयानोव कह रहा था।

"इसमें क्या शक है।" वासिली ने समर्थन किया। "आदमी क्या है, खमीर

है, खमीर! जिस चीज़ में डाल दो, फौरन उठ आएगी।"

वालेंतिना आधे घंटे तक मित्रों और परिचितों से हॉल में बातचीत करती रही फिर आन्द्रेई को वहाँ न देख ढूँढ़ने निकल पड़ी।

प्रमुख कृषि विशारद के कमरे में उसकी मुलाकात प्रोखारचेंको और रुबानोव से हो गई। दोनों चिन्ता में डूबे दिखाई दे रहे थे।

"बेंजामिन इवानोविच अभी-अभी यहाँ से गए हैं। उन्होंने काम करने से साफ इनकार कर दिया है।"

"इनकार कर दिया है? तुमने क्या कहा?" वालेंतिना ने व्यग्रता से पूछा।

"कहते क्या?" प्रोखारचेंको ने उत्तर दिया। "हमने यही कहा कि आप काम कीजिए! लेकिन ज़बरदस्ती थोड़े ही कर सकते हैं। यह बड़ी ज़िम्मेदारी का काम है। जिस आदमी को इसमें विश्वास न हो उसे ज़िम्मेदारी उठाने के लिए मजबूर कैसे किया जा सकता है? मान जाए तो अच्छा है। पर हम इन्तज़ार में कब तक बैठे रहें?...मार्च का महीना खत्म होने को आया। बोवाई को अब दिन ही कितने रह गए हैं? वह बीमार भी है। बेचारे को दिल की पुरानी बीमारी है।"

"क्या? तो उसे चले जाने दोगे?" वालेंतिना ने पूछा।

"हाँ, कुछ दिनों के लिए। समझ लो बीमारी की लम्बी छुट्टी दे दी। तब तक वह स्वस्थ भी हो जाएगा और अपने विचार भी बदलेगा। हमको इससे ज्यादा खुशी और क्या होगी कि वह फिर लौट आए। लेकिन तब तक बेटी, तुझे यहाँ का काम सँभालना होगा।"

"मुझे? चाचा तुम...लेकिन ऐसे ही कैसे फैसला कर सकते हो?"

"हम तो न जाने कब से सोचे बैठे थे। योजना की बाबत यह झगड़ा बहुत पहले से चला आ रहा है।"

"क्या आन्द्रेई को मालूम है कि विसोत्सकी ने काम से इनकार कर दिया है?"

"मालूम है। बातचीत के वक्त आन्द्रेई यहीं था। अभी तो गया है तुझे ढूँढ़ने।"

गाड़ी के आगे का तीव्र प्रकाश सड़क पर भागता चला जा रहा था। दोनों ओर वृक्षों की टहनियाँ मानो मोटर को रोकने के लिए आगे बढ़ आना चाहती थीं, पर ठिठककर रुक जाती थीं। आन्द्रेई और वालेंतिना गाड़ी की पिछली सीट पर एक साथ बैठे थे। वालेंतिना रह-रहकर विसोत्सकी के बारे में बिसूर रही थी :

"उसके बारे में सोच कर मुझे बड़ा तरस आ रहा है। बेचारे का दिल टूट जाएगा!"

"खामखा परेशान हो रही है तू!" आन्द्रेई भौंहें सिकोड़कर बोला। "हम लोग उसे जिला कमिटी के दफ्तर में बुलाकर बात करेंगे। दो-एक महीने के लिए उसे

किसी काम से बड़े-बड़े मशीन-ट्रैक्टर स्टेशनों का दौरा करने भेज देंगे। कुछ देखेगा, कुछ समझेगा। अपने आप उसकी आँखें खुल जाएँगी। लौटकर खुद ही काम सँभाल लेगा। दिल टूटने की इसमें कौन सी बात है? हाँ, अपनी भूल मानना ज़रा मुश्किल होता है, लेकिन यह कोई बड़ी आफत तो नहीं है। फिर, विसोत्सकी सचमुच बूढ़ा नहीं है। घूम फिर कर आएगा तो देखोगी कि जवान हो गया है।''

''मेरा तो खयाल है कि लोगों को जवान बनाना तुम्हारा पेशा हो गया है। खैर...यह तो बताओ...क्या तुम्हें मालूम था कि सभा में उसका कोई समर्थन नहीं करेगा?''

''मालूम क्यों नहीं था। ज़िला पार्टी कमेटी के ब्यूरो में पहले बहस हुई थी, फिर लोगों को समझाया गया था, उनके सामने तमाम तथ्य पेश किए थे। क्या तुम समझती हो कि ऐसी सभाएँ यों ही दौड़ते-भागते की जाती हैं?''

''इसका मतलब तो यह है कि तुमने उस गरीब को सामने खड़ा करके अपना उल्लू सीधा किया! ओफ़, कैसी निर्दयता है!''

''दूसरों से ज्यादा उसी को ऐसी मीटिंग की ज़रूरत थी। उसकी आँखें खोल दीं, वर्ना बात उसकी समझ में आती ही नहीं। अब भी सब कुछ पूरी तरह उसकी समझ में नहीं आया है। फिर भी अब वह सोचने-समझने की कोशिश करेगा। उसके बोलने से यह फायदा हुआ कि जितनी अड़चनें आ सकती थीं, जितनी भूलें हो सकती थीं, सब सामने आ गईं। उससे ज्यादा कौन समझा सकता था मुश्किलों को? उसे भी सामने खड़ा किया और उसके तमाम मसाले का भी फायदा उठाया।''

दोनों चुप हो गए। आन्द्रेई ने वालेंतिना का हाथ अपने हाथ में ले लिया। वालेंतिना उसकी भावनाओं और विचारों को अच्छी तरह समझती थी। स्टेशन से चलने के बाद से वालेंतिना को आन्द्रेई की आँखों में गहरी कृतज्ञता और प्रेम की तरलता दिखाई दे रही थी। वालेंतिना चाहती थी कि आन्द्रेई कुछ कहे, पर वह चुप था। आत्मश्लाघा पूर्ण भाषण उसे पसन्द नहीं थे। वह सोचता था, सफाई में लम्बी-चौड़ी बातें बघारना और हाय-हाय करना अच्छा नहीं होता।

''वाल्या! विसोत्सकी की जगह तुझे ही काम करना पड़े शायद!'' उसने यह बात ऐसे कही जैसे यकायक याद आ गई हो। ''प्रोखार ने तुझसे कोई बात नहीं की?''

आन्द्रेई ऐसे बात कर रहा था जैसे मशीन-ट्रैक्टर स्टेशन में वालेंतिना के काम करने की बाबत कोई झगड़ा हुआ ही न हो, इस सम्बन्ध में पहले कभी कोई बात उठी ही न हो—उस जाड़े की रात चौके वाली घटना जैसे कभी घटी ही न हो।

'अभी और देख तू!' मन ही मन वालेंतिना ने कहा।

प्रकट में गहरी साँस लेकर बोली :

"मैं तो सोच रही थी कि अब घर मैं बैठूँगी, खाना पकाऊँगी, और अपने गरीब पति की तीमारदारी करूँगी..."

आन्द्रेई ने वालेंतिना की उँगलियाँ दबा लीं! फिर बोला :

"वाल्या! मुझे सबसे बड़ा सहारा और भरोसा तो तेरा ही है। तू ही मेरी सबसे अच्छी दोस्त, मेरा दाहिना हाथ है। नहीं, सिर्फ इतना नहीं। तेरे साथी मातवेयेविच की भाषा में असली गाड़ी खींचनेवाली तू है। तू और मैं दोनों एक ही जोत की जोड़ी हैं...! आज सभा में तो तूने कमाल ही कर दिया! सभा का रंग ही बदल दिया।"

वालेंतिना इतने से ही संतुष्ट होनेवाली नहीं थी। अपनी विजय का वह पूरा आनन्द लेना चाहती थी। अस्तु, उसने मौक़ा हाथ से नहीं जाने दिया :

"ज़रा सोचकर बात करो, आन्द्रेई! तुम पार्टी के मंत्री हो! तुम सब लोगों से कहते हो—हमें आत्मालोचना करनी चाहिए, अपनी भूलों को देखने की कोशिश करनी चाहिए, उन्हें स्वीकार करना चाहिए।.....कभी खुद तुम्हें भी तो ऐसा करना चाहिए।"

"वाल्या!...अच्छा बाबा ले। मैंने तेरे साथ बड़ी ज़्यादती की थी। यही मुझसे कहलाना चाहती थी न! इस आत्म-समालोचना से तो तसल्ली है?"

"अच्छा रहने दो, अभी इतना काफी है...! मुझे नहीं मालूम था तुम ऐसे ऐंठू हो...तुम्हें हो क्या गया था? चले थे रात में चुपके-चुपके स्टोव जलाने। 'देखो, लोगो! मेरी पत्नी अपने पति का जरा भी खयाल नहीं करती!' वाह, वाह! क्या कहने हैं!"

"वाल्या! मैंने अपनी भूल मान ली है, तू यह नहीं कह सकती कि मैं नीच हूँ। अब और क्या चाहती है? अच्छा बता यह कौन कह रहा था कि इतनी बड़ी सभा में विसोत्सकी की रिपोर्ट पर बहस करना गलत है?"

वालेंतिना हँस पड़ी। अपना गाल आन्द्रेई के कंधे पर रखकर बात बदलती हुई बोली :

"क्या तुम्हें मालूम है? मैं कभी-कभी यही सपना देखती थी। बिल्कुल ऐसा ही।"

"कैसा?"

"...कि खूब ठंडी-ठंडी हवा चल रही है और मैं तुम्हारे कोट पर गाल टिकाए बैठी हूँ। मैं इतनी खुश होती थी, इतनी कि..."

"सपनों में ज्यादा खुश रहती हो?"

"नहीं! जीवन सपने से ज्यादा सुन्दर होता है। प्यार भी क्या अजीब चीज़ है? आन्द्रेई? प्यार की धार कभी कुन्द नहीं होती। कितने बरस हो गए हम लोगों को साथ रहते लेकिन अब भी ऐसा लगता है जैसे सब कुछ नया और ताज़ा है।

आन्द्रेई, क्या सभी के साथ ऐसा होता है, या हम...''

''दूसरों का हमें क्या पता? पार्टी कमिटी के सेक्रेटरी को लोग ये बातें थोड़े ही बताते हैं।''

आन्द्रेई को निरी भावुकता कम ही अच्छी लगती थी। अक्सर जब वालेंतिना भावुकता में बहने लगती तो आन्द्रेई मज़ाक की चुटकियाँ लेकर उसकी कवित्वमयता का उफान खत्म कर देता। साधारणतः वालेंतिना हँसकर रह जाती थी, पर आज यह बात उसे खटक गई। नाराज़गी में वह कुछ कहना ही चाहती थी कि आन्द्रेई ने अपना गाल उसके माथे से सटाकर धीरे से कहा :

''न मैं सबसे बताता हूँ कि हम दोनों कितने सुखी हैं...''

गाड़ी जंगल का रास्ता पार कर चुकी थी। सड़क के किनारे जहाँ-तहाँ रोशनियाँ दिखाई देने लगीं। वे अब उग्रेन आ पहुँचे थे।

'फिर चुप हो गया।' आन्द्रेई को चुप देख वालेंतिना सोचने लगी। 'जाने क्या सोच रहा है? सुख की इन घड़ियों में भी विसोत्सकी के बारे में सोचे बिना नहीं रह सकता!'

''आदमी तो भला है,'' वह खुद ही बोली, ''लेकिन उसे हो क्या गया है?''

''यह एक जगह बैठे रहने का नतीजा है...'' आन्द्रेई ने उत्तर दिया। वह जान गया था कि वालेंतिना किसकी चर्चा कर रही है। ''उग्रेन से बाहर भी दुनिया है यह उसे नहीं दिखाई देता!''

''तुम्हारा भी तो इसमें कसूर है न?''

''जिले की सभी भूलों की जिम्मेदारी जिला पाटी मंत्री की होती है।''

''यह काम ही ऐसा है!'' आन्द्रेई ने कहा। जिस लहजे में आन्द्रेई ने यह बात कही उससे पता लगाना मुश्किल था कि वह अपनी भूल स्वीकार कर रहा है, अथवा जवाब देने से कतरा रहा है, या, जैसी कि उसकी आदत थी, अपनी भावना को छिपाने के लिए कुछ यों ही कह दिया है।

सामने रोशनी से जगमगाती जिला पार्टी के दफ्तर की खिड़कियाँ दिखाई दीं।

"जरा एक मिनट यहाँ देख लें।" आन्द्रेई बोला।

"पार्टी दफ्तर के सामने से जब भी गुजरते हो तुम्हें जरूर कोई काम याद आ जाता है! अब तो रात हो गई है। लोग-बाग सोने की तैयारी कर रहे हैं!" वालेंतिना ने कहा। लेकिन वह भी मोटर से उतर गई और आन्द्रेई के पीछे-पीछे दफ्तर चल दी।

5. अनाज और लोहा

वालेंतिना पहली मई फ़ार्म के अनाज गोदाम में खड़ी थी। जा रही थी वह मशीन-ट्रैक्टर स्टेशन, लेकिन मिनट-दो मिनट को यह देखने रुक गई थी कि बीजों को बोने से पहले वैज्ञानिक ढंग से तैयार करने और नए ढंग की खाद की तैयारी का काम कैसा चल रहा है। बीसियों कामों का बोझ उसके सिर पर था। लेकिन उनके पीछे दौड़ने के बजाय वह गोदाम की गहरी खामोशी में चुपचाप निश्चल खड़ी रह गई थी। यह खामोशी सम्भवतः वैसी ही थी जैसी किसी गहरी झील के तल में रहती है—जहाँ जीवन की तरंगें शान्त और मौन बहती हैं। अध-खुले दरवाजे से आती सुबह की धूप की लकीर भीतर के गहरे नीले अन्धकार को बेध रही थी। सब ओर खूब सफाई और स्वच्छता थी। खूब साफ किया हुआ फर्श और रोगन किए लकड़ी के तख्ते चमचमा रहे थे। जगह-जगह गेहूँ की बालें सफेद कागजों में लिपटी कराबों जैसी लटक रही थीं। भीतर की हवा में अनाज और ताजी छिली लकड़ी की सोंधी गन्ध थी। बड़ी-बड़ी खत्तियों में गल्ला भरा हुआ था। वालेंतिना ने एक खत्ती में अपना हाथ धँसा दिया। उँगलियों के बीच में रपटता-सरकता गल्ला उसे बहुत अच्छा लग रहा था। ललछौंहे रंग के, मोम जैसे मुलायम, और रेशम जैसे कोमल दाने, उसे प्राण-मय मालूम हो रहे थे। वालेंतिना ठगी सी उन्हें देखती रह गई। बखारों में अनाज की शान्तिमय निन्द्रा, लहरियोंदार अम्बारों में आबद्ध यह सोती हुई किन्तु मरणोपरि शक्ति, उसे बड़ी रहस्यमय लगती थी! जीवन-दान का अक्षय भण्डार! उसके श्रम की देन, उसकी आकांक्षाओं की पूर्ति! उसकी उँगलियाँ खेल रही थीं अऩाज के दानों से लेकिन मस्तिष्क बीते दिनों की बातें दोहरा रहा था—मूसलाधार बरसातें, तपती धूप, चिंता और व्यग्रता, उत्साह और उमंगें। वसंत की रातों का हिम-पात, ग्रीष्म में उत्तप्त वायु के झोंके, मूसलाधार वर्षा में नालियों और खाइयों की खोदाई, फ्रोस्या के टीले पर उस रात की बातें, आँसू और मुस्कान—सब कुछ यहीं तो था, इन्हीं खत्तियों में। इन बीजों से कैसी फसल होगी? बोवाई के मौसम का काम अच्छी तरह हो जाएगा? पता नहीं गर्मियों में मौसम कैसा रहे?

टिक-टिक करते मिनट बीतते जा रहे थे। वालेंतिना सब कामों की सुध भुलाए अनाज के सुखद स्पर्श का अनुभव करती आत्म-विस्मृत सी खड़ी थी।

"भीतर कौन है? दरवाजा खोलो।"

इस आवाज से वालेंतिना का ध्यान टूटा। किवाड़ को जूते की ठोकर से खोलकर प्योत्र भीतर आ गया। उसके पीछे-पीछे शोर मचाती लड़कियों का झुंड

भी भीतर घुस आया। वायु के झोंकों में मिली ताजी जुती धरती की गन्ध, बड़े-बड़े काले कौओं की कौं-कौं, और पूर्व की ओर से फैलती सूर्योदय की लाली भी कमरे में समा गई।

लड़कियाँ बोरियों में गल्ला भरने लगीं।

"उठ भाई उठ, अब चल!" अनाज को जगाती हुई सी बेरा बुदबुदा रही थी।

प्योत्र जल्दी-जल्दी बता रहा था : "यह गल्ला तिरपाल बिछाकर सूखने को डाल दो।...यह गल्ला सफाई की मशीन पर जाएगा।"

धूप से सँवलाए चेहरे, भूरे बालों और काली भौंहों वाले प्योत्र का नाक-नक्शा यद्यपि अपने पिता के नाक-नक्शे से भिन्न था, पर आवाज और चाल-ढाल उन्हीं से मिलती थी। पिछले कुछ दिनों से उसका व्यवहार बहुत संयत हो गया था और उसकी आवाज में पिता की आवाज जैसी कोमलता आ गई थी। कई लोगों का कहना था कि यह परिवर्तन ब्याह हो जाने से हुआ है। कुछ समझते थे कि मुकदमे के दिनों में चिंता का जो बोझ उस पर रहता था उसी का यह परिणाम है।

मुकदमे में प्योत्र का व्यवहार इतना ईमानदारी भरा और आत्म-सम्मानपूर्ण था कि सभी लोगों को उससे गहरी सहानुभूति हो गई थी। पश्चात्ताप करने और अपना अपराध खुद कबूल देने के कारण न्यायाधीश ने उसके साथ सख्ती बरतना ठीक नहीं समझा। मामूली सा जुर्माना करके उसे छोड़ दिया।

मुकदमा खतम हुए कई सप्ताह बीत चुके थे, पर किसी ने प्योत्र को शराब पीते नहीं देखा था। अपने ब्याह में भी, रस्म-रिवाज के ठीक विपरीत, प्योत्र ने बड़ा संयम दिखाया था।

स्तेपनिदा इस परिवर्तन की व्याख्या करती हुई बड़े गर्व से कहती थी :

"पेत्रुन्का की नसों में बाप का खून हिलोरें ले रहा है!"

इतनी लड़कियों से बड़ी चालाकी, संजीदगी और होशियारी से प्योत्र को काम लेते देख वालेंतिना को स्तेपनिदा के ये ही शब्द याद हो आए थे।

वालेंतिना अनाज गोदाम से बाहर आ गई। लड़कियाँ इमारत की दीवार के पास तिरपाल बिछा रही थीं। पास ही बिजली का एक इंजन गड़गड़ाने लगा, गल्ला साफ करने की दो मशीनें खड़खड़ा उठीं और अनाज—इस शोर-शराबे और आन्दोलन से उत्तेजित होकर—लहराता और भँवरें बनाता उफनने-कूदने लगा।

सूर्य की किरणों के प्रकाश में अनाज के दाने और भी हल्के और साफ दीख रहे थे।

वालेंतिना जानती थी कि वायु और प्रकाश के प्रभाव से अनाज के प्रत्येक दाने में, जहाँ छोटे से गढ़े में भ्रूण निहित रहता है, जीवन का प्रादुर्भाव हो रहा है। इंजनों की हवा और सूर्य का प्रकाश जीवन की गतिमय शक्ति में परिवर्तित हो रहे थे।

मशीनों की आवाज से भयभीत होकर कौवे हवा में उड़ चले। क्षण भर में ही आस-पास के वृक्ष उनके परों की फड़फड़ाहट और काँव-काँव से सिहर उठे।

"ओफ़! इन कौओं ने तो कान खा लिए!" वालेंतिना बोली। "कहो पेत्रू, बोने के लिए बीजों की तैयारी कैसी चल रही है?"

"ठीक ही चल रही है!"

"बीजों की बाबत कल फ्रोस्या से क्या झगड़ा हो गया था?"

वेरा सहसा उत्तेजित हो उठी और प्योत्र की ओर से उत्तर देने लगी :

"झगड़ा बीजों पर थोड़े ही हुआ था। बीज तो ठीक हैं। बस, उनमें खाद नहीं छिड़की गई थी। फ्रोस्या बिगड़ उठी। बीजों की बोरियाँ हम लोगों से छीनने लगी। उसका तो मिजाज ही नहीं मिलता। जब से ट्रैक्टर ड्राइवर बन गई है, ऐसी अकड़ती है जैसा सूखा माड़ अकड़ता है।"

प्योत्र ने सूरज की ओर आँखें उठाई और मुस्करा दिया। कहना मुश्किल था कि यह मुस्कान अपनी नवेली दुल्हन की प्रशंसा में थी या भर्त्सना में।

वालेंतिना ने अच्छी तरह जाँच-पड़ताल कर देख लिया कि बोवाई के बीजों की तैयारी का काम ठीक से चल रहा है तो अपनी गाड़ी में जा बैठी और चल दी।

उग्रेन से मशीन-ट्रैक्टर स्टेशन तक रास्ता कम करने के लिए जंगलों के बीच से एक छोटी सड़क बना दी गई थी। वालेंतिना इसी सड़क से जा रही थी।

"यही है हम लोगों का रास्ता! पारिवारिक सुख का रास्ता!" वालेंतिना न चाहते हुए भी मुस्करा उठी। "पहले तो जिले की हालत सुधरने का काम असम्भव जान पड़ता था। नया ट्रैक्टर स्टेशन खुल गया। यह सड़क बन गई। अब लगने लगा है कि सब काम सीधा-सादा और आसान हो गया है। ऐसा मालूम होता है जैसे किसी और ने हमारे लिए इसे आसान बना दिया है। घर से पचास मिनट में स्टेशन पहुँच जाती हूँ। मास्को वालों को भी इतना वक्त अपने काम पर पहुँचने में लग ही जाता होगा। हम लोगों के जीवन का नियम भी कितना सुंदर है। दूसरों की भलाई का प्रयत्न करो, तुम्हारी भी जरूर भलाई होगी।"

जाड़ों में नंगे हो गए पेड़ों से मोटी-मोटी कोपलें फूट रही थीं। उन्हें देखती हुई वालेंतिना सोच रही थी :

'अब तो हम लोगों के भी बच्चे हो जाएँ तो अच्छा है; एक नहीं, दो या तीन!...लेकिन हों आन्द्रेई जैसे! और रहें सब मेरे साथ, आन्द्रेई नम्बर एक, फिर एक नन्हा-मुन्ना आन्द्रेईका, एक घुटनों के बल सरकने वाला आन्द्रेईका, और एक और आन्द्रेईका, बड़ा सा लड़का, बिलकुल अपने बाप जैसा।'

अपनी कल्पना में खोई वालेंतिना हँस पड़ी। ड्राइवर ने पीछे घूम कर पूछा :

"क्या है, वालेंतिना अलेक्सेयेवना?"

"कुछ नहीं! यों ही हँसी आ गई। कैसा प्यारा वसन्त है, वान्या!"

अभी आदमी तो खेतों में कहीं-कहीं ही दिखाई दे रहे थे पर सुबह के सन्नाटे में दूर-दूर तक चलते ट्रैक्टरों की गूँज स्पष्ट सुनाई दे रही थी। कभी सड़क के दाएँ कभी बाएँ, धीमी रफ्तार से, ट्रैक्टर पास से गुजर जाते। पाँच नम्बर के खेत पर वालेंतिना ने एक मशीन चुपचाप खड़ी देखी। नास्त्या, फ्रोस्या और कुछ दूसरे लोग उसके इधर-उधर ताक-झाँक कर रहे थे। वालेंतिना गाड़ी खड़ी करवा कर उसी तरफ लपकी।

"क्या हुआ? बिगड़ गया क्या?"

नास्त्या ने धीरे से उत्तर दिया :

"नहीं तो। जरा तेल वगैरा देने के लिए रोक लिया है।"

फ्रोस्या एड़ियों के बल जमीन पर बैठी नास्त्या को बड़े विश्वासपूर्ण नेत्रों से देख रही थी। यों तो फ्रोस्या किसी का आदर नहीं करती थी और सब को नीची नजर से देखती थी लेकिन एक बार कोई उसके मन चढ़ जाए तो वह उसकी चेरी, दासी और उपासिका, न जाने क्या-क्या बन जाती थी।

नास्त्या उन्हीं इने-गिने लोगों में थी जिनका फ्रोस्या आदर करती थी। नास्त्या भी फ्रोस्या की बुद्धिमत्ता, अनुशासन-प्रियता और मीठे स्वभाव की प्रशंसा करती न अघाती थी।

"ट्रैक्टर ड्राइवर को ट्रैक्टर की बियरिंग ठीक करने की तैयारी उतनी ही सावधानी से करनी चाहिए जैसे डाक्टर आपरेशन करने से पहले तैयारी करते हैं," नास्त्या ने समझाया। फ्रोस्या और ल्योनेच्का होंठ खोले और आँखें फैलाए उसकी बातें सुन रही थीं। इसीलिए नास्त्या को निर्देश देने में आनन्द भी आ रहा था।

"याद रखो कि क्रेंकशैफ्ट का पूरा जोर बियरिंग पर रहता है। और ट्रैक्टर के लिए क्रेंकशैफ्ट वही चीज होती है जो इनसान के लिए दिल। साफ करने के लिए पुर्जे खोलो तो उन्हें धूल में कभी नहीं रखना। समझीं? पहले तिरपाल को खूब झाड़ कर जमीन पर बिछा लो तब पुर्जों को खोल कर उस पर आहिस्ता से रखो। फिर उन्हें धोकर ऐसे चमका दो जैसे सूरज चमकता है, धूल का एक कण भी न रहे उन पर। फिर साबुन से हाथ धोओ। पुर्जों को साफ करने के लिए मिट्टी का तेल जरूरी होता है। लेकिन तेल ही बिलकुल साफ–जैसे ताजा पानी। तेल को छान का साफ किए बिना पुर्जों में नहीं लगाना। समझी? अपने ट्रैक्टर को प्यार करो तो वह भी आदमी की तरह इशारा समझता है। ल्योनेच्का, जा एक बाल्टी पानी तो ले आ ट्रैक्टर धोने को!"

वालेंतिना चुपचाप खड़ी सुबह-सुबह खेतों में दी जाती इस शिक्षा को काफी देर सुनती रही।

वालेंतिना जाँच कर रही थी कि जमीन को कितनी गहराई से जोता गया

है और बीजों का दाना ठीक तरह पड़ा है कि नहीं, तभी वासिली और 'अंकुर' नामक पड़ोस के सामूहिक खेत के प्रधान येफिमकिन आ पहुँचे। 'अंकुर' के खेतों की एक पट्टी पहली मई फ़ार्म के खेतों तक धँसती चली आई थी। नास्त्या ने ट्रैक्टर से आँखें उठाईं और घूम कर येफिमकिन की ओर देखा।

"चला आ रहा है नवाब जैसा! इन लोगों को देखे तो मुझे उबकाई आती है, उबकाई...खामखा इस आदमी का खेत मेरी टीम के गले मढ़ दिया, वाल्या। मुश्किल से डेढ़ सौ हेक्टर जमीन है, उसे भी सात जगह बाँट दिया है—बारी-बारी से बोवाई के लिए। ऐसे खेतों में ट्रैक्टर घुमाने को भी तो जगह नहीं।"

वालेंतिना को इस कठिनाई का खुद पता था। मशीन-ट्रैक्टर स्टेशन में काम शुरू करने से पहले उसका ध्यान ऐसी बातों पर नहीं गया था। अब उसे ये छोटे-छोटे सामूहिक फ़ार्म खामखा की परेशानी लगते थे। एक खेत से दूसरे खेत तक ट्रैक्टर ले जाने में, जरा-जरा सी पट्टियों पर दौड़ लगाने में, बौने फ़ार्मों के बेगिनती मैनेजरों से मिलने-जुलने में और संगठन के मसले निबटाने में बेकार बहुत सा तेल और वक्त बरबाद हो जाता था।

'बारी-बारी से फसल वाले खेतों के इर्द-गिर्द पेड़ों की कतार खड़ी करनी है, लेकिन पेड़ लगाए कहाँ जाएँ? पूरे खेत में तो अच्छे खासे दो देवदार वृक्षों के लिए भी जगह नहीं है!' चिन्ता में डूबी वालेंतिना सोच रही थी। नास्त्या की खीझ का कारण वह समझती थी और उसे उचित मानती थी। दोनों औरतें न चाहते हुए भी येफिमकिन को ऐसे देख रही थीं जैसे वह दुश्मन हो।

येफिमकिन भी जानता था कि मशीन-ट्रैक्टर स्टेशन में वह बहुत लोकप्रिय नहीं है। ऐसा लग रहा था जैसे किसी अपराध के लिए वह लज्जित है। धीरे स्वर में बहुत झिझकते-झिझकते वह बोला :

"नास्त्या, सुनो तो...."

"हाँ, हाँ, सुन लिया..." नास्त्या ने उसकी बात काटते हुए कहा।

"कह तो दिया आज जोत देंगे। लेकिन यह बता दें—हम जोतना शुरू करेंगे तो एक सीध में जोतते-जोतते पहली मई फ़ार्म के खेतों में निकल आएँगे! बाद में तुम सँभाल लेना कि कौन से खेत तुम्हारे हैं। इधर से उधर रेंगते फिरने की मुझे फुर्सत नहीं है।" वासिली की ओर घूम कर बिलकुल दूसरे स्वर में बोली : "कहो वासिली कुज़मिच, बोवाई ठीक हो रही न?"

वासिली ने भी आगे बढ़कर जुताई की गहराई और बीज डालने वाले बर्मों की जाँच की। जमीन पर बैठ कर, सिर झुकाकर वह लंबी जुती कतारों को देखने लगा। कतारें तीर की तरह सीधी थीं।

"बोलो न!" नास्त्या ने आग्रह किया।

वासिली ने नजर उठाकर उसकी ओर देखा। नास्त्या के धूप से तप कर

पक्के पड़ गए रंग में हल्की भूरी भौंहें चमक रही थीं। धूप में काम करते रहने के कारण उसकी आँखें सुबह की धूप में चौंधिया न रही थीं; वे खूब खुली हुई थीं। चेहरे पर शान्ति और साहस की आभा थी।

वासिली फिर खेतों की ओर देखने लगा।

कभी-कभी कोई सुंदर वस्त्र किसी स्त्री के शरीर पर ऐसा फबता है कि शरीर और कपड़े के सौंदर्य को अलग-अलग समझ पाना कठिन होता है; ऐसे ही नास्त्या के जोते हुए खेत वासिली को लग रहे थे। उसके लिए यह कह पाना कठिन था कि यह सौंदर्य खेतों का है या नास्त्या का। बरबस ही उसके मुँह से निकल पड़ा : "अहा, सब कुछ कितना सुंदर है...!"

नास्त्या और वासिली की मित्रता पुरानी थी। जब से फ़ार्म की जिम्मेदारी में दानों साझी बन गए थे, उनकी मित्रता और भी गहरी हो गई थी। फ़ार्म के भविष्य की जिम्मेदारी दोनों पर थी और अपने सहयोगी के रूप में एक-दूसरे को पाकर दोनों बहुत खुश थे।

'दुन्या को छोड़कर इस फ़ार्म में दूसरा कौन मुझे सबसे ज्यादा प्यारा है? नास्त्या ही तो!' वासिली सोच रहा था।

"अरे बोलो न क्या कहते हो?" नास्त्या ने फिर पूछा।

नास्त्या जैसी दृढ़ और शान्त महिला उसकी राय जानने के लिए, उससे प्रशंसा का एक शब्द सुनने के लिए, इतनी उतावली हो रही थी यह देखकर वासिली को गर्व अनुभव हो रहा था। इसीलिए वह जल्दी उत्तर नहीं दे रहा था। मन में एक तकरार छिड़ी हुई थी : "इसे जरा खिझाऊँ? कोई गलती निकालूँ?" लेकिन बोवाई का काम इतने अच्छे ढंग से हुआ था कि गलती निकालने का उसे साहस ही नहीं हो रहा था।

वासिली उठ खड़ा हुआ। जेब से रूमाल निकालकर हाथों से मिट्टी पोंछी। फिर बोला :

"बस ऐसे ही किए जाओ!"

"बड़ी अच्छी है मिट्टी यहाँ की।" येफिमकिन बोला। "कितना अच्छा हो कि इस जमीन का आधा हिस्सा हमारे फ़ार्म में कर दो जिससे ट्रैक्टर-ड्राइवर हम पर बेकार नाराज न हुआ करें।"

"जी हाँ, बादल के छोटे-छोटे टुकड़े बड़े टुकड़े से जा मिलते हैं। यह नहीं कि बड़ा टुकड़ा छोटों के पीछे दौड़े! हम तो कहते हैं—हमें कोई एतराज नहीं, आओ हमारे पीछे आ लगो।"

" 'पीछे आ लगो' का क्या मतलब?"

"वही जो कह रहा हूँ। अपने खेत हमारे खेतों से और चरागाह हमारी चरागाहों से मिला लो। लोग कहते हैं : बड़े जहाज के लिए गहरे पानी की जरूरत

होती है। मैं कहता हूँ : बड़े फ़ार्म के लिए बहुत सी जगह की जरूरत होती है।"

यों तो यह बात चलता मजाक मालूम होती थी, लेकिन नास्त्या ने देखा कि वासिली तिरछी नजरों से येफिमकिन को देख रहा है। यद्यपि येफिमकिन ने ध्यान नहीं दिया, फिर भी वासिली की नजर बड़ी पैनी और उसे बेध डालने वाली थी।

"कितने लालची हो गए हो तुम?" उसकी दृष्टि अपनी ओर खींचती हुई नास्त्या बोली।

वासिली ने अपनी काली भौंहें ऊपर चढ़ाकर दूसरी ओर देखते हुए उत्तर दिया :

"लालच की बात इसमें क्या है? इनके फ़ार्म से हमें किसी तरह का मुनाफा तो होने से रहा!"

आँखों ही आँखों में मुस्कराता हुआ नास्त्या की ओर देखकर वह फिर बोला :

"मुझे तो तुम लोगों पर तरस आता है—सच! तुम पर और इन पर, नास्त्या! इन जरा-जरा सी पट्टियों को जोतने में कितनी परेशानी होती है तुम लोगों को!"

वासिली अब खुलकर हँस रहा था मानो नास्त्या को जताना चाहता हो :

"चली थीं मुझे बनाने? अब दो जवाब!"

"मुझे नहीं मालूम था कि तुम ऐसे दयालु हो!" होंठ सिकोड़कर नास्त्या ने उत्तर दिया।

"तुम न देखो-समझो तो क्या इलाज! तुम्हें तो जान कर ताज्जुब ही होगा कि मेरा हृदय कितना दयालु है! मेरे हृदय में सबके लिए दया है, और खास तौर से तुम्हारे लिए तो और भी, नास्त्या!" वासिली उसे चिढ़ा रहा था।

नास्त्या वासिली को खूब समझती थी। वह जानती थी कि इस समय वासिली को न तो येफिमकिन का खयाल है, न नास्त्या का। इस समय उसे खयाल था पहली मई फ़ार्म का और उसके साथ लगी हुई लाल मिट्टी की उस पट्टी का जो 'अंकुर' फ़ार्म के अंदर धँसती चली गई थी।

यह मिट्टी बहुत बढ़िया थी। इसकी ईंटें बहुत बढ़िया बनती थीं। इसकी कच्ची ईंटें भी पजावे से निकली ईंटों का मुकाबला करती थीं। प्रदेश के विशेषज्ञ भी यहाँ मिट्टी का नमूना देखने आते थे। इसे मास्को भी भेजा था।

वासिली के मस्तिष्क में एक नया विचार जोर मार रहा था। वह एक नए और मुनाफेदार कारखाने की कल्पना कर रहा था—जमीन का यह टुकड़ा मिल जाए तो बिजली से चलने वाला ईंटों का भट्ठा यहाँ लग जाए और जिले भर को ईंटें पहुँचाई जाएँ। इस जमीन पर भट्ठा लगाने की बात कई दिन से उसके मन में घूम रही थी, पर इस बारे में उसने किसी से कुछ कहा नहीं था। हाँ, चुपचाच घूम-फिर कर उसने पूरी जगह को देख लिया था और मन में बैठा लिया था कि कहाँ से बिजली आएगी और कहाँ भट्ठा बन सकेगा। यह मिट्टी उसे कैसे मिल सकेगी

इसके बारे में उसके मन में धुँधला सा ही अनुमान था लेकिन जिस वक्त वह येफिमकिन से मजाक कर रहा था उसकी आँखों में छोटे से खड्ड के दलदली ढलाव और बड़े लाल गढ़े के, जिसमें से सामूहिक किसान घरेलू कामों के लिए अक्सर मिट्टी निकाल ले जाते थे, दृश्य नाच रहे थे।

वालेंतिना मोटर में बैठी लौट रही थी तो वासिली के मजाक को मन ही मन उलटती-पुलटती जा रही थी। उस मजाक के पीछे कुछ गहराई है यह वह भी भाँप गई थी। "खेत से खेत मिला लो और चरागाह से चरागाह! कह तो वह यों ही बैठा था, लेकिन ऐसा करना बहुत मुश्किल काम नहीं है। खैर, कुछ दिक्कत जरूर है! फसलों का चक्कर बदलना पड़ेगा, पशुओं का बाड़ा नए सिरे से बनवाना पड़ेगा। है तो काम मुश्किल! लेकिन आगे चलकर शायद जरूरी हो जाए और मुमकिन भी।"

रास्ते में वालेंतिना को एक और ट्रैक्टर दल मिल गया। ये लोग एक फ़ार्म से दूसरे फ़ार्म की ओर जा रहे थे।

तीन ट्रैक्टर एक-दूसरे के पीछे-पीछे ठेलों में खेती की मशीनें लादे चले जा रहे थे। अगले ट्रैक्टर पर अच्छा काम करने वालों के लिए सम्मान की सूचक धातु की एक लाल पताका थी और पिछले ट्रैक्टर पर रेडियो से खबर भेजने और खबर लेने के यंत्र रखे हुए थे।

यह ट्रैक्टर-दल फ़ार्म के लिए मशीनों के अलावा यह पताका, रेडियो और नई योजना के अनुसार काम करने के लिए परामर्श के कागज—एक एकदम नई चीज—अपने साथ लिए जा रहा था। ट्रैक्टर ड्राइवरों से दुआ-सलाम होने और उनके गुजर जाने के बाद वालेंतिना सोचने लगी :

'हो सकता है कि जरूरत और संभावना हमारे अंदाज से पहले ही उठ खड़ी हों। हमारा जीवन खुद हमसे तेजी से दौड़ रहा है; और हम लोग अपनी इच्छा-आकांक्षाओं से आगे दौड़ रहे हैं! क्या यह बात पहली मई फ़ार्म के बारे में सच नहीं है? उसने हमारी योजनाओं और उम्मीदों को भी पीछे छोड़ दिया है! कितने नए लोग सामूहिक फ़ार्म और मशीन-ट्रैक्टर स्टेशन में आगे की पाँत में आ खड़े हुए हैं!'

लुबोमुद्रोव को अपने पद से हटा दिया गया और पार्टी से बाहर निकाल दिया गया था। इंजन-विभाग का चार्ज लोबोव नामक नौजवान को दे दिया गया था। विसोत्सकी दौरे पर गया हुआ था। लौटने में अभी महीने भर का समय था। वालेंतिना जब भी विसोत्सकी के लौटने की बात सोचती, उत्तेजित हो उठती।

प्रति दिन सुबह इस सड़क से स्टेशन की ओर जाते हुए वालेंतिना ध्यान से चारों ओर देखती और अपने काम की बाबत सोचती जाती। यही आज भी हुआ। जब वह अपने दफ्तर के दरवाजे पर पहुँची तो उसका मन काम के सम्बन्ध

में नए-नए विचारों और उत्साह से उमड़ रहा था। उसकी रगों में शक्ति का प्रवाह इस समय चरम अवस्था पर था।

स्टेशन में पहुँचते ही वालेंतिना माल बाहर भेजने वाले दफ्तर में गई। वह जानना चाहती थी कि पिछले चौबीस घंटों में कितना काम हुआ है। सुबह छह बजे दफ्तरी पिछले दिन के काम का ब्यौरा तैयार कर लेता था।

लंबे-चौड़े दफ्तर की सफेदी पुती दीवारों पर बहुत सी तालिकाएँ और नक्शे लटके हुए थे। दो टेलीफोन और एक माइक्रोफोन मेज पर रखे थे। वहीं बैठा दफ्तरी रेडियो द्वारा कहीं दूर से बातें कर रहा था।

कमरे के बीचों-बीच एक बड़ी मेज थी जिस पर जिले का बड़ा-सा रंगीन नक्शा फूलदार मेजपोश की तरह फैला हुआ था। वालेंतिना अपने जिले की इंच-इंच भूमि से परिचित थी। पहली मई फ़ार्म में वह पली और बढ़ी थी। उग्रेन के माध्यमिक स्कूल में शिक्षित हुई थी। छुट्टियाँ वह अपनी सहेली के साथ मोलोतोव फ़ार्म में बिताती थी। उसका एक चाचा 'प्रभात' फ़ार्म में था। किशोर पायनियरों के साथ वह नदी की कछारों पर घूम चुकी थी और बर्फीले ढलावों पर 'स्की' का खेल खेल चुकी थी। कौमसोमोल सदस्यों के साथ देहात की मीलों लम्बी दौड़ में भाग ले चुकी थी। नक्शे पर आँख पड़ते ही उसे बचपन और तरुणाई के खिलवाड़ों की बातें याद हो आईं; नक्शे में बने लम्बे और चौकोर रंगीन खानों ने अतीत की सुखद स्मृतियों को फिर जगा दिया। पिछले महीने वालेंतिना ने जिले के कई दौरे किए थे। जिले के वर्तमान और भविष्य की कहानियों ने बीते वर्षों के अनुभवों को और भी रूपरंजित बना दिया था। वालेंतिना को स्पष्ट दिखाई दे रहा था कि जमीन की किस पट्टी पर कैसी घास-पात, क्या-क्या तरकारियाँ और साग होते हैं, कहाँ की धरती कैसी है, किस जगह की मिट्टी में कौन से गुण हैं और उस पर कैसी फसल होती है, कहाँ के लोग कैसे हैं, इत्यादि। उसे मालूम होता—हरा, पीला और नीला समुद्र लहरें लेकर आगे बढ़ता है और सहसा फिर पीछे लौट जाता है। जाड़े के दिनों में खेतों में लहराती मुलायम हरी-हरी फसल, सूर्य के उत्तप्त प्रकाश में उसाँसें भरते जुते हुए खेत, आकाश की ओर बाँहें लपकाते देवदार वृक्ष, घने जंगलों में कलकल करती नदियों का दलदली किनारों की ओर बढ़ता केवैया जल! उसकी आँखों के सामने सभी कुछ मानो साकार हो उठा था।

नक्शे पर जगह-जगह धातु के छोटे-छोटे तिकोने गट्टे रखे थे जिनमें लकड़ी की सीकों पर झंडे लहरा रहे थे। इन गट्टों से ट्रैक्टरों का बोध होता था और पता लग जाता था कि इस समय कहाँ-कहाँ ट्रैक्टर चल रहे हैं। झंडों के रंग से यह भी पता लग जाता था कि ट्रैक्टर ठीक काम कर रहे हैं या मरम्मत वगैरा के लिए खड़े हैं या बिगड़ गए हैं।

वालेंतिना बड़ी उतावली से देख रही थी कि कहीं कोई सफेद झंडा है या

नहीं,—यानी कहीं कोई ट्रैक्टर बिगड़ा या टूटा-फूटा है या नहीं।

"सफेद झंडा एक भी नहीं है"—मुस्कराकर वह संतोष से कहना ही चाहती थी कि नक्शे के बिलकुल किनारे एक सफेद झंडा दिखाई दे गया। वालेंतिना ने झटपट रिपोर्ट का 'रजिस्टर' उठा कर देखा। ताजी स्याही में लिखा था :

"प्रातः 6-40। दल नम्बर 4 में ट्रैक्टर के कनेक्टिंग-राड बियरिंग जरूरत से ज्यादा गरम हो गए हैं।"

"प्रातः 6-55। मरम्मत गाड़ी भेज दी गई है।"

मशीन-ट्रैक्टर स्टेशन की मरम्मत की गाड़ी को लोग मजाक में 'एम्बुलेंस गाड़ी' कहा करते थे और वालेंतिना मरम्मत करने वाले मिस्त्री को प्रोफेसर स्किलोफोसोवस्की (सुप्रसिद्ध रूसी सर्जन; मास्को के एक अस्पताल का नाम इन्हीं के नाम पर रखा गया है) कहती थी। यही नाम उसका पड़ भी गया। बहुत से ट्रैक्टर-ड्राइवर तो समझते कि मिस्त्री का नाम ही स्किलोफोसोवस्की है। दूर-दूर के फ़ार्मों से भी कभी-कभी टेलीफोन या रेडियो पर संदेश आते कि मेहरबानी करके 'स्किलोफोसोवस्की' को जल्दी भेजो।

रजिस्टर देख लेने के बाद वालेंतिना दीवार पर लगी तालिकाओं की ओर बढ़ी। इन तालिकाओं की ऊपर उठती और नीचे गिरती रेखाओं को देखकर तुरंत पता लग जाता था कि कितने घंटे में किस विभाग में कितना काम हुआ, कितना कोयला और तेल जला और काम की रफ्तार क्या है। दफ्तरी बड़ी मेहनत से उन्हें रोज बनाता था। इन तालिकाओं के बारे में वालेंतिना मजाक किया करती थी :

"हमारी तालिकाएँ बीमारों की हालत दिखाने वाली तालिकाओं से ठीक उलटी हैं। उनमें ज्यों-ज्यों बीमार की हालत खराब होती है, रेखाएँ ऊपर उठती हैं, हमारे यहाँ ज्यों-ज्यों ट्रैक्टर स्टेशन की हालत सुधरती है रेखाएँ ऊपर उठती हैं।"

यहाँ हर चीज बिलकुल साफ और स्पष्ट रहती थी और वालेंतिना दफ्तर की ड्योढ़ी नांघते ही मशीन-ट्रैक्टर स्टेशन के उस दिन के काम की हालत समझ लेती थी। यही वह स्थान था जहाँ तमाम सूत्र एक-दूसरे से जुड़ते थे। हर मशीन की हरकत यहाँ उसी सच्चाई से प्रतिबिंबित होती थी जैसे आईने में। हर चीज यहाँ अपनी रोमांचकारी पूर्णता में दिखाई देती थी। वालेंतिना को लगता जैसे मशीन-ट्रैक्टर स्टेशन खेतों के बीच स्थित एक औद्योगिक कारखाना है। एक ही समय में दर्जनों मशीनें हजारों हेक्टर भूमि पर एक पूर्व-निर्धारित योजना के अनुसार आगे बढ़तीं, निश्चित समय पर ही सफाई और तेल-पानी के लिए रुकतीं, और जुते हुए खेतों पर एकदम नपे-तुले फासले पर बीज बोतीं—उनकी हर हरकत योजना-बद्ध, पूर्व-निर्धारित और नपी-तुली होती। वालेंतिना के मशीन-ट्रैक्टर स्टेशन में सबसे प्यारा दफ्तरी का कमरा था। इस पर उसे नाज़ था। इसे देखकर उसका मन खिल उठता था। उसकी इन भावनाओं का कोई सच्चा भागीदार था

तो खुद विक्टर रेब्रोब—बड़ा दफ्तरी।

विक्टर रेब्रेव ने युद्ध से पहले एक नौसैनिक स्कूल में शिक्षा प्राप्त की थी किन्तु युद्ध में एक गहरा घाव लग जाने के कारण समुद्र-तल पर विचरने के उसके सभी स्वप्न टूट कर बिखर गए। यहाँ दफ्तरी के काम में उसके अंदर का खोया हुआ उत्साही युवक उसे फिर मिल गया था। अपने काम को वह इतनी कुशलता से निभा रहा था कि शीघ्र ही वह मशीन-ट्रैक्टर स्टेशन का स्नायु-केन्द्र बन गया। कभी-कभी तो वह सहायक मैनेजर मालूम होता था—न कि सिर्फ दफ्तरी, जिसका काम अपने अफसरों के लिए तथ्य और आँकड़े इकट्ठा करना होता है। प्रोखारचेंको, रुबानोव या वालेंतिना बाहर जाते तो विक्टर को बताकर कि कहाँ जा रहे हैं। कैसा भी पूछ-ताछ करनी हो—तेल-पेट्रोल के खर्चे की, काम में प्रगति की या किसी ट्रैक्टर की हालत की, विक्टर से की जा सकती थी। मशीन-ट्रैक्टर स्टेशन में जो कुछ होता उसकी खबर सबसे पहले विक्टर को मिलती और बहुधा वह प्रारंभिक आवश्यकता के निर्देश भी जारी कर दिया करता था। उसके आदेश इतने जँचते हुए और उचित होते कि प्रोखारचेंको, रुबानोव और वालेंतिना अक्सर ही दूसरों से कह दिया करते थे : "आपका यह काम विक्टर पूरा कर देगा!" या "विक्टर इस काम को देख लेगा!"

मशीन-ट्रैक्टर स्टेशन से दूर के खेतों में काम करने वाली ट्रैक्टर टीमों के लिए विक्टर की आवाज मैनेजमेंट की आवाज थी। जिले में उसका नाम विजय का प्रतीक-सा बन गया था। जिन सामूहिक किसानों ने जिंदगी में विक्टर को कभी नहीं देखा था और जो यह भी नहीं जानते थे कि विक्टर का पूरा नाम क्या है, वे किसी भी साँसत में फँसने पर यही कहते : "भैया, अब तो विक्टर को ही टेलीफोन करना पड़ेगा।" और उनका टेलीफोन पाते ही विक्टर आवश्यक लोगों से बातचीत करता और उनके जटिल मसलों को हल करने में जुट जाता। फिर तुरंत ही किसानों को सूचित करता कि उनका काम पूरा हो गया है। उसकी कार्यकुशलता, फुर्ती और होशियारी से सामूहिक किसान इतने प्रभावित थे कि लंबा रास्ता तै करके वे मशीन-ट्रैक्टर स्टेशन पहुँचते और पूछते :

"यह विक्टर कौन है, भाई? जिले भर में नाम फैला हुआ है। जिसके मुँह से सुनो : 'विक्टर, मशीन ट्रैक्टर स्टेशन वाला विक्टर!' बड़े गाढ़े में हमारी मदद की है, लेकिन हमने उसे देखा तक नहीं! कैसा है नाक-नक्शा उसका?"

विक्टर वालेंतिना का बचपन का साथी था और वह उसे बहुत मानती थी।

"हलो, नम्बर छह! हलो, नम्बर छह!" विक्टर पुकार रहा था।

लाउड-स्पीकर खड़का।

"हलो, नम्बर छह।"

"हलो, दफ्तरी!"

"मरम्मत की गाड़ी रवाना कर दी गई है। बीस मिनट में पहुँच जाएगी। फालतू पुर्जे भी भेज दिए गए हैं। इधर का नुकसान अगली पारी में पूरा कर लो। शाम को खबर करो कि काम पूरा कर लिया है या नहीं!"

"ओ हो! तुम हो वालेंतिना अलेक्सेयेवना?" रुबानोव हँसता हुआ कमरे में दाखिल हुआ। "जरा सोचो तो—ये अकलमन्दों की दुम क्या कर रहे हैं! अभी-अभी प्रान्तीय केन्द्र से हमें बोवाई की योजना मिली है। अगर हम देहाती सोवियतों के हिसाब से अलग-अलग टुकड़ों में जमीन बाँटें तो अकेली चेर्नुखिन ग्राम सोवियत के लिए हमें आठ हजार छह सौ हेक्टर परती जमीन जोतनी पड़ेगी। और है उनके पास सिर्फ सात हजार हेक्टर परती जमीन। समझ में नहीं आता यह एक हजार छः सौ हेक्टर फालतू जमीन कहाँ से मिल गई। मालूम है उन्होंने क्या किया है? उन्होंने बारहमासी घास की पट्टियों को भी परती जमीन में गिन लिया है!" रुबानोव हँस दिया, लेकिन उसकी बंजारों जैसी आँखों से क्रोध झलक रहा था। "और उनकी पूरी योजना बदल-बदल कर फसलें उगाने की योजना से मेल नहीं खाती। लेकिन इसकी उन्हें रत्ती भर चिन्ता नहीं! उन्होंने इसका भी हल निकाल लिया है! बड़े होशियार बनते हैं! उन्होंने योजना के साथ एक हुक्मनामा भी नत्थी कर दिया है—कि फसलों की अदला-बदली की योजना में कोई गड़बड़ी न होने पाए। इसी को कहते हैं—घोड़ा निकल गया, लगाम हाथ में रह गई! चले हैं बड़े होशियार बनने!"

"यह पहला मौका थोड़े ही है!" वालेंतिना बोली। पानी से भरी काँच की सुराही को झट से उसने ऐसे सरकाया कि पानी छलक उठा। "प्रान्तीय दफ्तर इसका दोष मढ़ता है मंत्रालय पर! मैं तो इन लोगों से ऊब गई हूँ, रुबानोव!" उसके बात करने के लहजे से मालूम होता था कि दुनिया में जितनी असंगतियाँ और भूलें होती हैं सबको तुरंत ठीक करने का पट्टा उसी के नाम लिखा है। रुबानोव और विक्टर आँखें फैलाए उसे देखते रह गए।

"मैं प्रावदा में खत लिखूँगी। लम्बा-चौड़ा खत होगा—मशीन-ट्रैक्टर स्टेशन की कृषि-विशेषज्ञ का मंत्रालय और योजना बनाने वालों के बारे में पत्र।"

इसी वक्त रुबानोव की सेक्रेटरी-लड़की एक कागज लिए हुई आई। इसमें ट्रैक्टर दलों के बीच साप्ताहिक प्रचार इश्तहार का मसौदा था। वालेंतिना ने सरसरी नजर से उसे पढ़ा।

"कहो कैसा है?" रुबानोव ने पूछा।

"हूँ! यह शीर्षक, 'किसानों और ट्रैक्टर-ड्राइवरों के हित एक हैं, उनकी फसलें एक हैं, उनके विचार एक हैं' तो ठीक है। लेख भी ठीक है। लेकिन यह 'ट्रैक्टर दलों और फ़ार्म दलों की फ़ार्म के औजारों की मरम्मत में पारस्परिक सहायता'—बड़ा भोंड़ा लगता है।"

"मुझे भी अच्छा नहीं लगता।" रुबानोव ने उत्तर दिया। "इसे यों बदल दें : 'खेती के औजारों की मरम्मत में ट्रैक्टर ड्राइवर किस प्रकार मदद करते हैं?'"

"हाँ! यह बेहतर है!"

"तुम लोग दिन भर यहीं बैठे रहोगे क्या?" रेब्रेव ने पूछा। "तुम्हारा अपना दफ्तर नहीं है?"

मशीन-ट्रैक्टर स्टेशन के सभी लोगों से विक्टर को जो अत्यधिक प्यार मिलता था उससे उसे अपना पीछा छुड़ाना मुश्किल हो गया था।

खूब खुला और हवादार कमरा सब प्रकार की सूचना और काम की नई गति का केन्द्र था। लोग कोई न कोई बहाना ढूँढ़कर, रेब्रेव की सुविधा-असुविधा की जरा भी चिन्ता किए बिना, आ धमकते थे। उन्हें भगाते रहना भी रेब्रेव के लिए एक समस्या थी।

रुबानोव और सेक्रेटरी-लड़की चुपचाप खिसक गए। वालेंतिना दैनिक रिपोर्ट के कागज लेकर एक कुर्सी पर जम गई। दिन भर के कामों की जो चिन्ता उसके दिमाग में छाई थी उसने उसे रिपोर्ट पर ध्यान केन्द्रित नहीं करने दिया।

वालेंतिना का कार्यक्षेत्र इतना व्यापक था और उसमें इतने प्रकार की समस्याएँ थीं कि जिले के सुदूर क्षेत्रों और खेतों की पूरी जानकारी उसे रखनी पड़ती थी। खेतों का निरीक्षण, वसंत की फसल की बोवाई की तैयारी ओर सामूहिक फ़ार्मों के लिए निरख और शर्तें बनाना ही पर्याप्त नहीं था; किसानों को संगठित करना भी उसकी का काम था। किसी अनजाने और दूर के क्षेत्र में यदि कोई नया आविष्कार होता तो उसे आगे बढ़ाना और मशीन-ट्रैक्टर स्टेशन में लोकप्रिय बनाना भी वालेंतिना का काम था। उसे स्टेशन के साप्ताहिक पत्र में प्रति सप्ताह एक लेख लिखना पड़ता। *प्रावदा* को पत्र लिखना भी उसी का काम था। साथ ही, जुताई की उचित गहराई और प्रति वर्गफुट में डालने के लिए बीजों की संख्या भी उसे बतानी पड़ती।

दैनिक रिपोर्ट पढ़ते-पढ़ते उसे याद हो आया कि नास्त्या सुबह ट्रैक्टर की मरम्मत की बातें कैसे अपने सहायकों को समझा रही थी। सभी पुराने ट्रैक्टर ड्राइवर अपने नए साथियों को ऐसे ही प्रेम और लगन से नहीं सिखाते थे। उसके तजुर्बों से फायदा उठाने का दूसरों को अवसर कैसे दिया जाए? यह अवसर देना बहुत आवश्यक था और इससे लाभ की भी बहुत आशा थी। लेकिन सभी ट्रैक्टर ड्राइवरों को इकट्ठा कर पाना असम्भव था—खासकर इसलिए कि फसल के लिए जुताई का काम जोरों पर था। और इसका मतलब यह था कि वह प्रचार के इश्तहार से ही यह काम ले, दूसरे प्रचारकों को समझाए और जिले के समाचार पत्र से सम्पर्क स्थापित करे...इश्तहार के लिए आज का लेख भी.....!

ट्रैक्टर ड्राइवरों ने हाल में ही घोड़े से खींची जाने वाली बीज डालने की एक

पुरानी मशीन की मरम्मत की थी। बात थी तो मामूली सी, लेकिन एक गंभीर और महत्त्वपूर्ण प्रक्रिया की द्योतक थी। इससे मशीन-ट्रैक्टर स्टेशन और सामूहिक खेतों में बढ़ते सहयोग पर प्रकाश पड़ता था। ऐसी भावना उत्पन्न करना और बड़ी योग्यता से तथा ठोस रूप में दिन-प्रति-दिन उसे बढ़ाना वालेंतिना का काम था। एक दूसरी ही बात ले ली जाए—ट्रैक्टर ड्राइवरों के लिए छोटी, मकानों जैसी, गाड़ियाँ बनवाने की जरूरत थी जिन्हें वे ट्रैक्टरों के पीछे बाँधकर जहाँ चाहें ले जा सकें। इसके लिए प्रोखारचेंको को राजी करना जरूरी था। वालेंतिना का ध्यान एक बात से हटकर दूसरी पर चला जाता। उसे अपने आप पर खीझ आने लगी : "सोचती तो हूँ मशीन-ट्रैक्टर स्टेशन में गति और संगठन लाने की बातें, लेकिन यहाँ अपने दिमाग पर ही काबू नहीं है। नहीं, सब काम वक्त से...छह से साढ़े छह तक पूरा ध्यान लगाकर मुझे रिपोर्ट पढ़नी है।"

वालेंतिना रिपोर्ट में दिए आँकड़ों में डूब गई।

दफ्तरी के कमरे में एकदम सन्नाटा था। यहाँ शान्ति और सन्नाटे का मतलब यह था कि जिले में सब काम ठीक और सधी-बधी गति से चल रहा है—ट्रैक्टर ठीक-ठीक काम कर रहे हैं, किसानों और ट्रैक्टर ड्राइवरों में झगड़े की कोई बात नहीं है और सब काम पूर्व-निश्चित व्यवस्था के अनुसार हो रहा है।

जिले के खेतों में सुसंगठित और सधी-बधी गति से चलते कार्य की कल्पना में वालेंतिना अधिक देर डूबी न रह सकी। किसी लड़की की क्रोध भरी आवाज ने कमरे की शान्ति भंग कर दी।

"दफ्तरी! दफ्तरी! दफ्तरी!" मालूम होता था लाउड-स्पीकर फट जाएगा। "कहाँ चला गया है कमबख्त!...दफ्तरी! वो विक्टर!"...इतनी उतावली से कोई बोल सकती थी तो फ्रोस्या।

"हैलो! मैं रेब्रेव बोल रहा हूँ। कौन है?"

"मैं नौ नम्बर बोल रही हूँ। विक्टर...यहाँ बेकार खड़े मुझे सात मिनट हो गए हैं। फ़ार्म वालों ने अभी तक बीज नहीं भेजे। विक्टर....तुम फ़ार्म के दफ्तर फौरन फोन करो और कहो कि यह क्या तमाशा है! ट्रैक्टर खेत में बेकार खड़ा है।....और सुनो! अपनी जबान में उन्हें साफ-साफ समझा देना कि पाँच मिनट के भीतर उन्होंने बीज नहीं भेजे तो मैं उन्हें ट्रैक्टर के नीचे रौंद डालूँगी। सच कहती हूँ मैं। ये विक्टर—"

"अच्छा, सुन लिया...तुम ठहरो। मैं उन्हें फोन करता हूँ।"

रेब्रेव ने फोन का रिसीवर उठाया। "मुझे पहली मई फ़ार्म दो।" तुरंत ही फोन मिल गया। टेलीफोन दफ्तर को आन्द्रेई की खास हिदायत थी कि रेब्रेव के दफ्तर का काम एक मिनट भी नहीं रुकना चाहिए। "कामरेड बोर्तनिकोव!... कामरेड बोर्तनिकोव! खेतों में एक ट्रैक्टर बेकार खड़ा है क्योंकि अब तक वहाँ

बीज नहीं पहुँचे। बीज तुरंत भेजो। दस मिनट के भीतर! तो! यह तुम्हारी जिम्मेदारी है।...क्या कहा? दस मिनट में नहीं भेज सकते? बीस मिनट में? अच्छी बात है। मैं गिन रहा हूँ। जाँच करूँगा! भूलना मत कि ट्रैक्टर बेकार खड़ा है।"

रेब्रेव ने फ्रोस्या को फोन किया।

"नौ नम्बर! नौ नम्बर!"

"हाँ, मैं नौ नम्बर हूँ," गुस्से भरी रुआँसी आवाज ने उत्तर दिया। "मैंने अभी-अभी बोर्तनिकोव से बात की है। तुम्हें पन्द्रह मिनट में बीज मिल जाएँगे।"

"विक्टर! ये विक्टर! तुम जाँच करना। उन लोगों पर यकीन मत करो! विक्टर! ओ विक्टर! अरे दफ्तरी!...उनसे कहो कि ट्रैक्टर बेकार खड़ा है!"

"अच्छा, अच्छा! अब बस करो। मुझे भी मालूम है!"

"ट्रैक्टर बेकार खड़ा है"—ये शब्द वालेंतिना के मस्तिष्क में घुस गए। अभी कुछ ही दिनों पहले ट्रैक्टर पहरों बेकार खड़े रहते थे। घास पर लेटे ड्राइवर धूप का मजा लिया करते थे और 'एम्बुलेंस गाड़ी' की प्रतीक्षा किया करते थे। और अब ट्रैक्टर के दस मिनट बेकार खड़े रहने से यह लड़की इतनी परेशान हो गई थी! "ट्रैक्टर बेकार खड़ा है" की चीख-पुकार ऐसे मच गई थी—जैसे कोई जहाज डूब रहा हो।

वालेंतिना के होठों पर मुस्कान दौड़ गई। विक्टर के गले में हाथ डाल कर उसके बालों को सहलाती हुई बोली :

"देख तो वित्या! पूरा जिला ऐसा हो गया जैसे कारखाना।"

वित्या को एक दूसरी ही तुलना पसन्द थी :

"ऊँ हूँ! नौसैनिक दफ्तर जैसा मालूम होता है, वाल्या!" मुस्करा कर वह बोला।

इधर वालेंतिना दफ्तरी के कमरे में बैठी विक्टर की कार्य-तत्परता पर मोहित हो रही थी, उधर फ्रोस्या क्रोध में अपने ट्रैक्टर के चक्कर लगाती हुई पहली मई फ़ार्म दल के नायक, अपने पति प्योत्र बोर्तनिकोव पर गाज, खाज, खुजली—सभी को आमंत्रित कर रही थी।

"इसकी दाढ़ी में आग लगा दूँ! इसकी गर्दन सड़ जाए, निगोड़े की! यहाँ तो काम के मारे छींक तक रोके रहती हूँ, और उसे बीज तक भेजने का होश नहीं। खसम है तो घर में! मैं वह खबर लूँगी कि बच्चू को छठी का दूध याद आ जाए। अरी ओ, ल्योनेच्का! ला एक कागज तो दे मुझे। मैं अभी बताती हूँ इसे!"

फ्रोस्या की ट्रैक्टर क्लीनर ल्योनेच्का एक कागज ले आई। कागज को ट्रैक्टर की गद्दी पर रखकर फ्रोस्या ने लिख डाला :

"रिपोर्ट। निवेदन है कि पहली मई फ़ार्म में खेतों के दल के नायक प्योत्र बोर्तनिकोव की लापरवाही की वजह से ट्रैक्टर को बेकार खड़ा रहना पड़ा है। फ़ार्म-बोर्ड से मेरी प्रार्थना है कि उसे मुनासिब सजा दी जाए जिससे दूसरे लोगों को सबक मिले।

हस्ताक्षर
ट्रैक्टर ड्राइवर
येफ्रोसीनिया बोर्तनिकोवा"

सामने सड़क पर से एक लारी जा रही थी। गुस्से से बेचैन फ्रोस्या ने ड्राइवर को पुकार कर कहा कि वह उसे बिठाल ले।

"बीजों की गाड़ी रास्ते में मिल गई तो मैं लौट आऊँगी, नहीं तो सीधे फ़ार्म के दफ्तर जाकर उन लोगों से निपटूँगी।"

फ्रोस्या जिस वक्त गुस्से से झल्लाई फ़ार्म के गल्ला गोदाम में पहुँची उस वक्त बीज का गल्ला गाड़ी में लादा जा रहा था।

"कहाँ है तुम्हारा टीम लीडर!...प्योत्र बोर्तनिकोव? वही! जरा सामने तो लाना मेरे! हाँ, मेरी आँखों के सामने!"

"अजी सुनो तो, देखो बात...." घबराकर हकलाता हुआ प्योत्र बोला।

"मुझसे 'अजी-ओजी' मत कर! मेरी टीम की टाँग घसीटना चाहता है? हम ट्रैक्टर ड्राइवर तो भूख, प्यास और नींद हराम किए सुबह से रात तक खेतों में जुटे रहें और तुझे बीज पहुँचाने का भी होश नहीं?"

प्योत्र का चेहरा पीला पड़ गया। दाँत पीसकर चुप रह गया।

"चुप ही रहना चाहिए! बोला तो मुँह से वो गालियाँ निकलेंगी कि लोगों को कान बन्द करने पड़ जाएँ....या कहीं चुड़ैल पर हाथ न छूट जाए..."

प्योत्र के चेहरे की गंभीरता देखकर फ्रोस्या के होश भी ठिकाने आ गए।

"हम लोग पागलों की तरह काम में जुटे रहते हैं..." वह जरा गंभीरता से बोली। "तू तो जानता है कि घंटे-वार योजना से जरा काम पिछड़ा नहीं कि वालेंतिना आपे से बाहर हो जाती हैं। तेरी गलतियों से मरन होगा तो मेरा।"

प्योत्र ने जेब से चुपचाप घड़ी निकाली और फ्रोस्या की आँखों के सामने कर दी।

"पौने सात बजा है।"

"तो इससे क्या?"

"तूने कहा था कि दूसरे खेत की बोवाई सात बजे शुरू होगी। ठीक सात बजे तेरे पास बीज पहुँच जाएँगे।"

"लेकिन ट्रैक्टर ड्राइवरों ने तो कल रात से ही घंटे-वार योजना को पीछे छोड़ दिया है।"

"मुझे यह क्या मालूम!"

"मालूम करना तेरा काम था! नास्त्या ने कहा नहीं था तुझसे कि बीज टाइम से कुछ पहले पहुँच जाएँ। नास्त्या ने साफ-साफ कह दिया था कि बीज वक्त से पहुँचने चाहिए।"

"वक्त से पहले तो हम पहुँचा ही देते थे। लेकिन कल हमारी मशीन टूट गई। उसमें बहुत वक्त लग गया।"

"तेरी मशीन से मुझे क्या लेना-देना? मुझे चाहिए बीज! समझा? जैसे तेरी मशीन के लिए रोने के अलावा मुझे दूसरा कोई काम है ही नहीं।"

'भाड़ में जाय चुड़ैल!' प्योत्र ने सोचा। 'इसे तलाक न दे दिया तो मैं प्योत्र नहीं!' पर यह गुस्सा कहने भर को ही था। फ्रोस्या के गोल-गोल गुलाबी गालों, मासूम बच्चों जैसी सुनहरी भौंहों और चपल-चंचल आँखों को देखकर इस क्रोध में भी प्योत्र फ्रोस्या पर रीझ गया। "पुराना जमाना होता तो लोग जरूर कहते कि यह चुड़ैल है। इसे पकड़ कर ओझे के पास ले जाते। लेकिन, मैं क्या करूँ?"

फ्रोस्या की कभी-कभी उठने वाली चिड़चिड़ाहट के बावजूद प्योत्र का उसके अतिरिक्त और किसी स्त्री से निर्वाह होना सम्भव ही न था। फ्रोस्या की चुस्ती, उसके परिहास और हाजिरजवाबी की बराबरी हो ही नहीं सकती थी। शैथिल्य और उदासी तो फ्रोस्या के पास नहीं फटक सकती थीं; स्वयं तो क्या वह दूसरों को भी उदास न होने देती थी।

एक बार फ्रोस्या ने हँसी-हँसी में प्योत्र को डाँटा था : "ये पेत्रू! याद रखना, अगर मेरे साथ दगा की तो पछताएगा।"

प्योत्र ने भी जवाब दिया था : "तू अकेली ही कइयों के लिए बहुत है। तूने और किसी के लायक मुझे छोड़ा कहाँ है!" लेकिन वह जानता था कि उसके हृदय में फ्रोस्या का स्थान दूसरी लड़की नहीं ले सकती।

एक दो बार प्योत्र सचमुच ही फ्रोस्या से चिढ़ गया और मन ही मन सोचने लगा कि इसकी जगह तातिआना या वेरा होती तो कैसा रहता। लेकिन उसे यह विचार जँचा नहीं। "मैं या तो पीने लगता या दूसरी छोकरियों के पीछे दौड़ने लगता, या फिर उनसे ऊब कर भाग ही जाता। मेरे लिए तो फ्रोस्या ही ठीक है। वही मुझे काबू में रख सकती है।"

फ्रोस्या जब से ट्रैक्टर ड्राइवर बन गई, मिजाज कुछ चढ़ ही गया था। प्योत्र को अधिक परेशान करने लगी थी।

ट्रैक्टर ड्राइवरी की शिक्षा पाने से पहले ही उसने दूसरे किसानों को अशिक्षित और पिछड़े हुए समझना शुरू कर दिया था :

"किसानी? छिः! यह भी कोई धन्धा है? जिसे और कुछ न आता हो वही किसानी करे।"

फ्रोस्या शिक्षित होकर लौटी तो ट्रैक्टर ड्राइवरी और कम्बाइन मशीन चलाने का भी सर्टिफिकेट लेकर आई। वहाँ उसे काफी सचेत और होशियार भी समझा गया था। लौटकर उसने प्योत्र पर रोब गाँठना शुरू कर दिया। प्योत्र अजीब परेशानी में पड़ गया। फ्रोस्या को तलाक भी न देते बनता और उसके साथ निबाहना भी असह्य जान पड़ता। कभी-कभी तो फ्रोस्या ऐसी नम्र और प्रेम में भीगी बन जाती कि कहना ही क्या। प्योत्र के साथ ऐसा व्यवहार कभी-कभी ही करती वह, परन्तु जिन लोगों को अपने से योग्य समझकर आदर करती उनके साथ सदा ही ऐसा व्यवहार रहता—उदाहरण के लिए वालेंतिना, नास्त्या, अवदोत्या आदि से। प्योत्र के सामने एक ही रास्ता रह गया था—फ्रोस्या पर अपनी योग्यता, बुद्धिमत्ता और कार्यपटुता का सिक्का जमाकर उसका सम्मान प्राप्त कर ले।

प्योत्र अब बहुत गंभीरता से व्यवहार करने लगा था। फ्रोस्या के स्वभाव से तुलना करने पर वह साधुओं जैसा शान्त और क्षम्य-प्रकृति मालूम होता। जब भी फ्रोस्या क्रोध और पागलपन दिखाती प्योत्र दाँत पीस कर अपने ऊपर काबू रखता और उसके खूँखार हमले का आश्चर्यजनक शान्ति और मर्यादा से मुकाबला करता।

प्योत्र के विरुद्ध लिखी अपनी रिपोर्ट उसकी नाक के सामने नचाते हुए फ्रोस्या ने पूछा :

"कहे तो भेज दूँ?"

प्योत्र ने बड़ी शान्ति से रिपोर्ट पढ़ी फिर गम्भीरता से उत्तर दिया :

"यह रिपोर्ट गलत है।"

"कौन कहता है गलत है?" इसी समय वासिली गोदाम में आ गया।

फ्रोस्या उसकी ओर घूमकर तीखे स्वर में बोली—"यह क्या तमाशा है, वासिली कुज़्मिच! तुम्हारा दल नायक मनमानी करता है!"

'वासिली इसकी अक्ल ठिकाने लगा देंगे।' प्योत्र ने सोचा। 'इन्हीं से कुछ डरती है—अपनी उँगलियाँ जला चुकी है न।'

वासिली ने रिपोर्ट फ्रोस्या के हाथ से ले ली। एक पाँव बड़े तराजू पर टिकाए भौंहें सिकोड़े वह उसे पढ़ रहा था। प्योत्र और फ्रोस्या बोरियों से पीठ टिकाए आमने-सामने खड़े थे। गोदाम में काम करने वाली दूसरी लड़कियाँ भी प्योत्र के प्रति सहानुभूति से और फ्रोस्या से चिढ़कर झगड़े के परिणाम की प्रतीक्षा कर रही थीं।

पत्र पढ़कर वासिली ने प्योत्र की ओर देखा : "यह क्या पेत्रू! ट्रैक्टर बेकार क्यों खड़ा रहा?"

प्योत्र जरा भी नहीं घबड़ाया। बोला :

"यह रिपोर्ट गलत है।"

"क्या मतलब?"

"मेरे पास ट्रैक्टरों के कार्यक्रम और समय की सूची मौजूद है। उनके हिसाब से दूसरे खेत पर इसका काम सात बजे शुरू होता है। मैं सात बजे बीज पहुँचा देता।"

"और हम लोग समय से पहले काम समाप्त करना चाहें तो? ट्रैक्टर-ड्राइवरों को समय से पहले काम समाप्त करने का हक नहीं है क्या?"

"लेकिन मुझे इसकी क्या खबर।"

"खबर तुम्हें रखनी चाहिए थी।" वासिली ने कहा।

प्योत्र को विश्वास था कि वासिली उसका साथ देगा। फ़ार्म के किसानों का साथ उनका प्रधान न देगा तो कौन देगा। ट्रैक्टर ड्राइवरों से जरा होशियार ही रहना पड़ता था। लेकिन इस समय तो प्योत्र की गलती नहीं थी।

प्योत्र वासिली के व्यवहार से चकित रह गया।

"तुम्हारा मतलब क्या है, भैया?" क्रोध में वह बोला। "तुमने टेलीविजन तो मुझे दिया नहीं कि मैं मीलों दूर खेतों की हालत देख लूँ।"

"तुम खुद सुबह खेत देखने क्यों नहीं गए? मैं और दूसरे टीम लीडर कैसे सुबह ही खेतों को देख आते हैं? सुबह तुम देख आए होते तो मालूम रहता कि बीजों की जरूरत कब पड़ेगी। बीजों को पहुँचाने का काम वक्त पर हो जाता।"

"यों तो मैं तैयारी सुबह से ही रखता हूँ लेकिन करता क्या....सीडर मशीन ही टूट गई थी...उसमें भी तो वक्त लगा...."

"मैं इस दलील को नहीं मानता, प्योत्र। मुझे तो इस रिपोर्ट पर दस्तखत करने पड़ेंगे।"

वासिली को पार्टी कार्यकर्ताओं की पिछली सभा में नास्त्या की चुनौती और अपना जवाब याद था। और अब वह अपनी बात से पीछे नहीं हटना चाहता था।

वासिली ने रिपोर्ट पर हस्ताक्षर करके फ्रोस्या को लौटा दी। फ्रोस्या की आँखें विजय के गर्व से चमक उठीं। प्योत्र ने गुस्से से पास के बोरे में ऐसी ठोकर मारी कि गल्ला बिखरने लगा। वासिली को प्योत्र पर रहम आ गया।

"पेत्रू, इसमें मेरा क्या बस है? ट्रैक्टर को बेकार खड़ा होना पड़ा—यह तो तुम्हारी गलती है। जो पीछे पिछड़ जाते हैं, गलती भी उन्हीं के सिर मढ़ी जाती है।"

फ्रोस्या तौलने की मशीन के पास अकड़ कर बैठ गई और कागज का एक

टुकड़ा निकाल कर बड़े घमंड से उस पर कुछ लिखने लगी। लिखकर उसने कागज वासिली की ओर बढ़ा दिया। वासिली की भौंहें सिकुड़ गईं।

"यह क्या है?"

"दूसरी रिपोर्ट!"

फ्रोस्या मानो किसी बात का बदला लेने पर उतर आई थी। निश्चय ही उसने कुछ बाकी न रख छोड़ने का फैसला कर लिया था।

वासिली ने उससे कागज ले लिया।

"निवेदन है कि कल पहली मई सामूहिक खेत के कौमसोमोल दल की घोड़ों से खींची जाने वाली सीडर मशीन शाम को चार बजे बिगड़ गई और आधे घंटे तक काम बन्द रहा।"

वासिली ने इसे पढ़ा, फिर घूरकर फ्रोस्या की ओर देखा, लेकिन कुछ कहा नहीं। उसके माथे पर एक लाल चकत्ता उभर आया।

"लेकिन यह मशीन मशीन-ट्रैक्टर स्टेशन की तो नहीं है, यह तो हमारे खेत की है। तुमको या मशीन-ट्रैक्टर स्टेशन को इससे क्या मतलब?"

अब तो सीधी-सादी वेरा यासनेवा को भी गुस्सा आ गया। बोली :

"आसमान पर चढ़ गए हैं मिजाज इसके। अपने आपको यह समझती क्या है? जैसे पूरी मिलकियत इसी की है। अपने ट्रैक्टर को देख! हमारी मशीन की फिकर रहने दे! और हाँ, बहुत धौंस न जमा। जा अपना काम देख!"

"तुमने हम लोगों के साथ मिलकर काम करने के इकरारनामे पर दस्तखत किए थे या नहीं।" फ्रोस्या ने सिर ऐसे झटक कर जवाब दिया कि उसके भड़कीले रूमाल, रंगीन आँखों और भौंरेदार लटों की क्षणिक झलक से वासिली चौंधिया गया। "उसमें लिखा नहीं था कि छह नम्बर के खेत में घोड़े से चलने वाली 'सीडर' से बीज बोए जाएँगे? मैं तो कोशिश कर रही हूँ कि तुम्हारे फ़ार्म से कम से कम ढाई टन फसल का बन्दोबस्त हो जाए और तुम लोग सब सत्यानाश करने पर तुले हो। मुझे तुम लोग बेवकूफ नहीं बना सकते! अपनी तिकड़में किसी और पर आजमाना!"

वासिली तौलने की मशीन पर बैठ गया और कागज पढ़ने लगा। उसके मन में आ रहा था कि इस बदजबान लड़की का गला पकड़कर इसे गोदाम से बाहर ढकेल दे।

"इसको जरा सा मौका मिला नहीं कि हर बात में अपनी टाँग अड़ाती है। जरा-जरा सी बात की शिकायतें लिख भेजती है। टीम-लीडर की कौन कहे, यह तो फ़ार्म के प्रधान के पीछे भी हाथ धोकर पड़ जाती है। जूते मार कर निकाल दूँगा चुड़ैल को यहाँ से।"

फ्रोस्या पर उसे क्रोध आ रहा था। लेकिन यह भी उसे मन ही मन स्वीकार

करना पड़ा था कि बात उसकी ठीक है। "फ्रोस्या और उसकी बकवास को ताक पर रखकर काम के हिसाब से सोचो तो ट्रैक्टर-ड्राइवर फ़ार्म के काम में ध्यान दें तो इसमें बुरा क्या है। पार्टी के दृष्टिकोण से भी देखा जाए, तो जो कागज मेरे हाथ में है, वह काम का साबित हो सकता है।"

वासिली कुछ देर चुपचाप तराजू पर बैठा रहा। उसके मन में दो भावनाओं में टक्कर हो रही थी–फ्रोस्या पर क्रोध आ रहा था, साथ ही पार्टी दृष्टिकोण से मसले पर गौर करने की इच्छा भी हो रही थी। जीत फ्रोस्या की हुई। वासिली को पिछली सभा की बातें याद हो आईं। झुँझलाकर उसने अपनी इच्छा के विरुद्ध उस कागज पर पेंसिल से इतने जोर से दस्तखत किए कि पेंसिल टूट गई।

"अच्छा! तुम्हारी यह रिपोर्ट भी मान ली। ये टीम-लीडर! देखो तुम्हारे खिलाफ कितनी शिकायतें हैं–एक तो ट्रैक्टर बेकार खड़ा है, दूसरे कल तुम्हारी सीडर बिगड़ गई थी।"

प्योत्र तो चुप रह गया लेकिन दूसरी लड़कियाँ बोल उठीं :

"हमारे टीम लीडर का इसमें क्या कसूर?"

"जानवर पर भी इतना बोझ हो तो चलते-चलते ठोकर खा जाता है।"

"हम गवाही देंगे कि पेत्रो का कोई कसूर नहीं है। वह बड़ा अच्छा टीम लीडर है। क्यों खामखा उसे डाँटते हो, वास्या चाचा।"

"तुम्हारा मतलब है कि जब तक वह पूरी तरह बिगड़ न जाए तब तक मैं कुछ न कहूँ?" हँसकर वासिली बोला। "मैं मानता हूँ कि यह अच्छा टीम लीडर है, लेकिन गलतियाँ कर बैठता है। अच्छे आदमी से ही तो तुम अच्छे काम की आशा कर सकती हो; बुरे से तो नहीं!"

विजय के उन्माद से मुस्कराती फ्रोस्या गल्ले की गाड़ी पर जा बैठी।

दोपहर तक सब काम ठीक होता रहा। ट्रैक्टर पर चौखटे में जड़ा एक सफेद कागज लगा था जिसमें घंटेवार काम की योजना की नकल थी। इसमें सभी आवश्यक बातें थीं : ट्रैक्टर को कहाँ से कहाँ तक जुताई करनी है, चाल कितनी रहनी चाहिए, तेल किस स्थान से लिया जाएगा और बीज कहाँ से मिलेंगे।

खेत में स्थान-स्थान पर बीज के गल्ले की बोरियाँ रखी हुई थीं। दोनों ओर दो बड़े-बड़े पीपों में पानी भरा रखा था। ट्रैक्टर के चलने के लिए ऐसा रास्ता बनाया गया था कि कोने कहीं मुश्किल से ही पड़ें। बीज बोने की दोनों मशीनें पूरी रफ्तार से काम कर रही थीं और आधे खेत में बीज डाला जा चुका था। क्यारियाँ इतनी सीधी और साफ-सुथरी बनी थीं, मानो धरती पर कंघी की गई हो। फ्रोस्या बार-बार अपनी घड़ी देखती जा रही थी कि घंटों के हिसाब से काम हो

रहा है या नहीं! काम की रफ्तार बिलकुल ठीक थी। उसकी नई घड़ी धूप में खूब चमक रही थी और फ्रोस्या का मन उमंग से भरा हुआ था।

'आज भी समय से पहले ही काम पूरा कर लूँगी।' फ्रोस्या सोच रही थी। प्रोखारचेंको ने कहा था, 'अगर तुमने इस बूढ़े ट्रैक्टर से अच्छा काम करके दिखा दिया तो एक सप्ताह बाद तुम्हें नया ट्रैक्टर मिल जाएगा।' शीघ्र ही मिलने वाली प्रशंसा से विभोर उसकी कल्पना उड़ानें भर रही थी। "लोग कहेंगे : 'यह लड़की सबसे बाजी मार ले जाती है। स्टेशन में सबसे छोटी है पर किसी भी स्ताखनोवी से कम नहीं है।' कहेंगे : 'न तो इसका ट्रैक्टर बिगड़ता है, न बेकार खड़ा रहता है। जोताई का काम हो या बोवाई का, गीत गाने का काम हो या नाचने का, सभी बातों में यह लड़की आगे रहती है। यहाँ का सबसे अच्छा ट्रैक्टर इसी को मिलना चाहिए।' " फिर वह मस्तीभरे गानों की कड़ियाँ गुनगुनाने लगी। उसकी आवाज से कौवे इधर-उधर उड़ चले। फिर सोचने लगी कि कोनों पर रफ्तार धीमी न करने से कितना समय बच जाता होगा।

"बहुत घूमदार कोनों पर मैं बीस सेकेंड बचा सकती हूँ। अगर अपनी पाली में मैं पचास चक्कर लगाऊँ तो तीन हजार सेकेंड बच जाएँगे। तीन हजार सेकेंड एक घंटे के बराबर हो गए। इस तरह तो एक घंटे पहले ही काम पूरा कर डालूँगी।"

फ्रोस्या के काम की चुस्ती और फुर्ती को देखकर ल्योनेच्का और वेरा हैरान रह गई थीं। गल्ला गोदाम में फ्रोस्या ने जो झगड़ा खड़ा कर दिया था और ट्रैक्टर तथा सीडर मशीन के सम्बन्ध में जो रिपोर्टें लिख मारी थीं उनके लिए वेरा अब उसे क्षमा करने को तैयार थी। "फ्रोस्या जैसी जबान में तेज है, वैसी काम में भी। देखते-देखते आधा खेत बो डाला है।"

सहसा ट्रैक्टर के इंजन के बँधे हुए स्वर में खड़खड़ाहट सुनाई देने लगी। फक-फक करता इंजन धीमा पड़ने लगा।

"चलता नहीं! मालूम होता है गरारी अड़ रही है।" फ्रोस्या ने आत्म-विश्वास से अपनी सहायकों की ओर देखकर कहा। "अभी एक मिनट में ठीक किए लेती हूँ। ज्यादा देर नहीं खड़ा रहेगा।"

और सचमुच ट्रैक्टर चल निकला। लेकिन पन्द्रह मिनट बाद वह फिर खड़ा हो गया।

फ्रोस्या कूदकर जमीन पर आ गई।

"अभी दौड़ाती हूँ इस बूढ़े को," मजाकिया लहजे में उसने कहा, "तुम लोग देखती रहो।"

फ्रोस्या ने ट्रैक्टर को दाएँ से देखा, बाएँ से देखा, उसके ऊपर चढ़ी, नीचे झाँका, लेकिन मशीन टस से मस नहीं हुई।

"एम्बुलेंस गाड़ी को बुलवा लो न," वेरा ने राय दी।

"और कुछ?" फ्रोस्या बोली। "मैं खुद ठीक कर लूँगी।"

फ्रोस्या किस मुँह से मरम्मत वाली गाड़ी को बुलवाती। अभी पिछली साँझ ही तो उसने ट्रैक्टर-ड्राइवरों और मरम्मत करने वालों के सामने बड़े गर्व से कहा था :

"ट्रैक्टर-ड्राइवरों को अक्ल हो तो मरम्मत की गाड़ी बुलवाने की जरूरत क्या? मशीन की बाबत उन्हें खुद मालूम होता है। मैंने तो एम्बुलेंस गाड़ी को कभी बुलाया नहीं, न कभी बुलाऊँगी।"

"इतनी बढ़-बढ़ के बातें मत करो," दफ्तरी विक्टर ने कहा था।

"तुम देख लेना, मैं कभी नहीं बुलाऊँगी।"

"अरी, इतरा न बहुत! उसके बिना काम नहीं चलने का!" ट्रैक्टर-ड्राइवर उसे चिढ़ाने लगे थे।

"चलेगा।"

"देखेंगे।"

"शर्त बदते हो?"

"अरी चल! तेरे जैसे बहुतों को देखा है!"

"देखा है? तो एक दफा और देखो!"

दुर्भाग्य से ये बातें पिछली साँझ ही हुई थीं। फ्रोस्या जानती थी कि ट्रैक्टर-ड्राइवर बड़े उद्दंड होते हैं। वे घमंडी और तेज-तर्रार फ्रोस्या का मजाक बनाए बिना नहीं मानेंगे। वह मरम्मत की गाड़ी बुलाने से पहले ट्रैक्टर के नीचे कुचलकर जान दे देना बेहतर समझती थी।

'ऐसे में नास्त्या ही मदद कर सकती है!' फ्रोस्या ने सोचा। 'नास्त्या—दूसरा कोई चारा नहीं।' लेकिन नास्त्या ने पिछली रात एक बीमार ट्रैक्टर-ड्राइवर की पाली पर काम किया था। सुबह यह देखकर कि सब काम ठीक-ठाक चल रहा है वह सोने के लिए चली गई थी। गाँव खेत से पाँच किलोमीटर दूर था।

"वेरा! ओ ल्योनेच्का! जितनी तेजी से दौड़ सकती हो दौड़कर नास्त्या के यहाँ पहुँचो।"

दोपहर के समय सीडर मशीन में घोड़ी जोतकर प्योत्र खेत की ओर जा रहा था। सोचा, जरा देखते चलें कि ट्रैक्टर से बोवाई कैसी चल रही है। उसकी अपनी पत्नी उसकी पहचान में नहीं आ रही थी। चेहरे, बाँहों और कपड़ों में मशीन की ढेरों कालिख, मिट्टी का तेल और चिकनाई पोते वह मौन खड़े ट्रैक्टर के पास दुखी, एकाकी और असहाय सी बैठी थी। उसका भड़कीला रूमाल, जिसे वह सिर पर कलंगी की तरह बाँधे रहती थी, खुलकर गले में लटक आया था। बालों की लटें पसीने और चिकनाई से माथे पर चिपक गई थीं—वैसे फ्रोस्या के बालों में सीधे

खड़े रहने का अद्भुत गुण था। मौन खड़े ट्रैक्टर और उसकी बगल में बैठी उदास और एकाकी फ्रोस्या को छोड़ खेत एकदम वीरान था!

प्योत्र को आते देख फ्रोस्या ने मुँह फेर लिया। सुबह ही ट्रैक्टर दस मिनट बेकार खड़े रहने पर उसने प्योत्र की रिपोर्ट लिख डाली थी और अब वह खुद आधे घंटे से बेकार बैठी थी। वह सोच रही थी कि यदि प्योत्र की जगह वह होती तो क्या-क्या खरी-खोटी न सुनाती! जितना ही वह यह बात सोचती उसका सिर झुकता जाता और दिल मसोसता। पर प्योत्र ने न तो माथे पर त्योरियाँ चढ़ाईं, न उसे भला-बुरा कहा।

"क्या बात हो गई है?" उसने पूछा।

प्योत्र की सहानुभूति फ्रोस्या को और भी काटती जान पड़ी।

फ्रोस्या ने कालिख पुते माथे से लटों को हटाते हुए ट्रैक्टर की ओर इशारा किया और कहा :

"चलता जाता है, चलता जाता है, रुक जाता है...चलता जाता है, चलता जाता है, रुक जाता है..." उसकी आवाज भर्राई हुई थी।

"एम्बुलेंस गाड़ी बुलाई थी?"

"एम्बुलेंस और किसी टीम के काम से गई है," फ्रोस्या झूठ बोलने में जरा नहीं हिचकिचाई। "मैंने ल्योनेच्का और वेरा को भेजा है नास्त्या को बुलाने। लेकिन उनके आते-आते बड़ी देर...." बाकी बात सिसकियों में खो गई।

"ओरे अलेक!" प्योत्र ने हाँक दी। "सीडर में से घोड़ा खोल और भागता हुआ नास्त्या के पास जा। उससे कहना कि ट्रैक्टर बिगड़ गया है, मरम्मत की गाड़ी आई नहीं है। कहना घोड़े पर बैठकर सीधी खेत चली आए।"

फ्रोस्या ने डबडबाई आँखें ऊपर उठाईं :

"फिर सीडर का क्या होगा, पेत्रुन्का?"

"ट्रैक्टर के घंटे भर बेकार खड़े रहने से सीडर का बीस मिनट बेकार खड़े रहना अच्छा है। लेकिन तू अपनी नाक पोंछ और यह पानी का कारखाना बन्द कर। जरा पता लगाने की कोशिश कर कि इंजन में क्या गड़बड़ी है। जरा धीरज से, आहिस्ता-आहिस्ता देख।"

प्योत्र ने तिरपाल नीचे बिछा दिया। फ्रोस्या ने दबी चुहिया की तरह उसके हुक्म को मानते हुए ट्रैक्टर की जाँच-पड़ताल शुरू कर दी। ट्रैक्टर के पेट में छिपी पीतल और ताँबे की सैकड़ों नलियाँ और काँसे तथा ताँबे के चमकते पुर्जों को प्योत्र आँखें फाड़े देख रहा था। तमाम छोटी-बड़ी नलियाँ और तार खूब साफ-सुथरे और एक-दूसरे से खूबसूरती से जोड़े और बैठाए गए थे। इनको सदा चमकीला रखने की कला फ्रोस्या ने दफ्तरी विक्टर से सीखी थी। उसने बताया था कि जहाज के हिस्से भी हमेशा इसी तरह साफ-सुथरे रखे जाते हैं।

"कितना सुन्दर है!" प्योत्र के मुँह से निकल पड़ा।

इसी सुन्दर वस्तु को, जिस पर फ्रोस्या ने सुबह-सुबह इतने गर्व और घमंड से बातें की थीं, इस अवस्था में खड़े देख कर उसकी दशा विक्षिप्तों जैसी हो रही थी। उसके तमाम प्रयत्न, उसकी आशाएँ और उमंगें व्यर्थ साबित हुई थीं। टप-टप करते उसके आँसू ताँबे और काँसे के पुर्जों पर चू रहे थे।

"अब क्या इनमें तेल दे रही है?" प्योत्र ने मजाक किया। "रोने से क्या होगा पगली? अच्छे से अच्छे ड्राइवरों से भी ट्रैक्टर बिगड़ जाता है।" नास्त्या आ पहुँची।

उसने बताया : "पिस्टन के छल्ले घिस गए हैं। जब इंजन धीमा होता है तो पुर्जों पर तेल आने लगता है। अभी ठीक हो जाएगा?"

फ्रोस्या का दुर्भाग्य तो देखो कि दोपहर के समय जब किसान खाना खाने के लिए जमा हो रहे थे तभी लेना आ पहुँची। लेना प्रचार का काम करती थी। उसके हाथ में मशीन ट्रैक्टर स्टेशन का एक पर्चा भी था। फ्रोस्या को इस पर्चे से भय नहीं था। उसकी गिनती अच्छा काम करने वालों में थी और आज की दुर्घटना की खबर अभी स्टेशन तक पहुँच पाने की कोई सम्भावना न थी। लेकिन लेना ने जब पर्चा पढ़कर सुनाना शुरू किया कि 'ट्रैक्टर-ड्राइवरों ने एक 'सीडर' मशीन और एक गोड़ाई की मशीन किसानों के लिए किस तरह ठीक की' तो फ्रोस्या शर्म से गड़ गई। उसे डर था कि वेरा और प्योत्र तथा अन्य किसान लेख सुनने के बाद उसे डाँटना शुरू करेंगे कि कुछ ट्रैक्टर-ड्राइवर तो ऐसे थे जो किसानों की 'सीडर' टूट जाने पर चुपके से मरम्मत कर देते थे और वह ऐसी थी कि सीडर टूटने पर शिकायत और शोर-शराबा करने के सिवा और कुछ न करती थी। लेकिन न तो किसान कुछ बोले और न वेरा। बोली नास्त्या :

"हमारे यहाँ बड़ी गलती हुई है। कुछ ऐसे होते हैं जो मदद देते हैं; और हम लोग ऐसे हैं कि रिपोर्टें करके रोब जमाना चाहते हैं। बड़ी भारी गलती है। हम अपने को आगे बढ़ा कार्यकर्ता समझते हैं, तो यहाँ भी हमें अगुवाई दिखानी चाहिए न!"

उस दिन शाम तक और कोई दुर्घटना नहीं हुई।

दिन का काम समाप्त कर शाम को फ्रोस्या घर लौटी और पनीर के पकौड़े बनाए। प्योत्र के सामने पकौड़ों का अम्बार लगाती हुई बोली :

"खा न, पेत्रुन्का! और खा! दिन-दिन सूखता जा रहा है! बड़ी मेहनत का काम है तेरा! ट्रैक्टर-ड्राइवर का काम तो उसके सामने कुछ भी नहीं।"

इस समय वह विशेष प्रसन्नता की मुद्रा में दिखाई दे रही थी।

प्योत्र खाना खाकर चुपचाप खाट पर जा लेटा। फ्रोस्या कोठरी में कभी इधर जाती, कभी उधर और प्योत्र के उनींदे चेहरे को बार-बार झाँक कर देखती।

प्योत्र अधमुँदी आँखों से चुपचाप फ्रोस्या की हरकतें देख रहा था। दो वाक्य तो आज-कल जैसे उसके तकियाकलाम हो गए थे "और कुछ?" तथा "क्या कहने हैं!"

"दूसरी औरतें अपने मर्दों को लाड़-दुलार दिखाती हैं," उसने कहा था, "लेकिन तू बस नागिन की तरह फुंकारा करती है!"

किन्तु उस साँझ फ्रोस्या के मुँह से एक बार भी 'और कुछ' न निकला था।

'तेरे होश ठिकाने किए बिना न मानूँगा,' प्योत्र अधमुँदी आँखें किए झुँझलाहट, उपहास और दुलार से सोच रहा था, 'तुझे इनसान बनाकर छोड़ूँगा।'

"फ्रोस्या," नींद से भर्राई आवाज में वह बोला, "तुझे बताना भूल गया था–उग्रेन में एक दुकान पर नई बाइसिकिलें आई हैं। साइकिल लेने की तबीयत हो तो एक खरीद ले।"

इस सीधी सी बात का एक-एक शब्द सोच-समझ कर कहा गया था और उसके पीछे एक डंक था।

बाइसिकिल के प्रश्न पर हफ्ते भर से दोनों में झगड़ा चल रहा था। प्योत्र चाहता था कि कुछ और पैसा बचाकर मोटर साइकिल खरीदी जाए, लेकिन फ्रोस्या के पैरों में साइकिल चलाने की खुजली उठी हुई थी। प्योत्र ने फ्रोस्या से सुलझने का नया ढंग निश्चित कर लिया और उसी योजना के अनुसार उसने यह बात कही थी। उसका अनुमान था कि कुछ ही दिनों में केवल अपनी भलमनसाहत के सहारे वह फ्रोस्या को कायल कर लेगा।

"तू खरीद ले साइकिल। मुझे एतराज नहीं है।" वह बोला। "इसी इतवार को उग्रेन चली जा। अपनी पसंद की चुन ले।"

फ्रोस्या भी प्योत्र की खाट पर आ गई और उसके गले में बाँहें डालती हुई बड़े दुलार से उसके कान में बोली :

"भाड़ में जाए बाइसिकिल! तुझे अच्छी नहीं लगती तो मुझे क्या करना है। अभी रहने दे, पतझड़ आने तक मोटर-साइकिल खरीद लेंगे। सुन, उस दिन बाजार से जो कपड़ा लाई थी, वह भी बहुत ज्यादा है। मेरे पास तो ढेरों कपड़े हैं। इस दफे तू एक सूट बनवा ले–नए फैशन का! उभरे हुए कंधों का कोट और चौड़ी मोहरी वाला पतलून। और...क्या नाम...वह जो घड़ी खरीदी थी मैंने, वह भी तू ले ले। तू टीम-लीडर है न। तुझे घंटेवार काम का हिसाब देखना होता है! मेरी तरफ से भेंट समझ ले।"

फ्रोस्या बड़ी निःस्वार्थ और उदार थी, किसी को कुछ देना शुरू किया नहीं कि दोनों हाथों से लुटाने लगती थी।

'कौन कह सकता है–कहो हजारों में एक निकले,' प्योत्र मन ही मन कह रहा था। 'सच पूछो तो दिल की बुरी नहीं है। बड़ी खुशमिजाज लड़की है। जितनी

लड़कियों को मैं जानता हूँ, सबसे अच्छी है। बस, कभी-कभी पागलपन सवार हो जाता है। इस पर लगाम लगा पाऊँगा कि नहीं? लगा लूँ शायद। लेकिन इसके लिए जरूरी है कि मुझमें दोनों के लिए समझदारी हो। बड़ी हो जाएगी और बच्चे होने लगेंगे तो गृहस्थी का काम बड़ी होशियारी से चलाएगी।'

उस रात दोनों बहुत देर तक नहीं सोए। बारह के घंटे टन-टन बोले तो फ्रोस्या ने तकिए से सिर उठाया और बोली :

"देख पेत्रुन्का, खिड़की के बाहर देख! हमारा ट्रैक्टर दिखाई दे रहा है।"

प्योत्र ने खिड़की से बाहर देखा। दूर एक रोशनी अँधेरे को चीरती हुई आगे बढ़ रही थी।

"अरे यह तो जोताई कर रहा है!" फ्रोस्या किलक कर खाट से कूदी और खिड़की के पास जा पहुँची। "सच, पेत्रुन्का! आज वास्या, वाल्या और येफिमकिन खेत पर आए थे। नास्त्या ने येफिमकिन को डाँटा और कहा कि उसके छोटे-छोटे, टेढ़े-मेढ़े खेतों से वह परेशान हो जाती है। येफिमकिन ने कहा : 'हमें भला-बुरा कहने से क्या फायदा? हमारे खेतों को अपने फ़ार्म में मिला लो।' वासिली बोले : 'अच्छी बात है। खेत से खेत मिला लो और चरागाह से चरागाह।' सच, पेत्रुन्का अगर सब देहाती सोवियत अपना एक फ़ार्म बना लें तो मजा आ जाए। खूब बड़ा फ़ार्म बन जाए! क्लब के लिए पक्का मकान बन जाए, जिसमें एक नाच का हॉल हो और एक छोटा-सा रोडियो स्टेशन भी बन जाए—जैसा शहरों में होता है। तब तो ट्रैक्टर-ड्राइवरों को मजा आ जाए। बेरोक अपने ट्रैक्टर दौड़ाते चले जाएँ।"

फ्रोस्या खिड़की के पास खड़ी फ़ार्म के उज्ज्वल भविष्य के सपने बुन रही थी और ट्रैक्टर की तेज रोशनी अन्धकार को चीरती हुई चौकोर खिड़की में घुसी आ रही थी।

6. पूरी रफ्तार से

वसंत आते ही अवदोत्या पशु-विभाग में काम करने वालों को साथ लेकर अल्योशा के टीले पर चली गई। वहाँ पहले से सब तैयारी कर ली गई थी। पशु और आदमी खुले आकाश के नीचे तम्बुओं में जीवन बिताने के आदी बन गए थे। पर अवदोत्या को अभी तक आराम का मौका न मिला था। बहुत-सी शक्ति और समय तो चारे और रातिब का ही प्रबंध करने में लग जाता। कभी-कभी हरे चारे की फिक्र में चारा इकट्ठा करने वाले दलों के साथ अवदोत्या दिन-दिन खेतों,

चट्टानों और दलदलों में चक्कर लगाती फिरती।

वासिली भी चारे के प्रबन्ध पर काफी ध्यान दे रहा था। अक्सर मजाक में वह कहता :

"लोगों के पेट रोटी से तो गले तक भर गए। अब दूध, मक्खन और अंडे-मुर्गी चाहिए।"

अवदोत्या पिछली बार शहर गई थी तो कुछ टर्की-मुर्गियाँ ले आई थी। विचार था कि फ़ार्म में पालेगी। लम्बी-लम्बी टाँगों और गंजी गर्दन वाली बदशकल चिड़ियों ने फ़ार्म में अजीब खलबली पैदा कर दी थी।

वासिली को पशुओं और मुर्गियों की ओर ध्यान देते देख क्सेनोफोन्तोवना ने नया अर्थ लगाया :

"वासिली को अवदोत्या ने पैर की खड़ाऊँ बना लिया है, खड़ाऊँ। जो कहती है, पत्थर की लकीर हो जाता है। बोली—चिड़ियों को खेतों में पहुँचाने को पहिएदार दरबे चाहिए! लो, बन गए पहिएदार दरबे। उसके दिमाग में आया—बछड़ों के लिए काठ के पलंग चाहिए। लो, बन गए काठ के पलंग। उसके हर इशारे पर नाचता है! कोई जवान छोकरा भी क्या किसी छोकरी पर ऐसा दीवाना होगा।"

क्सेनोफोन्तोवना की इस बकवास का किसी पर ज्यादा असर नहीं हुआ। उसकी विश्वासपात्र स्तेपनिदा ने भी उसे डाँटा :

"बकबक बन्द कर! वह दीवाना है काम के पीछे, अवदोत्या के पीछे नहीं।"

अवदोत्या अल्योशा के टीले पर चली गई तो स्तेपनिदा को और भी सूना-सूना लगने लगा। बूढ़े कुजमा की मृत्यु के बाद से बेचारी का जीवन और भी सूना हो गया था। पिछले जाड़ों में फिनोगेन लकड़ी-चिराई के किसी दूर के अड्डे पर मैनेजर की जगह मिल जाने के कारण अपनी पत्नी को लेकर चला गया था। फ्रोस्या भी सास की धौंस और हुकूमत सहने को तैयार नहीं थी। उसने वहाँ रहने से इनकार किया तो प्योत्र भी वहाँ से चला आया। इतने बड़े, सजे-सजाए और आरामदेह घर में स्तेपनिदा बेचारी अकेली रह गई। बेटे और बहुएँ उसका आदर-मान तो करते थे, लेकिन सब अपना स्वतंत्र जीवन बिताते थे। बुढ़ापा ऐसा होगा यह स्तेपनिदा ने कभी सोचा भी न था। वह तो यही सोचती थी कि बुढ़ापे में बेटों और पोतों से भरे-पूरे अपने घर में राज करेगी। सब उसके इशारों पर नाचेंगे और घर की पूँजी में भी जमा-जथा जोड़ेंगे; अपनी समृद्धि के लिए उसी को श्रेय देते हुए उसका मान-आदर करेंगे। खूब बड़ा मकान, लम्बा-चौड़ा खानदान, खूब रुपया-पैसा, दुनियादारी में होशियार, घर में सबसे सम्मानित, अपने बेटों और पोतों की भाग्य-विधाता—यही स्तेपनिदा का अपने बुढ़ापे का चित्र था।

किन्तु, हुआ उल्टा ही।

बूढ़े कुजमा की मौत के बाद स्तेपनिदा के बेटे और भी दूर-दूर होते गए। स्तेपनिदा को इस बात पर बड़ा ताज्जुब था कि उसके बेटे और बहुएँ भरे-पूरे और समृद्ध घर को छोड़कर वासिलिसा की नन्ही-सी झोंपड़ी में रहना पसन्द करते हैं।

परिवार में फिर से आदर पाने और घर के लोगों को आकर्षित करने के लिए स्तेपनिदा ने बहुओं-बेटों को बुला-बुलाकर जायदाद के बँटवारे का लालच देना शुरू किया। अवदोत्या और फ्रोस्या बुलाकर बड़े-बड़े सन्दूक खोलकर उन्हें दिखाती हुई वह कहती :

"बहू अवदोत्या! यह लिनन का कपड़ा मैंने तेरे लिए रख छोड़ा था। यह फर का कोट फ्रोस्या के बदन पर बड़ा अच्छा सजेगा! इसमें 'स्कंक' का कालर भी लगा है।"

दोनों बहुएँ एक-दूसरे को देखकर मुस्करा देतीं और कुछ और बातें करने लगतीं—जैसे सास की विरासत से उन्हें कोई मतलब न हो।

स्तेपनिदा ने जब देखा कि इतने परिश्रम से बटोरे माल-असबाब का बहुओं की नजरों में कुछ भी मोल नहीं, तो पोतियों से बातें करके दिल हलका करने लगी। अपनी लाड़ली दुन्या से वह कहती :

"तू बड़ी हो जाएगी और तेरा ब्याह होगा दुन्या, तो मैं तुझे कपड़ों की यह अलमारी दे दूँगी। और यह कपड़ा देख। यह भी तुझे दे दूँगी। इसका जाड़ों में कोट बनवा लेना। मैं मर जाऊँगी तो सब कुछ तेरा हो जाएगा, दुन्या।"

दुन्या पर न तो अलमारी का और न कपड़ों का कोई रौब पड़ता। स्तेपनिदा की बातें सुनती-सुनती वह ऊब जाती और छटपटाने लगती कि कब मौका पाकर भाग निकले और दादी वासिलिसा के घर जाकर मेमनों से खेले।

एक दिन वासिली के घर बहुत से लोग खाना खाने आए हुए थे। वालेंतिना और स्तेपनिदा भी वहीं थीं। फ़ार्म के सम्बन्ध में बातचीत हो रही थी। अचानक ही, बिना किसी सिर-पैर के, दुन्या ने मेज के दूसरे छोर पर बैठी लेना को पुकार कर पूछा :

"लेना मौसी! तुम मरोगी तो दाँत माँजने वाला बुरुश मेरे लिए छोड़ जाओगी?"

लेना का प्लास्टिक का नीली डंडी वाला बुरुश दुन्या को बहुत अच्छा लगता था।

दुन्या की बेढंगी बात सुनकर पहले तो विस्मय से सब चुप रह गए। फिर ठहाका मारकर हँस पड़े। लेना बोली :

"मेरे मरने के दिन क्यों गिनती है, दुन्या? जिन्दा ही मैं तुझे अपना बुरुश दे दूँगी।"

दूसरों की मौत मनाने के अपराध में अवदोत्या ने तो दुन्या को चाँटा रसीद किया। लेकिन वासिली ने त्योरियाँ चढ़ाकर स्तेपनिदा की ओर देखा :

"माँ! तुम्हीं ने ये बातें इसके दिमाग में भरी हैं।"

स्तेपनिदा ने जब देखा कि ज़िन्दगी भर की मेहनत के बाद उसने जो सम्पदा जुटाई थी उसका मूल्य किसी की नजरों में कुछ नहीं है और दुन्या भी उसके तमाम भड़कीले साज-सामान के बजाय दाँत माँजने का बुरुश ही पसन्द करती है तो उसका दिल बैठ गया। उसे ज़िन्दगी वीरान मालूम होने लगी। अपने सुन्दर घर, फलों से लदे बागीचे और तरकारी की बारी से उसका जी उबिठ गया। कभी वह साँझ को वासिली के यहाँ चली जाती और कभी प्योत्र के यहाँ। दोनों जगह फ़ार्म के बारे में ही चर्चा होती रहती। लेकिन बुढ़िया को इन सब बातों से कोई दिलचस्पी न थी। बस, बैठी-बैठी लोगों के मुँह ताका करती।

एक और ऐसी ही घटना घटी जो ऊपर से देखने में तो बहुत महत्त्वपूर्ण नहीं थी, लेकिन जिसने उसके दिमाग पर गहरा असर डाला और उसे परेशान कर दिया।

फ़ार्म के बाग की तरकारियाँ बाजार भेजनी थीं। वासिली ने सोचा यह काम माँ से अच्छा और कौन कर सकता है। बोला :

"अम्मा, फ़ार्म की कुछ तरकारियाँ लेकर तुम्हें उग्रेन के बाजार जाना होगा!"

स्तेपनिदा राजी हो गई।

दूसरे किसानों ने सुना कि स्तेपनिदा फ़ार्म की तरकारियाँ लेकर उग्रेन जा रही है तो अपनी-अपनी कछियारी से तरकारी लाकर देने लगे कि इन्हें भी उग्रेन में बेच आए।

फ्रोस्या भी एक छोटे कनस्तर में पनीर ले आई। बोली :

"अम्मा हमारी तबीयत ठीक नहीं है। पड़ा-पड़ा यह खराब हो जाएगा। तुम जा रही हो, इसे भी लेती जाओ। मैं बाजार नहीं जा सकती।"

फ्रोस्या जब से ट्रैक्टर-ड्राइवर बन गई थी। बाजार में जाकर दही-पनीर बेचना अपनी शान के खिलाफ समझती थी।

स्तेपनिदा खुशी-खुशी तैयार हो गई। 'फ़ार्म का सामान बाजार ले ही जा रही हूँ। चलो, कुछ अपना भी धन्धा हो जाएगा....' उसने सोचा।

दूसरे दिन तड़के लारी में तरकारियाँ लद गईं। स्तेपनिदा भी गाड़ी में जा बैठी। वासिली ने आकर एक बंडल बुढ़िया के हाथों में दिया और बोला :

"अम्मा! ये दुकान पर पहनने के कपड़े हैं।"

स्तेपनिदा ने देखा कि बंडल में एक सफेद एप्रन, बाँहों पर चढ़ाने के लिए खुली सफेद आस्तीनें, कुछ रूमाल और छोटे-छोटे अँगोछे थे। पल भर तो वह इसी कल्पना में डूबी रह गई कि बाजार में इन कपड़ों में वह कैसी लगेगी फिर कुछ

सोचकर बंडल अपनी डलिया के हवाले किया और अस्पष्ट सा उत्तर दिया :

"अच्छा, अच्छा! ठीक है...."

उसे ये कपड़े फिजूल मालूम होते थे, बहुरुपियों जैसे। फिर भी कोई हर्ज नहीं था।

वासिली ने अब स्तेपनिदा को काठ की पटिया दी जिस पर मोटे अक्षरों में लिखा था : "पहली मई फ़ार्म की दुकान" और नीचे सब चीजों का भाव लिखा था। स्तेपनिदा की आँखों के आगे चिनगारियाँ नाचने लगीं।

"यह क्या है?"

"फ़ार्म कमिटी ने सब चीजों के दाम तै कर दिए हैं, अम्मा! न तो मोल-भाव करने की जरूरत पड़ेगी, न किसी तरह की गड़बड़ी होने पाएगी। हम लोग मुनाफाखोर तो हैं नहीं! यह तो फ़ार्म का व्यापार है!"

मोल-भाव नहीं! तब स्तेपनिदा के जाने की क्या जरूरत? दुकानदारी का मजा ही क्या रह गया! बिना मोल-तोल, बिना डांडी मारे, बिना खरीददारों से गरमागरम बहस, बिना यह देखे कि हाथ में कुछ आता है या नहीं—दुकानदारी में रखा ही क्या था?

बाजार में क्या कोई हाथ पर हाथ रखे बैठने जाता है? स्तेपनिदा ऐसी बन गई जैसे पटिया को देखा ही नहीं। झटपट उसे आँखों से दूर, बोरों के पीछे फेंक दिया।

वासिली माँ का स्वभाव जानता था। स्तेपनिदा के मन की बात भी भाँप गया। उसने पटिया को बोरों के पीछे से निकाला और माँ के हाथ में थमाता हुआ समझाकर बोला :

"खोने न पाए, अम्मा! सब चीजों का भाव लिखा है इसमें। किसी चीज में ज्यादा पैसे न लगाना। फ़ार्म की कमिटी का हुकुम है।"

"रुपए में आने दो आने भी नहीं बना सकती?" स्तेपनिदा ने झुँझलाकर पूछा।

"पैसा भी नहीं! सुना अम्मा? मोल-भाव बिलकुल नहीं!"

"और किसानों की अपनी चीजों पर?"

"जो माल फ़ार्म की दुकान पर बिकेगा, हमारे दामों बिकेगा; नहीं तो अपना माल अलग बेच लें।"

स्तेपनिदा मन ही मन कुढ़ रही थी कि कैसे मनहूस चक्कर में फँस गई है। पर अब हाथ खींचने का मौका भी नहीं था—लारी चल पड़ी थी। मन मारकर वह चुपचाप तरकारी के बोरों के बीच बैठ गई। उसके अगल-बगल 'चटनी' के गाजर, बढ़िया प्याज और दूसरी चीजें रखी हुई थीं। अभी घंटे भर पहले उसने सोच-समझकर तय किया था कि किस पर कितने पैसे ज्यादा बनाएगी! उनका

नाम और रंग ही क्या गुल खिलाएगा!

लेकिन स्तेपनिदा को अब न तो उनके नाम से दिलचस्पी रह गई थी, न रूप-रंग से। गाजरों का नाम 'मिठुआ' हो तो क्या, प्याज का 'गुलाब जामुन' तो क्या! क्या फरक पड़ता था? सबके दाम काठ पर लिखे थे। एक भी पैसा ऊपर नहीं कमाया जा सकता था। स्तेपनिदा को लग रहा था कि बिक्री तो खैर होगी नहीं, लोगों की बातें न जाने क्या-क्या सुननी पड़ें। "यह भी कोई ब्योपार है? यह भी कोई दुकानदारी है? भगवान जाने यह सब क्या है! मैं वहाँ जाकर क्या करूँगी?"

लेकिन बाजार पहुँच कर जो अनुभव हुआ वह कल्पना के विपरीत था।

बाजार में स्तेपनिदा ने जब फ़ार्म के नाम का साइनबोर्ड दुकान पर लगाया और सफेद एप्रन पहनकर, बाँहें चढ़ाकर खड़ी हुई तो कुछ और ही देखने में आया। कभी उसने अपनी दुकान पर इतनी भीड़ नहीं देखी थी।

लोग कहते, "जिस तिस से कौन मोल करता फिरे यार, अब तो फ़ार्म की दुकान से सीधे ले लो," और उसके पास चले आते।

अब बहस और झगड़े की गुंजाइश ही न थी। पहले कोई पनीर बेचने के लिए लाता तो ग्राहक कहते :

"ले आई है दही में मैदा मल कर और दाम चाहती है खरे!"

और वह उलटकर उत्तर देती :

"मैदा नहीं...मला है तेरी दादी का सिर!"

बाजार में पहले जैसा ही भीड़-भक्कड़ और शोर-गुल था।

"बढ़िया काली किशमिश! लो किशमिश...उग्रेन के अंगूर! ले लो बढ़िया अंगूर।"

"खुम्बे खाओ खुम्बे! मसालेदार खुम्बे! आओ! खुम्बे खाओ, ऊपर से गरौंठे और वोदका चढ़ाओ!"

"पनीर लो पनीर! ताजी पनीर।"

स्तेपनिदा आवाजें लगाने वालों की ओर उपेक्षा से देख रही थी। उसे न हाँक लगाने की जरूरत थी, न गोहार। जो आता बहुत भलमनसाहत से बातें करता। सौदा लेकर जाते समय लोग 'शुक्रिया' कहते, और स्तेपनिदा से ऐसे विदा लेते मानो उससे बहुत पुराना परिचय हो। दो-चार बार बाजार हो आने के बाद स्तेपनिदा को बँधे ग्राहक मिलने लगे।

एक मुलाकात का स्तेपनिदा पर खास असर पड़ा।

एक दिन तरकारी-मंडी के दरवाजे से नीले रंग की एक पोबेदा मोटर अन्दर आकर रुकी। मोटर में से उतरा उगारोव जिसका फ़ार्म इलाके भर में मशहूर था। भीड़ में उसका सिर सबसे ऊँचा दिखाई दे रहा था। बड़े आहिस्ते-आहिस्ते और

आराम से भीड़ को चीरता हुआ वह आगे बढ़ रहा था।

उगारोव की तेज नजर सब चीजों को जाँच-परख रही थी। अपने फ़ार्म की दुकान की तरफ जाते समय सहसा स्तेपनिदा की खूब सजी दुकान पर नजर पड़ते ही वह ठिठक गया। वह इसी दुकान की ओर बढ़ चला।

और किसी आदमी का स्तेपनिदा इतना आदर नहीं करती थी जितना उगारोव का। कितने ही वर्षों से वह उगारोव को उन्नति के मार्ग पर बढ़ते बड़ी उत्सुकता और ईर्ष्या से देख रही थी! यों तो उसकी नजरों में कुजमा से बढ़कर जिले में दूसरा भला आदमी था नहीं, लेकिन उगारोव की योग्यता और बड़प्पन की बातें सोचने पर उसे सर्व-सम्मानित कुजमा भी फीका लगने लगता था। उगारोव का रोब, उसकी प्रतिष्ठा, लोगों पर उसके असर, व्यापार-कुशलता, उसके लंब-तड़ंग डील-डौल, शान्त किन्तु गम्भीर आवाज, खूबसूरत पोबेदा गाड़ी—स्तेपनिदा के आदर्शों का मूर्तरूप थे। जवानी में, कभी क्लब, मेले या जलसे में उगारोव से सामना हो जाता तो स्तेपनिदा के गले का स्वर बदल-सा जाता। वह और भी उत्तेजना से बातें करती, और भी जोरों से हँसती—जैसे भी हो उगारोव का ध्यान अपनी ओर खींचने का प्रयत्न करती। पर उगारोव का ध्यान कभी उसकी ओर नहीं गया। उसे यह मालूम ही नहीं था कि उग्रेन जिले में स्तेपनिदा नाम की एक चतुर और होशियार औरत है जो उगारोव को छोड़ और किसी की उपेक्षा बरदाश्त करने को तैयार नहीं है।

उस दिन, स्तेपनिदा के जीवन में पहली बार खुद उगारोव ने आगे बढ़कर स्तेनिदा से बात-चीत शुरू की।

"ओ हो! पहली मई फ़ार्म की दुकान है? आप के पास क्या-क्या बढ़िया चीज है?"

पिछले पचास वर्षों का दुकानदारी का अनुभव उस दिन स्तेपनिदा के काम आया। सूझ-बूझ ने ऐसे मौके का फायदा उठाने में उसकी मदद की। बड़प्पन और गम्भीरता से कंधे उठाकर, होठों पर हल्की-सी मुस्कान लाकर उसने जवाब दिया :

"अजी यह पूछिए कि कौन-सी चीज बढ़िया नहीं है? यह प्याज इतनी जल्दी और कहीं तैयार नहीं होता...इधर तो ऐसा प्याज होता ही नहीं। बाहर से मँगाकर इसकी खेती शुरू की है हम लोगों ने! मालूम होता है इसके बारे में अब तक आपने सुना ही नहीं था। और हाँ, यह बड़ा पौष्टिक भी है। अचार डालने के काम तो आता ही है, खून की कमी में भी बड़ा फायदेमन्द है। और ये गाजरें देखिए! ये भी एक खास किस्म की हैं। मीठी तो ऐसी हैं जैसे शक्कर! ले जाइए! वसन्त तक पड़ी रहने दीजिए! क्या मजाल कि एक भी गाजर सड़ जाए!"

क्षण भर पहले स्तेपनिदा को खुद ही नहीं मालूम था कि प्याज और गाजर के बारे में वह इतनी बातें जानती है।

उगारोव की भूरी-भूरी आँखों में मुस्कराहट आ गई :

"क्या कहना है! इसे कहते हैं दुकानदारी!"

उगारोव ने स्तेपनिदा को आँखों ही आँखों में तौला। उसके अधेड़, किन्तु खिले हुए, चेहरे से लेकर उसके चौड़े कंधों तक उसे परखा। और स्तेपनिदा को यह भाँपते देर न लगी कि उगारोव की आँखों में सराहना है।

"तुम्हारी ये गाजरें तो बहुत ही बढ़िया चीज हैं। हम भी अपने यहाँ बोएँगे। तुम्हारे यहाँ से कुछ बीज मिल जाएँगे?"

"कोई बात नहीं। मैं फ़ार्म-कमिटी से कहकर दिला दूँगी," स्तेपनिदा ने ऐसे लहजे में कहा जैसे फ़ार्म-कमिटी उसके इशारों पर नाचती हो।

उगारोव चला गया और कुछ मिनट बाद अपने फ़ार्म की दुकान के आदमी को लेकर लौटा। स्तेपनिदा ने सुना कि उगारोव उस आदमी से कह रहा है :

"देखो यह कहलाती है दुकानदारी। पहली मई फ़ार्म वालों की गोभी एक दिन में बिक गई और तुम तीन दिन से लिये बैठे हो! ज़रा देखो और और सीखो...। ऐसे की जाती है दुकानदारी!"

फिर उगारोव अपनी गाड़ी में बैठा और चला गया।

इतने दिनों बाद ज़िन्दगी में उगारोव से इस परिचय के बाद स्तेपनिदा को प्रसन्नता के बजाय खीझ, कटुता और कुढ़न ही हुई। कुछ वर्ष पहले क्या वह भी उगारोव से बराबरी के स्तर पर, मित्र की तरह, बातें नहीं कर सकती थी? क्या वह भी उससे चुहल और मज़ाक नहीं कर सकती थी? उसी की तरह नीली *पोबेदा* गाड़ी में बैठकर नहीं चल सकती थी? ये ही बातें उसके मन में धुँधले रूप में उठ रही थीं! उसे याद आ रहा था अपना सजा-सजाया बीरान और बेज़रूरत मकान। सहसा उसके मन में एक आग-सी भड़क उठी कि दूकान की इस मेज को, जिसके पीछे उसने अपनी आधी ज़िन्दगी बिता दी थी, तोड़-फोड़ डाले और अपने क्रोध और दुख को दबाने के बजाय ज़मीन पर लोट कर चीख-चीखकर रो उठे।

जैसे दुन्या की दाँत के बुरुश की बात स्तेपनिदा के मर्म पर चोट कर गई थी वैसे ही उगारोव से साक्षात्कार ने भी की। बाजार से लौटी तो बहुत गिरी-गिरी-सी और उदास। घर जाने के बजाय वासिली के कमरे में जाकर एक बेंच पर लेट गई। आँखों से ज़मीन को घूरती रात गए तक वहीं पड़ी रही।

'अम्मा अब बूढ़ी हो चली है,' वासिली ने सोचा, 'बाज़ार से लौटने पर बहुत थक गई हैं। बुढ़ापा असर दिखा रहा है न...'

किन्तु वासिली का अनुमान गलत था। स्तेपनिदा के दुख का कारण दूसरा ही था। दूसरों का सुख-चैन उसे फूटी आँखों नहीं सोहाता था। अवदोत्या और वासिली का सुख देखकर, जिनका जीवन उससे अलग ऐसे रास्तों पर जा रहा था

जिन पर उसने कभी कदम नहीं रखा था, उसे कुढ़न होती थी। काफी रात गए स्तेपनिदा उठी। चुपचाप कपड़े पहने। बिना कुछ बोले दरवाज़े पर पहुँची। फिर घूमकर वासिली से बोली :

"घर में अकेले नहीं लगता...कोई जगह चाहे तो बताना..."

"तुम यहीं रहो न, अम्मा!" अवदोत्या ने कहा। "सूने घर में सोने क्यों जा रही हो?"

स्तेपनिदा ने कोई उत्तर न दिया। चुपचाप बाहर चली गई।

जान पड़ता था कि फ़ार्म के अच्छे दिन आ गए हैं। सब काम मज़े में और आसानी से चल रहा था। योजना समय से पहले पूरी होती जान पड़ती थी। लेकिन अब वासिली बहुत चिन्ताग्रस्त और गम्भीर दिखाई देता था। कभी-कभी उसकी कड़ी मूँछों के नीचे का होठ फड़क उठता, मानो गुस्से में वह कोई बात कहना चाहता है, पर रुक जाता है।

"क्या परेशानी घेरे है तुम्हें?" एक दिन नास्त्या ने पूछा। "क्या बात है? फ़ार्म में सब काम मज़े से चल रहा है। तुम्हारे पारिवारिक जीवन पर अड़ोसी-पड़ोसी ईर्ष्या करते हैं। इससे ज्यादा तो तुम पिछले बरस ही खुश दिखाई देते थे—जब चारों तरफ़ मुसीबतें थीं।"

अवदोत्या भी पति की यह दशा देखकर चिन्तित थी। उसे विश्वास था कि अपने पति को वह खूब अच्छी तरह जानती है। वासिली को चिन्ताग्रस्त और गम्भीर देखकर अब वह भी पसोपेश में पड़ गई थी। वासिली से प्रश्न पूछ-पूछकर उसे परेशान करना उसे ठीक न जँचा। जहाँ तक होता वह और भी अधिक प्यार और शील से व्यवहार करती, उसका मन बहलाने के उपाय करती रहती।

स्तेपनिदा का अपना अलग अनुमान था।

"मर्दों में खून का उबाल आता है। भगवान शान्ति दे कुज़्मा की आत्मा को—जवानी में उसको भी ऐसा ही हो जाता था। खून भीतर ही भीतर उबलता रहता, और फिर सब कचरा ऊपर उफन आता। सब ठीक-ठाक है कि यकायक उफान आ जाता—बस वह बेचैन हो उठता, दिमाग इधर-उधर दौड़ने लगता। लेकिन जहाँ किसी से लड़-भिड़ आया कि समझो ठीक हो गया। नदी पार के छोकरों से हमारे गाँव के छोकरों की हाथापाई हो जाती थी। बस, मर्दों को भी यही बीमारी लग जाती। मर्द नदी पार के मर्दों से भिड़ जाते। अरे, कभी-कभी तो बूढ़ों को बोतल का नशा ज्यादा हो जाता तो उन्हें भी ज़ोर आजमाने की सूझती। हमारी तरफ तो यह एक रिवाज था, रिवाज!"

अगर स्तेपनिदा का मतलब बेचैनी से था—तो सचमुच वासिली बेचैन था।

पिछले दो वर्षों से रात-दिन संघर्ष में अपनी मानसिक और शारीरिक शक्ति लगाए रखने की उसे आदत पड़ गई थी। और अब, फ़ार्म का काम शान्ति से चलते जाने के कारण उतनी शक्ति खर्च करने का अवसर नहीं मिलता था। इसीलिए वह बेचैन हो उठता था।

समाचार-पत्रों में वासिली और उसके फ़ार्म की प्रशंसापूर्ण रिपोर्टें छपती रहतीं। पहले तो अखबारों में अपना नाम देख कर उसे रोमांच हो आता था। पर अब उसे परेशानी होती। अपनी प्रशंसा में लम्बी-चौड़ी रिपोर्टें लिखने वाले संवाददाताओं को वह क्रोध भरी निगाहों से देखता। उससे मुलाकात करने के बाद वे चले जाते तो अपने बिस्तर पर लेट कर वह बड़बड़ाने लगता :

"ताँता बाँध रखा है...आते हैं, चले जाते हैं...ऐसी स्तुति लिख मारते हैं जैसी किसी के मरने के बाद लिखी जाती है! लिखते क्या हैं? दो साल पहले यह किया था, वह किया था! जैसे अब मर गए हैं! शुक्र है खुदा का कि अभी जीते-जागते हैं। कोई आज-कल के मेरे काम पर गालियाँ दे तो पिछले सालों के काम की बड़ाई के मुकाबले मैं ज्यादा पसंद करूँगा! जो जिन्दा है उसे जिन्दा समझना चाहिए और वैसा ही व्यवहार करना चाहिए।"

वासिली के मन में नई महत्त्वाकांक्षाएँ और योजनाएँ थीं। किन्तु जो बाधाएँ थीं उन्हें दूर कर सकने के साधन उसकी पहुँच में नहीं थे।

बिजली से चलने वाला बड़ा भट्ठा बनाने की बात का अब क्या हो सकता था? पड़ोसी फ़ार्म लाल मिट्टी वाली जमीन देने को तैयार न था। उन लोगों ने खुद एक भट्ठा बनाने की योजना बनाई थी। उसकी इच्छा यह भी थी कि उगारोव की तरह उसके फ़ार्म में पशुओं की संख्या हजारों तक पहुँच जाए। लेकिन इतने बड़े रेवड़ के लिए चारे की व्यवस्था न हो सकने के कारण वह निराश हो गया था। मजा यह कि बढ़िया लाल मिट्टी और बहुत सा चारा पड़ोस के ही फ़ार्म में था।

वासिली दृष्टि की सीमा से परे तक फैले फ़ार्म के खेतों के किनारे खड़ा सोचता रहता : "देखने को तो ये भी और खेतों की तरह ही हैं। कहीं कोई रुकावट नहीं। पर ज्यों ही कुछ करने की सोचो, पत्थर की दीवार से सिर टकरा जाता है। उगारोव और मालीश्को की बात दूसरी है—उनके पास बहुत सी जगह है, दो-दो हजार हैक्टर जमीन।"

एक दिन वासिली सोच रहा था कि एक बार फिर 'अंकुर' फ़ार्म वालों के यहाँ जाकर उन लोगों से लाल मिट्टी वाली जमीन के बाबत बातचीत करे कि तभी येफिमकिन कुछ और लोगों को साथ लिए आ पहुँचा।

दुबला-पतला येफिमकिन आँखें मिचमिचाता हुआ मुख पर विनीत भाव बनाए सबसे आगे-आगे आ रहा था। पीछे एक जवान लड़की और एक बुढ़िया थी। जवान लड़की की नन्ही सी नाक अधबिच में ही रह गई थी। ऊपर का होंठ

मानो उसने अपनी ओर खींच लिया था। हाँ, आँखों में उत्सुकता भरी हुई थी। बुढ़िया का चेहरा तो मानो स्तेपनिदा, क्सेनोफोन्तोवना और वासिलिसा तीनों के चेहरों से थोड़ा-थोड़ा नमूना लेकर गढ़ा गया था। गम्भीरता और तेज स्तेपनिदा के चेहरे का था, फूले-फूले गालों से दबी आँखों में शरारत भरी चमक क्सेनोफोन्तोवना की आँखें की थी और अनायास ही दूसरे की सहृदयता का पात्र बन जाने वाली वासिलिसा की मुस्कान होठों पर थी।

वासिली तुरंत सतर्क हो गया : "क्यों आए हैं ये लोग?"

"आइए, आइए! बड़ी खुशी हुई आप लोगों के आने से," अपने को काबू में रखते हुए उचित सम्मान से उसने कहा। "बैठिए न? कहिए, आपकी क्या सेवा कर सकता हूँ?"

अतिथि आराम से बैठ गए। बुढ़िया, जो स्पष्ट ही सबकी प्रतिनिधि थी, जरा गुनगुनाकर बहुत कोमल स्वर में बोली :

"हम लोग आपसे एक बहुत जरूरी काम से मिलने आए हैं। काम ऐसा है जो दोनों के फायदे का है और दोनों मिल कर इसे कर भी सकते हैं।"

बुढ़िया जल्दी-जल्दी सुललित शब्दों में धाराप्रवाह बहुत कुछ कह गई, हालाँकि उसकी बात बहुत कम समझ में आई। येफिमकिन ने बुढ़िया की ओर कुछ सन्देहपूर्ण नेत्रों से और जवान लड़की की ओर चिन्तापूर्ण नेत्रों से देखा।

वासिली समझ गया कि बुढ़िया अपने गाँव में बड़ी चतुर और होशियार मानी जाती होगी, इसीलिए बात करने के लिए साथ लाई गई है। लेकिन बातूनीपन से साथ वालों को परेशानी हो रही थी। और वह? वह तो खैर अपनी सारी कला दिखाने में व्यस्त थी ही।

"पुरानी रूसी कहावत है कि ग्राहक बिना सौदा बेकार, और सौदा बिना ग्राहक बेकार!" बुढ़िया कहती गई। "अब तो पुरानी कहावतों से नया मतलब निकाला जाता है। हम यहाँ लड़के की सगाई पक्की करने तो आए नहीं है भैया। बात यह है कि जमीन आपके पास भी है और हमारे पास भी। आपके पास जोताई की जमीन बढ़िया है, हमारे पास चरानें बढ़िया हैं। आपके पास नदी है, हमारे पास झील। आप भट्ठा बनाने की तदबीर में हैं और हमारे पास ईंटों लायक लाल मिट्टी है।"

बुढ़िया की लंबी-चौड़ी दास्तान से येफिमकिन चिढ़ उठा और बोला :

"तुम काम की बात करो न! ये सब लच्छेदार बातें फिर कर लेना। तुम मेरी सुनो, वासिली कुज़्मिच। हमारे फ़ार्म की सभा ने फैसला किया है कि इस मामले में हम लोग तुमसे बातचीत कर लें। हम लोग चाहते हैं कि तुम्हारे साथ शामिल हो जाएँ...हमारा पूरा फ़ार्म तुम्हारे फ़ार्म में शामिल हो जाए। हमें अपने में शामिल कर लो...बस, यही सीधी-सी बात है...।"

वासिली बुढ़िया की लंबी भूमिका से ही असली बात समझ गया था। उत्तेजना और खुशी उसके अन्दर समा नहीं रही थी। मन ही मन उसने फैसला भी कर लिया था। अपनी उत्तेजना छिपाने और उपेक्षा दिखाने के लिए इस समय फोन पर खलिहान से बात करना उसे अत्यंत आवश्यक जान पड़ा।

"क्या हाल है इंजन का? अभी तक लगाया या नहीं?" असन्तोष प्रकट करते हुए उसने कहा। "एक घंटे के भीतर जरूर लग जाना चाहिए। मैं खुद आकर इंजन की परीक्षा करूँगा।"

फोन का रिसीवर नीचे रखकर उसने सन्तोष की साँस ली—जैसे बहुत बड़ा काम पूरा किया हो।

"हमारी बात का क्या जवाब है, वासिली कुज़मिच? लोगे हम लोगों को अपने में या नहीं?"

"क्यों लें तुम लोगों को? हमारा फ़ार्म सुव्यवस्थित फ़ार्म है! सब काम बड़े ढंग से होता है! और तुम लोग?"

"हमारे फ़ार्म में क्या कमी है?" बुढ़िया ने बातों का चर्खा फिर चालू कर दिया। "हमारे पास जैसी चरानें हैं कभी देखी हैं कहीं? घास के पत्ते? अहा! कितने मोटे! कितने चिकने! कितने मुलायम! कितने रस भरे! जंगली घास का मुकाबला इनसान की बोई घास क्या करेगी!"

वासिली बुढ़िया की बातें आधे कान से सुन रहा था। उसका दिमाग बड़ी तेजी से दौड़ रहा था : "मिला तो खैर लेंगे ही लेकिन इन पर जो बकाया है, वह भी ये लोग हम पर ठेलना चाहते हैं....इस पर सोचना पड़ेगा, दूसरों से बातचीत करनी होगी। इन लोगों के यहाँ सभी मनमौजी जीव हैं। हमसे मिलेंगे तो पूरा अनुशासन इन्हें शुरू से सिखाना पड़ेगा। इन्हें नियंत्रण में कैसे लाया जाएगा? बकाए का क्या होगा? बारी-बारी से फसलों की योजना कैसे बनाई जाएगी? इनका टीम-लीडर किसे बनाएँगे?"

उसका दिमाग दूर-दूर की बातें सोच रहा था। बुढ़िया की आवाज भी उसे कहीं दूर से आती सुनाई दे रही थी :

"रही हमारी लाल मिट्टी की बात! उसमें जरूर कोई राज है। ऐसा खजाना इलाके भर में नहीं मिलेगा। मास्को के आलिम-फाजिल लोग इसका नमूना जाँच के लिए ले गए हैं; इसके राज का पता लगाना चाहते हैं....। लेकिन अब तक किसी के पल्ले कुछ पड़ा नहीं।"

वासिली ने एक नजर बुढ़िया की ओर देखा और आँखें झुका लीं। मन ही मन वह सोच रहा था : 'मुझे यह सब क्या सुना रही हो? तुम्हारी चरानों और खड्डों को मैं जितनी अच्छी तरह जानता हूँ तुम भी क्या जानोगी। रही मिट्टी की बात, सो उसके बारे में भी मुझे ऐसी बातें मालूम हैं जिनका तुम्हें सपने में भी

खयाल नहीं होगा।'

"तुम्हारी चरानें तो बुरी नहीं हैं लेकिन तुम्हारे खेत किसी काम के नहीं।" वासिली ने कुछ कहने के नाम पर कह दिया।

"यही तो सारा रोना है, वासिली कुज़्मिच!" जवान लड़की बोल उठी। "जमीनें तो हमारी भी तुम्हारी जैसी हैं, लेकिन ट्रैक्टर हमारे यहाँ सब से बाद में आते हैं। रही कम्बाइन! सो चाहे जो कर लो कम्बाइन मशीन आती ही नहीं। तुम्हारे यहाँ तो राई की फसल कंधों-कंधों तक पहुँच गई है। हमारे यहाँ मुश्किल से घुटनों तक है। शरम आती है अपनी राई देखकर।"

बुढ़िया ने लड़की को कड़ी निगाह से देखा। उसकी समझ से अपने फ़ार्म की कमियाँ बताना गलत नीति थी।

"हमारी झील की मछलियों का क्या कहना? अहा! सब तरह की मछलियाँ मौजूद हैं।" बुढ़िया बोली। "कृषि विशारद जब भी आता है कहता है : 'इस झील से हजारों रूबल की मछलियाँ साल में निकाली जा सकती हैं!' "

वासिली को भी कल्पना में दिखाई देने लगा—फ़ार्म की झील के किनारे मुर्गियों और बत्तखों को पालने के दरबे बने हुए हैं और कई टन मछलियों के ढेर लगे हैं। माथे पर बल डालकर बोला :

"फ़ार्म मछलियों से थोड़े ही चलता है। आदमी चाहिए, आदमी!"

"हमारे यहाँ की लड़कियाँ तुम्हारे फ़ार्म की लड़कियों से कम मेहनत नहीं करतीं।" जवान लड़की फिर बोली। "तुम देखते, इस साल हम लोगों ने कैसी मेहनत की है। फसल तो हमारे यहाँ भी अच्छी उगती है, लेकिन दाना जाने क्यों उतना नहीं पड़ता।"

लड़की की आवाज में कुछ ऐसी वेदना और ऐसा क्रोध था कि वासिली को उस पर तरस आ गया। उसकी आत्मा कचोट उठी : "लोग सचमुच परेशान हैं और मुझे मिट्टी के बारे में सोचने से फुर्सत नहीं मिलती।"

बुढ़िया को लड़की की मूर्खता बुरी लग रही थी। वह फिर अपने फ़ार्म की प्रशंसा शुरू करने वाली थी कि येफिमकिन ने उसे रोक दिया :

"मैं किसी चीज की बेकार बढ़ा-चढ़ा कर तारीफ नहीं करता, न बेकार किसी चीज को नीचे गिराता हूँ। हमारी जमीन तुम्हारी जमीन से बुरी नहीं है; हाँ, जगह कम है! फिर हमारे यहाँ अच्छा मैनेजर भी नहीं है। मैं ठहरा बीमार आदमी; सारा जिस्म छलनी हो रहा है। हर साल शरीर के किसी न किसी हिस्से से 'स्प्लिंटर' निकाले जाते हैं। हफ्ते भर काम करता हूँ तो महीना भर अस्पताल में बिताना पड़ता है। अच्छा मैनेजर मिले तो फौरन फ़ार्म की हालत सुधर जाए।"

'सवाल अब मिट्टी और चरागाहों का नहीं रह गया है,' वासिली सोच रहा

था, 'दरअसल इन लोगों की हालत खराब है! इतने छोटे फ़ार्म पर इनसे कुछ करते-धरते बनेगा नहीं। मेरे दिमाग से जनता का खयाल जैसे उड़ ही गया था। यह बुढ़िया लच्छेदार बातें बनाकर मुझे मनाना चाहती है—सो शायद ठीक ही है, क्योंकि यह मुझे बड़ा हठी और जिद्दी समझती है। या शायद येफिमकिन और यह नकबैठी लड़की मुझसे खरी-खरी बातें ठीक ही कह रहे हैं क्योंकि मैं कम्युनिस्ट हूँ और ये लोग मुझसे साफ-साफ जवाब पाना चाहते हैं?'

वासिली ने लजाते हुए येफिमकिन की ओर देखा और बोला :

"देखिए, मुझे तो कोई आपत्ति नहीं है। मैं आपके सुझाव का समर्थन करूँगा। लेकिन मैं अकेला ही तो फैसला नहीं ले सकता। मैं सारी बात फ़ार्म सभा में रख दूँगा, फिर देखो क्या होता है।"

येफिमकिन और उसके साथियों के चले जाने पर वासिली खिड़की के पास जा खड़ा हुआ। खेतों में से मुड़ती-घूमती सड़क चली जा रही थी और चिड़ियों के झुंड झाड़ियों और तारों पर फुदक रहे थे।

'यह सड़क सीधी करनी पड़ेगी। बीच की झाड़ियाँ साफ करनी पड़ेंगी।' वह सोच रहा था। 'भट्ठे के लिए बिजली के तार सीधे जंगल में से जाएँगे। दोनों फ़ार्मों की पशु-शालाओं को एक करना होगा और 'अंकुर' फ़ार्म में बड़ी पशुशाला बनानी होगी। वहाँ से चरानें नजदीक हैं। शहद की मक्खियों का ताम-झाम भी घास के मैदानों में पहुँचाना होगा।'

वासिली की आँखों के सामने सब कुछ जैसे गतिमय हो उठा—झाड़ियाँ कहीं छिप गईं, सड़क सीधी हो गई, बड़ी-बड़ी इमारतें उठ खड़ी हुई। "यह कल्पना नहीं यथार्थ है"—जितना ही यह भ्रम वासिली के मस्तिष्क में बढ़ता, उतनी ही उसके हृदय को सांत्वना मिलती।

दोनों फ़ार्मों को एक में मिला देने की बात फ़ार्म की सभा में रखने से पहले वासिली ने इस विषय पर जिला पार्टी के मंत्री से बात कर लेना उचित समझा। शाम को वह सीधा जिला पार्टी के दफ्तर पहुँचा। अपने खयालों में वह इतना डूबा हुआ था कि बिना दरवाजा खटखटाए सीधा आन्द्रेई के कमरे में चला गया। आन्द्रेई अकेला ही था। एक भारी-भरकम, लम्ब-तड़ंग आदमी के सामने आ खड़े होने से आन्द्रेई ने निगाहें ऊपर उठाईं तो देखा कि वासिली खड़ा है। आन्द्रेई को याद आ गया—पहले-पहल जब वासिली दफ्तर में आया था तब भी ऐसे ही। घने काले बालों और चौड़े कंधों वाली एक आकृति जिसकी आँखें भौंहों के नीचे दब गई थीं सहसा दरवाजे पर आ खड़ी हुई थी!

आन्द्रेई ने खड़े होकर हाथ मिलाया और पूछा : "कहो, वासिली, अब क्या परेशानी आ गई?"

कलमदान का तिकोना ढक्कन हरे मेजपोश पर चमक रहा था। कागज दबाने

के काली लाख के 'पेपर-वेट' पर लाल रंग से बना उगता सूर्य ऐसा लगता था जैसे अभी पूरा निकलने वाला है। जिला कमिटी के मंत्री की चमकदार आँखें उसके स्वागत में मुस्करा रही थीं। लम्बे-चौड़े हवादार कमरे की हर चीज परिचित थी।

वासिली लम्बे कदम बढ़ाता हुआ एक आराम कुर्सी के पास पहुँचा और उसे खींचकर उस पर धम्म से बैठ गया। कुर्सी के पाए चरचरा उठे।

पूर्व सूचना के बिना कमरे में धड़धड़ाते हुए चले आना और लापरवाही से कुर्सी घसीटकर बैठ जाना शिष्टाचार के विरुद्ध भले ही हो—लेकिन वह मानसिक संतुलन का द्योतक नहीं था। वासिली अपनी योजनाओं में इतना उलझा हुआ था कि उसे शिष्टाचार का कोई ध्यान नहीं था।

आन्द्रेई वासिली की व्यग्रता भाँप गया और बड़ी उत्सुकता से इन्तजार करने लगा कि वह क्या कहता है।

"हाँ भई, परेशानी ही है।" वासिली मुस्कराता हुआ बोला। उसकी काली-काली आँखें चमक रही थीं। "तुम तो एक ही दफे में सब भाँप जाते हो, पेत्रोविच!"

"बात क्या है?"

"बात यह है कि हमारे पास जगह की कमी है। हम धीरे-धीरे पैर फैलाना चाहते हैं।"

वासिली ने दोनों फ़ार्मों को मिलाने के प्रस्ताव की कहानी धीरे-धीरे सुना दी। उसने देखा कि आन्द्रेई के चेहरे का रंग बदल रहा है। अब उसके चेहरे पर सतर्कता का भाव—जो आम तौर से बना रहता था—नहीं था। मालूम होता था किसी बात से आन्द्रेई को प्रसन्नता हुई है—माथे की गहरी लकीरें हल्की पड़ती जा रही थीं और आँखों की चमक बढ़ती जा रही थी।

'क्या बात है?' वासिली मन ही मन सोच रहा था।

आन्द्रेई पूरी बात सुनकर भी कुछ नहीं बोला। उसने मेज की दरार से जिले का एक तह किया हुआ नक्शा निकाला। उसके छोटे-छोटे मजबूत हाथों की छोटी, किन्तु तेज उँगलियों ने नक्शा खोला और उसकी सलवटें ठीक कीं।

वासिली उसके कुशल हाथों की करामात देखता रहा। वह जानता था कि जिला पार्टी मंत्री को दूसरों को ताज्जुब में डालने की आदत है। वह इन्तजार कर रहा था: "देखें अब क्या करता है?"

"यह देखो।" आन्द्रेई बोला।

नक्शे पर पहली मई फ़ार्म के चारों ओर वर्गाकार लकीरें खिंची हुई थीं।

"कुछ ही दिनों पहले मशीन-ट्रैक्टर स्टेशन वालों, वालेंतिना और प्रोखारचेंको से तुम्हारे यहाँ के बारे में बातें हो रही थीं। उनका कहना है कि तुम्हारे फ़ार्म के पास-पड़ोस के छोटे-छोटे फ़ार्मों के टेढ़े-मेढ़े, बँटे-छँटे, खेतों में मशीनों से काम करने

में बहुत दिक्कत होती है। सवाल सिर्फ 'अंकुर' फ़ार्म का नहीं, बल्कि तुम्हारे दूसरे पड़ोसी 'उज्ज्वल पथ' फ़ार्म का भी है।"

वासिली सीधा होकर बैठ गया।

"मैं तो सिर्फ 'अंकुर' फ़ार्म की बाबत सोच रहा था।"

"लेकिन देखो तो मामला कैसा जमकर बैठता है। यह देखो! यह रहा केन्द्र—पहली मई फ़ार्म! इसके चारों तरफ घेरे के तौर पर, जंगलों के बीच खेत हैं। देखो, ये रहे तुम्हारे बारी-बारी से बोवाई के सात खेत! यहाँ मशीनों के लिए जगह सँकरी पड़ती है? ये रहे चरागाह! ये रहीं सिंची-सिंचाई कछियारियाँ! और यह रहा ईंटों का भट्ठा! इस नदी से लेकर यहाँ जंगल तक तुम्हारे विशाल सामूहिक फ़ार्म की प्राकृतिक सीमाएँ हैं। देखो, सब कुछ कितना जँचता हुआ है। कृषि की सभी शाखाओं के लिए परिस्थितियाँ मौजूद हैं। माना कि इन सब को एक जगह कर देने से फ़ार्म बड़ा हो जाएगा—शायद जिले में सबसे बड़ा। लेकिन खुद भौगोलिक परिस्थितियाँ ही इतना बड़ा फ़ार्म बनाना आवश्यक कर देती हों तब? उसमें हर्ज क्या है। उससे हमारी शक्ति और साधनों का उपयोग और अधिक फलदायक हो सकेगा! कितना बड़ा फ़ार्म बन जाएगा हम लोगों का! कितना सुखमय जीवन होगा लोगों का!"

वासिली जितना ही आन्द्रेई की बातें सुनता, जितनी ही गौर से आन्द्रेई की मेज पर रखे नक्शे को देखता, उसे यकीन होता जाता कि सचमुच सब कुछ मानो इसी फ़ार्म के लिए है। नदी और जंगल की सीमाओं के बीच फैले खेत और चरागाह मानो खुद कह रहे थे : "यहाँ एक खूब बड़ा फ़ार्म बनना चाहिए।" सतर्क यद्यपि वह अब भी था और आन्द्रेई के प्रस्ताव पर मन ही मन सन्देह भी कर रहा था, फिर भी 'अंकुर' के बारे में उसने जो कुछ सोचा था उसे नाकाफी मालूम हुआ। उसकी कल्पना में कार्य का इतना विस्तृत क्षेत्र जाग उठा था जितना आध घंटे पहले उसके लिए स्वप्न में भी असम्भव था।

वासिली ने नक्शे पर से आँखें हटाईं। कलमदान का चमकीला ढक्कन, कागज दबाने का 'पेपर-वेट', पेंसिलों का डिब्बा—हरे मेजपोश पर ऐसे हिलते दिखाई दिए जैसे जगहें बदल रहे हों। पल भर को उसने आँखें बन्द कर लीं। जंगलों की दीवार हट गई, बारी-बारी से फसल वाले खेत अपनी जगहों को छोड़ एक जगह आ इकट्ठे हुए, बिजली के साज-सामान से सुसज्जित पशुशालाएँ उठ खड़ी हुईं, 'अंकुर' फ़ार्म की नकबैठी लड़की सहेलियों को साथ लिए आगे-आगे जाती दिखाई दी—गोल चेहरा खुशी से खिला हुआ। वासिली को लगा जैसे नसों में सुरसुराहट हो रही है, गदोलियाँ खुजला रही हैं। उसने आँखें खोल दीं। उसके चारों तरफ सब-कुछ बदला हुआ था। यहाँ अब तक वह आता था कुछ सीखने के लिए, शिष्य की भाँति; आशा से आँखें फैलाए वह पेत्रोविच के उत्तर की

प्रतीक्षा किया करता था। और अब? अब पेत्रोविच उसके सामने खड़ा था—प्रतीक्षा में, उसका उत्तर सुनने की उत्कंठा में! वासिली जानता था कि वह न केवल इस बात को मान लेगा, बल्कि इस विचार को ले उड़ेगा, इसी के लिए जिएगा-मरेगा। यही तो उसका चिर-पोषित स्वप्न था!

"वासिली कुज़्मिच! ऐसे फ़ार्म की सभी परिस्थितियाँ मौजूद हैं," आन्द्रेई बोला, "सवाल है सिर्फ नेतृत्व का...मैनेजमेंट का...बोलो, क्या कहते हो?"

"पर यह सब एकदम कैसे हो सकता है...?" वासिली ने सन्देह प्रकट किया।

"एकदम नहीं। ऐसे काम एकदम नहीं होते। इस पर लोगों से बातचीत करेंगे। फ़ार्म सभाओं में विचार करेंगे। अगर लोग सहमत हुए तो फिर इस फसल के बाद ही कुछ करेंगे। तुम देखो तो कि इसमें फायदा कितना है!"

आन्द्रेई और वासिली फिर नक्शे पर झुक गए।

"अगर ऐसा हो तो पशुशालाओं को चरागाहों के पास ले जाना होगा," वासिली ने अपनी उत्तेजना को दबाते हुए कहा, "और सूअरों के बाड़े यहाँ, आलू के इन खेतों के पास बनाने होंगे। यहाँ जानवरों के पालन-पोषण के लिए जगह की तंगी नहीं रहेगी।"

आन्द्रेई वासिली के उत्तेजना से लाल चेहरे को देख रहा था। आन्द्रेई के हृदय में वासिली के प्रति प्रेम और गर्व उमड़ आया। वह उसे ऐसी आत्मीयता से देख रहा था जैसे कोई अपनी अत्यंत प्रिय, अपने ही हाथों गढ़ी-सँवारी वस्तु को, देखता है। उसे एक बार फिर उस दिन की याद हो आई जब, दो साल पहले, एक पिछड़े हुए सामूहिक फ़ार्म का प्रधान क्रोध से धड़धड़ाता हुआ उसके कमरे में घुस आया था। वासिली ने इन दो वर्षों में काफी गलतियाँ भी की थीं, पर उसमें अब एक ऐसी उद्देश्य-प्रियता थी जो बरबस दूसरों को उसे अपना विश्वासभाजन बनाने पर बाध्य कर देती थी। किन्तु इन पिछले दो वर्षों में केवल इस समय ही—जब वासिली अब तक अनपरखी क्षमताओं के द्वार पर खड़ा था—आन्द्रेई को सुलगती आँखों और अतामान जैसी चाल-ढाल वाले इस लम्ब-तड़ंग और साँवले चेहरे वाले आदमी में निहित असीम कार्यशक्ति का आभास हुआ।

"हमारे जिले में एक और उगारोव, एक और मालीश्को तैयार हो रहा है। अगर इसे मौका दिया जाए तो यह अच्छे-अच्छों से होड़ लेगा और किसी से मात नहीं खाएगा।"

आन्द्रेई और वासिली छोटे-छोटे फ़ार्मों के एकीकरण के बारे में बड़ी देर तक बातें करते रहे। वासिली आन्द्रेई के कमरे से निकला तो दफ्तर के बाहरी कमरे में उगारोव और मालीश्को से मुलाकात हो गई। उगारोव बड़े उत्साह से कोई बात सुना रहा था और मालीश्को आँखें सिकोड़े ध्यान से सुन रहा था। वासिली को देख

उन लोगों ने जरा सिर झुका कर पहचान प्रकट की, फिर बातों में लग गए। कुछ दिन पहले वासिली इन लोगों को बड़े उत्साह और ईर्ष्या से देखता था; उसकी इच्छा होती कि उनके पास जाकर उनसे मुलाकात करे, उनसे बात-चीत करे; और यदि वे उसकी ओर थोड़ा-सा भी ध्यान देते थे, उसमें थोड़ी भी दिलचस्पी जाहिर करते थे—तो वह फूला नहीं समाता था।

परन्तु इस समय वासिली उगारोव और मालीश्को के पास ठहरा नहीं। उस समय आन्द्रेई से हुई बात-चीत और भविष्य में निर्माण का नशा इतने जोर पर था कि वह रुका नहीं। उसे अपने में और नई योजनाओं की सफलता में विश्वास था और इनके सिवा उसे और किसी बात में इस समय दिलचस्पी नहीं थी।

अब वह अपने को बदला हुआ महसूस कर रहा था। जिला पार्टी मंत्री को छोड़, उसकी अपरिमित क्षमताओं का किसी को आभास मात्र नहीं था। वासिली जानता था कि अब वह दिन दूर नहीं जब उगारोव और मालीश्को को वह नहीं, बल्कि मालीश्को और उगारोव उसे आश्चर्य और उत्सुकता से देखेंगे—जब उसके कार्य-कलापों और क्षमताओं को देखकर उनकी आँखें फटी की फटी रह जाएँगी।

उसे अटल विश्वास था कि ऐसा ही होगा। और यह विश्वास चौबीसों घंटे उसके साथ बना रहता—उसकी रग-रग में समाया रहता। इस विश्वास ने ही उसे थोथे आत्म-सम्मान की उन चिन्ताओं और दुराशाओं से मुक्त किया था जो अब तक उसे घेरे रही थीं। उसकी चाल में ऐसा आत्म-विश्वास और दृष्टि में ऐसी शान्त गम्भीरता थी कि उगारोव की पैनी नजर को वासिली में यह परिवर्तन भाँपते देर नहीं लगी। अकस्मात उसका सिर वासिली की ओर घूम गया। वह उसे देखता रहा गया।

वासिली घर लौटा तो ऐसा स्वस्थ और प्रसन्न, जैसा अवदोत्या ने लम्बे अरसे से उसे नहीं देखा था। अवदोत्या को पूरी योजना तो उसने बताई नहीं। हाँ, उस वृहद् सामूहिक फ़ार्म की ओर इशारा मात्र कर दिया, जो उसकी कल्पना में बसा हुआ था। उसके भारी-भरकम शब्दों ने इतना नहीं, जितना युवकों जैसे उसके अदम्य उत्साह ने वह सब कुछ कह दिया जो अवदोत्या सुनना चाहती थी।

"यही है मेरा वास्या!" उसका हृदय आह्लाद से भर उठा। यही तो था वह 'लाल पताका वाला ट्रैक्टर-ड्राइवर' जिसके प्रेम बन्धन में वह बँध गई थी। "मैं जानती थी कि यह ऐसा है। मेरा रोम-रोम कहता था कि यह ऐसा है। किसी को क्या मालूम कि इसमें कितना उत्साह, कितनी शक्ति भरी है। सिर्फ मैं जानती हूँ कि यह क्या है और क्या बनेगा!"

अपने पति में नए परिवर्तन को देखकर अवदोत्या को प्रसन्नता भी हुई, भय भी। प्रसन्नता इसलिए कि इस रूप में उसका प्यार करना वास्तव में एक रोमांचकारी अनुभूति थी। भय इसलिए था कि वासिली के कदमों से कदम

मिलाकर बढ़ सकना उसके लिए काफी कठिन होगा। अब उसमें वासिली के प्रति वात्सल्य भरा माँ के हृदय का प्यार नहीं, वरन यौवन की पहली उमंग का निर्बन्ध प्यार—पति पर मर मिटने का गर्व भरा प्यार—था, जो बरसों बाद अवदोत्या में उमड़ रहा था।

खेतों में अनाज की बालें दानों से भरकर झुक गई थीं। पकाई और उर्वरता के दिन नजदीक आ गए थे। किसानों के लिए अब भी कड़ी मेहनत सामने थी, पर श्रम का मीठा फल भी सामने था। वही सब कुछ सामने था जिसे किसान बड़े मधुर और उल्लासमय शब्दों से पुकारते हैं : "फसल!"

धरती, किसानों की सेवा से प्रसन्न होकर, बड़ी उदारता से उन्हें पुरस्कृत करने को तैयार थी। और किसानों की आँखें इस पुरस्कार के लिए कृतज्ञता से चमक रही थीं।

फ्रोस्या निरन्तर श्रम से खूब दुबली हो गई थी और उसका रंग धूप में सँवला गया था। उसके जीवन का एक नया अध्याय शुरू हुआ था। फसल कटाई के समय, वह ट्रैक्टर-चालक से कम्बाइन-चालक बन गई थी। साधारण ट्रैक्टर-ड्राइवर के दर्जे से उठकर अब वह कम्बाइन दल की नायक थी।

कम्बाइन दल की नायक! हाँ, फ्रोस्या को जिस दिन इस पदवी से विभूषित किया गया उस दिन घर आकर वह आईने के सामने खड़ी हुई और अच्छी तरह अपने को जाँचने-परखने लगी।

'अब ये घुँघराली जुल्फें नहीं चलने की।...न यह इतना कसा हुआ लाल चिट्टा ब्लाउज अच्छा लगेगा...' वह सोच रही थी। 'अब तो बस एक सादा ब्लाउज चाहिए और सिर के लिए बड़ा सा सादा रूमाल जिससे बालों और गर्दन पर धूल न पड़े। कम्बाइन चलाने वाली जब 'ब्रिज' पर खड़ी होती है और रूमाल पीछे हवा में उड़ता है तब बड़ा प्यारा लगता है... और कानों के नीले नग वाले ये बुन्दे? इन्हें रहने दो। नीला और हरा रंग खूब मेल खाता है।'

"क्या पढ़ रही हो आईने में—जैसे नई हिदायतों का दस्तावेज खड़ा हो?" प्योत्र ने मुस्कराकर पूछा।

"कम्बाइन दल की नायक होना कोई मजाक की बात नहीं है, पेत्रुन्का! तेल-पानी देने वाले, सफाई करने वाले, ड्राइवर...सब पर अपना सिक्का बैठाना होता है।" वह मेज पर बैठ गई, एक प्याले में चाय उँड़ेली, लेकिन पी नहीं, और कहती गई : "पूरे दल को सँभालना है। मालूम, नास्त्या क्या कहती है? नास्त्या कहती है : 'आदमियों को काबू में रखना और उनसे काम लेना दिल्लगी नहीं है। मशीन को सँभालना तो और भी मुश्किल है।' मेरी मशीन तू जानता है कैसी है?

बड़ी अड़ियल! यों देखो तो बहुत अच्छी, बहुत खूबसूरत। खूब बड़ी। खूब ऊँची। आसानी से चला लो। जहाँ जी चाहे ले जाओ। ये सब बातें हैं। अपने आप दौड़ती है। कटाई करती है। फटकाई करती है। असली शहरी मशीन—कोई नुक्स नहीं। लेकिन सच पूछो तो अरबी घोड़ी की तरह है। ऐरा-गैरा तो उस पर सवारी कर ही नहीं सकता। सवारी करने वाला अच्छा हुआ तो कोई उससे होड़ नहीं ले सकता—पुराने रिकार्ड भी तोड़ दे। बुरा हुआ तो जमीन पर पटके बिना नहीं मानेगी। सच कह रही हूँ। बड़ी मनमौजी है।"

"तेरे ही जोड़ की है! तू भी तो ऐसी ही है!"

फ्रोस्या ने कम्बाइन को परखने के लिए कुछ दूर तक चलाकर देखा था कि पुर्जे ठीक-ठाक हैं या नहीं।

नास्त्या उसे कम्बाइन चलाने की शिक्षा देती थी। शाम को दोनों उसे चलाने जातीं। कम्बाइन के 'ब्रिज' पर खड़ी नास्त्या मशीन की चाल और पुर्जों की आवाज में फ्रोस्या को समझाती जाती :

"इस मशीन के किसी पुर्जे को मामूली न समझ, फ्रोस्या!" नास्त्या कहती। "इसका हर पुर्जा अहमियत रखता है। पूरे दो हजार पुर्जे हैं इसमें। कहीं एक पुर्जा टूटा या खराब हुआ तो समझो पूरी मशीन खतरे में है। आधे घंटे के लिए मशीन बेकार खड़ी हुई तो सौ किलोग्राम गल्ले का नुकसान पक्का है।"

इन दिनों नास्त्या का अधिकांश समय नवयुवकों को मशीनों का काम सिखाने में जाता था। उसे नहीं मालूम था कि वह इस काम में इतनी बह जाएगी। फ्रोस्या उसे बहुत पसन्द थी। इस तुनुकमिजाज लड़की की लगन नास्त्या को प्यारी लगती। फ्रोस्या भी नास्त्या पर जान देती थी। वह, जिसने अपनी माँ—क्सेनोफोन्तोवना—की भी कभी न सुनी थी, वही फ्रोस्या, जीवन में पहली बार, एक ऐसी औरत की भक्त बन गई थी जो उससे कहीं ज्यादा अनुभवी, बड़ी, चतुर और होशियार थी। फ्रोस्या का निश्छल और सच्चा प्रेम नास्त्या में मातृत्व की भावना जगा देता था।

"मैं तुझे अपना एक किस्सा सुनाती हूँ, फ्रोस्या।" नास्त्या कहती। "जब छोटी थी तो एक बार क्या हुआ कि मैं गेहूँ के एक खेत में *स्तालिनेत* मशीन चला रही थी। बीजों की फसल का खेत था। दोपहर के कलेवे का वक्त आ गया। मैं चाहती थी कि काम खत्म कर लूँ लेकिन मेरे साथ का ट्रैक्टर ड्राइवर आराम करने के पक्ष में था। असल में ट्रैक्टर चलाने वाले लड़के ने दोहरी पाली की थी। उसने कहा, 'घंटे भर सुस्ता लें, क्या हरज है। उठ कर जल्दी-जल्दी काम खत्म कर डालेंगे।' हम लोग खा-पीकर लेटे तो नींद आ गई। नींद खुली तब जब पीठ और सिर पर खूब ओले पड़ने लगे। देखते क्या हैं कि सारा खेत ओलों ने चाट लिया है। किसान बेचारे खेत में खड़े रो रहे थे। काम बीच में छोड़ा न होता और दो

घंटे पहले शुरू किया होता तो कुछ भी बरबाद न होता। तू भी इसे वैसे ही याद रख, जैसे मैं याद रखती हूँ! अब तू समझ ले कि यह काम किस ढंग का है और कितनी जिम्मेदारी का है।"

नास्त्या और स्तेपान ने फ्रोस्या के लिए एक छोटा सा कारखाना बना दिया था जिसमें वह छोटा-मोटा काम ठीक कर लिया करे। एक दिन फ्रोस्या घर लौटी तो नए 'रिंच,' पेंचों को खोलने-कसने के कुछ पेचकस, एक थैले में डाल कर ले गई और बड़ी शोखी से बोली :

"कम्बाइन चालक को एक ही साथ फिटर, मिस्त्री, कृषि विशारद, सब कुछ होना चाहिए। इससे बड़ा दूसरा काम नहीं है आजकल की दुनिया में! हम सोच रहे हैं कि मशीन चलाते-चलाते ही 'बिन' उलट दिया करेंगे। नाज निकालने का पम्प हटा देंगे।"

"तो कौन बड़ी बात है," प्योत्र बोला, "गल्ला फेंकने वाले पम्प का मुँह बन्द कर दो और नीचे जहाँ बोरी लटकाई जाती है वहाँ बक्से रख दो।"

फ्रोस्या का मुँह खुला का खुला रह गया।

"तुझे यह सब कैसे मालूम?"

"उसमें कौन बड़ा रहस्य है!" प्योत्र ने उत्तर दिया। "आजकल हम लोग मशीनों की बाबत थोड़ा-बहुत पढ़ते रहते हैं....!"

पति की इन उड़ानों के बारे में सुनकर विस्मय से फ्रोस्या उसकी ओर देखती रह गई। पर, प्योत्र अपने पिता कुजमा बोर्तनिकोव की तरह बहुत साधारण ढंग से कहता गया :

"कम्बाइन चालक को बहुत सी बातें सीखनी पड़ती हैं—माना। लेकिन किसान को? किसान के दल नायक को तो, ट्रैक्टर, कम्बाइन और खेती के सम्बन्ध की मिच्यूरिन विज्ञान की, और राजनीति की भी बातें समझनी पड़ती हैं। तुम मानो न मानो, लेकिन सबसे महत्त्वपूर्ण काम हम लोगों का है! हमारे काम के लिए बड़ी पढ़ाई-लिखाई की जरूरत होती है।"

इधर के दिनों में प्योत्र काफी पढ़ता रहता था। पुस्तकों के लिए एक अलमारी अलग से ले आया था। अपनी पुस्तकों पर उसे बड़ा गर्व था। फ्रोस्या अपने पति को पढ़ने-लिखने में लगा देख बहुत प्रभावित होती थी। वह जिले भर में प्योत्र की किताबों की अलमारी की चर्चा करती फिरती और घर में शाम को माँ जरा जोर से बोल दे तो झट डाँट देती :

"ओफ! क्या शोर कर रही हो अम्मा? देख नहीं रहीं कि पेत्रुन्का पढ़ रहा है?"

फ्रोस्या को माँ को डाँटते सुनकर प्योत्र मन ही मन मुस्करा देता : "अब ढर्रे पर आ रही है!...घर सँभालेगी तो घरवाली बन ही जाएगी।"

फ़ार्म के लोग प्योत्र के स्वभाव में परिवर्तन को देख कर हैरान थे। लेकिन वासिलिसा को कोई आश्चर्य नहीं था। वह कहती :

"बोर्तनिकोव सभी ऐसे होते हैं। इनके खानदान का ढंग ही ऐसा है। लड़कपन में ये लोग जो न करें थोड़ा है! लेकिन ब्याह होते ही आदमी बन जाते हैं। प्योत्र का बाप कुजमा बोर्तनिकोव ही किससे कम था? मुझसे पूछो! गाँव भर की नाक में दम किए रहता था। लेकिन ब्याह होते ही बदल गया! घर इन लोगों को बहुत प्यारा होता है।"

एक दिन आखिर वह साँझ भी आई जब वासिली फ्रोस्या के यहाँ पहुँचा और बोला :

"फ्रोस्या! अब तो फसल तैयार हो गई...कल सबेरे कटाई शुरू कर दे।"

सुबह, अभी हवा में ओस भरी हुई थी कि फ्रोस्या खेतों में कम्बाइन ले आई। खेतों को पहले से ही 'तैयार' कर दिया गया था—ढूहों और गढ़ों को काट-पाट कर बराबर कर दिया गया था। नास्त्या ने सारे खेत में जगह-जगह खूँटे गाड़ दिए थे जिससे घंटेवार काम पूरा करने में आसानी हो। जगह-जगह लकड़ी गाड़कर बोर्ड लटका दिए गए थे कि इस स्थान पर कम्बाइन इतने बजे पहुँचनी चाहिए।

फ्रोस्या कम्बाइन मशीन कई बार चला चुकी थी परन्तु फसल से भरे-पूरे खेत में मशीन ले जाने का यह पहला ही अवसर था। ट्रेनिंग के दौरान में जो काम उसने किया था वह आज के काम के मुकाबले बच्चों का खिलवाड़ मालूम होता था। कम्बाइन मशीन के सामने खड़ी, बालों के बोझ से कुछ-कुछ झुकी, फसल को देख फ्रोस्या एक क्षण के लिए भयभीत हो उठी—कहीं मशीन ने काम न किया तो? शिक्षा-काल में जो उसे बहुत आसान और सीधा-सादा मालूम होता था, वही इस वक्त धोखा दे बैठा तो? कातर आँखों से उसने नास्त्या, वासिली और प्योत्र की ओर देखा।

नास्त्या बोली :

"शाबाश फ्रोस्या! बढ़ो आगे!"

फसल की पहली लहर मशीन के आगे लगी छुरियों से कटकर बेल पर आई और मशीन ने उसे भीतर खींच लिया।

"आ हा! यह तो काम कर निकली!" फ्रोस्या मशीन का यह काम बीसियों बार देख चुकी थी, फिर भी इस समय उसे यह एक अजूबा मालूम हो रहा था। वह मशीन के स्टियरिंग चक्के पर हाथ रखे चुपचाप खड़ी थी और मशीन फसल के समुद्र को सोखती हुई आगे बढ़ रही थी। फसल सिमट-सिमट कर मशीन के भीतर चली आ रही थी। सूर्य की किरणों से चमचमाता भूसा दूसरी तरफ इकट्ठा

हो रहा था और कम्बाइन की छुरी जमीन के जिन हिस्सों पर चल चुकी थी वे 'कट-कट कर' अलग होते जाते थे।

मशीन की थिरकन फ्रोस्या के अंग-प्रत्यंग और मांस-पेशियों को अत्यंत सुखद लग रही थी। उसे जान पड़ता था कि मशीन उसी के प्राणों से स्पन्दित होकर चल रही है। स्टियरिंग चक्के से लेकर मशीन के आगे चलती छुरियों तक, मानो सभी कुछ उसके ही शरीर के अंग हों। फ्रोस्या ने सिर पर बँधा रूमाल उतारा और उसे झंडे की तरह हिलाती हुई मशीन की गड़गड़ाहट के बीच चिल्लाई :

"यह देखो...यह चली! नास्त्या...!....ओ पेत्रुन्का...!...वास्या चाचा....!... यह चली....!"

जब तक फसल ओस के कणों से भीगी रही, फ्रोस्या मशीन को कुछ धीरे-धीरे ही चलाती रही। लेकिन जैसे-जैसे सूरज उठने लगा उसने भी मशीन तेज कर दी!

कई घंटे बाद नास्त्या फिर देखने आई कि फ्रोस्या कैसा काम कर रही है। शुरू के खेतों की आधी फसल कट चुकी थी। शेष अभी सीधी खड़ी, गर्म हवा में हिलती दीवार जैसी लग रही थी। नास्त्या भी मशीन पर चढ़ आई।

फ्रोस्या चीखती हुई बोली : "मैं इसे पूरी तेजी से चलाना चाहती हूँ नास्त्या, लेकिन इसकी रफ्तार बढ़ ही नहीं रही!"

"पूरी तेजी से चलाने में डर नहीं लगता तुझे?"

"डर लगे मेरी बला को! ये तो मेरे खेत हैं—अपने हाथों जोते हुए! राई-रत्ती जगह जानती हूँ! डर की क्या बात है लेकिन रफ्तार बढ़ती ही नहीं। मैं हर कोशिश करके हार गई हूँ।"

"क्यों नहीं बढ़ती?"

"तेज करती हूँ तो गल्ला छिटक कर बाहर गिरने लगता है। छिः! बड़ी शरम आती है, नास्त्या! हाय राम, कोई तेज चलाना बता दे!"

"चेन वाली गरारी लगाकर देखी तूने?"

"नहीं तो! मुझे मालूम नहीं। तू बता दे न, मेरी नास्त्या!"

"बहुत आसान है! देख मैं बताऊँ।"

तरीका मालूम हो जाने पर फ्रोस्या ने मशीन तेजी से छोड़ दी। उसके मुँह पर हवा के थपेड़े लग रहे थे। आँखों के सामने नीले क्षितिज तक फसल का सुनहरा समुद्र फैला था। अनवरोध धाराओं के रूप में गल्ला बह रहा था। उसका प्रवाह वैसा ही था जैसा किसी बड़ी झील का जल-मार्ग-द्वारों से निकलता प्रपात के समान जल! इंजन, पंखों, गरारियों आदि की गूँज किसी झरने की गूँज जैसी ही मालूम हो रही थी। भूसे के भँवर बन रहे थे और उसका फेन धूप में सोने जैसा चमक रहा था।

फ्रोस्या को लग रहा था कि कम्बाइन मशीन नीली सुनहली बालों को अपने में समेटे ले रही है और फिर अपनी लोहे की उँगलियों से उसे मसल कर भूसे और दानों को अलग कर रही है।

उसे समय का खयाल न था! वह न तो कुछ देख रही थी, न सुन रही थी। केवल मशीन की गूँज और अपार विस्तृत फसल का सागर सामने था! इससे पूर्व जिन सफलताओं के लिए वह गर्व अनुभव किया करती थी, वे आज उसे हास्यास्पद मालूम हो रही थीं। साल भर पहले उसे पूले बाँध सकने की अपनी तेजी पर अहंकार था! कितनी थोथी थी वह सफलता और कितना थोथा था वह अहंकार!

"पूले-बँधाई? तेजी! छिः....! तेजी कहते हैं इसे! मिनटों में किलो-मीटर पार! टनों अनाज! आहा! चल मेरे इंजन, चल-चल-चल! बहने दे गल्ला, छल-छल-छल!"

घंटेवार कार्य की पूर्ति के लिए खेतों में नास्त्या द्वारा जगह-जगह गाड़े गए चिह्न एक-एक कर पीछे भागते जा रहे थे। फ्रोस्या को पूरा विश्वास था कि वह योजना से अधिक कार्य पूरा कर लेगी। सहसा, बिना बोई जमीन की एक मेंड़, भागती हुई पीछे निकल गई।

"यह क्या?" फ्रोस्या सोच में पड़ गई। फिर मन ही मन बोली : 'अरे, होगा कुछ! क्या फरक पड़ता है!' आगे बढ़। पूरी तेजी से आगे बढ़ और लहलहाते खेतों को मशीन में समेटती जा!'

दोपहर के समय दो लड़कियाँ हाँफती हुई वासिली और प्योत्र से सड़क पर आ टकराईं।

"ये पेत्रुन्का! ओ वासिली कुज़्मिच!" वीरा यासनेवा हाँफती हुई बोली! "फ्रोस्या ने तो सारी टीमें कुचल डालीं।"

"टीमें कुचल डालीं?" वासिली मुँह बाए रह गया।

"हाँ हाँ! अपनी कम्बाइन से! वह न खेतों के निशान देखती है, न कुछ कम्बाइन से सपाटे भरती चली जा रही है। न तो खूँटों को गरदानती है, न मेंड़ों को।" वीरा ने शिकायत की।

तेज कदमों से सभी खेतों की ओर बढ़ चले!

"सब दलों के हिस्से मटियामेट कर दिए। हम लोग अपने खेतों में साल भर निराई-गुड़ाई करते, खाद ढोते मर गए। और अब? फसल कटाई के वक्त? सब बराबर! पता नहीं लगता कौन सा हिस्सा किसका है।"

'क्या मुसीबत है यह लड़की भी!' वासिली मन ही मन कह रहा था। 'क्या

मजाल जो कुछ न कुछ गड़बड़ किए बिना चूके! यह नहीं तो वह सही, वह नहीं तो यह!'

तेज़ी से सड़क नापता हुआ वह आगे बढ़ चला। साथ पकड़ने के लिए लड़कियाँ दौड़ रही थीं।

"मैया रे! कहीं झगड़ा हो गया तो!" झगड़े की आशंका से सिहर कर वीरा सिर हिला रही थी। "तुम्हारी जान निकल जाएगी, लेकिन उसकी जबान नहीं थमेगी! जरूर आज कुछ न कुछ हो कर रहेगा! हमारी टीमों की उसे कौड़ी भर फिकर नहीं। गलती मढ़ी जाएगी तुम्हारे सिर! देख लेना चाहे!"

वासिली और प्योत्र आगामी वाक्-युद्ध के लिए शक्ति बटोर रहे थे, इसलिए चुप थे। वे जानते थे कि ऐसे झगड़े में फ्रोस्या से जीतना आसान काम नहीं है।

खेतों में से रास्ता काटकर वे लोग अपनी ओर आती कम्बाइन की तरफ बढ़े। उन्होंने देखा कि आधी के करीब फसल कट चुकी है।

"जरा देखो तो!" वासिली आश्चर्य से बोला। "ऐसा लगता है जैसे कोई गाय चाट गई है!"

कम्बाइन उन्हीं की ओर बढ़ी आ रही थी। फ्रोस्या का धूप से तपा चेहरा और सिकुड़ी भौंहें उन्हें दूर से दिखाई दे रही थीं। रंगीन रूमाल सिर के पीछे मस्तूल की तरह झूल रहा था। तालमय गति से कम्बाइन धड़धड़ाती हुई आगे बढ़ रही थी और अनाज की बालें सामने बिछाती जा रही थी। मशीन आगे बढ़ जाती और पीछे केवल भूसे के अचल ढेर पड़े रह जाते। कम्बाइन मशीन की शक्ति और गति को देखकर सभी के पैर जहाँ के तहाँ रुक गए। प्रशंसा पूर्ण नेत्रों से वे देखते रह गए।

वासिली और प्योत्र तथा लड़कियाँ—सब आए थे फ्रोस्या से झगड़ने की तैयारी करके, लेकिन मशीन की निर्बाध गति ने सभी को सम्मोहित कर लिया। उनकी कुढ़न गायब हो गई और उसका स्थान ईर्ष्या-भरी प्रशंसा ने ले लिया। फ्रोस्या अब कोई मनमौजी ऐरी-गैरी लड़की नहीं थी, अब वह 'कम्बाइन दल की नेता' थी—एक ऐसी हस्ती जिसकी कार्य-कुशलता और योग्यता पर बहुत कुछ निर्भर था। फ्रोस्या में ये गुण मौजूद थे। कम्बाइन मशीन पर बैठी फ्रोस्या की शरारत भरी पुरानी चुहलबाजियों को मानो सभी भूल बैठे थे। उसके कार्य में सबको केवल लगन और योग्यता दिखाई देती थी और इसीलिए अब से पहले के भी उसके तमाम अपराधों को क्षमा कर दिया गया था।

वासिली, प्योत्र और लड़कियों के देखते-देखते, फ्रोस्या कम्बाइन को धड़धड़ाती हुई लाई और दोनों दलों के खेतों के बीच की सीमा को कुचलती हुई फसल को एक साथ समेटती चली गई। वासिली दौड़कर मशीन के पीछे पहुँचा और पीछे लटकती सीढ़ी से ऊपर चढ़ गया। फ्रोस्या के कान के पास मुँह ले जाकर, बिना क्रोध दिखाए, शान्त स्वर में बोला :

"यह क्या कर रही हो, फ्रोस्या? सब दलों के खेतों को एक में क्यों मिलाए दे रही हो?"

"वास्या चाचा!" फ्रोस्या ने चिल्लाकर कहा, "देखो न, इस तरह दुगनी फुर्ती से काम निपट रहा है। इन खेतों में छत्तीस घंटे की योजना बनाई गई थी। लेकिन एक सीध में पूरी तेजी से काटती चली जाऊँ तो आज साँझ तक सब काम सिमट जाएगा। देखो न उधर! बरसाती घटा उठ रही है। रात को कहीं पानी बरस गया तो?"

"अरी, पूछ तो लिया होता!"

"चाचा वास्या! सच कहती हूँ, मैंने अपनी मरजी से ऐसा नहीं किया। मशीन ही नहीं मानी। बस चलती गई, चलती गई। मुझे ध्यान ही न रहा। मेंड़ें रौंद गईं। तुम समझते हो मैं झूठ कह रही हूँ? चाचा, कैसे बताऊँ कि सचमुच ही ऐसा हुआ!"

वासिली को उसकी बात पर यकीन था। वह खुद ट्रैक्टर-ड्राइवर रह चुका था। क्या वह नहीं जानता था कि चलती मशीन के चक्के पर हाथ रखकर आदमी उसकी गति के नशे में बेकाबू हो जाता है? फ्रोस्या की बगल में खड़ा वह स्वयं अनुभव कर रहा था कि अगर वह खुद कम्बाइन चलाता तो सामने का सीधा रास्ता देखकर मशीन छोटे-छोटे टुकड़ों पर न घुमाई जाती। उसका ट्रैक्टर-ड्राइवर, मशीन प्रेमी, जाग उठा। मशीन से पूरा फायदा उठाना जरूरी होता है—यह न सिर्फ एक ऐसी स्वयं-सिद्ध बात थी जिसे वह जानता था, बल्कि एक बुनियादी आवश्यकता थी। तगड़े-तन्दुरुस्त, स्वस्थ और समझदार आदमी के लिए खुल कर साँस लेना और बेरोक चलना-फिरना जितना जरूरी होता है, उतना ही मशीन से पूरा फायदा उठाना भी। वह कम्बाइन से उतरा और साथ आई लड़कियों की ओर लौट चला। वे सब उस पर टूट पड़ीं।

"क्या कहा? क्या कहा उसने, चाचा?"

वासिली ने जान-बूझ कर धीरे से एक सिगरेट सुलगाई। फिर बोला :

"कह रही है कि अगर इसी तरह पूरी रफ्तार से सीध में काटे चली गई तो दोनों खेत शाम तक खतम कर लेगी। देखो न"—आकाश की ओर देखता हुआ वह बोला, "बादल! शाम तक पूरी फसल कटनी ही चाहिए!"

"फिर दलों के काम का हिसाब कैसे होगा?"

"अरे हो जाएगा! एक जैसी फसल तो है दोनों खेतों में! मुझसे पूछो तो दल-वल वाला मामला खेतों के लिए फायदे का नहीं है। यही टीम-लीडरों की भी राय है।"

"फिर? फिर क्या होगा?"

"यह मैं अकेले कैसे कह सकता हूँ। फ़ार्म की सभा में मामला पेश कर देंगे। जैसा सब लोग कहेंगे, वैसा होगा।"

प्योत्र और वासिली लौटते समय युवक दलों के खेतों की ओर से होकर आ रहे थे। यहाँ घोड़े जुती मशीन से जुताई हो रही थी और लड़कियाँ हाथों से पूले बाँध रही थीं। लुबावा उधर से गुजरी तो वासिली के पास आ पहुँची। वासिली ने उसे चिढ़ाते हुए कहा :

"यह क्या सुन रहा हूँ, लुबावा? हवाई जहाज से फिर मोटर गाड़ी पर आ गईं? लड़के-लड़कियाँ आगे निकले जा रहे हैं!"

"इसी बारे में तुमसे बात करना चाहती थी—वासिली कुज़्मिच," लुबावा ने शिकायत की। "काम का मुकाबला ढंग से ही तो होना चाहिए। प्योत्र को हवाई जहाज से उतारो न!"

"ढंग से होना चाहिए का क्या मतलब?" प्योत्र ने पूछा।

"मतलब वही जो मैं कह रही हूँ। सुबह से दोपहर तक हमारा दल ही आगे था। लेकिन, इन्होंने एक तिकड़म की। कलेवे के वक्त जमीन पर बैठे तक नहीं। खड़े-खड़े मुँह में खाना ठूँसा और फिर पिल पड़े काम में।"

"इसमें क्या हरज है?" प्योत्र ने उत्तर दिया। "तुम्हें ऐसा करने से कौन रोकता है?"

"हम ऐसा कैसे कर लेतीं? हमारे यहाँ हैं बाल-बच्चेदार औरतें। उन्हें खिलाए-पिलाए बिना काम पर कैसे भेज सकती हूँ?"

"तो कौन तुमसे जबर्दस्ती करता है? ऐसी छुई-मुई हो तुम लोग तो मत करो काम। तुम्हें मोटरकार ही मुबारक सही।"

"मैं तुमसे कहती हूँ, वासिली, कि यह गलत है। क्या यह ठीक होगा कि लोग खाए-पिए बिना काम करते रहें?"

वासिली चुप रहा। जवाब ही क्या देता!

'क्या किया जाए,' वह सोच रहा था। 'एक तरफ नौजवान लड़के-लड़कियाँ सच्चा उत्साह और लगन दिखा रहे हैं। उनको बढ़ावा मिलना ही चाहिए। प्योत्र को हवाई जहाज से कैसे उतारा जा सकता है जब उसने लुबावा से ज्यादा काम किया है? यह कौमसोमोल के लड़के-लड़कियों की बड़ी भारी बेइज्जती होगी। दूसरी तरफ बिना खाए-पिए काम करने की आदत को भी आँख बन्द करके बढ़ावा नहीं दिया जा सकता। सवाल सचमुच बड़ा पेचीदा है!'

"खैर कल जो हुआ—जाने दो लेकिन आज या कल या आइन्दा और कभी खाना खाए बिना कोई काम नहीं करेगा। कलेवे के वक्त काम बन्द रहेगा।"

लड़कियाँ चिल्ला उठीं : "वाह वाह! हम तो अपना काम करेंगी। कौन हमें रोक सकता है?"

"मैं रोक सकता हूँ। फ़ार्म की सभा की अनुमति बिना काम का समय बढ़ाने पर मैं पाबन्दी लगाता हूँ। कलेवा करने की छुट्टी कलेवा करने के लिए होती

है। उस समय कलेवा करना चाहिए, आराम करना चाहिए, कोई बात-चीत होनी चाहिए या अखबार पढ़ना चाहिए।"

"लेकिन हम अपनी खुशी से काम करें तो।"

"वाह जी! कैसे कोई हमें रोक सकता है?"

"क्या हम चाहें तो भी नहीं कर सकते?"

"हाँ, नहीं कर सकते। मैं मना करता हूँ। यह कलेवे का वक्त है। काम बन्द करो। खाना खाओ और थोड़ी देर आराम करो। यही मेरा हुक्म है। तुम सात दिन बिना कलेवे के काम करोगी...फिर? तुम्हारे लिए क्या खेत में अस्पताल खोला जाएगा? चलो यहाँ से, भागो! जाकर कलेवा करो।"

लड़कियाँ मुँह बनाकर कलेवा और आराम करने चल दीं। वासिली आगे बढ़ चला। मन ही मन मुस्कराता जा रहा था। एक वक्त वह भी था जब उसे जाड़ों में मुँह अँधेरे उठ कर, हाथ में लालटेन लेकर, दो-राहे पर चौकसी करनी पड़ती थी—चीड़ और खम्भे के बीच—कि लोग ठीक समय काम पर आते हैं या नहीं। घड़ी देखता हुआ वह पीछे आने वालों का इंतजार किया करता था।

वह था सामने दो-राहा....और वह दोहरा चीड़ और बिजली का खम्बा। वे यहीं से दीख रहे थे। उस दिन का पूरा दृश्य वासिली की आँखों में नाच गया। उस दिन कोल्हू के बैल की तरह वह चक्कर काटता रहा था : "खम्भा—छीलन—चीड़!" हड्डियों को काट देने वाली ठंडी हवा चल रही थी। कितनी चिन्ता, कितनी परेशानी और कितनी घबराहट थी उसे!

किन्तु अब वे सब सुदूर अतीत की बातें मालूम होती थीं। जीवन की गति अब कितनी बदल चुकी थी। दुश्चिन्तापूर्ण घड़ियाँ, कठिनाइयाँ और परेशानियाँ अब भी आती थीं, पर उन पुरानी परेशानियों से कितनी भिन्न!

उन दिनों उसे जो चीज परेशान करती थी वह यह कि किसान काम पर बहुत देर से और बेमन होकर निकलते थे, पावका और पोल्यूखा सामूहिक खेत का मजाक उड़ाते थे, स्तेपनिदा पनचक्की से रामदाना चुराती थी, फ़ार्म पर काम के बजाय लोग अपने घर की कछियारी में काम करना या 'रस्सी बटना' ज्यादा पसन्द करते थे। पशुओं के बाड़े के लिए चारा नहीं था और बोने के लिए बीज नहीं थे। अब दूसरी ही परेशानी थी। लोगों को जबरदस्ती काम छुड़ाकर कलेवे और आराम के लिए भेजना पड़ता था। फ्रोस्या को डाँटना पड़ता था कि खेतों की मेंड़ें तोड़कर एक में क्यों मिलाए दे रही है!

उसे उस व्याख्यान की याद आई जो पिछली बार जिला पार्टी दफ्तर में कम्युनिस्ट समाज के बारे में उसने सुना था। व्याख्यान के बाद काफी बहस भी हुई थी कि कम्युनिस्ट समाज में कैसे-कैसे अन्तर्विरोध और कौन-कौन सी कठिनाइयाँ बनी रहेंगी। वासिली ने सोचा :

'इसमें शक नहीं कि ऐसे अन्तर्विरोध जैसे मुझमें और कौमसोमोलवालों में हैं या जैसे प्योत्र और फ्रोस्या में हैं, कम्युनिस्ट समाज में भी मुमकिन हैं। अफसोस! बहस के वक्त मुझे खयाल नहीं आया, नहीं तो बहस में इन पर जरूर बोलता।' सोचता हुआ वह मुस्करा रहा था। 'या उस दिन जब वासिलिसा को सबसे बढ़िया मेमने दिए जा रहे थे तब का और मशीन-ट्रैक्टर स्टेशन की सभा में विसोत्सकी और वाल्या के बीच का अन्तर्विरोध ले लो न! ऐसे झगड़े तो कम्युनिस्ट समाज में भी चलते रहेंगे। उस दिन सभा में ये बातें याद ही नहीं आईं। व्याख्यान के बाद मुझे इन पर जरूर बोलना चाहिए था। आहा! यह रहा दोहरा चीड़!'

वह उस वृक्ष के बिलकुल पास जा पहुँचा। वृक्ष की दोनों शाखाएँ हवा में झूम रही थीं। दो बरस पहले, कोहरे भरे सबेरे में, जिस रास्ते पर कोल्हू के बैल की तरह उसने चक्कर लगाया था—उसी से फिर गुजर रहा था।

"खम्भा—छीलन—चीड़!" बिलकुल वही! युग नहीं बीते थे, फिर भी मालूम होता था जैसे यह किसी पुराने युग की बात हो। रही पहली मई सामूहिक खेत की बात! उसे तो अब पहचान पाना भी मुश्किल था।

हवा का एक झोंका आया और उसके साथ ही दूर चलती कम्बाइन की गूँज सुनसान सड़क, चीड़, खेत और झाड़ियों पर बिखर गई।

7. अल्योशा का टीला

अवदोत्या अभी उग्रेन से लौटी थी। वहाँ जिला पार्टी कमिटी के ब्यूरो ने उसे पार्टी सदस्यता के लिए उम्मीदवार बना लिया था।

उसे आते देख वासिली ड्योढ़ी पर आ गया। साँझ का धुँधलका था। बेटे को अवदोत्या की गोद से लेकर उसके चेहरे पर आँखें गड़ाए हुए पूछा :

"कहो? मजे में तो है?"

वासिली को पूरा भरोसा था कि जिला पार्टी कमिटी, स्थानीय पार्टी संगठन के फैसले को स्वीकार कर लेगी। फिर भी उसे दिन भर इस बात की आशंका बनी रही थी कि कहीं अवदोत्या बातचीत में घबरा न जाए और उत्तर ठीक से न दे पाए।

"क्या हुआ जिला पार्टी में? बताती क्यों नहीं हो?"

बराण्डे के अँधेरे में अवदोत्या के मुँह पर मुस्कान दौड़ गई। अपरिचित से

स्वर में उसकी मद्धिम आवाज सुनाई दी :

"मुझे ले लिया गया है, वासेन्का....।"

वासिली ने दूसरे हाथ से अवदोत्या को अपने निकट समेट लिया। वह उससे इस समय कुछ ऐसे शब्द कहना चाहता था जो अब तक कभी नहीं कहे थे, लेकिन ये शब्द उसे याद ही नहीं आ रहे थे। बोला :

"देखा न, मैं कहता था न दुन्या!"

दोनों कमरे में दाखिल हुए। वासिली ने देखा—उसकी पत्नी के चेहरे पर रोमांचभरी मुस्कराहट अंकित थी। आँखें स्थिर और उल्लसित थीं। वे किसी विशेष वस्तु को नहीं देख रही थीं—मालूम होता था अन्तर्मुखी होकर अपनी आत्मा की गहराइयों में डूब गई हैं। चेहरे के भाव में जरा भी परिवर्तन के बिना, अपना शॉल उतारे बिना, वह मेज के पास एक कुर्सी पर बैठ गई और अपने ही ढंग से अध-खुले होठों से साँस भीतर खींचने लगी। वासिली ने गोद में सोते बच्चे को बिस्तरे पर लिटा दिया और उसकी बगल में आ बैठा।

"तू घबराई तो नहीं थी?"

"नहीं तो!" उसने फिर साँस ली। "वास्या....."

"हाँ, हाँ! बता न क्या बात हुई?"

"वासी! इतनी बातें हैं। धीरे-धीरे बताऊँगी। अभी तो बोल नहीं पा रही हूँ। ...वास्या, पशु-विभाग से पाँच आदमी निर्माण-विभाग को दिए जा सकते हैं..."

"क्या मतलब?" आश्चर्य से उसने पूछा। उसके विचारों के तारतम्य को वह समझ नहीं पा रहा था।

"पेत्रोविच ने मेरे काम के बारे में पूछना शुरू किया। मैं तो शर्म से गड़ गई..."

"क्या कोई गलती बताई?"

"नहीं! उन्होंने तो तारीफ ही की। मुझसे बोले....वास्या," अवदोत्या ने आखिर, जो चीज उसे भीतर खींचे थी उससे अपने को अलगाया और वासिली की आँखों में सच्चाई भरी आँखों से देखा "मुझसे बोले : 'अवदोत्या तिखोनोवना, सच-सच बताओ कम्युनिस्ट की तरह अपने काम के लिए तुम जितना कर सकती थीं, किया है?' और सब-कुछ एकदम मेरी आँखों के सामने नाच गया—जो-जो मैंने नहीं किया था...."

वह फिर चुप हो गया। वासिली ने अवदोत्या का हाथ अपने हाथ में ले लिया।

"तो तुमने क्या जवाब दिया?"

"मैंने जवाब दिया : 'नहीं, जितना कर सकती थी नहीं किया।' फिर मैंने सभी कमियाँ बता दीं। बातें करते मेरा गला सूख रहा था; बोल नहीं फूटता था।

पहले भी मैंने एकाध बार ये बातें सोची थीं। लेकिन उस वक्त मुझे वे तमाम बातें भी याद हो आईं जो मैंने पहले कभी नहीं सोची थीं। 'अब तक मैं कहाँ थी?' मैंने सोचा, 'अब मुझे कैसे लिया जा सकता है?'"

"लेकिन उन्होंने ले तो लिया।"

"हाँ। जितनी भी बातें मैंने बताईं उन्होंने सब पूरी कराने का मुझसे वादा करा लिया। अगस्त तक हमें अपनी आदर्श पशुशाला तैयार कर लेनी होगी। हमारे यहाँ लोगों के काम का ढंग अभी तक ठीक नहीं हो पाया है। पशुशाला में काम करने वाली हर औरत का खास उद्देश्य होना चाहिए। लेकिन तुम जानते ही हो कि हमारे यहाँ हालत क्या है—निर्माण का काम एक टीम के साथ में सौंप दिया, बस छुट्टी! यह ठीक नहीं है। हाँ, उन लोगों ने यह भी पूछा, वास्या : 'स्त्रियों में तुम क्या काम कर रही हो?' मैं क्या जवाब देती। वह तो कहो वास्या ने इशारा किया : 'स्त्रियों के आन्दोलन के बारे में जो रिपोर्ट लिखी थी उसी का हवाला दे दो।' सो मैंने उन्हें बता दिया। लेकिन वह भी कोई काम है। हमारे यहाँ तो पेलागेया और मलानिया जैसी पड़ी हैं—जो न तो कभी कोई किताब पढ़ती हैं, न अखबार। रिपोर्ट से क्या होता है! जरूरत है लगकर काम करने की। वास्या, कितना पड़ा है काम करने को! लेकिन मैंने कभी सोचा ही न था।" उत्तेजना से तपा अपना चेहरा शान्त करने के लिए अवदोत्या अपने ठिठुरे हुए हाथ गालों और माथे पर फेरने लगी।

दूर नदी की ओर से हरियाली और सीलन की गंध लिए फर-फर करती हवा खिड़की से आ रही थी। पल भर को वासिली को लगा कि पहले भी उसने यह सब देखा है! नन्हा बेटा समीप ही पालने में सोया हुआ! खिड़की से दिखाई देता तारों भरा आकाश! अवदोत्या उसकी बगल में बैठी—बिलकुल इसी तरह, भावनाओं में डूबी हुई, दमित, गदोलियों से दोनों गाल दबाए! उसके हृदय में पूर्ण सन्तोष की गरमाई थी।

'मैंने यह...या इसी तरह...पहले कब देखा था?' वह सोच रहा था। 'या शायद ऐसा कभी हुआ ही नहीं। जीवन भर यह देखने को ऐसा दिन देखने को ललकता ही रहा।'

वासिली ने अवदोत्या को चुपचाप और पास खींच लिया और अपना सिर उसके कन्धे पर टिका दिया। घने काले केशों के बीच साफ और लम्बी माँग खिंची थी। बालों से भीनी सुगन्ध आ रही थी! चिर परिचित! बीते हुए अल्हड़ बचपन की सजीव स्मृति सी!

"तो अब हम दोनों कम्युनिस्ट हैं..." वासिली ने कहा, "...हम दोनों ही..."

"वासिली भैया, एक बात कहनी थी तुमसे।" वासिली के कान में भनक पड़ी। सिर उठा कर देखा तो क्सेनोफोन्तोवना दरवाजे में खड़ी थी।

उस घड़ी सारी रौनक गायब हो गई—मानों उसके हृदय में जा छिपी हो। वासिली भोजन के लिए झटपट कुछ बना कर मेज पर रखकर बैठा ही था, कि क्सेनोफोन्तोवना आ धमकी। वासिली के खाने पर नजर गड़ाए विस्मय में हाथ फेंक कर क्सेनोफोन्तोवना बोली :

"हाय, हाय, वासिली कुज़मिच! क्या सचमुच आलू खा रहे हो?"

"क्यों? नहीं खाने चाहिए क्या?"

"अरे तू तो फ़ार्म का प्रधान है। मैं तो सोचती थी तेरे यहाँ कम से कम एक दर्जन अंडे रोज उबलते होंगे।"

बुढ़िया सचमुच ही विस्मित थी। 'मैं प्रधान होती तो मलाई मल कर नहाती और शहद से हाथ धोती।' वह सोच रही थी। 'और इन लोगों को देखो। यह फ़ार्म का प्रधान है, और इसकी औरत पशुशाला की मैनेजर। इस पर खा रहे हैं आलू।'

वासिली हँस दिया।

"आओ! तुम भी बैठो! कुछ खा लो!"

"नहीं नहीं भैया, मुझे तो मरने की भी फुर्सत नहीं। फ्रोस्या ने कहा था कि फौरन लौट आना। कह रही थी कि बैरोमीटर की सूई फिर 'बरखा' के निशान पर पहुँच गई है। बताने को भेजा है मुझे।"

"सच?....यह बुरी मुसीबत आई!"

"वासिली कुज़मिच तू माने तो एक बात कहूँ," बुढ़िया अपने दोनों भारी-भरकम हाथ पेट पर मोड़ती हुई बोली।

"कहो क्या बात है?"

"मुझे किसी दूसरे काम पर लगा दो। फ्रोस्या के साथ मुझसे नहीं निभ सकेगी। मेरे बस का नहीं।"

"आखिर कितनी दफे बदलोगी अपना काम? रोज तुम काम बदलती रहती हो। गोशाला तुमने छोड़ी, मुर्गीखाना छोड़ा, लुबावा का दल छोड़ा। तुम्हारी कहीं नहीं निभती। तुम्हीं ने कहा था कि बेटी के साथ कम्बाइन पर लगा दो। अब फिर बदली की रट लगाए हो। कहाँ भेज दूँ तुम्हें?"

"चाहे जहाँ भेज दो, वासिली कुज़मिच। उससे छुटकारा मिले तो नरक जाने को तैयार हूँ। वह इंच-इंच मेरी जान ले रही है। चुड़ैल है, चुड़ैल! पल भर साँस नहीं लेने देती। कम्बाइन क्या चलाने लगी है पागल हो गई है। तमगा चाहिए उसे तो! मुझे पीसे डाल रही है, भैया। बता मेरी उमर है इस तरह दौड़ने-भागने की?"

"अच्छा मैं फ़ार्म की सभा में बात करूँगा। कल शाम आकर मिल लेना।"

क्सेनोफोन्तोवना चली गई तो छोटा कुजमा जाग उठा। वासिली कई दिनों से बेटे को देख नहीं पाया था। अवदोत्या उसे अपने साथ अल्योशा के टीले पर ले गई थी। वासिली को उसका अपने निकट न होना खलता था। छोटा कुजमा बिल्कुल बोर्तनिकोव परिवार पर गया था। हल्की-हल्की भौंहों की काली लकीरें नाक के ऊपर मिली हुई थीं।

बेटे की शरारतें देखकर वासिली हैरान था। बिना दाँत के जबड़ों से चुसनी को वह इतने जोर से पकड़ लेता था कि छुटाए न छूटती। पतले-पतले होंठों से खूब चटकारे लेता और माँ की छातियों को नन्ही मुट्ठियों से गूँध डालता।

"पहलवान है, पहलवान!" वासिली प्रशंसापूर्ण भाव से कहता।

कुजमा को गोद में लेकर वासिली की ओर बढ़ाते हुए अवदोत्या ने कहा : "देख तो वासेन्का, अभी से कैसा चीखता है। दुन्या तीन महीने की हो गई थी तब जरा-जरा आवाज निकालने लगी थी।" बच्चे को सम्बोधित कर उसने ललकारा : "बेटा! बोल तो जरा, मुन्ने! वाह-ले-वाह! देख वास्या, देख..."

छुटका अपना बिना दाँतों का मुँह खोल कर गलगलाने लगा—जैसे बोतल से पानी उल्टा जा रहा हो!

"अहा, देख तो। कैसे धमका रहा है?" वासिली हँस दिया। "वाह में...ले कु...ज...मा ट...म्ब....क...टू!"

छुटके का पालना अवदोत्या अल्योशा के टीले पर ही छोड़ आई थी। उसने अलमारी की एक दराज निकाली और उस पर गद्दी डालकर कुजमा को लिटा दिया। वासिली बिगड़ उठा :

"वाह रे वाह! उसका बिस्तरा दराज में लगाया है? वह भी आदमी है आदमी, कोई कपड़ा-लत्ता नहीं। आजा बेटा, मेले पाछ आजा।"

वासिली ने बच्चे को दराज से उठाया और अपने तथा अवदोत्या के बीच लिटा लिया।

"न, न, वासेन्का! बच्चों को माँ-बाप के बीच नहीं सुलाते। बच्चों की सेहत पर खराब असर पड़ता है।"

"रहने भी दे! एक रात में क्या हुआ जाता है!"

अपनी बगल में बेटे के शरीर का उष्ण और कोमल स्पर्श वासिली को बड़ा सुखद लग रहा था।

"देख तो! नींद में भी होंठ चला रहा है। अबे कुछ और भी जानता है कि बस दूध पीना? होगा बड़ा मेहनती।"

कुछ देर पति-पत्नी दोनों ही चुप रहे।

"मक्खन निकालने की मशीन का इन्तजाम हो गया?"

"उन लोगों ने भेजने का वायदा तो कर दिया है। मालूम है वास्या? काली

गाय आजकल तीस लिटर दूध दे रही है। क्सेन्या दुहती है उसे! बहुत अच्छा काम कर रही है। बड़ी भली लड़की है। इस साल जाड़ों में आगे का काम सीखने उसे शहर भेज देना चाहिए। सर्गी से तेज निकलेगी। यों तो वह होशियार है, हिदायतें भी ठीक ही देता है, लेकिन जाँचता नहीं कि वे पूरी की गईं या नहीं। क्सेन्या ऐसी नहीं निकलेगी। हाँ, उसकी पढ़ाई जरूर आगे बढ़नी चाहिए।"

"मुझे कोई एतराज नहीं। फसल का काम हो जाने दो, उसे भेज देंगे। पेत्रोविच से बात करके इन्तजाम करवा दूँगा; वैसे उसने पिछले साल ही कहा था। पढ़-लिख आए तो अच्छा ही है। हमें तो ऐसे आदमी चाहिए जो उत्तरदायित्व निभा सकें। बड़े फ़ार्म की जरूरतें भी बड़ी होती हैं। दो साल में पशुओं की संख्या पाँच गुनी हो जाएगी। समझती हो, तब कितना काम बढ़ जाएगा?" वासिली ने अवदोत्या को प्यार से अपनी ओर खींच लिया और धमकाता हुआ बोला : "कर पाएगी तू?...सँभाल पाएगी? न सँभाल पाई तो मैंने तेरा रिकार्ड बिगाड़ा और तुझे चलता किया।"

अवदोत्या को ऐसी हँसी बहुत भाती थी। लड़कपन से ही वह इससे परिचित थी।

"अपनी घरवाली पर जोर चलाओगे?" प्रसन्नता भरे स्वर में वह बोली : "...अच्छी बात है! मेरा लड़का निपट लेगा तुमसे!"

"घरवाली से तो और ज्यादा, उम्मीद की जा सकती है। और हाँ, बहुत लड़के के भरोसे न रहना। मेरे बेटे का और मेरा मिजाज एक जैसा है। फिर...मैं तो घरवाली का लिहाज कर भी जाऊँ, यह माँ का लिहाज नहीं करने का। पूछेगा : 'माँ यह सब क्या गड़बड़ कर रखी है फ़ार्म पर तुमने? हम लोगों के लिए क्या यही सब-कुछ किया है?' "

"इसकी फिकर न करो। मैं इसे जवाब दे लूँगी! मैं इसे हवाई जहाज पर बैठा ले जाऊँगी और ऊपर जाकर कहूँगी : 'देख बेटा, यह बनाया है हमने तेरे लिए...'"

"हाँ, हवाई जहाज ही ठीक रहेगा! सब कुछ तभी देख सकेगा।" वासिली ने हँसते हुए सहमति प्रकट की। फिर जरा गम्भीर आवाज में बोला : "कल मैं 'अंकुर' और 'उज्ज्वल पथ' फ़ार्म गया था! मैंने तय करा लिया है कि कम्बाइन मशीन गेहूँ के खेतों में से सीधी निकलेगी। भले आदमी हैं वे लोग भी!"

वह नए विशाल सामूहिक खेत के सपनों में डूब-उतरा रहा था। अवदोत्या उसके होठों पर आँखें टिकाए सोच रही थी : 'आखिर यह दिन भी आया...जिसकी इतने अरसे से प्रतीक्षा थी...उस साँझ से जब गाँ में घास से ढके मैदान पर वासेन्का ने मुझे 'गिरगिट' कह कर चिढ़ाया था—तभी से...! बीच में तो बिलकुल आशा टूट गई थी...! मैं नहीं सोचती थी कि अब कभी यह दिन आएगा...। लेकिन

आया! मेरा वास्या वैसा ही तो निकला जैसा मेरे दिल ने बताया था...जिसे पहली नजर देखते ही मैं इसकी बन बैठी थी! मेरे निश्छल दिल ने तभी सच्ची बात कह दी थी। अब इस प्रौढ़ उमर में मैं कह सकती हूँ कि जिस लड़की ने उस वक्त इस पर दिल निछावर किया था, उसने धोखा नहीं खाया था।'

क्षितिज से उठकर चाँद खिड़कियों के भीतर झाँक रहा था; ठंडी किरणों ने फर्श पर चाँदनी की चादर बिछा दी थी। लेकिन वासिली और अवदोत्या की आँखों से नींद अब भी बहुत दूर थी।

"आ दुन्याशा! अब सो जाएँ। ये बातें तो सौ बरस में भी खतम नहीं होंगी। सुबह तड़के उठना है। अभी तो बादल नहीं हैं लेकिन बैरोमीटर की सूई 'बारिश' आने का खतरा बता रही है! अब सो जा, दुन्याशा।"

वासिली लेटते ही सो गया। अवदोत्या सँभलकर उठी, सोते बच्चे को गोद में उठाया, आहिस्ते से दराज में लिटाया और फिर झटपट वासिली के पास आ लेटी। वासिली ने नींद में ही अवदोत्या की ओर करवट ली और उसकी बाँह पर अपना सिर टिका दिया। सोता-सोता भी वह मुस्करा रहा था।

रात में अवदोत्या की नींद टूट गई। उछाह की उत्तेजना के साथ ही घुली-मिली किसी डरावनी आशंका ने उसे नींद में झकझोर दिया था।

'बात क्या है?' उनींदे में ही वह सोच रही थी। 'पानी तो नहीं बरस रहा?' फौरन उसकी आँखें खुल गईं। खिड़की के बाहर से रिम-झिम की आवाज आ रही थी। चाँदनी कहीं खो गई थी। घने बादलों से आकाश ढँक गया था। कमरे में भी अँधेरा था। बारिश जोरों से, एकसार और अनवरत हो रही थी। उसकी नींद भाग गई। फिर भी वह चुप लेटी रही। उसे डर था कि कहीं पति न जाग जाए।

'यही समय मिला था बरसने के लिए...?' अवदोत्या सोच रही थी...'...तब जब फसल बिलकुल पककर तैयार है!...यही बन गई है जिन्दगी हम लोगों की—हमेशा आसमान पर आँखें टिकाए रहो। कभी 'हाय राम पानी पड़ गया' का रोना, कभी 'हाय राम पानी नहीं गिरा' का रोना! अच्छा ही है कि वास्या सो रहा है। नींद में पानी की आवाज नहीं सुनाई देती। हाथ सुन्न हो गया है...जी करता है जरा करवट बदल लूँ। पर यह उठ न जाए! पानी की आवाज सुनी तो फिर नहीं सो पाएगा।...बाँह सो गई है। क्या करूँ? सुइयाँ चुभ रही हैं। जरा सीधी कर लूँ? नहीं! इसकी नींद खुल जाएगी...ऐसे ही रहने दो।'

अवदोत्या को अपने कान के पास लम्बी साँस सुनाई दी।...कुछ क्षण बाद फिर वही। निश्चय ही वासिली भी जाग रहा था। पत्नी को जगाने के डर से ज्यों का त्यों पड़ा था।

"वास्या!" अवदोत्या ने धीरे से पुकारा!

"क्यों?"

"क्या बात है?"

"बारिश हो रही है..."

वासिली ने अपनी बाँह अवदोत्या के गले में डाल दी। रिम-झिम-रिम-झिम की आवाज सुनते दोनों चुपचाप लेटे एक ही बात सोच रहे थे :

'ओफ, कितने जोर की बारिश हो रही है! सोचा था कि सब हो गया। अब गेहूँ का क्या होगा? बड़ी भूल हुई। पिछले हफ्ते अगर रात में काम करके सब समेट लिया होता तो यह हाल न होता। सपने में देख रहा था कि गल्ले के गिरने की आवाज है। जल्दी ही बादल खुल जाएगा। अखबार में तो था कि यह महीना सूखा जाएगा।'

साथ-साथ लेटे दोनों बहुत देर तक धीमी आवाज में बातें करते और पानी की आवाज सुनते रहे। चिन्ता दोनों को ही थी, पर एक-दूसरे के सामीप्य से दोनों को सुख भी मिल रहा था।

पौ फटने से पहले ही बादल फट चुके थे। धुले नीले आकाश से आती किरणें भीगी धरती पर खिलखिला रही थीं। घनी हरियाली में पकी झरबेरियों के लाल-लाल बेर अंगारों जैसे दमक रहे थे। न चाहने पर भी आँखें उन पर टिक जाती थीं। मालूम होता था हरियाली के बीच लाल झालर लगी है।

अवदोत्या और वासिली दोपहर बाद एक गाड़ी जोत कर अल्योशा के टीले की ओर चल दिए।

दूर-दूर तक फैले खाली खेतों में शांति छाई थी। खेतों के खाली हो जाने से नीले आकाश का विस्तार और भी गहरा जान पड़ता था। जगह-जगह ऊँचे कुप्प लगे थे। भूसे भरी गाड़ियाँ उन्हीं की ओर चली जा रही थीं। दूर जंगल की रेखा के साथ एक अनलुना खेत फैला था। सुर्ख रोगन से पुती दैत्याकार कम्बाइन मशीन उसमें चल रही थी।

अवदोत्या इस दृश्य को देख गद्गद हो उठी। वासिली की ओर घूम कर बोली :

"पतझड़ के दिनों में मुझे कुछ हो जाता है...मैं खुद समझ नहीं पाती कि यह क्या है। वसन्त और गर्मियों भर मैं पशुशाला और गोशाला में भूली रहती हूँ। दूसरा कोई खयाल नहीं आता। लेकिन फसल के दिन आए नहीं कि मन किसी काम में नहीं लगता। जी करता है, बस खेतों में भाग चलूँ।"

"मुझे भी ऐसा ही लगता है।"

"फसल तो अच्छी हुई है," अवदोत्या कहती रही, "कई बरस से ऐसी फसल नहीं देखी। औसतन कम से कम दो टन अनाज होगा।"

"तो क्या अच्छा हुआ? यह बहुत थोड़े ही है!" वासिली ने मुस्कराकर कहा।

"इन्हें देखो! दो टन भी इनके लिए कम है! कितने दिन हुए जब आठ सौ किलो को तुम बहुत ज्यादा समझते थे?"

"इसी को तुम बहुत ज्यादा कहती हो? लोग तो तीन-तीन टन प्रति हेक्टर उगा रहे हैं—हमसे दूना!"

वासिली को सन्तुष्ट करना अब सम्भव नहीं रहा था।

प्रास्कोव्या कहती : "इसके हाथ में तो खुजली हो गई है। फ़ार्म पर चाहे जितना काम करके दिखा दो, इसका मन नहीं भरता! इसे तो चुल मची रहती है।"

वासिली को जान पड़ता था कि अपनी सामर्थ्य के मुताबिक वह कुछ कर ही नहीं पाया; और अधिक करने की भूख बढ़ती ही जाती।

अवदोत्या ने वासिली की ठोड़ी पर हाथ रख उसका चेहरा अपनी ओर घुमाया :

"मैं तो समझती थी कि इस बार खूब अच्छी फसल हुई है। मेरा पति जरा मोटा हो जाएगा, लेकिन तुम तो सूखते ही जा रहे हो। बड़े लालची हो गए हो तुम। लालच तुम्हें नहीं पनपने देता।"

"ओ हो! तो मैं लालची हो गया हूँ?" वासिली ने उत्तर दिया। "अगले बरस अगर ढाई-तीन टन की फसल न तैयार की तो मैं अपनी टोपी उतार फेंकूँगा। किसानों से कह दूँगा : 'भैया, तुम दूसरा प्रधान चुन लो। यह काम मेरे बस का नहीं।'"

"तेरी बातें तू जाने! लेकिन वास्या, सच्चाई तो सच्चाई ठहरी। हम लोग बीच मंजिल पर हैं। आधा रास्ता सर कर लिया है, बाकी आधा सर कर रहे हैं। अब तो सबसे आगे पहुँचने का वक्त आ गया।"

"हाँ...यही बाकी आधा रास्ता सबसे बीहड़ है, दुन्या। लेकिन देखो—हम लोगों की कामयाबियाँ मामूली नहीं हैं।"

"इसमें ताज्जुब भी नहीं! हम लोग अकेले नहीं थे। इतने लोग मदद करने वाले थे। क्या हमें कम मदद मिली है!" मुस्कराक़र वह कहती गई। "मैं तुझे बताऊँ! जब मैं छोटी थी, वास्या, तो एक बार नमक की झील पर गई थी। तब मुझे तैरना नहीं आता था। झील में पाँव रखते बड़ा डर लगता। मेरी मौसी ने कहा—'डरती क्यों है बेटी। कूद जा पानी में। हाथ-पैर चला। इस झील में कोई डूब नहीं सकता। अपने आप तैरना आ जाएगा। हाँ, लट्ठ की तरह लेटी मत रहना।' उन्होंने सच ही कहा था, वास्या। मैं हाथ-पैर चलाने लगी तो पानी ने

अपने-आप मुझे ऊपर उछाल दिया और में तैरने लगी। बड़ा अच्छा लगा था मुझे! जब भी मैं अपने फ़ार्म की बाबत सोचती हूँ, मुझे यही घटना याद हो आती है। किसी पिछड़े हुए फ़ार्म के किसानों से बात करती हूँ तो मौसी की बात कहना नहीं भूलती : 'हाथ-पाँव तो हिलाओ! अपने आप ऊपर आ जाओगे। हाँ, लट्ठ की तरह लेटे मत रहना!' "

खलिहान से होते हुए वे लोग आलुओं के खेतों के पास से गुजरे। इस बार आलू नए ढंग से 'गुच्छों में' लगाए गए थे। वासिली को फ्रोस्या के ढलवान की याद हो आई। 'एक जमाने में हमारे लिए खुरपियों का ही सहारा था...खुरपियों से ही सारी उम्मीद थी...' मन ही मन वह मुस्करा उठा। 'कहाँ मशीनों से काम, कहाँ खुरपियों से।' खलिहान की इमारत के बारे में भी उसने इसी तरह सोचा। 'उन दिनों मालूम होता था कि यह बड़ा भारी काम है! काम कितना था? बस दो-ढाई दर्जन लट्ठे ढोने पड़े जंगल से! इमारत का असली काम तो वसन्त में शुरू होगा।' पुरानी मुश्किलें बहुत आसान और मामूली मालूम हो रही थीं, जैसे बड़ी कक्षा में पहुँच कर विद्यार्थी उन जोड़-बाकियों के बारे में सोचता है जो पहले बहुत मुश्किल मालूम होती थीं।

चारों तरफ जौ की बालें झूम रही थीं। दूर पीले-पीले सन के खेत बड़े सुहावने लग रहे थे।

धीरे-धीरे खेत आँखों से ओझल हो चले। सड़क जंगल के बीच से बढ़ रही थी। अवदोत्या को फिर दैनिक परेशानियों ने धर दबाया।

"जाने लिपका ब्या गई होगी कि नहीं! दिन तो पूरे हो गए हैं। कितने मेमने दिए हैं उसने भी! अब तक तो हमेशा जोड़ा देती आई है!" वह बुदबुदा रही थी।

"याद है तुमने और वासिलिसा ने अपनी लेहड़ी दूनी करने का वादा किया है? वादा पूरा करना होगा।"

टीले के नजदीक पहुँच कर अवदोत्या सोच रही थी :

'लगता है, मैं बाहर थी तब लड़कियों ने खूब जसन मनाया है।'

सड़क बल खाती आगे बढ़ती जा रही थी। अंतिम मोड़ पार करते ही सहसा आल्योशा का टीला सामने आ गया।

एक छोटी पहाड़ी नदी टीले को घेरे हुए, उसे धोती, कल-कल करती, बह रही थी। तीन तरफ से जंगल घिरा हुआ था। जाड़ा शुरू हो जाने के कारण जंगल की हरियाली पक कर अब भूरी लाल हो चली थी। चौथी तरफ एक खड्ड था। खड्ड के पार दूसरा टीला था।

टीले के ऊपर जरा सपाट जगह में पशु-विभाग वालों के लिए मकान बने

थे। बाकी जगह बाड़ों से घिरी थी।

पशुओं के खुरों से घिस कर सपाट हो गई तीन सड़कें तीन ओर जा रही थीं। एक बाड़े में वालेंतिना की भारी पेटवाली घोड़ी खड़ी ऊँघ रही थी। अवदोत्या को बड़ी खुशी हुई। उसने अनुमान लगाया कि वाल्या भी यहीं होगी।

बछड़ों की देख-भाल करने वाली लड़की दुन्या भागी हुई उसके पास आई :

"अवदोत्या तिखोनोवना...? अरी ओ लड़कियो! अवदोत्या तिखोनोवना आ गई...!"

बहुत-सी लड़कियाँ इधर-उधर से भागती हुई आ पहुँचीं। अवदोत्या पर सवालों की झड़ी लग गई।

"बधाई दें तुम्हें, दुन्या?"

"हो गईं पार्टी में?"

"मक्खन की मशीन लाईं, दुन्या?"

"फसल कटाई कैसी चल रही है?"

"मेरी अम्मा से मिली थीं, मौसी?"

"हाँ भई दे लो बधाई! तुम सबको भी बधाई।" अवदोत्या ने मुस्कराकर उत्तर दिया। बधाइयों का दौर पूरा हो जाने के बाद उसने दूसरे सवालों का जवाब देना शुरू किया।

"मक्खन की मशीन ले आई हूँ। फ़ार्म में सब ठीक-ठाक है। राई खलिहान में आ गई थी। आज गेहूँ भी आ जाएगा। जौ अभी खड़ा है। जौ बहुत अच्छा हुआ है। बालें पक कर झुक गई हैं। देखते आँखें नहीं अघातीं। तेरी माँ से मिली थी? ले, यह डिब्बा दिया है माँ ने। उन्होंने कहा था कि मेरी बिटिया को बहुत घूमने न देना! बस इतवार को जाने देना। समझी?"

नन्ही कात्या और दुन्या भी भागी हुई आईं। दोनों जैकेट पहने थीं। आकर माँ के गले से लटक गईं। दोनों खूब स्वस्थ, लेकिन धूप से सँवलाई, लग रही थीं। क्सेन्या ने छुटके कुजमा को अपनी गोद में ले लिया। छुटका मीठे-मीठे मुस्करा रहा था। सभी लड़कियाँ उसे घेरे थीं। सभी के लिए वह खिलौना था।

"मेहमान भी आए हैं, मौसी—आन्द्रेई पेत्रोविच और वालेंतिना।"

क्सेन्या बोली।

गाड़ी से उतरते ही अवदोत्या आवश्यक कामों में कूद पड़ी। आन्द्रेई और वालेंतिना बैलों के छप्पर की ओर गए थे। आन्द्रेई कमीज की आस्तीनें चढ़ाए फाटक पर कुछ ठोंक रहा था। सामने खड़ी वालेंतिना कह रही थी :

"जरा ऊँचे! और ऊँचे। हाँ, अब ठीक है।" वह पीछे घूमी तो अवदोत्या आती दिखाई दी। "लो, दुन्या भी आ गई।" अवदोत्या को आते देख कर वालेंतिना आगे बढ़ आई। दोनों गले मिलीं। अवदोत्या ने प्रसन्न होकर कहा :

"आखिर तुम आए तो हमें देखने, आन्द्रेई!"

"मैं तो बहुत दिन से सोच रहा था कि एक बार अल्योशा का टीला देख आऊँ। वालेंतिना भी बार-बार कह रही थी। लेकिन क्या करूँ, छुट्टी नहीं मिलती थी। आज शाम दोनों की छुट्टी है। सोचा जरा आराम करेंगे।"

"और यहाँ आते ही तुम्हारे हाथ में हथौड़ी थमाकर वाल्या ने काम पर जोत दिया।"

आन्द्रेई हँस दिया।

"वाह! मुझे ऐसे काम में बड़ा मजा आता है, अवदोत्या तिखोनोवना। जिला पार्टी का सेक्रेटरी न होता तो मैं जरूर बढ़ई का काम करता।"

"फाटक की पटियाँ जरूर 'अनाथ' ने ही तोड़ी होंगी।" अवदोत्या बोली।

"ठीक सोचा तुमने!" आन्द्रेई ने प्रसन्नता से जवाब दिया। "उसी की शरारत है। कात्या सामने से जा रही थी। 'अनाथ' उसे देख कर रम्भाने लगा। कात्या यहाँ आई नहीं, दूर से ही चली गई। बस, यह लगा तोड़-फोड़ करने।"

घने जंगल की अँधेरी होती दीवार के पीछे सूर्य अस्त हो रहा था। चरने के लिए गए पशुओं की लेहड़ियाँ लौट रही थीं। उनके स्वागत के लिए सब लोग अल्योशा के टीले के ऊँचे ढूह पर आकर खड़े हो रहे थे।

अल्योशा-टीले पर यहाँ खड़े होना एक रिवाज बन गया था। इस घड़ी यहाँ इकट्ठे होना बड़ा भला लगता। पशुओं की देख-भाल करने वालों को जो सफलताएँ मिली थीं वे उनकी आँखों के सामने से गुजरतीं। यहाँ से पशुओं को देखना बहुत अच्छा लगता। आँखें न अघातीं। छोटी-मोटी कठिनाइयाँ, आपसी तकरारें, मुश्किलें—सभी इस समय भूल जातीं। केवल एक, सबसे महत्त्वपूर्ण बात याद रहती—अपनी सफलताओं पर प्रसन्नता तथा गर्व; इन सफलताओं के लिए एक-दूसरे के प्रति श्रद्धा और विश्वास!

तीन तरफ जंगलों से और चौथी तरफ पहाड़ी से घिरा टीले के नीचे का हिस्सा हरियाली का प्याला जैसा लग रहा था। वृक्षों की हरी चोटियों पर डूबते सूर्य की किरणें सोना बिखेर रही थीं। बरसात से धुली स्वच्छ हवा में धूल का एक कण भी नहीं था। बरफ पड़ने से हवा में पतझड़ के दिनों की नमी थी। हेमन्त काल के हरित सौन्दर्य में वसन्त के चटख रंगों का विचित्र सम्मिश्रण था। ऐसी छटा उत्तरी भागों के पर्वतों पर ही—और वह भी निखरी धूप से दिनों में—देखने को मिलती है। सूर्यास्त वेला की लालिमा ने सभी पदार्थों को रक्ताभ कर दिया था। हरियाली के बीच टीले पर का वह स्थान जहाँ तीनों रास्ते मिलते थे, ऐसा लग रहा था जैसे आदमी के हाथ की गदोली हो।

और टीले पर का वह ढूह! लाल किरणों से सजा ऐसा लग रहा था जैसे अभी बोल उठने वाला है!

अवदोत्या ति-रस्ते के पास वाले इस ढूह पर बैठ गई। वासिली उसकी बगल में बैठ गया। लड़कियाँ भी आसपास घास पर आ बैठीं। कुछ लड़कियाँ लाल आस्पबेरियों के गुच्छे बालों में खोंसे थीं, कुछ पत्तों की फुनगियाँ। कुछ ने जंगली फूलों की मालाएँ गले में पहन रखी थीं। अल्योशा के टीले पर यही रिवाज था।

वालेंतिना भी आन्द्रेई की बगल में आ बैठी। आन्द्रेई से काफी दिनों बाद उसकी मुलाकात हुई थी। आस-पास जमा लोगों की नजरों से सहमे-शरमाए बिना वह अपने पति से सटी बैठी उसके बालों और भौंहों को सहला रही थी। आन्द्रेई ने मुस्करा कर कहा :

"वाल्या, उग्रेन जैसे दृश्य तो क्रीमिया में या नीचे दक्षिण में समुद्र के किनारे भी सितम्बर के ऐसे रुपहले दिन नहीं मिल सकते। ऐसी हरियाली, ऐसे रंग और ऐसी हवा और कहाँ!"

"सचमुच आन्द्रेई, बिलकुल यही बात मैं भी सोच रही थी।" वालेंतिना को प्रसन्नता थी कि दोनों के विचारों का प्रवाह एक है। "यहाँ मालूम होता है कि पतझड़ वसन्त के पीछे-पीछे ही चला आता है। अभी जरा ठहरो। जब भेड़ों की लेहड़ियाँ लौटेंगी तो देखना—बड़ा सुन्दर दृश्य होता है। मैं जब भी अनमनी या चिन्तित होती हूँ तो यहीं चली आती हूँ। तुम खुद देखना अभी।"

"आज उन्हें जरा देर हो गई है!" अवदोत्या ने कुछ चिन्ता भरे स्वर में कहा। "सूरज उधर पेड़ों के पीछे छिप चला है और वे अब तक दिखाई नहीं देते।"

ढूह के ऊपर खड़ी होकर वह दूर तक नजर दौड़ाने लगी। लेहड़ियों की लौटाई दूसरों को दिखाते समय उसे वैसी ही उत्तेजना होती, जैसी नाटक के निर्देशक को यवनिका उठते समय होती है। आज तो आन्द्रेई, वालेंतिना और वासिली मौजूद थे। उसकी उत्तेजना और भी बढ़ गई थी। वह चाहती थी कि ये लोग उसके फ़ार्म के पूर्ण सौन्दर्य और समरूपता को देखें। आँखों को चौंध से बचाने के लिए उसने हाथों की छाया कर ली थी। पंजों पर उचक कर, गर्दन उठाकर वह दूर तक देखने की कोशिश कर रही थी। कोई भी उसकी गर्दन की नसों और ललछौंही गोल ठोड़ी को देख सकता था। सहसा उसकी ठोड़ी मुस्कान से हिली।

"आ गए! आ गए! सिंगा मेढ़ा सबसे आगे है।"

सबसे पहले फैली थूथनी और सिर पर घूमे सींगों वाला मेढ़ा। आगे-आगे चलता खड्ड पार कर पहाड़ी की चोटी के मोड़ पर दिखाई दिया। पहले सिर्फ थूथनी और सींगों के ऊपर का भाग दिखाई दिया, फिर पूरा चेहरा और फिर धीरे-धीरे पूरा शरीर! मानो चट्टानों में से बाहर निकलता चला आ रहा हो। मेढ़ा कुछ कदम तेजी से आगे बढ़ा! फिर रुककर उसने चारों तरफ नजर दौड़ाई। इस समय उसका सौन्दर्य देखते ही बनता था।

आगे कोई भय न देख उसने बाकी भेड़ों को बढ़ आने का संकेत किया। फिर, कूदकर एक छोटी सी नाली पार की और सिर मटकाता हुआ अल्योशा टीले की ओर बढ़ चला। कुछ ही पलों में टीले के नीचे की घाटी रुई जैसे गालों से ढँक गई। भेड़ों और मेमनों के मिमियाने की गूँज चारों तरफ फैल गई।

दुन्या ने ठोड़ी पर उँगली रखे हुए उपेक्षा दिखाई : "बाबा! कितना शोर मचाती हैं! कैसी एक दूसरे में घुसी जा रही हैं। हमारे बछड़ों को देखो! कैसे कूदते हुए चलते हैं।"

"वाह! भेड़ें अपनी जगह अच्छी हैं!" अवदोत्या ने उसे टोका।

उसके चेहरे पर सन्तोष और शान्ति, उत्सुकता और प्रसन्नता की छायाएँ बारी-बारी से नाच रही थीं—आकाश में छितरे बादलों के टुकड़ों की ही तरह जो उसकी नीलिमा को और भी गहरा बना देते हैं!

"आहा! देखो दादी वासिलिसा नए ब्याए मेमने उठाए लिए चली आ रही हैं। जोड़ा हुआ है, जोड़ा!"

सबसे पीछे थीं दादी वासिलिसा। सूखकर हल्का-फुल्का शरीर, चेहरे पर मुस्कराहट। दो मेमनों के बोझ के बावजूद थकावट का नाम नहीं। उनकी गोद से दो मेमनों की थूथनियाँ बाहर निकली हुई थीं। मेमने सफेद ऊन के खिलौनों जैसे थे—काली-काली बूँदों जैसी आँखें। मेमनों की माँ गर्दन उठाए वासिलिसा के घुटनों से उलझती-सुलझती साथ-साथ चली आ रही थी। दादी के आते ही लोगों ने उसे घेर लिया।

अवदोत्या ने मेमने को दादी से लेकर कहा : "हाय! देख तो कितने प्यारे लगते हैं।"

सन्ध्या समय अवदोत्या यहीं रहती थी और पशुओं सम्बन्धी सब रिपोर्टें उसे सुनाई जाती थीं। दादी वासिलिसा अवदोत्या के सामने खड़ी हो गईं और अपने ही ढंग से रिपोर्ट देने लगीं :

"दुन्या, आज सुबह मैंने और अलेक्सी ने देखा कि लिपका कुछ सुस्त है। मैं इसे साथ ही रखे रही। दोपहर को मैंने देखा कि यह बार-बार बैठ रही है। सो मैं इसे एक तरफ झाड़ियों में ले गई। पहले इसने एक नर दिया और फिर मादा। देख, दोनों कितने चिट्टे घुँघराले हैं। असली कराकुली हैं!"

"मेरे छौने भी आ रहे हैं!" बछड़ों की निगरानी करने वाली दुन्या ने खड़े होते हुए कहा।

अब उसकी बारी थी। उसने सिर पर बँधे रूमाल की गाँठ ठीक की और आगे बढ़कर टीले के कगार पर जा खड़ी हुई। आँखें सिकोड़े, आगे को झुकी, कगार पर खड़ी इस लड़की की आकृति—हवा से बदन में चिपके कपड़ों के कारण—बड़ी सुहानी लग रही थी।

सामने वाली पहाड़ी की चोटी के परे बछड़ों की थूथनियाँ और फड़फड़ाते बड़े-बड़े कान दिखाई दिए। बछड़ों के बाएँ कानों में छल्लों से लटकी टीन की पट्टियाँ चमक रही थीं।

दुन्या आगे को झुकी खड़ी बड़े गौर से बछड़ों का निरीक्षण कर रही थी। क्या सचमुच ही वे उतने सुन्दर नहीं थे, जितने वह सोचती थी? कोई सुस्त तो नहीं जान पड़ रहा था? किसी के कान से नम्बर तो नहीं गिर गया था? आगन्तुक उसके बछड़ों की सधी चाल, उनके अनुशासन और सौन्दर्य को देख प्रभावित होंगे या नहीं?

सबसे आगे कूदती चली आ रही थी–पालिश किए जूते की तरह काली चमकदार, गुलाबी थूथनी वाली–एक बछिया।

"आन्द्रेई, यह देख! यह है दारोच्का। तुझे बताया था न मैंने!" वालेंतिना बोल उठी। "यही है अनाथ और चमेली की बिटिया। इसे खास खाना मिलता है। अवदोत्या इसे तथा दूसरी कुछ और बछियों को वैज्ञानिक खुराक पर पाल रही है। वह रहा उजोर! उराल का बेटा, अनाथ का पोता। अवदोत्या ने इसे भी चुना है।"

वालेंतिना ने उजोर का कान पकड़कर उसे अपनी ओर खींचना चाहा। लेकिन उराल के सुपुत्र उजोर को यह बहुत बुरा लगा। उसने इस व्यवहार का विरोध किया और खुर पटकने लगा। बछड़ों ने दुन्या को घेर लिया। कोई उसके हाथ चाट रहा था तो कोई उसके कपड़े मुँह में दाब कर खींच रहा था। दुन्या सबको पुकार कर अपने साथ लेकर चली गई।

कहीं दूर से सिंगा बजने की आवाज आई! पर गायें अभी तक दिखाई नहीं दे रही थीं। हाँ, बछेड़ियों का एक झुंड कूदता हुआ आ पहुँचा।

"ये आ गईं हमारी मोहनी-सोहनी!" सर्गी-सार्जेंट चिल्ला उठा और उनकी ओर दौड़ चला।

अवदोत्या ने मुस्कराते हुए आन्द्रेई की ओर देखा। वह जानना चाहती थी कि आन्द्रेई क्या कहता है! आन्द्रेई उसका आशय समझ गया। बोला :

"अवदोत्या, तू तो रत्न है रत्न! मैं हमेशा यही कहता था! देख लो वासिली! कैसी बीवी मिली है तुम्हें! भाग खुल गए तुम्हारे।"

"अब बिगाड़ो मत उसे।" हँसते हुए वासिली ने कहा।

वासिली टीले के नीचे दूर-दूर तक फैले मैदानों और खेतों की ओर देखता हुआ अपनी ही बात सोच रहा था। उसके चारों ओर जो कुछ हो रहा था उसे वह देख भी रहा था और नहीं भी देख रहा था। चारों ओर फैले सौन्दर्य से प्रभावित वह भी सब की हँसी-खुशी में शामिल था। किन्तु उसके विचार आगे दौड़ रहे थे। इस टीले पर बैठा वह उस दिन की कल्पना कर रहा था जब ये खेत जो अब तक अलग-अलग बँटे हैं, मिल कर एक बड़ा सामूहिक फ़ार्म बन जाएँगे। वह

सोच रहा था—ये लोग अभी क्यों प्रसन्न हो रहे हैं; गर्व के साथ वह उन्हें चुनौती देना चाहता था : अरे यह सब तो कुछ भी नहीं है! जरा देखना, मैं भी आगे चल कर तुम्हें कुछ दिखाऊँगा।"

आन्द्रेई ने उसके विचार मानो भाँप लिए थे। वह बोल उठा :

"वासिली! सोचो तो! साल दो साल बाद यहाँ क्या देखने को मिलेगा! अपनी आँखों पर ही यकीन नहीं होगा। यह टीला तुमने अभी तो सरकार से दस बरस के लिए लिया है। इसे फ़ार्म के नाम ही करवाना होगा! सामूहिक फ़ार्म के विस्तार के बीच जरा सी जगह सरकारी पट्टे पर?"

"ठीक कहते हो।" वासिली बोला। "अब इस टीले वाले मसले को भी हल कर लेना चाहिए।"

जंगल की ओर से रँभाहट की आवाज आई।

"अनाथ आ रहा है।" अवदोत्या बोली। "कात्या बेटी! जल्दी जा तू। पुचकार ले उसे, नहीं तो रँभा-रँभाकर आफत मचा देगा।"

कात्या उछलती हुई पहाड़ी के ढाल पर दौड़ गई। कई साँड़ सामने के मोड़ से चले आ रहे थे। सिंगा फिर सुनाई दिया। इस बार बहुत पास ही।

''आ गए! आ गए!'' क्सेन्या खुशी से कूदने लगी। दूध दोहने वाली लड़कियाँ उठ खड़ी हुईं।

सबसे आगे चला आ रहा था ग्वाला वोलोद्या—सिपाही की सी चुस्त चाल से। चरान से लौटते समय वोलोद्या इसी ढंग से—रेवड़ से जरा आगे सिपाही की तरह—आता था। धूप से साँवले चेहरे पर सुर्ख कमीज खूब खिल रही थी। कमर की पेटी से एक किताब खुसी हुई थी। एक न एक किताब हमेशा उसके पास रहती।

वोलोद्या जानता था कि अल्योशा के टीले की लडकियाँ उसकी ओर बड़े चाव से देखती हैं इसलिए उसकी चाल में और भी अकड़ आ गई थी। सिर को जरा पीछे करके वह हरा सिंगा बजा रहा था। मेफोदी चाचा ने यह सिंगा उसे भेंट किया था।

वोलोद्या के पीछे, रेवड़ से अलग, एक काली गाय गम्भीर गति से चल रही थी। दूसरी गायें मोड़ पर से झूमती चली आ रही थीं। अधिकांश का रंग काला था और थूथनियाँ सफेद। भोजन और दूध से वजनी, अपने महत्त्व और गौरव से परिचित, वे मन्थर गति से आगे बढ़ रही थीं। बीच में जोर-जोर से रँभा भी देती थीं।

"तुम्हारा अभिनन्दन कर रही हैं!"—अवदोत्या ने आन्द्रेई और वालेंतिना की ओर देखकर कहा।

भूरी-भूरी भौंहों, और हल्की झुर्रियों से घिरी बड़ी-बड़ी आँखों वाला उसका

चेहरा उल्लसित और खिला हुआ था। ऐसा मालूम होता था मानो अपने चारों ओर के वातावरण में वह एकदम घुल-मिल गई है। वोलोद्या का सिंगा बजता ही जा रहा था। उसका सहायक छोकरा स्लावका भी आगे बढ़ आया। स्लावका के सिर के बाल सुनहले और आँखें बड़ी-बड़ी और खूब नीली थीं। इतने दर्शकों के बीच उसने भी अपना महत्त्व जताना आवश्यक समझा। हाथ की चाबुक फटकार कर गायों को ललकारता हुआ बोला :

"एई! इधर-इधर! कहाँ चली? मारूँगा हंटर!"

वोलोद्या आया और अवदोत्या के सामने तन कर खड़ा हो गया। फिर रिपोर्ट देने लगा :

"कामरेड अवदोत्या! मैं रिपोर्ट दे रहा हूँ। सब गायें आ गई हैं। लेहड़ी ठीक-ठाक है। जिस गैया का नाम 'मनचली' रखा है न, वह रामदाने के खेत की तरफ लपक चली थी। उसका तिकड़म फौरन ताड़ लिया गया। व्याचस्लाव ओरलोव, यानी स्लावका, उसे हाँक लाया। मेरी सिफारिश है कि स्लावका को इसका इनाम मिलना चाहिए। उसे एक परौंठा ज्यादा दिया जाए। बर्च के झाड़ वाली चरान में घास बिलकुल साफ हो गई है। इजाजत हो तो कल लेहड़ी को खरगोश वाली खड्ड में ले जाया जाए।"

पत्थर पर बैठी अवदोत्या मुस्कराती हुई वोलोद्या की बातें सुन रही थी।

"चमेली के थन अब कैसे हैं, वोलोद्या?" उसने पूछा।

"अब ठीक हैं। उसकी पूरी देख-भाल करते हैं। झाड़ियों में नहीं जाने देते उसे। यह सामने आ रही है।"

चमेली धीरे-धीरे सबसे पीछे आ रही थी। थन भारी होने की वजह से वह जल्दी नहीं चल पाती थी। रँभा कर चमेली अवदोत्या की ओर ही बढ़ आई और अपनी थूथनी उसकी गोद में रख दी। अवदोत्या ने उसे नमकीन रोटी का टुकड़ा दे दिया। टुकड़ा खा लिया तो पल भर कुछ सोचने के बाद चमेली फिर धीरे से रँभाने और रोटी माँगने लगी।

"और नहीं है अब! देख ले!" अवदोत्या ने चमेली को पुचकार कर खाली हाथ दिखा दिया। "जा!"

चमेली ने अवदोत्या का हाथ चाटा और फिर धीरे से मुड़कर गोशाला की ओर चल दी।

"और क्या चाहिए दुनिया में?" वालेंतिना धीरे से बोली, मानो अपने से ही बातें कर रही हो। "कितनी शान्ति और सन्तोष है यहाँ! ऐसा क्यों है यहाँ? इन जंगलों से? आकाश से? इन पशुओं से? या इस बात से कि यह अपने हाथों के श्रम का फल है? न...सिर्फ इतना ही नहीं....मैं लाख सोचने की कोशिश करती हूँ कि यह सब हमारा नहीं, हम सबका नहीं, सिर्फ मेरा हो, सिर्फ मेरा! उफ, इस

विचार से ही कितनी नफरत होती है! जीवन का समूचा सौंदर्य लोप हो जाता है। कलह और ईर्ष्या जाग उठेगी। कुछ के मन में भय, कुछ के मन में स्पर्धा और कुछ के मन में निराशा होगी। न तो यह आनन्द होगा, न यह शान्ति, न यह सद्भावना! अल्योशा के टीले का जादू ही खतम हो जाएगा।"

"बड़ा अच्छा हुआ तुम मुझे यहाँ ले आईं, वाल्या! कैसी शान्ति है यहाँ... श्रम में कितना सुख है...जी करता है यहीं रहूँ, यहाँ से कहीं न जाऊँ।" आन्द्रेई बुदबुदा रहा था।

लेकिन अपने ही खयालों में डूबी वालेंतिना ने पति की बातें सुनी ही नहीं।

सूर्य अस्त हुए कुछ समय बीत चुका था। पश्चिमी क्षितिज पर छाई हल्की गुलाबी लाली अब गहरी सिंदूरी हो चली थी। जहाँ-तहाँ आकाश में बादल छितरे थे, जिनकी कोरें लाल और सुनहरी हो रही थीं। अल्योशा टीले के नीचे का मैदान सजीव होकर गूँज रहा था।

बछेड़ियाँ पानी पीकर लौट रही थीं। मेमने दाने-चारे की टोकरियों को घेरे धक्का-मुक्की करते पेट भर रहे थे। दूध दुहने वाली लड़कियाँ बाल्टियाँ खड़कातीं, गायों के नीचे स्टूलों पर बैठ रही थीं। गायें बड़े प्यार से उनकी ओर मुँह घुमा कर देख रही थीं।

दादी वासिलिसा, नए मेमनों के लिए एक टोकरी में बिछौने लगा रही थी। मेमनों की माँ उसके पास खड़ी विश्वासपूर्ण नेत्रों से उसे देख रही थी।

झाड़ियाँ साँझ की सुहानी हवा में धीरे-धीरे झूम रही थीं। नन्ही चिड़ियाँ साँझ का मीठा गीत गा उठीं। विश्वास, सन्तोष, सद्भावना और फलदायक आनन्द से वातावरण भीगा हुआ था।

अवदोत्या उस तरफ जा पहुँची जहाँ बाल्टियों में दूध की पहली धारों की झनकार उठ रही थी। बछिया दारोच्का गुलाबी थूथनी बढ़ा कर नीले जल की ओर देख रही थी। दुन्या किलकारियाँ भरती, घोड़ों को पानी पिलाने वाले पोखर में झुकी थी। जल में वह सन्ध्या के पहले तारे की परछाईं को पकड़ने की कोशिश कर रही थी।

❑❑❑